Internet Lexikon

Taschenbuch

Internet Lexikon

Frank Kreutz
Wolfram Gieseke

DATA BECKER

Wichtiger Hinweis

Die in diesem Buch wiedergegebenen Verfahren und Programme werden ohne Rücksicht auf die Patentlage mitgeteilt. Sie sind für Amateur- und Lehrzwecke bestimmt.

Alle technischen Angaben und Programme in diesem Buch wurden von den Autoren mit größter Sorgfalt erarbeitet bzw. zusammengestellt und unter Einschaltung wirksamer Kontrollmaßnahmen reproduziert. Trotzdem sind Fehler nicht ganz auszuschließen. DATA BECKER sieht sich deshalb gezwungen, darauf hinzuweisen, dass weder eine Garantie noch die juristische Verantwortung oder irgendeine Haftung für Folgen, die auf fehlerhafte Angaben zurückgehen, übernommen werden kann. Für die Mitteilung eventueller Fehler sind die Autoren jederzeit dankbar.

Wir weisen darauf hin, dass die im Buch verwendeten Soft- und Hardwarebezeichnungen und Markennamen der jeweiligen Firmen im Allgemeinen warenzeichen-, marken- oder patentrechtlichem Schutz unterliegen.

Die wiedergegebenen Produktbezeichnungen sind für die jeweiligen Rechteinhaber markenrechtlich geschützt.

Copyright	© 2001 by	DATA BECKER GmbH & Co. KG
		Merowingerstr. 30
		40223 Düsseldorf
	1. Auflage 2001	
Reihenkonzept	Peter Meisner	
Lektorat	Peter Meisner	
Umschlaggestaltung	Inhouse-Agentur DATA BECKER	
Druck	Elsnerdruck, Berlin	
E-Mail	buch@databecker.de	

Alle Rechte vorbehalten. Kein Teil dieses Buchs darf in irgendeiner Form (Druck, Fotokopie oder einem anderen Verfahren) ohne schriftliche Genehmigung der DATA BECKER GmbH & Co. KG reproduziert oder unter Verwendung elektronischer Systeme verarbeitet, vervielfältigt oder verbreitet werden.

ISBN 3-8158-1625-4

Gezielt informieren und produktiv anwenden ...

Ohne dafür viel Geld investieren zu müssen – so lautet das Prinzip der Computertaschenbücher von DATA BECKER. Hier findet man alles zum produktiven Umgang mit Software: nämlich Know-how, hinter dem die langjährige Fachkompetenz eines der erfolgreichsten Computerbuchverlage steht. Und zwar leicht verständlich und engagiert geschrieben, fachkundig und dabei äußerst preiswert.

Die Computertaschenbücher sind also direkt auf die Bedürfnisse der PC-Anwender ausgelegt: handliche und mobile Bücher, die man in nahezu jeder Lebenslage lesen kann.

... ohne dabei tief in die eigene Tasche greifen zu müssen

Hallo, Internetfreundinnen und -freunde!

Das Internet dringt immer stärker in die Lebensbereiche der Menschen ein, immer mehr Menschen kommen in Kontakt mit dem Internet. Es ist daher wichtig, diesem Thema ein spezielles Lexikon zu widmen.

Wir, die Autoren dieses Buches, haben versucht, das breite Themenspektrum Internet mit der Auswahl der Begriffe in diesem Lexikon zu umfassen. Es wurden vor allem solche Begriffe hinzugefügt, von denen wir glauben, dass sie einerseits wichtig sind für das generelle Verständnis des Internet, dass sie aber auch jedem bei der täglichen Beschäftigung mit diesem Thema über den Weg laufen können.

Die Beschreibung der allgemeinen Grundlagen, der wichtigsten Internetprotokolle oder der grundlegenden Elemente des Internetslangs gehören ebenso dazu wie World Wide Web-Attraktionen oder E-Mail und vieles mehr. Blättern Sie ruhig einmal in diesem Buch und Sie erhalten einen Eindruck von der Vielfalt der besprochenen Bereiche.

Wir haben uns dabei immer bemüht, eine leicht verständliche Sprache zu benutzen, die auch für Interneteinsteiger verständlich bleibt und nicht in Fach-Kauderwelsch ausartet.

Zahlreiche Abbildungen, Grafiken und Screenshots sollen den Text ergänzen und zum leichteren Verständnis beitragen. Auch finden sich zahlreiche Tipps für die praktische tägliche Arbeit sowie Surfvorschläge und Hinweise, wo Sie zu einem bestimmten Thema weitere Informationen im Internet finden können.

Wir wollten dabei nicht seitenlange Listen erstellen, sondern ganz konkret die wichtigsten und besten Hinweise und Webseiten hervorheben, die wir gefunden haben. Da sich das Internet jedoch tagtäglich verändert und entwickelt, kann es durchaus einmal vorkommen, dass Internetseiten, auf die in diesem Band verwiesen wurde, nach Drucklegung nicht mehr existieren oder unter einem anderen Namen bzw. neuer Adresse zu finden sind. Dies lässt sich leider nicht ändern und ist einer der unvermeidlichen Nachteile des gedruckten Wortes gegenüber dem Internet. Auch die Internetsprache ist ständig in Bewegung, neue Begriffe entstehen, neue Trends, neue Techniken; andere Begriffe werden unwichtig bis zur Bedeutungslosigkeit.

Um dieses Lexikon in Zukunft noch mehr auf Ihre Wünsche hin zu optimieren, um es zu „Ihrem" Internetlexikon zu machen, sind wir für Anregungen, Kritik, Verbesserungsvorschläge, Korrekturen etc. sehr dankbar und werden versuchen, dies in einer nächsten Ausgabe zu berücksichtigen. Entsprechende Vorschläge und Kritik (bevorzugt per E-Mail) können Sie an den Autor frakreutz@compuserve.com oder an den Verlag buch@databecker.de schicken.

Normale Postsendungen gehen bitte an den Lektor dieses Buches unter der Adresse:

DATA BECKER GmbH & Co. KG
Lektorat, z. Hd. Peter Meisner
Merowingerstr. 30
40233 Düsseldorf

Zum Abschluss möchte ich noch meinem Co-Autor Herrn Wolfram Gieseke recht herzlich danken, der mit seinem großen Fachwissen und seinem Einsatz sehr viel dazu beitragen hat, dass das Lexikon in der vorliegenden Form überhaupt entstehen konnte.

Dank gilt auch dem Lektor, Herrn Peter Meisner, der sich immer für dieses Projekt eingesetzt hat und beratend zur Seite stand.

In der Hoffnung, dass dieses Internetlexikon einen festen Platz neben Ihrem Rechner einnimmt, wünsche ich Ihnen viel Spaß beim Lesen und Surfen.

Frank Kreutz

@ [At]

{Aussprache: Ät}

Klammeraffe

Als Bestandteil der E-Mail-Adresse hat sich das Zeichen @ einen festen Platz im Internetsprachgebrauch gesichert.

Falls Sie Probleme haben, das @-Zeichen zu finden oder es bei Bedarf in eine E-Mail-Adresse einzufügen, hilft der folgende Tipp. Das @-Zeichen findet sich auf Ihrer Tastatur auf der gleichen Taste wie der Buchstabe Q.

Wenn Sie allerdings die Q-Taste drücken, werden Sie das @-Zeichen nicht erhalten, hierzu müssen Sie zusätzlich noch die AltGr-Taste (rechts neben der Leertaste) drücken. Erst beide Tasten zusammen bringen den so genannten Klammeraffen auf Ihren Bildschirm.

In der deutschen Sprache oft als Klammeraffe oder etwas bildhafter auch als Affenschwanz bezeichnet, hat sich zunehmend die englische Bezeichnung „at" durchgesetzt. „At" heißt übersetzt „bei" und kommt damit auch der Bedeutung nahe, die dieses Zeichen bei einer E-Mail-Adresse einnimmt.

Es trennt nämlich den Benutzernamen von der Serveradresse, bei der der Teilnehmer seinen Account, also sein Benutzerkonto, hat. Demnach bedeutet die E-Mail-Adresse *mustermann@compuserve.com*, dass der Benutzer *mustermann* bei (also *at* bzw. @) der Serveradresse *compuserve.com* per E-Mail zu erreichen ist.

Gelegentlich ist im englischen Sprachgebrauch auch vom commercial at, also vom kaufmännischen At die Rede; gemeint ist jedoch das gleiche Zeichen @.

Siehe auch: E-Mail-Adresse

\ [Backslash]

{Aussprache: Bäcksläsch}

Umgekehrter Schrägstrich

Siehe: Backslash

/ [Slash]

{Aussprache: Släsch}

Schrägstrich

Siehe: Slash

a/b-Wandler

Im Gegensatz zum herkömmlichen analogen Telefonanschluss werden bei ISDN alle Informationen (also z. B. auch Telefongespräche) digital übertragen. Analoge Endgeräte beherrschen diese digitale Übertragung nicht und können deshalb nicht einfach an einem ISDN-Anschluss benutzt werden. Mit einem speziellen Adapter ist es aber möglich, auch analoge Endgeräte an ISDN anzuschließen. Ein solcher a/b-Wandler übersetzt die ankommenden digitalen Daten in analoge Signale für das Gerät. Umgekehrt wandelt er die analogen Signale eines Endgeräts in digitale ISDN-Daten um. Der Name leitet sich von den beiden Kupferkabeln des Telefondrahts ab, die zur Unterscheidung mit a und b bezeichnet werden.

Ein a/b-Wandler ist dann sinnvoll, wenn man von einem analogen auf einen digitalen ISDN-Anschluss umsteigt und bereits verschiedene analoge Endgeräte wie etwa Telefone, Anrufbeantworter, Faxgeräte oder Modems besitzt. Alle diese Geräte kann man über a/b-Wandler anschließen und nutzen, sodass man nicht die gesamte Kommunikationshardware erneuern muss. Allerdings können so angeschlossene Endgeräte nicht von allen ISDN-Vorteilen profitieren. Insbesondere Modems per a/b-Wandler anzuschließen macht eigentlich keinen Sinn, da das Modem dadurch auch keine ISDN-Geschwindigkeit erreicht. Hier sollte man das Geld lieber in eine ISDN-Karte investieren. Apropos Geld: Reine a/b-Wandler sollte man aufgrund des ungünstigen Preis-Leistungs-Verhältnisses nicht kaufen. Viele kleinere Telefonanlagen für den Heimbereich oder ISDN-Telefone bringen schon zwei oder mehr integrierte a/b-Wandler mit, sodass eine solche Lösung mehr fürs Geld bietet.

Siehe auch: ISDN, ISDN-Karte, Modem

AAMOF [As A Matter Of Fact]
Tatsächlich (Slang)

Die Buchstabenfolge AAMOF, häufig beim Chatten und in E-Mails zu finden, ist die Kurzform für den englischen Ausdruck „as a matter of fact" und bedeutet im Deutschen so viel wie „tatsächlich" bzw. „in Wirklichkeit".

Siehe auch: Chatslang

ABEND [Abnormal Ending]
Ungewöhnliches Ende

Entgegen der landläufigen Meinung, dies sei der abendliche Abschiedsgruß eines Computerfreaks an seinen Computer, im Sinne einer Kurzform von „Guten

Abend/Gute Nacht", steht ABEND für **AB**normal **END**ing, tritt also auf, wenn die Software plötzlich den Geist aufgibt, was auch als Softwarecrash bezeichnet wird.

Oftmals findet sich ABEND komplett in Großbuchstaben geschrieben, wenn die Schwere des Softwarecrashs betont werden soll, doch ist auch die Schreibweise abend, also komplett in Kleinbuchstaben, durchaus nicht unüblich.

Siehe auch: Chatslang

Abmeldung

Der deutsche Ausdruck Abmeldung wird in der Internetsprache vergleichsweise selten benutzt, da sich hierfür das englische Pendant Logoff bzw. das eingedeutsche „ausloggen" durchgesetzt hat. Gemeint ist damit entweder die Trennung einer bestehenden Netzwerkverbindung oder aber auch generell das Beenden einer Sitzung am Computer. Das deutschsprachige Gegenstück zu ist Anmeldung bzw. (englisch) Login.

Siehe auch: Anmeldung, Login

Abrechnungstakt

Unter Abrechnungstakt versteht man eine Einheit, die (üblicherweise) in Sekunden gemessen wird, aufgrund derer die Abrechnung von Telefonverbindungen erfolgt.

Dies bedeutet, dass Telefongespräche (oder auch Internetverbindungen zu Ihrem Provider) umso genauer abgerechnet werden, je kürzer der Abrechnungstakt ist.

Ein einfaches Beispiel mag dies verdeutlichen: Angenommen, Sie telefonieren genau 39 Sekunden. Erfolgt die Abrechnung im 10-Sekunden-Takt, zahlen Sie lediglich für insgesamt 40 Sekunden. Ist der Abrechnungstakt jedoch eine Minute (also 60 Sekunden) oder gar noch länger, zahlen Sie den vollen Minutenpreis, auch wenn Sie weniger als die 60 Sekunden telefoniert haben.

Daher gilt es bei der Wahl von Internet-by-Call-Anbietern, auch darauf zu achten, einen möglichst kurzen Abrechnungstakt zu haben, insbesondere dann, wenn Sie viele kürzere Verbindungen (beispielsweise um lediglich das Postfach zu überprüfen) pro Tag haben.

Siehe auch: Internet-by-Call

ACAP [Application Configuration Access Protocol]

Protokoll zum kontrollierten Zugriff auf eine Anwendung

Das ACAP gilt für viele als das E-Mail-Übertragungsprotokoll der Zukunft, das IMAP4 (Internet Message Access Protocol 4) um einige wichtige Funktionen ergänzt, die insbesondere für professionelle E-Mail-Nutzer von Vorteil sind.

Account

Hierzu gehören beispielsweise das Anmelden an Newsgroups, das Durchsuchen von zentralen Adressbüchern sowie eine abrufbare Konfiguration des E-Mail-Clients.

Weitere Informationen finden Sie im RFC (**R**equest **F**or **C**omments) 2244, wo die Spezifikationen des Protokolls festgelegt sind und auch auf der Webseite http://asg.web.cmu.edu/acap.

Siehe auch: RFC

Account

{Aussprache: Äkaunt}

Konto, Zugangskonto

Zunächst einmal ist „Account" nichts anderes als der englische Ausdruck für Konto bzw. Bankkonto.

Im Bezug auf das Internet ist darunter jedoch vor allem die Zugangsberechtigung zu einem Internetdienst zu verstehen, d. h., um im Internet surfen zu können, benötigen Sie einen Account, eine Zugangsberechtigung, die Ihnen von Ihrem jeweiligen ISP (**I**nternet **S**ervice **P**rovider, Internetdienstanbieter) gewährt wird. Normalerweise besteht diese Zugangsberechtigung aus einem Benutzernamen, oftmals auch User-ID genannt, und einem Passwort, die beim Einloggen (Login) zum jeweiligen Benutzerdienst abgefragt werden.

Die Zugangsberechtigung zu einem Account besteht in der Regel aus einem Benutzernamen und einem Kennwort, die beim Einloggen zum jeweiligen Dienst abgefragt werden

Übrigens sind Sie beim Zugang zum Internet und den bereitgestellten Diensten selbstverständlich nicht auf ein einziges Konto beschränkt. Es steht Ihnen völlig frei, bei mehreren Anbietern Accounts zu haben und diese nach Bedarf zu nutzen.

Auch können Sie (sofern Ihr ISP dies ermöglicht) durchaus mehrere E-Mail-Accounts besitzen, beispielsweise für jedes Familienmitglied ein eigenes E-Mail-Konto mit speziellem separatem Passwort.

Siehe auch: ISP, Login, Passwort, User-ID

Acrobat Reader

{Aussprache: Äkrobät Rieder}

Softwareprogramm für Dokumente im PDF-Format

Acrobat Reader ist ein Programm der Firma Adobe, das dazu dient, Dokumente, die im speziellen PDF-Format (Portable Document Format) vorliegen, bequem anzuzeigen und zu drucken.

Das Programm bietet vielfältige Möglichkeiten zum komfortablen Suchen und Navigieren, besonders in längeren Texten, und ist für den privaten, nichtkommerziellen Gebrauch kostenlos zu nutzen.

Zahlreiche Betreiber von Internetseiten gehen inzwischen dazu über, ihre Kataloge oder andere längere Dokumente im Acrobat Reader-tauglichen PDF-Format zum Download anzubieten, um dem Interessenten ein möglichst komfortables Lesen zu ermöglichen.

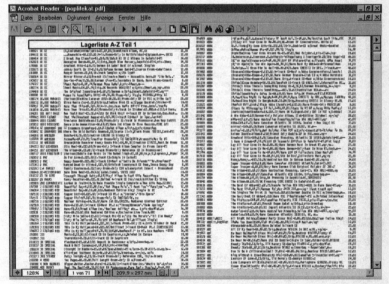

Das gesamte Katalogangebot eines Onlineshops kann im PDF-Format bequem mit dem Acrobat Reader am heimischen Bildschirm durchsucht werden

Sie finden die jeweils neuste Version der Software zum Download unter www.adobe.com/acrobat.

Beachten Sie allerdings, dass der Acrobat Reader nur in der Lage ist, bereits existierende Dokumente im PDF-Format anzuzeigen, auszudrucken etc.

ActiveMovie

Wenn Sie selbst ein Dokument im PDF-Format erstellen wollen, beispielsweise um es auf Ihrer Homepage zum Download anzubieten, müssen Sie dies mit einer separaten Software tun, die in der Lage ist, Dateien im PDF-Fomat zu erstellen. Hierzu gehören z. B. Programmpakete wie CorelDRAW oder auch Adobe Acrobat.

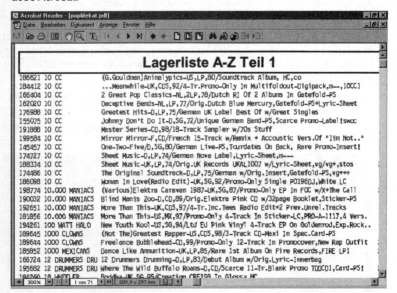

Für den Acrobat Reader ist es kein Problem, eine Seite zur besseren Lesbarkeit zu vergrößern (oder auch wenn gewünscht zu verkleinern). Hier ein Beispiel (zum Vergleich siehe vorige Abbildung mit Originalgröße)

Siehe auch: PDF

ActiveMovie

{Aussprache: Äktif Muwie}

Multimediaarchitektur von Microsoft

ActiveMovie ist der Nachfolger von Video für Windows, einer Komponente zur Wiedergabe von digitalen Filmen, die ursprünglich für Windows 3.1x entwickelt wurde. ActiveMovie wurde im Gegensatz zu seinen Vorgängern in der 32-Bit-Technologie erstellt und ist erheblich leistungsfähiger. Es kann nicht nur AVI-Filme wiedergeben, sondern spielt unter anderem auch QuickTime- und MPEG-Dateien ab. Außerdem ist es eng in die DirectX-Technologie eingebunden. ActiveMovie gehört zum Lieferumfang aller neueren Windows-Versionen.

Siehe auch: AVI, Codec, MPEG, QuickTime

ActiveSetup

{Aussprache: Äktif Settab}

Interaktive Installation für Microsoft-Produkte

Mit dem Internet Explorer 4 führte Microsoft eine neue Installationsmethode ein, die speziell bei der Verbreitung kostenloser Software über das Internet genutzt wird. Dabei muss man vor der eigentlichen Installation nicht den gesamten Umfang übertragen, sondern lädt zunächst nur einen relativ kleinen Assistenten herunter. Mit diesem legt man den genauen Installationsumfang fest. Anschließend überträgt der Assistent nur genau die Dateien, die man wirklich benötigt. Das spart Übertragungskapazität und beschleunigt die Installation. Inzwischen wird diese interaktive Installation auch bei anderen Produkten wie etwa dem Netscape Navigator verwendet.

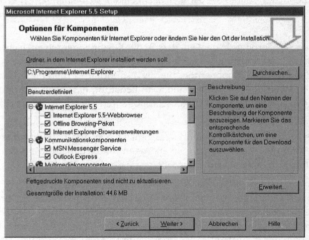

Beim ActiveSetup kann man den Downloadumfang flexibel festlegen

Siehe auch: Internet Explorer, Netscape Navigator

ActiveX

{Aussprache: Äktif Ix}

Plug-In-Technik der Firma Microsoft

Wenn Sie bereits einige Jahre Erfahrung mit dem Surfen im Internet haben, haben Sie sicherlich festgestellt, dass verglichen mit den Internetseiten vergangener Jahre „moderne" Webseiten viel bunter und variationsreicher sind, mit Sounds, Videos, Animationen, Laufschriften etc.; sie sind viel lebhafter, bieten mehr interaktive Möglichkeiten und fesseln die Aufmerksamkeit des Surfers,

ActiveX

auch wenn dabei oft übersehen wird, dass der eigentliche Informationsgehalt der Seiten nicht im gleichen Umfang angewachsen ist.

Mitverantwortlich für diese bunte Vielfalt ist ActiveX. Ursprünglich als Konkurrenz zur plattformunabhängigen Programmiersprache Java entwickelt, ist ActiveX eine von der Firma Microsoft 1996 entwickelte spezielle (Plug-In-)Technik, mit der eine Vielzahl von Elementen, seien es einzelne ActiveX-Controls (Buttons, Listen, Textfelder etc.) oder ganze Dokumente (wie Texte, Tabellen, Videos etc.), in die Webseiten quasi eingebettet werden. Diese speziellen ActiveX-Elemente werden dann von Ihrem Browser angezeigt und sorgen für teilweise verblüffende Effekte.

Voraussetzung für diesen „Genuss" ist allerdings, dass Sie einen Browser benutzen, der ActiveX-fähig ist, d. h. wenn Sie noch eine vor 1998 entstandene Browsersoftware benutzen, sollten Sie darüber nachdenken, sich einen neuen Browser zu besorgen, falls Sie auf die Darstellung der ActiveX-Elemente nicht verzichten wollen.

Hierbei sollten Sie allerdings bedenken, dass ActiveX-Komponenten ein nicht zu unterschätzendes Sicherheitsrisiko darstellen können. Der Grund hierfür liegt in der Natur der ActiveX-Komponenten, die als ausführbare Programme in die Webseiten des Internet eingebunden sind. Dies bedeutet, dass beim Aufruf der entsprechenden Webseite mit ActiveX-Komponenten diese als binäre Programme auf Ihren PC gelangen.

Genau hierin liegt nun aber die Gefahr! Was genau ein ausführbares Programm auf und mit Ihrem PC macht, wissen Sie erst dann mit Sicherheit, wenn Sie es ausprobiert haben, und dann kann es unter Umständen zu spät sein.

Wer gibt Ihnen schon die Garantie, dass ein scheinbar harmloses ActiveX-Element tatsächlich wie vorgegeben ein kleines Spiel ist, um sich die Zeit auf einer Webseite zu vertreiben, und nicht in Wirklichkeit Befehle enthält, die Ihren Rechner ausspionieren oder gar Ihre Daten vernichten? Zwar gibt es eine Art Kontrollinstanz namens Authenticode, wodurch Programmierer sich von einer unabhängigen Stelle die Unbedenklichkeit Ihrer ActiveX-Elemente per Zertifikat bestätigen lassen können, doch ist dieser Schutzmechanismus nur unzureichend und außerdem bei nur wenigen Webseiten anzutreffen.

> **Tipp:** Um sich vor gefährlichen ActiveX-Elementen zu schützen, ist die einfachste und beste Methode das Ignorieren dieser Elemente, d. h., Sie müssen Ihrem Browser klarmachen, dass Sie das Herunterladen bzw. Ausführen von ActiveX-Elementen nicht wünschen.

Dies betrifft in erster Linie die Nutzer des Internet Explorer von Microsoft, der die ActiveX-Technik unterstützt. Bei den anderen Browsern ist dies nicht der Fall, lediglich der Netscape-Navigator kann per Plug-In quasi nachgerüstet werden. Verzichten Sie dann einfach darauf, sich das erforderlich Plug-In zu besorgen.

ActiveX

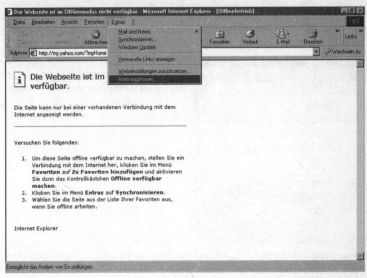

Die ActiveX-Einstellungen beim Internet Explorer sind unter Extras/Internetoptionen versteckt

Beim Internet Explorer liegt die Sache etwas anders. Hier müssen Sie per Hand die entsprechenden Optionen deaktivieren. Hierzu müssen Sie unter *Extras/Internetoptionen* die Kategorie *Sicherheit* anwählen und dann die Sicherheitsstufe anwählen, die Sie beim Surfen im Internet nutzen.

Achten Sie darauf, dass Sie im oberen Drittel des Fensters das Symbol *Internet* aktiviert haben.

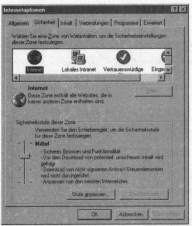

Die Registerkarte Sicherheit gibt Ihnen Aufschluss darüber, welche Sicherheitsstufe bei Ihrem Browser aktuell eingestellt ist. Mit Stufe anpassen können Sie die Einstellungen ändern

Ad

Nach einem Mausklick auf *Stufe anpassen* erhalten Sie eine Liste mit Einstellungen. Hier müssen Sie dann alle für ActiveX-relevanten Einträge unter *ActiveX-Steuerelemente und Plugins* auf *Deaktivieren* stellen und mit *OK* bestätigen.

Um die Aktivierung von ActiveX-Elementen beim Surfen zu unterdrücken, müssen die Optionen von Aktivieren auf Deaktivieren umgestellt werden

Diesen Gewinn an Sicherheit bezahlen Sie mit gelegentlichen leeren Flächen beim Surfen, da die dort normalerweise zu findenden ActiveX-Komponenten nun nicht mehr ausgeführt werden.

Diese Abwägung zwischen erhöhter Sicherheit einerseits und der Darstellung bunter Elemente beim Surfen andererseits müssen Sie selbst entscheiden.

Siehe auch: Browser, Java, Plug-In, Sicherheitszonen

Ad

{Aussprache: Ädd}

Reklame

Ad ist die Kurzform des englischen „advertising" und bezeichnet Werbung bzw. Reklame jeder Art. Auch Anzeigen in Printmedien werden als Ads bezeichnet.

Im Internet sind damit vorwiegend die in Webseiten eingebundenen Banner, also Werbeflächen, gemeint.

Siehe auch: AdClick, AdClickRate, Banner

AdClick

{Aussprache: Ädd Klick}

Anklicken eines Werbebanners

Wenn Sie im Internet surfen und auf Webseiten Werbeflächen, so genannte Banner sehen, sind Sie vielleicht manchmal in Versuchung geraten, auch tatsächlich auf das jeweilige Banner zu klicken, um zum dortigen Angebot zu gelangen. Unter AdClick versteht man die Anzahl der Klicks auf ein solches Banner (bzw. auch Button), wobei jeder Klick auf eine solche mit einem Link ausgestattete Werbefläche Sie zu dem Angebot des Werbetreibenden führt und somit die Anzahl der AdClicks um eins erhöht.

AdVlicks sind demnach gut geeignet, die tatsächlichen Attraktivität einer Werbefläche zu messen. Schließlich will der Werbetreibende ja nicht nur, dass sein Banner auf Webseiten erscheint, sondern auch Kunden damit gewinnen. Je größer also die Zahl der AdClicks, desto attraktiver das Angebot.

Siehe auch: AdClickRate, AdView, Banner, PageView

AdClickRate

{Aussprache: Ädd Klick Reit}

Die AdClickRate gibt schlicht und einfach das Verhältnis von AdClicks zu PageViews an, d. h. das Verhältnis der Zahl derjenigen, die eine Werbefläche gesehen haben (PageView bzw. AdView) und derjenigen, die dann auch tatsächlich verleitet wurden, auf die Werbefläche zu klicken (AdClick).

Siehe auch: AdClick, AdView, PageView

Add-On

{Aussprache: Ädd On}

Zusatz

Unter Add-On versteht man grundsätzlich einen Zusatz zu einer bereits bestehenden Software oder Hardware. Hierbei wird die Funktionalität der bestehenden Softwareanwendung bzw. der Hardware durch das Add-On erweitert.

Möglicherweise kennen Sie diesen Begriff auch von Computerspielen, wobei dem Originalspiel durch neue Levels (die als Add-On angepriesen werden) oder Szenarien zusätzliche Funktionen hinzugefügt werden.

Achten Sie jedoch darauf, dass Sie das jeweilige Originalprogramm benötigen, um die Add-Ons zu nutzen; ohne das Originalprogramm sind die Add-Ons selbst nutzlos.

AdGame [Advertising Game]

{Aussprache: Ädd Gäim}

Werbespiel

Als AdGames werden Werbespiele im Internet bezeichnet, die dazu dienen sollen, den Bekanntheitsgrad einer Webseite zu erhöhen. Zu diesem Zweck werden (mehr oder weniger) regelmäßige Gewinne angeboten, wenn man an den Werbespielen teilnimmt. Eine der bekanntesten Seiten dieser Art ist http://millionenklick4.web.de/.

AdImpression

Versuchen auch Sie Ihr Glück mit AdGames. Mit etwas (na ja, sehr viel) Glück können Sie im Internet reich werden

Siehe auch: Netpromotion

AdImpression

{Aussprache: Ädd Impreschen}

Eine andere Bezeichnung für AdView.

Siehe: AdView

Admin

{Aussprache: Ädmin}

Kurzform von „Administrator"

Getreu der alten Internetregel „Je kürzer desto besser", kann es nicht verwundern, dass es auch eine verkürzte Form für Administrator, den Verantwortlichen eines Netzwerks gibt, eben Admin.

Siehe auch: Administrator

Admin-C [Administrative Contact]

{Aussprache: Ädmin Si}

Administrativer Kontakt

Als Admin-C wird die Person bezeichnet, die für eine Domain die verantwortliche Autorität ist. Der Admin-C ist der allgemeine Ansprechpartner bei Rückfragen und beispielsweise für die Einrichtung von Subdomains und die Einhaltung des Namensrechts verantwortlich.

Siehe auch: Domain(name)

Administrator

{Aussprache: Ädministräter}

Verantwortlicher eines lokalen oder Internetnetzwerks

Der Administrator ist kurz gesagt die Person, die einen Server oder Internetcomputer wartet, einrichtet und mit allen nötigen Zugriffsrechten versehen ist. Er ist als Systemverwalter eines Netzwerks quasi der Chef.

Häufig wird der Administrator auch einfach mit der Kurzform „Admin" bezeichnet. Dies hat jedoch nichts mit mangelndem Respekt zu tun, denn der Admin ist in der Lage, Benutzern den Zugang zu einem Dienst oder den Zugriff auf bestimmte Daten und Dateien zu ermöglichen oder auch zu verbieten.

Wer wiederholt massiv gegen die Regeln und Bestimmungen der Onlinegemeinde oder seines Internetanbieters verstößt, der sollte sich nicht wundern, wenn er früher oder später vom Admin hört und im schlimmsten Fall sogar von bestimmten Diensten völlig ausgeschlossen wird.

ADN [Any Day Now]

Demnächst (Slang)

ADN ist die beim Chatten gebräuchliche Kurzform des englischen Ausdrucks „Any day now" und heißt ins Deutsche übersetzt „demnächst" bzw. „in den nächsten Tagen", um anzuzeigen, dass etwas nicht in weiter Zukunft liegt, sondern unmittelbar bevorsteht.

Siehe auch: Chatslang

Adressbuch

Besonders bei der elektronischen Kommunikation ist es wichtig, die genaue Adresse der Kommunikationspartner zu kennen. Ohne Telefonnummer oder E-Mail-Adresse läuft sonst gar nichts. Deshalb bietet es sich an, alle relevanten Daten in einem Adressbuch zu speichern. Gemeint ist damit nicht unbedingt ein kleines schwarzes Büchlein, sondern ein Programm, das alle relevanten Daten speichert und bei Bedarf per Mausklick die entsprechende Kommunikation einleiten kann.

Unter Windows steht Ihnen ein solches Adressbuch zur Verfügung, wenn Sie Outlook, Outlook Express oder eine ähnliche Kommunikationsanwendung von Microsoft installiert haben. Dabei handelt es sich um eine zentrale Datenbank, in der Sie alle relevanten Daten sowohl für Online- als auch für Offlinekontakte speichern können, also Namen, Adressen, Nummer, Daten usw.

Address-Spoofing

> **Tipp:** Das Microsoft-Adressbuch lässt sich in allen Kommunikationsanwendungen von Microsoft mit *Extras/Adressbuch* starten. Alternativ können Sie es auch direkt über das Startmenü aufrufen, etwa mit *Start/Programme/Internet Explorer/Adressbuch*.

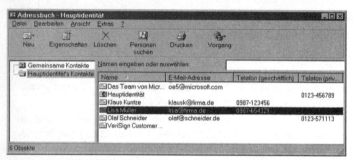

Mit dem Microsoft-Adressbuch können Sie alle Adressdaten zentral verwalten

Siehe auch: Microsoft, Outlook, Outlook Express, E-Mail-Adresse

Address-Spoofing

{Aussprache: Ädress Spufing}

Vortäuschung einer falschen Internetaddresse

Beim Address-spoofing handelt es sich kurzgesagt um die „Verkohlung" der Internetnutzer, wobei diese Irreführung auf verschiedenen Wegen herbeigeführt werden kann.

Einerseits wird der Surfer durch die Wahl einer bestimmten Internetadresse angelockt und letztendlich verbirgt sich ein völlig anderes Angebot hinter der Seite, als der Name der Adresse ursprünglich vermuten ließ. Wenn Sie sich beispielsweise für die Musik der Band „Queen" interessieren, könnte Ihnen der Gedanke kommen, doch einmal zur Adresse www.Queen.com zu surfen, um dort nähere Informationen über die Band zu erhalten. Dies klingt durchaus logisch, doch dann sind Sie ein Opfer von Address-spoofing geworden, da Sie diese Seite nicht zu einem Musikangebot, sondern zu einer nicht ganz jugendfreien Seite führt.

Eine andere Form von Address-spoofing liegt dann vor, wenn die Schreibweise einer populären Internetadresse nur leicht verändert wird, in der Hoffnung, dass einige Surfer sich beim Eingeben der Adresse vertippen und sich dann auf die „Trittbrettfahrer-Seite" verirren. Wenn Sie sich beispielsweise bei der Eingabe der Microsoft-Adresse vertippen und anstatt „www.microsoft.com" die Adresse „www.microsift.com" eingeben, landen Sie bei einer Firma, die Videospiele verkauft und deren richtiger Firmenname weder mit Microsoft noch mit Microsift etwas zu tun hat.

Address-Spoofing

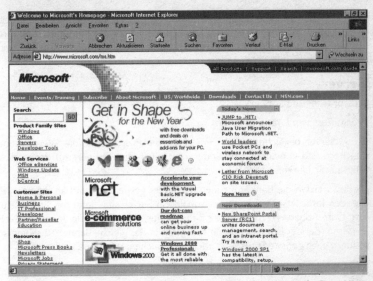

Die Eingabe von „www.microsoft.com" bringt Sie wie erwartet zur Hauptseite der Firma Microsoft

Geben Sie stattdessen versehentlich „www.Microsift.com" ein, landen Sie schließlich weder bei Microsoft noch bei einer Firma Microsift, sondern bei einem völlig anderen Angebot. Der Anbieter hat sich die Namensähnlichkeit mit der viel frequentierten Microsoft-Seite zunutze gemacht

Auch das von manchen Surfern fast schon als „Sport" betriebene Vortäuschen einer falschen Adresse bzw. eines falschen Namens, um insbesondere bei großen Onlinediensten die für Neukunden lockenden Freistunden zu erhalten, wird als Address-spoofing bezeichnet.

AdServer

{Aussprache: Ädd Sörwer}

„Verwalter" von Internetwerbung

Als AdServer bezeichnet man zum einen die Programme, die Werbebanner speichern und verwalten, und andererseits auch die Rechner, auf denen diese Programme laufen.

Hierbei werden die Banner auf dem AdServer gespeichert und an die entsprechenden Internetseiten geschickt, sobald ein Surfer eine Seite mit Banner aufruft. Gute AdServer-Programme sind nicht nur in der Lage, die Banner rotieren zu lassen (Banner Rotation, damit nicht immer das gleiche Banner zu sehen ist), sondern auch genaue Statistiken über die Besuche der Surfer abzuliefern.

Siehe auch: Banner, Banner Rotation, Server

ADSL [Asnychronous Digital Subscriber Line]

Asynchrone digitale Verbindung

Das zentrale Problem beim Internetzugang ist die physikalische Verbindung zwischen dem Rechner des Benutzers und dem seines Providers. Bislang wird hierfür in der Regel die Telefonleitung benutzt, die aber physikalische Grenzen setzt, die sich mit herkömmlicher Modem- und ISDN-Technik nicht überwinden lassen. ADSL ist eine alternative Technik, die es ermöglicht, auf den herkömmlichen Kupferkabeln einer Telefonleitung theoretisch bis zu 9 MBit/s zu übertragen. So ist nicht nur schnellerer Internetzugang möglich, sondern es werden auch anspruchsvolle Multimediaanwendungen wie Video-on-Demand realisierbar.

ADSL gehört zu den asynchronen Übertragungsverfahren, d. h., die hohe Übertragungsgeschwindigkeit steht nur in einer Richtung (nämlich vom Provider zum Kunden) zur Verfügung. Die andere Richtung (der so genannte Rückkanal), wird durch eine ganz normale Telefonverbindung gewährleistet. Asynchrone Techniken machen sich zunutze, dass bei den meisten Onlineverbindungen erheblich mehr Daten vom Provider zum Kunden als umgekehrt fließen. In der Praxis sieht es schließlich so aus, dass der Benutzer in die eine Richtung eine kurze Anforderung (z. B. für eine Webseite) schickt und in der anderen Richtung die umfangreiche Antwort (die Webseite nebst enthaltenen Bildern etc.) zurückgeschickt wird. Die hohe Geschwindigkeit erreicht das ADSL-Verfahren dadurch, dass die Daten nur in eine Richtung schnell fließen. Eine synchrone Verbindung mit solchen Durchsatzraten wäre über einfache Kupferdrähte physikalisch nicht möglich.

Auf Hardwareseite benötigt man für ADSL einen Splitter, der die Daten von der Telefonleitung in die normalen Telefonsignale und die ADSL-Daten trennt. An diesen Splitter wird ein spezielles ADSL-Modem angeschlossen. Beides bekommt man in der Regel vom ADSL-Provider gestellt. Um die Daten vom ADSL-Modem in den PC zu bekommen, braucht man außerdem eine Ethernet-Netzwerkkarte. Auf Softwareseite unterstützen gängige Betriebssysteme wie Windows und Linux den Internetzugang per ADSL.

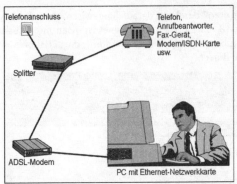

Bei ADSL wird der PC über einen Splitter und ein ADSL-Modem angeschlossen

Die Telekom bietet seit 1999 unter dem Namen T-DSL den Highspeed-Zugang auch für Privatkunden an. Inzwischen sind nach Auskunft der Telekom auch schon viele Ortsnetze DSL-fähig. Sie sollten sich aber zunächst bei der Telekom informieren, ob T-DSL für Ihren Anschluss möglich ist. Die Telekom ist aber nicht der einzige Anbieter von DSL-Zugängen. Auch die Konkurrenz bietet den schnellen Internetzugang an. Eine aktuelle Übersicht über die DSL-Anbieter in Deutschland finden Sie unter http://www.teltarif.de/i/dsl.html.

Wie schnell ist DSL wirklich?

Prinzipiell ermöglicht ADSL nach dem derzeitigen Stand der Entwicklung bis zu 9 MBit/s in der Downloadrichtung. Die Upload-Geschwindigkeit hängt immer vom verwendeten Kanal ab, z. B. ISDN mit 64 KBit/s bzw. 128 KBit/s bei Kanalbündelung. Tatsächlich arbeiten die meisten kommerziellen Angebote aber mit geringeren Geschwindigkeiten. So liegen die Telekom-Zugänge für Privatkunden „nur" bei 768 KBit/s, was aber immer noch dem zwölffachen einer ISDN-Verbindung entspricht. Allerdings zeigt sich in der Praxis, dass dieses Leistungspotenzial meist völlig ausreichend ist. Nur bei bestimmten Anwendungen wie z. B. dem Abrufen von Medien-Streams oder umfangreichen Downloads kann man eine DSL-Verbindung richtig ausreizen.

Siehe auch: Ethernet, ISDN, Modem, Provider, Splitter, T-DSL

Adult

{Aussprache: Ädalt}

Erwachsener, Seite nur für Erwachsene

Adult

Wenn Sie beim Surfen im Internet auf eine Seite mit dem Begriff Adult-only (dt.: nur für Erwachsene) treffen, dann haben Sie es mit einer Webseite zu tun, deren Inhalt sich ausschließlich an Erwachsene wendet.

Vergleichbar etwa den speziellen „FSK 18"-Angeboten in einer Videothek, kann es sich dabei um eine Sex- bzw. Pornoseite handeln oder aber auch beispielsweise um ein Angebot mit Texten, die explizit sexuellen oder gewalttätigen Charakter haben.

Vielfach wird vor dem „Betreten" der Seite darauf hingewiesen, dass der Inhalt nicht für Jugendliche unter 18 bzw. 21 Jahren geeignet ist. Man muss deshalb explizit bestätigen, dass man bereits volljährig ist und somit die „Erlaubnis" hat, sich den Inhalt anschauen zu dürfen.

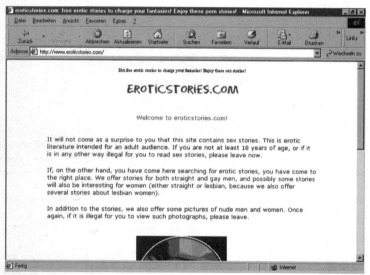

Adult-Seiten weisen in der Regel auf der Hauptseite bereits darauf hin, dass das Angebot nicht für Minderjährige gedacht und geeignet ist. Ob dies dann allerdings auch tatsächlich Minderjährige abschreckt und im Gegenteil nicht eher ermuntert, sich die Seite anzuschauen, steht auf einem anderen Blatt

Was natürlich im konkreten Fall keinen 14- oder 15-jährigen, der sich eine Adult-only-Seite unbedingt ansehen will, wirklich davon abhalten würde, den entsprechenden Schalter anzuklicken. Schließlich gibt es normalerweise keine weitergehende Prüfung, die sicherstellen würde, dass der Surfer auch tatsächlich bereits so alt ist, wie er sich ausgibt.

Siehe auch: Adult Check

Adult Check

{Aussprache: Ädalt Tscheck}

Schutzsystem für Minderjährige

Eine der großen Gefahren im Internet liegt zweifelsohne darin, dass es Tausende und Abertausende von Webseiten gibt, deren Inhalt für jugendliche bzw. minderjährige Surfer tabu sein sollte. Zu denken ist hier vor allem an die zahlreichen Gewalt- und Pornoseiten im Netz.

Adult Check ist ein System, das Minderjährige vor Websites mit zweifelhaftem Inhalt schützen soll, indem die Freigabe zu diesen Seiten erst dann gewährt wird, wenn das entsprechende Passwort eingegeben wurde. Das Passwort wiederum erhält man jedoch nur dann, wenn man zuvor einen bestimmten Betrag per Kreditkarte bezahlt hat.

Zutritt zu mehr als 200.000 Seiten mit überwiegend pornografischem Inhalt erhält man erst nach der Aktivierung durch Adult-Check

Die grundsätzliche Annahme, die dahinter steht, ist, dass Minderjährige in der Regel nicht im Besitz einer Kreditkarte sind und demzufolge auch nicht in den besitz der Passwörter gelangen können. Ob diese Annahme im Einzelfall auch tatsächlich so zutrifft, wie die Theorie vorgibt, sei hier einmal dahingestellt.

Es gibt übrigens auch ein deutsches System dieser Art, das unter dem Namen X-Check bekannt ist.

Siehe auch: Adult, Passwort, X-Check

aero

Bei aero handelt es sich um eine der sieben neuen Top Level Domains, die im Jahre 2000 von der ICANN (**I**nternet **C**orporation for **A**ssigned **N**ames and **N**umbers) speziell für Unternehmen der Luftfahrtindustrie genehmigt wurden. Die Luftfahrtindustrie kann somit für sich verbuchen, (bislang) die einzige Industriebranche zu sein, die für ihre Internetauftritte auf eine eigene Top Level Domain zurückgreifen kann.

Siehe auch: ICANN, Top Level Domain

AFAIK [As Far As I Know]

Soweit ich weiß (Slang)

Vor allem in englischsprachigen E-Mails und beim Chatten wird Ihnen das Akronym afaik unterkommen. Es besteht aus den Anfangsbuchstaben der Worte „as far as I know" und heißt ins Deutsche übersetzt „soweit ich weiß". Damit soll ausgedrückt werden, dass man sich einer Sache ziemlich sicher, aber eben nicht völlig sicher ist.

Siehe auch: Chatslang

Affiliate Program

{Aussprache: Äfilieht prögrämm}

Partner-Programm

Affiliate ist die englische Bezeichnung für „angliedern" bzw. „sich anschließen", demzufolge ist unter „affiliate program" ein so genanntes Partner-Programm zu verstehen. Hierbei schließt sich eine Webseite einer anderen an (üblicherweise einem Onlineshop), indem Sie als Werbeaktion einen Text- oder Grafiklink zu der betreffenden Seite einrichtet.

Sobald es durch einen Klick auf den entsprechenden Link zu einem Onlinehandel, sprich zu einem Verkauf, kommt, erhält der Betreiber der Link-Seite entweder einen kleinen prozentualen Anteil an der Summe oder aber einen festgelegten Betrag.

Wenn Sie selbst Betreiber einer Webseite sind und sich auf diese Weise auch die eine oder andere Mark bzw. Euro zusätzlich verdienen wollen (doch keine übertriebenen Hoffnungen: richtig reich werden Sie auf diese Art nicht!) schauen Sie einfach einmal unter http://partner-programme.de/ vorbei, wo Sie weitere Informationen erhalten können.

Siehe auch: Banner, Link

Agent

Im Internet surfen nicht nur Menschen, sondern auch Maschinen. Damit sind spezielle Programme gemeint, die den riesigen Datendschungel des Internet durchforsten und gezielt nach bestimmten Informationen suchen. Solche Programme bezeichnet man als Agenten oder auch Intelligente Agenten, weil sie das Verhalten eines Menschen (nämlich das Abrufen von Informationen) mehr oder weniger intelligent nachahmen. Gegenüber einem menschlichen Surfer haben Sie den Vorteil, dass Sie unermüdlich und ausgesprochen gründlich sind.

Zwei der bekanntesten Beispiele für Agenten sind Suchmaschinen wie http://www.altavista.de oder http://www.google.de. Diese Dienste benutzen Agentenprogramme, um Ihren Datenbanken ständig zu erweitern und zu aktualisieren. Diese Programme verhalten sich wie menschliche Surfer, d. h., der Webserver, bei dem Sie Seiten abrufen, kann sie nicht von „normalen" Benutzern unterscheiden. Aber auch wenn Sie beispielsweise beim Internet Explorer einen Favoriten abonnieren, verwenden Sie einen Agenten, der die entsprechende Webseite nach dem festgelegten Zeitplan automatisch für Sie beschafft.

Siehe auch: Favoriten, Crawler, Suchmaschine, Offlinebrowser

AFK [Away From Keyboard]

Von der Tastatur abwesend (Slang)

Vorwiegend beim Chat gebräuchliche Kurzform von **A**way **F**rom **K**eyboard, um anzuzeigen, dass man nun für eine Weile „von der Tastatur entfernt" sein wird; mit anderen Worten: Der Chat wird für eine Weile unterbrochen. Oftmals wird der Chat wieder durch die Meldung „BAK" (**B**ack **A**t **K**eyboard) aufgenommen.

Siehe auch: BAK, Chatslang

AIDS [An Infected Disc Syndrom]

Vireninfiziertes Disketten-/Datenträger-Syndrom

Es handelt sich hierbei um einen reichlich makaberen Ausdruck aus der Computerterminologie.

AIDS steht für **A**n **I**nfected **D**isc **S**yndrom und bezeichnet demnach den Zustand, wenn sich Ihr Computersystem „infiziert", sprich einen Virus eingefangen hat. Dieser Begriff wird häufig in Verbindung mit „SEX" gebraucht (womit jedoch nicht das gemeint ist, was Sie vielleicht jetzt denken mögen:-)).

Siehe auch: Chatslang, SEX, Virus

AIM [AOL Instant Messenger]

Instant Messaging-Programm von AOL

Einer der großen Internettrends der letzten Jahre ist das Instant Messaging. Diese Technik beschreibt die Möglichkeit, beim Onlinegehen gleich festzustellen, welcher der Onlinebekannten ebenfalls gerade erreichbar ist, und den Kontakt per Mausklick sofort herzustellen. Dafür benötigt man ein spezielles Programm wie etwa den AOL Instant Messenger. Dieses Programm setzt sich bei der Einwahl automatisch mit dem AOL-Server in Verbindung und meldet Sie an.

Gleichzeitig prüft es nach, welche Ihrer eingetragenen Bekannten ebenfalls gerade angemeldet sind. Mit diesen können Sie per Mausklick direkt einen Chatkanal öffnen, Dateien austauschen oder gemeinsam spielen. Ist ein Bekannter gerade nicht online, können Sie ihm eine Nachricht hinterlassen, die er bei der nächsten Anmeldung sofort vorfindet. Der AIM ist kostenlos und kann unter http://www.aol.de/aim heruntergeladen werden.

Mit dem AIM kann man seinen Onlinebekanntschaften ganz bequem pflegen

Siehe auch: AOL, Buddy, Instant Messaging

AKA [Also Known As]

Auch bekannt als (Slang)

Nicht nur auf die Internetsprache beschränkt, sondern auch im „normalen" Englisch benutzt wird aka, die Kurzform von also known as. Ins Deutsche übertragen, bedeutet dies „auch bekannt als".

So zeigt beispielsweise der Ausdruck „Peter Mustermann aka Hippie", dass Peter Mustermann auch unter dem Namen „Hippie" bekannt ist.

Akronym

Aus Anfangsbuchstaben zusammengesetztes Kunstwort

Wenn Sie schon einmal E-Mails oder andere Nachrichten von richtigen Internetfreaks gelesen haben, waren Sie sicherlich verwundert, welche seltsamen Begriffe diese verwenden. Sind Sie dabei über so seltsame Begriffe wie afaik, asap oder btw gestolpert, ohne zu wissen, was damit gemeint ist?

Gratulation, dann haben Sie bereits Bekanntschaft mit so genannten Akronymen gemacht. Vereinfacht gesagt, sind dies Kunstwörter, die zusammengesetzt sind aus den Anfangsbuchstaben mehrerer Wörter und demnach logischerweise deutlich kürzer sind als die ausgeschriebenen Wörter.

So ist beispielsweise btw das Akronym, also die Kurzfassung, des englischen Ausdrucks „by the way" und bedeutet im Deutschen „übrigens" bzw. „nebenbei gesagt".

Die Mehrzahl dieser neuen Kunstwörter stammt aus der englischen Sprache, was nicht sehr verwunderlich ist, aber es gibt mittlerweile auch einige „deutsche" Akronyme, die allerdings für Nichteingeweihte ähnlich unverständlich daherkommen und der Erklärung bedürfen, wie dies für die englischen Akronyme zutrifft.

Da viele Computerbenutzer recht schreibfaule Leute sind, erfreuen sich diese Abkürzungen großer Beliebtheit, da sie nicht nur Tipparbeit ersparen, sondern darüber hinaus auch noch durchschimmern lassen, wie gut man sich eigentlich mit der Materie auskennt.

Übrigens, ursprünglich galt solch ein neues Kunstwort nur dann als echtes Akronym, wenn auch das aus den Anfangsbuchstaben entstandene Wort einen sinnvollen Begriff ergab. Als Beispiel sei hier das Akronym KISS angeführt, das einerseits die Kurzform von **K**eep **I**t **S**imple, **S**tupid ist, gleichzeitig aber auch bekanntlich das englische Wort für „Kuss" ist.

Siehe auch: Chatslang

Aktive Inhalte

Dynamische und interaktive Komponenten in Webseiten

In den Anfangszeiten des Web bestanden Webseiten einfach nur aus Text und Bildern. Das war im Vergleich mit dem bis dahin gekannten auch schon ein echter Fortschritt und alle waren zufrieden. Aber nicht lange! Schließlich soll alles immer bunter, aufregender und dynamischer werden. Also musste das Web um aktive Inhalte (im Gegensatz zu den statischen Texten und Bildern) erweitert werden. Aktive Inhalte sind Programme, die nicht auf dem Webserver, sondern auf dem Computer des Besuchers ausgeführt werden. Sie haben also einen mehr oder weniger begrenzten Zugriff auf dessen Ressourcen und Daten. Genau bei diesem „mehr oder weniger" liegt das Problem. Während einige Arten von aktiven Komponenten relativ sicher sind, öffnen andere dem Missbrauch Tür und Tor.

Aktive Inhalte sind ein zweischneidiges Schwert: Einerseits beleben Sie Webseiten ganz enorm, wobei nicht nur eine bloße äußerliche Attraktivität gemeint ist, sondern auch eine Vielzahl von Funktionen und Anwendungen, die nur mit Text und Bildern gar nicht möglich wäre. Ein besonders gutes Beispiel dafür ist JavaScript. Diese Skriptsprache wird inzwischen von den meisten Webseitenautoren verwendet, um Navigationssysteme und Orientierungshilfen zu gestalten und die Benutzerfreundlichkeit zu erhöhen. Ein umfangreiches, komplexes und zugleich intuitiv und komfortabel zu bedienendes Webangebot ist ohne den Einsatz von JavaScript fast unmöglich. Auf der anderen Seite der Gleichung stehen die Risiken, die sich aus der Tatsache ergeben, dass aktive Inhalte vom PC des Besuchers ausgeführt werden müssen. Selbst Technologien wie Java, die über ein ausgeklügeltes Sicherheitskonzept verfügen, können hier nicht bedenkenlos eingesetzt werden, weil es durch Programmierfehler immer wieder zu Sicherheitslücken kommt, die das Schutzkonzept ad absurdum führen.

Wie weiter oben bereits beschrieben, werden aktive Inhalte auf dem PC des Besuchers ausgeführt. Das ist der entscheidende Unterschied zu statischen Inhalten wie einfachen Webseiten mit Texten und Bildern. Letztere sind einfach nur Daten, die vom Webbrowser dargestellt werden. Aktive Inhalte jedoch sind Anweisungen, die vom Browser bzw. von speziellen Interpretern ausgeführt werden. Je nachdem, wie diese Anweisungen aussehen, kann eine aktive Komponente also theoretisch sämtliche Funktionen des Rechners ausführen. Das ist auch in der Praxis absolut nicht übertrieben, denn z. B. ein ActiveX-Control kann alles das machen, was auch ein beliebiges Windows-Programm ausführen könnte. Also Lese- und Schreib-Zugriff auf alle Dateien durchführen, beliebige vorhandene Hardware ansteuern, Festplatten formatieren usw. Andere aktive Komponenten in Java oder JavaScript unterliegen zwar Einschränkungen, aber auch hier werden immer wieder Sicherheitslöcher und Tricks bekannt, mit denen man auch diese Techniken missbrauchen kann. Die Gefahr durch aktive Inhalte sollte also unbedingt ernst genommen werden.

Gerade weil es schwierig ist, zwischen diesen beiden Aspekten – Komfort und Sicherheit – einen guten Kompromiss zu finden, ignorieren allerdings leider viele Benutzer dieses Problem nach dem Motto „Mich wird es schon nicht treffen". Dies ist eine sehr riskante Einstellung. Man kann aktive Inhalte nämlich auch sicher benutzen, wenn man sich die Möglichkeiten der Webbrowser und entsprechender Schutz-Software zunutze macht.

Siehe auch: ActiveX, Dynamische Webseiten, Java, JavaScript, Plug-In, VBScript

Aktualisieren

Unter Aktualisieren versteht man das Ersetzen von bereits vorhandenen Daten durch eine aktuellere Fassung. Dies kann in verschiedenen Situationen notwendig sein. Beim Surfen spielt das Aktualisieren im Zusammenhang mit Offlinefunktionen und Proxy-Servern eine wichtige Rolle. Beide dienen dem Beschleunigen des Surfens, können aber dazu führen, dass man eine veraltete Version einer Webseite angezeigt bekommt. In diesem Fall sollte man die Webseite aktualisieren, was in der Regel mit *Ansicht/Aktualisieren* oder mit der Taste [F5] durchgeführt wird. Der Webbrowser fordert dann die bereits geladene Webseite erneut an, wobei er dafür sorgt, dass eventuell veraltete Daten aus dem Cache oder von einem Proxy-Server nicht berücksichtigt werden.

Wenn man selbst eine Homepage oder anderweitige Informationen im Web veröffentlicht, versteht man unter dem Aktualisieren das Erneuern der Dateien auf dem Webserver. Wann immer man Änderungen an den Webseiten vorgenommen hat, muss man diese erneut auf den Webserver übertragen (Upload).

Im Gegensatz zur ersten Veröffentlichung reicht es aber, nur die Dateien zu aktualisieren, die sich tatsächlich verändert haben.

Siehe auch: Cache, Proxy, Webbrowser, Webserver

Akustikkoppler

Ein Akustikkoppler ist quasi ein Relikt aus der Datenfernübertagungs-Steinzeit und wird heute praktisch gar nicht mehr eingesetzt. Vereinfacht gesagt ist ein Akustikkoppler der Vorläufer des Modems, wobei er die Funktionen eines Modems, eines Lautsprechers und eines Mikrofons in einem Gerät verband, allerdings lediglich mit Übertragungsraten von 300 bps „glänzen" konnte, angesichts der heutigen Übertragungsraten unvorstellbar langsam.

Alexa

Sucherweiterung für Webbrowser

Webguides sind praktische Surfhilfen, die während des Surfens die aktuell betrachteten Webseiten analysieren und weitere Adressen zu diesem und ähnlichen Themen anbieten. Der Internet Explorer macht sich für seine Webguide-Funktion den Service von Alexa zunutze, einem der Vorreiter auf diesem Gebiet. Sie können den Dienst von Alexa aber auch direkt benutzen, was einige Vorteile hat. Wenn Sie Alexa vollständig installieren, fristet es sein Dasein nicht in der Suchfunktion des Browsers, sondern bekommt eine eigene Explorer-Leiste, die Sie entweder vertikal oder platzsparend horizontal in den Browser einfügen können. Außerdem erhalten Sie auf diese Weise zu der angezeigten Webseite zusätzliche Informationen, z. B. zum Anbieter. Integriert sind auch spezielle Funktionen, die z. B. die Beliebtheit von Webseiten angeben oder Kommentare von anderen Alexa-Benutzern zu einer Webseite zugänglich machen.

Um Alexa in Ihrem Browser zu installieren, gehen Sie auf die Webseiten dieses Dienstes unter http://www.alexa.com und wählen dort die Downloadfunktion. Dabei wird nicht wie sonst bei Internetprogrammen ein umfangreiches Softwarearchiv heruntergeladen, sondern lediglich eine kleine, aber feine Komponente für Ihren Webbrowser, die sofort automatisch installiert und integriert wird. Anschließend sollten Sie Ihren Webbrowser neu starten, damit alles auf Anhieb richtig klappt. Um Alexa z. B. beim Internet Explorer einzusetzen, müssen Sie nur die nach der Installation neu hinzugekommene Alexa-Explorer-Leiste einblenden. Das geht über *Ansicht/Explorerleiste/Alexa Vertical* bzw. *Alexa Horizontal*. Die vertikale Leiste wird am linken Bildrand eingeblendet (ähnlich wie z. B. die Such- oder Verlaufleiste des Internet Explorer). Sie benötigt relativ viel Platz, bietet dafür aber auch mehr und besser lesbare Informationen. Die horizontale Leiste findet alternativ dazu am unteren Rand des Browserfensters Platz. Sie ist erheblich kleiner und weniger störend. Dafür beschränkt sie sich auf die allerwichtigsten Informationen und selbst die sind so klein aufgeführt, dass man Sie nur mit guten Augen oder einer Lupe lesen kann. Selbstverständlich können Sie auch jederzeit zwischen den beiden Varianten wechseln. Dazu ist in beiden Leisten ein kleiner Schalter enthalten, der jeweils die Darstellung wechselt.

In der vertikalen Version versorgt Alexa Sie zunächst mit statistischen Informationen zur aktuell geladenen Webseite. Dazu gehören ein Zugriffsrating, eventuell vorhandene Anmerkungen anderer Alexa-Benutzer und eine Kontaktadresse zum Betreiber der Webseite. Danach folgen die Links auf andere Webseiten, die Alexas Meinung nach inhaltlich etwas mit der aktuellen Seite zu tun haben. Wenn Sie einem der Links von Alexa folgen oder auf andere Art eine neue Webseite abrufen, wird Alexa automatisch aktiv. Sowie die neue Seite komplett angekommen ist, wird sie wiederum analysiert. Wenn Alexa Informationen und Surftips zu dieser neuen Seite hat, aktualisiert es automatisch die Informationen in seiner Leiste. So begleitet das Programm Sie auf Ihren Surftouren und beliefert Sie stets mit Hinweisen auf interessante neue Ziele.

Siehe auch: Suchen, Webguide

Alias(name)

Ein Aliasname, oder kurz: Alias, ist die Bezeichnung für einen oftmals knappen, prägnanten Namen, den Sie anstelle eines längeren, komplizierten Namens im Internet benutzen können.

Ein einfaches und häufig vorkommendes Beispiel ist die Verwendung eines Alias-Namens bei großen Onlinediensten wie T-Online oder CompuServe. Wenn Sie Nutzer dieser Dienste sind, dann wissen Sie sicherlich, dass der „richtige" Benutzername eine nur schwer zu merkende Zahlenkombination ist, bespielsweise 5697897,4989 bei CompuServe. Es ist viel einfacher, sich einen Aliasnamen zu merken und zu nutzen, z. B. Mustermann (oder Ihren Vornamen, Nachnamen, Fantasienamen, was immer Sie wollen; allerdings innerhalb der Vorgaben, die Ihr Internetanbieter zur Wahl stellt).

Normalerweise können Sie diesen Aliasnamen dann auch für Ihren E-Mail-Account oder beim Einloggen anstelle der komplizierten Zahlenkolonnen verwenden.

Siehe auch: Login, User-ID

AltaVista

Suchmaschine und Portalseite

Wenn Sie im Internet nach bestimmten Informationen suchen müssen und Sie keine Ahnung haben, welche Webseite die nötigen Infos liefern kann, lassen Sie doch die entsprechenden Seiten von einer speziellen Suchmaschine (engl. Search-Engine) suchen.

AltaVista

Das internationale Angebot von AltaVista bietet Ihnen einen Suchservice und viele weitere Extras

AltaVista ist nicht nur der Name einer der bekanntesten und beliebtesten Suchmaschinen im Internet mit mehr als 10 Millionen erfasster Webseiten, sondern bietet darüber hinaus weitere Extras wie aktuelle Nachrichten, Tipps, Strompreis- und Telefonanbietervergleiche etc., die AltaVista auch zu einem beliebten Portal werden lassen.

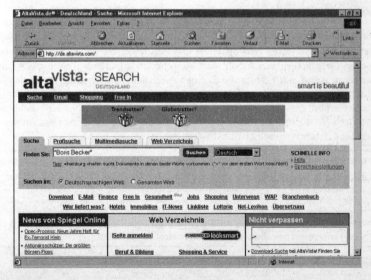

Die deutsche Ausgabe von AltaVista glänzt mit den gleichen Angeboten und bietet die Möglichkeit, nur im deutschsprachigen Webangebot zu suchen. Interessant vor allem für diejenigen, die kein Englisch können und mit den Ergebnissen internationaler, also vorwiegend englischer Suchergebnisse, nicht viel anfangen können.

Die Adresse ist www.altavista.de für das deutschsprachige Angebot und www.altavista.com für die internationale englische Version.

Siehe auch: Portal, Search-Engine

Animated GIF

{Aussprache: Änimäitet Gif}

Grafikformat für Animationen

Sicherlich sind Ihnen beim Surfen im Internet manchmal kleine Animationen aufgefallen, beispielsweise eine winkende Hand oder ein kleiner Hund, der über die Webseite trottet. Dabei haben Sie, möglicherweise ohne es zu wissen, bereits Bekanntschaft mit so genannten Animated GIFs gemacht.

Hierbei werden einzelne Grafiken, die im speziellen Format GIF 87a (**G**raphics **I**nterchange **F**ormat) gespeichert werden, schnell hintereinander als Sequenz abgespielt, wodurch der Eindruck entsteht, dass sich das dargestellte Motiv (also der Hund oder die Hand) bewegt. Das Prinzip kennen Sie wahrscheinlich von dem guten alten „Daumenkino". Es entstehen quasi kleine Trickfilme, die beim Betrachten der Internetseite zu sehen sind. Animated GIF ist das einzige animierte Grafikformat, das von Browsern auch ohne entsprechende Zusatztechniken (Plug-Ins) dargestellt werden kann.

Siehe auch: GIF

Anklopfen

In allen Telefonnetzen (analog, ISDN und Handy) kann man heutzutage mehr als ein Gespräch führen. Erhält man während eines laufende Telefonats einen weiteren Anruf, wird dieser durch einen speziellen Ton signalisiert. Auf dieses Anklopfen kann der Angerufene reagieren, indem er z. B. aus dem Gespräch eine Dreierkonferenz macht oder zwischen den beiden Gesprächen hin- und herwechselt (Makeln). Will man diese Möglichkeit nutzen, muss man das Anklopfen bei der Telefongesellschaft aktivieren lassen.

> **Anklopfen bei Modems**
>
> Bei Modems kommt es häufig vor, dass diese sich durch das Anklopfsignal aus der Bahn werfen lassen und eine bestehende Internetverbindung abbrechen. Wenn man an einem analogen Telefonanschluss ein Modem verwendet, sollte man dieses Leistungsmerkmal deshalb vorsichtshalber deaktivieren. Bei ISDN muss man deswegen keine Bedenken haben, da das Anklopfen hier auf einem separaten Steuerkanal (D-Kanal) erfolgt und bestehende Verbindungen nicht stören kann.

Siehe auch: Modem, D-Kanal

Anmeldung

Gelegentlich wird anstelle des gebräuchlicheren englischen Ausdrucks Login (oder Log-On) auch die deutsche Version „Anmelden" benutzt. Gemeint ist jedoch in beiden Fällen die Angabe des Benutzernamens (und üblicherweise eines Passworts) bei der Einwahl zu einem Internetdienst bzw. Provider.

Umgangssprachlich wird dieser Vorgang auch als Einloggen bezeichnet.

Siehe auch: Abmeldung, Login

Annie

{Aussprache: Ännie}

„Verwaiste", seit langer Zeit nicht mehr aktualisierte Webseite

Möglicherweise kennt der eine oder andere Musical-Fan den Broadway-Musical-Erfolg „Annie" von Charles Strouse oder aber den Comic „Little Orphan Annie" von Harold Gray über eine armes Waisenkind mit Namen Annie.

Hiervon leitet sich nämlich der Begriff Annie für eine Webseite ab, die ganz offensichtlich aufgegeben wurde, d. h., die zwar noch im Internet steht und die man auch mit dem Browser erreichen kann, die jedoch schon seit ewigen Zeiten nicht mehr aktualisiert wurde (auch Cobweb-Site genannt). Auch eine Reaktion auf eine E-Mail an den Webmaster sollte man nicht erwarten. Die Seite ist „verwaist", ohne „Eltern", die sich darum kümmern würden.

Siehe auch: Cobweb Site

Anonymizer

{Aussprache: Änoniemaiser}

Webseiten, mit deren Hilfe Sie „anonym" surfen

Viele Internetnutzer sind immer noch der Meinung, dass Sie bei Ihren Surfausflügen keinerlei Informationen über sich oder ihre PC-Konfiguration, über Vorlieben und Surfgewohnheiten verraten, solange sie nur an keinen Umfragen teilnehmen oder ihren Namen und (E-Mail-)Adresse nicht preisgeben. Sie meinen, dass Sie nur die Informationen an andere weitergeben, die Sie bewusst und freiwillig von sich geben, beispielsweise in E-Mails oder durch das Ausfüllen von Formularen, die in verschiedene Webseiten eingebettet sind.

Sie sollten sich dann möglicherweise auf eine kleine Überraschung vorbereiten, denn ganz so privat und für andere unkenntlich sind Ihre Internettouren keineswegs, im Gegenteil, Sie hinterlassen auf jedem Server, oftmals unwissend und ohne sich dessen bewusst zu sein, Informationen über sich und Ihre Surfgewohnheiten.

Hier versuchen so genannte Anonymizer, einen Riegel vorzuschieben, wobei das Grundprinzip denkbar einfach ist: Anstatt die Webadressen, die Sie besuchen wollen, wie gewohnt in Ihrem Browser einzugeben und loszusurfen, statten Sie zuerst einer Anonymizer-Seite einen Besuch ab.

Anonymizer

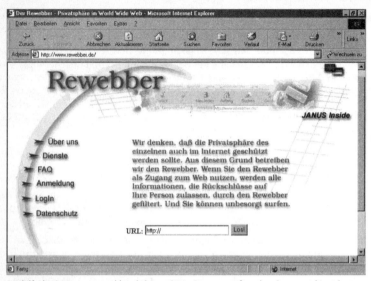

Mithilfe der Seite www.rewebber.de könen Sie im Internet surfen, ohne Spuren zu hinterlassen

Zum ersten Antesten können Sie beispielsweise www.rewebber.de (deutschsprachig) wählen oder aber, wenn Sie im Englischen einigermaßen sattelfest sind, www.anonymizer.com, also die Seite, die dieser Technik auch den Namen gegeben hat.

www.anonymizer.com ist der „Urvater" aller Anonymizer-Seiten. Zum Ausprobieren einfach die gewünschte Ziel-Internetadresse in das vorgesehene Feld eintragen, auf Go klicken und das anonyme Surfen kann beginnen.

Nutzen Sie nun diese Websites als Ausgangspunkt für Ihr Surfen durchs Internet, indem Sie die Webadressen nicht mehr in Ihren Browser eintippen, sondern stattdessen in das von den Anonymizern dafür vorgesehene Feld eintragen. Der Anonymizer übernimmt nun das Verschleiern Ihrer wichtigen Daten, wodurch die Informationsspur, die Sie im Internet hinterlassen, so gering wie möglich gehalten wird.

Da jedoch fast alles seinen Preis hat, soll ein Nachteil nicht verschwiegen werden: Durch Einsatz eines solchen Anonymizers wird das Surfen noch etwas langsamer, als es ohnehin manchmal schon ist. Ob Ihnen dies der Schutz Ihrer Privatsphäre wert ist, müssen Sie letztlich selbst entscheiden.

Anonymous FTP

{Aussprache: Änonimes Eff Tie Pie}

Anonymes Dateiübertragungsprotokoll

Im Gegensatz zur Mehrzahl der herkömmlichen FTP-Server bietet die Servereinstellung „Anonymous FTP" (übersetzt also „anonymes File-Transfer-Protokoll") die Möglichkeit, auf die Dateien eines solchen öffentlichen Servers anonym zugreifen zu können. Normalerweise ist es bei FTP-Diensten üblich, sich dafür einen Account, also ein spezielles Benutzerkonto mit Benutzernamen und Passwort zuzulegen.

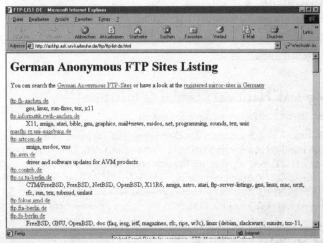

Unter der Internetadresse http://askhp.ask.uni-karlsruhe.de/ftp/ftp-list-de.html finden Sie eine Auflistung von Anonymous FTP-Servern, auf die Sie ohne speziellen Account zugreifen können

ANSI

Beim Anonymous FTP müssen Sie jedoch nicht wie sonst üblich Namen bzw. Passwort angeben, um Zugriff auf bestimmte Dateien zu erhalten. Stattdessen können Sie anonym bleiben und die FTP-Dienste nutzen, ohne sich vorher einen entsprechenden Account zulegen zu müssen.

Als Zugangsdaten werden unverfängliche Benutzernamen und Passwörter benutzt. Sehr häufig sind hier „anonymous" als Benutzername und Ihre E-Mail-Adresse als Passwort erforderlich, doch können durchaus auch Passwörter wie „ftp" oder „guest" verlangt werden, abhängig vom FTP-Server, den Sie kontaktieren.

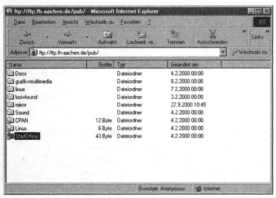

Auch Standardbrowser, wie hier der Internet Exporer, können für FTP-Dienste benutzt werden. Die Auflistung der auf einem FTP-Server befindlichen Dateien und Verzeichnisse ist ähnlich der vom Windows-Explorer bekannten Darstellung

Eine Liste von FTP-Servern als Startpunkt finden Sie unter http://askhp.ask.uni-karlsruhe.de/ftp/ftp-list-de.html.

Siehe auch: Account, FTP

ANSI [American National Standards Institute]

Nationales amerikanisches Institut für Standards

ANSI bemüht sich in den USA um das Definieren und Etablieren von Industriestandards in den verschiedensten Bereichen und ist mit dem Deutschen Institut für Normung (DIN) vergleichbar. Im Bereich von Computern und Internet gibt es eine ganze Reihe von Standards, die aus der Feder des ANSI stammen. Zu den bekanntesten gehören die ASCII- und ANSI-Zeichensätze, SCSI oder ANSI C. Das Institut ist Mitglied der ISO. Besuchen kann man es unter http://www.ansi.org.

Siehe auch: ASCII, DIN, ISO, Zeichensatz

Antispam-Filter

Antispam-Filter können auf zwei verschiedene Arten auftreten.

Spam ist ein Slangausdruck für unerwünschte (Werbe-)E-Mails, demzufolge ist ein Antispam-Filter eine Vorrichtung, die den Empfang solch unerwünschter Nachrichten verhindern soll.

Einerseits versteht man darunter eine Software, die auf dem Mailserver ankommende Nachrichten direkt nach vorgegebenen Charakteristiken (verdächtige Absender, Begriffe etc.) untersucht, in die Kategorie der unerwünschten Werbe-E-Mails (UCE) einordnet und die Nachrichten löscht, sodass Sie von diesen Nachrichten beim Maildownload überhaupt nicht mehr belästigt werden.

Andererseits sind Antispam-Filter Bestandteil der meisten gängigen E-Mail-Programme, die den Benutzer in die Lage versetzen, durch spezielle Filteroptionen selbst zu entscheiden, welche E-Mails heruntergeladen werden sollen bzw. welche vom Server ohne Nachschauen gelöscht werden können. Diese Filter sind üblicherweise auch als Bozofilter bekannt. Unter dem Stichwort „Bozofilter finden Sie übrigens eine kurze Anleitung, wie man einen solchen Filter bei Outlook Express aktiviert.

Siehe auch: Bozofilter, Spam, UCE

Antivirusprogramme

Viren gehören zu den heimtückischsten Gefahren, die Ihrem Computersystem beim Surfen im Internet, beim Lesen von E-Mail-Nachrichten oder beim Downloaden und Starten von Dateien aus dem Web begegnen können. Die Anzahl der bekannten Viren steigt täglich und immer häufiger werden Virusattacken auch ein Thema nicht mehr nur für wenige Spezialisten, sondern entsprechende Meldungen über Computerschäden durch Viren schaffen es bis in die Hauptnachrichten der Fernsehsender. So beispielsweise im Februar 2001 die Nachricht über den so genannten „Anna Kournikova"-Virus, der sich hinter einem scheinbar harmlosen Bild der russischen Tennisschönheit verbarg und allein schon dadurch ungeheure Aufmerksamkeit auch über die Internet- und Computergemeinde hinaus auf sich zog.

Eines vorweg: Einen absolut sicheren Schutz vor Viren im Internet gibt es nicht. Um dies zu erreichen, müssten Sie nicht nur auf das Surfen und E-Mailen, sondern auch auf das Downloaden von Dateien aus dem Netz völlig verzichten und wer will das schon?

Aber selbstverständlich können Sie etwas dafür tun, die Virengefahr für Ihr System so niedrig wie möglich zu halten. Schauen Sie in diesem Buch doch einfach einmal unter dem Begriff Virus nach, denn dort finden Sie die wichtigsten Tipps und Ratschläge zusammengefasst, die Ihnen im Kampf gegen Viren hilfreich sein werden.

Antivirusprogramme

In jedem Fall gehört ein aktuelles Antivirusprogramm zur absolut unentbehrlichen Grundausstattung eines PCs. Ein gutes Antivirusprogramm ist in der Lage, Ihr Computersystem nach Viren zu durchsuchen (das so genannte Scannen nach Viren), erkannte Viren zu entfernen (die Aufgabe eines Viren-Cleaners) und auch eine Schutzfunktion quasi im Hintergrund auszuüben. Gerade dieser letzte Aspekt ist im Hinblick auf das Surfen im Internet besonders wichtig, da hierdurch oftmals verhindert werden kann, dass ein Virus überhaupt erst in Ihr System gelangt und dort Schaden anrichten kann.

Bekannte und in der täglichen Praxis bewährte Programme sind beispielsweise Norton Antivirus, McAfee's Scan oder auch F-Prot. Vielfach sind diese Antivirusprogramme in Testversionen auf CDs von Computerzeitschriften erhältlich oder auch per Download aus dem Internet.

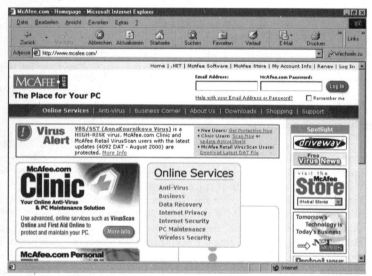

Die Internetseite von McAfee, der Hersteller eines der bekanntesten Antivirusprogramme. Hier können Sie sich die neusten Programmversionen herunterladen, um auf dem aktuellsten Stand zu sein

Für welches Antivirusprogramm Sie sich letztlich entscheiden, ist Ihre eigene Wahl, aber achten Sie darauf, dass Sie ohne große Schwierigkeiten an regelmäßige Updates, d. h. an neue, überarbeitete Versionen der Software gelangen. Denn die Sicherheit eines nicht mehr aktuellen Virenscanners ist den Begriff Sicherheit nicht wert.

Hier nun einige Internetadressen, die Ihnen als erste Anlaufstelle dienen können, wenn Sie sich ein (neues) Antivirusprogramm zulegen möchten:

http://www.avp.ch/avpve//

http://www.ma-de.de/viruslinks.html
http://www.antivirus-online.de/
http://www.free-av.de

sowie zwei der bekanntesten Antivirus-Programme immer aktuell auf den jeweiligen Homepages:

- Norton Antivirus-Programm:
  http://www.symantec.com/avcenter/index.html

und

- MacAfee Antivirus Center
  http://www.mcafee.com/centers/anti-virus/

Siehe auch: Sicherheit im Internet, Update, Virus

AOL [America OnLine]

America Online ist der weltweit größte Onlinedienst, also der Dienst mit den meisten Mitgliedern. AOL stellt seinen Benutzern nicht einfach nur einen Internetzugang zur Verfügung, sondern bietet auch eine Vielzahl von eigenen Inhalten an. Dabei positioniert AOL sich als Onlinedienst für die ganze Familie mit einer breiten Palette von Informationen aus allen Bereichen des täglichen Lebens. Selbstverständlich können AOL-Kunden auch alle Internetdienste nutzen. Darüber hinaus erhalten sie mehrere E-Mail-Adressen (... @*aol.com*) und eine eigene Homepage auf dem AOL-Server.

AOL ist einer der letzten Onlinedienste, die noch auf eine eigenen Zugangssoftware aufsetzen, die vor der ersten Anmeldung installiert werden muss. Kleinere Aktualisierungen werden automatisch online vorgenommen. In regelmäßigen Abständen erscheint aber eine neue Version der Software, die dann jeweils installiert werden muss. Seit Version 4.0 ist die Winsock-Version von AOL voll kompatibel, sodass auch andere Internetprogramme problemlos mit einem AOL-Zugang funktionieren sollten.

Mehr Informationen zu AOL gibt es unter http://www.aol.de. Dort kann man auch die Zugangssoftware herunterladen, wenn man nicht gerade eine der zahlreichen AOL-Werbe-CDs greifbar hat.

Hinter AOL steht ein Konzern, der inzwischen zu einem der größten in der Welt gehört. Vor einiger Zeit schluckte man die Firma Netscape und integrierte deren Produkte wie etwa den Netscape Navigator in die eigene Software. 2001 wurde die Fusion mit Time Warner, dem zweitgrößten Medienkonzern der Welt vollzogen. Damit sichert sich AOL den Zugang zu allen Arten von Inhalten und treibt so seine Entwicklung zum Inhalteanbieter weiter voran.

Siehe auch: Onlinedienst, Provider, Content

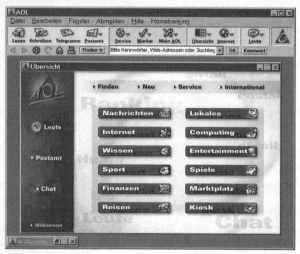

AOL stellt eine eigene Software für die Nutzung des Dienstes zur Verfügung

Apache-Server

{Aussprache: Äpätschi-Sörwer}

Webserver sind die Turbinen, die das World Wide Web antreiben. Es handelt sich dabei in der Regel um leistungsfähige Rechner, die Webangebote beherbergen. Eine der bekanntesten und meistgenutzten Webserver ist der Apache-Server. Er wird von ca. 50 bis 60 % der Webangebote eingesetzt. Seine großen Vorteile: Er ist sehr leistungsfähig und er ist kostenlos, da er als Open Source veröffentlicht wird. Apache-Server laufen normalerweise auf leistungsfähigen UNIX-Rechnern. Es gibt den Apache aber für fast alle Betriebssysteme, auch für Windows und Linux. Einen Windows 9x-/ME-Rechner als Webserver einzusetzen ist nicht unbedingt empfehlenswert. Wenn man aber selbst Webangebote entwickelt, kann es sinnvoll sein, den Apache auf einem Windows-PC zu installieren, um die eigenen Webseiten vor dem Veröffentlichen realistisch zu testen. Mehr Informationen zum Apache-Server einschließlich Möglichkeiten zum Download finden Sie unter http://www.apache.org.

Siehe auch: IIS, Open Source, Webserver

APOP [Authenticated Post Office Protocol]

Authentifiziertes Post Office Protocol

Das APOP (**A**uthenticated **P**ost **O**ffice **P**rotocol) ist eine in der Prxis weitestgehend bedeutungslose Erweiterung des bekannten und vielbenutzten POP3-Protokolls. Die Erweiterung besteht in dem Kommando AUTH, durch das sich ein Benutzer beim Mail-Server anmeldet und so die anschließende Kommunikation absichert.

Weitere Informationen und Spezifikationen zu APOP finden Sie im RFC 1734, wo dieses Protokoll definiert ist.

Siehe auch: POP3, RFC

Applet

{Aussprache: Äpplet}

Kleine Anwendung

Möglicherweise ist Ihnen der Begriff Applikation (Anwendung) geläufiger als Applet. Ein Applet ist die „Koseform", also die Verniedlichung davon, quasi ein „Applikatiönchen".

Vorwiegend in der Programmiersprache Java (oder in JavaScript) geschrieben, ist ein Applet in eine HTML-Seite eingebettet und wird beim Aufruf der betreffenden Seite von Ihrem Browser zuerst komplett eingelesen und dann ausgeführt, allerdings nur dann, wenn Ihr Browser so konfiguriert ist, dass er die Ausführung der Java-Applets erlaubt.

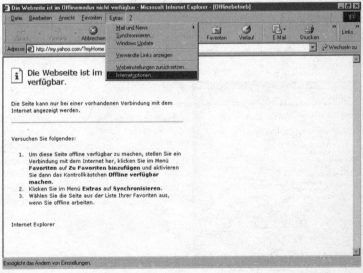

Bild 1

Exemplarisch wird dies hier Schritt für Schritt beim Internet Explorer dargestellt:

1. Wählen Sie unter *Extras* die Option *Internetoptionen* (Bild 1).

Application

2. Im neu erscheinenden Fenster wählen Sie die Registerkarte *Sicherheit* (Bild 2).

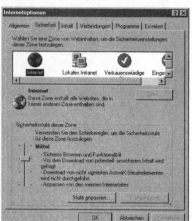
Bild 2

3. Achten Sie darauf, dass das Symbol *Internet*, wie im oberen Drittel der Abbildung gezeigt, markiert, also farbig unterlegt ist.

4. Klicken Sie auf *Stufe anpassen* (Bild 3).

Hier können Sie nun unter dem Begriff *Java* die entsprechende Anpassung vornehmen oder aber mit *Java deaktivieren* die Ausführung von Java-Applets völlig unterbinden.

Bild 3

Siehe auch: Application, Java

Application

{Aussprache: Äpplikäischen}

Applikation, Anwendung

Application ist in der Computersprache schlicht und einfach die Bezeichnung für ein Anwendungsprogramm. Oftmals werden Applikationen noch mit einem erklärenden Zusatz versehen, der auf den Anwendungszweck hinweist, beispielsweise „Grafikapplikation" bei Programmen wie CorelDRAW, Adobe Photoshop etc.)

Siehe auch: Applet, Application sharing

Application sharing

{Aussprache: Äpplikäischen Schäring}

Gemeinsame Nutzung von Anwendungsprogrammen

Unter dem Begriff Application Sharing versteht man das Teilen (engl. to share, teilen) einer Anwendung, d. h., zwei oder mehr Teilnehmer bedienen gemeinsam eine Anwendung, und zwar von unterschiedlichen Computern aus. Es kann beispielsweise im Falle einer Videokonferenz sogar so sein, dass die Personen, die sich die Anwendung teilen, räumlich sehr weit auseinander liegen.

Siehe auch: Application

Archie

Dateisuchdienst

Archie (abgeleitet vom englischen archive, dt. Archiv) kann Ihnen helfen, eine bestimmte Datei in den riesigen Weiten des Internet zu finden, vorausgesetzt, Sie kennen den Namen oder zumindest einen Teil des Dateinamens. Ein Archie-Server ist etwas vereinfacht gesagt eine Datenbank, die eine Liste der auf FTP-Servern erhältlichen Dateien enthält und regelmäßig aktualisiert wird.

Mit einem speziellen Archie-Programm (Archie-Client) fragen Sie den Server nach der Verfügbarkeit einer Datei und erhalten als Rückantwort die Adresse des Servers, auf dem die Datei zu finden ist.

Eine Liste der zurzeit noch verfügbaren Archie-Server können Sie im Internet unter archie.emnet.co.uk/services.html finden, doch wird die Anzahl der diesen Dienst anbietenden Server immer geringer, wodurch die Bedeutung von Archie immer weiter zurückgeht und von den leistungsfähigen Suchmaschinen im World Wide Web abgelöst wird.

Gerade für Interneteinsteiger ist der Umgang mit Archie jedoch nicht sehr zu empfehlen, hier ist der Weg über die bekannten Suchmaschinen sicherlich der leichtere und erfolgversprechendere Weg. Wer es dennoch einmal ausprobieren will, sollte einmal beim Archie-Gate unter http://marvin.physik.uni-oldenburg.de/Docs/net-serv/archie-gate.html vorbeisurfen.

Archie

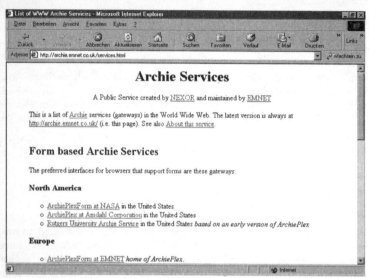

Die Zahl der Server, die Archie anbieten, wird von Monat zu Monat geringer. Unter archie.emnet.co.uk/services.html finden Sie eine geografisch geordnete Auflistung von noch aktiven Archie-Servern

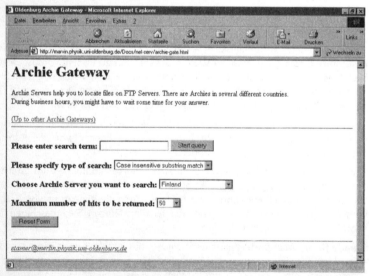

Ein idealer Archie-Einstieg ist das so genannte Archie-Gateway

Siehe auch: Suchmaschine

Arpanet

Vorläufer des heutigen Internet

Das Arpanet ist quasi der „Ur-Vater" dessen, was wir heute als Internet kennen. Die Namenstaufe geht zurück in die Computer-Urzeit 1969, als erstmals vier räumlich nicht benachbarte Computer zu einem Netz zusammengeschlossen wurden, Arpanet genannt. ARPA ist die Abkürzung von **A**dvanced **R**esearch **P**rojects **A**gency, einer Abteilung im amerikanischen Verteidigungsministerium, das für High-Tech-Projekte zuständig war.

Ein solches Netz aus vier Computern war damals durchaus „High-Tech", insbesondere da die Einsatzmöglichkeiten des Arpanets vorwiegend im militärischen und strategischen Bereich gesehen wurden. Das heutige Internet und seine Entwicklung war damals wohl nur in den kühnsten Träumen vorstellbar.

Artikel

Hier ist nicht der grammatische Artikel im Sinne von „der, die, das" gemeint, sondern Artikel ist in der Internetsprache die deutsche Version des Ausdrucks Posting und bezeichnet demnach eine Nachricht, die an Newsgroup-Teilnehmer verschickt wird.

Siehe auch: Newsgroup, Posting.

ASAP [As Soon As Possible]

So schnell wie möglich

Eines der am häufigsten benutzten Akronyme der Internetgemeinde ist asap, das auch in deutschsprachigen Nachrichten und Chats gern benutzt wird. Es ist die Kurzform für as soon as possible, in Deutsch: „so schnell wie möglich".

Nicht selten werden Sie dies auch in der Form ASAP, d. h. durchgängig in Großbuchstaben, finden, womit darauf hingewiesen werden soll, dass das betreffende Anliegen noch dringlicher als dringend ist.

> **Hinweis:** Da die durchgehende Verwendung von Großbuchstaben bei vielen Internetnutzern verpönt ist und quasi als Anschreien aufgefasst wird, ist es ratsam, davon abzusehen bzw. nur dann einzusetzen, wenn dies absolut notwendig oder sinnvoll ist.

Siehe auch: Chatslang, Shouting

ASCII [American Standard Code for Information Interchange]

Amerikanischer Standardcode für den Informationsaustausch

ASCII, eine der am häufigsten benutzen Abkürzungen in der Computersprache, ist die Kurzform von **A**merican **S**tandard **C**ode for **I**nformation **I**nterchange, was übersetzt so viel bedeutet wie „Amerikanischer Standardcode für den Informa-

ASCII

tionsaustausch". Dieser Zeichensatz stellt quasi die Grundlage vieler Internetdienste dar, nicht zuletzt aufgrund seiner Portabilität, d. h., er wird durch seine Standardisierung problemlos von jedem Computer verstanden, egal ob es sich um einen Apple, einen Atari, einen Amiga, einen MS-DOS- oder MS-Windows-basierten PC handelt.

Da der ursprüngliche ASCII-Code, der 7 Bit nutzt und aus 128 Zeichen besteht, nur die für englische Texte notwendigen Zeichen umfasst, wurde bald ein auf 8 Bit erweiterter ASCII-Code bestimmt, der 256 Zeichen beinhaltet und auch die Verwendung von landesspezifischen Zeichen anderer Länder berücksichtigt.

Hierunter fallen beispielsweise die deutschen Sonderzeichen wie ß, Ä, Ö oder Ü.

> **Hinweis:** E-Mails bestehen aus ASCII-Zeichen. Allerdings wird dabei lediglich der „alte" 7-Bit-ASCII-Zeichensatz verwendet. Deshalb kann es, insbesondere bei E-Mails von oder in andere Länder bei der Verwendung der genannten Sonderzeichen zu Problemen kommen. „Probleme" heißt in diesem Fall, dass diese Zeichen nicht korrekt dargestellt werden (der so genannte Zeichensalat) und der Text deshalb schwieriger lesbar wird. Eine entsprechende Kodierung, beispielsweise über MIME, schafft hier Abhilfe. Moderne E-Mail-Programme sind bei richtiger Konfiguration in der Lage, Ihnen jegliche Arbeit und Probleme abzunehmen und diese Kodierung automatisch vorzunehmen.

7-Bit-ASCII

Dez.	Hex.	Zeichen
0	00	
1	01	☺
2	02	●
3	03	♥
4	04	♦
5	05	♣
6	06	♠
7	07	•
8	08	◘
9	09	○
10	0A	◙
11	0B	♂
12	0C	♀
13	0D	♪
14	0E	♫
15	0F	☼
16	10	►
17	11	◄
18	12	↕
19	13	‼
20	14	¶
21	15	§
22	16	▬
23	17	↨
24	18	↑
25	19	↓
26	1A	→
27	1B	←
28	1C	∟
29	1D	↔
30	1E	▲
31	1F	▼
32	20	
33	21	!
34	22	"
35	23	#
36	24	$
37	25	%
38	26	&
39	27	'
40	28	(
41	29	)
42	2A	*
43	2B	+
44	2C	,
45	2D	-
46	2E	.
47	2F	/
48	30	0
49	31	1
50	32	2
51	33	3
52	34	4
53	35	5
54	36	6
55	37	7
56	38	8
57	39	9
58	3A	:
59	3B	;
60	3C	<
61	3D	=
62	3E	>
63	3F	?
64	40	@
65	41	A
66	42	B
67	43	C
68	44	D
69	45	E
70	46	F
71	47	G
72	48	H
73	49	I
74	4A	J
75	4B	K
76	4C	L
77	4D	M
78	4E	N
79	4F	O
80	50	P
81	51	Q
82	52	R
83	53	S
84	54	T
85	55	U
86	56	V
87	57	W
88	58	X
89	59	Y
90	5A	Z
91	5B	[
92	5C	\
93	5D	]
94	5E	^
95	5F	_
96	60	`
97	61	a
98	62	b
99	63	c
100	64	d
101	65	e
102	66	f
103	67	g
104	68	h
105	69	i
106	6A	j
107	6B	k
108	6C	l
109	6D	m
110	6E	n
111	6F	o
112	70	p
113	71	q
114	72	r
115	73	s
116	74	t
117	75	u
118	76	v
119	77	w
120	78	x
121	79	y
122	7A	z
123	7B	{
124	7C	|
125	7D	}
126	7E	~
127	7F	▓

8-Bit-ASCII

Dez.	Hex.	Zeichen
128	80	Ç
129	81	ü
130	82	é
131	83	â
132	84	ä
133	85	à
134	86	å
135	87	ç
136	88	ê
137	89	ë
138	8A	è
139	8B	ï
140	8C	î
141	8D	ì
142	8E	Ä
143	8F	Å
144	90	É
145	91	æ
146	92	Æ
147	93	ô
148	94	ö
149	95	ò
150	96	û
151	97	ù
152	98	ÿ
153	99	Ö
154	9A	Ü
155	9B	¢
156	9C	£
157	9D	¥
158	9E	₧
159	9F	ƒ
160	A0	á
161	A1	í
162	A2	ó
163	A3	ú
164	A4	ñ
165	A5	Ñ
166	A6	ª
167	A7	º
168	A8	¿
169	A9	⌐
170	AA	¬
171	AB	½
172	AC	¼
173	AD	¡
174	AE	«
175	AF	»
176	B0	░
177	B1	▒
178	B2	▓
179	B3	│
180	B4	┤
181	B5	╡
182	B6	╢
183	B7	╖
184	B8	╕
185	B9	╣
186	BA	║
187	BB	╗
188	BC	╝
189	BD	╜
190	BE	╛
191	BF	┐
192	C0	└
193	C1	┴
194	C2	┬
195	C3	├
196	C4	─
197	C5	┼
198	C6	╞
199	C7	╟
200	C8	╚
201	C9	╔
202	CA	╩
203	CB	╦
204	CC	╠
205	CD	═
206	CE	╬
207	CF	╧
208	D0	╨
209	D1	╤
210	D2	╥
211	D3	╙
212	D4	╘
213	D5	╒
214	D6	╓
215	D7	╫
216	D8	╪
217	D9	┘
218	DA	┌
219	DB	█
220	DC	▄
221	DD	▌
222	DE	▐
223	DF	▀
224	E0	α
225	E1	ß
226	E2	Γ
227	E3	π
228	E4	Σ
229	E5	σ
230	E6	µ
231	E7	τ
232	E8	Φ
233	E9	Θ
234	EA	Ω
235	EB	δ
236	EC	∞
237	ED	φ
238	EE	ε
239	EF	∩
240	F0	≡
241	F1	±
242	F2	≥
243	F3	≤
244	F4	⌠
245	F5	⌡
246	F6	÷
247	F7	≈
248	F8	°
249	F9	∙
250	FA	·
251	FB	√
252	FC	ⁿ
253	FD	²
254	FE	■
255	FF	

Siehe auch: MIME, Zeichensatz

ASP [Active Server Pages]
Aktive Serverseiten

Normalerweise liegen Webseiten als Dateien auf einem Webserver vor. Ruft ein Surfer eine Webseite ab, so übermittelt der Webserver den Inhalt der entsprechenden Datei an den Webbrowser des Benutzers. Bei ASP liegen auf dem Server keine fertigen Dateien, sondern lediglich Skripts bzw. Programme, die den eigentlichen Inhalt der Webseite dynamisch generieren. Dazu ist der Webserver in der Regel mit einer Datenbank verbunden. Aus dieser holt er sich gemäß der Skripts die Informationen, aus denen er die Webseiten zusammenstellt.

Diese Vorgehensweise hat den Vorteil, dass die so entstehenden Webseiten wesentlich flexibler und aktueller sein können. Bei einem Nachrichtenangebot muss der Betreiber beispielsweise neue Nachrichten lediglich in die Datenbank aufnehmen. Die ASPs sorgen dafür, dass solche Nachrichten automatisch als Neuigkeiten auf den Webseiten präsentiert werden. Ebenso kann man mit ASPs flexibel auf die Wünsche der Benutzer eingehen. Wenn ein Besucher etwa seine Interessen zuvor schon angegeben hat, kann man die folgenden Webseiten automatisch so zusammenstellen, dass sie nur die für ihn interessanten Nachrichten beinhalten. Per ASP kann man nicht nur Texte in Webseiten einfügen, sondern auch multimediale Komponenten wie etwa Bilder. Außerdem kann man auch das Erscheinungsbild einer Webseite weitestgehend verändern.

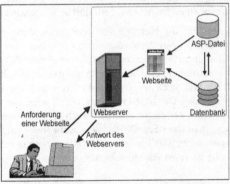

ASP-Seiten werden erst unmittelbar beim Abruf dynamisch zusammengestellt

ASP ist eine Entwicklung der Firma Microsoft und wird von deren Internet Information Server unterstützt. ASP-Seiten sind im Prinzip HTML-Seiten, die aber zusätzlich Skripts bzw. Verweise auf Programme enthalten, die bestimmte Teile der HTML-Seiten dynamisch erzeugen. Beim Aufruf einer ASP-Seite führt der Server die Skripts bzw. Programme aus und erstellt aus der ASP-Seite und den dynamisch erzeugten Komponenten die endgültige Webseite. Diese ist eine dann aber eine „echte" HTML-Seite, die von jedem Webbrowser dargestellt werden kann. ASP-Seiten lassen sich an der Endung *.asp* erkennen. Weiterführende Informationen zu ASP finden Sie unter http://www.aspin.com.

Siehe auch: HTML, IIS, Microsoft, Script, Webserver

ASP [Application Service Provider]
Anwendungs-Dienstleister

ASPs sind ein relativ junger Zweig der Softwareindustrie, der sein Geld damit verdient, Anwendungsprogramme und Informationssysteme an Benutzer zu vermieten. Die Programme werden dabei nicht mehr wie bisher auf den lokalen Rechensystemen der Kunden installiert, sondern laufen auf den zentralen Servern des ASP. Die Benutzung der Anwendungen und Dienstleistungen erfolgt über eine leistungsstarke Internetverbindung. Der Kunde hat davon eine Reihe von Vorteilen. So benötigt er keine eigenen leistungsstarken Rechner mehr, sondern muss nur noch für normale PCs bzw. Net-PCs (NCs) an den Arbeitsplätzen seiner Mitarbeiter sorgen, von denen aus die gemieteten Anwendungen genutzt werden können. Er muss auch keine Spezialisten mehr beschäftigen, die sich um die Pflege der Software kümmern. Backups, Aktualisierungen und die Installation neuer Versionen übernimmt der ASP. Außerdem können ASP-Kunden jederzeit ohne Anschaffungskosten und Installationsaufwand mit der aktuellsten Version einer Anwendung arbeiten. Da die Software nur gemietet ist, sind auch kurzfristig Vertragslaufzeiten denkbar, wenn Software etwa bei einem bestimmten Projekt nur für einen befristeten Zeitraum benötigt wird.

Technisch gesehen benötigt man für die Nutzung von ASP-Anwendungen in den meisten Fällen nur einen Java-fähigen Webbrowser, von dem aus man die Anwendung aus dem Netz laden und starten kann. Bei größeren Anwendungen kann dies bei langsamen Netzverbindungen aber sehr lange dauern. Deshalb richtet sich ASP bislang auch hauptsächlich an große und mittelständische Unternehmen mit guter Netzanbindung. Da der Netzzugang durch neue Techniken wie ADSL immer schneller wird, könnte es aber bald auch für Privatnutzer interessant werden. Dann muss man das neue Office-Paket nicht mehr kaufen, sondern mietet es nur, solange man es wirklich braucht. Weiterführende Informationen zum Thema ASP gibt es beim ASP-Konsortium e. V. unter http://www.asp-konsortium.de.

Siehe auch: Java, NC, Provider

ASP [Association of Shareware Professionals]
Verband der Sharewareproduzenten

Die ASP ist ein Zusammenschluss von Sharewareproduzenten aus aller Welt. Shareware ist eine spezielle Art von Softwareveröffentlichung, bei der man ein Programm zunächst eine Zeit lang kostenlos testen darf. Nach Ablauf der Testfrist kann man entscheiden, ob man dass Programm weiternutzen und dafür bezahlen will oder ob man es deinstalliert. Die ASP ist eine weltweite Interessengemeinschaft von Autoren und Firmen, die Shareware herausgeben. Man kann sie unter http://www.asp-shareware.org besuchen.

Siehe auch: Shareware

Asterisk *

Platzhalter für beliebige Anzahl von Zeichen

Asterisk ist die Bezeichnung für *, den Stern, ein Sonderzeichen auf Ihrer Tastatur. Bevor Sie lange suchen, sei gesagt, dass Sie dieses Zeichen auf der Taste rechts neben dem Umlaut Ü finden können. Sie müssen allerdings beachten, dass Sie zusätzlich auf die [Umschalt]-Taste drücken müssen, um das *-Zeichen zu erhalten. Ebenso finden Sie das Zeichen in der oberen Reihe des separaten Nummernblocks rechts auf Ihrer Tastatur.

Doch wozu dient dieser Asterisk überhaupt? Kurz gesagt, er hilft Ihnen bei der Suche nach Dateien oder Begriffen, denn er gehört zu den so genannten Platzhaltern (manche benutzen auch den Begriff Wildcard, sie meinen allerdings das Gleiche).

Ein Beispiel soll den Einsatz des Asterisk verdeutlichen: die Suche nach dem Begriff Comic* bringt als Ergebnis Begriffe wie Comicheft, Comicheld, Comicfigur, Comicbörse etc., d. h., das Zeichen * steht für eine beliebige Anzahl von weiteren Zeichen im Anschluss an den Suchbegriff. Die Suche nach Comiche* findet als Ergebnis Begriffe wie Comicheft oder Comicheld, nicht jedoch Comicfigur.

Siehe auch: Wildcard

AT-Befehle

Kommandosprache zur Steuerung von Modems

Unter AT-Befehlen versteht man eine Kommandosprache, die dazu dient, Modems anzusteuern und diesen die gewünschten Kommandos zu geben, beispielsweise welche Nummer gewählt werden soll, welches Wahlverfahren benutzt wird (Ton- oder Pulswahl) etc.

Alle Befehle, die an das Modem weitergegeben werden, beginnen mit der Aufforderung „Attention" (daher AT, dt. Achtung!), um dem Modem zu signalisieren, dass die nächsten Zeichen einen auszuführenden Befehl darstellen. Sofern das Modem dem so genannten Hayes-Standard folgt (und das sind so gut wie alle), werden diese Kommandos auch verstanden und umgesetzt.

Eine Liste der Kommandos, die Ihr Modem versteht, finden Sie normalerweise im Handbuch zu Ihrem Modem. Sollten Sie mit einem Betriebssystem wie Windows 95/98 oder ME arbeiten, werden Sie sich möglicherweise wundern, dass Sie mehr oder minder problemlos mit Ihrem Modem arbeiten und surfen können, ohne jemals auch nur einen dieser AT-Befehle eingegeben zu haben. Auch Ihr Modem erhält die entsprechenden Befehle; Sie merken nur nichts davon, da die Eingabe nicht mehr über AT-Befehle erfolgt, sondern über die komfortable

AT-Befehle

grafische Windows-Oberfläche. Wenn Sie in die Situation kommen sollten, per Hand zusätzliche AT-Befehle eingeben zu wollen oder zu müssen, so erreichen Sie dies auf folgendem Weg:

1. Wählen Sie unter *Arbeitsplatz* das Symbol *DFÜ-Netzwerk* (Bild 1).

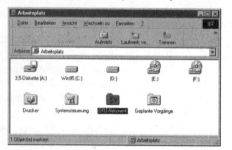

Bild 1

2. Anschließend wählen Sie die gewünschte Verbindung und klicken Sie mit der rechten Maustaste auf das entsprechende Symbol. Es erscheint eine Auswahlliste, aus der Sie den Punkt *Eigenschaften* auswählen (Bild 2).

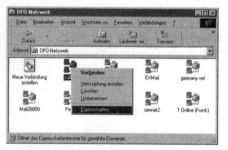

Bild 2

3. Auf der Registerkarte *Allgemein* wählen Sie in der unteren Hälfte bei *Verbinden über* die Schaltfläche *Konfigurieren* (Bild 3).

Bild 3

4. Eine weitere Registerkarte erscheint. Hier müssen Sie *Einstellungen* auswählen und anschließend auf *Erweitert* klicken (Bild 4).

Bild 4

5. Im nun erscheinenden Fenster *Erweiterte Einstellungen für Modem* können Sie dann die gewünschten zusätzlichen AT-Befehle eingeben (Bild 5). Vergessen Sie nicht die Bestätigung mit *OK*, sonst werden Ihre Ergänzungen nicht gespeichert.

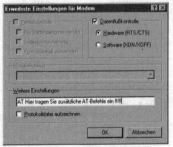

Bild 5

Siehe auch: Hayes

Attachment

{Aussprache: Ättätschment}

Anhang, Anlage

Die englische Bezeichnung Attachment bedeutet übersetzt nichts anderes als „Anhang", klingt aber für viele Ohren nach „mehr" und wird deshalb im täglichen Gebrauch der deutschen Entsprechung oftmals vorgezogen.

Immer dann, wenn bei einer E-Mail außer der eigentlichen Nachricht, also dem reinen Text, noch eine weitere Datei mitgeschickt wird, spricht man bei diesem Anhängsel von einem Attachment. Hierbei ist es völlig gleichgültig, um welche

ATM

Art von Daten es sich handelt; es kann sich dabei um Texte, Bilder, Sounddateien, Animationen wie auch ganze Programme handeln.

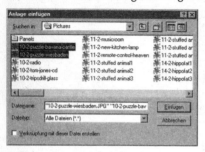

Bei Outlook Express können Sie einfach über Einfügen/Anlage diejenigen Dateien auswählen, die Sie als Attachment der E-Mail anfügen möchten. Hierzu müssen Sie lediglich die entsprechenden dateien markieren und auf Einfügen klicken

Attachments sind beliebt als Träger von Viren, die teilweise beträchtlichen Schaden an Ihrem Computersystem anrichten können. Seien Sie deshalb sehr vorsichtig, wenn Sie E-Mail-Nachrichten erhalten, die ein Attachment beinhalten. Insbesondere dann, wenn diese E-Mail von jemandem stammt, der Ihnen nicht bekannt ist, sollten Sie auf der Hut sein und das Attachment niemals ohne aktiven Virenscanner öffnen.

Wenn Sie E-Mails mit größeren Attachments (d. h. größer als 5 MByte) verschicken wollen, sollten Sie sich zuvor bei Ihrem Internetanbieter erkundigen, ob es ein Limit für die Größe von E-Mails gibt. Manche Anbieter setzen Limits in Bezug auf die maximale Größe einer E-Mail, wobei dann eine einzelne E-Mail inklusive Attachment nicht größer als 3 MByte sein darf (ob und welche Limits es gibt, müssen Sie bei Ihrem jeweiligen Internetabieter erfragen). Falls die E-Mail mit Attachment über dem Limit liegen sollte, bleibt Ihnen die Möglichkeit, die Anhangdatei zu „packen", d. h. zu verkleinern, was vor allem bei Texten und vielen Grafikformaten auch gut funktioniert (jedoch weniger bei den beliebten MP3-Dateien, die bereits in einem komprimierten Format vorliegen), oder aber die große Datei in mehrere kleinere Dateien zu zerlegen.

Beides können Sie relativ bequem und einfach mit modernen Packprogrammen erledigen, wie zum Beispiel dem weit verbreiteten und beliebten WinZip (andere Packprogramme sind jedoch auch einsetzbar). Achten Sie jedoch darauf, dass der Empfänger der E-Mail auch tatsächlich in der Lage ist, das Attachment wieder zu entpacken, ansonsten ist die Datei für ihn wertlos. Als Standard für solche Pack-Aufgaben hat sich im Internet und PC-Bereich das ZIP-Format durchgesetzt, das von sehr vielen Komprimierprogrammen unterstützt wird.

Siehe auch: Virus, Winzip, ZIP

ATM [Asynchronous Transfer Mode]

Asynchroner Übertragungsmodus

ATM ist eine Übertragungstechnik, mit der Daten in Höchstgeschwindigkeit über das Internet transportiert werden können. Wohingegen ISDN gerade einmal „nur" 0,64 MBit/s schafft, leistet ATM ein Vielfaches dessen, nämlich bis zu 155 MBit/s.

Dadurch ist diese Übertragungstechnik ideal dafür geeignet, größere Datenmengen wie Sprache oder Videos zu übertragen. Dies geschieht, indem die Daten beim Transfer in jeweils 53 Byte große Pakete (so genannte Cells, dt. Zellen) aufgeteilt werden und mit Höchstgeschwindigkeit zwischen den Knoten eines Netzwerks übertragen werden.

Info: Gelegentlich wird diese Übertragungstechnik auch als Cell Relay bezeichnet, bezugnehmend auf die „Cells" genannten Datenpakete.

Wenn Sie sich näher für diese Technik interessieren, dann lohnt sich sicherlich ein Internetabstecher ins ATM-Forum, das Sie unter www.atmforum.com/ finden können.

Die Webseite des ATM-Forums. Hier finden Sie die neusten Infos zur ATM

Weiterhin ist ATM in der Computersprache auch bekannt als Abkürzung für das Softwareprogramm Adobe Type Manager der Firma Adobe.

Auflösung

Der Begriff Auflösung spielt in Bezug auf das Internet in verschiedenen Bereiche eine wichtige Rolle.

Auflösung des Bildschirms

Ein wichtiger Aspekt beim Websurfen ist die Größe der Darstellung auf dem Bildschirm. Viele Webseiten sind für eine Bildschirmauflösung von 800 x 600

Bildpunkte optimiert. Betrachtet man sie mit einer geringeren Auflösung (z. B. 640 x 480), kann man immer nur einen Teil der Webseite sehen und muss viel mit den Bildlaufleisten des Webbrowsers arbeiten. Verwendet man hingegen eine Bildschirmauflösung von 1.024 x 768 Punkten, benötigt die komplette Webseite nur einen Teil des Bildschirms. In dem Fall könnte man das Browserfenster verkleinern und gleichzeitig noch andere Programm anzeigen lassen. Wenn man selbst Webangebote erstellt, sollte man darauf achten, dass diese möglichst für die Standardgröße 800 x 600 optimiert sind. Noch besser sind natürlich Webseiten, die sich durch dynamische Funktionen wie DHTML oder JavaScript bei jedem Besuchers an die tatsächliche Größe des Browserfenster anpassen.

Internetadressen auflösen

Auch im Zusammenhang mit Internetadressen spielt die Auflösung eine wichtige Rolle. Internetadressen können entweder IP-Adressen (www.databecker.de) oder IP-Nummern (*192.68.0.100*) sein. Aus einer IP-Nummer lässt sich per DNS der dazugehörende IP-Name ableiten und umgekehrt. Diese Ableitung des Namens aus der Nummer bzw. der Nummer aus dem Namen bezeichnet mal als Adressauflösung. Das dabei verwendete Protokoll heißt **A**ddress **R**esolution **P**rotocol (ARP).

Siehe auch: DNS, IP-Adresse

Authorization

{Aussprache: Othorisäischen}

Authorisation, Berechtigung

Wenn Sie auf bestimmte Daten zugreifen wollen, müssen Sie auch die Berechtigung (Authorization) dafür haben. In der Regel werden Sie mit einer entsprechenden Mitteilung darauf hingewiesen, dass Sie keine Berchtigung zum Zugriff auf diese Daten haben; in einem solchen Fall wendet man sich an den Admin (Administrator), der die Zugriffsrechte vergibt und Sie bei Bedarf auf ein höheres Authorization level (Berechtigungsstufe) setzen kann.

Siehe auch: Administrator

Autocomplete

{Aussprache: Otokompliet}

Automatisches Vervollständigen

Seit der Version 5 besitzt der Brwoser Internet Explorer die Funktion Autocomplete bzw. AutoverVollständigen in der deutschen Version in der Erweiterung für Formularfelder und Passwörter.

Zuvor gab es dieses Autocomplete beim Internet Explorer nur im Zusammenhang mit Internetadressen (URL), d. h., Sie tippten die ersten Buchstaben einer

Autocomplete

URL und sofort bekamen Sie vom Browser eine Liste mit zuvor bereits eingebenenen Adressen angezeigt, aus der Sie (falls die richtige Adresse vorhanden war) einfach den gewünschten URL auswählen mussten und Ihnen so eine Menge Tipparbeit erspart blieb.

Dieses Funktionsprinzip wurde nun seit der Version 5 auch auf das Ausfüllen von Formularfeldern und Passwortabfragen auf Internetseiten ausgedehnt. Dies kann in vielen Fällen sehr bequem sein, weil man weniger Text eintippen muss und die entsprechenden Eingaben somit schneller vorgenommen werden können; andererseits besteht durch das Speichern der Texte und Passwörter auf Ihrem Rechner natürlich auch ein zusätzliches Sicherheitsrisiko.

Voraussetzung für die Benutzung von AutoVervollständigen ist allerdings, dass die entsprechende Funktion im Internet Explorer aktiviert ist. Um dies zu überprüfen, müssen Sie unter *Extras/Internetoptionen* das Register *Inhalt* anwählen. Dort können Sie unter *Persönliche Informationen/AutoVervollständigen* die gewünschten Optionen aktivieren bzw. deaktivieren.

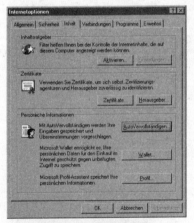

Unter Persönliche Informationen/AutoVervollständigen gelangen Sie beim Internet Explorer zur Möglichkeit, die AutoComplete-Funktion an- oder abzuschalten

Seit der Version 5 können Sie beim Internet Exlorer wählen, ob das AutoVervollständigen nicht nur für Webadressen, sondern auch für Formulare und Kennwörter Verwendung findet. Um die Funktion zu deaktivieren, müssen Sie durch Klicken die Häkchen in den jeweiligen Kontrollkästchen entfernen.

Siehe auch: Internet Exlorer, Passwort, URL

Autoresponder

{Aussprache: Otorisponder}

Automatischer E-Mail-Beantworter

Sicherlich waren Sie auch schon einmal für längere Zeit von Ihrem PC und damit auch vom Erhalt Ihrer E-Mails abgehalten, sei es angenehmerweise durch einen Urlaub, sei es unangenehmerweise durch einen Krankenhausaufenthalt, sei es aus anderen Gründen.

Wäre es da nicht eine wunderbare Sache, wenn es eine Möglichkeit gäbe, dass Ihre E-Mails während Ihrer Abwesenheit „beantwortet" werden? Genau dies macht ein Autoresponder für Sie, er beantwortet eingehende E-Mails automatisch mit einer Nachricht, die Sie zuvor verfasst haben.

Eine Reihe von ISPs (Internetdienstanbieter) stellen Ihren Kunden einen solchen Service zur Verfügung, fragen Sie doch einmal dort nach. So können Sie vermeiden, dass im Falle einer längeren Abwesenheit E-Mails wochenlang unbeantwortet auf dem Mail-Server liegen bleiben oder gar als Bounce an den Absender zurückgeschickt werden.

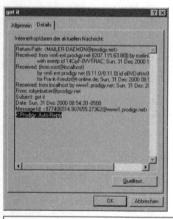

Oftmals erkennt man bereits am Header einer Nachricht, dass die E-Mail von einem Autoresponder stammt, in der Abbildung an Auto-Reply erkenntlich

> **Hinweis:** Die Autoresponder-Funktion wird gelegentlich auch als Auto-Reply bezeichnet.

Siehe auch: Bounce, E-Mail

Avatar

Virtuelle Abbildung eines Chatters

In der Sanskritsprache bedeutet Avatar die „Herabkunft Gottes", in der Internetsprache hingegen ist ein Avatar eine künstliche Bildschirmgestalt, die grafische Darstellung einer Person in einem virtuellen Raum. Dies lässt sich am besten an einem Beispiel erklären: In einigen Spielwelten oder auch in manchen Chaträumen haben Sie die Möglichkeit, eine grafische Figur auszuwählen, die Sie im Spiel bzw. Chat „vertritt" und die quasi als Ihr Abbild dient. Sie können dabei Ihrer Fantasie mehr oder weniger freien Lauf lassen und die Figur, ob Mensch, Tier oder Fabelwesen, auswählen, die Ihnen als Ihre Verkörperung am besten gefällt. Diese Figur ist Ihr Avatar.

Siehe auch: Chatroom

AVI [Audio Video Interleave]

AVI ist ein Dateiformat zum Speichern von Videosequenzen, das ursprünglich für die Video für Windows-Technologie von Microsoft entwickelt wurde. Dateien in diesem Format erkennt man an der Endung *.avi*. Zur Wiedergabe einer solchen Datei benötigt man einen Videoplayer. Aktuellen Windows-Versionen liegt der Windows Media Player bei, der dies beherrscht. Ansonsten beherrscht praktisch jeder vielseitige Multimediaplayer dieses etablierte Format. Wenn in eine Webseite ein AVI-Video eingebettet ist, können moderne Browser wie der Internet Explorer diese selbstständig abspielen.

AVI speichert die Bild- und Klangdaten in zwei getrennten Kanälen. Dabei arbeitet es ohne Datenkompression, sodass die Videodateien verhältnismäßig groß sind. Das hat den Vorteil, dass sie auch von langsameren PCs abgespielt werden können, da der Rechenaufwand nicht sehr hoch ist. Dafür sind die Clips oft aber auch nur briefmarkengroß. Ein AVI-Video in Vollbildgröße erfordert einen so großen Datendurchsatz, dass selbst moderne Festplatten an ihre Grenzen stoßen. Die Zukunft im Videobereich gehört deshalb Formaten mit Kompressionsverfahren wie etwa MPEG. Die benötigen bei der Wiedergabe zwar einen höheren Rechenaufwand bzw. spezielle Chips, dafür sind die Dateien bei gleicher Bildgröße und -qualität aber erheblich kleiner. Somit eignen sich MPEG-Videos auch eher für die Verbreitung per Internet.

Siehe auch: MPEG, Windows Media Player

Award

{Aussprache: Äword}

Auszeichnung

Wenn Sie beim Surfen in Internet auf eine Webseite treffen, die mit einem Award versehen ist, bedeutet dies, dass diese Seite ausgezeichnet wurde.

Awards, also Auszeichnungen für Webseiten, gibt es mittlerweile fast so viel wie Sand am Meer, dennoch ist die Wahrscheinlichkeit immer noch recht hoch, im Dickicht des Internet bei einer derartig prämierten Seite eine der besseren zum jeweiligen Thema gefunden zu haben.

B-Kanal

Die zahlreichen Awards, die eine Webseite erhalten hat, deuten auf die Beliebtheit und (üblicherweise) auch auf ein gewisses Qualitätsniveau hin. Wie immer bestätigen Ausnahmen die Regel

B

B-Kanal

Bei einem ISDN-Anschluss ist die Kommunikation in mehrere Kanäle unterteilt. Damit ist keine physikalische Trennung gemeint, denn die Telefonleitung besteht so oder so aus zwei Kupferdrähten. Es handelt sich vielmehr um eine organisatorische Aufteilung der vorhandenen Übertragungskapazität. Bei einem ISDN-Basisanschluss gibt es zwei Nutzkanäle, auf denen Informationen übertragen werden können. Diese Kanäle werden als B-Kanäle bezeichnet. Da man zwei davon hat, kann man mit einen ISDN-Anschluss zwei Gespräche gleichzeitig führen bzw. während des Telefonierens im Internet surfen oder ein Fax verschicken.

Während in diesem Fall das Telefongespräch über den einen B-Kanal läuft, wird der andere für die Datenübertragung genutzt. Bei einem analogen Telefonanschluss verfügt man quasi nur über einen einzigen B-Kanal, weshalb eine solche parallele Nutzung nicht möglich ist.

Jeder B-Kanal hat eine Kapazität von 64 KBit/s. Das ist die maximale Geschwindigkeit, mit der Daten auf diesem Kanal übertragen werden können. Für Telefongespräche und Faxe ist das völlig ausreichend. Bei der reinen Datenübertragung wie etwa der Einwahl ins Internet kann es natürlich nie schnell genug gehen. Deshalb ist es möglich, beide B-Kanäle zu einer Verbindung zu bündeln. In dem Fall steht die doppelte Kapazität (64 KBit/s + 64 KBit/s = 128 KBit/s) zur Verfügung. Allerdings sind das für die Telefongesellschaft auch zwei separate Verbindungen, sodass der Gebührenzähler doppelt tickt.

Siehe auch: Basisanschluss, D-Kanal, ISDN, Kanalbündelung

B2B [Business To Business]

{Aussprache: Bi tu bi}

Vom Händler zum Händler

B2B ist die Kurzform, die sich anstelle des Ausdrucks Business to business durchgesetzt hat, und meint den elektronischen Handel zwischen Unternehmen auf der Basis des Internet. Die Betonung liegt hierbei auf Unternehmen, der „normale" Kunde, also Sie und ich, ist damit nicht gemeint, hierfür ist B2C reserviert.

Siehe auch: B2C, E-Business

B2C [Business To Consumer]

{Aussprache: Bi tu Si}

Vom Händler zum Kunden

Im Gegensatz zum ähnlich klingenden B2B ist mit dem Kürzel für „Business to Consumer" der elektronische Handel zwischen Unternehmen und dem Verbraucher gemeint, mit anderen Worten: Der Consumer könnten auch Sie sein, falls Sie sich entschließen, in einem der vielen Onlineshops einzukaufen.

Siehe auch: B2B, E-Business

B2N [Business To Nobody]

{Aussprache: Bi tu En}

Vom Händler zu niemandem

In Anlehnung an die oftgebrauchten Kürzel B2B und B2C findet sich auch die etwas sarkastische Wortschöpfung „Consumer to Nobody", für die B2N die Abkürzung ist.

Hintergrund dieses Begriffs ist die Skepsis vieler, ob die Internetgeschäftsideen auch tatsächlich so gut funktieren werden, wie theoretisch angenommen oder ob diese Unternehmen nicht vielmehr vergeblich auf Kunden warten, d. h. „nobody" (niemand) die Businessangebote wahrnimmt.

Siehe auch: E-Business

B4 [Before]

{Aussprache: Bifohr}

Vorher (Slang)

Wahrscheinlich kennen Sie aus der Musikszene aus Buchstaben und Zahlen zusammengesetzte Begriffe wie z. B. den Bandnamen U2. Auch in die Sprache der Internetfreaks hat diese Mode Einzug gehalten und B4 ist ein typisches Beispiel hierfür.

Ausgesprochen klingt diese Kombination genauso wie das Wort before und bedeutet demnach „vorher", „bevor".

Siehe auch: Chatslang

Backbone

{Aussprache: Bäckbohn}

Rückgrat

Das Internet besteht technisch gesehen aus einer Vielzahl von Verbindungen zwischen Rechnern. Nicht alle diese Verbindungen haben die gleiche Kapazität. Wenn man sich beispielsweise von zu Hause per Modem oder ISDN ins Internet einwählt, hat man über die Telefonleitung meist eine Geschwindigkeit von 56 bzw. 64 KBit/s für den Datenaustausch zwischen dem eigenen PC und dem Server des Internetproviders. Dieser ist wiederum mit anderen Internetprovidern, Rechenzentren, Firmen, Universitäten usw., verbunden. Da würde eine 64-KBit-Leitung nicht mehr ausreichen. Deshalb werden in diesem Bereich in der Regel mindestens Standleitungen mit 2 MBit/s verwendet.

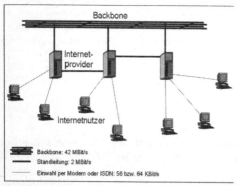

Backbones fungieren als Datenautobahnen durchs Internet

Darüber hinaus gibt es noch die Hochgeschwindigkeitsstrecken, die meist zwischen wichtigen Knotenpunkten verlaufen. Sie haben sehr hohe Kapazitäten von beispielsweise 42 MBit/s und bilden somit das Rückgrat des Datenverkehrs. Solche Backbones laufen z. B. quer durch Europa oder die USA oder verbinden per Tiefseekabel verschiedene Kontinente miteinander. Der Zugang kann aber nicht nur an den Endpunkten erfolgen, sondern Backbones bieten an vielen Stellen Zugangsknoten an. Gute Provider verfügen über einen direkten Anschluss an einen solchen Zugangsknoten und können ihren Kunden somit optimale Zugangsgeschwindigkeiten bieten.

Siehe auch: Standleitung

Background

{Aussprache: Bäckgraund}

Hintergrund

Mit Background ist nicht in erster Linie der Hintergrund beispielsweise eines Bildes oder Bildschirms gemeint. Eine Aktion läuft im Background ab, wenn sie quasi unbemerkt neben einer weiteren Tätigkeit stattfindet.

Zur Verdeutlichung ein Beispiel:

Sie laden sich eine Datei aus dem Internet auf Ihren Rechner. Sie haben nun die Wahl, mehr oder weniger still dabei zu sitzen und die Anzeigen zu beobachten, wie die Datei Stück für Stück auf Ihrem Rechner ankommt, oder Sie können die Zeit nutzen und während des Downloads weitersurfen. Im letzteren Falle findet dann das Herunterladen der Datei im Background statt. Der Vorteil liegt eindeutig darin, dass Sie während längerer Downloads nicht tatenlos herumsitzen müssen, andererseits erhält eine Aktivität, die im HIntergrund ausgeführt wird, auch nur einen Teil der Rechenkapazität Ihres Computers zur Verfügung gestellt, d. h., der Download dauert länger.

Ob es sich für Sie lohnt, bestimmte Aktionen im Background ausführen zu lassen oder letztlich nicht doch die volle Rechenpower Ihres PCs dafür benötigt wird, hängt nicht zuletzt davon ab, wie viel Leistung Ihr Computersystem hat bzw. wie schnell Ihre Internetverbindung ist. Bei einer schlechten Verbindung mit langsamem Tröpfeln der Daten durch die Leitung wird es sich kaum lohnen, gleichzeitig zu surfen und im Hintergrund eine Datei auf Ihren Rechner zu laden.

Backslash \

{Aussprache: Bäcksläsch}

Als Bezeichnung für den umgekehrten Schrägstrich \ hat sich der englische Ausdruck Backslash durchgesetzt. Der Backslash findet vorwiegend dann Verwendung, wenn es darum geht, Pfad- oder Laufwerkbezeichnungen abzugrenzen, wie beispielsweise *C:\Windows\Example.exe*.

Wenn Sie dieses Zeichen auf Ihrer Tastatur nicht auf Anhieb finden können, schauen Sie einfach einmal auf die Taste, auf der auch das Fragezeichen ? und das ß liegen. Dort finden Sie auch das Backslash-Zeichen. Allerdings müssen Sie, um den Backslash zu erhalten, zusätzlich noch die Taste [Alt Gr] drücken.

> **Hinweis:** Verwechseln Sie bitte nicht den Backslash, also den umgekehrten Schrägstrich, mit dem normalen Schrägstrich /, wie er oftmals bei der Eingabe von Internetadressen, wie www.test.com/beispiel/text-html benötigt wird.

Siehe auch: Slash

BAK [Back At Keyboard]

Zurück an der Tastatur

Das Kürzel bak steht für **B**ack **A**t **K**eyboard (bin wieder zurück an der Tastatur) und wird wie das dazugehörige Pendant AFK häufig beim Chat verwendet, um nach einer Unterbrechung die Unterhaltung fortzusetzen.

Siehe auch: AFK, Chatslang

Bandbreite

Bandbreite ist allgemein eine Beschreibung für die Leistungsfähigkeit einer Kommunikationsverbindung. Technisch gesehen beschreibt die Bandbreite bei analogen Verbindungen den Frequenzbereich, in dem Daten übertragen werden können. Je größer der Abstand zwischen der niedrigsten und der höchsten Frequenz ist, desto mehr Daten können pro Impuls übertragen werden. Die Größe des Frequenzbereichs hängt vom Medium ab, das verwendet wird. Funkübertragungen haben beispielsweise meist eine geringere Bandbreite als kabelgebunden Kommunikation, weil die Funksignale störanfälliger sind und deshalb mit einem schmaleren Frequenzbereich arbeiten. Die Angabe der Bandbreite erfolgt in Hertz, was der Anzahl von Schwingungen pro Sekunde entspricht.

Heutzutage verwendet man den Begriff Bandbreite aber auch für digitale Übertragungen, bei denen man sich nicht mit Frequenzen herumschlagen muss. Hier wird als Maßeinheit die Anzahl der Bits verwendet, die eine digitale Verbindung pro Sekunde übertragen kann. Einheiten sind dementsprechend Bps (Bit/s) bzw. KBit/s, MBit/s usw.

Darüber hinaus ist der Begriff Bandbreite einer der „heiligen" Begriffe in der Internetgemeinde, etwa so wie die PS-Zahl unter Autofans. Es ist wichtig, selbst einen Internetzugang mit einer möglichst hohen Bandbreite zu haben. Wenn eine Datenübertragung zu langsam läuft, ist die ungenügende Bandbreite daran schuld. Wer andere ungefragt mit Werbe-E-Mails oder Ähnlichem belästigt, wird als Bandbreiten-Verschwender beschimpft.

Banner

{Aussprache: Bänner}

Werbefläche auf einer Internetseite

Kaum eine Internetseite kommt mittlerweile ohne Banner aus. Zwar bedeutet banner ins Deutsche übersetzt so viel wie „Flagge" oder „Fahne", dennoch wer-

Banner

den Ihre Augen beim Betrachten einer Seite nicht mit Flaggen aller Herren Länder verwöhnt. Stattdessen verbirgt sich hinter einem Banner etwas ungleich weniger Pathetisches, nämlich eine schlichte Werbefläche.

Wenn Sie also auf einer Seite, die sich ansonsten mit ägyptischer Geschichte beschäftigt, plötzlich etwas von Reiseangeboten oder Ähnliches entdecken, sind Sie auf ein solches Banner gestoßen.

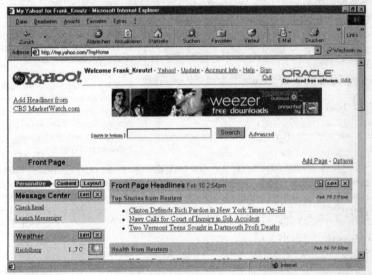

Banner sind üblicherweise an exponierter Stelle im oberen Drittel einer Internetseite zu finden und meistens bereits durch Farbgebung, auffällige Grafiken oder sonstige Gimmicks leicht erkenntlich. Die Beispielabbildung besitzt ein vergleich zu anderen Seiten geradezu dezentes Banner

Im Idealfall haben die Banner zumindest einen entfernten Bezug zur Thematik der jeweiligen Internetseite, auf der sie platziert sind. Leider ist dies jedoch in den meisten Fällen nicht so; je weniger ein Banner Bezug zum Inhalt der Internetseite hat, desto unwahrscheinlicher ist, dass der Surfer verleitet wird, darauf zu klicken.

Ein Anklicken der entsprechenden Werbefläche führt Sie in Normalfall zu dem jeweiligen Angebot. Sollten Sie der Verlockung nicht widerstehen können und dort etwas kaufen, wird oftmals dem Inhaber der Internetseiten, der Sie mit dem Banner „verführt" hatte, eine kleine prozentuale Beteiligung zugeleitet. Kein Wunder, dass manche Internetseiten vor solchen Werbeflächen geradezu überquellen, ist dies doch eine verblüffend einfache (und scheinbar wirkungsvolle) Methode, um zusätzlich zu etwas Kleingeld zu kommen.

Siehe auch: Ad Click, Banner Rotation

Banner Rotation

{Aussprache: Bänner Rotäjschen}

Rotation der Werbeflächen

Bei einer Internetseite mit Banner Rotation wechseln, wie die Bezeichnung bereits andeutet, die Banner, während die Webseite betrachtet wird, d. h., die Werbeflächen einer Seite verändern sich in regelmäßigen Abständen.

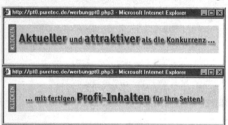

Typisches Beispiel für ein Werbebanner vor und nach der Rotation. Durch die Rotation kann mehr Information auf der zur Verfügung stehenden Fläche angezeigt werden; gleichzeitig wird durch die Veränderung der Seite die Aufmerksamekeit auf das Angebot gezogen. Durch Klicken auf die Werbefläche gelangen Sie zum angepriesenen Angebot

Hierbei ist der Rest der Seite, also der Text, den Sie lesen, oder die Bilder, die Sie betrachten, bereits in Ihrem Browser geladen; lediglich die sich in den reservierten Werbeflächen befindlichen Produktinformationen „rotieren".

Siehe auch: Ad, Banner

Barfmail

{Aussprache: Barfmähl}

Nicht zustellbare Nachricht

Der englische Ausdruck to barf bedeutet vornehm ausgedrückt „sich übergeben".

Barfmail ist demnach die etwas vulgäre Bezeichnung für Nachrichten, die bei Ihnen ein solches Gefühl auslösen. Wobei dies nicht vom jeweiligen Inhalt der Nachrichten herrührt, sondern ausdrückt, dass mehr und mehr Nachrichten als so genannte Bounced mail oder Bounce zu Ihnen zurückkommen, sei es, weil der Mailserver des Adressaten zeitweilig nicht funktioniert und deshalb alle E-Mails einfach zurückschickt, sei es, weil Ihr guter Freund oder Geschäftspartner längst eine andere E-Mail-Adresse hat und deshalb alle Post an Ihn an Sie zurückkommt.

Bei einem erhöhten Aufkommen solcher Nachrichten werden Sie sicherlich früher oder später auch verstehen, warum die treffende Bezeichnung Barfmail geprägt wurde.

Siehe auch: Bounce

Basisanschluss

Unter Basisanschluss versteht man einen einfachen ISDN-Anschluss, wie ihn Telefongesellschaften für Privatkunden anbieten. Er verfügt in der Regel über zwei B-Kanäle. Dadurch sind die Kunden in der Lage, zwei Gespräche bzw. Datenverbindungen gleichzeitig zu führen. Durch Bündelung der beiden B-Kanäle lässt sich eine maximale Übertragungskapazität von 128 KBit/s erreichen, was für den Internetzugang in den meisten Fällen völlig ausreichend ist.

Es gibt zwei Varianten des Basisanschlusses: Bei einem Mehrgeräteanschluss kann man die ISDN-Geräte wie Telefone, ISDN-Karten usw. direkt an den Netzabschluss der Telefongesellschaft anschließen. Man erhält in der Regel drei Rufnummern (MSN – **M**ultiple **S**ubscriber **N**umber), die man auf die angeschlossenen Geräte verteilen kann. Der Mehrgeräteanschluss ist der Standard für Privatkunden. Bei einem Anlagenanschluss muss man in jedem Fall eine eigene Telefonanlage zwischen dem Netzabschluss und den Geräten installieren. In diesem Fall erhält man nur eine Rufnummer, die aber mit einem Block von Endziffer ergänzt werden kann. So kann man bis zu zehn, 100 oder 1.000 eigene Rufnummern verwenden.

Wer mehr als zwei B-Kanäle benötigt, kann einen Anlagenanschluss durch weitere B-Kanäle ergänzen oder gleich zu einem Primärmultiplexanschluss greifen, bei dem 30 B-Kanäle zur Verfügung stehen, also bis zu 30 Verbindungen gleichzeitig durchgeführt werden können.

Siehe auch: B-Kanal, ISDN

Baud

Einheit für die Schrittgeschwindigkeit digitaler Signale

Mit Baud (abgekürzt Bd) bezeichnet man die nach dem Franzosen Jean Maurice Baudot benannte „Schrittgeschwindigkeit" von digitalen Signalen. Hinter dem Begriff Schrittgeschwindigkeit verbirgt sich nichts anderes als die Anzahl der Zustandsänderungen auf einem Übertragungskanal innerhalb einer Sekunde.

So ist ein Baud nicht, wie fälschlich oftmals angenommen wird, identisch mit einem übertragenen Bit bei einem Modem, sondern mit einer Zustandsänderung auf der Leitung. Daher stimmt auch die Gleichung 1 Baud = 1 bps (Bit pro Sekunde) nicht, da moderne Modems durchaus in der Lage sind, mehr als ein Bit pro Signal zu versenden.

Siehe auch: Bps, Bit, Modem

BBL [Be Back Later]

Bin gleich zurück (Slang)

Die Kurzform von **B**e **B**ack **L**ater, zu Deutsch „bin gleich zurück", wird beim Chatten auch vermehrt beim Schreiben von E-Mails benutzt.

Wie viele andere aus dem Englischen bzw. Amerikanischen kommenden Ausdrücke findet auch bbl immer häufiger als Einsprengsel in deutschsprachigen Konversationen Verwendung.

Siehe auch: Chatslang

BBS [Bulletin Board System]

{Aussprache: Bi Bi Ess}

Schwarze Bretter, Mailbox

BBS ist die Abkürzung für **B**ulletin **B**oard **S**ystem, im Deutschen so viel wie Informationssystem oder auch als schwarze Bretter bezeichnet. Der Ausdruck BBS ist vor allem in den USA eine geläufige Bezeichnung für einen Rechner, der unter anderem zwecks Informationsaustausch von anderen Rechnern per Modem angewählt werden kann, im Deutschen ist hingegen die Bezeichnung Mailbox weiter verbreitet.

Bis zum rasanten Durchbruch des Internet waren diese Mailboxen die beliebteste Quelle zum Austausch von Meinungen, Informationen oder auch zum Download von Software. Diese Funktionen wurden aber nun weitgehend von entsprechenden Internetdiensten wie World Wide Web, Newsgroups oder Mailing Lists übernommen.

Siehe auch: Mailbox, Newsgroup

BC [Before Christ]

{Aussprache: Bi Sie}

„Vor Christus", vor langer Zeit

Wenn Ihnen jemand mitteilt, dass beispielsweise Ihr Browser oder Ihr PC „BC" sei, meint er damit, dass Sie extrem veraltete Hardware oder Software benutzen, denn BC steht für „Before Christ" und meint ironisch die Zeitrechnug „vor Christus".

Siehe auch: Chatslang

Bcc [Blind carbon copy]

Besondere Form einer E-Mail-Kopie

Bei Bcc handelt es sich einen Begriff, der beim Versand von E-Mails zur Anwendung kommt. Die vollständige Bezeichnung von Bcc ist **B**lind **c**arbon **c**opy und somit eine spezielle Form der Cc (**C**arbon **c**opy, zu Deutsch „Kohlepapierdurchschlag" also eine Kopie).

Die Betonung liegt hierbei auf dem Wort blind, wobei nicht das mangelnde Sehvermögen des E-Mail-Absenders gemeint ist, sondern die Tatsache, dass der Adressat im Gegensatz zur cc nicht einsehen kann, an wen die jeweilige E-Mail noch gesandt wurde.

Die Auswahl eines Bcc-Empfängers entspricht übrigens der üblichen Wahl eines Empfängers in Ihrem E-Mail-Programm, Sie müssen lediglich bei der Wahl darauf achten, dass Sie den Empfänger unter *Bcc* eintragen. Eine automatische Eintragung wie beispielsweise bei der Reply- bzw. Antwort-Funktion oder dem Forwarding geschieht nicht, Sie müssen einen Bcc-Empfänger explizit per Hand eintragen bzw. aus dem Adressbuch auswählen.

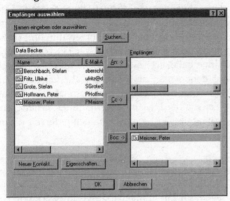

Wer immer auch als Empfänger dieser E-Mail in die Felder An oder Cc eingetragen wird, erfährt nicht, dass eine Kopie dieser Nachricht per Bcc auch an Peter Meisner geht

Siehe auch: Cc, E-Mail

BDSG [Bundesdatenschutzgesetz]

Unter dem Kürzel BDSG (Bundesdatenschutzgesetz) fasst man die gesammelten gesetzlichen Regelungen zum Datenschutz zusammen, die im EDV-Bereich von überragender Bedeutung sind.

Ziel des BDSG ist der Schutz des Einzelnen vor einer Beeinrächtigung seines Persönlichkeitsrechts durch den Umgang mit personenbezogenen Daten. So dürfen beispielsweise personenbezogene Daten nur mit Genehmigung elektronisch gespeichert werden.

Weitere Infos erhalten Sie im Internet unter http://www.datenschutz-berlin.de/infomat/bdsg/inheft.htm.

Beat

{Aussprache: Biet}

Weltweit einheitliche Internet-Uhrzeit

Das Internet ermöglicht weltweite, direkte Kommunikation. Dabei ergibt sich das Problem, dass es auf der Welt Zeitzonen gibt und es z. B. in Deutschland früh am Morgen ist, wenn es in Japan schon Abend wird. Dementsprechend hat jede Region eine an die äußeren Verhältnisse angepasste Zeit. Das macht es schwer, sich im Internet zu gemeinsamen Onlineaktivitäten zu verabreden, da man immer beachten muss, von welcher Zeitzone die jeweilig Beteiligten reden.

Deshalb beschloss die Schweizer Uhrenfirma Swatch, eine der modernen Kommunikationswelt angemessene Internetzeit zu etablieren, die rund um die Welt identisch ist und so Missverständnisse vermeidet. Diese Zeit teilt den Tag in genau 1000 Zeitabschnitte, die so genannten Beats. Jeder Beat ist also genau 25,4 Sekunden lang. Der Beat-Tag beginnt um 0:00 Uhr mitteleuropäischer Winterzeit mit @000 Beats. Um 12:00 Uhr Mittags ist es dann @500 Beats usw. Diese Zeit hat weltweit Gültigkeit, denn abhängig von der aktuellen Zeitzone kann man immer mit einer einfachen Formel ausrechnen, bei wie viel Beats man gerade ist. Die Umrechnung von Beats in klassische lokale Uhrzeit und umgekehrt ist also jederzeit möglich. Geschäftstüchtig wie die Schweizer Uhrmacher sind, haben sie es nicht nur bei der Idee belassen, sondern sogar spezielle Swatch-Beat-Uhren herausgebracht, auf denen man die Beat-Zeit ablesen kann. Das Ganze ist (zumindest bislang) allerdings mehr ein Mode-Gag für Internetfreaks und keineswegs ein offizieller Zeitstandard. Mehr Informationen erfährt man unter http://www.swatch.com/beatnik. Dort kann man auch jederzeit die aktuelle Beat-Zeit erfahren.

Bells & Whistles

Alle möglichen Extras

Ein in der Internetsprache vor allem im Zusammenhang mit Software und Homepages häufig benutzter Ausdruck ist „Bells and Whistles", zu Deutsch „Klingel und Pfeifen".

Gemeint sind damit alle Extras, die über das „normale" Maß hinausgehen und nicht notwendig, oftmals auch nicht allzu sinnvoll sind.

Bei mancher Software zahlen Sie oftmals für eine Unzahl von Funktionen, die Sie wahrscheinlich nie nutzen werden und die für Sie völlig unnötig sind, eben die Bells and Whistles.

> **Hinweis:** Das Gegenstück hierzu nennt man übrigens Vanilla.

Siehe auch: Chatslang

Betaversion

Noch nicht endgültige Softwareversion

Als Betaversion oder auch Beta-Release (vom griechischen Beta, dem zweiten Buchstaben des Alphabets) wird eine Softwareversion bezeichnet, die zwar schon weitgehend der fertigen Version entspricht, aber noch in einigen Punkten davon abweicht.

Insbesondere befinden sich darin normalerweise noch zahlreiche Programmfehler, so genannte Bugs, die erst in mühsamer Kleinarbeit von speziellen Betatestern erkannt und an die Programmierer zurückgemeldet werden müssen, die dann die Bugs eliminieren (so zumindest die Theorie).

Manchmal werden Betaversionen auch im Internet zum Download angeboten, wobei diese Programmversionen entweder durch explizite Kennzeichnung mit „beta" im Namen oder mit dem Kürzel ß versehen sind, um anzuzeigen, dass es sich noch nicht um endgültige Versionen handelt

Vor allem bei Programmen, die auf ein großes Interesse der Internetfans stoßen, wie zum Beispiel neue Browserversionen, sind sehr häufig Betaversionen im Internet auf den Firmenseiten zu finden.

Grundsätzlich sollte man beim Einsatz von Betaversionen jedoch vorsichtig sein, denn oftmals hat es einen guten Grund, warum die Softwarefirmen die Versionen noch als beta bezeichnen.

Mit einer gewissen Berechtigung wird auch immer häufiger die These vertreten, dass auch zahlreiche reguläre Veröffentlichungen im Grunde noch Beta-Releases sind, da oftmals schon kurz nach Veröffentlichung Programmfehler und Lücken entdeckt werden, die eigentlich bereits in der Betatestphase hätten verschwinden müssen. Die Folge sind dann geschickt als Updates getarnte Bugfixes, die die bekanntgewordenen Fehler beseitigen sollen.

> **Hinweis:** Eine Vorstufe zu Betaversionen sind die so genannten Alphaversionen (vom griechischen Buchstaben Alpha), die nicht etwa ein fertiges Stadium der Software kennzeichnen, sondern ganz im Gegenteil ein noch früheres und damit fehlerträchtgeres Stadium.

Von Alphaversionen sollten Sie der Sicherheit Ihres Systems zuliebe die Finger lassen.

Siehe auch: Bug, Bug-Fix

Betreffzeile

Siehe unter: Subject

BFN [Bye For Now]

Bis zum nächsten Mal (Slang)

Eine der gängigen Verabschiedungen beim Chatten ist BFN, die Kurzform von Bye For Now, im Deutschen so viel wie „Tschüss für's Erste" oder „Bis zum nächsten Mal".

Siehe auch: Chatslang

Bidirektional

Von einer bidirektionalen Verbindung spricht man, wenn Signale gleichzeitig in beiden Richtungen fließen können. Eine Telefongespräch ist z. B. bidirektional, weil beide Teilnehmer zur gleichen Zeit sprechen und sich trotzdem gegenseitig hören können. Bei Funkverbindungen (z. B. CB-Funk) ist es anders: Hier kann immer nur einer der beiden Teilnehmer sprechen. Deshalb gibt es auch die Vereinbarung, eigene Beiträge jeweils mit einem Schlüsselwort zu beenden (z. B. „over" oder „kommen"). Dadurch weiß der andere, dass er jetzt antworten kann.

Dasselbe Prinzip gilt auch bei Datenübertragungen. Bei bidirektionalen Verbindungen können beide beteiligten Geräte gleichzeitig senden und empfangen. Bidirektionale Verbindungen sind technisch aufwendiger, deshalb führen sie entweder zu einer niedrigeren Kapazität oder erfordern bei gleicher Kapazität einen höheren Hardwareaufwand. Häufig wird auch der Begriff duplex verwendet. Vollduplex entspricht einer bidirektionalen Verbindung, während bei Halbduplex die Daten immer nur im Wechsel in einer der beiden Richtungen fließen können.

Siehe auch: Duplex-Modus

Bildschirmschoner

Deutsche Bezeichnung für Screensaver.

Siehe: Screensaver

Binary

{Aussprache: Bainärie}

Binärdatei

Als Binary, zu Deutsch „Binärdatei", bezeichnet man alle Dateien, die nicht aus dem klassischen 7-Bit-ASCII-Klartext bestehen.

Beim herkömmlichen ASCII-Textformat werden nur 7 der möglichen Bits eines Bytes benutzt, wohingegen fast alle anderen Dateitypen die vollen 8 Bit ausnutzen.

Wenn Binärdateien wie Grafiken, Sounds, Archivdateien etc. über das Internet versandt werden sollen, beispielsweise über E-Mail oder in Newsgroups, müssen diese 8-Bit-Binaries zuerst entsprechend in 7-Bit-ASCII umgewandelt werden. Hierzu gibt es spezielle Kodierungen wie UUEncode/UUDecode oder auch die Möglichkeit, Binärdateien als Attachment per MIME zu verschicken, das von praktisch allen gängigen E-Mail-Programmen unterstützt wird.

Hierbei ist auch zu beachten, dass sich E-Mails mit einem Attachment durch eine solche Binärumwandlung um bis zu 40 % vergrößern können.

Siehe auch: ASCII, Attachment, MIME, UUEncode, Zeichensatz.

Biometrie

Erfassung biologischer Merkmale zur Authentifizierung

Klassischerweise wird die Authentifizierung zur Benutzer- oder Zugangskontrolle durch bestimmte Daten vorgenommen. Ganz früher gab es Türschlösser und Schlüssel, die sozusagen einen bestimmten Code hardwaremäßig gespeichert hatten. Inzwischen gibt es auch elektronische Schlüssel in Form von Chipkarten. Ganz ohne Hardware kommen Onlinekontrollen aus, die meist mit einer Benutzerkennung und einem Passwort bzw. einer PIN arbeiten. Alle diese Lösungen haben zwei Nachteile: Sie erfordern vom Zugangswilligen, die für den Zugang benötigten Informationen in Form eines Schlüssels oder einer Chipkarte physikalisch oder in Form eines Passwort virtuell immer bei sich zu haben. Außerdem können solche Zugangshilfen entwendet und gefälscht werden und sind somit anfällig gegen Missbrauch.

Die nächste Generation der Zugangskontrollen wird versuchen, diese Probleme durch einen ganz anderen Ansatz zu lösen. Dabei werden als Zugangsberechtigung unveränderliche biologische Merkmale verwendet werden. In Frage kommt hier z. B. das optische Erfassen von Fingerabdrücken, Handform, Iris oder Gesicht. Auch DNA-Schnelltests sind in der Zukunft denkbar. Diese biometrischen Kontrollen haben den Vorteil, dass der Benutzer seinen Ausweis unvermeidlicherweiser immer dabei hat, ohne einen Gegenstand mit sich führen oder sich ein Passwort merken zu müssen. Außerdem lassen sich biologische Merkmale praktisch nicht fälschen. Das heißt allerdings nicht, dass entsprechende Zugangskontrollen sich nicht trotzdem überlisten ließen. Heute schon funktionierende Systeme z. B. zur Kontrolle der Fingerabdrücke funktionieren zwar gut, lassen sich aber häufig relativ einfach austricksen, indem man z. B. einen Wachsabdruck eines fremden Fingers verwendet. Wenn biometrische Zugangskontrollen solche Kinderkrankheiten überwinden, dürften sie sich aber in vielen Bereichen durchsetzen.

Siehe auch: Sicherheit im Internet

BION [Believe It Or Not]
Glaube es oder nicht (Slang)

BION ist die Abkürzung vom englischen Believe It Or Not, zu Deutsch: „glaube es oder nicht". Dieser Ausdruck wird beim Chatten oder beim E-Mailen vorwiegend gebraucht, um den Wahrheitsgehalt einer ansonsten ziemlich unglaubwürdigen Sache zu betonen, im Sinne von „Glaube es oder nicht, aber es ist wahr".

Siehe auch: Chatslang

BIOS [Basic Input Output System]
Basis-Ein/Ausgabe-System

Das BIOS stellt jedem PC grundlegende Funktionen zum Zugriff auf die eingebauten Hardwarekomponenten wie Prozessor, Speicher, Festplatten, Erweiterungskarten usw. zur Verfügung. Im Gegensatz zu einem Betriebssystem wie etwa Windows muss es nicht erst installiert werden, sondern ist hardwaremäßig im PC gespeichert. Andernfalls könnte dieser auch gar nicht erst starten. Das Betriebssystem setzt auf die Grundfunktionen des BIOS auf und stellt den Zugriff darauf wiederum für die Anwendungen bereit, die auf dem Betriebssys-

BIOS

tem laufen. Wenn Sie also mit Ihrem Textverarbeitungsprogramm ein Dokument als Datei speichern wollen, gibt die Anwendung die Daten zunächst an das Betriebssystem und dieses reicht sie an das BIOS weiter, welches dann die eigentliche Datei auf einer Festplatte erstellt.

Der Begriff bezeichnet oft auch das Programm, mit dem sich die Hardwarekonfiguration eines PCs einstellen lässt. Das ist nicht ganz korrekt, da es sich dabei lediglich um ein Konfigurationsprogramm handelt, das nur eine kleinen Teil des BIOS ausmacht. Trotzdem kann man diese Bezeichnung guten Gewissens so verwenden. Mit dem Konfigurationsprogramm muss man z. B. neu eingebaute Festplatte anmelden oder kann die Bootreihenfolge festlegen. Falsche Änderungen an den BIOS-Einstellungen können aber auch fatale Folgen haben und unter Umständen dazu führen, dass ein PC nicht mehr startet. Deshalb sollte man mit dem BIOS-Programm nicht herumexperimentieren. Das Konfigurationsprogramm wird gestartet, wenn man während der Startphase des PCs die Taste [Entf] drückt.

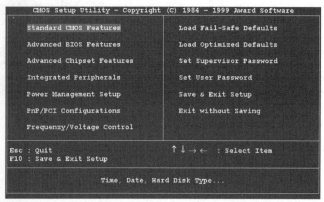

Das BIOS-Konfigurationsprogramm sorgt für die Grundeinstellungen des PCs

Obwohl das BIOS einen grundlegenden Bestandteil der Rechner-Hardware bildet, ist es heutzutage nicht mehr unveränderbar. Es ist in einem besonderen Baustein untergebracht, dessen Inhalt man mit speziellen Programmen verändern kann. So ist es z. B. möglich, das BIOS nachträglich zu aktualisieren. Dazu bietet die BIOS-Hersteller regelmäßig Updates an, die man z. B. aus dem Internet herunterladen und installieren kann. Ein BIOS-Update ist allerdings ein sehr heikler Vorgang, bei dem man keinen Fehler machen darf. Deshalb sollte man sich vorher gründlich darüber informieren und BIOS-Updates nur durchführen, wenn sie wirklich unbedingt notwendig sind. Weiterführenden Informationen rund um das Thema BIOS bieten das BIOS-Kompendium unter http://www.bios-info.de.

Siehe auch: Bootreihenfolge

Bit

Kleinste Informations- und Speichereinheit

Die Bezeichnung Bit ist ein zusammengesetztes Kunstwort aus den Begriffen Binary (Binär) und Digit (Ziffer).

Ein Bit ist die kleinste Informations- und Speichereinheit in der elektronischen Datenverarbeitung, wobei 8 Bit ein Byte ergeben, die nächst größere Recheneinheit und gleichzeitig Rechengrundlage für Begriffe wie Kilobyte, Megabyte oder Gigabyte.

Siehe auch: Byte

BITNET [Because It's Time-NETwork]

Akademisches Netzwerk aus der Internetzurzeit

Das BITNET ist ein Netzwerk, das durch die Verbindung der Großrechner einiger Universitäten und Forschungseinrichtungen entstand. Es war nie Teil des Internet, da es für die Kommunikation nicht TCP/IP, sondern ein eigenes Protokoll verwendete. Dieses basiert auf dem automatisch Weiterleiten von Dateien, d. h., jede Art von Kommunikation wird als Datei über das Netzwerk an den Zielrechner weitergeleitet. Da Terminals der beteiligten Großrechner in der Regel ausschließlich zeichenorientiert arbeiten, verwenden auch die BITNET-Kommunikationsprogramme nur Textoberflächen. Zu den Anwendungen gehören deshalb im Wesentlichen E-Mail, Dateitransfer und Chatprogramme. Websurfen oder gar Multimediaanwendungen sind nicht möglich. Das BITNET hat eine Verbindung zum Internet, d. h., es ist z. B. ein Austausch von E-Mails möglich. Mit der zunehmenden Verbreitung des Internet verlor das BITNET aber stetig an Bedeutung und wird heute praktisch nicht mehr genutzt.

biz

Speziell für Unternehmen wurde im Jahre 2000 die neue Top Level Domain geschaffen und genehmigt. Biz steht hierbei als Kurzform von Business, also für Unternehmen jeder Art.

Siehe auch: ICANN, Top Level Domain

Blanking

{Aussprache: Blänking}

Beim so genannten Blanking werden aus Sicherheitsgründen bei der Eingabe von Passwörtern die Klartextzeichen durch unverfängliche Zeichen wie beispielsweise * ersetzt, um zu verhindern, dass jemand, der sich in der Nähe des Bildschirms befindet, das eingegebene Passwort erkennen kann.

Sollte Ihr Passwort RHABARBER lauten und Sie dieses eingeben, sieht man auf dem Bildschirm dank Blanking nur *********.

Siehe auch: Passwort

Blue Ribbon

{Aussprache: Blu Ribben}

Blaues Band

Das blaue Band der Sympathie ist ein Symbol des ständigen Kampfs für Meinungsfreiheit im Internet. Die grenzenlose Kommunikation ist manchen ein Dorn im Auge, denn sie ermöglicht es allen und jedem, seine Meinung zu veröffentlichen oder auf Dinge aufmerksam zu machen, die Beachtung verdienen. Deshalb gibt es immer wieder Bestrebungen, im Internet Zensurmaßnahmen anzuwenden. Dies gilt nicht nur für Staaten wie China, sondern auch im Land der unbegrenzten Freiheit, den USA, gab es schon verschiedentlich Versuche, durch Gesetze oder Gerichtsverfahren verschiedene Arten der Meinungsäußerung zu unterbinden.

Die Electronic Frontier Foundation (EFF) ist einer der Vorreiter im Kampf gegen Zensur und rief dazu die Blue Ribbon-Kampagne ins Leben, die als Symbol für die Meinungsfreiheit im Internet eine blaue Schleife etablierte. Diese erinnert nicht von ungefähr an die rote AIDS-Schleife, mit der man sein Bewusstsein zur AIDS-Gefahr offen demonstriert. Ebenso kann man die blaue Schleife am Revers tragen. Noch viel öfter aber findet sie sich auf Webseiten und demonstriert so die Unterstützung der Betreiber für die Meinungsfreiheit im Internet. Auf der Webseite der EFF kann man außerdem Mitglied der Kampagne werden und so die Bemühungen der EFF unterstützen.

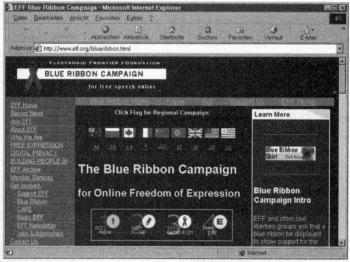

Auf der Website der EFF kann man die Blue Ribbon Campaign unterstützen

Siehe auch: Electronic Frontier Foundation

BOD [Books On Demand]

Eine der neuen Entwicklungen in der Buchindustrie ist die Veröffentlichung von Books on Demand. Dabei werden Bücher nicht mehr in einer bestimmten Auflage gedruckt und in den Regalen von Bücherläden angeboten. Vielmehr wird ein Buchexemplar nur dann gedruckt, wenn ein Leser es tatsächlich kaufen will. Der Vorteil dieses Verfahrens ist es, dass die Kosten für die erste Auflage und die sich daraus ergebenden Lagerkosten entfallen. Dadurch wird die Veröffentlichung eines Buchs so billig, dass praktisch jeder Autor als ein eigenen Verleger auftreten kann.

Technisch wird dies durch die Entwicklung moderner Laserdruckverfahren ermöglicht, durch die es kaum noch einen Unterschied macht, ob man ein Buch einmal oder mehrmals druckt. Mussten früher riesige Druckmaschinen aufwendig eingestellt werden, braucht man bei einer Laserdruckmaschine nur die richtige Datei zu laden. Um ein Book on Demand zu veröffentlichen, muss man lediglich einmal eine Druckvorlage erstellen lassen. Dazu schickt man das Manuskript (z. B. als Word-Dokument) an den BOD-Dienstleister. Der erstellt daraus die Druckvorlage und bewahrt sie auf. Die Kosten dafür liegen einmalig bei wenigen hundert Mark. Anschließend kann man jederzeit einzelne Exemplare oder kleine Auflagen des Buchs nachdrucken lassen, wobei ein bestimmter Herstellungspreis pro Exemplar bezahlt werden muss, der vor allem vom Seitenumfang abhängt. Kann man die Bücher dann zu einem höheren Preis verkaufen, macht man einen Gewinn.

In Verbindung mit der Möglichkeit, seine Bücher per Internet z. B. über eine eigene Homepage, zu vermarkten, bietet BOD allen Hobby-Autoren die Möglichkeit, ihre Werke als richtige Bücher zu veröffentlichen und so vielleicht einem größeren Kreis von Interessierten zugänglich zu machen. Wenn man geschickt Werbung treibt und den Geschmack des Publikums trifft, kann man sogar kommerziellen Erfolg haben und vielleicht das Interesse eines „richtigen" Buchverlags wecken. Wenn Sie irgendwo einen literarischen Schatz in einer Schublade liegen haben und gern veröffentlichen wollen, können Sie sich unter http://www.bod.de über Möglichkeiten und Kosten informieren.

Body

{Aussprache: Boddie}

„Körper", Textteil einer E-Mail

Wenn Sie eine E-Mail schreiben, dann ist der geschriebene Text der Body, d. h. der „Körper" einer E-Mail, mit anderen Worten die eigentliche Nachricht, die Sie übermitteln wollen.

Vereinfacht gesagt ist der Body einer E-Mail genau der Teil, den Sie beim Verfassen einer Nachricht in Ihrem E-Mail-Programm zu Gesicht bekommen, abzüglich der normalerweise am oberen Rand befindlichen Angaben über Adressat, Thema etc., die als Header bezeichnet werden.

Body

Im Unterschied zu den Header-Informationen befindet sich im Body einer E-Mail (in der Abbildung unterlegt) der eigentliche Nachrichtentext

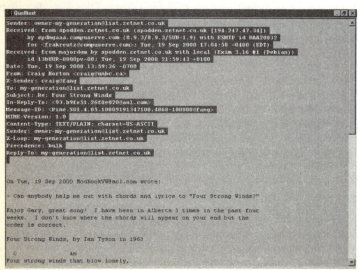

Hier finden Sie zum Vergleich den Teil einer E-Mail, den so genannten Header, markiert, der nicht zum Body einer E-Mail gehört

Siehe auch: E-Mail, Header

Bookmark

{Aussprache: Buckmark}

Lesezeichen

Um sich in der Informationsvielfalt des Internet zurechtzufinden, gibt es Adressen, unter denen die verschiedenen Angebote erreichbar sind (z. B. www.data becker.de). Wenn man ein Angebot mag und regelmäßig besuchen will, muss man sich die Adresse merken. Damit die Benutzer nicht ständig ein kleines schwarzes Notizbuch mit ihren Lieblingsadressen herumtragen müssen, verfügen die meisten Webbrowser über eine eingebaute Adressverwaltung. Damit kann man Lesezeichen anlegen, die aus dem Namen und der Adresse der Webseite bestehen. Einmal gespeichert können Lesezeichen jederzeit über ein Menü abgerufen werden. Dort klickt man nur auf das Lesezeichens, und der Browser ruft die Seite automatisch ab. Neben dem englischen Bookmark und der deutschen Übersetzung Lesezeichen ist auch die Bezeichnung Favoriten gängig, die z. B. der Internet Explorer verwendet. Dort findet man die entsprechenden Funktionen im gleichnamigen Menü.

Bei modernen Webbrowsern findet man eine komfortable Webadressen-Verwaltung

Siehe auch: Favoriten, Internet Explorer

Boolesche Operatoren

Die von Georg Boole (1815-1864) entwickelte Logik erlaubt es, zwei (oder mehr) logische Wahrheitswerte miteinander zu verknüpfen. Sie ist die Grundlage aller digitalen Rechenoperationen, wie sie von Computerprozessoren ausgeführt werden. Hier spielen die beiden Operatoren UND und ODER eine entscheidende Rolle, weil sie einzelne Bits miteinander verknüpfen.

Im Internet trifft man Boolesche Operatoren vor allem beim Benutzen von Suchmaschinen an. Einfache Suchanfragen lassen sich durch Eingeben eines einzelnen Suchworts stellen. Bei komplexeren Anfragen kann man mehrere Such-

Boolesche Operatoren

begriffe verwenden und sie durch Boolesche Operatoren verknüpfen. Dazu platziert man in der Suchabfrage zwischen den Suchbegriffen Schlüsselwörter oder Symbole für die zu verwendenden Suchoperatoren. Es gibt drei grundlegende Operatoren:

UND (AND)

Die einfachste und häufigste Verknüpfung ist die UND-Verknüpfung. Sie sorgt dafür, dass Webseiten gefunden werden, in denen jeder der angegebenen Suchbegriffe vorkommt. Manche Suchmaschinen verwenden statt des *UND*-Schlüsselworts auch das Symbol +.

Beispiel: *Apollo UND Raumfahrt*

Mit dieser Anfrage suchen Sie gezielt nach Informationen über das Raumfahrtprogramm Spaceshuttle. Würden Sie nur Apollo angeben, würden z. B. auch Seiten gefunden werden, die mit dem griechischen Gott Apollo und nicht mit Raumfahrt zu tun haben. So aber findet die Suchmaschine nur solche Seiten, in denen wirklich beide Stichworte auftauchen.

Die UND-Verknüpfung ist immer dann sinnvoll, wenn Sie zu einem Suchbegriff viel zu viele Treffer erhalten haben und die gefundenen Webseiten zu allgemein sind. Mit einem per UND verknüpften zweiten Begriff aus dem gesuchten Bereich können Sie die Trefferanzahl meist einschränken und relevantere Ergebnisse erhalten.

ODER (OR)

Das Gegenstück zur UND-Verknüpfung ist ODER. Wenn Sie mehrere Suchbegriffe auf diese Weise verknüpfen, findet die Suchmaschine alle Webseiten, in denen einer der Suchbegriffe auftaucht. Es dürfen auch mehrere der Worte enthalten sein, aber das Vorhandensein eines einzigen reicht bereits, um die Seite als Treffer zu qualifizieren. Bei den meisten Suchmaschinen ist der ODER-Operator die Standardeinstellung, die automatisch verwendet wird, wenn man mehr als einen Suchbegriff eingibt. Deshalb muss man ihn in der Regel nicht ausdrücklich angeben.

Beispiel: *Raumfahrt ODER Spaceshuttle ODER Apollo*

Mit dieser Suchanfrage werden alle Webseiten gefunden, in denen einer oder mehrere der drei Begriffe auftaucht. Sie müssen dann aber auch damit rechnen, Seiten zum griechischen Gott Apollo zu finden, der mit der Raumfahrt nun eher wenig zu tun hat. Das eben ist auch das Risiko der ODER-Verknüpfung, dass man nämlich über das Ziel hinausschießt und zu viele Seiten findet. Wenn man zu einem Begriff auf Anhieb nur wenig gefunden hat, eignet sich eine Erweiterung um einen zusätzlichen per ODER-Verknüpfung aber hervorragend, um weitere Seiten zu finden.

Eine eher seltene Abart der ODER-Verknüpfung ist die exklusive ODER-Verknüpfung. Sie unterscheidet sich vom normalen ODER darin, dass sie nur

Seiten findet, in denen genau einer der angegebenen Suchbegriffe enthalten sein darf. Beim obigen Beispiel würde sie also keine Seiten finden, in denen sowohl der Begriff Spaceshuttle als auch der Begriff Apollo enthalten ist, sondern nur Seiten mit entweder Spaceshuttle oder Apollo. So eine Suche würde vermutlich allgemeine Informationen zum Thema Raumfahrt ausschließen und nur spezielle Webseiten zu den beiden Themen finden. In der Praxis wird diese Verknüpfung aber kaum verwendet.

NICHT (NOT)

Mit dem dritten Operator kann man Begriffe ausdrücklich ausschließen. Es werden also nur Seiten gefunden, die zwar den einen Begriff enthalten, aber nicht den anderen.

Beispiel: *Raumfahrt NOT Challenger*

So finden Sie Informationen über die Raumfahrt, ohne ständig auf die Challenger-Katastrophe zu stoßen, mit der sich vermutlich viele Webseiten beschäftigen. Die Suchmaschine findet dann alle Seiten, in denen „Raumfahrt", nicht aber „Challenger" enthalten ist.

Den Ausschluss-Operator sollte man immer dann verwenden, wenn man Informationen zu einem Thema sucht, einen bestimmten Teilaspekt davon aber ausblenden will.

Siehe auch: Suchmaschine

Bootreihenfolge

{Aussprache: But-Reihenfolge}

Ablauf des PC-Starts

Der Startvorgang eines Computers nach dem Einschalten wird als Booten bezeichnet. Dabei wird zunächst das BIOS aktiviert. Dieses führt dann eine Reihe von Funktionen wie etwa einige Selbsttests und die Initialisierung der eingebauten Hardwarekomponenten durch. Wenn das erledigt ist, ruft das BIOS ein installiertes Betriebssystem auf. Bei einem Windows-PC dauert der Bootvorgang etwa vom ersten Zeichen auf dem Bildschirm bis zum Windows-Ladebildschirm.

Der Start des Betriebssystems kann von verschiedenen Datenquellen erfolgen. Normalerweise ist ein Betriebssystem auf der Festplatte installiert und wird auch von dort gestartet (z. B. Laufwerk C:). Man kann aber ebenso von einer Diskette oder bei neueren PCs von einer bootfähigen CD-ROM starten. Das kann z. B. notwendig sein, wenn bei einer Neuinstallation noch kein Betriebssystem auf der Festplatte vorhanden ist. Damit das BIOS weiß, von wo das Betriebssystem gestartet werden soll, kann man eine Bootreihenfolge vorgeben, in der die angeschlossenen Datenträger nach einem ladbaren Betriebssystem durchsucht werden sollen. Lautet die Bootreihenfolge z. B. C:, A:, D:, sucht das

BIOS zunächst auf der Festplatte C:, dann auf der Diskettenlaufwerk A: und schließlich auf dem CD-ROM-Laufwerk D:.

Normalerweise sollte die Festplatte als Erstes in der Bootreihenfolge stehen, da der Start des Betriebssystems hier am schnellsten erfolgt. Von Diskette und CD-ROM sollte man nur im Ausnahmefall booten und dann die Bootreihenfolge im BIOS jeweils vorübergehend umstellen. Das Booten von Diskette oder CD-ROM ist nicht ganz ungefährlich, weil sich dabei Bootsektor-Viren in den PC einschleichen können. Das Umstellen der Bootreihenfolge erfolgt über das BIOS-Konfigurationsprogramm. Hier findet man bei den meisten BIOS-Versionen unter dem Menüpunkt *BIOS Features* (oder ähnlich) die Einstellung *Boot Sequence*, wo man unter den verschiedenen Reihenfolgen auswählen kann.

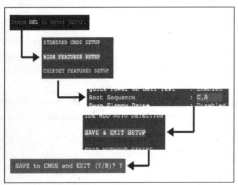

Die Bootreihenfolge eines PCs wird im BIOS-Konfigurationsprogramm eingestellt

Siehe auch: BIOS, Virus

Bootsektor-Virus

{Aussprache: Buht Sektor Vairus}

Ein Bootsektor-Virus, auch unter dem etwas kürzeren Name Bootvirus bekannt, macht sich zunutze, dass bei jedem Start eines PCs, egal ob von Festplatte oder Diskette, auf den so genannten Bootsektor des jeweiligen Mediums zugegriffen wird, da sich dort die Ladeprogramme des Betriebssystems befinden.

Ziel eines Bootsektor-Virus ist es nun, sich im Bootsektor des Startmediums festzusetzen, d. h. die dort befindlichen Startprogramme zu infizieren, um so bei jedem neuen Start des Rechners aktiv zu sein und sich vermehren zu können.

Ein besonders bekannter Bootsektor-Virus-Vertreter, der auch über die Grenzen der Internetgemeinde öffentlich bekannt wurde, war übrigens „Michelangelo", der an jedem 6. März (dem Geburtstag des „echten" Michelangelo) aktiv wurde.

Siehe auch: Antivirus-Programme, Hybridvirus, Virus

Bootvirus
{Aussprache: Buht Vairus}

Kurzform von Bootsektor-Virus

Siehe: Bootsektor-Virus, Virus

BOT [Back On Topic]
Zurück zum Thema (Slang)

Die Aufforderung, man solle doch bitte „bot" (**b**ack **o**n **t**opic) kommen, werden Sie häufig dann lesen, wenn in Diskussionsforen das eigentliche Thema verlassen wurde, denn bot bedeutet so viel wie „zurück zum Thema".

Natürlich wird bot auch im normalen E-Mail-Verkehr benutzt, um anzuzeigen, dass man nach einer mehr oder minder langen Abschweifung nun zum eigentlichen Thema der E-Mail zurückkommen wird.

Siehe auch: Chatslang, Off Topic

Bounce
{Aussprache: Baunz}

„Zurückspringende" Mails

Als Bounce bezeichnet man im Englischen den Auf- oder Rückprall eines Gegenstands, beispielsweise eines Balls. Bei E-Mails spricht man von Bounce oder einer Bounced mail, wenn man eine Nachricht als unzustellbar zurückgesandt erhält, man empfängt also quasi den „Rückprall" der Nachricht.

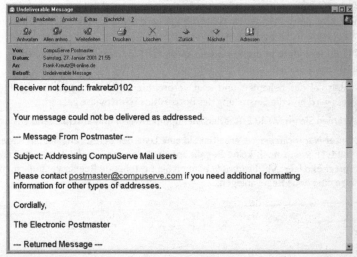

Beispiel für eine Bounced mail oder Bounce, die wegen falscher E-Mail-Adresse an den Absender zurückgeschickt wurde

Die Gründe hierfür können unterschiedlichsten Ursprung haben, vielleicht ist der Mailserver des Gegenübers im Moment „down", d. h. nicht funktionsfähig, vielleicht haben Sie aber auch nur schlicht und einfach einen Fehler bei der Angabe der E-Mail-Adresse gemacht.

> **Hinweis:** Schon der kleinste Fehler bei der Eingabe der E-Mail-Adresse, ein einzelner Buchstabe zu viel oder zu wenig, führt dazu, dass die Nachricht nicht mehr zustellbar ist und an Sie zurückgeschickt wird.

Siehe auch: E-Mail-Adresse, Mailer Daemon

Bozo(-filter)

{Aussprache: Boso Filter}

Störenfried

Sie wissen nicht, was ein Bozo ist? Nun, dies ist eine reichlich niedlich klingende Bezeichnung für einen Typ Computerbenutzer, der im Allgemeinen sehr unbeliebt ist. Es handelt sich bei einem Bozo nämlich um jemanden, der alles daransetzt, Sie zu nerven und Ihnen auf den Geist zu gehen.

Gerade per E-Mail kann dies relativ leicht geschehen, wenn so ein Bozo an Ihre E-Mail-Adresse gekommen ist und Sie bombardiert mit allen möglichen unsinnigen Nachrichten, Werbe-E-Mails oder vorgeblichen Gewinnspielen, in jedem Falle Nachrichten, die Sie nicht haben wollen.

Abhilfe schafft hierbei der Einsatz eines so genannten Bozo-Filters, der ankommende E-Mails vor dem Herunterladen untersucht. Sobald erkannt wird, dass eine E-Mail den Absender eines Bozo trägt, wird die Nachricht gelöscht und gar nicht erst auf Ihren Rechner geladen.

Sie benötigen dazu in der Regel kein spezielles Programm, da alle modernen E-Mail-Programme entsprechende Optionen zur Verfügung stellen.

Am Beispiel des beliebten und weit verbreiteten E-Mail-Programms Outlook Express wird nun die Einstellung des Bozo-Filters schrittweise gezeigt:

1. Wählen Sie im Menü *Extras* den Menüpunkt *Regeln* und anschließend *E-Mail*.
2. Unter *Nachrichtenregeln* erhalten Sie eine Liste der bereits angelegten Regeln (Bild 1); wenn noch keine Regeln angelegt wurden, ist das Listfenster entsprechend leer. Mit *Bearbeiten* können Sie bestehende Regeln verändern, mit *Neu* eine neue Regel anlegen.

Bozo(-filter)

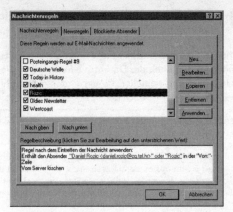

Bild 1

3. Sie müssen nun nur noch die entsprechenden Bedingungen angeben, unter denen eien bestimmte Aktion durchgeführt wird. Outlook Express gibt Ihnen in Listenform eine Vielzahl von Möglichkeiten vor, aus denen Sie einfach die passende per Mausklick aussuchen müssen (Bild 2).

In der gezeigten Abbildung werden alle Nachrichten, die von einem Absender namens Rozic (der Bozo dieses Beispiels) stammen, vom Server gelöscht und erscheinen erst gar nicht in Ihrem Postfach. Somit werden Sie nicht mehr von Nachrichten dieses Bozos belästigt.

> **Hinweis:** Sollte sich dieser Bozo eine andere E-Mail-Adresse zulegen, die nicht mehr von den Bedingungen abgedeckt wird, müssen Sie einfach die entsprechenden Bedingungen ändern, d. h. die neue E-Mail-Adresse oder Stichworte hinzufügen.

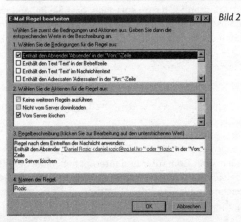

Bild 2

Siehe auch: Antispamfilter, Spam(mail)

BPS [Bits Per Second]

Bits pro Sekunde

Die deutsche Version von bps (**b**its **p**er **s**econd) ist Bit/s und bedeutet „Bits pro Sekunde". Gemeint ist damit die Maßeinheit der Datentransferrate, d. h. die Datenrate einer Verbindung. Je besser und schneller die Verbindung, desto höher ist die Datentransferrate und umso höher ist auch der bps-Wert.

> **Hinweis:** Sie sollten die Begriffe bps bzw. Bit/s auf keinen Fall mit dem Begriff Baud verwechseln, wie dies leider vielfach immer noch getan wird. Ein Baud gibt bei (analogen) Verbindungen die Anzahl der Signalwechsel pro Sekunde an. Dadurch, dass in Frühzeiten der Datenfernübertragung bei jedem Signalwechsel gennau ein Bit übertragen wurde, d. h. ein Baud genau einem bps entsprach, galten die Begrffe Baud und bps lange Zeit als austauschbar. Mittlerweile werden jedoch pro Signalwechsel deutlich mehr als nur ein einzelnes Bit übertragen, wodurch die Gleichung Baud = bps nicht mehr stimmt.

Siehe auch: Baud, Data Transfer Rate

Brain dump

{Aussprache: Bräjn Dammp}

„Hirnentleerung"

Dieser auf den ersten Blick etwas seltsam anmutende Ausdruck wird vor allem dann gebraucht, wenn man sich einer riesigen Menge von Informationen gegenüber sieht, die jedoch völlig unstrukturiert und ohne jegliche Ordnung sind.

Nachdem Sie beispielsweise per E-Mail oder in einer Newsgroup eine Frage gestellt haben und Sie eine Fülle von solchen unstrukturierten Informationen über sich ergehen lassen mussten, könnten Sie davon sprechen, dass Sie jemand mit seinem Brain dump versehen hat, sprich er einfach sein Hirn „entleert" hat und alle Informationen weitergibt, jedoch ohne jegliche Ordnung.

BRI [Basic Rate Interface]

Siehe: Basisanschluss

Brick-and-mortar

{Aussprache: Brick änd Mohrtär}

„Ziegelstein und Mörtel"

Auf den ersten Blick so gar nichts mit Computer und Internet haben die Begriffe Brick und Mortar, also Ziegelstein und Mörtel zu tun. Und genau das ist auch der Hintergrund dieser Bezeichnung für (Traditions-)Konzerne, die immer noch nicht den Weg ins Internet gefunden haben.

Siehe auch: Click-and-Mortar

Bridge

{Aussprache: Bridsch}

Brücke

Eine Brücke (so die deutsche Übersetzung von bridge) ist gemeinhin eine Verbindung zwischen zwei Punkten über einen Fluss oder Graben. Ein ähnliches Bild ließe sich auch in der Internetsprache anwenden, denn eine Bridge ist vereinfacht gesagt ein Gerät, das dafür sorgt, dass Datenpakete von einem Punkt des Datenweges zum nächsten gelangen, ohne dass dabei Daten „in den Graben fallen", sprich verloren gehen.

Fälschlicherweise wird eine Bridge auch oftmals als Router bezeichnet, da die Funktionsweise nahezu identisch ist. Während jedoch ein Router für die Weiterleitung von Daten von einem Netzwerk zum anderen verantwortlich ist, erledigt eine Bridge diese Aufgabe innerhalb eines Netzwerks.

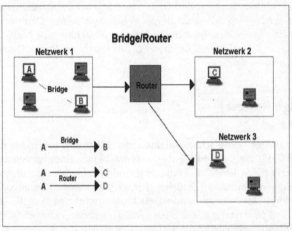

Der Datentransport innerhalb eines Netzwerks (A->B) wird von einer Bridge übernommen; im Unterschied dazu sorgt ein Router für die korrekte Datenverteilung in andere Netzwerke (A->C bzw. A->D)

Siehe auch: Brouter, Router

Broadcast

{Aussprache: Brohdkahst}

Aussendung

Kommunikation findet häufig zwischen zwei bestimmten Teilnehmern statt, d. h., eine E-Mail geht z. B. zielgerichtet von Absender A zu Empfänger B. Eine Broadcast-Übertragung hingegen wird von einem Absender an viele Empfänger ausgestrahlt. Ein ganz bekanntes Beispiel aus dem täglichen Leben sind Fernseh-

oder Radioprogramme, die per Funk an viele Empfänger übermittelt werden. Um eine solche Übertragung empfangen zu können, muss man lediglich ein geeignetes Empfangsgerät verwenden.

Im Internet finden Broadcast-Übertragungen in verschiedenen Bereichen statt. So ist z. B. ein Beitrag in einer Newsgruppe streng genommen ein Broadcast, weil er eine Vielzahl von Teilnehmern erreichen kann, die die jeweilige Newsgruppe lesen. Der Urheber des Beitrags hat dabei keine Kontrolle darüber, wer seinen Beitrag liest. Auch Webangebote, die Streaming-Video oder -Audio anbieten, betreiben Broadcasts. Allerdings ist die Abgrenzung zum Multicast, der Informationsübertragung von einem Absender an eine definierte Empfängergruppe, etwas schwierig. Die Kommunikation in einem Chatforum etwa lässt sich bei beide Begriffen einordnen.

In Netzwerken gibt es häufig spezielle Broadcast-Funktionen, mit denen man alle Netzwerkteilnehmer erreichen kann. Will der Administrator z. B. wegen eines technischen Problems den Netzwerkserver vorübergehend abschalten, kann er die Benutzer durch einen Broadcast davon in Kenntnis setzen. Dann erhält jeder am Netzwerk angemeldete Benutzer auf seinem Bildschirm eine Meldung, dass die Abschaltung des Servers bevorsteht, und kann geöffnete Dateien schließen und sich abmelden.

Siehe: Netzwerk

Brouter [Bridge Router]

{Aussprache: Bruhter}

Ein Brouter ist, wie der Name schon andeutet, eine Mischung aus Bridge und Router, d. h. ein Gerät zur Verbindung zweier Teilsegmente eines lokalen oder Weitbereichsnetzes (LAN, WAN). Ein Brouter übernimmt hierbei die Aufgaben sowohl einer Bridge als auch eines Routers, d. h., er bildet einen Knotenpunkt, um die Pakete durch das Netz zu schicken, sucht den optimalen Weg für den Datentransport und übersetzt ggf. die Daten, um das jeweils „richtige" Datenformat für das entsprechende Netz zur Verfügung zu stellen.

Siehe auch: Bridge, LAN, Router, WAN

Browser

{Aussprache: Brauser}

Betrachterprogramm, abgeleitet vom englischen „to browse" = „durchblättern, sich umsehen"

Ein Browser ist ganz allgemein ein Programm, mit dem man sich bestimmte Inhalte ansehen kann. Das bekannteste Beispiel sind Webbrowser, also Betrachterprogramme für Webseiten wie etwa der Internet Explorer oder der Netscape Navigator. Häufig wird der Begriff Browser auch als Synonym für Webbrowser verwendet. Er gilt aber auch für andere Betrachterprogramme. So ist etwa der Windows Explorer ein Browser für das Windows-Dateisystem.

Der Begriff Browser kam erst mit der Verbreitung grafischer Benutzeroberflächen wie etwa Windows auf. Browser sind dadurch charakterisiert, dass Sie über die reine Darstellung eines vorhandenen Inhalts hinausgehen. Vielmehr bereiten Sie den Inhalt auf eine bestimmte Weise auf. Der Windows Explorer etwa analysiert die Verzeichnisse eines Windows-Dateisystems, stellt sie übersichtlich dar, veranschaulicht unterschiedliche Arten von Dateien durch Symbole und liefert zusätzlich Informationen wie Daten, Dateigrößen usw. Noch mehr Aufwand treiben Webbrowser, die aus einer HTML-Datei, die ja letztlich nur eine Aneinanderreihung von Zeichen enthält, eine anschauliche Webseite herstellen.

Eines der bekanntesten Beispiele für einen Browser ist der Internet Explorer

Siehe auch: Internet Explorer, Netscape Navigator, Webbrowser

Brute Force Attack

{Aussprache: Bruht Fors Ättäck}

„Angriff mit roher Gewalt"

Unter einem Brute Force Attack versteht man den Versuch eines Hackers bzw. Crackers, ein Passwort zu „knacken". Hierbei setzt der Cracker auf die schiere Rechenpower seines Computers, indem der Reihe nach Zeichenfolgen ausprobiert werden, die entweder per Zufall generiert wurden oder aus Wortlisten stammen.

Passwörter, die mit Bedacht gewählt sind, lassen sich durch solche Brute Force Attacks nur schwer oder überhaupt nicht knacken.

Siehe auch: Cracker, Hacker, Passwort, Sicherheit im Internet

BTW [By The Way]

Übrigens (Slang)

Eine der Kurzformen, die Ihnen wahrscheinlich am häufigsten beim Nachrichtenaustausch unterkommen werden, ist btw (**by** **t**he **w**ay), im Deutschen „übrigens", oder auch „so nebenbei gesagt".

Vorwiegend natürlich in englischsprachigen E-Mails benutzt, hat sich btw mittlerweile aber fast eingebürgert und wird auch in ansonsten deutschsprachigen E-Mails immer häufiger eingesetzt.

> **Info:** Sie sollten sich von der Bedeutung „so nebenbei gesagt" nicht in die Irre führen lassen. Oftmals handelt es sich dabei um eine schlichte Untertreibung und gerade der Teil des Satzes, der angeblich nur so nebenbei gesagt wird, ist der eigentlich wichtige Abschnitt.

Siehe auch: Chatslang

Btx [Bildschirm Teletext]

Btx war der erste „Onlinedienst" in Deutschland. Er wurde 1977 von der Deutschen Bundespost ins Leben gerufen und war mit dem, was man heute von Onlinediensten und Internet gewohnt ist, absolut nicht zu vergleichen. Der Zugang per Telefonleitung war extrem langsam. Dabei war der Dienst textorientiert, d. h., es konnten nur Buchstaben und daraus gebildete primitive Grafiken übertragen werden. Auf dem Bildschirm sah das etwa so wie der Fernseh-Videotext aus. Als Dienstleistung stellte Btx die Kommunikation zwischen den Teilnehmern (ähnlich wie E-Mail) und eine Vielzahl von Informationsangeboten zur Verfügung. Einige davon waren kostenlos (abgesehen von den Telefongebühren), andere kosteten zusätzlich zeitabhängige Gebühren, die über die Telefonrechnung einkassiert wurden. Prinzipiell konnte jeder Informationsdienstleistungen über Btx anbieten und damit Geld verdienen. So gab es seriöse Angebote wie Börseninformationen oder den Onlinezugriff auf Datenbanken, aber auch erste Unterhaltungsangebote, die Vorläufer der heutigen 0190-Hotlines.

Die beliebteste Funktion beim Btx aber war das Onlinebanking. Dadurch konnte man bequem von zu Hause aus sein Konto verwalten, Überweisungen ausführen, Daueraufträge einrichten und ändern usw. Heute geht dies per Internetbanking wesentlich komfortabler und schneller, sodass Btx trotz technischer Neuerungen und der Kombination mit dem neuen Onlinedienst der Telekom zu „T-Online-Classic" zunehmend an Kunden verlor. Das hat inzwischen auch die Telekom erkannt und stellt die Btx-Dienstleistungen allmählich ein. Ende 2001 soll Btx nach über 20 Jahren Laufzeit endgültig eingestellt werden.

Die Möglichkeit des Homebanking war der Grund für den Erfolg von Btx

Siehe auch: Onlinebanking, T-Online

Buddy/Buddies

{Aussprache: Baddie/Baddies}

Kumpel, Freund(e)

Bezeichnung für Onlinebekanntschaften, die insbesondere für Personen verwendet wird, die man nur bzw. überwiegend aus dem Onlineleben kennt. Der Begriff findet insbesondere im Zusammenhang mit Instant-Messaging-Programmen wie etwa dem AIM oder ICQ Verwendung. Wenn man mit einem solchen Programm online geht, kann man auf einen Blick feststellen, welche Buddies ebenfalls gerade angemeldet sind und Lust auf gemeinsame Onlineaktivitäten haben.

Siehe auch: AIM, ICQ, Instant Messaging

Bug

{Aussprache: Bak}

„Wanze", Softwarefehler

Ein Problem, das leider viel zu oft auftritt, sind so genannte Bugs, d. h. Programmfehler in der Software. Diese Fehler müssen nicht notwendigerweise zu einem Crash des Systems führen, auch kleinere, vermeintlich harmlose Fehler werden als Bugs bezeichnet. Eigentlich sollte eine fertige Software bug-free, d. h. ohne Fehler ausgeliefert werden, schließlich und endlich gibt es ja entsprechende Beta(version)-Tests, die genau zu diesem Zweck durchgeführt werden.

Leider ist eine bug-free Software nur allzu selten anzutreffen, stattdessen häufen sich die notwendigen Bug-fixes.

Siehe auch: Bug-Fix, Buggy

Bug-fix

{Aussprache: Bak fix}

Korrekturprogramm, das Softwarefehler behebt

Eine Software, die Bugs aufweist, sollte möglichst schnell von diesen Programmfehlern befreit werden. Hierzu dienen kleine Korrekturprogramme, Bug-fixes oder auch Patches genannt, die von den Softwarefirmen veröffentlicht werden.

Normalerweise finden sich diese Bug-fixes im Internet auf der jeweiligen Firmenseite zum Download bereit, inklusive einer Anleitung, wie genau der jeweilige Bug-fix anzuwenden ist.

Siehe auch: Bug

buggy

{Aussprache: baggie}

„verwanzt", fehlerhaft

Als buggy bezeichnet man eine Software, die aufgrund vieler Programmfehler, so genannter Bugs nicht ordentlich läuft und dem Anwender Schwierigkeiten verursacht.

Oftmals sind die Fehler so gravierend, dass ein entsprechendes Bug-fix nötig wird, um die Stabilität der Software zu gewährleisten.

Siehe auch: Bug

busy

{Aussprache: bissi}

Beschäftigt, besetzt.

Man spricht von busy, wenn eine Leitung belegt ist, d. h. wenn Sie beispielsweise per Modem Ihren Internetprovider anwählen wollen, aber ständig das Besetztzeichen erhalten. Dieses Besetzt-Signal wird auch als Busy signal bezeichnet.

Button

{Aussprache: Batten}

Knopf, Taste

Schaltflächen auf Webseiten

Interaktive Webseiten, die z. B. Formulare zum Eingeben oder Auswählen von Daten enthalten, haben meist auch Schaltflächen, mit denen man die Eingabe bestätigen (z. B. *OK*) oder gemachte Eingaben bzw. Auswahl rückgängig machen (z. B. *Reset* oder *Löschen*) kann. Um die Aktion, die mit einer solchen Schaltfläche verbunden ist, auszuführen, muss man den Mauszeiger auf die Schaltfläche bewegen und einmal mit der linken Maustaste klicken. Im Gegensatz zu einem Link verändert sich der Mauszeiger nicht, wenn er über einer Schaltfläche schwebt.

Es gibt für solche Schaltflächen ein standardisiertes Erscheinungsbild, das dem von Schaltflächen unter Windows ganz ähnlich ist. Die meisten Autoren von Webseiten halten sich an diesen Standard. Prinzipiell kann man das Aussehen einer Schaltfläche aber beliebig gestalten, indem man die Schaltfläche durch eine Grafik darstellen lässt. Wenn man selbst Webseiten mit solchen Elementen erstellen will, sollte man darauf achten, dass die Schaltflächen möglichst aussagekräftig und eindeutig gestaltet sind, um die Besucher nicht zu verwirren.

Maustasten

Auch die Tasten der Computermaus werden im Englischen als Buttons bezeichnet. Dabei gibt es den left button (linke Maustaste), den right button (rechte Maustaste) und bei Mäusen mit drei Tasten auch schon mal den middle button für die mittlere Taste. Wenn Sie also die Aufforderung *Press left button to start!* lesen, sollen Sie zum Starten die linke Maustaste drücken.

Byte

{Aussprache: Beit}

Maßeinheit der Speicherkapazität

Unter Byte versteht man im Computerdeutsch eine Maßeinheit zur Darstellung der Informationsmenge und Speicherkapazität, oder einfacher gesagt: die Angabe in Byte oder den nächstgrößeren Einheiten KByte, MByte, GByte gibt an, wie groß eine Datei bzw. eine Datenmenge eigentlich ist.

Die kleinste Informationseinheit ist bekanntlich ein Bit, wohingegen ein Byte aus 8 Bit besteht.

> **Hinweis:** Es besteht, insbesondere bei den Abkürzungen, erhöhte Verwechslungsgefahr.

Beide Begriffe, Bit und Byte, werden mit dem Buchstaben B abgekürzt, wobei jedoch die größere Einheit, also das Byte mit einem großen B, die kleinere Einheit Bit jedoch oftmals mit einem kleinen b markiert wird.

Siehe auch: Bit, Gigabyte, Kilobyte, Megabyte

BZT [Bundesamt für Zulassungen in der Telekommunikation]

Das BZT war das für Neuzulassungen im Bereich der Telekommunikation zuständige Bundesamt. In Deutschland dürfen nur solche Geräte (z. B. Modems oder Anrufbeantworter) an das Netz der Telekom angeschlossen werden, die den so genannten „Bundesadler" und eine BZT-Zulassungsnummer besitzen. Sollte dies nicht der Fall sein, ist der Gebrauch solcher Geräte unzulässig und strafbar. Die Aufgabe, die Geräte auf ihren fehlerfreien Betrieb zu prüfen, wird nicht mehr von der BZT übernommen und ist stattdessen mittlerweile an private Stellen vergeben worden.

Cache

{Aussprache: Käsch}

Zwischenspeicher

Ein Cache oder auch Cachespeicher ist generell eine Art Zwischenspeicher, in dem Daten vom Computersystem abgelegt werden. Wenn diese Daten anschließend erneut benötigt werden, können sie aus diesem schnellen Cache geholt werden, wodurch eine teilweise erhebliche Geschwindigkeitssteigerung erzielt werden kann.

Beim Surfen geht es ganz konkret um einen Bereich Ihrer Festplatte, der vom Browser für diese Cachedienste reserviert wird. Webseiten, Grafikelemente etc. werden also beim Surfen in diesem Zwischenspeicher abgelegt.

Sobald Sie dann erneut eine bereits zuvor besuchte Seite sich nochmals ansehen wollen, werden die entsprechenden Daten nicht mehr durch die Leitung auf Ihren PC geschickt, sondern der Browser holt sich die entsprechenden Informationen und Grafiken direkt und damit wesentlich schneller aus dem reservierten Cachespeicher.

> **Hinweis:** Je größer der reservierte Cachespeicher dimensioniert ist, desto mehr Seiten können darin gespeichert werden und sorgen letztlich für einen veritablen Tempogewinn beim Surfen, insbesondere dann, wenn Sie häufig auf bereits zuvor besuchte Seiten zugreifen wollen. Doch bedenken Sie auch, dass sich beim Surfen von grafikintensiven Seiten sehr schnell immense Datenmengen ansammeln, wodurch der Cache größer werden kann, als Ihnen lieb ist. Deshalb vergessen Sie nicht, in bestimmten Abständen den Cache zu leeren.

Call-by-Call

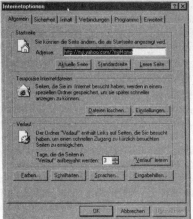

Beim Internet Explorer können Sie über Temporäre Internetdateien/Dateien Löschen den Cache leeren, d. h. die Dateien aus dem Cachespeicher entfernen. Durch Anklicken von Einstellungen gelangen Sie zum Einstellungsfenster (nächste Abbildung)

Die entsprechende Funktion hierzu wie auch zu den generellen Cache-Einstellungen finden Sie in Menü Ihres Browsers, beim Internet Explorer beispielsweise unter *Extras/Internetoptionen/Allgemein/Temporäre Internetdateien*.

Hier finden Sie beim Internet Exporer die Einstellungsmögilchkeiten wie beispielsweise Größe des Cachespeichers

Siehe auch: Proxy

Call-by-Call

Seit einiger Zeit gibt es eine ganz neue Art von Zugangsanbietern. Sie lösen sich von der klassischen Internetprovider-Rolle und spezialisieren sich ganz auf das Bereitstellen des eigentlichen Einwahl-Zugangs. Das hat zwei Vorteile: Durch das Konzentrieren auf eine Dienstleistung und den Verzicht auf andere Angebote, die ohnehin nicht von allen Kunden in Anspruch genommen würden, kann man den Zugang erheblich günstiger anbieten. So sind sogar ganz neue Preismodelle möglich, bei denen auf eine Grundgebühr verzichtet wird und nur verbindungsabhängige Gebühren anfallen. Da nur eine Dienstleistung abgerechnet wird, nämlich die Einwahl, sind ganz neue Abrechnungsarten möglich. So gibt es

Call-by-Call

Anbieter, die Ihre Gebühren über die normale Telefonrechnung eintreiben. Dann muss man sich als Benutzer nicht mal anmelden. Man wählt einfach die Nummer und ist im Internet. Solche Call-by-Call-Zugänge sind für die Benutzer sehr praktisch. Da keine Grundgebühren fällig sind, kann man beliebig viele dieser Anbieter gleichzeitig benutzen. So kann man sich immer den Anbieter heraussuchen, der zur aktuellen Tageszeit den günstigsten Tarif bietet.

Call-by-Call-Anbieter kassieren für den Zugang einen festen Preis von ca. 2 bis 5 Pf/Minute. Manche haben auch ein von der Tageszeit abhängiges Stufensystem mit verschiedenen Preisen. Anhand dieser Tarife lässt sich sehr leicht ermitteln, ob und wann sich der Einsatz eines Call-by-Call-Providers lohnt. Dabei brauchen Sie nur den Minutenpreis des Providers mit den Telefongebühren zu vergleichen, die Sie im gleichen Zeitraum für eine Ortsverbindung (zu einem anderen Provider) an die Telekom bzw. Ihre Telefongesellschaft zahlen müssten. Besonders tagsüber, wo der Zeittakt der Telekom ziemlich flott ist, bezahlen Sie bei einem Call-by-Call-Anbieter inklusive Telefongebühr weniger als bei einem klassischen Internetprovider nur an Telefongebühren. Die Gebühren, die der Provider bekommen würde, sind da noch nicht mal berücksichtigt worden. Gegen Feierabend, wenn die Zeittakte beim Telefon länger werden, relativiert sich der Preisvorteil und abends sind Sie mit einem klassischen Provider aufgrund der günstigeren Telefontarife dann wieder besser bedient. Für den klassischen Feierabendsurfer sind Call-by-Call-Anbieter also kein so großes Thema.

Einen Call-by-Call-Anbieter kann grundsätzlich jeder benutzen. Am einfachsten geht es bei Call-by-Call-Providern, die keine vorherige Anmeldung erfordern. Hier können Sie den Zugang einfach nutzen, wenn Sie Lust dazu haben. Alles, was Sie wissen müssen, ist die Einwahlnummer des Zugangs. Damit erstellen Sie im DFÜ-Netzwerk einen neuen Eintrag. Als Benutzername und Kennwort können Sie in der Regel beliebige Begriffe wählen. Besondere Einstellungen wie Name-Server oder Gateways sind im Allgemeinen nicht notwendig, da diese Daten beim Verbindungsaufbau automatisch übermittelt werden. Sollte die Einwahl nicht auf Anhieb klappen, schauen Sie am besten kurz auf der Webseite des betreffenden Anbieters nach, ob es irgendwelche Besonderheiten zu beachten gibt.

Wenn die Anbieter Sie ohne Anmeldung surfen lassen, wie kommen sie dann an ihr Geld? Daran haben die Provider natürlich gedacht. Sie rechnen die Verbindungskosten über die Telekom ab. Bei Ihnen erscheinen die Kosten dann unter dem Stichwort „Beträge anderer Netzbetreiber" auf der Telefonrechnung. Manchmal kann das aufgrund der komplizierten Abrechnung auch etwas länger dauern, aber irgendwann kommt die Rechnung bestimmt. Das Geld wird dann von der Telekom zusammen mit den „normalen" Telefongebühren kassiert und an die Provider weitergeleitet.

Die anderen Anbieter verlangen von ihren Kunden eine Anmeldung, bevor sie lossurfen dürfen. Sie erhalten dann wie üblich einen Benutzernamen und ein Passwort, mit dem Sie sich jeweils anmelden müssen. Anhand der Anmeldung wird registriert, wie lange Sie online sind, und entsprechend abgerechnet. Die Provider gehen diesen Weg, weil bei der Abrechnung über die Telekom diese kräftig mitverdient und so den Gewinn für den Provider schmälert. Ebenfalls aus Kostengründen verschicken viele Call-by-Call-Anbieter keine Rechnungen bzw. tun das erst ab bestimmten Beträgen oder gegen eine zusätzliche Gebühr. Wenn Sie auf eine regelmäßige Abrechnung aus Kontrollgründen und z. B. für Ihre Geschäftsunterlagen Wert legen, sollten Sie sich über diesen Punkt unbedingt informieren.

Es gibt Call-by-Call-Provider, bei denen man sowohl mit als auch ohne Anmeldung surfen kann. Allerdings ist das Surfen mit Anmeldung dann immer billiger. Teilweise bieten diese Provider neuen Kunden an, so lange ohne Anmeldung zu surfen, bis die Anmeldung fertig bearbeitet wurde. Bis das geschehen ist, surfen Sie dann aber zum teureren Preis ohne Anmeldung. Seien Sie mit solchen Angeboten vorsichtig. Auch wenn die Firma versichert, die Anmeldung sei eine Frage von Stunden oder Tagen, kann es – warum auch immer – doch länger dauern und Sie zahlen solange die höhere Gebühr. Warten Sie also am besten, bis Sie eine Bestätigung Ihrer Anmeldung erhalten.

> **Die günstigsten Call-by-Call-Anbieter**
>
> Im Bereich der Call-by-Call-Provider tut sich ständig etwas. Einen „günstigsten" Anbieter gibt es da nicht, zumindest nicht länger als zwei bis drei Wochen, wenn er von einem Mitbewerber wieder unterboten wird. Hier ist es deshalb besonders wichtig, auf dem Laufenden zu bleiben. Verschiedene Fachzeitschriften berichten regelmäßig von der aktuellen Marktlage, auch neuen Angebote werden dort gemeldet. Außerdem ist auch hier das Internet eine prima Informationsquelle. So kann man etwa beim Heise-Verlag unter http://www.heise.de/itarif eine Übersicht der aktuellen Call-by-Call-Angebote abrufen.

Siehe auch: Internet Service Provider

Cancelbot

{Aussprache: Känzelbott}

Löschroboter

Stellen Sie sich vor, Sie haben gerade einen News-Artikel verfasst und abgeschickt, als Ihnen darin ein peinlicher Fehler auffällt. Oder Sie haben eine private E-Mail aus Versehen an eine Newsgruppe geschickt und nicht an den eigentlichen Empfänger. In solchen Fällen gibt es die Möglichkeit, diesen Beitrag zu canceln, d. h. ihn wieder vom Newsserver zu entfernen und die weitere Verbreitung zu verhindern. Dazu muss man eine weitere Nachricht an eine speziellen Newsgruppe schicken.

Das funktioniert allerdings nur bei Nachrichten, die man selbst veröffentlicht hat. Außerdem kann es einige Zeit dauern, bis die Cancel-Anweisung von einem Newsserver an andere Servern weitergeleitet und von diesen umgesetzt wird.

Außerdem funktioniert der Cancel nur auf Ebene der Newsserver, d. h., wenn die Nachricht von einigen Teilnehmern schon heruntergeladen und gelesen wurde, kann man das nicht mehr rückgängig machen. Trotzdem kann man mit dieser Methode versuchen, den Schaden möglichst gering zu halten.

Um eine Cancel-Nachricht zu verfassen, benötigt man ein spezielles Cancelbot-Programm. Viele moderne Newsprogramme bieten dafür allerdings schon eine Funktion. Damit erstellt man die Nachricht und schickt sie an den Newsserver. Für die weitere Verbreitung und Ausführung des Cancels sorgen die Newsserver dann selbstständig.

> **Cancel-Nachrichten bei Outlook Express**
> Bei Outlook Express kann man beispielsweise relativ einfach News-Beiträge canceln: Wählen Sie in der Outlook Express-Ordnerliste die Newsgruppe aus, in der Sie die Nachricht bereitgestellt haben. Wenn die Liste der verfügbaren Beiträge angezeigt wird, suchen Sie Ihren eigenen Beitrag und wählen ihn aus. Klicken Sie dann im Menü *Nachricht* auf *Nachricht abbrechen*. Outlook Express erstellt dann eine Cancel-Nachricht und schickt beim nächsten Datenaustausch auf den Weg.

Das Canceln von Nachrichten ist ein besonderes Thema in den Newsgruppen. Da Cancel-Nachrichten ein sehr einfaches Format haben, ist es kein großes Problem, sie zu „fälschen" und so auch die Artikel anderer Teilnehmer zu löschen. Das heißt aber noch lange nicht, dass dies erlaubt wäre. Solche Fremd-Cancels sind in den Newsgruppen absolut verpönt und werden – wenn möglich – auch geahndet. Ausnahmen sind Artikel, die in den Newsgruppen nichts verloren haben, z. B. Werbung oder Hassbriefe. Auch in solchen Ausnahmefällen dürfen Fremd-Cancels aber nur von authorisierten Personen (z. B. Gruppen-Moderatoren oder Newsserver-Betreiber) durchgeführt werden.

Siehe auch: News

CAPI [Common Application Programming Interface]

{Aussprache: Kapi}

Allgemeine ISDN-Schnittstelle für Anwendungen

Die CAPI ist eine genormte Schnittstelle, über die Anwendungen auf eine vorhandene ISDN-Karte zugreifen können. Sie stellte eine Reihe von Funktionen wie etwa das Aufbauen einer Verbindung zu einer bestimmten Rufnummer, das Auslesen von Rufnummern bei einer ankommenden Verbindung oder das Beenden einer Verbindung zur Verfügung. Anwendungen können diese CAPI-Funktion einfach aufrufen und die CAPI sorgt dafür, dass die ISDN-Karte sie ausführt. Wenn ein Programmierer eine Textverarbeitung erstellen will, die Texte auch als Fax verschicken können soll, muss er also nicht die gesamte Steuerung der ISDN-Karte implementieren, sondern lediglich die entsprechenden CAPI-Funktionsaufrufe in sein Programm aufnehmen. Da die CAPI normiert ist, funktioniert die Faxfunktion dann auch mit allen ISDN-Karten, die über einen CAPI-Treiber verfügen.

Eine CAPI muss spezifisch für die jeweilige ISDN-Karte programmiert worden sein. Deshalb liefern die Hersteller von ISDN-Karten bzw. ISDN-Adaptern in der Regel eine eigene CAPI in Form eines Treibers mit. Man unterscheidet bei den CAPI-Normen die Version 1.1 für 16-Bit-Anwendungen und die Version 2.0 für moderne 32-Bit-Anwendungen. 16-Bit-Anwendungen benötigen also eine CAPI 1.1 und 32-Bit-Anwendungen eine CAPI 2.0. Wenn man beide Arten von Anwendungen einsetzt, kann man am besten eine Dual-CAPI verwenden, die beide Normen gleichzeitig unterstützt. Dies ist allerdings nur möglich, wenn der Hersteller der ISDN-Karte eine solche Dual-CAPI anbietet.

> **Aktuelle Treiber besorgen**
> Wenn bei bestimmten Anwendungen Probleme mit der Zusammenarbeit mit der ISDN-Karte entstehen, sollten Sie prüfen, ob der Hersteller Ihrer ISDN-Karte inzwischen eine neuere Version der CAPI-Treiber anbietet. Die meisten Hersteller bieten den Download direkt von einer Webseite an. In neueren CAPI-Versionen sind oftmals Fehler korrigiert und die Leistungsfähigkeit optimiert worden. Trotzdem sollte man Treiber nur aktualisieren, wenn es konkrete Probleme gibt oder man sich zusätzliche Funktionen oder Leistungen verspricht.

Siehe auch: DFÜ, ISDN

Caps (Lock) [Capital Letters]

{Aussprache: Käpps}

Großbuchstaben

Caps ist schlicht und ergreifend die englische Kurzform von **Cap**ital Letter**s** und bedeutet übersetzt Großbuchstaben.

Auch wenn Sie des Englischen nicht so mächtig sind, ist Ihnen möglicherweise diese Bezeichnung schon einmal aufgefallen, wenn Sie sich Ihre Tastatur näher betrachtet haben. Eine der Tasten auf der linken Seite trägt die Aufschrift „Caps Lock". Nachdem Sie nun wissen, was Caps bedeutet, ist Ihnen auch klar, dass Sie durch Drücken dieser „Caps Lock"-Taste ([Groß]-Taste) Ihre Tastatur umschalten und von nun an alle Buchstaben als Großbuchstaben gedruckt werden (natürlich nur, bis Sie den Modus durch die darunter liegende [Umschalt]-Taste wieder ausschalten).

> **Hinweis:** Häufige oder gar ausschließliche Benutzung von Großbuchstaben beim Chatten oder in E-Mails wird nicht gern gesehen und sollte wo möglich vermieden werden.

Siehe auch: Shouting

Captain Crunch

{Aussprache: Käppten Kransch}

Captain Crunch ist der Spitzname des Amerikaners John Draper, der als „Ur-Hacker" in die Computergeschichte eingegangen ist.

Dieser seltsame Spitzname hat seinen Ursprung in einer Packung „Captain Crunch"-Frühstücksflocken, die als Beigabe für Kinder eine kleine Trillerpfeife enthiehlt. John Draper fand nun heraus, dass diese Trillerpfeife einen Ton von 2.600 Hertz erzeugte, was zufälligerweise genau der Ton war, der die Fernleitungen der amerikanischen Telefongesellschaft AT&T freischaltete. Zusätzlich gilt Captain Crunch auch als Erfinder eines Geräts, das in der Lage war, das Geräusch einer fallenden Münze nachzuahmen und so kostenloses Telefonieren ermöglichte (auch als Blue Box bekannt). Durch diese Entdeckungen hat sich John Draper einen Ehrenplatz in der „ewigen Hacker-Gallerie" gesichert.

Siehe auch: Hacker

Cardware

{Aussprache: kahrdwähr}

Cardware bezeichnet eine besondere Form von Freeware, bei der der Verfasser der jeweiligen Cardware verfügt, dass sein Programm (im Sinne von Freeware) zwar frei weitergegeben werden darf, jedoch bittet er quasi als Belohnung für seine Arbeit um die Zusendung einer Postkarte, falls man das Programm regelmäßig nutzt.

Aus diesem Grund wird Cardware auch als Postcardware bezeichnet.

Für seine Mühe beim Programmieren der Software verlangt der Autor bei Gefallen nichts weiter als die Zusendung einer Postkarte

Siehe auch: Freeware

Carnivore

{Aussprache: Kahnivor}

Programm zur Überwachung der E-Mail-Kommunikation

Carnivore ist der englische Ausdruck für Fleischfresser, was allerdings nicht sehr viel mit dem Zweck und Einsatzgebiet dieser Software zu tun hat.

Es handelt sich hierbei nämlich um eine für das amerikanische FBI entwickelte Software, die es ermöglicht, die E-Mail-Kommunikation verdächtiger Personen zu überwachen.

Hintergrund des Einsatzes dieser Software ist die schlichte Tatsache, dass angesichts der immer besser werdenen Telefonabhörmechanismen auch viele mit dem Gesetz in Konflikt stehende Personen ihre Kommunikation auf E-Mail umgestellt haben.

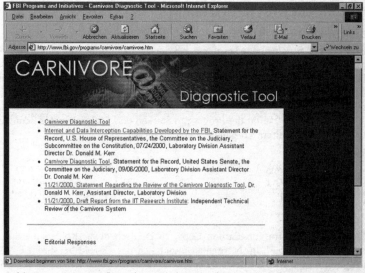

Auf der Internetseite www.fbi.gov/programs/carnivore/carnivore.htm gibt es weitere Informationen und Stellungnahmen des FBI zum Einsatz der Carnivore-Software

Beim Einsatz von Carnivore, der rechtlich nicht ganz unumstritten ist, wird bei einem Internetprovider ein spezieller Rechner mit der Carnivore-Software aufgestellt und mit dem Mail-Server verbunden. Anhand der Angaben in den Absender- und Adressatfeldern bzw. beim Betreff werden E-Mails, die Carnivore als „verdächtig" einstuft, auf dem Rechner zewcks Nachprüfung gespeichert.

Carrier

{Aussprache: Kärrier}

Trägersignal

In der Internetsprache ist Carrier (deutsch: Träger) die Bezeichnung für den Grundton bzw. das Trägersignal eines Modems, das beim Aufbau einer Verbindung gesendet wird und dafür sorgt, dass zwischen den Kommunikationsgeräten eine Verständigung erreicht wird.

Gelingt dieser Vorgang, dann spricht man von einem Connect; schlägt die Verbindung fehl, wird eine No Carrier-Meldung ausgegeben, um anzuzeigen, dass die Verbindung nicht zustande gekommen ist und der Trägerton abgebrochen wurde.

Siehe auch: Connect

CBT [Computer-Based Training]

Computer-basiertes Training

Bezeichnung für eine neue Lernform, bei der der Computer zum Lehrer bzw. Übungsleiter wird. Gemeint sind dabei aber im Allgemeinen keine simplen Vokabel-Lernprogramme, sondern komplexe Systeme mit künstlicher Intelligenz, die sich auf den Lernenden einstellen. So wird die Vorgehensweise und die Geschwindigkeit des Lernprozesses an die Fähigkeiten des individuellen Lernenden angepasst. Dabei erkennt das Programm Stärken und Schwächen des Benutzers und stellt seine weitere Vorgehensweise darauf ein.

Siehe auch: WBT

Cc [Carbon copy]

{Aussprache: Si Si}

Kopie

Cc ist die Kurzform von **C**arbon **C**opy, zu Deutsch etwa „Kohlepapierdurchschlag", also „Kopie". Im Normalfall findet sich das *Cc*-Feld bei Ihrem E-Mail-Programm oberhalb der Betreff-Zeile, wenn Sie eine Nachricht schreiben. Hier können Sie einfach die Namen bzw. E-Mail-Adressen derjenigen Personen einfügen, die ebenfalls diese E-Mail erhalten sollen, an die also quasi eine Kopie der E-Mail geht.

> **Hinweis:** Alle Namen und Adressen, die Sie im *Cc*-Feld eintragen sind für alle Empfänger der E-Mail sichtbar, d. h., jeder, der die Nachricht erhält, weiß anschließend genau, wem Sie diese Mitteilung noch zukommen ließen.

Wenn Sie es vermeiden wollen, dass jeder darüber Bescheid weiß und die Adressatenliste einsehen kann, nutzen Sie einfach statt der Cc-Funktion die Bcc-Option, die praktisch alle modernen E-Mail-programme bieten.

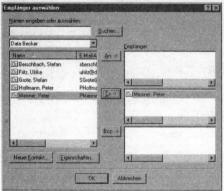

Eine Kopie der Nachricht (Cc) geht an Peter Meisner. Im Gegensatz zur Bcc-Option erfahren alle anderen Empfänger der E-Mail, dass diese Nachricht auch an P. Meisner geschickt wurde

Siehe auch: Bcc, E-Mail

CCITT [Consultative Committee on International Telegraphy and Telephony]

Beratungskommission für internationale Telegrafie und Telefonie

Die CCITT war eine Kommission, die für die Einführung und Einhaltung von internationalen Standards im Bereich der Telekommunikation zuständig war. Sie veranstaltete alle vier Jahre Expertentreffen, bei denen neuen Standards diskutiert und verabschiedet wurden. Inzwischen hat diese Aufgabe die International Telecommunication Union (ITU) übernommen. Trotzdem begegnet man der Abkürzung CCITT immer wieder, weil viele von diesem Gremium verabschiedete Standards dieses Kürzel in ihrem Namen tragen.

CCTLD [Country-Code-Top-Level-Domain]

Landeskennzeichen-Top-Level-Domäne

Die Top-Level-Domänen bilden die oberste Ebene der Adressierung von Internetrechnern. Neben den inhaltlichen TLDs wie *.com* oder *.org* gibt es auch geografische TLDs. Diese fassen Internetadressen zusammen, die zu einem bestimmten Land bzw. zu einer geografischen Region gehören. Sie werden – wenn möglich – aus dem offiziellen Kürzel des jeweiligen Landes gebildet, wie es z. B. auch im Straßenverkehr gilt. Eine CCTLD muss nicht unbedingt bedeuten, dass sich der entsprechende Internetrechner physikalisch auch tatsächlich in diesem Land bzw. in dieser Region befindet. Bei Webangeboten lässt eine CCTLD aber in der Regel Rückschlüsse auf die Sprache eines Webangebots zu. So findet man auf Rechnern mit der Endung *.de* meist Webseiten in deutscher Sprache. Die nachfolgende Tabelle führt die gängigen CCTLDs und die dazugehörenden Länder auf.

Prinzipiell gibt es für jedes Land eine eigene Top-Level-Domain. Gerade kleinere, ärmere Länder haben aber andere Probleme, als sich um ihr CCTLD zu kümmern. Andererseits kann eine günstige CCTLD auch bares Geld wert sein. Dies zeigt z. B. die CCTLD .tv, die dem kleinen pazifischen Inselstaat Tuvalu gehört. Der verkaufte sie für viel Geld an eine Firma, die sie nun als TLD für alle Angebote vermarktet, die irgendetwas mit Fernsehen zu tun haben (http://www.tv).

CCTLD	Land	CcTLD	Land	CCTLD	Land
AQ	Antarktis	GR	Griechenland	PL	Polen
AT	Österreich	HK	Hongkong	PR	Puerto Rico
AU	Australien	HU	Ungarn	PT	Portugal
BE	Belgien	IE	Irland	RU	Russland
BG	Bulgarien	IL	Israel	SA	Südafrika
BR	Brasilien	IN	Indien	SE	Schweden
CA	Kanada	IS	Island	SG	Singapur
CC	Insel bei Australien	IT	Italien	SI	Slowenien
CH	Schweiz	JO	Jordanien	SK	Slowakei
CL	Chile	KR	Korea	TH	Thailand
CY	Zypern	KW	Kuwait	TN	Tunesien
CZ	Tschechien	LU	Luxemburg	TO	Togo
DE	Deutschland	LV	Lettland	TR	Türkei
DK	Dänemark	MX	Mexiko	TW	Taiwan
EE	Estland	MY	Malaysia	UK	Großbritannien
ES	Spanien	NL	Niederlande	US	USA
FI	Finnland	NO	Norwegen	VA	Vatikan
FR	Frankreich	NZ	Neuseeland	VE	Venezuela
GL	Grönland	JP	Japan		

Siehe auch: Top Level Domain

CDDB [Compact Disc DataBase]

Einen modernen PC mit eingebautem CD-ROM-Laufwerk und Soundkarte kann man ohne weiteres zur Wiedergabe von Audio-CDs nutzen. Dazu benötigt man lediglich ein einfaches Programm zum Steuern der Wiedergabe. Wenn man darüber hinaus noch wissen will, welcher Titel gerade gespielt wird, oder wenn man sich eigene Abspiellisten zusammenstellen will, muss das Programm wissen, welche Titel in welcher Reihenfolge auf der CD enthalten sind. Man kann dies für jede CD einzeln eintippen, aber bei größeren Sammlungen ist das etwas umständlich und mühsam. Stattdessen gibt es die Möglichkeit, sich diese Daten einfach per Mausklick aus dem Internet zu besorgen.

Die Compact Disc Data Base (CDDB) ist eine riesige Datenbanken von Musik-CDs, die im Laufe mehrerer Jahre entstanden ist und ständig weiter gepflegt wird. Sie enthält zu fast jeder veröffentlichten CD alle wesentlichen Daten wie

Titel, Künstler, Erscheinungsjahr sowie die Namen und Spielzeiten aller Lieder in der korrekten Reihenfolge. Die Identifizierung einer CD erfolgt über einen eindeutigen Code, den jede CD hat und der vom CD-Laufwerk ausgelesen werden kann. Ein CD-Abspielprogramm, das die CDDB-Funktion anbieten, liest bei einer neuen, bislang unbekannten CD diesen Code aus und kann sich dann via Internetverbindung die zu diesem Code gehörenden Informationen von der CDDB beschaffen. Diese Angaben können zur komfortablen Steuerung der CD-Wiedergabe genutzt werden. Außerdem speichern die Programme alle einmal bezogenen Daten, sodass sie bei jedem erneuten Einlegen dieser CD schon vorliegen und automatisch verwendet werden.

Eine Abfrage bei der CDDB dauert normalerweise nur einige wenige Sekunden, sodass es sich meist lohnt, den Aufwand für das manuelle Eintippen der Daten zu sparen. Sollten zu einer exotischen oder brandneuen CD mal keine Daten verfügbar sein, kann man selbst einen entsprechenden Eintrag erstellen und an die CDDB übermitteln und sich so an diesem Internetprojekt beteiligen, das im Übrigen völlig kostenlos ist und auf freiwilliger Mitarbeit basiert. Genauere Informationen zur CDDB finden sich unter http://www.cddb.com. Dort gibt es auch eine Liste der Abspielprogramme, die CDDB unterstützen, sowie eine Dokumentation des Zugriffsprotokolls, falls man diese Funktionalität in ein eigenes Programm einbauen will.

Censorware

{Aussprache: Senserwähr}

Software zur Überprüfung von Webinhalten

Als Censorware bezeichnet man Software, die dazu dient, den Inhalt von Websites vor der Anzeige zu überprüfen und ggf. die Anzeige zu sperren.

Das Hauptanliegen dieser Art Software ist der Schutz von Kindern und Jugendlichen vor jugendgefährdenden Sites, weswegen Censorware auch oft als Parental Control Software (Elternschutz-Software) bezeichnet wird.

Es soll nicht unerwähnt bleiben, dass der Einsatz dieser Softwaregattung nicht unumstritten ist, da die Schutzmechanismen (bei der Überprüfung der Webseiten) auch beispielsweise nach politischen gesichtspunkten eingestellt werden können, wodurch Kritiker dieser Software den Vorwurf der Zensur (daher auch der Name Censorware, von „censor", dt. „Zensur") ableiten.

Es gibt zahlreiche, vorwiegend englisch/amerikanische Programme dieser Art. Die wichtigsten und bekanntesten Vertreter sind Cyber Patrol (www.cyberpatrol.com), Net Nanny (www.netnanny.com) und Surf Watch (www.surfwatch.com). Weitere Informationen finden Sie auf den Internetseiten zu der jeweiligen Censorware.

CERN

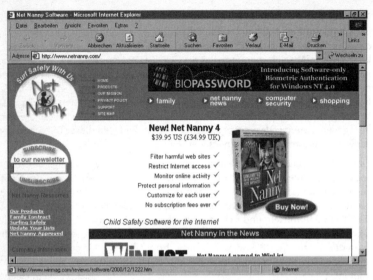

Im Internet gibt es zahlreiche verschiedene Censorwareprodukte. Hier die Webseite mit dem Net Nanny-Angebot

Siehe auch: Adult, Adult Check

CERN [Conseil Européenne pour la Recherche Nucléaire]

{Aussprache: Zern}

Europäisches Kernforschungszentrum

Am europäischen Kernforschungszentrum in Genf experimentiert man zu Kernphysik, zu Quanten und mit Teilchenbeschleunigern. Trotzdem hat dieses Institut für das Internet eine große Bedeutung, da es quasi die Wiege des WWW darstellt. Tim Berners-Lee, ein Mitarbeiter des CERN, machte sich 1989 Gedanken darüber, wie man die Ergebnisse wissenschaftlicher Forschung weltweit verbreiten könnte. Als Medium sollte das Internet fungieren, das sich damals schon recht weit verbreitet hatte. Allerdings waren die damaligen Informationssysteme für das Internet wenig für wissenschaftliche Präsentation geeignet, weil sie noch sehr unstrukturiert und größtenteils textbasiert waren.

Deshalb ersann Berners-Lee die Idee für ein multimediales Hypertextsystem, mit dem sich Inhalte anschaulich präsentieren und verknüpfen lassen sollten. Mit einem kleinen Team entwickelte er die **H**yper**T**ext **M**arkup **L**anguage HTML zum Erstellen der Dokumente und das **H**yper**T**ext **T**ransfer **P**rotocol HTTP zum Anfordern und Übertragen der Dokumente. Diese beiden Komponenten bilden bis heute die Basis des World Wide Web, auch wenn sie inzwischen aktualisiert und weiterentwickelt wurden. Deshalb wird Tim Berners-Lee im Allgemeinen als Erfinder des WWW angesehen.

HTTP und HTML bedeuteten einen Quantensprung für das Internet. Bislang war es relativ unstrukturiert und kompliziert zu benutzen, sodass fast nur Akademiker und technisch interessierte Menschen online waren. Mit der Verbreitung des WWW und der Entwicklung komfortabler Webbrowser änderte sich dies beinahe schlagartig.

Das WWW bildete auch die Grundlage für die Entwicklung von Diensten wie Suchmaschinen und Themenkatalogen, die aus dem heutigen Internet kaum noch wegzudenken sind. Die explosionsartige Verbreitung des Internet seit Anfang der 90er-Jahre lässt sich unmittelbar auf die Arbeit einer kleiner Forschergruppe am CERN zurückführen. Die Homepage des CERN findet sich unter http://www.cern.ch.

Siehe auch: HTML, HTTP, W3C, WWW

CERT [Computer Emergency Response Team]

{Aussprache: Zört}

Das Computer Emergency Response Team CERT ist eine der wenigen offiziellen Einrichtungen des Internet und beschäftigt sich mit allen Aspekten rund um die Sicherheit im Internet. Es wurde 1988 als Reaktion auf den Internetwurm gegründet, der als erster Internetvirus in die Geschichte einging und es schaffte, innerhalb kürzester Zeit praktisch das gesamte (damals aber auch noch wesentlich kleinere) Internet lahmzulegen.

Die Aufgaben der CERT verteilen sich auf verschiedene Ebenen. Zum einen gehört dazu die schnelle Reaktion auf Probleme und Krisen einschließlich der Bereitstellung von aktuellen Informationen für die Internetteilnehmer. Zum anderen geht es auch um das Erkennen und langfristige Steuern von neuen Entwicklungen und Trends bei Gefahren und Gefahrenabwehr. Schließlich ist ein wichtiger Aspekt die Öffentlichkeitsarbeit, also die Aufklärung und Sensibilisierung der Teilnehmer für sicherheitsrelevante Themen. Die Webseiten des CERT finden sich unter http://www.cert.org. Sie bilden ein umfassende und fundierte Quelle zu allen Fragen rund um die Sicherheit im Internet, sowohl zu aktuellen als auch zu grundlegenden Themen.

Siehe auch: Sicherheit im Internet

CGI [Common Gateway Interface]

Schnittstelle für die Verarbeitung von Formulareingaben in Webseiten

Die HyperText Markup Language HTML zum Gestalten von Webseiten bietet die Möglichkeit, Formulare zu erstellen, in denen Besucher Eingaben machen oder Auswahlen treffen können. Ein einfaches Beispiel ist ein Formular zu Adresseingabe, wenn man etwa in einem Onlineshop etwas bestellt. HTML stellt aber keine Möglichkeiten zur Verfügung, diese Eingaben oder Auswahlen auch zu verarbeiten. Deshalb ist die einzige Möglichkeit zum Umgang mit Formulardaten, die Daten an den Webserver zu schicken und dort durch ein Programm auswerten zu lassen. Der Server erzeugt dann aufgrund der übermittelten Daten eine Antwortseite, die an den Besucher zurückgeschickt wird.

Dieser Vorgang, Formulardaten an den Webserver zu schicken, sie von diesem verarbeiten und eine Antwortseite erzeugen zu lassen, wird durch die CGI-Schnittstelle beschrieben. Dabei handelt es sich nicht um eine Programmiersprache, sondern lediglich um eine Definition, wie die Formulardaten an ein beliebiges Programm auf dem Webserver übergeben und wie die Antwort dieses Programms verarbeitet werden kann.

Das eigentliche Programm zur Datenverarbeitung kann in einer beliebigen Programmiersprache geschrieben sein. Sehr häufig werden dafür Perl-Skripts verwendet. Wichtig ist, dass das Programm oder Skript sich an die CGI-Definition hält, die vorgibt, wo es die Daten herbekommt und wie und wohin die Antwortseite übermittelt wird.

Wenn man selbst Webangebote veröffentlichen will und dabei mit Formularen arbeiten möchte, sollte man darauf achten, dass der Webprovider die Verwendung von CGI-Skripts erlaubt. Insbesondere kostenlose Provider untersagen dies meist. Bei manchen Providern kann man auch nur bestimmte vorgefertigte CGI-Skripts verwenden. Optimalerweise sollte es möglich sein, eigene CGI-Programme zu benutzen.

Viele Standardaufgaben muss man nicht unbedingt selbst programmieren, sondern man kann auf fertige CGI-Lösungen zurückgreifen, die man durch minimale Korrekturen an die eigenen Bedürfnisse anpassen kann. Eine Auswahl finden Sie z. B. unter http://www.cgi-resource.de.

Siehe auch: HTML, Perl

Chain gang

{Aussprache: Tschäin Gäng}

Miteinander verlinkte Webseiten

Eine Gruppe von Websites, die keine anderen Links als zu anderen Seiten dieser spezifischen Gruppe beinhalten, bezeichnet man als Chain gang, abgeleitet von „Chain", dt. „Kette".

Die Links der Webseiten bilden quasi eine Kette, ohne Anfangs- oder Endpunkt, eine Art „geschlossene Gesellschaft", da es keine Verweise zu anderen Seiten außerhalb der Chain gang gibt.

Siehe auch: Link

Channel

{Aussprache: Tschännel}

„Kanal"

Die Bezeichnung Channel wird meist benutzt, wenn es gilt, aus einem breiten Informations- oder Kommunikationsangebot einen bestimmten Teil auszuwählen, der interessiert. Ein einfaches Beispiel aus dem täglichen Leben ist das Fernsehen, wo es ja auch mehrere Kanäle (bzw. Programme) gibt, von denen man jeweils das auswählt, was man gerade sehen möchte. Ähnlich funktioniert z. B. auch das Chatten auf großen Chatservern wie etwa dem IRC. Hier diskutieren meistens einige 1.000 Benutzer parallel. Wenn die alle gleichzeitig durcheinander reden würden, würde keiner mehr etwas verstehen. Deshalb ist die Kommunikation in Kanäle unterteilt, die in der Regel thematisch organisiert sind. In einem Kanal treffen sich jeweils nur einige wenige Chatter, sodass diese problemlos kommunizieren können. Um mit zu chatten, wählt man einen der Kanäle aus und meldet sich dort an.

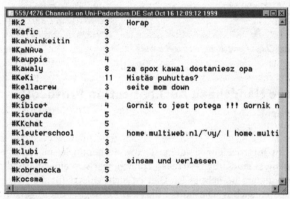

Bei Chatforen wie IRC ist die Kommunikation in Kanäle aufgeteilt

Siehe auch: IRC, Push

Chaos Computer Club

Der wohl bekannteste deutsche Computer-Club ist der 1984 in Hamburg gegründete „Chaos Computer Club"; oftmals wird er einfach mit CCC abgekürzt.

Ziel dieser Vereinigung, deren Mitglieder als Hacker gelten, ist es, Schwachstellen und Sicherheitslücken in Programmen festzustellen und die Risiken aufzuzeigen, die die Benutzung solcher Software mit sich bringen kann.

Selbstverständlich ist der CCC auch im Internet vertreten, die Adresse ist www.ccc.de.

CHAP

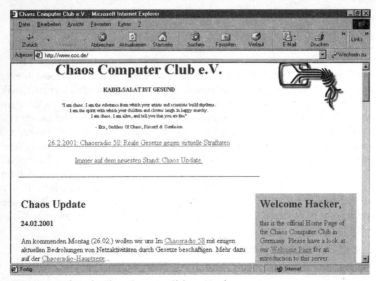

Der Internetauftritt des Chaos Computer Club aus Hamburg

Siehe auch: Hacker

CHAP [Challenge Handshake Authentication Protocol]

{Aussprache: Tschapp}

Authentifizierungsprotokoll bei der Interneteinwahl

Wenn man sich ins Internet einwählt, muss eine Authentifizierung erfolgen, d. h., der Provider muss eindeutig feststellen können, wer sich einwählt und ob diese Person zur Nutzung berechtigt ist. Dies ist nicht zuletzt für die Abrechnung der Onlinekosten wichtig. Die Authentifizierung erfolgt in der Regel durch einen Benutzernamen und ein Passwort. Dies ist nicht ganz ungefährlich, da beides im Klartext übertragen wird und unter Umständen abgehört werden kann. CHAP bietet hier eine sichere Alternative, weil es keine Passwörter im Klartext überträgt.

Bei einer CHAP-Authentifizierung sendet der Server nach dem Aufbau der Verbindung eine bestimmte Nachricht an den sich anmeldenden Rechner. Dieser berechnet aufgrund eines festgelegten Verfahrens eine Antwort und übermittelt sie an den Server. Der überprüft die Antwort mit seinem eigenen Verfahren. Stimmen beide Ergebnisse überein, ist der sich anmeldende Benutzer eindeutig identifiziert. Die Berechnungsverfahren werden regelmäßig gewechselt, damit sich kein Angreifer darauf einstellen kann. Als zusätzliche Sicherheitsmaßnahme findet die Überprüfung nicht nur einmal bei der Anmeldung statt, sondern kann während der laufenden Verbindung jederzeit erneut durch den Server veranlasst werden. So wird ausgeschlossen, dass sich ein Angreifer in eine laufende Verbindung einschaltet.

Siehe auch: PPP

Charta

Richtlinien einer Newsgroup

Bei Charta handelt es sich um den in der Internetsprache üblichen Ausdruck für eine Zusammenfassung der Regeln und Richtlinien, die einer Newsgroup zugrunde liegen.

In den meisten Fällen wird diese Charta in der entsprechenden Newsgroup regelmäßig mehrmals im Monat „gepostet", d. h. veröffentlicht. Sie enthält eine Einführung in Sinn und Zweck der Newsgroup, Hinweise zur Netiquette und weitere wichtige Informationen betreffend des Newsgroup-Themas.

Siehe auch: Netiquette, Newsgroup

Chat

{Aussprache: Tschät}

Onlineunterhaltung per Tastatur

Chatten ist in aller Munde und eine der beliebtesten Einsatzmöglichkeiten des Internet. „To chat" kommt aus dem Englischen und heißt übersetzt „schwätzen". Ein Chat ist demnach eine Onlineunterhaltung zwischen zwei (oder auch mehreren) Personen in einem Netzwerk bzw. im Internet.

Die Unterhaltung findet dabei per Tastatur statt, d. h., das was Sie Ihrem Gegenüber normalerweise in einem Gespräch sagen würden, müssen Sie per Tastatur eintippen. Logischerweise kann das bei längeren Sätzen etwas Zeit in Anspruch nehmen, kein Wunder also, dass sehr viele Kurzwörter bzw. Akronyme entstanden sind, die einem beim Chatten nicht nur Schreibarbeit abnehmen, sondern auch dafür sorgen, dass die Unterhaltung in Gang bleibt. Nichts ist nervtötender als minutenlang auf einen Kommentar warten zu müssen.

Da sich zur gleichen Zeit Millionen von Menschen im Internet tummeln, ist die Chance sehr groß, jemanden zu finden, der einem kleinen Plausch nicht abgeneigt ist. Dabei spielt es dann überhaupt keine Rolle, ob Ihr Chatpartner um die Ecke oder auf einem anderen Kontinent wohnt. Gerade die Möglichkeit, sich auf diesem Wege mit Menschen aus anderen Kontinenten und Kulturen unterhalten zu können, fasziniert viele.

Lange Zeit war es insbesondere für Internetneulinge recht umständlich, die entsprechenden Chatpartner zu finden, die notwendige Software zu installieren und sich mit den Regeln des Chattens vertraut zu machen. Die entsprechenden Regeln (Chatiquette genannt) sollten Sie sich in einer ruhigen Stunde einmal zu Gemüte führen, denn es kann nie schaden zu wissen, wie man sich beim Chatten „korrekt" verhält.

Chat

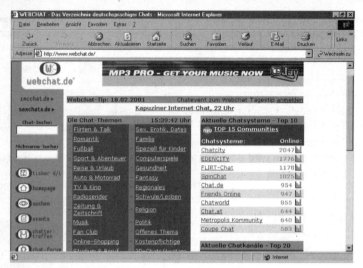

Die Internetseite www.webchat.de, ein idealer Anlaufpunkt für alle, die gern chatten

Ansonsten ist das Chatten durch die immer größere Verbreitung von Chatprogrammen, die auf der Sprache JAVA basieren, erheblich vereinfacht worden. Alle modernen Browser verstehen Java und demnach bereitet es auch Anfängern keine Schwierigkeiten, Chatprgramme einzusetzen und zu nutzen.

Es ist empfehlenswert sich an Chatregeln zu halten, die so genannten Chatiquette. Wer mehr wissen will, findet unter www.webchat.de die nötigen Infos

Dort gibt es alles, was Sie benötigen, von der entsprechenden Software, zusätzliche Informationen, Hilfestellungen, die Chatiquette und nicht zuletzt finden Sie dort auch eine große Anzahl von chatwilligen Leuten und dem dazugehörigen Themenspektrum.

Siehe auch: Akronym, Buddy Chat, Chatroom, Chatslang, Chatter

Chatroom

{Aussprache: Tschät Ruhm}

Virtueller Unterhaltungsraum

Einen Chatroom können Sie sich am besten vorstellen als einen abgegrenzten virtuellen Raum (Room), in dem man sich (per Tastatur über das Internet) trifft, um sich zu einem bestimmten Thema oder einfach über Gott und die Welt zu unterhalten.

Ein Chatroom entspricht einem Channel beim Internet Relay Chat (IRC) und ist üblicherweise Unterhaltungen zu einem bestimmten Thema reserviert. Die Teilnemer einer solchen Chat (dt.: Schwätzen) genannten Unterhaltung nennt man Chatter, wobei es durchaus üblich ist, nicht mit seinem richtigen Namen einen Chatroom zu betreten, sondern sich zuvor einen mehr oder weniger originellen Alias-Namen zuzulegen. Ungeübte haben anfangs oftmals Schweirigkeiten, den Unterhaltungen geübter Chatter zu folgen, da diese sehr oft ein Vokabular benutzen, das fast einer Fremdsprache gleichkommt und von unverständlichen Abkürzungen nur so wimmelt, dem so genannten Chatslang.

Siehe auch: Alias, Channel, Chat, Chatter, Chatslang, Emoticon, IRC

Chatslang

{Aussprache: Tschätt Släng}

Sprache der Chatteilnehmer

Als Chatslang bezeichnet man gesammelt eine Fülle von Abkürzungen, Akronymen, Emoticons oder auch speziellen Ausdrücken, die von erfahrenen Internetanwendern, insbesondere beim Chat oder auch in der E-Mail-Kommunikation, Verwendung finden. Für Nicht-Eingeweihte kann eine mit Slangausdrücken gespickte Konversation fast schon wie eine Fremdsprache klingen.

Eine Auflistung des kompletten Chatslang-Wortschatzes ist aufgrund der Fülle der Ausdrücke und der ständig neu entstehenden Akronyme praktisch unmöglich, dennoch finden Sie zum Einstieg die wichtigsten Begriffe dieser „Internetfremdsprache" mit kurzer deutscher Übersetzung in der folgenden Tabelle bzw. ausführlicher mit Erklärungen und Erläuterungen auch im Rahmen dieses Lexikons.

Chatslang

Slangausdruck	Bedeutung
AAMOF	Tatsächlich
ABEND	Ungewöhnliches Ende
ADN	Demnächst
AFAIK	Soweit ich weiß
AFK	Von der Tastatur abwesend
AIDS	Viren-infiziertes Disketten/Datenträger-Syndrom
AKA	Auch bekannt als
ASAP	So schnell wie möglich
B4	Vorher
BAK	Zurück an der Tastatur
BBL	Bin gleich zurück
BC	„vor Christus", vor langer Zeit
Bells & Whistles	Alle möglichen Extras
BFN	Bis zum nächsten Mal
BION	Glaube es oder nicht
BOT	Zurück zum Thema
Bozo	Störenfried
Brain dump	Hirnentleerung, ungeordnete Informationen
BTW	Übrigens
Cheese	„Käse", Informationen ohne Nutzen
CU	Bis dann
CU2	Bis dann (als Erwiderung)/Dito
DAU	Dümmster Anzunehmender User
DIKU	Kenne ich Dich?
Dissen	Jemanden fertig machen bzw. schlechtreden
DOA	Bei Ankunft tot
F2F	Von Angesicht zu Angesicht
FOAF	Der Freund eines Freundes
FOC	Kostenlos
FUBAR	Total kaputt, keine Chance auf Reparatur
FWIW	Was immer es bringen mag
FYA	Viel Spaß damit
FYI	Zu Ihrer Information
Geek	Computerbesessener
Gizmo	Dingsbums
GMTA	Große Geister denken ähnlich
HTH	Hoffentlich hilft Dir das
IANAL	Ich bin kein Rechtsanwalt
IIRC	Wenn ich mich richtig erinnere
IME	Meiner Erfahrung nach
IMHO	Meiner bescheidenen Meinung nach
IOW	In anderen Worten
IRL	Im richtigen Leben
IYSWIM	Wenn du verstehst, was ich meine
JK	Es war nur Spaß
KISS	Halt es einfach, du Dummerchen
Kruegerapp	Killerprogramm
Lamer	Lahmer
LOL	Lautes Gelächter

Slangausdruck	Bedeutung
Loser	Verlierer, Versager
Lurker	„Lauernder", nicht aktiv teilnehmend
MHOTY	Ich ziehe den Hut vor dir, Alle Achtung
MYOB	Kümmere dich um deinen eigenen Kram
NBD	Keine große Sache
Nerd	Streber
NRN	Keine Antwort nötig
NTIM	Nicht, dass es wichtig wäre
OTOH	Auf der anderen Seite
PITA	Etwas, das Probleme bereitet
PMFJI	Entschuldigung, dass ich mich einmische
PTMM	Bitte erzähl mir mehr darüber
Rehi	Bin wieder da
RL	Wahres Leben
ROTFL	Sich auf dem Boden wälzen vor Lachen
Rookie	Absoluter Anfänger
RTFM	Lies das verdammte Handbuch
Saugen	eine große Menge Daten herunterladen
SCNR	Tut mir leid, ich konnte nicht widerstehen
SEX	Softwaretausch
SITD	Es ist immer noch unklar
SMOP	Programm, das sein Geld nicht wert ist
SNAFU	Eine besch...ene Situation
SO	Bessere Hälfte
TANSTAAFL	Es gibt eben nichts geschenkt
TGIF	Gott sei Dank, es ist Freitag
TIA	Danke im voraus
TNX	Danke
TTYL	Wir sprechen uns später/bis bald
Vanilla	Das absolut Notwendigste, langweilig, fade
WAEF	Wenn alles andere fehlschlägt
Warez	Raubkopien
WIBNI	Wäre es nicht schön, wenn …
Wombat	Verschwendung von Geld, Hirn und Zeit
Xfer	Transfer
Y2K	Jahr 2000
YABA	Schon wieder ein verdammtes Akronym
YMMV	Bei Ihnen kann das anders aussehen

Siehe auch: Akronym, Chatroom, Chatter, Emoticon, IRC

Chatter

{Aussprache: Tschätter}

„Schwätzer"

Ein Chatter ist schlicht und einfach ein Teilnehmer eines Chats, also einer Unterhaltung per Tastatur über das Internet. Der Begriff ist abgeleitet vom englischen Ausdruck to chat, was im Deutschen so viel wie „schwätzen" heist.

Siehe auch: Chat, Chatroom, Chatslang

Cheat

{Aussprache: Tschiet}

Lösungshilfen

Computers-Spiele haben es manchmal ganz schön in sich. Sei es, dass man in einem Abenteuerspiel an einer kniffligen Stelle hängt und einfach nicht weiterkommt oder dass das neue Ballerspiel zwar supergut, aber eben auch superschwer ist. In solchen Fällen helfen Cheats weiter. Das sind Lösungshilfen, mit denen man ein Spiel leichter bewältigen kann. Insbesondere bei Action-Spielen handelt es sich dabei meist um bestimmte Befehle oder Tastenkombinationen, mit denen man sich z. B. unsterblich machen oder mit unendlicher Munition oder stärkeren Waffen ausrüsten kann, um den Gegnern den Garaus zu machen. Das Besondere an diesen Hilfen ist, dass sie eben nicht in der Spielanleitung stehen, sondern von den Programmierern geheim gehalten oder erst nach einiger Zeit verraten werden. Im Internet kann man aber zu den meisten Spielen solche Cheats finden. Dazu muss man nur mal in einer Suchmaschine den Namen des Spiels oder eben den Suchbegriff „Cheats" oder auch „Cheatz" eingeben.

Cheese

{Aussprache: Tschiehs}

„Käse", Informationen ohne Nutzen

In der Internetsprache bezeichnet Cheese eine besondere Art von kommerziellen (Firmen-)Webseiten, die durch den Mangel an nützlichen Informationen „glänzen".

Oftmals optisch gutaussehend mit hochauflösenden Grafiken der angebotenen Produkte, zahlreichen Design-Gimmicks wie Sound, Animationen etc., aber nahezu ohne brauchbaren Informationen über die angebotenen Produkte; es fehlen nicht selten sogar elementare Daten wie Telefonnummern, Postadresse etc.

Siehe auch: Chatslang

ChiBrow [ChildBrowser]

{Aussprache: Tscheibrau}

Webbrowser für Kinder

Wer einen Browser für seinen Internet-interessierten Nachwuchs sucht, sollte es mal mit ChiBrow versuchen, den man unter http://www.chibrow.com kostenlos herunterladen kann. Dieser Browser wurde speziell für Kinder gestaltet. Statt unübersichtlicher Menüs gibt es nur wenige gut erkennbar Schaltflächen und ein Auswahlfeld für die Webadressen. Der Browser ist aber nicht nur deshalb besonders für Kinder geeignet, weil er einfach zu bedienen ist. Mit ihm lassen sich auch nur Inhalte abrufen, die für Kindern geeignet sind. So kann man nur Adressen, besuchen, die in einer Liste vorgegeben sind. Das freie Eingeben von Webadressen ist nicht möglich. Die Adressliste kann durch die Eltern nach Eingabe eines Passworts bearbeitet werden. Das ist auch nötig, denn ChiBrow ist ein amerikanisches Produkt und kommt standardmäßig nur mit englischen Webadressen. Die können Sie aber schnell durch entsprechende deutsche ersetzen.

ChiBrow – Der Webbrowser für das aufgeweckte Kind

Siehe auch: Webbrowser

CIF [Common Image Format]

Videobildformat

Das Common Image Format CIF beschreibt ein Bildformat für Videokonferenzsysteme. Die dabei übermittelten Bilder haben eine Größe von 352 x 288 Bildpunkten. Die Bezeichnung wird allerdings auch im Bereich der Digital High Definition (DHD) verwendet, in den z. B. das hochauflösende Fernsehen der Zukunft (HDTV) gehört. Hier gilt als allgemeines Bildformat eine Größe von 1.920 x 1.080 Bildpunkten.

Siehe auch: FCIF, Videoconferencing

CIS [CompuServe Information Service]

Siehe CompuServe

Click-and-mortar

{Aussprache: Klick änd mohrtär}

(Maus-)Klick und Mörtel

Im Gegensatz zu den Internet-abstinenten Brick and mortar-Unternehmen handelt es sich bei diesen Konzernen, wie auch bereits das „Click" andeutet, um Konzerne, die bereits den Weg ins Internet gefunden haben und demnach das normale eschäft bereits mit dem Onlinehandel verbinden.

Siehe auch: Brick-and-mortar

Client

{Aussprache: Kleient}

Klient, Kunde

Im Internet bedarf es für die meisten Kommunikationsformen zweier Komponenten: Ein Informationsgeber, der die Daten auf Anfrage zur Verfügung stellt, und ein Informationsnehmer, der Daten anfordert und die Antworten verarbeitet. Die informationsgebende Komponente bezeichnet man als Server, die informationsnehmende als Client. Das zugrundeliegende Kommunikationsprinzip wird dementsprechend Client-Server-Modell genannt.

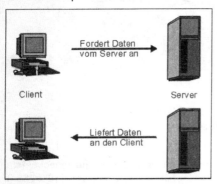

Das Client-Server-Modell ist die Grundlage für Kommunikation im Internet

Die Bezeichnung Client wird für verschiedene Arten von Komponenten verwendet. Im Bereich der Netzwerktechnik bezeichnet man die PCs, die an einen zentralen Server angeschlossen sind und von diesem Daten und/oder Rechenleistung beziehen, als Clients oder Clientrechner. Auf Anwendungsebene bezieht sich die Bezeichnung Client auf einzelne Programme, die über ein Netzwerk Daten oder Dienstleistungen von einem Server beziehen. So ist ein Webbrowser, mit dem man Webseiten von einem Webserver abruft, ein Webclient. Ein E-Mail-Programm zum Lesen und Schreiben wird auch mal als E-Mail-Client bezeichnet, weil es für seine Funktion auf den Datenaustausch mit Posteingangs- und -ausgangsservern angewiesen ist. Genau genommen sind praktisch alle Anwendungen für die Nutzung des Internet Clients. Meist sollte man aber dazu sagen, was für eine Art von Client (also für welchen Dienst) gemeint ist. Wenn jemand zu Ihnen sagt, dass Sie für die Teilnahme an ICQ den ICQ-Client herunterladen und installieren müssen, bedeutet dies, dass Sie ein Programm installieren müssen, mit dem Sie den ICQ-Dienst benutzen können.

Siehe auch: Server

Cobweb Site

{Aussprache: Cobweb Seit}

Spinnweben-Internetseite

Als Cobweb Site (dt.: Spinnwebe) bezeichnet man ein Angebot im Internet, das so veraltet ist, dass sich schon Spinnweben gebildet haben.

Besondere Kennzeichen einer Cobweb Site sind beispielsweise, dass Links zu anderen Seiten nicht mehr funktionieren, die Seite seit vielen Monaten oder gar Jahren nicht mehr aktualisiert wurde oder die Informationen auf einem veralteten Stand sind.

> **Hinweis:** Eine vergleichbare Bedeutung hat „Annie".

Siehe auch: Annie

Codec

{Aussprache: Kodeck}

Audiovisuelle Multimediadaten gehören mit zum Aufwändigsten, was ein PC verarbeiten kann. Wenn man z. B. ein Fernsehbild digitalisiert, fallen dabei pro Sekunde zig MByte Daten an, die erfasst und gespeichert werden wollen. Da kommen selbst moderne Systeme an ihre Grenzen. Deshalb arbeitet man in solchen Fällen meist mit speziellen Kompressionsverfahren. Diese reduzieren die Datenmenge, indem bestimmte Teile der Informationen weggelassen werden. Dabei unterscheidet man zwischen verlustfreien Verfahren, die nur auf redundante Information verzichten, und verlustbehafteten Verfahren, bei denen die Kompression auch schon mal zu sicht- oder hörbaren Qualitätsverlusten führen kann.

Solche Kompressionsverfahren werden als Codec bezeichnet. Sie können sowohl als reine Softwarekomponenten als auch in Hardware ausgeführt sein. Softwarecodecs belasten den Prozessor des PCs und benötigen z. B. für Videos einiges an Rechenpower. Bei Hardwarecodecs beschränkt sich der Prozessor des PCs auf reine Steueraufgaben und wird deshalb kaum belastet. Die eigentliche Rechenarbeit findet dann in einem spezialisierten Chip statt. Wichtig bei der Arbeit mit Codecs ist, dass die mit einem Codec komprimierten Multimediadaten auch nur mit dem gleichen Codec wiedergegeben werden können. Bei populären Verfahren wie z. B. MPEG ist das in der Regel kein Problem. Bei spezielleren Codes muss man aber darauf achten, dass auf dem Abspielrechner der richtige Codec installiert ist. Bei Windows finden sich Codec-Informationen in den *Multimedia*-Systemeinstellungen unter *Geräte*.

Siehe auch: Komprimieren

com

Eine der „klassischen" Top Level Domains ist *.com* (Kurzform von „commercial") für Firmen aller Art, wie beispielsweise www.microsoft.com. Dadurch, dass die Zahl der äußerst beliebten frei verfügbaren *com*-Domains immer geringer wurde, sah sich die ICANN (Internet **C**orporation for **A**ssigned **N**ames and **N**umbers) genötigt, im Oktober 2000 insgesamt sieben neue Top Level Domains zu genehmigen, um der großen Nachfrage nach kurzen und aussagekräftigen Domainnamen nachzukommen.

Siehe auch: ICANN, Top Level Domain

Communicator

{Aussprache: Kommjunikäiter}

Eine der ersten Firmen, die ihr Geld im Internet verdienten, war die Firma Netscape. Sie brachte 1995 den Netscape Navigator auf den Markt. Dabei handelte es sich um einen Webbrowser, der eine technische Weiterentwicklung des ersten grafischen Webbrowsers Mosaic war. Der Navigator wurde ursprünglich kostenlos verteilt und war darüber hinaus technisch lange Zeit allen Konkurrenzprodukten überlegen. Erst einige Zeit später erkannte die Firma Microsoft das Potenzial des Internet und entwickelte den Internet Explorer. Zwischen beiden Produkten und Firmen entbrannte daraufhin ein harter Kampf um die Vorherrschaft auf dem Browsermarkt. Einer der Schachzüge von Netscape in diesem Kampf war die Veröffentlichung eines ganzen Pakets von Internetprogrammen, zu denen neben dem Navigator auch Anwendungen für E-Mail und News, Chats und zum Erstellen von Webseiten gehörten. Dieses Paket wurde unter der Bezeichnung Communicator auf den Markt gebracht. Inzwischen wurde die Firma Netscape nach finanziellen Schwierigkeiten vom Onlinedienst AOL aufgekauft und der Navigator wird in seiner aktuellen Version mitsamt Zusatzprogrammen einfach nur noch als Netscape bezeichnet. Dadurch ist in der Internetgemeinde eine gewisse Begriffsverwirrung eingetreten, sodass alle drei Namen gern durcheinander geworfen werden. Letztlich beziehen sich sowohl Netscape als auch Communicator und Navigator in den meisten Fällen auf das populärste Produkt der Firma Netscape, den Webbrowser.

Nicht nur die Firma Netscape hat ein Produkt namens Communicator herausgebracht, vom finnischen Handy-Hersteller Nokia gibt es ein gleichnamiges Gerät. Dabei handelt es sich um ein Handy mit großem Display und einer kompletten Tastatur, mit dem man durchs Web surfen und E-Mails schreiben kann. Heutzutage ist das dank WAP nichts Besonderes mehr, aber als der Communicator auf den Markt kam, war an WAP und UMTS noch nicht zu denken. Einen vollständigen Webbrowser mit allen modernen Techniken kann der Nokia Communicator nicht bieten. Bei dynamischen Komponenten wie Java und DHTML stößt er an seine Grenzen. Trotzdem ist er ein beliebtes (und kostspieliges) Spielzeug bei Technik-Freaks und Nachwuchs-Managern. Mehr Infos gibt es unter http://www.nokia.de.

Siehe auch: Netscape, Mosaic, Webbrowser

Das Internet-Handy „Communicator" des finnischen Herstellers Nokia

Community

{Aussprache: Kommjuniti}

„Gemeinschaft"

Unter dem Schlagwort Community (dt.: Gemeinschaft) fasst man alle Internetangebote zusammen, die bestimmte Dienste oder auch Dienstleistungen kostenlos gegen Registrierung anbieten.

Diese Dienste oder Angebote können vielfältiger Art sein, oftmals ist es eine kostenlose E-Mail-Adresse oder zusätzlicher Webspace für eine Homepage; es entsteht eine Art virtuelle Gemeinschaft. Als Gegenleistung wird die Registrierung erwartet, wobei oftmals nicht nur die „üblichen" Angaben wie Name oder Heimatland zu machen sind, sondern detailliert nach persönlichen Vorlieben, Hobbys etc. gefragt wird. Dies hat den Sinn und Zweck, dass die Anbieter später die Werbeflächen (Banner) gezielt auf Ihre Vorlieben ausrichten können, sprich: größeren Profit erwarten lassen.

Eine der bekanntesten Communities dieser Art war GeoCities, die jedoch mittlerweile von Yahoo! geschluckt wurde und nun unter der Internetadresse http://geocities.yahoo.com/ zu finden ist.

Compiler

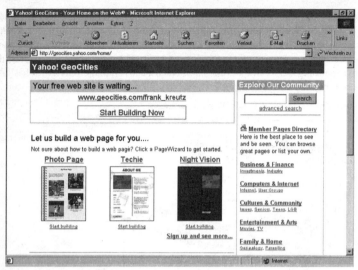

Wenn auch Sie Teil einer Internetcommunity werden wollen, ist Yahoo! GeoCities eine erste Anlaufstelle, kostenloser Webspace und zahlreiche Gleichgesinnte sind nur ein Teil des Angebots von Communities

Siehe auch: Banner, Webspace

Compiler

{Aussprache: Kompeiler}

Programmübersetzer

Bei der Entwicklung von Anwendungen wird in der Regel eine Programmiersprache verwendet, z. B. C++ oder Java. Eine Programmiersprache ermöglicht es, mit einem bestimmten Vokabular von Anweisungen zu beschreiben, was das Programm genau machen soll. Mit diesen Anweisungen kann ein Rechner aber noch nichts anfangen, da er keine Schlüsselwörter und Symbole, sondern nur Bits und Bytes verarbeiten kann. Deshalb muss ein fertiges Programm in einen für den Computer ausführbaren Binärcode übersetzt werden.

Diese Aufgabe übernimmt ein spezielles Programm, das als Compiler bezeichnet wird. Der Name stammt vom englischen Verb to compile (deutsch: zusammenstellen) und bezieht sich darauf, dass der Compiler das Programm aus dem in der Programmiersprache verfassten Quellcode zusammenstellt. Dabei prüft er jede einzelne Anweisung der Programmiersprache auf syntaktische Korrektheit und setzt sie in den entsprechenden Binärcode für den Rechner um.

Für jede Programmiersprache gibt es einen eigenen Compiler, für beliebte Sprachen wie etwa C++ gibt es sogar eine ganze Reihe von konkurrierenden Compiler-Produkten. Mit einem Compiler erstellte Programme sind immer plattformabhängig, da sich der Binärcode sehr eng an der jeweiligen Architektur des Rechners orientiert. Damit das gleiche Programm z. B. sowohl auf einem Windows- als auch einem Linux-Rechner läuft, muss es also zweimal kompiliert werden, einmal für Windows und einmal für Linux, wobei zwei unterschiedliche Binärcodes entstehen. Meist reicht es allerdings nicht, einfach denselben Quellcode für zwei unterschiedliche Betriebssysteme zu kompilieren, sondern es müssen auch Anpassungen vorgenommen werden. Dafür kann der mit einem Compiler erstellte Binärcode direkt ausgeführt werden und läuft meist sehr schnell. Plattformunabhängige Programme kann man mit Interpretern erstellen. Diese sind dafür aber in der Regel wesentlich langsamer.

Siehe auch: Interpreter, Java

CompuServe

{Aussprache: Kompjusörve}

Traditionsreicher Onlinedienst

CompuServe ist einer der ältesten kommerziellen Onlinedienste der Welt. Er bietet seit 1979 Geschäfts- und Privatleuten Onlineinformation und -Kommunikation an. CompuServe positionierte sich frühzeitig als Onlinedienst für Geschäftsleute und Wissenschaftler. Neben zahlreichen Informationsdiensten bot er seinen Mitgliedern auch schon vor dem Siegeszug des Internet elektronische Kommunikation via E-Mail. Außerdem war CompuServe schon immer international ausgerichtet und verfügte über Einwahlknoten in vielen Ländern, sodass er lange Zeit die erste Wahl für Geschäftsreisende war.

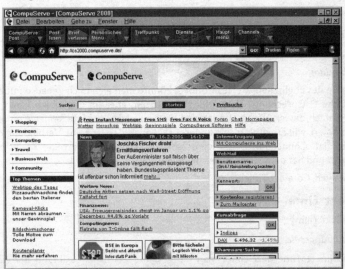

Die Oberfläche des Zugangssoftware von CompuServe

Mit dem Siegeszug des Internet geriet CompuServe ins Schlingern. Man bemühte sich zunächst nur halbherzig, Internetfunktionen anzubieten und in die eigene Zugangssoftware zu integrieren. Außerdem geriert der Dienst durch Management-Fehler in finanzielle Probleme. Schließlich wurde CompuServe 1997 vom Konkurrenten AOL geschluckt, der damit seine Position als weltgrößter Onlinedienst weiter ausbaut. Heute wird das CompuServe-Angebot parallel zum AOL-Service weitergeführt, wobei technisch große Ähnlichkeiten bestehen, in den Inhalten aber durchaus weiterhin eine unterschiedliche Ausrichtung erkennbar ist. Trotzdem reißen die Gerüchte nicht ab, dass AOL das CompuServe-Erbe eher stiefmütterlich behandelt und alle Kunden am liebsten unter einer (AOL-)Oberfläche vereinen würde.

Siehe auch: AOL, Provider, Onlinedienst

Computer-Lingo

Computer-Lingo ist lediglich ein anderes Wort für den Chatslang, also die Sprache der Internetfreaks.

Siehe: Chatslang

Conference

{Aussprache: Konnferenz}

Konferenz

Wenn sich beim Chatten mehr als zwei Leute per Tastatur unterhalten, spricht man auch von einer Conference (dt.: Konferenz).

Siehe auch: Chat

Connect(ion)

{Aussprache: Konnekschen}

Verbindung

Anstelle des englischen Wortes Connect könnte man eigentlich genauso gut die deutsche Entsprechung „Verbindung" benutzen, aber im Englischen klingt es halt einfach besser. Wenn also jemand davon spricht, er hätte keinen Connect bekommen, will er damit nichts anderes sagen, als dass er keine Verbindung erhalten hat. Connection ist übrigens lediglich die längere korrekte Form von connect und hat demnach die gleiche Bedeutung.

Siehe auch. Connect Time

Connect Time

{Konnekt Taim}

Verbindungszeit

Als Connect Time bezeichnet man die gesamte Zeitdauer, während der eine Verbindung zu einem anderen Rechner (bzw. Internetprovider) bestand. Sind

Sie also genau eine Stunde online, ist Ihre Connect Time ebenfalls eine Stunde, da Sie eine Stunde mit dem jeweiligen Dienst verbunden (engl.: to connect) waren.

Siehe auch: Connect

Content

{Aussprache: Kontent}

Inhalt, Inhaltverzeichnis

Möglicherweise wird Ihnen beim Surfen auf einglischsprachigen Websites auch bereits der Begriff Content einmal begegnet sein. Dann ist es gut zu wissen, dass content im Deutschen „Inhalt" heißt; Internetseiten, die mit Content oder auch dem Plural Contents überschrieben sind, stellen also üblicherweise das Inhaltsverzeichnis für die betreffende Webseite dar.

Content Provider

{Aussprache: Kontent Prowaider}

Inhalte-Anbieter, Onlinedienst

Im Gegensatz zu einem reinen Internet Service Provider (ISP) bieten Content Provider über den reinen Internetzugang hinaus auch eigene Inhalte (content) in einem separaten Bereich an, der nur für die Abonnenten des jeweiligen Dienstes zugängig ist, also nicht zum (allgemein zugänglichen) Internetbereich gehört. Typisches beispiel sind die speziellen Angebote und Foren, die Onlinedienste wie CompuServe oder AOL ihren Mitgliedern zur exklusiven Verfügung stellen. Im Deutschen spricht man deshalb auch seltener von Content Provider, hier hat sich der Ausdruck Onlinedienst durchgesetzt.

Gelegentlich werden jedoch auch Anbieter im Internet als Content Provider bezeichnet, die spezielle (gehaltvolle) Inhalte im WWW zur Verfügung stellen, wie beispielsweise Verlage oder Zeitschriften, die ihr Archiv der Internet-Öffentlichkeit zugänglich machen.

Siehe auch: ISP, Onlinedienst

Cookie

{Aussprache: Kukie}

Keks/Textdatei, die aus dem Internet abrufbare Informationen enthält

Auch wenn die Bezeichnung Cookie auf den ersten (und auch den zweiten) Blick vielleicht keinen Sinn macht, aber Cookie bedeutet ins Deutsche übersetzt tatsächlich schlicht und einfach „Keks".

Ein Cookie ist eine kleine Textdatei, die beim Abruf von bestimmten Internetseiten auf die Festplatte des Computeranwenders übertragen wird, sofern nicht die eingestellten Sicherheitsmaßnahmen Ihres Browsers die Annahme von Cookies grundsätzlich verweigern.

Cookie

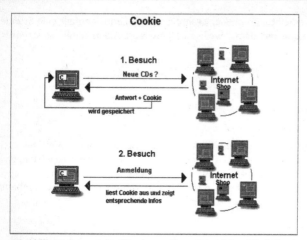

Sobald Sie eine Internetseite (hier dargestellt am Beispiel eines CD-Onlineshops) zum wiederholten Male ansurfen, „erkennt" der Onlineshop dank eines auf Ihrem Rechner gespeicherten Cookies (vorausgesetzt, Sie haben die Annahme von Cookies nicht verweigert), dass Sie die Seite bereits zuvor besucht hatten, und kann Ihnen nun anhand der aus dem Cookie ausgelesenen Informationen auf Sie speziell zugeschnittene Angebote machen

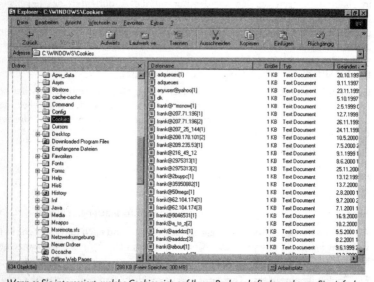

Wenn es Sie interessiert, welche Cookies sich auf Ihrem Rechner befinden, schauen Sie einfach einmal mit dem Windows-Explorer im entsprechenden Verzeichnis (normalerweise C:\Windows\Cookies) nach. Sie werden wahrscheinlich überrascht sein, was sich da im Laufe der Zeit so ansammelt (vorausgesetzt, Sie haben die Annahme von Cookies nicht unterbunden)

In einem solchen Cookie werden nämlich bestimmte Informationen gespeichert, aufgrund derer der Betreiber der jeweiligen Internetseite bei einem erneuten Besuch Sie quasi identifizieren kann und ggf. Informationen über Ihr Verhalten im Internet zusammenstellen könnte.

> **Info:** Wenn Sie also so anonym wie nur irgend möglich surfen wollen, dann sollten Sie Ihrem Browser auftragen, die Annahme von Cookies immer abzulehnen. Beim Internet Explorer finden Sie die entsprechende Option unter dem Menüpunkt *Extra/Internetoptionen/Erweitert/Cookies*.

Beim Internet Explorer können Sie unter Sicherheitseinstellungen auf einfache Art und Weise die Annahme von Cookies unterbinden. Hierzu müssen Sie die Optionen unter Cookies von Aktivieren auf Deaktivieren umstellen

Allerdings, und das soll auch nicht verschwiegen werden, kann die Annahme von Cookies auch das Surfen deutlich bequemer machen, da bei wiederholtem Besuch einer Internetseite bestimmte persönliche Einstellungen oder Profile nicht immer wieder neu eingegeben werden müssen, sondern Sie durch den auf Ihrer Festplatte gespeicherten „Keks" automatisch erkannt werden.

Siehe auch: Anonymizer

coop

Bei *.coop* handelt es sich, im Gegensatz zu den klassischen Top Level Domains, um eine der neuen, also erst im Jahre 2000 genehmigten TLDs (**Top Level Domains**) für Genossenschaften.

Siehe auch: ICANN, Top Level Domain

Copy

{Aussprache: Kopie}

Kopie

Der Begriff bezeichnet genau wie im Deutschen eine Kopie und kann sich z. B. auf die Kopie einer Datei, eines Textes oder einer Nachricht beziehen. Insbesondere im Zusammenhang mit E-Mail spielt die Bezeichnung Copy eine wichtige Rolle. Hier kann man eine Nachricht nicht nur an einen Empfänger senden, sondern gleichzeitig Kopien der Nachricht an weitere Personen verschicken lassen. Der Versand der Kopien erfolgt durch den Postausgangsserver, d. h., man muss die Nachricht nur einmal erstellen, alle Empfänger von Kopien angeben und absenden. Dabei unterscheidet man Carbon copy Cc und Blind carbon copy Bcc. Die Empfänger einer Cc sind im Briefkopf vermerkt, sodass alle Empfänger sehen können, wer alles eine Cc-Kopie erhalten hat. Empfänger einer Bcc hingegen werden nicht im Briefkopf vermerkt, sodass die anderen Empfänger nicht wissen, ob und wer eine Bcc-Kopie der Nachricht erhalten hat. Cc- und Bcc-Empfänger werden in der Regel zusammen mit dem eigentlichen Empfänger und der Betreffzeile im Briefkopf einer E-Mail angegeben.

Siehe auch: Bcc, Cc, E-Mail

Copyright

{Aussprache: Coppireit}

Urheberrecht

Ein wichtiges Thema für jeden, der mit dem Gedanken spielt, eine eigene Internetseite ins Netz zu stellen, ist die Frage nach dem Copyright, also wie es mit der Verwendung von Material anderer Leute aussieht, seien es Texte, Bilder, Musiksongs, Software, die zum Download angeboten wird, etc.

Grundsätzlich ist jedes Werk (mit Ausnahme derjenigen, die ausdrücklich als Copyright-frei oder als Public Domain bezeichnet sind) geschützt und bedarf zur Verwendung der Genehmigung des jeweiligen Rechteinhabers. Wenn immer möglich, sollten Sie sich deshalb per E-Mail kurz die Erlaubnis des Copyright-Inhabers einholen. Insbesondere dann, wenn Sie mit Ihrer Webseite kommerzielle Interessen verfolgen, ist dies ein absolutes Muss, andernfalls können Sie gewaltigen rechtlichen Ärger bekommen.

Bei privaten Seiten, ohne jegliche finanziellen Interessen der Betreiber (so genannte Fan-Sites), genügt bei Verwendung in der Regel ein entsprechender Disclaimer, um sich vor rechtlichen Belangen zu schützen.

Siehe auch: Disclaimer, Fan-Sites, Public Domain

Counter

{Aussprache: kaunter}

„Zähler"

Ohne Zweifel sind Ihnen beim Betrachten von Internetseiten bereits einmal Angaben aufgefallen, à la „Sie sind Besucher #545 auf dieser Webseite". Dann haben Sie Bekanntschaft mit einem Counter gemacht.

Als Counter (dt.: Zähler; von engl. to count, zählen) wird ein kleines Programm bezeichnet, dass die Anzahl der Besucher auf einer Webseite erfasst und diese dann auf der betreffenden Seite mit einer Meldung ähnlich der oben genannten ausgibt.

Courtesy Top Level Domain

{Aussprache: Köhrtesie Top Lewel Domäin}

Eine spezielle Art von Top Level Domains sind die Courtesy Top Level Domains, wobei die Betonung auf „courtesy", dem englischen Ausdruck für „Höflichkeit" liegt.

Es handelt sich hierbei um eine Abart der CCTLD, also der Top Level Domains, deren Endung auf den Country code (cc) des jeweiligen Landes hinweist. Bei den Courtesy TLDs handelt es sich um die TLDs jener Nationen, die noch nicht an das Internet angeschlossen sind, denen man aber quasi aus Höflichkeit bereits eine entsprechende landestypische TLD zugesprochen hat.

Beispiele hierfür sind unter anderem Tadschikistan (*tj*) oder Niue (*nu*)

Siehe auch: CCTLD, Top Level Domain

CPC [Cost Per Click]

Abrechnungsverfahren

Als **C**ost-**P**er-**C**lick, also Abrechnung pro (Maus-)Klick, wird ein Abrechnungsverfahren bezeichnet, das im Bereich der Netpromotion, also der Werbemaßnahmen im Internet, Anwendung findet.

Hierbei wird dem Betreiber einer Webseite, der ein Werbebanner auf ein anderes Webangebot, beispielsweise einen Onlineshop, auf seiner Seite platziert hat, eine Vergütung oder eine Prämie für jeden Mausklick auf das Werbebanner gezahlt. Beim CPC wird also die Anzahl der Mausklicks auf das Banner ermittelt und demzufolge ein mehr oder weniger hoher Betrag bezahlt.

Siehe auch: Netpromotion

Cracker

{Aussprache: Kräcker}

In der breiten Öffentlichkeit ist sicherlich der Begriff Hacker wesentlich bekannter, doch ist in den meisten Fällen der Begriff Cracker die treffendere Umschreibung.

Ein Cracker ist eine Person, die mit dem Gesetz auf Kriegsfuß steht. Mit voller Absicht versucht ein Cracker, sich verbotenerweise Zugang zu anderen Computersystemen zu verschaffen (er knackt sie), um dann dort sich Informationen zu verschaffen oder auch diese zu verändern.

Ebenfalls als Cracker bezeichnet man jemanden, der bei kopiergeschützter Computersoftware den Kopierschutz entfernt und somit die Verbreitung von selbstverständlich illegalen Raubkopien ermöglicht.

Siehe auch: Hacker

Crash

{Aussprache: Kräsch}

Absturz des Computers, der anschließend neu gestartet werden muss

Wenn Ihr Computersystem wieder einmal abstürzt, d. h. keine Aktionen mehr möglich sind und Ihnen nichts anderes als ein Neustart übrig bleibt, dann haben Sie einen Crash miterlebt.

Die Ursache eines solchen Absturzes, wie Crash auf Deutsch heißt, liegt oftmals in einer fehlerhaften und noch nicht ausgereiften Software, dem mangelhaften Zusammenspiel von verschiedenen Programmen, der Unverträglichkeit einer bestimmten Hardwarekomponente oder auch (bei Ihnen natürlich fast ausgeschlossen) an Bedienungsfehlern des Anwenders.

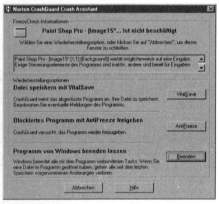

Norton Crash Guard fängt (meistens) drohende Abstürze ab und gibt die Möglichkeit, Ihre Daten zu speichern bzw. zu retten

Zwar gibt es auch Programme, die versuchen, Sie vor solchen Crashs zu bewahren, wobei Nortons Crash Guard von Symantec der zurzeit wohl bekannteste Vertreter dieser Art ist (weitere Informationen www.symantec.com), doch einen hundertprozentigen Schutz vor Crashs vermögen auch diese Programme nicht zu bieten.

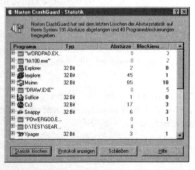

Benutzer des Beriebssystems Windows sind (allen Beteuerungen seitens Microsoft zum Trotz) besonders geplagt von Crashs. Programme wie Nortons CrashGuard führen Protokoll über jeden (verhinderten) Crash und geben Aufschluss darüber, welches Softwaremodul dafür verantwortlich war

Oftmals lässt sich immerhin ein sofortiger Totalabsturz vermeiden und ggf. kann man wichtige Daten vor dem Neustart noch retten.

Crawler

{Aussprache: Kroler}

Kriecher

Suchmaschinen benutzen zum Erstellen ihres Suchindexes spezielle Programme, die man als Crawler oder Spider bezeichnet. Dieser Name geht auf die besondere Funktionsweise der Programme zurück. Dabei handelt es sich um autonome Softwareagenten, die ähnlich wie ein menschlicher Surfer das Netz nach Seiten durchsuchen. Im Unterschied zu einem Menschen sind sie aber viel gründlicher. Jeder in einer Seite enthaltene Link wird verfolgt und die entsprechende Webseite ebenfalls ausgewertet und weiterverfolgt. Alle geladenen Webseiten werden analysiert und indiziert, d. h., alle darin enthaltenen Begriffe werden in einer riesigen Datenbank gespeichert. Auf allgemeine, bedeutungslose Worte wird dabei verzichtet, da Suchen nach solchen Begriffen ohnehin nicht sinnvoll sind.

Solche Crawler-Programme sind ständig im Web unterwegs und kriechen von einem Webangebot zum nächsten. So sorgen die Betreiber von Suchmaschinen dafür, dass ihre Datenbanken nicht nur ständig erweitert werden, sondern dass die gespeicherten Daten auch regelmäßig aktualisiert werden, wenn ein Crawler bereits indizierte Webseiten erneut besucht und prüft, ob die Inhalte sich in de Zwischenzeit verändert haben.

Siehe auch: Agent, Suchmaschine

Crippleware

{Aussprache: Krippelwähr}

„Verkrüppelte" Software

Mit dem etwas makaberen Ausdruck Crippleware (cripple, dt.: Krüppel) versehen Freunde des Sharewaregedankens eine besondere Art von Shareware, die nur mit großen Einschränkungen funktioniert.

Dies bedeutet, dass man Crippleware zwar wie ein „normales" Sharewareprogramm weitergeben und ausprobieren darf, jedoch besitzt die Software in der verfügbaren Form nicht den uneingeschränkten Funktionsumfang. Typische Charakteristiken sind beispielsweise das Fehlen von Routinen zum Abspeichern oder Drucken, sodass man das Programm vor dem Kauf bzw. der Registrierung nicht wirklich auf Herz und Nieren testen kann, wie es eigentlich dem Sharewaregedanken entspricht.

Erst nachdem man den vom Autor geforderten Betrag gezahlt hat, erhält man eine uneingeschränkt funktionsfähige Version der Software.

Siehe auch: Freeware, Nagware, Public Domain, Shareware

Crossposting

{Aussprache: Krossposting}

Versenden einer Mail an mehrere Newsgroups

Sie haben einen interessanten Beitrag für eine bestimmte Newsgroup (beispielsweise mit Bezug zu „Musik der 70er-Jahre") geschrieben, wollen dieses Posting, wie ein Artikel an eine Newsgroup genannt wird, jedoch auch an zwei andere Newsgruppen (z. B. Musik der 60er- und 80er-Jahre) schicken.

Anstatt nun den gleichen Artikel insgesamt dreimal einzeln an die entsprechen Gruppen zu versenden, erledigen Sie dies per Crossposting in einem Rutsch, d. h., Sie schreiben einen Artikel und posten diesen an die drei Newsgroups gleichzeitig.

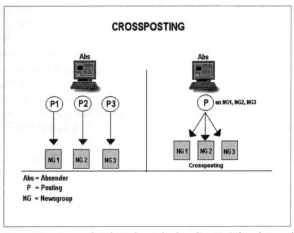

Crossposting: Anstatt drei identische Nachrichten (P1, P2, P3) an drei verschiedene Gruppen zu senden, wird eine einzige Nachricht (P) in an drei Gruppen gesendet

Das Ganze ist ein wenig vergleichbar der Cc-Funktion beim Senden einer E-Mail, wo auch die gleiche Nachricht an mehrere Adressaten geschickt wird.

> **Info:** Beachten Sie, dass Crossposting generell sehr sparsam eingesetzt werden sollte. Nicht nur, weil viele Leute nicht gern immer wieder den gleichen Artikel in vielfacher Form in den verschiedenen Newsgruppen lesen möchten, sondern auch weil es immer schwieriger wird, einer Diskussion zu folgen, wenn diese sich über verschiedene Gruppen erstreckt.

Siehe auch: Cc, Newsgroup, Posting

Cruising-Virus

{Aussprache: Kruhsing Vairus}

Kontaktsuchvirus

Die so genannten Cruising-Viren sind eine spezielle Art der Computerviren, deren Charakterisierung mit dem deutschen Begriff „Kontaktsuch"-Virus möglicherweise etwas verständlicher wird als mit dem englischen Ausdruck. Hierbei handelt es sich nämlich um einen Virus, der ganz gezielt auf bestimmte Daten bzw. Dateien angesetzt wird, d. h., ein Cruising-Virus sucht den gezielten Kontakt mit seinem Opfer.

Cruising-Viren pflanzen sich dabei von System zu System fort, kümmern sich dabei nicht um die für die jeweilige Aufgabe unwichtigen Daten und versuchen stattdessen, schnellstmöglich Kontakt mit den Daten herzustellen, auf die sie losgelassen wurden.

Eine ganz typische Aufgabe für einen Cruising-Virus wäre beispielsweise, gezielt in ein Buchungssystem einzudringen und dort gefälschte Überweisungen einzuspielen.

Siehe auch: Antivirus-Programme, Virus

CSLIP [Compressed Serial Line Internet Protocol]

Bei CSLIP handelt es sich um eine Abart des Serial Line Internet Protocol SLIP, das für den Zugang zum Internet per Einwahlverbindung verwendet wird. Im Gegensatz zum normalen SLIP arbeitet CSLIP mit einem Kompressionsverfahren, d. h., es kann unter günstigen Umständen auf einer vergleichbaren Verbindung mehr Daten übertragen und so einen höheren Datendurchsatz erreichen. Dies gilt aber nur, wenn sich die übertragenen Daten komprimieren lassen und z. B. nicht schon komprimiert sind.

Sowohl SLIP als auch CSLIP verlieren zunehmend an Bedeutung und werden weitestgehend durch das leistungsfähigere und robustere Point to Point Protocol PPP abgelöst.

Siehe auch: PPP, SLIP

CSS [Cascading Style Sheets]

Verschachtelte Formatvorlagen für Webseiten

Bei Webseiten werden die Formatierungen in der Regel direkt bei den verschiedenen Elementen einer Seite vorgenommen. Um ein einheitliches Layout zu erreichen, muss man also alle gleichen Elemente auch exakt identisch formatieren. Innerhalb einer Seite mag das noch gehen, aber wenn man ein ganzes Webangebot erstellt und alle Seiten ein konsistentes Aussehen haben sollen, wird es mühsam. Noch komplizierter wird es, wenn man später ein bestimmtes Formatierungsmerkmal ändern will (z. B. soll eine bestimmte Art von Text nicht mehr fett gedruckt sondern stattdessen unterstrichen werden). In dem Fall müsste man diese Formatierung auf allen Seiten von Hand ändern.

Abhilfe schaffen hier Cascading Style Sheets, die als eine Art Formatvorlagen für Webseiten fungieren. In einem solchen Style Sheet definiert man bestimmte Formate (z. B. Standardtext) und legt fest, wie diese genau dargestellt werden. Den eigentlichen Elementen einer Webseite weist man dann lediglich das definierte Format (Standardtext) zu. Der Webbrowser kombiniert bei der Darstellung der Webseite dann die Informationen aus der Webseite und dem Style Sheet zur endgültigen Darstellung der Seite. Die Vorteile bei diesem Verfahren liegen auf der Hand: Will man z. B. nachträglich das Aussehen der Webseite ändern (z. B. die Schriftart für den Standardtext ändern), so muss man diese Änderung nur einmal im Style Sheet vornehmen. Sie wirkt sich dann automatisch auf alle Webseiten aus, die auf diesem Style Sheet basieren.

Von Cascading (deutsch verschachtelten) Style Sheets spricht man, weil man auch mehr als ein Style Sheet gleichzeitig verwenden kann. So kann z. B. ein Style Sheet schon auf einem anderen basieren und nur noch zusätzliche Definitionen enthalten. Für den Fall von widersprüchlichen Definitionen sorgt ein Mechanismus dafür, dass die Konflikte nach festgelegten, einheitlichen Regeln aufgelöst werden.

Damit eine Webseite ein Style Sheet verwenden kann, muss dieses in die Webseite eingebunden werden. Moderne Webeditoren bieten dazu komfortable Funktionen. Notfalls kann man die entsprechende Anweisung aber auch direkt in den Header-Bereich des HTML-Codes einfügen:

```
<link rel="stylesheet" type="text/css" href="datei.css">
```

Ausführlichere Informationen zur Verwendung von Style Sheets gibt es beim W3C unter http://www.w3.org/Style/CSS/.

Siehe auch: HTML, Style Sheets

CSS [Content Scrambling System]

Das Content Scrambling System CSS gehört neben dem Ländercode und analogen Schutzmaßnahmen vor analogen Kopien zum Kopierschutz bei Digital Versatile Discs (DVDs). Es soll das Erstellen von digitalen Kopien der auf einer DVD gespeicherten Videosequenzen verhindern. Dazu wird ein Teil der Videosequenzen mit dem CSS verschlüsselt. Nur wenn der DVD-Spieler über einen gültigen CSS-Schlüssel verfügt, kann er diese Teile der DVD entschlüsseln und wiedergeben.

In der Praxis erwies sich CSS als wenig sicher, denn es wurde bereits 1999 geknackt. Dadurch ist es möglich, mit Programmen wie DeCSS die Inhalte von DVDs per DVD-Laufwerk auf die Festplatte eines PCs zu übertragen. Dort können die Videosequenzen zum kompletten Film zusammengesetzt und komprimiert werden. Moderne Komprimierverfahren können eine 90-Minuten-Film in

Videoqualität auf 600 MByte komprimieren, sodass er auf einer CD-ROM Platz hat. Damit ist dem digitalen Raubkopieren von DVDs Tür und Tor geöffnet. Inzwischen werden dermaßen erstellte Kopien sogar schon zum Download im Internet angeboten.

CU [See You]

{Aussprache: Sie Ju}

Bis dann (Slang)

Wenn es darum geht, ohnehin schon kurze Sätze und Ausdrücke noch etwas kürzer zu machen, dann ist der Internetslang absolut unschlagbar.

Der englische Ausdruck see you ist bereits einer der kürzeren Sorte, heißt eigentlich „(ich) sehe dich" und entspricht dem deutschen Abschiedsgruß „Bis dann".

Doch es geht noch kürzer, eben „cu", was ausgesprochen genauso klingt wie „see you".

Siehe auch: Chatslang, CU2

CU2 [See You Too]

{Aussprache: Sie Ju Tu}

Bis dann (als Erwiderung)/Dito

Nicht von ungefähr folgt „cu2" hier direkt nach „cu", denn auch beim Chatten ist dies oftmals die Abfolge zum Abschluss der Unterhaltung. Die Ziffer 2 (two) wird im Englischen genauso ausgesprochen wie das Wort too, das im deutschen „auch" bedeutet.

Als Erwiderung auf „cu" ließe sich „cu2" am besten mit „dito" übersetzen.

Siehe auch: Chatslang, CU

Customize

{Aussprache: Kastemeis}

Anpassen, Individualisieren

Moderne Anwendungen sollen so weit wie möglich auf die Wünsche und Bedürfnisse ihrer Benutzer eingehen. Dies gilt nicht nur für die eigentlichen Funktionen einer Anwendung, sondern auch für deren Aussehen und Bedienbarkeit. Da jeder Benutzer andere Vorlieben und Gewohnheiten hat, müssen solche Anwendungen sehr flexibel sein und sich weitestgehend anpassen können. Ein einfaches Beispiel sind Office-Anwendungen wie etwa Word, die schon seit einiger Zeit mit Symbolleisten arbeiten, die sich frei konfigurieren und platzieren lassen. So kann der Benutzer genau die Funktionalität einblenden, die er gerade benötigt.

Auch im Internet spielt die Individualisierung von Angeboten inzwischen eine wichtige Rolle. Hier bezieht sie sich meist weniger auf Aussehen und Bedienung, sondern mehr auf Inhalte. Als regelmäßiger Besucher eines Nachrichten-Webangebots kann man dieses z. B. an die individuellen Interessen abstimmen. Dazu muss man sich als Benutzer registrieren lassen und kann dann angeben, welche Bereiche einen besonders interessieren. Gibt man z. B. eine Vorliebe von Sportthemen an, bekommt man in Zukunft beim Aufrufen des Angebots nicht mehr die allgemeine Einstiegsseite, sondern gleich eine Übersicht der aktuellsten Sportnachrichten präsentiert.

Technisch basieren solche individualisierten Webseiten meist auf dynamischen Technologien wie DHTML oder ASP. Der Benutzer melden sich beim Besuch an oder wird durch einen Cookie automatisch erkannt. Daraufhin werden seine individuellen Daten aus einer Datenbank geladen und darauf basierend die Webseiten erstellt.

Siehe auch: ASP, Cookie, DHTML

Cut and Paste

{Aussprache: Kat änd Päist}

Ausschneiden und Einfügen

Bei modernen Betriebssystemen wie Windows hat man die Möglichkeit, mehrere Anwendungen gleichzeitig zu benutzen. Dabei kommt man immer wieder in die Situation, dass man Daten, die in einer Anwendung vorliegen, mit einer anderen weiterverarbeiten möchte. Wenn Sie z. B. von einem Kollegen per E-Mail einen guten Vorschlag zu einem neuen Projekt bekommen, wäre es doch praktisch, wenn Sie den Text direkt aus dem E-Mail-Programm in Ihre Textverarbeitung übernehmen und in den Projektplan einfügen könnten.

Natürlich könnte man die Daten aus der einen Anwendung in einer Datei speichern und diese Datei mit der anderen Anwendung öffnen bzw. importieren. Diese Vorgehensweise ist aber relativ umständlich und funktioniert in der Praxis nicht immer, weil nicht jede Anwendung die Dateien jeder anderen Anwendung lesen kann. Deshalb gibt es bei Windows die Möglichkeit, unter Verwendung der Zwischenablage Daten direkt von einer laufenden Anwendung in eine andere laufende Anwendung zu übertragen. Die Zwischenablage ist eine gemeinsamer Speicherbereich, auf den alle laufenden Anwendungen zugreifen können.

Um Daten über die Zwischenablage auszutauschen, muss man die entsprechenden Informationen zunächst in der Ausgangsanwendung auswählen. Dies geschieht z. B., indem man sie mit der Maus markiert. Dann überträgt man die ausgewählten Daten in die Zwischenablage. Dabei hat man die Möglichkeit, entweder in der Zwischenablage eine Kopie der Daten zu erstellen oder aber die Daten aus der Anwendung ganz in die Zwischenablage zu verschieben. Bei Ersterem spricht man vom Kopieren, Letzteres bezeichnet man als Ausschneiden oder auf Englisch Cut. Man kann es über die gleichnamigen Befehle im *Bearbei-*

ten-Menü oder bei den meisten Anwendungen im kontextabhängigen Menü der rechten Maustaste erledigen. Noch schneller geht es bei den meisten Programmen mit dem standardisierten Tastenkürzel [Strg]+[C] fürs Kopieren bzw. [Strg]+[X] fürs Ausschneiden.

Befinden sich die Daten in der Zwischenablage, kann man in die Zielanwendung wechseln. Hier folgt nun das Einfügen oder englisch Paste der Daten aus der Zwischenablage in die Anwendung. Auch dafür gibt es einen entsprechenden Befehl in den Menüs oder man verwendet das Tastenkürzel [Strg]+[V].

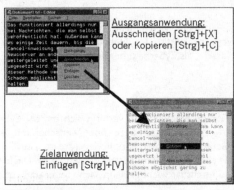

Per Cut & Paste kann man Daten aus einer Anwendung in eine andere übernehmen

Siehe auch: Windows

cXML [Commerce eXtended Markup Language]

cXML ist eine XML-basierte DTD, die spezielle für Transaktionen im Business-to-Business-Bereich (B2B) entworfen wurde. Sie stellt verschiedene Transaktionsmodelle und die dazugehörenden Tags, die zum Übermitteln von Bestellungen und zum Anbieten bzw. Abrufen von katalogisierten Angeboten erforderlich sind. cXML ist der Versuch, die Transaktionen im B2B-Sektor des E-Commerce möglichst frühzeitig zu standardisieren, damit die Anwendungen unterschiedlicher Hersteller problemlos zusammenarbeiten können. Ob die Bemühungen um einen einheitlichen Standard von Erfolg gekrönt sind, bleibt abzuwarten. Allerdings wird cXML von einer Reihe namhafter Hersteller in diesem Bereich ausdrücklich unterstützt und gefördert. Unter http://www.cxml.org finden Sie umfangreiche Informationen zu cXML.

Siehe auch: B2B, DTD, XML

Cyber

{Aussprache: Saiber}

Wenn etwas besonders modern und auch ein wenig futuristisch klingen soll, dann neigen manche Sprachspezialisten dazu, einfach den Begriff Cyber voranzustellen, der verdeutlichen soll, dass der nachfolgende Begriff irgendetwas mit dem Internet zu tun hat, unabhängig davon, wie stark die Verbindung zum Internet tatsächlich ist.

So ist beispielsweise ein Cyberpolizist die Internetvariante eines Polizisten, also jemand, der im Internet auftretende Betrügereien und Gesetzesbrüche aufdeckt; oder ein Cybercafe ist ein Cafe, das seinen Kunden neben dem Kaffee auch die Möglichkeit gibt, im Internet zu surfen, etc.

Cybernaut

{Saibernoht}

In Anlehnung an den Begriff Astronaut wird jemand, der unheimlich viel Zeit mit dem Surfen im Internet verbringt und so das „Netz der Netze" (ähnlich wie ein Astronaut das Weltall) erforscht, als Cybernaut bezeichnet.

Cybersnob

{Aussprache: Seibersnob}

Eine ganz spezielle Art von Computeranwendern verbirgt sich hinter „Cybersnob". Dieser von Josh Bernoff geprägte Begriff bezeichnet Menschen mit sehr hohem Einkommen, die ihre Geräte (Computer, Peripheriegeräte etc.) aus Prestigegründen kaufen, wobei das absolut Teuerste gerade gut genug ist. Die Leistung des Geräts ist gar nicht so furchtbar wichtig, Hauptsache teuer und vor allem prestigeträchtig.

Cyberspace

{Aussprache: Seiberspäis}

Virtueller Raum

Bei „Cyberspace" handelt es sich um ein anderes Wort für „virtuellen Raum". Damit sind jene von einem Computer erschaffenen dreidimensionalen Welten gemeint, die mithilfe eines Datenhelms und Datenhandschuhs erlebt werden können. Viele sehen dies als die Unterhaltungswelt der Zukunft schlechthin an.

> **Info:** Bekannt gemacht wurde der Begriff Cyberspace übrigens durch den Science Fiction-Roman „Neuromancer" von William Gibson im Jahre 1982.

Siehe auch: Virtual Reality

D

D/L

Download

Dies ist kein obskures Slangwort beim Chatten, sondern eine weithin gebräuchliche Abkürzung für „Download", also das Herunterladen von Dateien auf Ihren Rechner.

Siehe auch: Download

Daemon [Disk And Execution Monitor]

{Aussprache: Diemen}

Dienstprogramm im Hintergrund

Ein Disk And Execution Monitor (übersetzt etwa „Platten- und Ausführungskontrolleur"), wird oft auch gleichbedeutend mit Demon (dt.: Dämon, böser Geist) benutzt und bezeichnet ein Dienstprogramm, das im Hintergrund eines Computersystems auf das Eintreten bestimmter Ereignisse wartet, die den Daemon dann zum Eingreifen veranlassen.

Der Daemon muss also nicht eigens vom jeweiligen Benutzer immer wieder aufgerufen werden, um die vorgesehene Aufgabe zu verrichten, sondern er wartet geduldig, bis eine Situation eintritt, die ihn auf den Plan ruft.

Ein bekanntes Beispiel ist ein so genannter Mailerdaemon, der sich immer dann einschaltet, wenn es Probleme gibt bei der Zustellung von E-Mails oder auch beispielsweise wenn in Ihrer Mailbox auf dem Mailserver zu viele bzw. zu große E-Mails gespeichert sind.

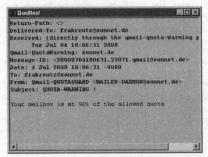

Eine typische Mailerdaemon-Nachricht, die davor warnt, dass die Anzahl bzw. Größe der E-Mails im Postfach nahe am Limit ist

In der Regel macht sich der Mailerdaemon mit einer entsprechenden E-Mail an Ihre Adresse bemerkbar und macht Sie in kurzen Worten auf den Sachverhalt aufmerksam.

Siehe auch: Mailerdaemon

Data Mining

{Aussprache: Däjta Maining}

Sammlung und Auswertung großer Datenmengen

Der Begriff Data Mining heißt übersetzt ins Deutsche zwar so viel wie „Datengewinnung" (abgeleitet von to mine, zutage fördern), dennoch ist mit Data Mining nicht nur das Sammeln, sondern auch die Verarbeitung und Analyse größerer Datenmengen gemeint. Die Daten, die die Grundlage bilden, können aus unterschiedlicher Quelle stammen, so z. B. aus Informationen, die Surfer im Internet (mehr oder weniger unwissend) hinterlassen, Teilnahme an Preisausschreiben, Bestellungen, Beantwortung von Fragebögen, abonnierte Newsletter etc.

Insbesondere im Marketingbereich hat Data Mining enorme Bedeutung, da durch die beim Data Mining gewonnenen Daten und Kenntnisse über das Konsumentenverhalten im Internet gezielte Werbestrategien erstellt werden können.

Data Transfer Rate

{Aussprache: Däita Tränsför Räit}

Datentransferrate, Übertragungsgeschwindigkeit

Die Datentransferrate wird auch als Datenübertragungsrate oder schlicht Übertragungsgeschwindigkeit bezeichnet. Gemeint ist jedem Fall das Gleiche. Sie wird in bps (Bits pro Sekunde) angegeben und ist ein Maß für die innerhalb einer Sekunde übertragenen Datenmenge.

> **Hinweis:** Es gibt eine Vielzahl von Faktoren, die die Datentransferrate beeinflussen. Neben der Leistungsfähigkeit des Computersystems bzw. der vorhandenen Hardware sind hier vor allem auch die verwendeten Protokolle und die Qualität der Leitungen zu nennen. Bei so genannten schlechten Leitungen mit Störungen kann die Übertragungsgeschwindigkeit rapide absinken.

Auf ISDN-Leitungen liegt die Datentransferrate typischerweise bei 64.000 bps, während analoge Modemverbindungen je nach Modem teilweise deutlich darunter liegen (14.400 bis 56.000 bps).

Siehe auch: bps

Datendurchsatz

Der Datendurchsatz ist die Zeichenmenge, die in einer Zeiteinhait über die Leitung gesendet wird, d. h. die Anzahl der Informationseinheiten, die zwischen Sender und Empfänger übertragen werden.

Bei Modemverbindungen wird der Datendurchsatz bzw. die Datentransferrate in bps (Bits pro Sekunde) angegeben, bei den ISDN-Verbindungen üblicherweise in Kilobit pro Sekunde (Kbps).

Siehe auch: Data Transfer Rate

DAU [Dümmster Anzunehmender User]

Basierend auf dem Ausdruck GAU, also größter anzunehmender Unfall im Kernreaktorbereich, haben findige Freaks den Ausdruck DAU, Abkürzung von dümmster anzunehmender User, erfolgreich in die Slangsprache beim Chatten oder auch in der E-Mail-Kommunikation eingeführt.

Siehe auch: Chatslang

Dead Tree Edition

{Aussprache: Däd Tri Edischen}

„Toter-Baum-Edition"

Mit diesem ziemlich makaberen Ausdruck wird darauf hingewiesen, dass beim Ausdruck von Informationen auf Computerpapier Bäume für dieses Papier „sterben" mussten (daher „Dead Tree").

Im Besonderen wird „Dead Tree Edition" benutzt bei Informationen, die bereits auf einem Computer vorliegen und bequem auf dem Monitor einsehbar und zu bearbeiten wären, dennoch aber auf Papier ausgedruckt werden. Das daraus entstehende Druckerzeugnis ist die Dead Tree Edition der Version, die sich auf dem Rechner befindet.

Decryption

{Aussprache: Dikrypschen}

Entschlüsselung

Decryption ist ein englischer Begriff aus dem Bereich der Kryptografie, also der Lehre der Verschlüsselung und bedeutet ins Deutsche übersetzt „Entschlüsselung", d. h. also den Vorgang, bei dem verschlüsselte Daten durch ein spezielles Verfahren wieder in den ursprünglichen (unverschlüsselten) Zustand zurückgeführt werden.

Das (englische) Gegenstück hierzu ist Encryption, also die Verschlüsselung von Daten. Beide Begriff sind auch neben den deutschen Pendants im Gebrauch.

Siehe auch: Encryption

Default

{Aussprache: Diefoolt}

Voreinstellung, Grundeinstellung

Die in gängigen Wörterbüchern zu findende deutsche Übersetzung von „Default" ist „Versäumnis" bzw. „Unterlassung" und hat auf den ersten Blick scheinbar nichts mit der Bedeutung zu tun, die „Default" in der Computersprache besitzt.

„Default" bezeichnet nämlich die Grund- bzw. Standardeinstellung eines Softwareprogramms. Und hier liegt die Verbindung zum ursprünglichen Sinn von „default", denn genau dann, wenn Sie es versäumen oder unterlassen, eigene Einstellungen in einem Programm vorzunehmen, greifen die Standards, also die Default-Einstellungen.

> **Hinweis:** Bei einem neuen Softwareprogramm, mit dessen Funktionen und Bedienung Sie noch nicht vertraut sind, sollten Sie anfangs immer die Default-Einstellungen beibehalten, denn üblicherweise sind die Programme so konfiguriert, dass sie mit der Standardeinstellung funktionieren. Erst wenn Sie sich genauer auskennen und mit der Software vertrauter sind, sollten Sie die Default-Einstellungen verändern und Ihren eigenen Wünschen und Vorlieben anpassen.

DejaNews

{Aussprache: Dedscha Njuhs}

Archiv für ältere Newsgroup-Nachrichten

Obwohl DejaNews mittlerweile zum Verbund der Suchmaschine Google gehört, bleibt DejaNews dennoch der feststehende Begriff für einen Archivierungsservice von Newsgroupbeiträgen. Auch die bisherige Internetadresse www.dejanews.com ist noch aktiv und führt Sie zum Ziel, wenn Sie aus der unglaublichen Menge von Newsgrouparktikeln den- oder diejenigen heraussuchen wollen, die Sie zu einem bestimmten Thema interessieren.

Da auf Newsservern die Artikel aus Platzgründen nur eine gewisse Zeit gespeichert werden können, kommt es immer wieder einmal vor, dass man auf einen älteren Artikel zugreifen möchte, der nicht mehr auf dem Newsserver verfügbar ist. Hier hilft nun Dejenews, der geradezu herkulische Versuch, die riesige Masse von Artikeln, die in den Tausenden von Newsgroups gepostet wurden, zu erfassen, zu katalogisieren und für die Internet-Öffentlichkeit bereitzuhalten.

Da nicht alle Newsgruppen von allen Newsservern angeboten werden, bietet sich mit DejaNews auch die Möglichkeit, an Informationen in Newsgroups heranzukommen, die man anderweitig nicht erhalten würde, eben weil der eigene Newsserver die betreffende Newsgruppe nicht führt.

DejaNews

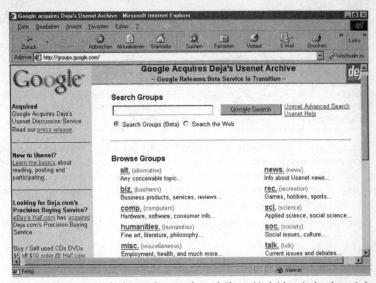

Im Google-DejaNews-Archiv können Sie entweder nach älteren Nachrichten in den thematisch sortierten Gruppen suchen oder aber auch gezielt über die Search-Abfrage nach einzelnen Nachrichten forschen

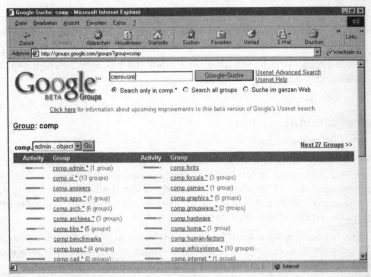

Bei der Suche nach Nachrichten zu einem bestimmten Thema sollten Sie nur die themenrelevanten Gruppen durchsuchen lassen; in der Beispielabbildung beispielsweise die Computerthemen-Gruppen nach Postings zum Thema Carnivore

Doch in erster Linie war und ist DejaNews dazu gedacht, als Suchmaschine für ältere (also quasi anderweitig vergriffene und aussortierte) Newsgroupartikel zu dienen. Hierzu werden leistungsstarke Suchwerkzeuge zur Verfügung gestellt, die einfach über Formulareingaben zu bedienen sind.

> **Hinweis:** Versuchen Sie schon zu Beginn Ihrer Suche, die zu durchsuchenden Newsgruppen so weit wie möglich einzugrenzen, um nicht unnötig viele durch Namensgleichheit verursachte Treffer zu erhalten, die mit dem gesuchten Begriff (dem so genannten Keyword) außer dem Namen nichts gemein haben.

Wenn Sie also beispielsweise nach einem Thema aus dem Computerbereich suchen, macht es logischerweise wenig Sinn, DejaNews nach Artikeln in Newsgruppen über Mode, Kunst oder Musik suchen zu lassen. Zwar mag der gesuchte Begriff sich in dem einen oder anderen Artikel dieser Gruppen tatsächlich befinden, dennoch wird es Ihnen wohl kaum nützen.

Siehe auch: Keyword, Newsgroup, Posting, Usenet

Delurk

{Aussprache: Dilörk}

Ende des „Lurkens"

Bei Delurk handelt es sich um ein Kunstwort, abgeleitet vom englischen to lurk, also „auf der Lauer liegen" bzw. „abwarten".

Jemand, der sich nicht aktiv am Geschehen einer Mailing List oder Newsgroup beteiligt, sondern nur passiv die Nachrichten liest und sich nie selbst einmal sich zu Wort meldet, ist ein Lurker.

Sobald ein Lurker sich aktiv an einer Gruppe mit Beiträgen beteiligt, geht er quasi aus seiner Deckung heraus und macht sich öffentlich, er delurkt.

Siehe auch: Lurker

Demo(version)

Demonstrations(version)

Als Demoversion oder auch kurz Demo bezeichnet man in der Computersprache eine Softwareversion, die zu Demonstrationszwecken angelegt ist. Dies bedeutet, dass die Demosoftware einen Eindruck von der Leistungsfähigkeit der endgültigen Software geben soll, ohne jeoch in der vorliegenden Demofassung alle Leistungsmerkmale aufzuweisen.

Typisches Beispiel wäre ein Demo eines neuen Spiels, das aus insgesamt zehn Spielebenen besteht, von denen die Demoversion lediglich eine oder zwei Ebenen zu Demonstrationszwecken zeigt.

Ziel ist es, durch die (in der Regel kostenlose) Bereitstellung von Demoversionen den potenziellen Käufer für die Software zu interessieren und letztlich zum Kauf der „richtigen" Software zu veranlassen.

Democratic Internet

{Aussprache: Dämokrätik Internett}

Demokratisches Internet

Das Internet ist im wahrsten Sinne des Wortes international und untersteht nicht der Regie irgendeines Staates. Deshalb wird die Entwicklung des Netzes bislang auch – wenn überhaupt – durch technische Standards bestimmt. Dieser „Mangel" an Regierung führte zu der Meinungsfreiheit und -vielfalt, die das Internet heute kennzeichnet, aber auch zu der häufig geäußerten Ansicht, das Internet sei ein rechtsfreier Raum, in dem die Gesetze der einzelnen Staaten keine Bedeutung hätten. Allmählich bilden sich aber auch im Internet Strukturen einer Selbstverwaltung. Das zentrale Organ ist dabei die Internet Corporation for Assigned Names and Numbers ICANN. Sie besteht aus einer Reihe von Direktoren, die zum Teil eingesetzt, zum Teil von der Internetgemeinde gewählt werden. Im Jahr 2000 fanden diese öffentlichen Wahlen der ICANN-Direktoren erstmals statt. Die Initiative Democratic Internet, die von der Bertelsmann-Stiftung unterstützt wird, bemühte sich, die Internetbenutzer für die Wahl zu interessieren und zur Stimmabgabe zu bewegen. Allgemein versucht sie, die Schaffung demokratischer Strukturen und die Selbstverwaltung des Internet zu unterstützen, um das Netz der Kontrolle einzelner Regierungen oder Unternehmen zu entziehen.

Die Initiative Democratic Internet unterstützt die Bildung demokratischer Strukturen

Unter http://www.democratic-internet.de finden Sie die Webseiten dieser Initiative und können sich über den aktuellen Stand der Demokratisierungsbemühungen informieren.

Siehe auch: ICANN

DE-NIC [Deutsches Network Information Center]

{Aussprache: Denick}

Jede Top Level Domäne TLD (*com*, *net*, *de* usw.) wird von einem **N**etwork **I**nformation **C**enter (NIC) verwaltet. Dieses ist für die Vergabe von Domänen und IP-Nummern innerhalb dieser TLD zuständig. Außerdem betreibt sie den primären Name-Server für die Internetadressen dieser TLD. Für die deutsche TLD (*.de*) ist die DE-NIC zuständig. Sie vergibt Domänen und kümmert sich um die gar nicht so seltenen Streitigkeiten um Domänennamen. Auf der Webseite der DE-NIC unter http://www.denic.de findet man alle Informationen rund um diese Organisation.

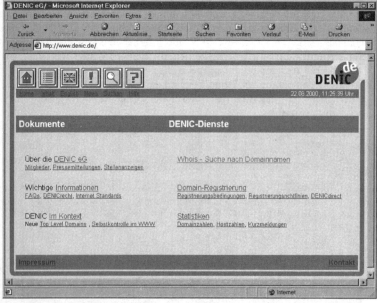

Das Webangebot der DE-NIC unter http://www.denic.de

Hier kann man unter anderem auch die Namens-Datenbank nach Domänen durchsuchen. Zu vorhandenen Domänen kann man so erfahren, wer das entsprechende Angebot betreibt. Ist eine Domäne noch frei, kann man sie direkt bei der DE-NIC anmelden. Empfehlenswert ist dies aber nicht, weil eine direkte Registrierung bei der DE-NIC vergleichsweise teuer ist und man die gleiche

DES [Data Encryption Standard]

{Aussprache: Die Ie Ess}

Datenverschlüsselungsstandard

Der Data Encryption Standard, kurz DES, ist ein von der Forma IBM entwickelter Standard zur Verschlüsselung von Daten, die über das Internet verschickt werden.

Beim DES handelt es sich um ein so genanntes symmetrisches Verschlüsselungsverfahren, bei dem der zu verschlüsselnde Text zuerst in Blöcke zu je 64 Bit aufgeteilt wird und danach mit einem 54-Bit-Schlüssel verschlüsselt wird. Auf Empfängerseite wird der verschlüsselte Text dann mit dem gleichen Schlüssel (daher „symmetrisches" Verschlüsselungsverfahren) wieder in den ursprünglichen Text zurückgeführt.

DES wird im Internet häufig bei Transaktionen benutzt, so auch beim Onlinebanking (zur Erzeugung eines PIN); ebenso findet man DES bei der Erzeugung von digitalen Signaturen im Einsatz.

Im Zuge immer strengerer Sicherheitsmaßnahmen bei Transaktionen im Internet wurde das DES weiterentwickelt, wobei Triple-DES mit einem 168-Bit-Schlüssel zurzeit als eines der sichersten verschlüsselungsverfahren gilt.

Siehe auch: Onlinebanking

Denial of Service

{Aussprache: Dineiel off Sörwiss}

Als Denial of Service oder kurz DoS bezeichnet man im Internet Sabotage-Angriffe, die darauf abzielen, bestimmte Dienste eines Servers oder eines Netzwerks außer Gefecht zu setzen (Denial of Service heißt auf Deutsch in etwa „Verweigern der Arbeit"). Dies erreicht man sehr effektiv, indem man den Dienst mit Anfragen überhäuft, sodass er irgendwann nur durch das Entgegennehmen der Anfragen völlig ausgelastet ist. Ein klassisches Beispiel einer Denial of Service-Attacke sind E-Mail-Bomben, mit denen man Mailserver angreifen kann. Ähnlich kann man aber auch Webserver in die Knie zwingen, indem man ein Programm schreibt, das in kürzester Zeit ständig neue HTTP-Anforderungen generiert. Eine jüngst in Mode gekommene Variante des Denial of Service sind ICMP-Angriffe. Hierbei werden werden spezielle Kommandos des Internet Control Message Protocol ICMP verwendet, die den Datenfluss im Internet steuern. So kann ein Angreifer z. B. eine ICMP-Nachricht an einen Server schicken, die den Rechner anweist, keine Datenpakete mehr in bestimmte Teile oder auch das gesamte Netzwerk zu schicken. Dadurch können Server mit einem

Denial of Service

einzigen Kommando außer Gefecht gesetzt werden. Gegen diese Art von Angriffen kann man sich schützen, indem man eine Firewall verwendet und sie so einrichtet, dass sie alle ICMP-Kommandos ausfiltert.

> **Krieg im Netz**
> Der Februar 2000 wird in die Geschichte des Internet als der Monat der DoS-Angriffe eingehen. In diesem Monat wurden zahlreiche große Websites, darunter weltweit bekannte Angebote wie CNN, eBay, Yahoo! und Amazon Opfer von gut organisierten DoS-Attacken, welche die Server der Firmen teilweise für Stunden außer Betrieb setzten. Besonders für Firmen wie Yahoo!, eBay oder Amazon, die ihr Geld ausschließlich im Internet verdienen, hatte der Vorfall auch erhebliche wirtschaftliche Einbußen zur Folge. Einen ersichtlichen Grund gab es für die Angriffe offenbar nicht. Experten vermuten, dass es sich wohl um Machtdemonstrationen von Hackergruppen gehandelt hat.

Denial of Service-Angriffe sind grundsätzlich reine Sabotage-Maßnahmen. Der Angreifer kann nicht erwarten, durch sie Zugang zu einem Rechner oder Daten zu erlangen oder sonst einen Gewinn zu haben. Oftmals werden solche Angriffe eingesetzt, um sich zu rächen, um einem Konkurrenten zu schaden, um Aufmerksamkeit zu erlangen oder um sie als Waffe in einem Informationskrieg zu verwenden. Die jüngste Vergangenheit hat aber gezeigt, dass DoS-Angriffe durchaus Gewinn bringen können: So haben Angriffe auf große Internetangebote wie Yahoo! oder eBay den dahinter stehenden börsennotierten Firmen einen kräftigen Kursrutsch beschert. Nach dem Ende der Angriffe erholten sich die Kurse dann schnell wieder. Vielleicht war da ja ein Hacker mit Aktiendepot am Werk?

Generell ist der Schutz gegen Denial of Service-Angriffe schwierig. Das kann man sich leicht vorstellen, wenn man bedenkt, dass solche Arten von Belästigung auch im richtigen, nicht-elektronischen Leben vorkommen können. Stellen Sie sich vor, jemand ruft bei allen Pizza-Bringdiensten der Stadt an und lässt von jedem zehn Pizzas an Ihre Adresse liefern. Was meinen Sie, wie effektiv Sie außer Gefecht gesetzt sind, während Sie mit 20 bis 30 Pizzakurieren über die Bezahlung diskutieren! Aber wie hätten Sie sich dagegen schützen sollen? Das wesentliche Probleme bei DoS-Angriffe ist es, sie zu erkennen. Schließlich gibt es für die Überlastung eines Servers ja viele mögliche Ursachen. Als die NASA während der Marsmission regelmäßig Bilder und aktuelle Informationen im Netz bereitstellte, waren die Webserver wegen des großen Interesses auch ständig am Rande des Zusammenbruchs (und manchmal auch knapp darüber!). Trotzdem war dies ja kein böswilliger Angriff. Zurzeit wird fieberhaft an der Entwicklung von Programmen gearbeitet, die Denial of Service-Angriffe möglichst frühzeitig erkennen.

Siehe auch: Distributed Denial of Service, Hacker, Sicherheit im Internet

DFÜ [Datenfernübertragung]

Als **D**aten**f**ern**ü**bertragung oder DFÜ bezeichnet man den Austausch von digitalen Informationen über größere Entfernungen. Technisch gesehen sind damit alle Übertragungen gemeint, bei denen sich die beiden Kommunikationspartner nicht im gleichen physikalischen Netzwerk befinden und die Verbindung deshalb über einen externen Kommunikationskanal hergestellt werden muss. In der Praxis verwendet man die Bezeichnung DFÜ insbesondere für Einwahlen per Telefonleitung. So heißt z. B. die entsprechende Komponente bei Windows DFÜ-Netzwerk. Sie ermöglicht es, den Windows-PC bei Bedarf über eine Telefonleitung mit dem Internet zu verbinden. Dazu benötigt man ein Modem oder eine ISDN-Karte sowie einen Provider, der die Einwahl und den Zugang ermöglicht.

Im DFÜ-Netzwerk von Windows werden sämtliche für die Interneteinwahl wichtigen Daten, wie etwa die Telefonnummer des Providers, der Benutzername und das Passwort, gespeichert. Will man online gehen, wählt man einfach die gewünschte Einwahlverbindung aus und aktiviert sie. Windows stellt dann die Telefonverbindung zum Provider her und etabliert auf dieser Leitung einen Datenkanal, der für TCP/IP-Kommunikation geeignet ist. Dazu werden in der Regel die Einwahlprotokolle SLIP oder PPP verwendet.

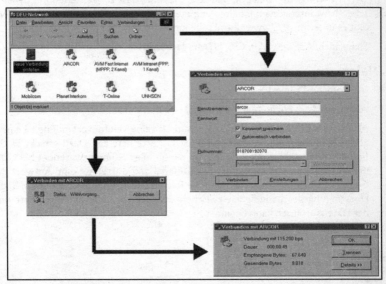

Mit dem DFÜ-Funktionen von Windows kann man den PC ins Internet einwählen

DFÜ-Verbindungen eignen sich immer dann, wenn man große Entfernungen überbrücken muss, um kleinere Datenmengen in unregelmäßigen Abständen zu übertragen. Da DFÜ mit der Telefonleitung ein Medium benutzt, das nur begrenzte Übertragungskapazitäten aufweist, eignet sie sich weniger zum Übertragen großer Datenmengen. Auch eine permanente DFÜ-Verbindung ist aufgrund der relativ hohen Kommunikationskosten meist nicht sinnvoll.

Siehe auch: ISDN, Modem, PPP, Provider, SLIP

DHTML [Dynamic Hypertext Markup Language]

Dynamisches HTML

Die allgemeine Erwartung an zeitgemäße Webseiten ist ein gewisses Maß an Dynamik und Interaktivität. Die Zeiten von statischen Seiten, die einfach nur aus Texten und Bildern bestanden, sind vorbei. Heutzutage erwartet man, dass auch nach dem Laden einer Webseite noch allerhand passiert. So kann eine Seite auf Aktionen des Benutzers reagieren, um z. B. eine bessere Orientierung oder Navigation zu bieten.

Diese Dynamik auf der Clientseite lässt sich auf verschiedene Art und Weise erreichen, z. B. mit HTML, JavaScript, ActiveX, ASP und CSS sowie Kombinationen aus allen diesen Technologien. Dynamisches HTML fasst alle diese Möglichkeiten unter einem Hut zusammen. Dabei handelt es sich aber keineswegs um eine neue Sprache, sondern lediglich um ein Marketingkonstrukt. Wenn jemand DHTML-Webseiten bewirbt, bedeutet dies also, dass er Webseiten mit dynamischen bzw. interaktiven Inhalten anbietet. Sehr viele Informationen zu DHTML gibt es unter http://www.dhtml.seite.net.

Siehe auch: ActiveX, ASP, CSS, HTML, JavaScript

Dialer

{Aussprache: Daieler}

Abgeleitet vom englischen Verb to dial – (eine Telefonnummer) wählen

Als Dialer bezeichnet man ein Programm, das eine Telefonverbindung zu einem anderen Rechner per Modem oder ISDN-Karte herstellt. Dazu schickt es die Impulse zum Wählen der Telefonnummer auf die Leitung bzw. sendet bei ISDN die entsprechenden Daten über den D-Kanal und wartet auf eine Antwort der Gegenstelle. Erfolgt diese, werden die Regeln der Kommunikation wie z. B. die Übertragungsgeschwindigkeit zwischen den beiden Rechnern vereinbart und der Datenaustausch kann beginnen.

Siehe auch: DFÜ, Modem, ISDN

Dialup

{Aussprache: Deil-App}

Einwahl

Dialup ist die englische Bezeichnung für den Vorgang, bei dem eine Verbindung zwischen zwei Rechnern über eine Telefonleitung hergestellt wird. Dabei wählt einer der beiden Rechner die Telefonnummer des anderen. Der andere nimmt den Anruf entgegen und stellt so die Verbindung her. Anschließend müssen beide Rechner die Parameter der Datenübertragung festlegen. Danach kann die Kommunikation beginnen. Der Begriff Dialup wird häufig in Zusammenhang mit der Einwahl ins Internet verwendet. Er gilt aber generell für alle Verbindungen zwischen zwei Computern via Telefonleitung. Eine Dialup-Verbindung ist im Gegensatz zu einer Standleitung oder einer Netzwerkverbindung nicht permanent, sondern wird immer nur temporär aufgebaut, wenn Daten ausgetauscht werden müssen.

Siehe auch: Dialer, DFÜ

Digest

{Aussprache: Daitschest}

Übersicht, Zusammenfassung

Vor allem in der Welt der Newsletter und Mailing Lists findet man immer wieder den Begriff Digest, der ins Deutsche übertragen „Übersicht" bedeutet. Gemeint ist damit eine zusammenfassende Darstellung der Informationen in einer einzigen Nachricht.

Wenn Sie Mitglied von mehreren Mailing Lists sind, kennen Sie wahrscheinlich das Problem, dass bei sehr aktiven Mailing Lists pro Tag eine Vielzahl von Nachrichten in Ihrem Postfach landet. Bei der so genannten Digest-Version einer Mailing List erhält man nun anstelle der einzelnen E-Mails eine Zusammenstellung der gesamten E-Mails in einer einzigen Datei. Dies bedeutet, dass man sich nicht mit dutzenden oder hunderten einzelner und meistens kurzer Nachrichten herumschlagen muss, sondern man bekommt alle Nachrichten, die innerhalb eines bestimmten Zeitraums an die Mailing List gesendet wurden, in bequemer Form in einer Datei, oftmals sogar in „sortierter" Form. Nachrichten, die sich thematisch aufeinander beziehen, stehen auch nacheinander (unabhängig vom zeitlichen Eingang) und man kann so einer Diskussion besser folgen.

Es bieten jedoch nicht alle Mailing Lists einen solchen Service an, da dies natürlich einen erhöhten Arbeitsaufwand bedeutet.

Siehe auch: Newsletter, Mailing List

Digerati

„Internetelite"

Ein weiteres der beliebten Kunstwörter der Internetsprache ist „Digerati", eine Wortschöpfung aus „digital" und „literati" (Gelehrter).

Gemeint ist hiermit die so genannte Internetelite, was nicht ironisch gemeint ist, sondern einen Personenkreis umfasst, dessen Denken und Handeln für das Internet große Bedeutung hat.

Digital Divide

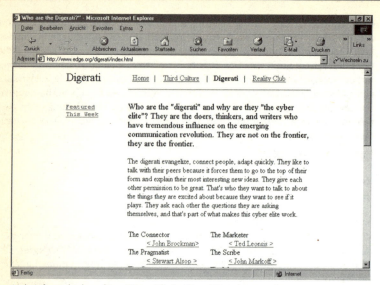

Mehr Infos zu den legendären Digerati finden Sie auf dieser Internetseite unter www.edge.org/digerati/index.html

Wenn Sie sich etwas schlauer zu diesem Thema machen wollen, surfen Sie doch einfach einmal zur Webseite www.edge.org/digerati/index.html. Dort finden Sie nähere Informationen. Vielleicht gehören auch Sie in einigen Jahren zu dem erlauchten Digerati-Kreis.

Digital Divide

{Aussprache: Didschitel Diweid}

Globale Unterschiede bei der technischen Entwicklung

Auf unserem Globus gibt es große wirtschaftliche Unterschiede zwischen den reichen Industrienationen der Ersten und Zweiten Welt und den Entwicklungsländern der Dritten Welt. Diese spiegeln sich nicht nur in Bruttosozialprodukten und Exportbilanzen wieder, sondern auch im Internet. Während Europa, Nordamerika und kleine Teile Asiens eng vernetzt sind, findet das Internet z. B. in Afrika fast überhaupt noch nicht statt. Der Grund dafür ist ganz einfach: In diesen Regionen haben die Menschen mit dem täglichen Kampf um Nahrung und Überleben genug zu tun. Während ein Internetzugang für die meisten Westeuropäer schon fast selbstverständlich ist, ist er für 99 % der afrikanischen Bevölkerung unvorstellbarer Luxus. Dies liegt auch an dem Rückstand der Telekommunikationstechniken und des Bildungsniveaus in solche Ländern.

Diese als Digital Divide bezeichnete Diskrepanz führt dazu, dass die Entwicklungsländer (mal wieder) weit hinter der Industrienationen zurückbleiben müssen. Während in Europa und den USA an den Informationsautobahnen gebaut wird, haben die meisten Menschen in Afrika und Asien noch nicht mal ein Telefon (geschweige denn ein Handy oder einen Computer). Langfristig wird die Digital Divide dazu führen, dass sich der Technologievorsprung der Industrieländer noch erheblich vergrößern wird und es für die Menschen in Entwicklungsländern noch viel länger dauern wird, einen auch nur annähernd ähnlichen Lebensstandard zu erreichen. Dies wird dazu führen, dass sich die sozialen Spannungen zwischen Nord und Süd weiter verstärken und z. B. die Migrationsbewegungen aus den Entwicklungsländern in die Industrienationen weiter zunehmen werden. Deshalb liegt es auch im Interesse der Ersten und Zweiten Welt, den technologischen Rückstand nicht zu groß werden zu lassen.

Digital Signature

{Aussprache: Dijitel Signätjeur}

Digitale Unterschrift

Eine digitale Signatur ist das digitale Gegenstück zur Unterschrift, die man unter einen Brief oder ein wichtiges Dokument setzt. Sie beweist die Authentizität einer Nachricht bzw. eines Dokuments. Dazu verschlüsselt man die Nachricht mit einem mathematischen Verfahren. Dieses beinhaltet einen persönlichen Schlüssel, der einer individuellen Person zugeordnet ist. Der Schlüssel hat zwei Funktionen: Ein privater Teil des Schlüssel ist nur dem Besitzer zugänglich. Er dient dazu, Nachrichten zu signieren. Ein zweiter, öffentlicher Teil kann die mit dem privaten Schlüssel kodierten Dokumente wieder entschlüsseln. Dieser öffentliche Teil kann allen Personen zur Verfügung gestellt werden, mit denen man kommunizieren möchte.

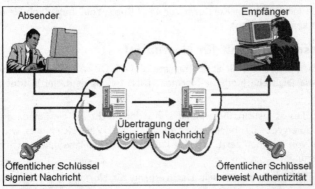

Durch das digitale Signieren kann man die Authentizität einer Nachricht beweisen

Die Kommunikation mit digitaler Signatur läuft so ab, dass der Absender seine Nachrichten mit seinem privaten Schlüssel kodiert und dann losschickt.

Der Empfänger benutzt den öffentlichen Schlüssel des Absenders, um die Nachricht zu dekodieren. Wenn ihm dies gelingt, kann er sicher sein, dass die Nachricht authentisch ist, da eine Nachricht, die sich mit einem öffentlichen Schlüssel dekodieren lässt, nur mit dem privaten Schlüssel verschlüsselt worden sein kann.

Da normalerweise nur der rechtmäßige Besitzer über den privaten Schlüssel verfügen kann, lässt sich daraus ableiten, dass die Nachricht tatsächlich vom vorgegebenen Absender stammt und dass sie im Laufe der Übertragung auch nicht manipuliert wurde.

Bei der digitalen Signatur sollte man sich nicht von Begriffen wie Verschlüsseln oder Kodieren irritieren lassen. Eine sichere Verschlüsselung findet durch die digitale Unterschrift nicht statt!

Jeder, der den öffentlichen Schlüssel besitzt – und der heißt ja nicht umsonst „öffentlich" – kann eine signierte Nachricht dekodieren. Wenn man eine Nachricht nicht nur authentisch, sondern auch sicher übertragen will, muss man sie zusätzlich Verschlüsseln. Das geht am besten mit einem Verschlüsselungssystem wie PGP, das auch digitale Signaturen ermöglicht.

Siehe auch: Kryptographie, PGP, Public Key, Sicherheit im Internet

DIKU [Do I Know You?]

Kenne ich Dich? (Slang)

Vielleicht haben Sie ja auch schon beispielsweise während des Chattens das Gefühl gehabt, den Gegenüber irgendwoher zu kennen, wenngleich Ihnen der Name, unter dem er oder sie sich einloggte, nichts sagte.

Sie könnten mit DIKU, der Kurzform von **Do I K**now **Y**ou? fragen, ob Sie den Gegenüber kennen (sollten).

DIN (Deutsches Institut für Normung]

Mit Sicherheit kennen Sie die Seitenformate DIN A3, DIN A4 usw. Verantwortlich für diese **D**eutsche **I**ndustrie-**N**ormen (DIN) ist das deutsche Institut für Normung.

Die Arbeit diesess Instituts beschränkt sich jedoch nicht auf die Standardisierung von Papiergrößen, sondern reicht auch in den EDV-Bereich hinein, wie eine Vielzahl von Normen zeigt, z. B. für Bildschirmarbeitsplätze und Nachrichtenübertragung.

Der übergeordnete internationale Dachverband für Normen ist übrigens die ISO (**I**nternational **S**tandards **O**rganization).

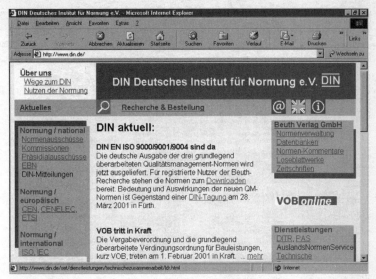

Die aktuellsten Informationen über das Deutsche Institut für Normung erhalten Sie im Internet unter www.din.de

Siehe auch: ISO

Direktbank

Die klassische Bank ist eine Filialbank, d. h., sie verfügt über eine gewisse Anzahl von Geschäftsfilialen. Wenn der Kunde einen Wunsch hat (z. B. eine Überweisung in Auftrag geben will), geht er zu seiner Bankfiliale und lässt dies durch die Schalterangestellten erledigen. Eine Direktbank hat im Gegensatz dazu in der Regel keine Filialen. Sie bietet Ihren Kunden an, für ihre Bankgeschäfte die modernen Telekommunikationswege zu benutzen. Um bei einer Direktbank beispielsweise eine Überweisung in Auftrag zu geben, kann man bei der Bank anrufen, einen Brief oder ein Fax schicken oder über das Internet das Onlineangebot der Direktbank nutzen.

Vorteil der Direktbank für den Betreiber ist die günstigere Kostenstruktur. Geld für Filialen und Schalterangestellte kann gespart werden. Stattdessen muss eine funktionierende Infrastruktur für die Telekommunikation angeboten werden, also z. B. ein leistungsfähiges Internetangebot und ein Call-Center für die eingehenden Telefonanrufe. Der Vorteil für die Kunden liegt zum einen in den (meistens) geringeren Kosten, da Direktbanken in der Regel aufgrund der niedrigeren Kosten günstigere Gebühren anbieten. Für viele wichtiger ist aber die bequeme Verwaltung des Kontos oder Depots von zu Hause aus, ohne an Öffnungszeiten gebunden zu sein.

Disclaimer

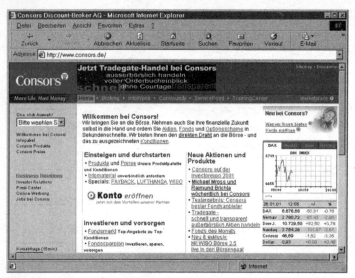

Consors (http://www.consors.de) ist eine der erfolgreichsten deutschen Direktbanken

Auch ein Nachteil von Direktbanken soll nicht verschwiegen werden: Mangels vorhandener Filialen ist ein persönliches Beratungsgespräch, das über die alltäglichen Bankgeschäfte hinausgeht, nur schwer möglich. Inzwischen bieten allerdings auch die meisten Filialbanken zusätzlich moderne Kommunikationsmöglichkeiten zur Kontoverwaltung. Wer also auf Kostenvorteile verzichten kann, findet auch Banken, die sowohl bequeme Kontoführung als auch bei Bedarf Beratung bieten.

Siehe auch: Onlinebanking, Onlinebroking

Disclaimer

{Aussprache: Diskläimer}

Copyright- bzw. Quellenerstellungsnachweis

Ein Disclaimer ist eine Art rechtliche Ausschlussklausel, die bei fast jeder privaten Seite im Netz zu finden ist. Oder zumindest aus rechtlichen Gründen zu finden sein sollte.

Denn in einem Disclaimer werden vom Webmaster, also dem Verantwortlichen einer Webseite, üblicherweise unteranderem die Copyright-Vermerke für die copyrightgeschützten Elemente der Website wie Bilder, Texte, Musiken etc. angegeben. Dies soll den Webmaster vor etwaigen Schadenersatzforderungen oder sonstigen rechtlichen Problemen (Verletzung des Copyrights) bewahren. Weiterhin gehört zu einem guten Disclaimer der Hinweis, für eventuelle Unkorrektheiten oder Fehler hinsichtlich der Informationen auf der Webseite nicht haftbar gemacht werden zu können.

Disclaimer

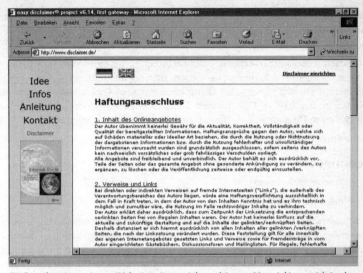

Für Betreiber einer privaten Webseite mit copyrightgeschütztem Material ist es wichtig, dass der Disclaimer korrekt und rechtlich niet-und nagelfest ist

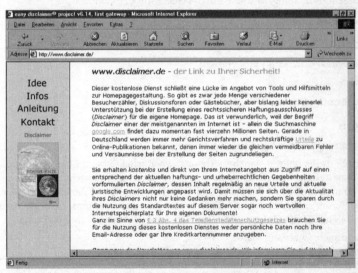

Unter www.disclaimer.de finden Sie alle Informationen, die Sie in Bezug auf Disclaimer brauchen, inklusive der Möglichkeit, vorgefertigte Disclaimer in Ihre Webseite zu übernehmen

Ein korrekter Disclaimer ist quasi die Grundvoraussetzung dafür, dass man nicht mit Abmahnungen von großen Firmen rechnen muss oder sich auf andere Art in juristische Fallstricke begibt.

Wer nach dieser kurzen Erklärung der Meinung ist, für den Inhalt seiner Homepage auch einen Disclaimer zu benötigen, dem sei die Seite www.disclaimer.de wärmstens ans Herz gelegt, die sich speziell mit allen Problemen rund um den Disclaimer beschäftigt. Dort können Sie auch kostenlos einen „sicheren", vorformulierten Disclaimer, auf Wunsch auch in englischer Sprache, erhalten.

Siehe auch: Copyright

Disconnect

{Aussprache: Diskonnekt}

Verbindungstrennung

Sehr wahrscheinlich ist es Ihnen auch schon des Öfteren passiert, dass eine bestehenden Onlineverbindung zu Ihrem Internetanbieter plötzlich und unerwartet getrennt wurde, in diesem Fall würde man von einem Sudden disconnect, also einer plötzlichen Trennung der Verbindung sprechen.

Grundsätzlich bedeutet ein Disconnect das Beenden bzw. Trennen einer bestehenden Verbindung, ist somit also das Gegenstück zu Connect.

Siehe auch: Connect

Discount Brokerage

{Aussprache: Diskaunt Brokerätsch}

Rabatt-Aktienhandel

Siehe unter: Direktbank

Dissen

Jemanden fertig machen bzw. schlechtreden

Dissen ist die übliche Slangbezeichnung, wenn jemand beim Chatten oder auch in Newsgroups verbal sehr stark angegangen und fertiggemacht wird. Dies geht bis hin zu unflätigen Pöbeleien und Schmähungen. Grundsätzlich ist diese Art von Auseinandersetzung im Internet nicht gern gesehen, umso weniger natürlich, wenn Sie das Opfer einer solche Attacke sind. Auch bekannt als Flame.

Siehe auch: Chatslang, Flame

Distance Learning

{Aussprache: Distenz Lörning}

„Fernlernen"

Dies ist eine besondere Form des Lernens, die nicht erst mit dem Internet entstanden ist. Der Begriff des Fernstudiums beschreibt ganz allgemein ein spezielle

Form des Unterrichts, bei der Lernender und Lehrer räumlich getrennt sind, sodass es keine unmittelbare, persönliche Beziehung gibt. Der Kontakt beschränkt sich auf das Austauschen von Lehrunterlagen z. B. per Post. Der Lehrer stellt dem Lernenden Unterlagen, Übungsaufgaben und Tests zur Verfügung. Der Lernende schickt die durchgeführten Aufgaben und Tests an den Lehrer zurück, der sie kontrolliert.

Durch das Internet erhält das Fernlernen allerdings wieder neuen Auftrieb. Auch hier besteht das Problem der räumlichen Distanz, aber dank des Internet können Lernende und Lehrer diese Distanz überwinden und z. B. per Chat in eine direkte Diskussion treten. Auch die Übungen sind nicht mehr an Papier gebunden. Sie können per Internet multimedial und dynamisch gestaltet und von einem Lehrer unmittelbar begleitet werden. Schließlich können sich bei einem Onlinekurs auch verschiedene Lernende untereinander verständigen und z. B. Lektionen gemeinsam durcharbeiten oder Übungsaufgaben gemeinsam lösen.

Das Distance Learning per Internet steckt zwar noch in den Kinderschuhen, aber es gibt eine Reihe von Projekten, die schon vielversprechend laufen. Allgemein kann man in den kommenden Jahren mit einer stetig wachsende Bedeutung dieser Anwendung insbesondere im Weiterbildungsbereich rechnen. Unter http://www.fsai.fh-trier.de/~holert/fernlernen/fernlernen.html finden Sie einen ausführlicheren Einstieg ins Fernlernen und können sich einen Überblick verschaffen, was für Angebote es in diesem Bereich heute schon gibt.

Distributed Denial of Service

{Aussprache: Distribjuted Dineiel off Sörwiss}

Verteilte DoS-Angriffe

Eine besondere Variante von Denial of Service-Angriffen sind verteilte Angriffe, die auch als **D**istributed **D**enial **o**f **S**ervice oder kurz DDoS bezeichnet werden. Sie zeichnen sich dadurch aus, dass die Angriffe nicht nur von einem Rechner kommen, sondern von vielen Internetrechnern aus gleichzeitig losgeschickt werden. So erreicht man den gewünschten Effekt der Überlastung noch schneller. Außerdem ist es nun mal schwieriger, einen Angriff von mehreren Seiten abzuwehren. Besonders perfide: Häufig wissen die Besitzer der an dem Angriff beteiligten Rechner gar nicht von ihrem Glück. Hacker installieren heimlich Trojaner auf fremden Rechnern, die sie dann durch einen Befehl per Internet für den Angriff konfigurieren und starten können. So kann ein einzelner Hacker leicht eine größere Anzahl von Rechnern für einen wirkungsvollen verteilten Angriff zusammenbekommen. Er selbst braucht sich mit seinem Rechner gar nicht zubeteiligen und läuft somit auch nicht Gefahr, als Urheber ausgemacht zu werden.

Siehe auch: Denial of Service, Hacker, Sicherheit im Internet

D-Kanal

Steuerkanal bei ISDN-Anschlüssen

Bei ISDN-Telefonanschlüssen wird neben den Nutzkanälen (B-Kanäle), auf denen die eigentlichen Gespräche bzw. Daten übermittelt werden, ein zusätzlicher Steuerkanal (D-Kanal) eingesetzt. Dabei handelt es sich um einen schmalbandigen Kanal, auf dem 16 KBit/s übertragen werden können. Er wird verwendet, um Steuersignale zu übermitteln. Wenn etwa ein Anruf für einen ISDN-Anschluss eingeht, wird dies als Information auf dem D-Kanal mitgeteilt, wobei z. B. auch die Rufnummer des Anrufers und die Art der gewünschten Verbindung (Sprachdienst, Datenübertragung, Fax usw.) übermittelt wird. Ein B-Kanal wird erst in dem Moment geöffnet, wenn die Verbindung von der Gegenstelle entgegengenommen wird. Deshalb ist bei ISDN die vom analogen Netz bekannte etwas problematische Anklopfen-Funktion nicht erforderlich. Auch wenn beide B-Kanäle in Benutzung sind, können auf dem D-Kanal unabhängig davon noch immer Steuersignale übertragen werden.

Prinzipiell können auf dem D-Kanal neben den ISDN-Steuersignalen auch beliebige andere digitale Informationen übertragen werden. Allerdings sehen die Telefongesellschaften diese Zweckentfremdung des Steuerkanals nicht gern und unterbinden sie meist. Außerdem reicht die Bandbreite auch nur für geringe Übertragungsvolumen aus. Um z. B. einfache E-Mails zu übermitteln, wäre sie allerdings ausreichend. Da die Nutzung des Steuerkanals keine Telefonverbindung ist, würden dabei keine Gebühren anfallen.

Siehe auch: B-Kanal, ISDN

DLL [Dynamic Link Library]

Dynamische Verknüpfungsbibliothek

Die Abkürzung DLL steht für Dynamic Link Library und bezeichnet eine Bibliothek (Library) mit Programmcode und Funktionen, die von allen Windowsanwendungen bei Bedarf (dynamisch) eingebunden werden können. Eine DLL-Datei wird dementsprechend nur einmal in der Speicher des Rechners geladen, wodurch Speicherplatz gespart wird, da alle Anwendungen darauf zurückgreifen können, ohne die DLL explizit noch einmal laden zu müssen.

Sehr häufig werden zusätzliche Plug-Ins für Ihren Browser in Form von DLL-Dateien zur Verfügung gestellt.

DNS [Domain Name System/Domain Name Server]

Die Abkürzung DNS steht einerseits für ein spezielles System, das es ermöglicht, die Internetseiten mit Klartextnamen aufzurufen, und andererseits auch für die entsprechendenm Server, die für diese Aufgabenstellung zuständig sind.

Um dies zu verdeutlichen, hier ein einfaches Beispiel:

Stellen Sie sich vor, Sie müssten eine maximal zwölfstellige Zahl eingeben, wann immer Sie zu einer Internetadresse surfen wollen. Angenommen, Sie haben vor, sich zum Beispiel die Seite von DATA BECKER anzuschauen und anschießend einen Blick zu riskieren, ob es irgend etwas Neues auf der offiziellen Seite Ihrer Lieblingspopgruppe gibt. Um dies zu bewerkstelligen, müssten Sie nun lange Zahlenkolonnen wie 145.96.156.84 und dann 145.45.178.23 eingeben.

Ganz angesehen davon, dass dies unglaublich unbequem wäre, kann sich kein Mensch diese langen Listen von Zahlen merken. Doch dankenswerterweise gibt es das DNS, das **D**omain **N**ame **S**ystem, ein Benennungsschema, das dazu dient, dass Sie anstelle der Zahlenreihen einfach eine klare und verständliche Adresse wie „www.databecker.de" eingeben können.

Wenn Sie nun in Ihrem Browser eine Klartextadresse eingeben, wird diese Adresse an einen so genannten Name-Server (oder auch Domain Name-Server genannt) weitergeleitet, der dann den Namen in die (maximal) zwölfstellige Zahl, die IP-Adresse, umwandelt. Diese Adresse ist weltweit eindeutig festgelegt. Erst wenn die Umwandlung in die numerische IP-Adresse stattgefunden hat und damit die gewünschte Webseite eindeutig identifiziert wurde, ist Ihr Browser in der Lage, diese Seite aufzurufen und Ihnen anzuzeigen.

Siehe auch: Domain, IP-Adresse

DOA [Dead On Arrival]

„Bei Ankunft tot" (Slang)

Bei DOA handelt es sich um die Abkürzung für den im Englischen auch in der Umgangssprache weit verbreiteten Ausdruck Dead on arrival, was übersetzt so viel bedeutet wie „bei Ankunft bereits tot".

Wenn Sie im Zusammenhang mit Computern diesen Ausdruck hören oder lesen, ist damit eine Hardwarekomponente gemeint, die von Anfang an gar nicht oder nicht richtig funktioniert hat.

Im Gegensatz zu Bug bezieht sich DOA nicht auf defekte Siftware, sondern auf einen Hardwareschaden.

Siehe auch: Bug, Chatslang

DOM [Document Object Model]

Dokumenten-Objektmodell

Wenn eine Webseite erst mal in den Webbrowser geladen und dargestellt wird, gibt es prinzipiell recht wenige Möglichkeiten, das Aussehen der Seite oder einzelner Teile davon noch zu verändern. Genau das ist aber erforderlich, wenn man dynamische und interaktive Webseiten gestalten will. Ein ganz einfaches Beispiel, das man häufig findet: Bei so genannten Mouseover-Effekten verändert sich eine Schaltfläche oder Grafik automatisch, wenn sich der Mauszeiger darüber befindet. Technisch lässt sich dies nur umsetzen, wenn man die zuvor vorhandene Grafik aus der Seite entfernen und durch eine andere ersetzen kann.

Damit dies möglich ist, benötigt man ein Modell, durch das man mit Sprachen wie etwa JavaScript nach einem bestimmten System auf die vorhandenen Komponenten eines Dokuments zugreifen kann. Nachdem jeder Browserhersteller lange Zeit sein eigenes, proprietäres Süppchen gekocht hat, veröffentlichte das W3C-Konsortium das **D**ocument **O**bject **M**odel DOM als einheitlichen Ansatz. Es stellt einen objektorientierten, hierarchischen Ansatz für den Zugriff auf Komponenten dar und macht sich dabei zunutze, dass HTML von sich aus starke hierarchische Eigenschaften hat.

Um z. B. die Farbe einer bestimmten Tabellenzelle zu ändern, kann man direkt auf die Eigenschaften dieser Zelle zugreifen. Bei einem stark vereinfachten Beispiel ginge dies über das oberste Ausgangsobjekt *Dokument*. Von hier aus gelangt man mit *Body* in den Inhalt des Dokuments. Um auf die erste Tabelle im Dokument zuzugreifen, wählt man dann *Tabelle[1]* (wenn mehrere Tabellen vorhanden sind, wählt man einen entsprechend höheren Index. Um nun z. B. die fünfte Zelle dieser Tabelle zu verändern, gibt man *Zelle[5]* als Objekt an. Jedes Objekt hat bestimmte Eigenschaften wie z. B. eine Farbe, die man jederzeit verändern kann. Mit der Anweisung

```
Dokument.Body.Tabelle[1].Zelle[5].Farbe = "blau"
```

könnte man also die Farbe der Zelle verändern. Auf diese Weise ermöglicht es das DOM, praktisch auf jedes Objekt und seine Eigenschaften innerhalb eines Dokuments zuzugreifen und diese auch noch zu verändern, wenn die Webseite bereits dargestellt wird. So lassen sich dynamische Veränderungen und Interaktion bei einer Seite erreichen.

Die Umsetzung des DOMs, das letztlich nur ein Standardisierungsvorschlag ist, liegt bei den Browserherstellern. Bislang realisiert noch kein Browser das DOM des W3C zu 100 %. Deshalb stößt man weiterhin auf Webseiten, die mit einem Webbrowser anders als mit dem anderen funktionieren oder bei denen die Autoren separate Versionen für Internet Explorer und Netscape Navigator erstellen mussten. Wenn sich die Browserproduzenten in Zukunft genau an die DOM-Definition halten, wird es mit solchen Problemen vorbei sein. Näheres zur DOM-Definition des W3C und ihrer Umsetzung findet man unter http://www.w3.org/DOM.

Siehe auch: DHTML, JavaScript, W3C, Webbrowser

Domain(-Name)

{Aussprache: Domäin}

Eine Domain ist vereinfacht gesagt eine Gruppe von Rechnern (ggf. auch nur ein einzelner Rechner), die im Internet über den gleichen Namen, den Domainnamen, angesprochen werden können.

Am Beispiel der Adresse www.databecker.de lassen sich die hierarchisch aufgebaute Struktur und die einzelnen Elemente eines Domainnamens erklären.

Entgegen den normalen Lesegewohnheiten fängt man bei der Sezierung des Domainnamens von rechts nach links an.

Der *de*-Teil ist in diesem Beispiel die so genannte Top Level Domain, die in diesem Fall eine geografische Bezeichnung beinhaltet, die erste Rückschlüsse zulässt, in welcher Sprache die Seite gehalten ist.

So steht *de*, wie Sie sicherlich bereits vermutet haben, für Deutschland, *uk* für United Kingdom, also Großbritannien, usw.

Als nächste Stufe folgt dann die Second-Level-Domain, also *databecker*. „Second" bedeutet „zweite", um anzuzeigen, dass es sich dabei um den (immer von rechts aus gesehen) zweiten Teil des Domainnamens handelt.

Selbstverständlich kann eine solche Adresse auch noch weitere Bestandteile haben, wobei in diesem Falle dann von Third-Level-Domain (third, englisch für dritte) gesprochen würde.

So wäre bei einer (fiktiven) Adresse *www.buchhaltung.databecker.de* der Teil *buchhaltung* dann die Third-Level-Domain, also der dritte (third) Teil des Domainnamens (von rechts gelesen).

Die einzelnen Teile des Namens werden durch Punkte (Dots) voneinander getrennt.

> **Hinweis:** Bei einer E-Mail-adresse wird übrigens alles, was rechts des @-Zeichens steht, als Domain bezeichnet.

Siehe auch: DNS, Dot, Top Level Domain

Domain-Grabbing

{Aussprache: Domäin Gräbbing}

„Wegschnappen" von Domainnamen

Das Domain-Grabbing ist für manche fast schon so etwas wie ein neuer „Internetsport" geworden; gemeint ist dabei das Wegschnappen, also das Registrieren von Domainnamenn um diese später gewinnbringend an Interessenten zu verkaufen.

Die Basis von Domain-Grabbing liegt darin, dass jeder Domainname, also jede Klartext-Internetadresse, nur einmal vergeben werden kann, d. h., ist eine Adresse belegt, kann sie nicht mehr registriert werden.

Findige Leute haben sich nun Namen, von denen sie glauben, dass Sie in Zukunft gefragt sein werden, vorab sichern lassen, d. h., sie haben die jeweilige Domain auf ihren Namen registrieren lassen und sie somit für andere blockiert. Wenn nun beispielsweise große Firmen sich entschließen, endlich ins Internet zu gehen, kann es durchaus sein, dass der logische und naheliegende Internetname bereits von Domain-Grabbern belegt ist.

In der Hoffnung auf satten Gewinn beim Weiterverkauf registrieren findige User Domainnamen und hoffen auf das große Geld, falls sich ein finanzkräftiges Unternehmen für den Namen interessieren sollte

Mittels spezieller Dienste (Whois) erfahren Firmen, wer die Domainnamen registrieren ließ, und nicht selten bieten die Firmen diesen Leuten dann eine Menge Geld, um den vermeintlich besten Namen doch noch zu erhalten.

Somit ist dies eine nicht uninteressante Geldquelle für findige leute, die sich die Internetschlafmützigkeit vieler Firmen und Betriebe zunutze machen.

Siehe auch: Domain, Whois

DoS/DDoS [Denial of Service/Distributed Denial of Service]

Siehe: Denial of Service bzw. Distributed Denial of Service

Dot

Trennpunkt bei Internetadressen

Dot bedeutet Punkt und wird als Trenner zwischen den einzelnen Teilen der Internetadressen eingesetzt. So beinhaltet die Internetseite von DATA BECKER www.databecker.de zwei solche Trennpunkte. Hierfür hat sich die englische Bezeichnung Dot auch im Deutschen durchgesetzt.

Wenn Sie also jemanden sagen hören „www dot databecker dot de", ist damit die bereits erwähnte Internetadresse von DATA BECKER gemeint.

Dotcoms

{Aussprache: Dottkomm}

Onlineunternehmen

Abgeleitet von der Endung .com, was im Englischen „dot com" ausgesprochen wird, werden Unternehmen dann als Dotcoms bezeichnet, wenn Sie im Internet vertreten sind und ihre Internetadresse mit .com, also der Top Level Domain für kommerzielle Unternehmen endet, wie z. B. www.microsoft.com.

Die .com-Endungen sind die mit Abstand beliebtesten und begehrtesten Top Level Domains und freie Domainnamen mit .com-Endungen sind sehr gesucht.

Siehe auch: Com, Top Level Domain

Dot-goner

„Internetarbeitslose"

Nicht jede Firma, die ihr Glück im Internet sucht, findet dies dort auch und wird zu einem Erfolg. Gerade im zweiten Halbjahr des Jahres 2000 kam es immer wieder zu Pleiten und Konkursen der so genannten Dotcoms, also der Firmen, die mit großen Erwartungen im Internet gestartet waren und dann umso unsanfter auf dem Boden der Tatsachen, sprich in der Pleite, landeten.

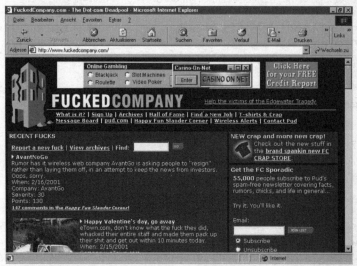

Auf sehr witzige und gelegentlich sarkastische Weise macht sich www.FuckedComapny.com über die neusten Pleiten von Internetfirmen lustig. Auch als Informationsquelle oder „Seismograph" für gefährdete Firmen ist die Seite nicht zu verachten

Wer bei einer solchen Firma gearbeitet hat, wird etwas gehässig als Dot-goner bezeichnet, einer neuen Wortschöpfung gebildet aus „Dot" (Kurzform für Dotcom, Internetunternehmen) und „gone" (abgeleitet von engl. to go, gehen, auch im Sinne von „verschwunden"). Gemeint sind damit Personen, die nun arbeitslos sind, da die Internetfirma, für die sie gearbeitet hatten, vom Markt verschwunden ist.

So mancher macht sich mittlerweile einen Spaß aus der grassierenden Pleitewelle und gibt die neusten Wasserstandsmeldungen bedrohter oder untergegangener Unternehmen auf recht flapsige Weise im Internet bekannt. Besonders bekannt ist hierfür die Webseite www.FuckedCompany.Com, die (in englischer Sprache) die neusten Infos hat und auch mit gehässigen Kommentaren nicht hinterm Berg hält.

Siehe auch: Dotcom

Down

{Aussprache: daun}

Funktionsunfähig

Sicherlich haben Sie schon den Ausdruck gehört, dass ein Computer oder Server down sei, ein englischer Ausdruck, der mittlerweile auch in die deutsche Sprache Eingang gefunden hat.

Gemeint ist damit, das der Rechner kaputt oder zumindest für eine Weile funktionsunfähig ist. Wenn also der Server Ihres Internetanbieters down ist, dann erhalten Sie keine Verbindung und müssen warten, bis die so genannte Down Time beendet ist.

Siehe auch: Down Time

Download

{Aussprache: Daunlood}

„Herunterladen"

Als Download bezeichnet man den Vorgang des Herunterladens von Daten von einem Server auf Ihren Rechner.

Ein typisches Dialogfenster mit Informationen während eines Downloadvorgangs

Dabei werden die Daten vom Server auf Ihren Rechner gespielt, beispielsweise wenn Sie sich Dateien aus dem Internet holen oder auch einfach nur surfen, in jedem Fall werden die entsprechenden Daten auf Ihren Rechner geladen. Der englische Ausdruck Download oder auch das eingedeutschte Verb downloaden sind mittlerweile so weit verbreitet, dass die deutsche Entsprechung Herunterladen immer seltener gebraucht wird.

Das Gegenteil von Download, oftmals auch mit D/L abgekürzt, nennt man Upload.

Siehe auch: D/L, Upload

Downstream

{Aussprache: Daunstriehm}

„Flussabwärts"

Mit Downstream (flussabwärts) ist schlicht und einfach die Fließrichtung des Datenstroms zwischen Netzwerk und Netwerknutzer gemeint, d. h. bei Downstream der Datenfluss vom Netzwerk hinunter zum Nutzer.

Das Gegenteil ist upstream.

Siehe auch: Upstream

Down Time

{Aussprache: Daun Taim}

Zeitspanne, während der ein Rechner nicht erreichbar ist

Mit Down Time bezeichnet man die Zeitspanne, während der Sie Ihren Internetanbieter nicht erreichen können, sei es, weil dort Wartungsarbeiten durchgeführt werden müssen, sei es, weil es dort zu schwereren Problemen gekommen ist.

In jedem Fall können Sie während dieser Zeit das Surfen vergessen und nur hoffen, dass die Down Tme so kurz wie möglich ist. Oftmals hilft ja auch ein kurzer Anruf bei Ihrem Internetdienst, um zu klären, wann dieser wieder einsatzbereit ist oder ob es ggf. eine andere Zugangsmöglichkeit während dieser Zeit gibt.

Siehe auch: Down

Dreamweaver

{Aussprache: Drihmwiewer}

Webeditor von Macromedia

Dreamweaver ist ein HTML-Editor der Firma Macromedia, von der z. B. auch das Format und die Programme für Flash-Animationen stammen. Dreamweaver ist besonders bei professionellen Webseitengestaltern beliebt, weil er eine sehr

HTML-nahe Bearbeitung der Seiten ermöglicht und im Unterschied zu vielen anderen HTML-Editoren auch mit handgeschriebenem HTML-Code problemlos umgehen kann. Darüber hinaus bietet Dreamweaver auch Funktionen zum Erstellen und Verwalten von komplexen Webangeboten, die aus einer Vielzahl von Webseiten bestehen, und sieht Möglichkeiten zum Einbinden dynamischer Komponenten wie etwa JavaScript vor. Auch preislich gehört das Programm allerdings eher in die gehobene Mittelklasse und dürfte nur interessant sein, wenn man regelmäßig Webseiten erstellt oder bearbeitet. Gelegenheits-Webdesigner sollten das Geld sparen und es zunächst mal mit einem der zahlreichen Sharewareeditoren versuchen.

Das Programm ist sowohl für Windows als auch für Macintosh verfügbar. Unter http://www.macromedia.com finden Sie weitere Informationen und können auch eine kostenlose Testversion des Programms herunterladen.

Siehe auch: Flash, HTML-Editor

DSML [Directory Services Markup Language]

Die Directory Service Markup Language DSML ist eine weitere SGML-DTD, die speziell für den E-Business-Bereich geschaffen wurde. Sie soll dazu dienen, den Datenaustausch zwischen Verzeichnissen mit Kundendaten und E-Business-Software zu standardisieren und so eine Kompatibilität zwischen den Produkten verschiedener Hersteller zu erreichen. DSML ist eine noch recht junge Entwicklung, die 1999 zur Standardisierung vorgeschlagen wurde. Ob sie sich wirklich durchsetzen wird, muss noch abgewartet werden. Allerdings wird sie von einer Reihe namhafter Unternehmen – unter anderem auch IBM, Oracle, Sun und Microsoft – unterstützt, was die Chance erheblich steigern dürfte. Ausführlichere Informationen über DSML, den Fortschritt der Standardisierung und Produkte gibt es unter http://www.dsml.org.

Siehe auch: E-Business, SGML

DTD [Document Type Definition]

Neben dem eigentlichen Inhalt enthält eine in HTML verfasste Webseite auch Informationen darüber, wie der Inhalt dargestellt werden soll. Dazu verfügt HTML über eine Reihe von Anweisungen, mit denen man das Aussehen eines Dokuments bzw. einzelner Teile beschreiben kann. So kann z. B. eine Anweisung enthalten sein, dass die erste Zeile des Dokuments als Überschrift formatiert werden soll. Damit alle Webbrowser eine HTML-Datei gleich darstellen, müssen diese Anweisungen standardisiert sein. Dieser Standard wird durch eine Document Type Definition DTD festgelegt. Sie definiert ganz genau Syntax und Semantik einer Beschreibungssprache, also welche Anweisungen verwendet werden dürfen und wie diese vom Browser umgesetzt werden müssen.

Neben dem bekanntesten Beispiel HTML gibt es noch eine Vielzahl weiterer DTDs, so z. B. XML, DSML oder cXML. Im Prinzip kann jeder seine eigene DTD entwickeln und für seine Dokumente einsetzen. Dies wird durch die **S**tandard **G**eneralized **M**arkup **L**anguage SGML ermöglicht, die eine standardisierte Sprache zum Verfassen solcher DTDs darstellt. Mit SGML kann man festlegen, welche Beschreibungsmerkmale eine DTD aufweisen soll und wie diese Merkmale bei der Darstellung eines Dokuments umgesetzt werden sollen. Damit das Dokument dann dargestellt werden kann, benötigt man einen SGML-Compiler, der aus dem Dokument und der dazugehörenden DTD eine ordnungsgemäße Darstellung erzeugt. Alternativ kann man zur Darstellung spezielle Browser verwenden, die bestimmte allgemein bekannte DTDs bereits beherrschen und deshalb nur das Dokument selbst zur Darstellung benötigen. Die bereits angesprochenen Webbrowser zur Darstellung von HTML-Dateien sind ein Beispiel dafür. Sie beherrschen die HTML-DTD von Hause aus und können deshalb Webseiten auch ohne beigefügte DTD wiedergeben.

Siehe auch: HTML, SGML, Webbrowser

Dupe

{Aussprache: Djuhp}

Dublette

Normalerweise ist jeder Newsgroupartikel auf einem Newsserver nur ein einziges Mal vorhanden. Sollte sich dennoch aufgrund eines Fehlers ein Artikel in zwei- oder gar mehrfacher Ausführung auf einem Newsserver befinden, so spricht man von Dupe, abgeleitet vom englischen „to duplicate", dt. „vervielfältigen".

Duplex-Modus

Unter dem Begriff Duplex-Modus fasst man die verschiedenen Arten von Modi zusammen, die bei der Kommunikation zwischen zwei Partnern auftreten können.

Man unterscheidet drei verschiedene Duplex-Modi:

Zum einen den so genannten Simplex-Modus, d. h. Daten können nur von A nach B gesendet werden, eine Antwort ist nicht möglich.

Dann als Erweiterung und Verbesserung gibt es den so genannten Half Duplex-Modus, der teilweise auch bei der Internettelefonie (mit älteren Soundkarten) Anwendung findet. Hierbei ist Kommunikation von A nach B und von B nach A möglich, jedoch nicht zu gleicher Zeit (Fax oder SMS wären weitere typische Beispiele).

Und schließlich gibt es den so genannten Full-Duplex-Modus, bei dem die Datenübertragung von A nach B und von B nach A gleichzeitig (also parallel) stattfindet, wie Sie das von einem ganz normalen Telefonat her kennen.

Siehe auch: Full Duplex, Half Duplex, Internetphone, Simplex

Dynamische Webseiten

Allgemeine Bezeichnung für Webseiten, die nicht einfach nur statische Inhalte haben, sondern Aussehen und/oder Inhalt dynamisch verändern bzw. interaktiv auf Benutzeraktionen eingehen. Dynamische Webseiten lassen sich mit verschiedenen Technologien wie z. B. ActiveX, CSS, HTML oder JavaScript und insbesondere durch geschicktes Kombinieren verschiedener dieser Techniken erstellen. Eine eigene „Programmiersprache" für dynamische Webseiten gibt es nicht.

Siehe auch: DHTML

E

E25-Index

Der von der Zeitschrift „Focus Money" und der Unternehmensberatung Bain & Company erstellte E25-Index gilt als einer der wichtigsten Anzeiger (und als Infoquelle für den Aktienhandel), welche Unternehmen im Internet als top anzusehen sind.

Der E25-Index mit den „Börsenstars von morgen", eine wichtige Orientierungsquelle für alle Börseninteressierte

Es handelt sich bei diesem Index um die Auflistung der 25 erfolgversprechendsten Internetunternehmen. Zu finden ist die aktuelle Liste im Internet, außerdem weitere Informationen auf der Webseite www.money.de/PM3D/PM3DB/PM3DBX/pm3dbx.htm oder auch auf der Homepage von „Focus Money" (www.focus-money.de).

Easter Egg

{Aussprache: Iester Egg}

„Osterei", versteckte Funktionen eines Softwareprogramms

Nicht nur zur Osterzeit, sondern das ganze Jahr über erlauben sich die Softwareprogrammierer kleine Scherze, indem Sie so genannte Easter Eggs, also Ostereier in ihre Programme einbauen. Dabei handelt es sich um Programmfunktionen, die versteckt sind, also nicht in der offiziellen Bedienungsanleitung nachzulesen sind.

In den seltensten Fällen handelt es sich um wichtige Funktionen, meistens dagegen um kleine Scherze oder Spielereien, wie Sinnsprüche, Grüße oder Fotos der Programmierer.

Diese Ostereier werden von den Anwendern eher zufällig gefunden, indem sie beabsichtigt oder unbeabsichtigt eine Tastenkombination drücken oder eine Mausaktion auslösen, die die zuvor versteckte Funktion sichtbar macht.

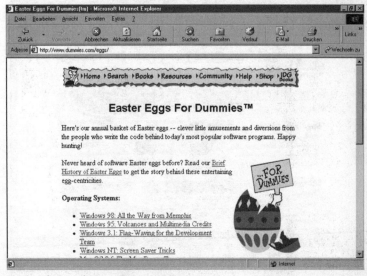

Eine typische Seite, die Easter-Eggs präsentiert

eBay

Im Internet gibt es zahlreiche Seiten, die sich speziell mit Easter Eggs beschäftigen. Wenn Sie sich dafür näher interessieren oder einfach einmal nachschauen wollen, ob auch die von Ihnen benutzte Software mit Ostereiern gespickt ist, dann schauen Sie beispielsweise einfach bei www.dummies.com/eggs/ vorbei.

Weitere interessante Easter Egg-Überraschungen finden Sie unter:

- www.eeggs.com
- www.htsoft.com/easter/

eBay

{Aussprache: Ie-Bäi}

Bekannte Auktionsseite im Internet

Internetauktionen sind „in". Mehr und mehr Webseiten, die Auktionen anbieten, entstehen und wollen sich einen Teil des großen Auktionskuchens angeln.

Vorreiter und nach wie vor prominenteste Adresse im Bereich der Internetauktionen ist jedoch allen Werbeaktionen der Konkurrenz zum Trotz immer noch eBay. Egal, ob Sie sich beim Original, sprich der Amerikanische Seite www.ebay.com umsehen, oder Ihre Zeit in der kleineren deutsche Filiale www.ebay.de verbringen, bei eBay finden Sie (fast) alles, was das Herz begehrt.

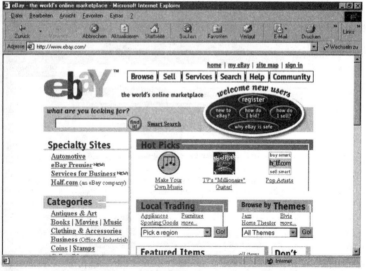

Es gibt einfach nichts, was es beim amerikanischen „Auktionshaus" eBay nicht zu Ersteigern gibt. Aufgeschlüsselt in Rubriken mit vielfältigen Suchoptionen gilt es, sich mit dem riesigen Angebot von eBay vertraut zu machen, das Gewünschte zu finden und dann eventuell mitzubieten

eBay

Das Angebot von eBay ist übersichtlich in Rubriken und Unterrubriken aufgeteilt und mit den entsprechenden Suchfunktionen ausgestattet, sodass Sie auch möglichst schnell und einfach das finden, wonach Sie suchen. So können Sie durchaus Raritäten, die schon lange nicht mehr in den normalen Geschäften erhältlich sind und die Sie auch auf Ihrem lokalen Flohmarkt kaum finden werden, oftmals sehr preisgünstig erwerben. Damit Sie jedoch um die angebotenen Waren mitbieten können oder auch selbst etwas anbieten dürfen, müssen Sie sich zuvor bei eBay anmelden.

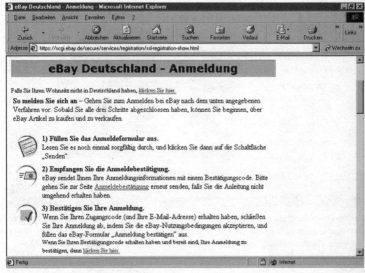

Bevor Sie Artikel anbieten oder ersteigern können, müssen Sie sich bei eBay anmelden und dort Ihre Personalien angeben. Hier einen Abbildung des Anmeldevorgangs

Wird ein Artikel ersteigert, muss, je nach Höhe des Gebots, entweder ein kleiner prozentualer Anteil oder ein Festbetrag nach Abschluss der Auktion an eBay gezahlt werden.

Immer häufiger hört man jedoch auch von den negativen Seiten der Internetauktionen. Ersteigerte Waren werden nicht geliefert oder nicht bezahlt, die Ware entspricht nicht dem angegeben Zustand. Machen Sie sich deshalb genau mit den Bedingungen bekannt, damit Sie hinterher keine böse Überraschung erleben.

Bedenken Sie, dass Sie die Ware ja nicht wie beim Flohmarkt oder im Laden um die Ecke sehen und auf Fehler überprüfen können. Setzen Sie sich schon beim Hauch eines Zweifels oder einer Unklarheit per E-Mail mit dem Anbieter in Verbindung und drängen Sie auf Beantwortung Ihrer Fragen.

E-Business

> **Tipp:** Setzen Sie sich beim Bieten ein Limit und halten Sie sich strikt daran. Sie wären nicht der erste, der vom Reiz des (Mit-)Bietens plötzlich gepackt wird und hinterher erkennen muss, dass er sich mit seinem Gebot übernommen hat.

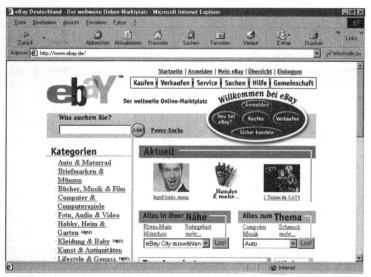

Wer des Englischen nicht so mächtig ist, aber dennoch nicht auf das Mitbieten oder Versteigern bei eBay-Auktionen verzichten will, der kann sich einfach auf der deutschen eBay-Seite www.ebay.de einklinken. Die Aufmachung und Darstellung entspricht weitestgehend dem amerikanischen Pendant

Siehe auch: Onlineauktion

E-Business [Electronic Business]

{Aussprache: le Bissness}

Elektronische Geschäfte

E-Business ist quasi der Oberbegriff für Geschäfte jeder Art, die im Internet bzw. über das Internet abgewickelt werden.

Siehe auch: E-Commerce

E-Card

{Aussprache: le Kard}

Elektronische Postkarte

Eine E-Card ist die elektronische Variante der herkömmlichen Postkarte, allerdings oftmals im zeitgemäßen Internetgewand mit Extras wie Musik oder Ani-

E-Card

mation. Eine Vielzahl von E-Card-Sites bieten diesen Service kostenlos an, wenngleich es jedoch auch einige Angebote gibt, die nur gegen Gebühr entsprechende E-Crads verschicken.

> **Hinweis:** Wenn möglich, machen Sie um solche kostenpflichtigen E-Card-Sites einen Bogen, denn die Leistungen der kostenfreien Angebote stehen ihnen in keiner Weise nach.

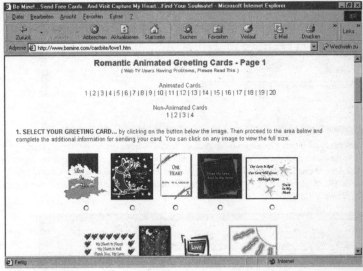

Wenn Sie sich aus einem riesigen Angebot von E-Card-Anbietern den richtigen ausgesucht haben, gilt es, dessen Angebot zu sichten und sich für eine entsprechende E-Card zu entscheiden. Angesichts der enormen Auswahl von oftmals originellen Karten keine leichte Aufgabe

Hierbei suchen Sie sich aus einem in der Regel äußerst reichhaltigen und nach Kategorien sortierten Angebot die passende Postkarte aus und geben ihr Ihren speziellen Touch mit einem besonderen Text oder einer Widmung. Üblicherweise können Sie auch eine passende Musik zu der Karte auswählen. Abschließend müssen Sie nur noch angeben, an welche E-Mail-Adresse die E-Card gesendet werden soll.

Abhängig vom ausgewählten Angebot wird entweder die Karte direkt in Form einer E-Mail an den Adressaten gesendet oder aber (weitaus häufiger) der Adressat erhält eine Nachricht, dass für ihn eine E-Card hinterlegt wurde, mit genauen Angaben über die Internetadresse und einer speziellen Kartennummer, die dann beim Abholen der Postkarte angegeben werden muss.

E-Card

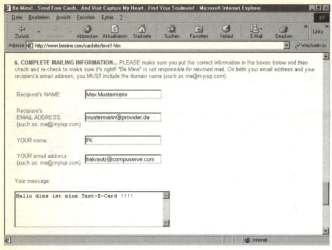

Nach der Auswahl der Karte müssen Sie noch die E-Mail-Adresse des Adressaten angeben, damit die Karte auch tatsächlich zugestellt werden kann. Normalerweise müssen Sie auch Ihre eigene E-Mail-Adresse eintragen, damit Sie darüber informiert werden können, wann die Karte abgeholt wurde. Die Möglichkeit zur Eingabe von einigen Textzeilen sorgt für einen zusätzlichen persönlichen Touch einer E-Card

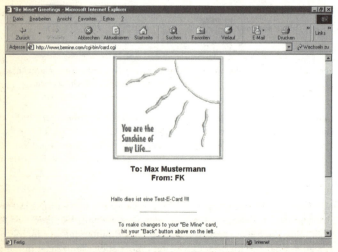

Wenn alle nötigen Angaben gemacht wurden, erhalten Sie ein Preview, also eine Vorschau der Karte. Sie sehen die Karte nun genau so, wie Sie später auf dem Bildschirm des Adressaten erscheinen wird. Bei fehlerhaften Eingaben können Sie hier noch Änderungen vornehmen, bevor die Karte endgültig verschickt wird

Wenn Sie auch einmal eine E-Card verschicken wollen, können die folgenden Adressen als gute Anlaufstellen dienen:

- www.bluemountain.com
- www.egreetings.com
- www.ohmygoodness.com (sehr witzige Cartoons)
- www.virtualflowers.ru/eng.php

E-Commerce [Electronic Commerce]

{Aussprache: le Kommörs}

Elektronischer Handel

Das E in E-Commerce steht, wie bei anderen verwandten Begriffen auch, für „elektronisch". Somit ist E-Commerce die Bezeichnung für elektronischen Handel, d. h. Geschäftemachen im Internet.

Immer mehr Firmen bieten Ihre Waren mittlerweile auch im Internet zum Verkauf an, wodurch Sie bequem von zu Hause per Tastatur einkaufen können. Auch wenn zu Beginn des neuen Jahrtausends der elektronische Handel nach wie vor nur einen kleinen Teil des Gesamthandelsvolumens ausmacht, kann doch mit Sicherheit davon ausgegangen werden, dass sich dieser Anteil im Laufe der nächsten Jahre sprunghaft erhöhen wird. Die Internetpräsenz wird immer wichtiger, das Angebot immer größer, einzelne Formen und Geschäfte schließen sich mit anderen zu größeren Internetwarenhäusern zusammen (nach Amerikanischem Vorbild Malls genannt) und auch das Einkaufen wird bequemer.

Einfach per Mausklick gehen Sie durch das Warenangebot des Anbieters, suchen sich aus, was Ihnen gefällt, legen die gewünschten Waren per Mausklick in Ihren virtuellen Warenkorb und klicken auf *Bestellen*. Da sich bislang noch kein E-Cash-Verfahren (ein elektronisches Geldkonto, ähnlich den vorausbezahlten Einheiten auf einer Telefonkarte) so richtig durchsetzen konnte, wird nach wie vor per Rechnung oder Kreditkarte bezahlt.

Siehe auch: E-Business, E-Cash, Einkaufskorb, Mall

E-Government [Electronic Government]

{Aussprache: le Gowernment}

Elektronische Verwaltung

Eine neue Art, sich mit Behörden in Verbindung zu setzen, nämlich beispielsweise Beschwerden direkt an die zuständige Stelle per E-Mail oder auch die Abgabe der Steuererklärung per Internet, soll durch den zügigen Ausbau von E-Government, also der elektronischen Verwaltung, erreicht werden.

Denn unter E-Government versteht man alle von Bundes-, Landes oder auch Kommunalverwaltungen bereitgestellten Angebote, die es dem Bürger ermögli-

E-Mail

chen, auf Behördengänge zu verzichten und sich stattdessen auf elektronischem Wege an die entsprechenden Stellen zu wenden.

Zwar steckt E-Government vor allem in Deutschland noch weitgehend in den Kinderschuhen, doch ist zu wünschen, dass sich in nächster Zukunft mehr Kommunikation auf diesem Wege abwickeln lässt.

E-Mail

{Aussprache: Ie Mäil}

Elektronische Nachrichten/Post

Die Schreibweise kann variieren, ob email, Email, eMail oder E-Mail, es handelt sich in jedem Fall um die Kurzfassung von electronic mail, also elektronische Post.

Erstmals wurde der Ausdruck übrigens als electronic mail 1977 geprägt, ab 1982 dann als e-mail geläufig; jedoch dauerte es bis 1993 bis die Bezeichnung e-mail in das berühmte „Webster's" (Meriam Webster's Collegiate Dictionary) aufgenommen wurde.

Noch vor dem eigentlichen Surfen rangiert E-Mail laut Umfragen als der wichtigste Internetdienst an erster Stelle. Ein wichtiger Grund hierfür ist fraglos der enorme Geschwindigkeitsvorteil der elektronischen Post gegenüber der „normalen" Post, die nicht ganz ohne Grund von vielen auch spöttisch als Snail Mail, Schneckenpost, bezeichnet wird.

Innerhalb weniger Augenblicke können Sie eine Nachricht, versehen mit Bildern, Texten, Dokumenten oder auch ganzen Musikstücken, erhalten, die Ihnen von einem E-Mail-Teilnehmer auf einem anderen Kontinent geschickt wurde.

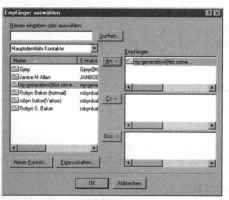

Moderne E-Mail-Programme erlauben es, auf einfache Weise aus Adressbüchern die gewünschten Empänger einer Nachricht auszuwählen. Durch die praktische Cc bzw Bcc-Funktion können Kopien einer E-Mail in einem Rutsch an mehrere Leute verschickt werden (wie hier bei Outlook Express)

Funktionen wie Cc oder Bcc, die praktisch jedes E-Mail-Programm beherrscht, erlauben es, auf bequeme Weise Kopien einer Nachricht an beliebig viele Empfänger zu senden, ohne dass die E-Mail nochmals neu geschrieben werden

E-Mail

müsste. Auch das Eingeben von E-Mail-Adressen ist normalerweise sehr einfach, da entsprechende Funktionen wie Antwort (Reply) oder die Auswahl von Adressen aus dem Adressbuch bereitstehen.

Eine wichtige Grundlage ist die Tatsache, dass jeder E-Mail-Teilnehmer eine eigene unverwechselbare E-Mail-Adresse hat, d. h. jede Adresse gibt es nur ein einziges Mal.

Die Adresse (Beispiel: *mustermann@compuserve.com*) besteht aus drei Teilen, dem Benutzernamen (*mustermann*), dem @-Zeichen und dem Domainnamen (*compuserve.com*).

In der Regel werden alle Nachrichten, die ein E-Mail-Teilnehmer erhält, auf dem Mailserver gespeichert, bis sie mithilfe eines speziellen, E-Mail-fähigen Programms abgeholt werden, man spricht hier auch neudeutsch von Mail downloaden.

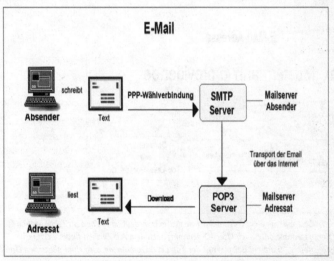

Hier sehen Sie schematisch dargestellt, wie eine E-Mail vom Absender letztlich zum Adressaten gelangt

Das Versenden und Abholen der Nachrichten geschieht im Internet mittels spezieller Protokolle, die jedes moderne E-Mail-Programm problemlos beherrscht, nämlich POP3 zum Abholen der E-Mails und SMTP zum Versenden von Nachrichten.

Ähnlich wie beim normalen Briefverkehr gibt es auch bei E-Mails entsprechende Richtlinien, an die man sich halten sollte, Teil der so genannten Netiquette. Hierzu gehören so scheinbar selbstverständliche Dinge wie möglichst korrekte Rechtschreibung, Lesbarkeit des Textes durch Absätze, sinnvoller Betreff, das Zitieren von Passsagen, auf die man sich im Text bezieht etc.

Siehe auch: Adressbuch, Attachment, Bcc, Cc, Download, E-Mail-Adresse, Mailserver, Netiquette, POP3, Quote, Reply, SMTP, Snail Mail, Subject

E-Mail-Adresse

Eine E-Mail-Adresse besteht aus drei verschiedenen Elementen, von denen eines das Trennzeichen @ (At, auch Klammeraffe genannt) ist. Dieses Zeichen trennt den Benutzernamen, oder auch User-ID genannt, auf der linken Seite des @-zeichens vom Domainnamen des E-Mail-Providers rechts des Zeichens.

Jede E-Mail-Adresse gibt es nur ein einziges Mal weltweit, d. h., es besteht keine Gefahr, dass es beispielsweise irgendwo auf der anderen Seite des Atlantiks jemanden mit exakt gleicher E-Mail-Adresse gibt. Sicherlich kann es vorkommen, dass der Benutzername mit dem anderer E-Mails identisch ist, jedoch steht in einem solchen Fall immer ein anderer Domainname rechts des @-Zeichens.

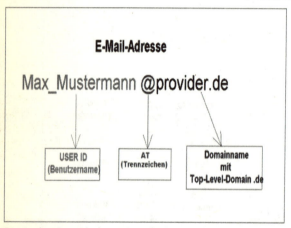

Die einzelnen Bestandteile einer E-Mail-Adresse grafisch verdeutlicht: Vor dem Trennzeichen @ steht der Benutzername oder auch User-ID genannt; nach dem AT-Zeichen findet sich die Domainbezeichnung, in diesem Beispiel mit der Top Level Domain .de, also einer deutschen Domain

Siehe auch: @, Domain, E-Mail

E-Zine

{Aussprache: Ie Siehn}

Elektronische Zeitschrift

Auch hier steht das E wieder für Electronic, bei Zine handelt es sich um die letzte Silbe des englischen Wortes magazine, also Magazin oder Zeitschrift.

Bei E-Zine handelt es sich somit um die elektronische Ausgabe einer Zeitschrift, die entweder in Form von E-Mails verschickt wird oder auch im Internet als Webseite bereitsteht.

E-Zine

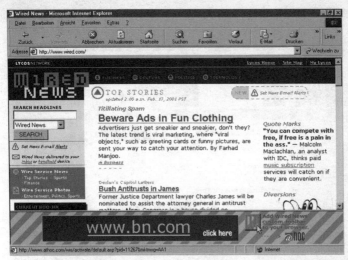

Unter www.wired.com erreichen Sie eines der bekanntesten und beliebtesten E-Zines mit einer Auswahl der interessanten Top-Nachrichten aus vielen Bereichen

Denn wer hat nicht schon einmal davon geträumt, eine eigene Zeitschrift herauszugeben? Durch die Möglichkeiten des Internet ist dies kein Traum mehr, ohne die Last von Druckkosten oder Vertriebskosten. Kein Wunder, dass immer mehr junge unabhängige E-Zines entstehen. Auch viele große und etablierte Zeitschriften sind bereits im Internet vertreten und bieten zumindest Teile der Printausgabe oder auch exklusive Artikel an.

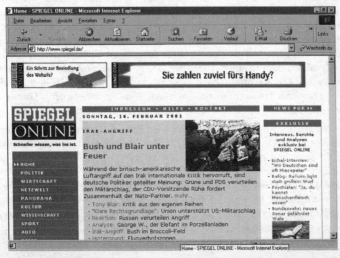

eBook

Auch im Internet sind die Wochenmagazine „Spiegel" und „Focus" Rivalen um die Gunst der Leser. Beide Seiten sind außerordentlich beliebt und ein Besuch lohnt sich immer, da nicht nur Artikel aus den Heften publiziert werden, sondern auch immer die neusten News zu erfahren sind

eBook

Elektronisches Buch

Auch die Buchverlage wollen mit der Zeit gehen und sich die neue Onlinewelt als Geschäftsfeld erschließen. Deshalb sollen Bücher in Zukunft nicht mehr (nur) in gedruckter Form erscheinen, sondern auch in rein elektronischer Form vertrieben werden. Dabei kann der geneigte Leser sich den Text eines Buchs z. B. über das Internet herunterladen, nachdem er dafür bezahlt hat. Diesen Text kann er auf seinem PC oder in einem speziellen Lesegerät, dem eBook, lesen. Vorteil für den Verlag: Das Veröffentlichen eines Buchs wird erheblich billiger, da die Druck-, Lager- und Transportkosten entfallen. Diese Kostenersparnis könnte in Form eines deutlich niedrigeren Preises an den Leser weitergegeben werden.

Der Leser hat abgesehen von einen geringeren Preis den Vorteil, dass er prinzipiell auf einer CD-ROM eine riesige Bibliothek mit sich führen könnte. Das spart Platz auf Reisen und im Bücherregal. Außerdem sind spezielle Funktionen wie elektronische Lesezeichen, das automatische Vorlesen des Textes und eine Volltextsuche denkbar. Der Preis, den er für diesen Vorteil zahlt, ist der Verzicht auf das haptische Gefühl beim Lesen eines Buchs, da er dabei vor einem Monitor sitzen muss und nichts in der Hand hat. Insbesondere bei belletristischer Literatur dürften viele Menschen sich daran nur schwer gewöhnen. Das ist wohl auch der Grund, warum der Markt für eBooks nur langsam in Schwung kommt. Bislang gibt es erst relativ wenig Literatur, die in dieser Form verfügbar ist. Auch die eBook-Geräte stecken noch in den Kinderschuhen und sind vergleichsweise teuer. Aber wer weiß, vielleicht erscheint die nächste Auflage dieses Internetlexikons ja schon als elektronisches Buch?

ECP [Extended/Enhanced Capability Port]

Erweiterter Funktionsumfang für den Parallelport

Bislang verfügt jeder PC über eine parallele Schnittstelle, die in Form eines Steckers an der Rückseite des Rechnergehäuses platziert ist. An diese Schnittstelle können z. B. Drucker, Scanner oder externe Laufwerke angeschlossen werden. Die Kapazität dieser parallelen Schnittstelle ist allerdings begrenzt, weshalb man sie durch die ECP-Spezifikation aufrüstete. Dieser Standard erlaubt den Anschluss mehrerer Geräte gleichzeitig an die parallele Schnittstelle und ermöglicht eine höhere Datenübertragungsrate. Allerdings müssen dazu sowohl der PC als auch die angeschlossenen Geräte ECP unterstützen.

> **ECP aktivieren**
>
> Die meisten aktuellen PCs unterstützen ECP. Allerdings muss man in der Regel im BIOS-Konfigurationsprogramm den Modus einstellen, in dem die parallele Schnittstelle betrieben werden soll. Hier sollte man den Modus ECP auswählen, wenn man die am Parallelport angeschlossenen Geräte dies unterstützen, da die Datenübertragung dann in jedem Fall schneller erfolgt.

Im Bereich der PC-Schnittstellen ist trotz solcher Verbesserungen wie ECP bereits die Wachablösung in Sicht. Heutige PCs werden grundsätzlich mit der neuen Schnittstelle **U**niversal **S**erial **B**us (USB) ausgeliefert, die erheblich flexibler und leistungsfähiger ist. Da immer mehr Peripheriegeräte USB (und meist nur das) unterstützen, werden die seriellen und parallelen Schnittstellen in absehbarer Zeit wohl nur noch Exoten sein.

Siehe auch: BIOS, Parallel-Port, USB

EDI [Electronic Data Interchange]

Elektronischer Austausch von Geschäftsdaten

Nachdem praktisch alle Unternehmen heutzutage sämtliche Geschäftsabläufe per Computer abwickeln und in Datenbanken speichern, liegt es nahe, auch die Transaktionen zwischen zwei Unternehmen gleich elektronische zu erledigen. Für eine Bestellung muss man dann nicht die Daten ausdrucken und z. B. per Fax an den Auftragnehmer schicken, der sie dann wieder in seine EDV eintippen muss. Stattdessen übermittelt man die Daten der Bestellung einfach per Mausklick elektronisch direkt in das System des Auftragnehmers. Das geht schneller und ist weniger umständlich und fehleranfällig.

Damit es funktioniert, müssen sich allerdings die Rechnersysteme der beiden Geschäftspartner untereinander verstehen. Dies ist angesichts der Vielfalt von

Anbietern und Produkten in diesem Bereich nicht sehr wahrscheinlich. Deshalb wurde mit EDI schon in den 70er-Jahren ein Standard für solche Transaktionen entwickelt, der ein allgemeines Datenaustauschformat für Geschäftsdaten definierte. Wenn das System des Auftragsgebers seine Daten ins EDI-Format exportieren und der Rechner des Auftragnehmers EDI-Daten importieren kann, steht einem Datenaustausch nichts mehr im Wege. Die eigentliche Übermittlung der Daten erfolgt per Datei, sodass die verschiedensten Übertragungswege genutzt werden können.

Trotz eines guten Ansatzes konnte sich EDI anfangs kaum durchsetzen. Dies hing insbesondere mit den hohen Kosten zusammen, die damals noch für die Datenfernübertragung anfielen. Hier aber kommt seit Ende der 90er-Jahre das Internet ins Spiel, das die Kommunikationskosten erheblich senkt. EDI-Dateien können z. B. einfach per FTP von einem Unternehmen ans andere übermittelt werden.

Siehe auch: E-Commerce

Editor

{Aussprache: Äditer}

Bearbeitungsprogramm

Als Editor bezeichnet man ein Programm zu Erstellen und Bearbeiten von Daten. Die Bezeichnung gilt prinzipiell für jedes Programm, das eine solche Funktion erfüllt. So gibt es z. B. Texteditor, Bildeditor oder Webeditor.

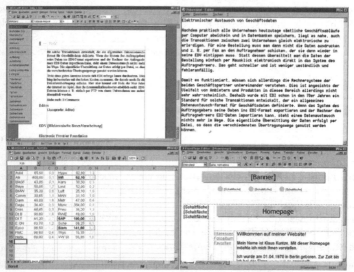

Editor ist eine Bezeichnung für verschiedene Arten von Bearbeitungsprogrammen

In der Regel gehört zum Wort Editor einer nähere Beschreibung der Art von Daten, die man damit bearbeiten kann (also z. B. HTML-Editor). Wird nur die Bezeichnung Editor ohne Kontext verwendet, bezieht sie sich in der Regel auf einen Texteditor zum Bearbeiten von einfachen ASCII-Text-Dateien.

edu

Eine der klassischen TLDs (Top Level Domains) für Bildungseinrichtungen und Universitäten (vor allem in den USA) ist *edu*, die Kurzform von educational.

Universitäten wie Harvard sind somit relativ leicht zu erkennen, so z. B. www.harvard.edu.

Siehe auch: Top Level Domain

Edutainment

{Aussprache: Edjutäinment}

Ein Kunstwort, das aus zwei (von vielen lange für unvereinbar gehaltenen) Begriffen zusammengesetzt ist, nämlich „Education" und „Entertainment", also Erziehung bzw. Bildung auf der einen Seite und Unterhaltung auf der anderen.

Mit diesem neuen Begriff wird eine möglichst unterhaltsame Darstellung von Lern- und Bildungsinhalten bezeichnet, die mithilfe speziell einer Mischung aus Text, Grafik, Ton, Musik und bewegten Bildern dazu führen soll, dass der Spaß beim Lernen vergrößert wird. Ziel ist letztlich ein leichteres und besseres Lernen, da durch den Einsatz der multimedialen Möglichkeiten auch Sinne wie Augen und Ohren miteinbezogen werden.

> **Info:** Ein analoge Wortschöpfung ist übrigens der Begriff Infotainment, eine Mischung aus Information und Entertainment.

EDV [Elektronische Datenverarbeitung]

Elektronische Datenverarbeitung ist die ganz grundlegende Bezeichnung für alles, was mit Computern zu tun hat. Sie ist der Sammelbegriff für alle Technologien und Geräte, die mit dem Bearbeiten, Aufzeichnen und Erzeugen von digitalen Informationen oder mit dem Umwandeln von analogen in digitale Daten und umgekehrt zu tun haben.

Egosurfing

{Aussprache: Igo Sörfing}

Beim Egosurfing geht es darum, im Internet zu surfen, nur um möglichst oft den eigenen Namen wiederzufinden.

Hierbei ist nicht etwa ein anderer Internetanwender gemeint, der zufälligerweise den gleichen Namen besitzt, sondern alle Hinweise und Spuren, die auf eige-

Einkaufskorb

ne Aktivitäten schließen lassen, sei es das Posten von Newsgroup-Artikeln, Eintragungen in Guestbooks, Beiträge zu Webseiten etc.

Wer noch keine große Spuren im Internet hinterlassen hat, der erhält naturgemäß ein ziemlich mageres Egosurfing-Ergebnis

Üblicherweise startet ein Egosurfer bei einer der großen Suchmaschinen und versucht, so viele Webseiten mit seinem Namen zu finden wie möglich, um diese dann der Reihe nach anzusurfen und sich an seinem gesammelten Internetwirken zu ergötzen.

Einkaufskorb

Anderer Ausdruck für Warenkorb.

Siehe: Warenkorb

Einloggen

Siehe: Anmeldung, Login

Einwahlknoten

Als Einwahlknoten wird der Anschluss (Knoten) eines Internetanbieters bezeichnet, bei dem Sie sich einwählen können, der also quasi die Schnittstelle zwischen Ihnen und Ihrem Anbieter darstellt.

Viele überregionale Internetanbieter haben eine bundeseinheitliche Rufnummer, dennoch bieten manche ISPs auch die Einwahl per regionalem Knotenpunkt an. Da der Kunde die Kosten der Einwahl, eben bis zum nächsten Einwahlknotenpunkt, tragen muss, ist es sehr wichtig, dass der zu benutzende Einwahlknoten in einem günstigen Tarifbereich liegt.

Siehe auch: ISP

Electronic Frontier Foundation

{Aussprache: Äläktronnik Frontjir Faundäischen}

Initiative zum Schutz der Bürgerrechte im Internet

Die Electronic Frontier Foundation, oft auch als EFF abgekürzt, ist eine gemeinnützige Organisation, die sich dem Schutz der Bürgerrechte im Internet verschrieben hat. Sie setzt sich insbesondere für das Recht auf freie Meinungsäußerung und für die Wahrung der Privatsphäre bei der elektronischen Kommunikation ein. Als solche kämpft sie mit politischen Mitteln gegen jegliche Versuche, das Internet durch Zensur, durch Abhören der Kommunikation oder durch das systematische Sammeln von Benutzerdaten zu kontrollieren. Dabei stützt die EFF sich ausschließlich auf Mitgliedsbeiträge und Spenden. Diese setzt sie für politische Lobby-Arbeit und für rechtliche Schritte gegen Firmen und Regierungen ein. Auch unterstützt sie immer wieder Einzelpersonen oder Gruppen im juristischen Kampf gegen Zensurmaßnahmen. Zu den bekanntesten Kampagnen der EFF zählt die erfolgreiche Blue Ribbon Campaign, mit der weltweit die Aufmerksamkeit auf den Kampf gegen Zensurmaßnahmen gelenkt wurde.

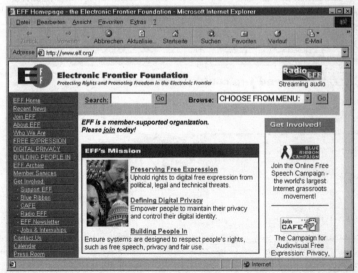

Unter http://www.eff.org kann man Genaueres erfahren und Fördermitglied werden

Bei allem Engagement versteht sich die EFF aber auch nicht als radikaler Kämpfer gegen jegliche Art von Kontrolle. Bestimmte Inhalte, wie z. B. Kinderpornografie, bei der ein allgemeiner Konsens der Ablehnung besteht, dürfen und müssen zensiert werden. Deshalb engagiert sich die EFF auch bei der Entwicklung von Filtersystemen, die gegen solche Inhalte vorgehen, ohne aber die Grundrechte der Benutzer zu verletzen. Unter http://www.eff.org findet sich die Homepage der Electronic Frontier Foundation, wo man umfangreiche Informationen zu vergangenen Erfolgen und der aktuellen Arbeit der Organisation findet.

Siehe auch: Blue Ribbon

Eliza

{Aussprache: Ileisa}

Psychologisches Computerprogramm

Wenn Sie zu den (relativ gesehen) „älteren" Lesern dieses Textes gehören, dann können Sie sich vielleicht noch an den Wirbel erinnern, den Eliza vor Computer-Urzeiten ausgelöst hat.

Das Meisterstück im Bereich der künstlichen Intelligenz, programmiert bereits in den 60er-Jahren von einem Forscher namens Joseph Weizenbaum, war ein Computerprogramm, das im Bereich der Psychologie eingesetzt wurde, aber auch abseits dessen für so manche vergnügliche und interessante Minute gesorgt hat und in der Folgezeit zum Vorbild für interaktive Figuren avancierte.

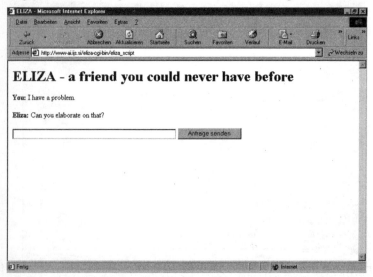

Beinahe in die Computer-Steinzeit fühlt man sich zurückversetzt bei den optisch anspruchslosen Eliza-Seiten im Net

Eliza war nämlich so programmiert, dass Sie bei der Unterhaltung meinten, Sie säßen einem menschlichen Wesen gegenüber. Durch geschicktes Aufgreifen bestimmter Satzelemente und Nachfragen war Eliza in der Lage, ein Gespräch aufrechtzuerhalten und sogar bis zu einem gewissen Grad verständnisvolle Gefühle zu suggerieren.

Emoticon

{Aussprache: Imoticon}

"Emotionssymbol"

Möglicherweise ist Ihnen Emoticons unter dem Begriff Smiley geläufiger. Doch da das Wort Smiley auf dem englischen Wort für „lachen" (to smile) basiert, ist es natürlich wenig sinnvoll, andere Emotionen wie Trauer und Enttäuschung zu benennen.

Deshalb hat sich in den letzten Jahren immer stärker das Kunstwort Emoticon durchgesetzt, eine Mischung aus „Emotion" und „Icon". Übersetzen lässt sich dieser Ausdruck wohl am besten mit „Emotions- bzw. Gefühlssymbol".

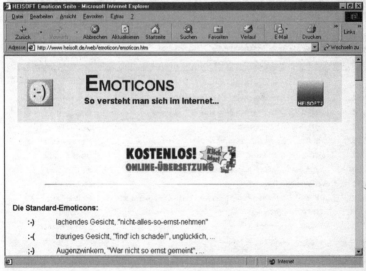

Es gibt eine Fülle von Seiten im Internet, die sich speziell mit Emoticons beschäftigen, hier besipielsweise www.heisoft.de/web/emoticon/emoticon.htm mit einer Auflistung einiger Standardemoticons, die Sie nach einiger Zeit verinnerlichen werden.

Insbesondere beim Chat und bei E-Mails eingesetzt, dienen Emoticons dazu, über den geschriebenen Text hinaus zusätzliche Informationen bzgl. der Gemütslage des Betreffenden zu signalisieren oder auch bestimmte Gesten und Gesichtszüge anzudeuten. Um die Symbole leichter zu deuten, sollte man den

Emoticon

Kopf um etwa 90 Grad nach links neigen, aber passen Sie auf, dass Sie sich bei zu vielen Zeichen nicht den Hals verrenken.

Die Emoticons haben sich zu einer Art Universalsprache im Internet entwickelt und es gibt eine ganze Reihe von Symbolen, die quasi zu Standards wurden und die praktisch überall verstanden werden, egal in welcher Sprache Sie kommunizieren.

Die beiden bekanntesten Beispiele, die Ihnen sicherlich auch schon einmal zu Gesicht gekommen sind, sind :-) als Ausdruck dafür, dass der Betreffende glücklich und froh ist (oder auch, dass der dem Symbol vorausgegangene Satz nicht so ganz ernst gemeint ist), während das entgegengesetzte :-(Trauer oder ganz allgemein Unglücklichsein ausdrückt.

Es gibt mittlerweile zahllose Wettbewerbe, in denen versucht wird, möglichst originelle und ungewöhnliche Emoticons zu erfinden, einige Beispiele finden Sie unter anderem auch auf der Webseite www.heisoft.de/web/emoticon/emoticon.htm.

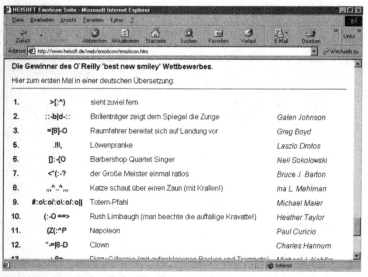

Keine Angst, wenn Sie diese Emoticons nicht kennen sollten. Kein Mensch kann sich alle im Internet herumschwirrenden Emoticons merken; zusätzlich entstehen täglich neue, immer ausgefallenere, wie die in der Abbildung gezeigten Beispiele

Niemand wird erwarten, dass Sie alle oder auch nur die meisten der im Internet kursierenden Emoticons kennen, selbst absolute Emoticon-Experten (ja, die gibt es!) würden da ihre liebe Mühe und Not haben. Es reicht völlig, wenn Sie sich etwas näher mit den Standard-Emoticons der folgenden Tabelle vertraut machen.

Da diese niedlichen kleinen Symbole nun schon einmal weit verbreitet sind, kann es nicht schaden, die wichtigsten zu kennen, auch wenn Sie selbst keine Lust haben, diese in Ihren Nachrichten zu benutzen.

Die Standard-Emoticons:

:-)	Freude, „nimm das Gesagte nicht so tierisch ernst"
:-(	Trauer, Unglücklichsein
:-))	ganz besonders toll
:-((	extrem traurig
;-)	Augenzwinkern, „übersieh die Ironie nicht"
:-O	„Oh!", Erstaunen, aber auch Erschrecken
:-D	Lautes, ansteckendes Lachen
:-I	„da ist mir nicht zum Lachen zumute"
:-/	Skepsis, „Na ja!"
':-/	Steigerung von :-/ (sehr skeptisch!)
:-P	Zunge rausstrecken
:-X	Lippen sind versiegelt
:'-(	Weinen
:'-)	Vor Freude weinen
:-*	Küssen
:-$	„Ich bin krank"
:-~	„Bin erkältet"
:*)	„Bin betrunken"
I-|	Schlafen
I-O	Schlafen und dabei schnarchen

Mehr über Smileys bzw. Emoticons finden Sie auf zahlreichen Seiten im Internet. Besonders exotische Emoticons finden Sie unter www.czweb.com/index/smilies/intro.htm. Auch www.webchat.de ist als Anlaufstelle durchaus einen Besuch wert.

Siehe auch: Chat, E-Mail

EMP [Excessive Multiple Posting]

{Aussprache: Ie Emm Pie}

Übermäßiges, vielfaches Posten von Nachrichten

Mit dem Kürzel EMP (Excessive Multiple Posting) bezeichnet man eine leider immer noch nicht ausgerottete Unart, bei der eine Nachricht entweder gar nicht oder nur ganz gering verändert in die unterschiedlichsten Newsgruppen gepostet wird.

Dies verstößt gegen die guten Sitten im Internet (Netiquette) und sollte unterbleiben.

Siehe auch: UCP, Netiquette

Encoding

{Aussprache: Inkoding}

Kodierung

Eine Kodierung von Daten ist beim Versand von E-Mails notwendig, da das übliche Protokoll, das zum Versenden von Daten per E-Mail benutzt wird, SMTP, lediglich mit 7 Bit arbeitet, wodurch der normale 8-Bit-ASCII-Zeichensatz des PC nicht ohne Kodierung Verwendung finden kann.

> **Hinweis:** Die beiden bekanntesten Verfahren, die beim Encoding eingesetzt werden, sind UUencode und MIME.

Normalerweise brauchen Sie sich darum nicht zu kümmern, da moderne E-Mail-Programme dies automatisch erledigen. Eine fehlerhafte Kodierung erkennen Sie übrigens ganz leicht daran, dass zum Beispiel die Umlaute nicht richtig dargestellt werden.

Siehe auch: MIME, UUDecode, UUEncode

Encryption

{Aussprache: Enkripschen}

Verschlüsselung

Wenn Sie darum besorgt sind, ob Ihre Dateien oder E-Mails vor fremden Blicken geschützt sind, sollten Sie diese für Sie wichtigen Daten verschlüsseln. Genau dies besagt der englische Begriff Encryption.

Übrigens, das Gegenteil, die Entschlüsselung von Daten, wird im Englischen Decryption genannt.

Beides, Ver- und Entschlüsselung werden mithilfe so genannter Kryptografieprogramme vorgenommen. Das vielleicht bekannteste Programm dieser Art, das auch hohen Sicherheitsbedürfnissen gerecht wird, ist PGP (**P**retty **G**ood **P**rivacy).

Grundsätzlich gilt es anzumerken, dass viele Kryptografieprogramme, insbesondere für Anfänger, recht umständlich und schwierig zu bedienen sind und daher eine gewisse Einarbeitungszeit erfordern. Ob sich dieser Mehraufwand für den Schutz Ihrer Daten für Sie lohnt, ist eine Entscheidung, die Sie nur selbst treffen können.

Siehe auch: Decryption, Kryptographie, PGP

EPIC [Electronic Privacy Information Center]

Bei EPIC handelt es sich in der Internetsprache nicht etwa um das Kürzel einer bekannten Schallplattenfirma (Epic Records), sondern um eine amerikanische

Organisation, die sich verstärkt dem Datenschutz und dem Schutz der Menschenrechte im Internet widmet.

Wenn Sie zu den Zielen mehr wissen wollen oder zusätzliche Infos erhalten wollen, können Sie unter der Adresse www.epic.org alles Wissenswerte finden.

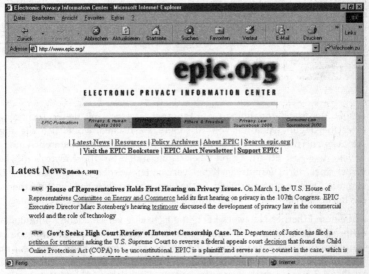

Unter www.epic.org finden sie immer die neusten Infos des Electronic Privacy Information Center

Ethernet

{Aussprache: lethernet}

Netzwerktechnologie

Bei der Verbindung von Rechnern zu einem lokalen Netzwerk gibt es eine Reihe von Technologien, die unterschiedliche Hard- und Software einsetzen. Die meistverbreitete LAN-Technologie ist das Ethernet. Es setzt voraus, dass im jedem beteiligten Rechner eine dem Ethernet-Standard entsprechende Netzwerkkarte eingebaut ist. Die Verbindung zwischen den Karten der einzelnen Rechner wird mit einem Koaxial- oder einem speziellen Twisted-Pair-Kabel hergestellt. Zwei Rechner lassen sich auf diese Weise direkt miteinander verbinden. Will man mehrere Geräte vernetzen, benötigt man einen zentralen Verteiler in Form eines Hubs oder Switches. Demzufolge ist die Topologie eines Ethernet-Netzwerks in der Regel sternförmig, d. h., jeder Netzwerkteilnehmer ist nur mit dem zentralen Verteiler verbunden, über den jeglicher Datenaustausch läuft.

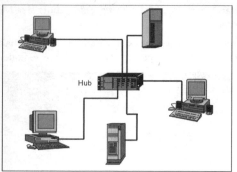

Die typische sternförmige Verkabelung eines Ethernet mit zentralem Hub

Gemäß der Standarddefinition von Ethernet lässt sich mit dieser Technologie eine Übertragungskapazität von 10 MByte/s erreichen, wobei sich alle angeschlossenen Teilnehmer die Kapazität teilen müssen. Mit der neueren Standarderweiterung Fast Ethernet sind Übertragungsraten bis 100 MByte/s möglich, wobei aber nur Twisted-Pair-Kabel verwendet werden dürfen, die eine bestimmte Qualitätsnorm erfüllen. Schließlich gibt es noch das Gigabit Ethernet, das bei hohen Hardwareanforderungen Kapazitäten bis 1 GByte/s erlaubt.

Auf einem Ethernet-Netzwerk können gleichzeitig verschiedene Kommunikationsprotokolle aufsetzen. So kann man z. B. die Datei- und Druckerfreigabe von Windows über ein vorhandenes Ethernet nutzen. Ebenso kann man das Internetprotokoll TCP/IP einsetzen und so Internetanwendungen wie FTP oder WWW auf einem lokalen Netzwerk nutzen. Ein solches LAN mit Internettechnologie wird als Intranet bezeichnet.

Siehe auch: Hub, Intranet, LAN, TCP/IP

Eudora

{Aussprache: Judora – auch deutsche Aussprache möglich}

Programm zum Lesen und Schreiben von E-Mails

Eudora ist ein E-Mail-Programm, mit dem man E-Mail-Nachrichten lesen, schreiben und verwalten kann. Es wird von der Firma Qualcomm für Windows und Macintosh angeboten und ist insbesondere in Amerika sehr beliebt und verbreitet. Im Gegensatz zu Outlook Express und Netscape Messenger ist es nicht völlig kostenlos. Aktuell gibt es aber eine spezielle Version mit Werbeeinblendungen, die bei gleichem Leistungsumfang nicht bezahlt werden muss.

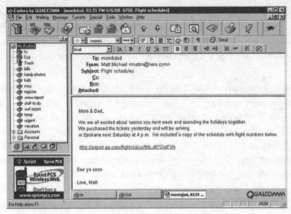
Eudora ist ein alternativer E-Mail-Client für Windows und Macintosh

Eudora kann neben reinen Textnachrichten ebenfalls HTML-Mails darstellen und verfassen. Allerdings ist es dabei nicht so weit in den Internet Explorer integriert wie beispielsweise Outlook Express. Dies zeigt sich insbesondere bei Sicherheitsproblemen wie etwa dem „I Love you"-Virus, von dem Eudora-Benutzer überhaupt nicht betroffen waren. Unter http://www.eudora.com kann man sich über das Programm informieren und die kostenlose Version herunterladen. Will man das Programm ohne Werbung nutzen, kann man für ca. $ 40 online einen Schlüssel erwerben, mit dem sich das Programm freischalten lässt.

Siehe auch: E-Mail

EventHandler

{Aussprache: Iwänt-Händler}

Ereignisabhängige Funktionen

EventHandler ist eine aus dem Bereich der Programmiersprachen stammende Bezeichnung für spezielle Funktionen, die automatisch auf eintretende Ereignisse reagieren können. Im Gegensatz zu herkömmlichen Funktionen werden sie nicht an einer bestimmten Stelle durch das Programm aufgerufen, sondern durch bestimmte externe Auslöser gestartet. Das können Aktionen des Benutzers (z. B. ein Mausklick) oder Ereignisse im System (z. B. das Eintreffen einer E-Mail) sein.

In Bezug auf das Internet spielen EventHandler insbesondere beim Gestalten von dynamischen Webseiten mit JavaScript eine wichtige Rolle. Hier gibt es eine Reihe von Ereignissen, auf die eine Webseite dynamisch reagieren kann. Dabei handelt es sich größtenteils um Benutzeraktionen, d. h., eine dynamische Webseite kann auf bestimmte Verhaltensweisen des Benutzers interaktiv reagieren.

Excite

Ein recht verbreitetes Beispiel dafür sind die so genannten Mouseovers, bei denen die Beschriftung bzw. die Grafik einer Schaltfläche dynamisch verändert wird, wenn der Benutzer die Maus darauf bewegt. Dieser Effekt wird z. B. von Navigationshilfen verwendet, um den Besuchern zusätzliche Orientierung oder Hilfe zu geben.

EventHandler werden immer an das Objekt gebunden, bei dem das Eintreten des Ereignisses registriert werden soll. Das folgende Beispiel in HTML mit JavaScript erstellt eine Textzeile mit dem Inhalt „Jetzt ist die Maus weg ...". Bewegt man den Mauszeiger auf diesen Text, wird automatisch der EventHandler *onMouseover* ausgelöst und ersetzt den Text durch „... und jetzt ist sie da!". Bewegt man den Mauszeiger wieder weg, wird automatisch der EventHandler *onMouseout* aufgerufen, der den ursprünglichen Text wieder herstellt.

```
<P onMouseover="document.all.Test.innerText='... und jetzt ist sie da!'"
   onMouseout="document.all.Test.innerText='Jetzt ist die Maus weg...'">
Jetzt ist die Maus weg...</P>
```

Die folgende Tabelle fasst die EventHandler zusammen, die in JavaScript verwendet werden können. Beachten Sie, dass nicht jeder EventHandler bei jedem HTML-Objekt verwendet werden kann. EventHandler wie etwa *onSubmit* und *onReset* etwa machen nur bei einem HTML-Formular Sinn.

EventHandler	wird ausgelöst durch
OnAbort	das Abbrechen einer Aktion
OnBlur	das Verlassen einer Seite
OnChange	eine Änderung an einem Objekt
OnClick	einen einfachen Mausklick auf ein Objekt
OnDblClick	einen doppelten Mausklick auf ein Objekt
OnError	das Auftreten eines Fehlers
OnFocus	das Aktivieren eines Objekts
OnKeydown	das Gedrückthalten einer Taste
OnKeypress	das Drücken einer Taste
OnKeyup	das Loslassen einer Taste
OnLoad	das Laden einer Datei (eines Dokuments)
OnMousedown	das Gedrückthalten der Maustaste
OnMousemove	das Bewegen der Maus
OnMouseout	das Verlassen eines Objekts mit dem Mauszeiger
OnMouseover	das Ziehen der Maus über ein Objekt
OnMouseup	das Loslassen der Maustaste
OnReset	das Zurücksetzen eines Formulars
OnSelect	das Auswählen von Text
OnSubmit	das Absenden eines Formulars
OnUnload	das Verlassen einer Datei (Dokuments)

Siehe auch: HTML, JavaScript

Excite

{Aussprache: Ikseit}

Excite gehört zu den bekanntesten Portalen im World Wide Web. Unter http://www.excite.de bietet es einen umfangreichen Themenkatalog, der den strukturierten Zugang zu zahlreichen Themenbereichen ermöglicht. Wird man darin nicht fündig, bietet Excite darüber hinaus eine Suchmaschine an. Die internationale Version der Suchhilfe findet sich unter http://www.excite.com.

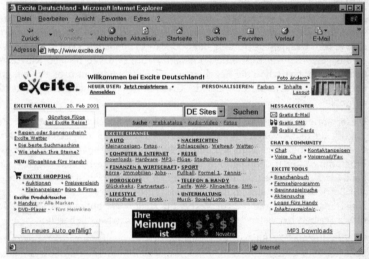

http://www.excite.de bietet einen umfangreichen Themenkatalog nebst Suche

Siehe auch: Suchmaschine

Expiry date

{Aussprache: Ixpairie Däit}

Verfallsdatum

Vom Expiry date also dem Verfallsdatum einer Software spricht man dann, wenn vor allem bei Testversionen oder bei eingeschränkten Sharewareprogrammen die Funktionsfähigkeit nur bis zu einem gewissen Datum, eben dem Verfallsdatum der Software gegeben ist.

Nach diesem Datum stellt die Software üblicherweise ihren Dienst ein und lässt sich nicht mehr starten.

Beispiel: Sie testen die Demoversion einer neuen Software, die mit dem Hinweis „Expiry date: 31.12.2001" versehen ist, so können Sie mit dieser Software bis zum 31. Dezember 2001 arbeiten; sollten Sie versuchen, die Software am 11.

Januar 2002 zu starten, wird dies nicht funktionieren. Manche Programme dieser Art lassen sich jedoch dadurch überlisten, dass man das Datum der Rechners manuell zurückstellt.

Siehe auch: Demo, Shareware

Extended Memory

{Aussprache: Äkständed Mämorie}

Erweiterter Arbeitsspeicher

Als die ersten PCs entwickelt wurde ging man noch von Speicherkapazitäten von 64 oder vielleicht 128 KByte aus. Als maximale obere Grenze legte man 1 MByte fest, was damals (Anfang der 80er-Jahre) unglaublich viel erschien. Was daraus geworden ist, dürfte bekannt sein: Heute sind 128 bis 256 MByte Arbeitsspeicher fast schon die Regel. Irgendwo zwischendrin musste also ein großer Sprung gemacht werden, der die Grenzen der ursprünglichen Architektur aufhob.

Dieser Sprung gelang mit der e**X**tendend **M**emory **S**pecification XMS, die den Zugriff auf den erweiterten Arbeitsspeicher jenseits der magischen 1 MByte-Grenzen ermöglichte. Dazu wurden Techniken und Standards vereinbart, wie Programmroutinen und Daten in diesem hohen Speicherbereich abgelegt und bei Bedarf zur Bearbeitung in die unteren 640 KByte geladen werden konnten. Auf Betriebssystemebene musste dazu ein Treiber installiert werden, der diese Funktionen für Programme zur Verfügung stellte. Die optimale Konfiguration dieses Treibers hat vielen Benutzern damals schlaflose Nächte bereitet.

Im Zeitalter der 32-Bit-Software müssen sich Anwender um den erweiterten Speicher zum Glück keine Sorgen mehr machen. Moderne Betriebssystem wie Windows verwalten den gesamten Arbeitsspeicher gleichmäßig. Wenn man mit älteren DOS-Programmen arbeitet, kann man aber hin und wieder noch mit Begriffen wie Extended Memory oder XMS konfrontiert werden.

Extension

{Aussprache: Ixtänschen}

Dateinamen-Erweiterung

Bei Extension handelt es sich die Erweiterung von Dateinamen, die auch kurz Suffix genannt wird.

Oftmals gibt die Extension bereits Auskunft darüber, um welchen Typ von Datei es sich handelt, ist beispielsweise die Endung *.doc* (*Beispieltext.doc*) die typische Endung eines Word-Dokuments. Bei *.txt* kann man davon ausgehen, dass es sich um eine Textdatei handelt, *.exe* beschreibt ein ausführbares Programm, *.gif* eine Grafikdatei usw.

Extension

Beim Surfen durchs Internet macht man im Laufe der Zeit Bekanntschaft mit den unterschiedlichsten Extensions. Die wichtigsten und am häufigsten anzutreffenden werden im Verlauf diese Bandes separat vorgestellt und erklärt (z. B. .gif, .html, .jpg, .mp3, .pdf, .wav, .zip), weitere wichtige Extensions finden Sie in der folgenden Tabelle, komplett mit einer kurzen Erklärung und dem für die Benutzung notwendigen Programm.

Suffix	Beschreibung	Notwendiges Programm
.ani	animierter Mauszeiger	Windows 95
.apr	Datenbank Datei	Lotus Approach 97
.arc	komprimierte Daten	PKPAK
.arj	komprimierte Daten	ARJ
.asc	Text	Textverarbeitung
.asf	Moviefile	Windows 98
.asp	Quelltext für Webseite	FrontPage
.au	Musik	Abspielprogramm für Sounds
.avi	Multimedia, Video (MS-Windows)	Videobetrachter
.bak	Backup-Datei	
.bmp	Bitmap	Bildbetrachter
.boo	Image	Bildbetrachter
.cdf	Channel Definition File	Internet Explorer
.cdr	Vektorgrafik	CorelDRAW
.chm	kompilierte Hilfedatei	Internet Explorer, Netscape
.dll	Dynamic Link Library	
.doc	Text	Textverarbeitung
.eps	Encapsulated PostScript Image	PostScript-Betrachter
.exe	Programm	selbstlaufend
.flc	Animation	Bildbetrachter
.fli	Animation	Bildbetrachter
.gif	Picture	Bildbetrachter
.ico	Image (Icon)	Bildbetrachter
.jpg	Picture	Bildbetrachter
.lha	komprimierte Daten	LHarc, LHA
.lnk	Verknüpfung	Windows, 32 Bit
.lzh	komprimierte Daten	LHarc, LHA
.mid	Musik (MIDI)	MIDI-Player
.mod	Musik	Abspielprogramm für Sounds
.mp3	Audio	Abspielprogramm für Sounds
.mpg	Multimedia	MPEG-Player
.mps	Multimedia	MPEG-Player
.pcd	Kodak Photo CD	Bildbetrachter
.pcm	Sound	Abspielprogramm für Sounds
.pct	Picture	Bildbetrachter
.pcx	Picture	Bildbetrachter
.pdf	Grafik/Text	Acrobat Reader
.rar	komprimierte Daten	RAR
.rle	Picture	Bildbetrachter
.s3m	Sound	Abspielprogramm für Sounds
.scf	Shell Script File	Internet Explorer

Suffix	Beschreibung	Notwendiges Programm
.scr	Bildschirmschoner	Windows
.sic	Sicherungsdatei	
.sik	Sicherungsdatei	
.snd	Musik	Abspielprogramm für Sounds
.tif	Image	Bildbetrachter
.uu	komprimierte Daten	UUEncode
.uue	komprimierte Daten	UUEncode
.wav	Sound	Abspielprogramm für Sounds
.wmf	Image	Bildbetrachter
.xls	Tabellenkalkulation	Microsoft Excel
.wab	Adressbuch	Microsoft Outlook
.zip	komprimierte Daten	PKZip
.zoo	komprimierte Daten	Zoo

Extranet

{Aussprache: Extranett}

Verbund lokaler Netzwerke über Fernverbindungen

Mit dem Siegeszug des Internet kam man auf die Idee, die gleichen Techniken, Protokolle, Dienste und Anwendungen wie im weltweiten Internet auch auf der Ebene lokaler Netzwerke z. B. innerhalb von Unternehmen einzusetzen. Dies hat den Vorteil, dass man standardisierte Produkte einsetzen und auf eine Vielzahl von Know-how, Produkte und Experten zurückgreifen kann. Große Unternehmen mit verschiedenen Standorten oder Filialen verfügen allerdings nicht über ein großes Netz, sondern betreiben an jedem Standort ein einzelnes physikalisches Netzwerk. Um effektiv arbeiten zu können, sollten aber alle Standorten und Mitarbeiter in einem großen Netzwerk verbunden sein. Deshalb müssen die einzelnen Teilnetze untereinander verknüpft werden, um einen Datenaustausch zu ermöglichen.

Hier hatte man nun die Idee, wiederum das Internet als Kommunikationsmedium zu nutzen. Wenn die lokalen Netze ohnehin mit den Internetprotokollen arbeiten und alle mit dem Internet verbunden sind, kann man mit vergleichsweise geringem Aufwand virtuelle Verknüpfungen zwischen den Netzteilen schaffen. Ein Mitarbeiter an einem Standort kann dann Daten von einem anderen Standort anfordern, genauso als ob diese andere Filiale sich im gleichen physikalischen Netz befände. Tatsächlich werden die Daten aber über das Internet oder über eine direkte Verbindung zu dem anderen Netzteil herangeschafft. Ein so entstehendes virtuelle Netzwerk bezeichnet man als Extranet. Wichtigstes Problem bei einem Extranet ist die Datensicherheit. Wenn firmeninterne Daten über ein öffentliches Netzwerk wie das Internet ausgetauscht werden, besteht immer die Gefahr, dass sie unterwegs ausspioniert oder manipuliert werden. Deshalb sollten Daten in einem Extranet verschlüsselt werden, solange sie durch öffentliche Netzteile übermittelt werden. Idealerweise werden solche Sicherheitsmaßnahmen automatisch erledigt und sind für die Benutzer transparent.

Siehe auch: Internet, Intranet

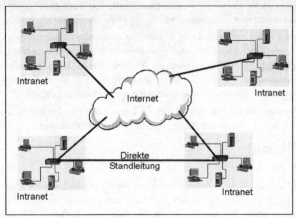

Ein Extranet verbindet mehrer Intranets zu einem großen, virtuellen Netzwerk

F2F [Face To Face]

Von Angesicht zu Angesicht (Slang)

Wenn Ihnen beim Chat (oder auch per E-Mail) jemand vorschlägt, man solle sich doch einmal F2F treffen, dann will er (oder sie) Sie face to face, also von Angesicht zu Angesicht, sehen.

Es gibt allerdings keine Garantie dafür, dass sich das Gegenüber im wirklichen Leben auch als der oder die interessante Person herausstellt, die Sie aufgrund der Chats oder E-Mails erwartet haben.

Siehe auch: Chatslang

Fake

{Aussprache: Fäik}

Fälschung

Der Begriff Fake (dt. Fälschung) kann Ihnen in der Internetsprache entweder ohne Zusatz einfach als Fake oder aber in Verbindung mit einem weiteren Begriff wie beispeilsweise Fake-Account oder Fake-ID begegnen.

Fan-Fic

In jedem Falle handelt es sich dabei um etwas „Falsches", sei es eine Falschmeldung (Fake), eine falsche Persönlichkeitsangabe (Fake-ID) oder eine unter falschen Angaben erschlichene Zugangsberechtigung (Fake-Account).

„Fake" wird immer dann benutzt, wenn es sich um eine ganz bewusste Angabe von falschen Informationen handelt, also zum Beispiel die absichtliche Verbreitung einer Falschmeldung oder die bewusste Angabe von falschen Informationen bei der Anmeldung zu Internetdiensten, um diese Dienste anonym und ggf. kostenlos für einige Zeit, bis das falsche Spiel auffliegt, nutzen zu können.

Personen, die bewusst auf diese Weise mit falschen Angaben im Internet ihr Unwesen treiben, nennt man dementsprechenend Faker, also Fälscher.

Fan-Fic [Fan-Fiction]

Geschichten von Fans für Fans

Wie Sie vielleicht schon festgestellt haben, gibt es auch Vereine und Clubs im Internet. Nicht wenige sind Fan-Clubs von verschiedenen Fernsehserien. Besonders beliebt sind hierbei Science-Fiction-Serien wie zum Beispiel „Akte X", „StarTrek" oder „Space 2063". Trotz der nahezu unermüdlichen Bemühungen der Lizenzinhaber der jeweiligen Serien, dem Bedarf der Fans an neuen Geschichten zusätzlich zu den Serienepisoden mit Taschenbüchern oder Comics nachzukommen, können viele Fans einfach nicht genug bekommen. Viele denken sich ihre eigenen Geschichten rund um ihre Serienhelden aus und veröffentlichen diese Storys im Internet als Fan-Fiction, die dann auf den jeweiligen Seiten gelesen bzw. heruntergeladen werden können.

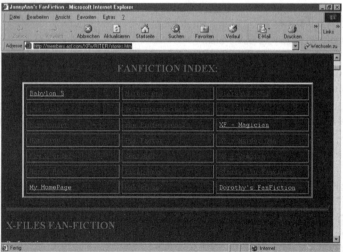

Wer einmal in die Fan-Fiction-Szene hineinschnuppern möchte: Zahlreiche Fan-Fiction-Storys, aufgeteilt nach Serien, finden Sie unter http://members.aol.com/XFWRITER/stories.htm

Fan-Sites

Für eine erste Auswahl empfiehlt sich ein Besuch bei http://members.aol.com/XFWRITER/stories.htm.

Man kann sich über die Qualität solcher Geschichten streiten, unbestritten ist aber, dass sich Fan-Fic immer größerer Beliebtheit erfreut.

Siehe auch: Adult, Shipper, Slash, Unofficial Site

Fan-Sites

Fanseiten für Fans

Wie auch im wirklichen Leben, so muss man im Internet aufpassen, was legal und illegal ist. Normalerweise kann man nicht so einfach eine Webseite starten, mit Inhalten, auf die ein Copyright, also ein Rechtsanspruch anderer Personen oder Organisationen besteht.

Doch ein legales Schlupfloch sind die so genannten Fan-Sites. Diese Seiten behandeln meist Serien, Filme, Musiker oder Schauspieler und die richtig guten sind mit sehr viel Liebe zum Detail und Webdesign gemacht. Doch gerade die Verwendung von Bildern, Songs, Videos, ohne die eine gute Website nicht auskommt, kann mit vielen rechtlichen Problemen verbunden sein, wenn die Frage des Copyrights nicht genau geklärt ist. Auch eine kommerzielle Nutzung, sprich der finanzielle Verdienst mit einer Seite, die einem „Star" gewidmet ist, muss ausgeschlossen sein.

Viele Fan-Sites (Beispielabbildung: eine Fanseite für die Sängerin Donna Summer) sind mit sehr viel Liebe zum Detail gemacht, auch optisch sehr ansprechend und bieten anderen Fans eine Vielzahl von Informationen und Kontakten.

Damit diese Seiten nicht von den großen Platten- und Filmgesellschaften geschlossen werden, haben sie meist den Zusatz „Diese Seite ist von Fans für Fans", den so genannten Disclaimer.

Siehe auch: Copyright, Disclaimer, Unofficial Site

FAQ [Frequently Asked Questions]

{Aussprache: Eff Äi Kju}

„Häufig gestellte Fragen"

Wenn Sie, beispielsweise in einer Newsgroup, wieder einmal eine Frage gestellt haben, die bereits x-mal zuvor gestellt und beantwortet wurde, so war die Reaktion der übrigen Newsgroupteilnehmer sicherlich nicht übermäßig freundlich und höchstwahrscheinlich wird Ihnen die Aufforderung „Lies doch bitte das FAQ!" mitgeteilt worden sein.

FAQ ist die Abkürzung von Frequently Asked Questions und bedeutet übersetzt „häufig gestellte Fragen".

In einer solchen Textdatei sind, wie der Titel bereits vermuten lässt, zu einem bestimmten Themenkomplex die gängigsten Fragen nebst Antworten übersichtlich zusammengestellt.

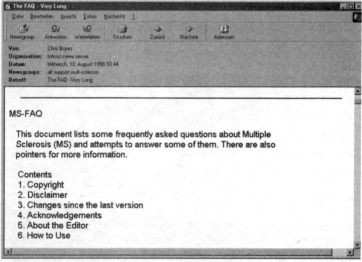

Beispiel für eine FAQ-Datei einer Multiple-Sklerose-Newsgruppe. Die wichtigsten Einsteigerfragen und -probleme sind in solchen FAQs bereits ausführlich behandelt, sodass sich die Diskussion in der Newsgruppe um andere, speziellere Probleme drehen kann

Neulingen wird dringend angeraten, sich über den Inhalt eines FAQ zu informieren, um nicht die übrigen Mitglieder einer Newsgruppe unnötig mit Fragen zu „belästigen", die bereits im FAQ erläutert und beantwortet sind

Sofern ein FAQ zu einem bestimmten Thema erhältlich ist, sei es per Download von einer Internetseite, sei es als Posting einer Newsgroup, gehört es zum guten Ton, dass man sich mit den darin enthaltenen Fragen und Antworten vertraut macht, um nicht späterhin unnötig dadurch negativ aufzufallen, dass man die im FAQ behandelten Standardfragen noch einmal stellt.

Siehe auch: Newsgroup

Faradize

{Aussprache: Färradais}

Abgeleitet vom Namen eines bekannten englischen Physikers, des Elektrizitätsforschers Michael Faraday, bezeichnet man mit dem Kunstwort faradize eine Art Initiierung eines Prozesses oder eines Verhaltens, das auf andere Personen übergreift.

Genauso wie Elektrizität weitergeleitet wird und immer weitere Kreise erfasst, wird eine „faradisierende" Handlung auf andere übertragen.

Wenn Sie beispielsweise ein tolles Spiel im Internet entdeckt haben, Ihren Kollegen im Büro davon erzählen und keine zwei Tage später sitzt die gesamte Belegschaft vor dem Rechner und spielt dieses Spiel, dann ist dies ein Paradebeispiel von Faradize bzw. einer faradisierenden Aktion.

Farben

Farben spielen im Internet insbesondere bei der Gestaltung von Webseiten eine wichtige Rolle. Schließlich sind die verwendeten Farbtöne meist das erste, was einem Besucher vom Gesamterscheinungsbild eines Webangebots auffällt. Auch langfristig beim Erinnerungs- und Wiedererkennungswert von Webseiten spielt die Farbe eine wichtige Rolle. Wie diese Farbkombination genau aussieht, sollte man natürlich nicht dem Zufall überlassen. Es gibt Farben, die gut miteinander harmonieren, und andere, die sich einfach beißen. Dabei kann man sich auf sein eigenes Farbgefühl verlassen oder auch mal andere Menschen nach ihrer Meinung fragen. Außerdem hängt die passende Farbkombination auch davon ab, was für Informationen oder Produkte man für welche Zielgruppe anbietet. Wenn man eine junge Zielgruppe hat und voll im Trend liegen will, darf es auch mal etwas peppiger und flippiger sein. Soll das Ganze etwas konservativer und seriöser wirken, sollten man mit Farben eher sparsam umgehen und auf klare Kontraste setzen.

Dabei sollte man den verschiedenen Informationsträgern auf den Seiten jeweils eine bestimmte Farbe zuweisen. So können etwa die Navigationskomponenten immer in derselben Farbe unterlegt sein. Das macht es dem Besucher leichter, sich auf den Seiten zu orientieren. Ebenso sollten Titelzeilen oder Logos in ein-

Farben

heitlichen Farben dargestellt werden. Die eigentlichen Inhalte können wiederum in einer anderen Farbe ausgeführt oder unterlegt werden. Durch die Kombination der Farben der verschiedenen Elemente ergibt sich automatisch eine Farbgestaltung, die auf alle Seiten in etwa gleich aussehen sollte. Keinesfalls sollte man auf jeder Seite andere Farbkombinationen verwenden. Vielmehr ist es sinnvoll, sich vor dem Erstellen der Webseiten für ein bestimmtes Farbkonzept zu entscheiden.

In der Praxis wird man die Farben in der Regel mit einem Webeditor bzw. einem Bildbearbeitungsprogramm erstellen. Moderne Anwendungen verfügen dazu über komfortable Farbauswahlmenüs. Wer lieber direkt in HTML programmiert, hat es etwas schwierig. Hier müssen die Farben über ein kompliziertes Code-System festgelegt werden. Dabei besteht jeder Farbcode aus sechs hexadezimalen Stellen, von denen die ersten beiden den Rot-, die mittleren den Grün- und die letzten beiden den Blau-Anteil der zu verwendenden Farbe angeben. Durch Mischen dieser Anteile kann man praktisch alle Farben erzeugen. Der Farbcode #E6E8F4 erzeugt z. B. eine silbrige Farbe. Die folgende Tabelle verrät die HTML-Codewerte für die wichtigsten Farben. Eine detailliertere Übersicht zum Thema nebst einer ausführlicheren Farbcodesammlung gibt's und http://server.teamone.de/selfhtml/tcae.htm.

Farbe	HTML-Farbcode	Farbe	HTML-Farbcode
Weiß	#FFFFFF	Schwarz	#000000
Hellrot	#FF0000	Dunkelrot	#800000
Gelb	#FFFF00	Hellgelb	#FFFF80
Grün	#00FF00	Hellgrün	#80FF00
Dunkelgrün	#008000	Pink	#FF0080
Hellblau	#A4C8F0	Blau	#0000FF

Auch die farbliche Gestaltung von Bildern für die Verwendung in Webseiten will wohl überlegt sein. Früher musste man darauf achten, sich bei der Auswahl der Farben auf eine bestimmte Palette von Farben zu beschränken, weil die meisten Computer nur 256 Farben darstellen konnten. Inzwischen liegt der Standard deutlich höher und die meisten aktuellen PCs können Echtfarben (d. h. über 16 Millionen verschiedene Farben) darstellen, sodass man sich darüber keine Gedanken mehr machen muss. Allerdings gilt die Farbeinschränkung noch immer bei vielen der zunehmend in Mode kommenden mobilen Internetgeräte. Auch bei der Auswahl des richtigen Formats für ein Bild spielt die Anzahl der Farben eine wichtige Rolle. GIF-Bilder können nur eine begrenzte Anzahl von Farben speichern und eignen sich deshalb eher für bunte Schaltfläche und Symbole. Fotografische Bilder sollte man als JPEG speichern, da so die Echtfarben erhalten bleiben.

Siehe auch: GIF, HTML, JPEG

Favoriten

Lesezeichenverwaltung beim Internet Explorer

Bookmarks sind die Lesezeichen im World Wide Web. Wenn man sich eine bestimmte Webadresse merken will, um sie später erneut zu besuchen, kann man sie direkt im Webbrowser speichern. Beim Internet Explorer lautet die Bezeichnung für diese Funktionalität und die so entstehenden Lesezeichen Favoriten. Im *Favoriten*-Menü kann man die angelegten Favoriten abrufen und bearbeiten sowie neue Lesezeichen erstellen.

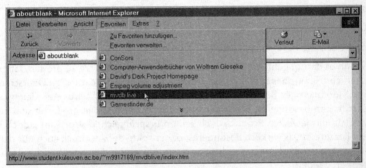

Der Internet Explorer verwaltet Weblesezeichen im Favoriten-Menü

Über die reine Verwaltung von Lesezeichen hinaus bieten die Favoriten des Internet Explorer weitere Funktionen. So können ausgewählte Favoriten offline verfügbar gemacht werden. Dazu holt der Internet Explorer die entsprechenden Webseiten auf Knopfdruck oder nach Zeitplan ab und speichert sie im Internetcache. Von dort kann der Benutzer sie jederzeit ohne Onlineverbindung abrufen. Ebenso kann der Internet Explorer die Favoriten automatisch auf Änderungen überwachen und den Benutzer sofort benachrichtigen, wenn es auf einer bestimmten Webseite Neuigkeiten gibt.

Favoriten richtig anlegen

Beim Anlegen von Favoriten sollte man darauf achten, möglichst auf die Startseite bzw. direkt auf die Domäne eines Webangebots zu verweisen. Die in der Webadresse darauf folgenden Pfad- und Dateiangaben sind zu häufig Veränderungen unterworfen, als dass Sie langfristig funktionieren können. Bei kleineren Angeboten ohne eigene Domäne sollten man allerdings zumindest die Pfadangabe mit aufzeichnen, um das Angebot später wiederfinden zu können.

Siehe auch: Bookmark, Internet Explorer

FCIF [Full Common Intermediate Format]

Dieses auch als Common Intermediate Format (CIF) bezeichnete Format ist ein verbreitetes Standardformat für die Übertragung von bewegten Bildern bei

Bildtelefonie und Videokonferenzen. Es bietet eine Auflösung von 352 x 288 Bildpunkten. Neben FCIF gibt es noch die Varianten QCIF mit 176 x 144 Bildpunkten und SQCIF mit 128 x 96 Bildpunkten, die bei niedrigerer Auflösung eine höhere Bildwiederholrate bieten. Im Gegensatz dazu bieten 4CIF mit 704 x 576 Bildpunkten und 16CIF mit 1.408 x 1.152 Bildpunkten höhere Auflösungen, erfordern für eine flüssige Wiedergabe aber eine wesentliche höhere Übertragungsrate.

Siehe auch: CIF, Videoconferencing

Feature

{Aussprache: Fietscher}

Besonderheit, besonderes Merkmal

Wenn es darum geht, die Vorzüge z. B. einer neuen Software zu preisen, fällt sicherlich früher oder später (meist früher) der Ausdruck Feature, zu Deutsch etwa Merkmal oder Besonderheit. Gerade in der Werbung wird jede Kleinigkeit sofort zum besonderen Feature, um zu unterstreichen, wie großartig und einzigartig das jeweilige Produkt doch sei. Im ursprünglichen Wortsinn jedoch ist ein Feature etwas wirklich Besonderes; daher sollte der Ausdruck auch nur dann angewandt werden, wenn es sich wirklich um eine außergewöhnliche Besonderheit handelt.

Feed

{Aussprache: Fied}

„Füttern", Newsserver

Eine recht seltsame Bezeichnung für einen Newsserver ist Feed, abgeleitet vom englischen to feed (dt. füttern). Gemeint ist der Newsserver, der Sie mit Newsgroup-Artikeln versorgt und Sie damit quasi füttert.

Feed bezieht sich übrigens ausschließlich auf Newsserver, einen Mailserver beispielsweise würde man nicht als Feed bezeichnen.

Siehe auch: News

Feedback

{Aussprache: Fiedbäck}

„Rückkopplung", Reaktion

Grundsätzlich bezeichnet feedback in der Computer- bzw. Internetsprache eine Art von Reaktion, die als Meinungsäußerung zu einem bestimmten Angebot anzusehen ist.

Ein typisches Beispiel sind z. B. Formulare auf Internetseiten, bei denen der Surfer angeben kann, wie ihm die Seite oder bestimmte Elemente gefallen haben. Auch Eintragungen im Guestbook sind eine wichtige Feedback-Quelle, da nur auf eine solche Weise durch Rückmeldungen eine Beurteilung abgegeben und das Angebot durch diese Kritik und Anregungen verbessert werden kann.

Siehe auch: Guestbook

Fehlerkorrektur

Oftmals kommt es vor, dass Daten, die über die Leitung zu Ihrem Rechner geschickt werden unterwegs verändert werden. Aus diesem Grund werden Datenpakete vor dem eigentlichen Transport mit einer so genannten Prüfsumme versehen. Auf Empfängerseite kann durch Berechnen der Prüfsumme des empfangenen Datenpakets und dem anschließenden Vergleich mit der Soll-Prüfsumme festgestellt werden, ob das Datenpaket auch tatsächlich in Ordnung und unversehrt ist. Sollten die Prüfsummen nicht übereinstimmen, wird eine Meldung zurückgegeben und das entsprechende Datenpaket noch einmal angefordert bis alle Daten letztlich korrekt übertragen sind. Diesen Vorgang bezeichnet man auch als Fehlerkorrektur.

Fehlermeldung

Nicht immer klappt alles so wie gewünscht. Manchmal zeigt der Webbrowser nicht die Seite an, die Sie eigentlich angefordert hatten. Stattdessen präsentiert er Ihnen eine Fehlermeldung. Damit Sie immer wissen, woran Sie sind, haben wir die häufigsten Probleme und Fehlermeldungen beim Surfen zusammengestellt.

Server nicht gefunden

Eine der häufigsten Fehlerursachen beim Surfen ist, dass der Webbrowser den angegebenen Server nicht finden kann. Das bedeutet, dass der Browser versucht, den Rechner zu ermitteln, auf dem das Angebot dieses Servers zu finden ist. Gelingt ihm dies nicht, gibt er die Fehlermeldung *Server nicht gefunden* (oder ähnlich) aus. Eine ganz naheliegende Ursache ist, dass der angegebene Webserver gar nicht existiert. In diesem Fall scheitert die Namensserver-Anfrage des Browsers. Wenn Sie sicher sind, dass ein Webserver dieses Namens existiert, überprüfen Sie die angegebene Adresse. Vielleicht hat sich ein Tippfehler eingeschlichen.

Eine weitere Fehlerquelle ist der Namensserver selbst. Dieser kann wie jeder Rechner vorübergehend ausfallen. Dies kommt aber nur sehr selten vor und wird von den Providern meist durch ein Notfall-System abgefangen. Allerdings kann es sein, dass die Einstellungen für den Namensserver bei Ihrer DFÜ-Verbindung nicht korrekt sind. Wenn es nach dem Einrichten einer neuen Internetverbindung ein solches Problem gibt, sollten Sie diese Werte unbedingt überprüfen und mit den Vorgaben des jeweiligen Internetproviders abgleichen.

Sehr viel häufiger wird diese Fehlermeldung allerdings ganz einfach dadurch verursacht, dass die Onlineverbindung ins Internet nicht fehlerfrei funktioniert. Überprüfen Sie also auch, ob Ihr PC überhaupt über eine aktive Internetverbin-

Fehlermeldung

dung verfügt. Am schnellsten geht das durch einen Blick auf das Symbol in der Taskleiste, das bei einer erfolgreich etablierten Verbindung dort angezeigt wird.

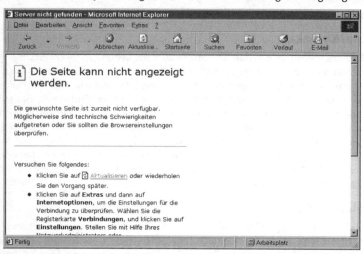

Der Browser konnte den Server nicht finden und die Seite deshalb nicht anzeigen

Serververbindung kann nicht hergestellt werden

Sozusagen eine seltene Abart der gerade vorgestellten Fehlermeldung ist die Meldung *Die Serververbindung konnte nicht hergestellt werden*. Im Unterschied zum vorherigen Fall liegt das Problem hierbei nicht an einer falschen Serverangabe. Ganz im Gegenteil ist es dem Browser gelungen, den Serverrechner über per DNS zu lokalisieren. Anschließend konnte er aber keine Verbindung zu diesem Rechner aufbauen.

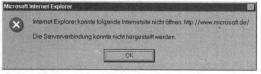

Der Browser kann die Verbindung zum Server nicht herstellen

Eine Störung der Internetverbindung kann man in diesem Fall ausschließen, da die Namensserverabfrage, die ja auch per Internet erfolgt, offenbar funktioniert hat. In der Regel liegt das Problem beim Serverrechner. Entweder ist dieser vorübergehend gestört oder er betreibt (auch hier unter Umständen nur vorübergehend) keinen Webserver, der auf die Anfrage des Browsers reagieren könnte. In einem solchen Fall kann man beispielsweise zu einem späteren Zeitpunkt eine erneute Kontaktaufnahme versuchen. Eine andere Quelle für diesen Fehler könnte ein lokaler Firewall-Schutzmechanismus sein, der die Antworten des angesprochenen Webservers aus Sicherheitsgründen abfängt. Für den Browser sieht das dann so aus, als wenn der Webserver einfach nicht reagieren würde.

Fehlermeldung

Seite wird nicht gefunden

Eine andere häufige Fehlermeldung trägt die berüchtigten Nummer *404* und heißt im Klartext meist *Die Seite wurde nicht gefunden*. Das bedeutet, dass der Browser zwar den gewünschten Webserver erreichen konnte, dieser die angegebene Webseite aber nicht zurückliefern konnte, weil sie gar nicht existiert. Stattdessen liefert er eine Webseite als Antwort, die diese Fehlermeldung enthält.

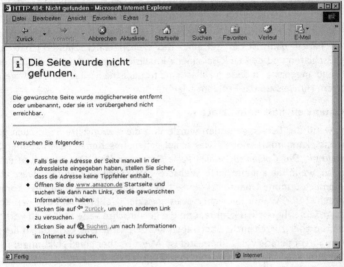

Der Webbrowser konnte die gewünschte Seite nicht finden

Der Internet Explorer gibt sich bei nicht gefundenen Seiten recht gesprächig und zeigt stattdessen die Seite mit Fehlermeldung und Tipps zur Problembehebung an. Andere Webbrowser wie z. B. der Netscape Navigator sind weniger hilfsbereit und beschränken sich auf das Ausgeben der HTTP-Fehlermeldung, die z. B. *HTTP/1.0 404 Objekt nicht gefunden* lauten könnte.

Die Fehlermeldung 404 beim Netscape Navigator

Fehlermeldung

Ein Grund für den Fehler kann ein Tippfehler beim Eingeben der Webadresse sein. Überprüfe Sie, ob Sie die Adresse wirklich korrekt eingegeben haben. Häufig ist die Ursache, dass Sie eine alte Adresse eingegeben oder ein Lesezeichen aufgerufen haben, das schon vor längerer Zeit angelegt wurde. Da sich die Seitenstruktur gerade bei großen Webangeboten regelmäßig verändert, ist diese spezielle Seite inzwischen vielleicht nicht mehr vorhanden oder heißt jetzt anders. Versuchen Sie in solchen Fällen, nur den Servernamen ohne eine konkrete Webseite anzugeben. Sie gelangen dann zur Startseite des Angebots, von der aus Sie die gewünschten Informationen vielleicht auch finden können.

Tritt dieser Fehler auf, wenn Sie auf einen Link innerhalb eines Webangebots geklickt haben, dann ist der Betreiber des Webangebots schuld. Er hat dann wohl geschlafen und den Link bei einer Aktualisierung des Angebots nicht entsprechend angepasst. In diesem Fall ist eine freundliche Mail an den Webmaster mit einem Hinweis auf das Problem erlaubt.

Dokument enthält keine Daten

Selbst wenn der Server gefunden wurde und die gewünschte Seite auch vorhanden ist, kann immer noch etwas schief gehen. In seltenen Fällen können Sie die Meldung *Das Dokument enthielt keine Daten* erhalten. Das kann zum einen passieren, wenn die angeforderte Webseite tatsächlich leer ist. Dies wäre aber eine ziemlich dumme Unaufmerksamkeit des Webmasters, und so was kommt relativ selten vor. Wahrscheinlicher ist es, dass der Webbrowser zwar den Kontakt zum Server herstellen konnte, und die gewünschte Seite dort auch vorhanden ist, sie aber zurzeit nicht übertragen werden kann. Das kann daran liegen, dass der Server gerade völlig überlastet ist. Meist ist aber eine Fehlkonfiguration des Servers oder ein Problem mit den Zugriffsrechten auf die Datei daran schuld.

Da das Problem definitiv beim Webserver und nicht an Ihrem Browser liegt, können Sie wenig dagegen machen. Am besten starten Sie zu einem späteren Zeitpunkt einen erneuten Versuch. Wenn es dann immer noch nicht klappt, können Sie sich an den Verwalter des Webservers wenden.

Die mysteriösen „leeren" Dokumente tauchen zum Glück nur höchst selten auf

Keine Berechtigung vorhanden

Nicht alle Webseiten sind wirklich allen Internetbenutzern zugänglich. Damit eine Firma beispielsweise interne Informationen vom öffentlichen Webangebot trennen kann, weil etwa der Speiseplan der Kantine nur die eigenen Angestellten etwas angeht, gibt es die Möglichkeit, den Zugriff auf Webseiten einzu-

Fehlermeldung

schränken. Eine mögliche Einschränkung wäre etwa die Internetadresse des Rechners, von dem eine Webseite abgerufen wird. Befindet sich dieser Rechner innerhalb der Firmendomäne, wird die Seite übermittelt. Kommt der Besucher hingegen von außerhalb, wird ihm die Information verweigert und er erhält stattdessen eine Fehlermeldung wie *Sie haben nicht die erforderliche Berechtigung, um die Seite anzuzeigen.*

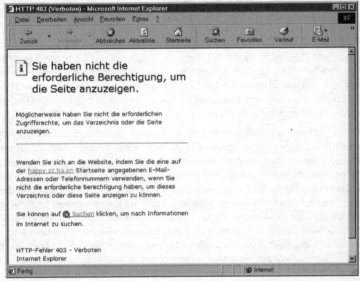

Manche Webseiten dürfen nur von bestimmten Teilnehmern aufgerufen werden

Gegen eine solche Informationsblockade hat man leider keine Chance. Wenn Sie sich allerdings zu unrecht ausgeschlossen fühlen, sollten Sie sich mit dem zuständigen Webmaster in Verbindung setzen. Vielleicht hat der seine Webserver einfach nur versehentlich falsch konfiguriert.

URL ist offline nicht verfügbar

Eine weitere Fehlermeldung kann Ihnen begegnen, wenn Sie im Offlinemodus surfen: *Der angeforderte URL ist offline nicht verfügbar.* Das bedeutet, dass Sie eine Webseite angefordert haben, die sich nicht im Cache des Browsers befindet und somit auch nicht offline verfügbar ist. Deshalb kann der Browser diesem Wunsch nur nachkommen, wenn er dazu eine Onlineverbindung aufbaut. Bevor er dies tut, fragt er jedoch bei Ihnen nach.

Fehlermeldung

Der Browser meldet sich, wenn eine Webseite offline nicht verfügbar ist

Fehler beim Synchronisieren von Offlinefavoriten

Eine sehr praktische Funktion des Internet Explorer ist das Offlineverfügbarmachen von Favoriten. Damit kann man seine Lieblingsseiten im Internet manuell oder automatisch überwachen und bei Bedarf gleich die aktuellste Version in den lokalen Internetcache laden lassen. Allerdings gibt es beim Synchronisieren immer wieder Probleme. Deshalb sollte man unbedingt Folgendes beachten:

Beim Erstellen von Offlinefavoriten sollte man unbedingt auf die richtige Schreibweise der Adresse achten. Die Adresse muss genauso angegeben werden, wie man sie auch im Adressfeld eintippen würde. Allerdings sollte man sicherheitshalber immer das *http://* voransetzen. Die zuverlässigste Methode ist es, die Webseite, die als Favorit eingerichtet werden soll, aufzurufen und dann einen neuen Favoriten dafür zu erstellen. Dann trägt der Internet Explorer garantiert die richtige Webadresse ein. Um die Offlinefavoriten synchronisieren zu können, muss der Browser online sein. Konfigurieren Sie Ihren Rechner also so, dass er sich bei Bedarf automatisch einwählen kann. Alternativ können Sie die Internetverbindung auch manuell aufbauen, bevor Sie das Synchronisieren starten.

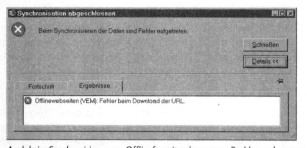

Auch beim Synchronisieren von Offlinefavoriten kann es zu Problemen kommen

Aktive Inhalte zulassen?

Schließlich können Ihnen beim Öffnen von Webseiten nicht nur Fehlermeldungen, sondern auch Warnhinweise oder Rückfragen begegnen. Diese hängen von der Konfiguration des Webbrowsers ab. So sieht der Internet Explorer beispielsweise die Möglichkeit vor, aktive Inhalte wie etwa JavaScript- oder ActiveX-Elemente nur nach Rückfrage an den Benutzer zuzulassen. Stößt er beim Öffnen einer Webseite auf solche Elemente, gibt er ein Hinweisfenster aus, in dem der Benutzer angeben kann, ob diese Komponenten ausgeführt oder ignoriert werden sollen. Dies muss auch nicht unbedingt schon beim Laden der Webseite geschehen, sondern kann bei interaktiven Effekten auch erst dann eintreten, wenn Sie den entsprechenden Effekt auslösen.

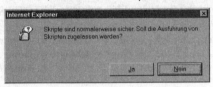

Der Webbrowser kann vor dem Ausführen gefährlicher Funktionen warnen

Fehlernummer

Die meisten Internetprotokolle sehen verschiedene Fehler vor, die bei der Kommunikation auftreten können. Wenn ein solcher Fehler eintritt, übermittelt in der Regel der Server eine Fehlernummer an den Client. Dies ist zum einen effektiver, da eine einfache Nummer schneller übertragen werden kann als eine ausführliche Fehlermeldung. Zum anderen kann der Client so einen eigene Fehlermeldung z. B. in der Landessprache des Benutzers ausgeben. Die folgende Tabelle zeigt die im Web häufigsten Fehlernummern und ihre Bedeutung.

Fehlernummer	Fehler	Bedeutung
400	Bad Request	Die Anfrage an den Server ist falsch formuliert und kann deshalb nicht bearbeitet werden.
401	No Authorization	Der Besucher ist nicht berechtigt, das gewünschte Dokument anzufordern bzw. hat z. B. ein falsches Passwort angegeben.
403	URL Forbidden	Der Zugriff auf dieses Dokument ist nicht gestattet (unabhängig von einer Authorisierung).
404	URL Not found	Das angeforderte Dokument ist (unter dieser Adresse) nicht vorhanden.
500	Configuration Error	Auf dem Server liegt ein Konfigurationsfehler vor, der die Bearbeitung einer Anfrage verhindert.
000	Unknown Error	Ein nicht näher spezifizierter Fehler ist eingetreten.

Siehe auch: HTTP

File

{Aussprache: Fail}

Datei

Mittlerweile hat es sich durchaus auch im deutschsprachigen Raum eingebürgert, anstelle von einer Datei von einem File zu sprechen. Gemeint ist in beiden Fällen das Gleiche.

File Not Found

{Aussprache: Feil Not Faund}

Datei wurde nicht gefunden

Eine der bekanntesten Fehlermeldungen im Computerbereich ist sicherlich die Meldung *file not found*, was nichts anderes bedeutet, als dass die Datei, die zuvor per Befehl angefordert wurde bzw. auf die zugegriffen werden sollte, nicht gefunden werden kann.

Diese Fehlermeldung kann vielfältige Ursache haben; die beiden naheliegendsten sind schlicht und einfach, dass Sie sich bei der Eingabe des Dateinamens vertippt haben oder dass es die Datei (zumindest unter dem angeforderten Namen) nicht mehr gibt.

File Transfer Protocol

{Aussprache: Feil Tränsfer Prootkoll}

Siehe: FTP

Firewall

{Aussprache: Feierwol}

Schutzeinrichtung vor unbefugten Zugriffen

So ähnlich wie die Chinesische Mauer gebaut wurde, um unerwünschte fremde Eindringlinge fernzuhalten, wird diese Feuerwand (so die deutsche Übersetzung von firewall) als ein Schutzwall benutzt, um bestimmte Rechner vor unbefugten Zugriffen aus dem Internet zu schützen.

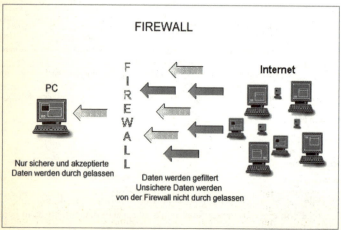

Durch die „Feuerwand" (Firewall) werden Informationen vor dem Passieren geprüft, ob für den bzw. die zu schützenden Rechner eine Gefahr besteht. Bei kritischen oder als gefährlich eingestuften Daten verweigert die Firewall die Weiterleitung und weist die Daten zurück

Eine Firewall, entweder eine reine Hardware- oder auch eine Hard-/Softwarelösung, wird so zwischen dem zu schützenden Rechner und dem Internet platziert, dass anschließend der gesamte Datenverkehr ausschließlich über die Firewall läuft.

Dieser Schutzwall fungiert quasi als eine Art Filter und bestimmt, welche Datenpakete ungefährlich sind und somit passieren können und welche Daten als ein Angriff angesehen werden und abgewehrt werden müssen. Ein per Firewall geschützter Rechner ist somit im Hinblick auf potenzielle Viren oder Zugriffe Unbefugter wesentlich besser geschützt als ein „normales" System.

Fireworks

{Aussprache: Feierwörks}

Bearbeitungsprogramm für Webgrafiken von Macromedia

Fireworks ist ein Bildbearbeitungsprogramm, das speziell für das Erstellen und Bearbeiten von Webgrafiken entwickelt wurde. Es stammt von der Firma Macromedia, die unter anderem auch für den Webeditor Dreamweaver und das Flash-Format für dynamische Webanimationen verantwortlich zeichnet. Fireworks unterscheidet sich von vielen anderen Bildbearbeitungsprogrammen dadurch, dass es fast ausschließlich vektorbasiert arbeitet. Dadurch sind alle Objekte während der Bearbeitung ohne Qualitätsverlust beliebig skalierbar. Darüber hinaus verfügt es über spezielle Funktionen und optimierte Arbeitsabläufe für typische Webgrafiken. Bei Bedarf erzeugt es nicht nur die eigentlichen Bilder, sondern auch den notwendigen HTML-Code, um eine Bildgruppe mit einer bestimmten Funktionalität (beispielsweise eine grafische Navigationskomponente) komplett in eine Webseite einzubinden. Fireworks arbeitet naturgemäß besonders gut mit anderen Produkten von Macromedia zusammen. So integriert es sich z. B. nahtlos als Bildbearbeitungsprogramm in den Webeditor Dreamweaver. Genau wie dieser ist es sowohl für Windows als auch für Macintosh verfügbar. Unter http://www.macromedia.com kann man sich genauer informieren und eine kostenlose Testversion herunterladen.

Siehe auch: Dreamweaver

Flame

{Aussprache: Fläim}

Beleidigung

Vielleicht ist Ihnen schon einmal beispielsweise beim Lesen von Newsgroup-Nachrichten aufgefallen, wie zwei oder mehr Leute sich verbal in die Haare kriegten und sich auf manchmal ziemlich rabiate und rüpelhafte Weise angriffen? In einem solchen Fall sind Sie dann Zeuge eines so genannten Flame war, also eines „Flammenkrieges" geworden.

Flame, zu Deutsch Flamme, ist in der Internetsprache die Bezeichnung für eine Beleidigung. Da man sich ja eine Beleidigung nicht gefallen lassen will, haut man eben verbal zurück, getreu der alten Weisheit: Zu einem Streit gehören immer mindestens zwei, sonst macht es keinen Spaß. Da die Beteiligten sich ja in der Regel nicht persönlich kennen und die Gefahr relativ gering ist, dass man sich im richtigen Leben über den Weg läuft und eine blutige Nase holt, sind die so entstehenden Flame wars in der Wortwahl nicht selten noch um einiges kompromissloser als normale Streitigkeiten.

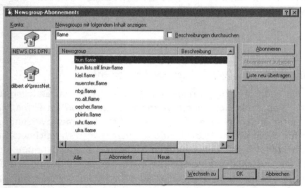

Jeder gute Newsserver bietet auch eine Reihe von Flame-Newsgruppen an, in denen sich Streitsüchtige nach Herzenslust austoben können

Es gibt auch einige Spezialisten, die es regelrecht darauf anlegen, andere in eine Auseinandersetzung hineinzuziehen, indem sie bewusst provozierende und beleidigende Äußerungen in den Newsgroups platzieren. Auch wenn solche Flame wars für die Nichtbeteiligten oftmals ganz amüsant sind, gehören sie dennoch nicht zum guten Ton im Internet und sollten auf spezielle für solche Streithansl reservierte Newsgroupforen beschränkt bleiben.

Siehe auch: Dissen, Newsgroup

Flash

{Aussprache: Fläsch}

Webseiten sind grundsätzlich statisch, d. h., nach dem Laden einer Seite tut sich auf dem Bildschirm nicht mehr viel. Wenn man attraktive, dynamische Webseiten haben möchte, ist das natürlich nicht zufriedenstellend. Es gibt verschiedene Wege, die Möglichkeiten der Darstellung im Webbrowser zu erweitern. Einer davon ist die Verwendung von DHTML und den dazugehörenden Technologien. Ein ganz anderer Ansatz beschäftigt sich mit speziellen Multimediaformaten, die Webbrowser mithilfe eines Plug-Ins wiedergeben können. Zu den populärsten dieser Formate gehören die Flash-Animationen.

Flash ist ein vektorbasiertes Grafikformat, d. h., es speichert Grafiken nicht als Bildpunkte, sondern als Linien zwischen zwei Punkten. Das hat zum einen den Vorteil, dass typische grafische Elemente so erheblich weniger Speicher benötigen. Zum anderen können vektorbasierte Grafiken jederzeit ohne Qualitätsverlust vergrößert und verkleinert werden. Flash verfügt außerdem über eine Skriptsprache, mit der sich die zu einer Präsentation gehörenden Grafikelemente zu einer komplexen Animation zusammenfügen lassen. In neueren Versionen gibt es dabei sogar Möglichkeiten zur Benutzerinteraktion. Außerdem kann Flash auch andere Medien wie z. B. Musik und Klänge einbinden, sodass echte Multimediapräsentationen entstehen.

Um Flash-Animationen wiedergeben zu können, benötigt der Webbrowser ein Flash-Player genanntes Plug-In. Dieses ist für alle populären Webbrowser verfügbar und gehört meist auch schon zum Lieferumfang. Andernfalls kann man es unter http://www.macromedia.com kostenlos herunterladen. Dort erhält man auch die in regelmäßigen Abständen erscheinenden aktualisierten Versionen des Players, die jeweils neue Funktionen enthalten.

Siehe auch: GIF, JPEG, Plug-In, Webbrowser

Flatrate

{Aussprache: Fläträit }

Internetpauschaltarif

Eine Flatrate ist ein (in der Regel monatlicher) Pauschaltarif, der die gesamte Zeit abdeckt, die man im Internet verbringt. Es entstehen keine zusätzlichen Kosten mehr, keine Telefongebühren, keine Verbindungsentgelte, nichts. Man zahlt einen (je nach Anbieter unterschiedlichen) Pauschalbetrag und kann dafür jeden Tag nach Lust und Laune surfen, chatten oder wonach einem der Sinn steht.

Lange Jahre war es nur eine (immer wieder zurückgewiesene) Forderung vieler Internetnutzer, seit Mitte 2000 schien das „Unternehmen Flatrate" jedoch auch in Deutschland Wirklichkeit zu werden, als der Marktführer T-Online eine Flatrate für 79 DM im Monat startete. Für viele Anbieter eines Flatrate-Tarifs, die mit dem T-Online-Tarif mithalten wollten, kam es aber nach wenigen Wochen und Monaten zu einem bösen Erwachen, da die Kunden die angebotene Flatrate deutlich (zeit)intensiver nutzten, als dies von den Flatrate-Anbietern kalkuliert war. Finanzielle Verluste und damit einhergehend die Einstellung von zahlreichen Flatrate-Angeboten in der zweiten Hälfte des Jahres 2000 waren die Folge. Man sprach zwischenzeitlich sogar von einem regelrechten Flatrate-Sterben.

Im Februar 2001 schockte dann auch T-Online die Flatrate-Befürworter mit der Ankündigung, zum 1. März 2001 sowohl den analogen als auch den ISDN-Flatrate-Tarif einzustellen. Zwar gibt es noch einige Anbieter, aber die Flatrate-

Zukunft in Deutschland erscheint nach diesem Schritt der T-Online zuerst einmal in einem deutlich pessimistischeren Licht.

Grundsätzlich besteht der unbestreitbare Vorteil einer Flatrate nicht nur in der finanziellen Ersparnis für Vielsurfer, sondern auch darin, dass man sich um die finanzielle Seite keine Gedanken mehr machen muss, da ja bereits sämtliche Kosten mit der Flatrate abgedeckt sind; ein böses Erwachen bei der nächsten Telefonrechnung bleibt aus.

Angesichts der stetig fallenden Internet-by-Call-Gebühren macht die Nutzung eines Flatrate-Tarifs allerdings nur dann finanziell Sinn, wenn man auch wirklich zu den Powerusern zählt, die jeden Tag für mehrere Stunden im Internet sind.

Weitere Informationen und eine Übersicht über die derzeit noch verfügbaren Flatrate-Tarife finde Sie im Internet z. B. unter www.onlinekosten.de.

Unter www.onlinekosten.de finden Sie die neusten Infos zur Flatrate und eine Auflistung der noch verfügbaren Flatrates

Siehe auch: Internet-by-Call, Poweruser

FOAF [Friend Of A Friend]

Der Freund eines Freundes (Slang)

Ein fast ausschließlich in englischsprachigen Konversationen benutztes Kürzel ist FOAF (Friend Of a Friend), in Deutsch der Freund eines Freundes.

Dieser Ausdruck wird oftmals dazu benutzt, den Wahrheitsgehalt einer bestimmten Aussage oder Meldung in Frage zu stellen; man hat es nicht aus einer sicheren Quelle gehört, sondern die Information nur aus zweiter Hand.

Siehe auch: Chatslang

FOC [Free Of Charge]

Kostenlos

Betreiben Sie auch den neuen Volkssport, nach Schnäppchen zu jagen? Wenn ja, dann müssen Sie sich ja im Internet auf Seiten wie beispielsweise www.kostenlos.de wie im Paradies fühlen.

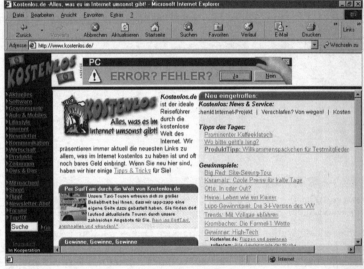

FOC (Free Of Charge): Alles, was gratis ist, lässt den typischen Internetnutzer aufhorchen. Bespiele für Gratisangebote gibt es en Masse beispielsweise bei www.kostenlos.de

Wenn bei englischsprachigen Angeboten das Kürzel FOC zu finden ist, dann sollten Sie auch aufhorchen, denn FOC ist die Kurzform von free of charge und bedeutet so viel wie kostenlos oder gratis.

Siehe auch: Chatslang

Folder

{Aussprache: Foulder}

Ordner

Ein Folder, zu Deutsch Ordner, ist ein Begriff vorwiegend aus der englischen E-Mail-Terminologie. Gemeint ist damit die Möglichkeit bei E-Mail-Programmen,

Followup

die verschiedenen Nachrichten auch in unterschiedlichen Ordnern abzulegen, um somit eine bessere Übersicht zu bewahren bzw. herzustellen.

So können Sie beispielsweise bei Outlook Express über den Befehl *Ordner* im Menü *Datei* auf einfache Weise neue Folder erstellen, indem Sie einfach den gewünschten Ordnernamen eingeben.

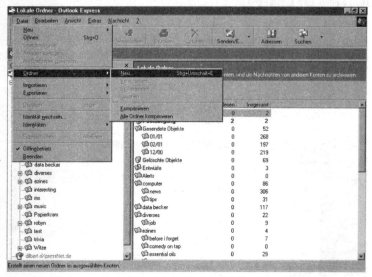

Einen neuen Ordner erstellen? Nichts einfacher als das. Einfach aus dem Datei-Menü Ordner und Neu auswählen, den gewünschten Namen eingeben und Outlook Express erstellt einen neuen Folder

Sofort erstellt Outlook Express einen neuen Ordner mit dem gewünschten Namen. Über *Extras/Regeln/E-Mail* können Sie dann noch zusätzliche Regeln bzw. Bedingungen angeben, dass nur ausgewählte E-Mails (beispielsweise von einem bestimmten Absender) in den jeweiligen Ordner gelangen.

Followup

{Aussprache: Follo Ap}

Antwort auf eine Newsgroup-Nachricht

Eine Nachricht, die Sie an eine Newsgroup senden, nennt man allgemein Posting. Sollte es sich dabei um eine Antwort auf eine Nachricht handeln, spricht man von Followup, abgeleitet vom englischen Verb to follow (folgen).

Siehe auch: Newsgroup, Posting

Font

{Aussprache: Font}

Font

Schriftart

Computer können auf dem Bildschirm und auf einen angeschlossenen Drucker Schrift auf verschiedene Arten darstellen. Dazu verfügt jeder PC über eine Reihe von installierten Schriftarten. Beim Erstellen von Dokumenten kann man für verschiedene Textteilen angeben, in welcher Schriftart sie dargestellt werden sollen.

Allerdings sind nicht auf jedem PC die gleichen Schriftarten installiert. Wenn man ein Dokument mit speziellen Schriftarten auf einen anderen PC übertragen will, muss man deshalb die Schriftart beifügen. Andernfalls wird nach bestimmten Regeln durch eine andere, vorhandene Schriftart ersetzt, wodurch das Dokument aber anders aussehen kann.

Beispiele für verschiedene Schriftarten oder Fonts

> Dies ist die Schriftart Arial.
>
> Dies ist die Schriftart Courier.
>
> Dies ist die Schriftart Times New Roman.
>
> Dies ist die Schriftart Skript
>
> Dies ist die Schriftart Hättenschweiler.
>
> Dies ist die Schriftart Snap.
>
> Dies ist die Schriftart Tempus.

Dieses Problem kann auch beim Erstellen von Webseiten eine wichtige Rolle spielen. Hier bieten die Webeditoren die Möglichkeit, alle auf dem eigenen PC installierten Schriftarten auch in Webseiten zu verwenden.

Dabei muss man allerdings bedenken, dass solche Texte nur auf PCs korrekt dargestellt werden können, auf denen die entsprechenden Schriftarten installiert sind. Bei allen anderen Benutzern ersetzt der Webbrowser die Schriftart durch eine der vorhandenen.

Zur Lösung dieses Problems gibt es verschiedene Möglichkeiten. Zum einen kann man auf den Einsatz exotischer Schriftarten verzichten und sich auf weit verbreitete Schriften wie Courier oder Times New Roman beschränken, die auf den meisten Rechnern bekannt sind.

Weiterhin kann man Ersetzungsregeln angeben, also was als Ausweichschrift verwendet werden soll, wenn die eigentliche Schriftart nicht installiert ist. Bei ganz raffinierten Texteffekten kann man schließlich den Text in eine Grafik einbinden, da diese auf jedem Rechner gleich dargestellt wird.

Forging

{Aussprache: Fordsching}

„Fälschen", Angabe einer falschen E-Mail-Adresse

Eine in der Internetgemeinde besonders ungern gesehene Unart ist das so genannte Forging (engl. to forge, dt. fälschen), also das Verschicken von E-Mails mit einer falschen E-Mail-Adresse.

Wer zum Beispiel bewusst und unaufgefordert Werbe-E-Mails verschickt (Spam) und so absichtlich gegen die Netiquette verstösst, muss damit rechnen, dass die Empfänger dieser Spam-Mail sich mit ihren Mitteln zur Wehr setzen. Eines der wirkunsvollsten Mittel ist das Mailbombing, also das Bombardieren des Absenders mit Nachrichten. Um diesen Nachrichtenbomben zu entgehen, verwendet ein Forger eine falsche Absenderadresse, um auf diese Art und Weise der unerwünschten Reaktion aus dem Wege zu gehen.

Siehe auch: Mailbomb, Spam

Forum

Treffpunkt

Ein Forum wird häufig auch als alternative Bezeichnung für eine Newsgroup verwendet, ganz im klassischen Forum-Bedeutungssinn von Treffpunkt: eine Newsgroup ist ein (virtueller) Treffpunkt für Menschen, die sich zu einem bestimmten Thema mithilfe von Postings unterhalten.

Siehe auch: Newsgroup, Posting

Forward(ing)

{Aussprache: Forwording}

„Weiterleiten"

Um eine E-Mail nicht komplett neu eintippen zu müssen, gibt es bei allen E-Mail-Programmen eine spezielle Funktion, die dazu dient, auf einfache Art und Weise Nachrichten an die gewünschten Adressaten weiterzuleiten. Der englische Ausdruck für weiterleiten ist to forward. Wenn Sie also eine E-Mail-Nachricht an jemand anderen weiterleiten, so spricht man auch von Forwarding. Die Abkürzung ist FW (oder auch FWD).

Nachrichten, die an Sie weitergeleitet wurden, erkennen Sie im Normalfall daran, dass im Betreff-Feld (Subject) der E-Mail zuerst die entsprechende Abkürzung FW zu sehen ist.

> **Hinweis:** Wenn Sie eine Nachricht an Freunde oder Bekannte weiterleiten wollen, funktioniert dies über die Funktion Weiterleiten Ihres E-Mail-Programms, bei englischer Sprachführung des Programms analog die Funktion *Forward* oder *FWD*.

Forward(ing)

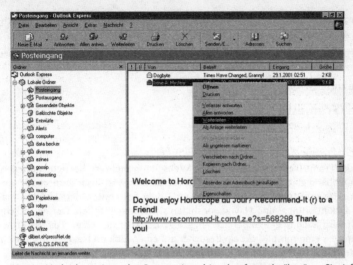

Um eine Nachricht an eine andere Person weiterzuleiten (zu „forwarden"), müssen Sie einfach die gewünschte Nachricht markieren und den Befehl zum Weiterleiten (Forward bei englischen Programmen) geben

Es öffnet sich daraufhin ein neues Fenster, das bereits den Text der gesamten zur Weiterleitung markierten E-Mail enthält.

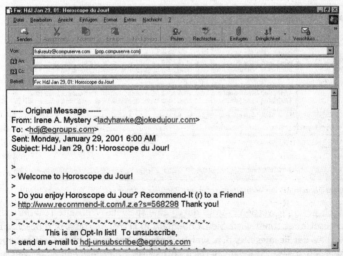

Der komplette Text der weiterzuleitenden E-Mail ist bereits automatisch vom E-Mail-Programm in die neue E-Mail kopiert worden, ersichtlich an den >-Zeichen an jedem Zeilenanfang

Sie brauchen nun nur noch den Empfänger anzugeben und bei Bedarf der Nachricht noch einige Worte hinzuzufügen.

Ansonsten wird eine weiterzuleitende E-Mail genau wie eine „normale" neu verfasste E-Mail behandelt.

Siehe auch: E-Mail

Frame/Frameset

{Aussprache: Fräim/Fräimset}

Aufteilen einer Webseite in separate Bereiche

Mit der Frame-Technik lässt sich eine Webseite in mehrere Bereiche aufteilen, die unabhängig voneinander dargestellt werden. Dies ist insbesondere für umfangreiche Webangebote interessant, wo z. B. in getrennten Bereichen permanent Orientierungs- und Navigationshilfen sichtbar sein sollen. Der eigentliche Inhalt wird auch in einem Bereich angezeigt, der aber nur einen Teil des Browserfensters einnimmt. Klickt ein Besucher auf einen Link im Navigationsbereich, werden die Informationen im Inhaltsbereich dargestellt.

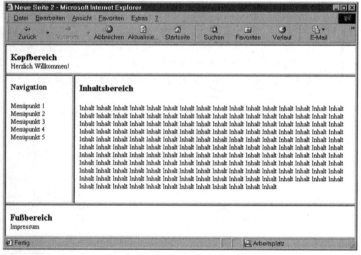

Mit Frames kann man eine Webseiten in mehrere Bereiche aufteilen

Technisch gesehen werden Frames durch eine spezielle Webseite realisiert, die als Frameset bezeichnet wird. Sie ist ebenfalls in HTML verfasst und beschreibt den Aufbau der Frameseite, d. h. welche Bereiche wo in welcher Größe dargestellt werden sollen. Zu jedem Bereich enthält sie außerdem einen Verweis auf die Seite, die in diesem Bereich angezeigt werden soll. Dabei handelt es sich wiederum um ganz normale Webseiten.

Um die Frameseite anzuzeigen, ruft man einfach nur die Frameset-Seite auf. Der Browser nimmt darauf die Seiteneinteilung vor und lädt die verwiesenen Webseiten in die einzelnen Bereiche. Den Inhalt einer einmal geladenen Frame-Seite kann man jederzeit verändern. Am einfachsten geht dies durch einen Link, der auf eine zu ladende Webseiten verweist und außerdem im Parameter *Target* den Frame angibt, in dem diese Webseite dargestellt werden soll. Der Link

```
<A HREF ="inhalt_neu.html" TARGET="Inhaltsbereich">Neuer Inhalt</A>
```

lädt die Webseite *inhalt_neu.html* in den Frame mit der Bezeichnung *Inhaltsbereich*.

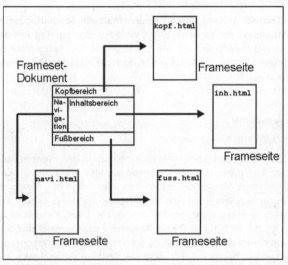

Das Frameset bestimmt die Seitenaufteilung und verweist auf die eigentlichen Seiten

---

Frames ohne Rahmen

Die in diesem Beispiel zur Demonstration verwendeten deutlichen Trennlinien zwischen Frames müssen nicht unbedingt sein. Man kann den Rahmen bei Frames auf die Größe 0 setzen, sodass er praktisch nicht sichtbar ist. Dies ermöglicht sehr raffinierte Designs, bei denen auf den ersten Blick gar nicht erkennbar ist, dass es sich überhaupt um eine Frameseite handelt. Trotzdem kann man die Vorteile dieser Technik nutzen, dass eben die einzelnen Bereiche der Seite unabhängig voneinander verändert oder beibehalten werden können.

Frames gehören zum Funktionsumfang von HTML. Deshalb können praktisch alle aktuellen Webbrowser Frames problemlos darstellen. Ausnahmen sind spezielle Webbrowser, die ohne eine grafische Oberfläche arbeiten (z. B. textbasierte Browser oder einfache Webbrowser in Mobilgeräten). Für solche Fälle empfiehlt es sich, ggf. eine alternative Fassung des Webangebots ohne Frames anzubieten.

Siehe auch: HTML

Freak

{Aussprache: friehk}

Besessener

Wer von einer Sache geradezu besessen ist und ungewöhnlich viel Zeit mit etwas verbringt, wird auch als Freak bezeichnet.

So ist ein Computerfreak jemand, dessen Leidenschaft die Beschäftigung mit dem Computer ist; ein Internetfreak verbringt viele Stunden am Tag mit dem Surfen im Internet etc. Gewöhnlicherweise verbringen diese Freaks nicht nur sehr viel Zeit mit ihrem Hobby, sondern wissen auch die kleinsten Details über das jeweilige Thema.

Free Agent

{Aussprache: Frie Äidschent}

Anwendung zum Lesen von Newsgruppen

Zum Lesen und Schreiben von Newsbeiträgen kann man in den meisten Fällen die Kommunikationskomponenten der Webbrowser, also insbesondere Outlook Express und Netscape Messenger, verwenden. Wer viel in den Newsgruppen unterwegs ist, für den empfiehlt sich allerdings ein spezieller News-Client wie etwa das kostenlose Freewareprogramm Free Agent. Dabei handelt es sich um eine Anwendung, die extra für die News-Kommunikation entwickelt wurde. Dazu bietet Sie eine Vielzahl von speziellen Funktionen und Konfigurationsmöglichkeiten. Besonders hervorzuheben sind die flexiblen Offlinefunktionen, mit denen mal bei häufigem Lesen von News viel Geld sparen kann. Unter der Webadresse http://www.forteinc.com/agent/freagent.htm kann man den Free Agent herunterladen. Dort findet man auch weitere Informationen über dieses Programm und über die kommerzielle Version Agent.

Siehe auch: News

Freemail

{Aussprache: Frie Mäil}

Kostenloser E-Mail-Account

Eine alte Internetregel sagt: „Free ist immer gut". Dies bedeutet, dass es sich bei Angeboten, die free, also frei/kostenlos sind, in der Regel durchaus lohnt, einmal einen Blick darauf zu werfen.

Zahlreiche Dienstleistungen, wie E-Mail, Speicherplatz für eine eigene Homepage etc. werden mittlerweile von vielen Anbietern kostenlos angeboten. Freemail

Freemail

ist, wie Sie sich sicherlich bereits gedacht haben, die Bezeichnung für eine kostenlose E-Mail-Adresse im Internet.

Wer sich Freemail nennt (www.freemail.de), bietet logischerweise auch einen kostenlosen E-Mail-Account an

Sinnigerweise gibt es auch gleich einen entsprechenden Anbieter unter www.freemail.de, doch ist dies bei weitem nicht die einzige Möglichkeit, im Internet an eine kostenlose dauerhafte E-Mail-Adresse zu kommen, auch bei Angeboten wie www.gmx.de oder www.hotmail.de kann es sich durchaus lohnen, einen Blick auf die angebotenen Leistungen zu werfen.

Weitere Extras wie kostenloser SMS-Versand, E-Mail-Weiterleitung, Autoresponder etc. können auch dazu beitragen, sich für einen ganz bestimmten Freemail-Anbieter zu entscheiden.

> **Info:** Vor allem dann, wenn E-Mail-Kommunikation für Sie von besonderer Wichtigkeit ist, sei es, weil Ihr Freund/Ihre Freundin weit entfernt wohnt und Telefonkosten zu teuer würden, sei es, weil Sie beruflich auf E-Mail angewiesen sind, lohnt es sich immer, noch zumindest einen zweiten E-Mail-Account quasi in Reserve zu haben, falls es beim Mailserver Ihres Internetanbieters einmal zu Problemen und Ausfällen kommt.

Es kann durchaus vorkommen, dass der eine Account einmal vorübergehend gestört ist, doch bei zwei voneinander unabhängigen Accounts ist die Gefahr, dass beide gleichzeitig ausfallen, doch wesentlich geringer.

Freemailer

Sicherlich einer bekanntesten Freemail-Anbieter im deutschsprachigen Raum ist GMX, der „bisher unbekannte Power" und „vollen Komfort" von E-Mail anpreist. Zu finden unter ww.gmx.de

Manche Anbieter bieten mittlerweile sogar eine lebenslang gültige E-Mail-Adresse an, d. h., auch wenn Sie Ihren ISP wechseln, bliebt diese E-Mail-Adresse immer bestehen und verändert sich nicht.

Inwieweit die Angabe von „lebenslang" der Wirklichkeit entspricht, wird allerdings erst die Zukunft zeigen.

Siehe auch: Autoresponder, E-Mail, FOC, Webmail

Freemailer

{Aussprache: Friehmähler}

Anbieter von kostenlosen E-Mail-Diensten

Unter dem Begriff Freemailer fasst man diejenigen Unternehmen im Internet zusammen, die einen kostenlosen E-Mail-Dienst anbieten.

Hierbei wird kein Unterschied gemacht, ob es sich bei diesen Angeboten um so genannte Webmail-Dienste oder einen E-Mail-Account mit POP3/SMTP-Server handelt.

Einige der bekanntesten Freemailer sind zurzeit:

www.freemail.de
www.web.de
www.gmx.net

und

www.hotmail.com

Siehe auch: E-Mail, Freemail, Webmail

Freeware

{Aussprache: Friewähr}

Kostenlose Software

Bei Freeware handelt es sich um eine spezielle Art von Software, die sehr oft mit Public Domainsoftware verwechselt wird.

Die rechtliche Situation im Umgang mit Freeware ist etwas komplizierter als bei Public Domain-Programmen. So dürfen Sie als Anwender Freeware, also freie, kostenlose (Soft-)Ware bedenkenlos und völlig legal kopieren, vervielfältigen, weitergeben, auf Ihrer privaten Homepage zum Download bereitstellen und selbstverständlich die Software auch anwenden und kostenlos (free) nutzen.

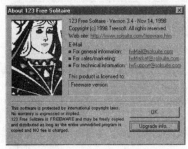

Freewareprogramme sind in der Regel als solche ausdrücklich gekennzeichnet und dürfen kostenlos weitergegeben, aber nicht verändert werden

Aber – im Gegensatz zu PD (**P**ublic **D**omain-)Software ist Freeware nach wie vor urheberrechtlich geschützt, was bedeutet, dass der Autor des Programms das volle Copyright an dem Werk behält. Programmänderungen und Modifikationen dürfen bei Freewareprogrammen nicht durchgeführt werden.

Siehe auch: FOC, Public Domain, Shareware

FrontPage

{Aussprache: Frontpäitsch]

Webeditor der Firma Microsoft

Zum Erstellen von Webseiten kann man am besten einen komfortablen Webeditor verwenden, mit dem man die Seiten ähnlich wie bei einer Textverarbeitungsanwendung gestalten kann. Ein solches Produkt bietet mit FrontPage auch die Firma Microsoft an. Dabei handelt es sich genau genommen um eine Sammlung mehrerer Programme, unter anderem einem Webeditor. Kernstück des Pakets ist allerdings ein leistungsfähiges Programm zum Verwalten von Webangeboten, mit dem man zunächst die Struktur der Seiten bestimmt, die man anschließend mit dem Editor gestaltet. Weiterhin gehören ein einfaches Programm zum Bearbeiten von Grafiken und der Personal Web Server, ein einfacher Webserver zum Testen der Webangebote zum Lieferumfang.

FrontPage eignet sich insbesondere für Einsteiger sehr gut, weil es den bekannten Office-Paketen von Microsoft sehr ähnlich ist. Wer damit vertraut ist, findet sich auch bei FrontPage schnell zurecht und kann darüber hinaus relativ einfach Daten aus anderen Office-Anwendungen übernehmen. Außerdem beherrscht FrontPage alle Aspekte des klassischen Webdesigns und ermöglicht ein komfortables Arbeiten. Profi-Webdesigner bemängeln an dem Programm allerdings, dass es keine 100%ige Freiheit bei der Gestaltung von Webseiten erlaubt und komplexe Webdesigns nicht möglich sind. Außerdem ist der vom Programm erzeugte HTML-Code nicht immer optimal.

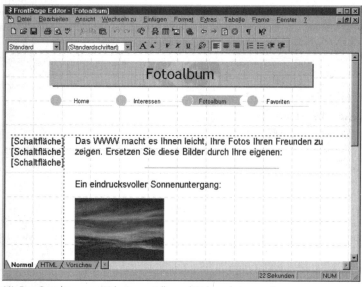

Mit FrontPage kann man Webseiten erstellen und Webangebote verwalten

Bis zur Version 5 des Internet Explorer gehörte mit FrontPage Express eine abgespeckte Version von FrontPage zum Lieferumfang dieses Webbrowsers, die allerdings ein reiner Webeditor ohne Verwaltungsfunktionen war und auch nur einen eingeschränkten Funktionsumfang hatte. Inzwischen bietet Microsoft dieses Programm nicht mehr an, sodass FrontPage nur noch in einer Vollpreisversion als Einzelprodukt oder Teil eines Office-Pakets erhältlich ist.

Siehe auch: FrontPage-Erweiterungen

FrontPage-Erweiterungen

Webserver-Erweiterungen für FrontPage-Webseiten

Für seinen Webeditor FrontPage hat Microsoft eine Reihe von Erweiterungen entwickelt, die über normales HTML hinausgehen. So ist es z. B. möglich, Webseiten durch serverseitige Skripts dynamisch zu gestalten, in dem z. B. in eine angeforderte Seite die aktuelle Uhrzeit und das aktuelle Datum integriert werden. Ebenso kann man z. B. Webseiten nach ein vorher festgelegten Zeitplan erst zu einem bestimmten Termin aktivieren usw. Damit diese serverseitigen Erweiterungen funktionieren, muss der Webserver allerdings darauf vorbereitet sein. Deshalb hat Microsoft für die gängigsten Webserver-Produkte Erweiterungsmodule bereitgestellt, die die beschriebenen Funktionen serverseitig ermöglichen. Wenn man Webseiten mit FrontPage erstellt und solche Erweiterungen verwenden möchte, sollte man sich also zunächst vergewissern, dass auf dem Webserver des Providers die FrontPage-Erweiterungen installiert sind. Dann kann man auch die FrontPage-Funktion zum Veröffentlichen eines Webs benutzen und muss die Seiten nicht manuell zum Server übertragen.

Siehe auch: FrontPage

FTP [File Transfer Protocol]

{Aussprache: Eff Tie Pi}

Dateiüberragungsprotokoll

Als File Transfer Protocol (FTP) wird ein Dateiübertragungsprotokoll (so die deutsche Übersetzung) bezeichnet, das den Dateiaustausch zwischen zwei Rechnern regelt, die in einem lokalen Netzwerk oder auch im Internet auf Basis des Netzwerkprotokolls TCP/IP arbeiten.

Spezielle Rechner, so genannte FTP-Server oder FTP-Sites, stellen Dateien zum Download zur Verfügung, die mittels FTP und der notwendigen FTP-Software (auch FTP-Client genannt) auf den heimischen Rechner geladen werden können.

Während Sie bei einigen FTP-Servern eine Zugangsberechtigung haben müssen, sind öffentliche Server per Anonymous FTP für jedermann frei zugänglich, wenngleich in den Zugriffsrechten oftmals eingeschränkt.

> **Hinweis:** Einen FTP-Server erkennen Sie sehr einfach an seiner Internetadresse, die mit *ftp://* beginnt.

Zur Nutzung von FTP brauchen Sie im Normalfall keine spezielle FTP-Software mehr, da mittlerweile alle modernen Browser FTP-fähig sind, d. h., Sie brauchen sich nicht in die Bedienung eines zusätzlichen Programms einzuarbeiten, um die FTP-Dienste nutzen zu können.

FUBAR

Sie können einfach die Internetadresse des gewünschten FTP-Servers (z. B. ftp://ftp.microsoft.com) wie gewohnt in Ihrem Browser eintragen und Ihr Browser erledigt alles Notwendige, um Sie zu dem FTP-Angebot zu führen.

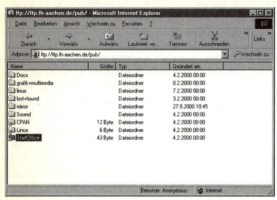

Der Zugriff auf FTP-Sites kann nicht nur über spezielle FTP-Clients erfolgen, sondern auch über Ihren Browser. Dies hat (bei etwas eingeschränkter Funktionsvielfalt) den Vorteil, dass Sie sich nicht an ein neues Programm gewöhnen müssen und mit der vertrauten Oberfläche arbeiten können

Siehe auch: Anonymous FTP

FUBAR [Fucked Up Beyond All Repair]

Total kaputt, keine Chance auf Reparatur

Eine Sache, beispielsweise ein Computersystem, das völlig kaputt ist und bei dem auch eine Reparatur nur reine Zeitverschwendung wäre, ist in der Slangsprache FUBAR, **F**ucked **U**p **B**eyond **A**ll **R**epair.

Siehe auch: Chatslang

Fullduplex

Bei Fullduplex handelt es sich, wie auch beim verwandten Halfduplex, um einen Begriff aus dem Bereich der Internettelefonie.

Beim Fullduplex-Betrieb können Daten anders als beim Halfduplex-Verfahren gleichzeitig sowohl gesendet als auch empfangen werden, d. h., ähnlich wie bei „normalen" Telefongesprächen können beide Teilnehmer jederzeit sprechen.

Voraussetzung hierfür ist jedoch, dass die notwendige Soundkarte auch tatsächlich fullduplex-fähig ist, was insbesondere bei älteren (Billig-)Modellen nicht immer gewährleistet ist.

Siehe auch: Duplex-Modus, Halfduplex, Internetphone, Sound

FWD [Forward]
Weiterleiten

FWD ist ausnahmsweise kein besonderes Kürzel aus dem Chatslang, sondern nichts anderes als die von einigen (vorwiegend englischen) E-Mail-Programmen gebrauchte Abkürzung der Funktion zum Weiterleiten von E-Mails.

Siehe auch: Forward

FWIW [For What It's Worth]
„Was immer es bringen mag" (Slang)

Bei FWIW handelt es sich um ein vielbenutztes Akronym der Internetsprache. Es ist die Kurzform von „For what it's worth", zu Deutsch „was immer das bringen mag", eine lakonische Bemerkung, die den Sinn oder die Erfolgsaussichten einer bestimmten Handlung in Frage stellt.

Siehe auch: Chatslang

FYA [For Your Amusement]
„Viel Spaß damit" (Slang)

Oftmals als kurzer Hinweis für den Adressaten (z. B. einer E-Mail) gedacht, bedeutet FYA (For Your Amusement") so viel wie „Viel Spaß damit".

Siehe auch: Chatslang

FYI [For Your Information]
„Zu Ihrer Information" (Slang)

Die weitaus häufigste Verwendung finder FYI vor allem bei E-Mails als Abkürzung für For Your Information, dt.: „zu deiner Information".

Doch im „offiziellen" Internetsprachgebrauch sind FYIs aber auch Texte, die Internetstandards oder Internetprogramme beschreiben. Sie sind Bestandteil der RFCs.

Siehe auch: Chatslang, RFC

G

Gameport
{Aussprache: Gäimport}
Anschluss für Joysticks, Lenkräder usw.

Viele Computerspiele kann man am besten mit einem speziellen Eingabegerät spielen. Für Action-Spiele eignen sich besonders Joysticks, für Autorenn-

Simulationen gibt es Lenkräder und Fußpedale, für Flugsimulatoren spezielle Lenkruder. Diese werden über eine spezielle Schnittstelle an den PC angeschlossen, die als Gameport bezeichnet wird. Normalerweise gehört ein Gameport zum Lieferumfang der meisten Soundkarten. Diese haben einen Stecker, der entweder als Gameport oder zum Anschluss von MIDI-Geräten genutzt werden kann. In letzter Zeit gewinnt aber auch in diesem Bereich der **U**niversal **S**erial **B**us, USB, zunehmend an Bedeutung, sodass immer mehr Joysticks und artverwandte Geräte ausschließlich einen USB-Anschluss ermöglichen. Deshalb wird der Gameport in Zukunft voraussichtlich vollständig durch USB abgelöst werden.

Siehe auch: USB

Gateway

{Aussprache: Gäitwäi}

Übergang zwischen zwei Netzwerken

Der Begriff Gateway heißt ins Deutsche übertragen so viel wie Übergang, Zugang oder auch Eingang, was der Funktion eines Gateways auch bereits recht nahe kommt.

Denn als Gateway wird einerseits die Übergangsstelle zweier mit unterschiedlichen Protokollen arbeitender Netzwerke oder Netzwerkwelten bezeichnet, andererseits jedoch auch konkret der Rechner, der quasi als Dolmetscher zwischen diesen verschiedenen Netzwerken wirkt.

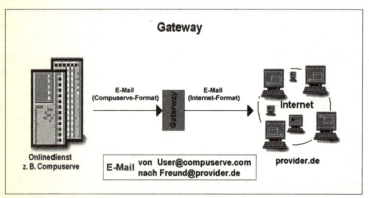

Ein Gateway als Dolmetscher zwischen den verschiedenen Protokoll-Welten des Internet und eines Onlinedienstes

So sorgt ein Gateway dafür, dass Verständigung und Datenaustausch zwischen dem Internet und einem speziellen Onlinedienst wie AOL oder CompuServe (mehr oder weniger) reibungslos funktioniert.

Geek

{Aussprache: Dschiek}

Computerbesessener

Was im ersten Moment ein wenig wie eine Beleidigung klingt, ist oftmals gar nicht so böse gemeint. Denn ein Geek oder auch Computergeek ist jemand, der schlicht und einfach vom Computer so fasziniert ist, dass er jede freie Minute an seinem Rechner verbringt; er ist ein absolut Computerbesessener, der sich auch das nötige Fachwissen angeeignet hat und über alles Bescheid weiß.

Manchmal werden Geeks leichtfertig auch mit den so genannten Nerds verwechselt, doch sind Kontakte zu anderen für Geeks viel weniger ein Problem als für die scheuen, einsiedlerischen Nerds. Ganz im Gegenteil haben Geeks sogar recht vielfältige Kontakte untereinander.

Siehe auch: Chatslang, Nerd

Gelbe Seiten

Onlineversion der Telefonauskunft, besser als Yellow Pages bekannt.

Siehe: Yellow Pages

Get a life!

{Aussprache: Get Ä Leif!}

Laut Internetmythologie geht dieser Ausspruch auf den Schauspieler William Shatner zurück, bekannt als Captain Kirk der Science Fiction-Serie „Star Trek", der in der populären amerikanischen Comedy-Sendung „Saturday Night Live" eine Rede mit diesen legendären Worten abgeschlossen haben soll.

Mittlerweile weit verbreitet, soll die Aufforderung „Get a life!" (übrigens mit der Betonung auf „life"), den Adressaten zur Besinnung rufen und ihn ermahnen, er möge sich doch bitte nicht zu sehr in etwas „verrennen".

Im Sinne von „Kümmere dich doch endlich auch mal um dein richtiges/wirkliches Leben!" wird der Ausspruch auch gebraucht, um aufzuzeigen, dass es neben dem Computer bzw. dem Internet auch noch anderes gibt, um das man sich kümmern sollte. Dies wird übrigens von so manchen Internetfanatikern vehement bestritten.

Siehe auch: Chatslang

GIF [Graphics Interchange Format]

Grafikformat

Das Graphics Interchange Format" (GIF), zu Deutsch Grakfikaustauschformat, wurde von der Firma CompuServe entwickelt und bekannt gemacht.

Aufgrund der eingebauten Datenkompression war eine Grafik im GIF-Format bei nur relativ geringem Qualitätsverlust teilweise deutlich kleiner als eine Grafik, die in einem anderen Format vorlag. Dadurch erklärt sich die bis heute anhaltende Beliebtheit von GIF-Grafiken im Internet: Je kleiner die Datei, desto schneller kann sie geladen und angezeigt werden und desto schneller werden die entsprechenden Internetseiten aufgebaut.

Besondere Merkmale des GIF-Formats sind unter anderem auch, dass GIF-Bilder Text im ASCII-Code enthalten können (nützlich beispielsweise für Copyrightinformationen), die Möglichkeit zur Definition transparenter Bildteile, die den Hintergrund durchschimmern lassen (Transparent GIFs) oder auch das Interlacing, wodurch ein stufenweise Aufbau des Bildes erfolgt.

Mittlerweile wurde im Internet dem GIF-Format von einem anderen Grafikformat, dem JPEG-Format, weitestgehend der Rang abgelaufen, da JPEG hinsichtlich der Anzahl der unterstützten Farben deutlich mehr zu leisten imstande ist. Wobei allerdings nicht verschwiegen werden soll, dass das GIF-Format bei Grafiken mit weniger als 256 Farben in der Regel die bessere Alternative ist.

Eine weit verbreitete Variante der GIF-Bilder sind übrigens die Animated GIFs, die ähnlich einem Daumenkino eine kleine Trickfilmsequenz darstellen können.

Siehe auch: AnimGIF, JPEG

Gigabyte

{Aussprache: Gigabeit}

Maßeinheit der Speicherkapazität

Ein Gigabyte, abgekürzt GByte oder seltener auch GB, ist eine Maßeinheit der Speicherkapazität von Datenspeichern wie zum Beispiel Festplatten, wobei 1 GByte genau 1.024 Megabyte oder 1.048.576 Kilobyte = 1.073.741.824 Byte entspricht.

Am Begriff Gigabyte lässt sich sehr gut die Schnellebigkeit des Computerzeitalters ablesen. War bis etwa zur Mitte der 90er-Jahre noch die nächstkleinere Einheit Megabyte die Standard-Maßeinheit, wenn es um die Größe der Festplattenkapazität ging, ist Anfang des neuen Jahrtausends die Speicherkapazität von Festplatten im zweistelligen Gigabytebereich längst Standard geworden, was bis vor wenigen Jahren nur Großrechnern vorbehalten war.

Siehe auch: Byte, Kilobyte, Megabyte

Gizmo

„Dingsbums" (Slang)

Hierbei handelt es sich um einen englischen Ausdruck, der nicht adäquat ins Deutsche übersetzt werden kann, am ehesten wohl noch mit der Bezeichnung Dingsbums.

Ein Gizmo ist etwas, das keinen Namen hat oder dessen Name im Grunde so unwichtig ist, dass es der Mühe nicht lohnt, sich diesen Namen einzuprägen, also auch mit einem gewissen Grad an Geringschätzung versehen.

Siehe auch: Chatslang

GMTA [Great Minds Think Alike]

„Große Geister denken ähnlich" (Slang)

Ein in der Regel leicht (selbst-)ironischer Kommentar, wenn zwei Personen die gleiche Meinung vertreten ist GMTA, Great Minds Think Alike, ins Deutsche übersetzt etwa „Große Geister denken ähnlich". Wobei Sie das mit den great minds nicht so ganz wörtlich nehmen sollten.

Siehe auch: Chatslang

Google

{Aussprache: Guhgl}

Suchmaschine

Als Newcomer unter den etablierten Suchmaschinen ist Google erst seit einiger Zeit auf dem Markt und erfreut sich trotzdem schon großer Beliebtheit. Trotz seiner noch relativ jungen Historie kann Google sich gut sehen lassen und liegt bei den Ergebnissen gleichauf mit den „Klassikern". Seit einiger Zeit gibt es auch eine deutschsprachige Oberfläche und die Möglichkeit, gezielt nach deutschsprachigen Seiten zu suchen. Benutzen kann man diese Suchmaschine entweder unter http://www.google.de oder http://www.google.com, wobei beim Aufruf mit einer deutschsprachigen Browserversion automatisch die deutschsprachige Oberfläche geladen wird. Andernfalls kann man auch manuell eine von zehn verschiedensprachigen Suchoberflächen aktivieren.

Besonders positiv fällt die Geschwindigkeit von Google auf. Meistens kommen die Antworten praktisch postwendend. Das liegt zum einen wohl an einer guten Hardwareausstattung und flotten Suchalgorithmen, zum anderen an einer einfachen, aber trotzdem übersichtlichen und angenehmen Oberfläche, die auf unnötigen grafischen Schnickschnack verzichtet. Insbesondere der Verzicht auf Werbung und die allgegenwärtigen Werbebanner beschleunigt das Ganze erheblich. Sehr hilfreich und/oder interessant sind außerdem einige zusätzliche Funktionen bei diesem Suchdienst. So findet man zu jedem Treffer den Link *Im Cache*, mit dem man eine von Google gespeicherte Fassung der gefundenen Webseite abrufen kann. Diese kommt sehr flott und erlaubt einen ersten Einblick in die gefundene Seite. Selbstverständlich kann man auch die eigentliche Webadresse zur Fundseite abrufen. Angenehmer Nebeneffekt: Auch wenn eine Webseite vorübergehend nicht erreichbar ist oder vielleicht schon gar nicht mehr existiert, kann man sie noch aus dem Google-Cache abrufen. Das ist sehr praktisch und eliminiert außerdem zumindest zum größten Teil das Problem, dass gefundene Webseiten manchmal gar nicht mehr existieren.

Gopher

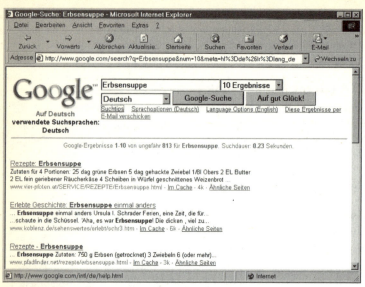

Die Suchmaschine Google ist schnell und gründlich

> **Google als Suchleiste im Internet Explorer**
>
> Wer von Google überzeugt ist und diesen Dienst häufig benutzt, kann die Möglichkeit nutzen, eine eigene Symbolleiste für diesen Dienst in den Internet Explorer zu integrieren. Hier kann man jederzeit einen Suchbegriff eingeben und von Google suchen lassen. Außerdem bietet die Symbolleiste zusätzliche Funktionen, so kann man z. B. die Fundstellen in einer geladenen Webseite farbig markieren lassen, in umfangreicheren Dokumenten mit einem Mausklick gleich an die Fundstelle springen oder zusätzliche Informationen über eine Webseite abrufen. Die Google-Toolbar funktioniert mit dem Internet Explorer ab Version 5.0 unter Windows. Sie kann unter http://toolbar.google.com kostenlos installiert werden.

Siehe auch: Suchmaschine

Gopher

{Aussprache: Goffer}

Vorläufer des World Wide Web

Der Begriff Gopher führt uns in die Vergangenheit des eigentlich noch recht jungen Internet und beweist, dass es auch hier schon so etwas wie Nostalgie gibt. Gopher war der erste Hypertext-basierte und multimediale Informationsdienst im Internet. Er wurde 1991 entwickelt und verwendete ein Client-Server-Modell, bei dem die Daten von einem zentralen Server aus organisiert, aber dezentral gepflegt und aktualisiert wurden. Der größte Vorteil zur damaligen Zeit

Gopher

war das textorientierte Gophermenü. Es erlaubt auch Benutzern von einfachen Terminals und langsamen Einwählverbindungen die effektive Nutzung dieses Dienstes, und dazu mussten sich damals noch die meisten Internetnutzer zählen.

Gopher bestand im Prinzip aus einem komplexen Menüsystem, an dessen Enden Dateien standen, die man schließlich herunterladen und betrachten konnte. Diese Dateien konnten beliebig sein, also z. B. Texte, Bilder oder binäre Programme enthalten. Deshalb ist die Bezeichnung Multimedia wohl einigermaßen gerechtfertigt. Außerdem gab es Suchdienste, die große Teile des Gopherspace (der Gesamtheit der Gopher-Server) indexiert hatten und das Suchen nach Stichwörtern erlaubten.

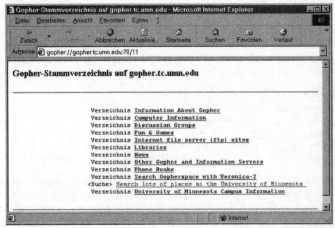

Unter gopher://gopher.tc.umn.edu:70/11 kann man jetzt noch Gopher-Daten abrufen

Gopher war der virtuelle Dinosaurier des Internet und deshalb erging es ihm wie seinen realen Artgenossen: Er starb aus. Die grundlegende Idee des Gopherspace, aber letztlich auch die grundlegenden Mängel von Gopher, gaben den Anstoß zur Entwicklung des World Wide Web (WWW). Dieses stellte dann gleich einen Quantensprung dar und löste den Vorgänger ab. Zwar konnte sich Gopher noch eine Weile halten und es wurden Schnittstellen vom WWW in den Gopherspace geschaffen, mit dem Verschwinden der letzten Terminalzugänge und der wachsenden Geschwindigkeit auch bei Einwählverbindungen wollte sich niemand mehr mit dem simplen Gophermenü begnügen.

Ob Gopher heute überhaupt noch eingesetzt wird, ist schwer zu sagen. Als Überbleibsel beherrschen die meisten modernen Webbrowser aber noch immer das Gopher-Protokoll. Und es gibt auch noch Server, mit denen man der Internetvergangenheit einen Besuch abstatten kann. Als zentraler Einstiegspunkt empfiehlt sich *gopher://gopher.tc.umn.edu:70/11*. Viele der dort verzeichneten Gopher-Server haben den Dienst aber inzwischen eingestellt.

Siehe auch: WWW

gov

Speziell für (US-)Regierungsstellen gibt es die Top Level Domain *gov* (Kurzform für government).

Siehe auch: Top Level Domain

gTLD [generic Top Level Domain]

allgemeine (nicht-geografische) TLDs

Neben den geographischen CCTLDs wie etwa *de*, *at* oder *ch* gibt es eine Reihe von Top Level Domains, die eine allgemeine bzw. inhaltliche Zuordnung vornehmen. Die bekannteste davon ist wohl die TLD *com*, die für kommerzielle Websites im weitesten Sinne verwendet wird. Die folgende Tabelle gibt eine Übersicht der zurzeit geltenden gTLDs:

gTLD	wird verwendet für ...
com	kommerzielle Angebote, Unternehmen usw.
edu	Bildungseinrichtungen, Universitäten, Forschungslabors usw.
gov	Regierungen, Behörden
net	Angebote und Organisationen rund ums Internet
org	nicht-kommerzielle Organisationen, die in keinen der anderen Bereiche fallen

Da es immer mehr Webangebote gibt und die Webadressen deshalb immer knapper werden, wird zurzeit über die Einführung zusätzlicher allgemeiner TLDs diskutiert, wobei sich die Diskussion auf eine Reihe von Vorschlägen eingeengt hat. Ob und wann diese aber endgültig verabschiedet und in Betrieb genommen werden, ist noch nicht abzusehen. Die folgende Tabelle führt die voraussichtlichen zukünftigen gTLDs auf:

gTLD	soll verwendet werden für ...
aero	Unternehmen der Luftfahrtindustrie
biz	kommerzielle Unternehmen
coop	genossenschaftlich organisierte Unternehmen und Organisationen
info	Informationen im weitesten Sinne
museum	Onlineangebote von Museen
name	persönliche/private Angebote, Homepages usw.
pro	bestimmte Berufsgruppen wie Ärzte, Rechtsanwälte usw.

Für die Vergabe und Organisation der gTLDs ist die **I**nternet **C**orporation for **A**ssigned **N**ames and **N**umbers ICANN zuständig. Sie sammelt Vorschläge für die Einführung neuer TLDs und entscheidet endgültig darüber. So konnte jeder Vorschläge für die neuen Top Level Domains machen. Nach welchen Kriterien die ICANN auswählte, blieb unklar. Auf alle Fälle wurden eine Reihe von sinnvollen Vorschlägen, die eine breite Unterstützung in der Internetgemeinde hatte, nicht berücksichtigt.

Siehe auch: CCTLD, ICANN, Top Level Domain

Guestbook

{Aussprache: Gestbuk}

„Gästebuch"

Keine Stadt, die etwas auf sich hält, kommt ohne das Goldene Gästebuch aus, in dem sich die (mehr oder weniger) bekannten und berühmten Persönlichkeiten eintragen, die in einer Stadt zu Besuch sind. Auch aus Hotels und Herbergen kennt man das Gästebuch, in dem man sich mit einem vermeintlich humorvollen Spruch einträgt und erklärt, wie toll man doch die Unterkunft und das Essen und überhaupt alles findet.

Was im wirklichen Leben recht ist, ist im Internet nur billig, und so gibt es kaum eine Website, die nicht ein Guestbook, also ein Gästebuch vorweisen kann.

Hier finden sich Einträge der Besucher, Meinungen über die Qualität der Webseite, Verbesserungsvorschläge Fragen an den jeweiligen Webmaster und natürlich auch schlichte Sprüche nach dem Motto: „Ich war da".

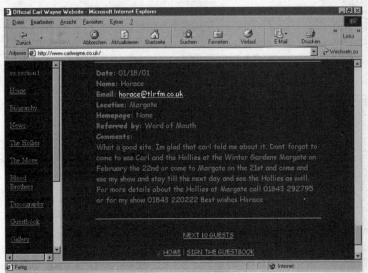

Guestbook: eine der Möglichkeiten, Kommentare über die Webseite abzugeben oder auch auf Fehler und Ungereimtheiten hinzuweisen

Da viele Besucher einer Webseite eher geneigt sind, einen Kommentar im Guestbook abzugeben (der übrigens im Normalfall ausdrücklich erwünscht ist), als sich per E-Mail an den Webmaster zu wenden, ist das Gästebuch in vielen Fällen eine wichtige Quelle, um zu sehen, wie die Webseite bei den Besuchern „ankommt".

Siehe auch: Homepage

GUI [Graphical User Interface]

{Aussprache: Gui}

Grafische Benutzeroberfläche

Moderne Betriebssysteme wie Windows und Linux verfügen über eine grafische Benutzeroberfläche, d. h., sie stellen Anwendungen, Informationen und Daten in einer hochauflösenden, grafischen Ansicht dar und ermöglichen dem Benutzer die Steuerung des Rechners und einzelner Anwendungen über komfortable Eingabegeräte wie z. B. eine Maus. Dazu werden Anwendungen und Funktionen z. B. durch Symbole und Menüs am Bildschirm so dargestellt, dass sie mit dem Mauszeiger ausgewählt und aktiviert werden können. Textuelle Oberflächen hingegen stellen am Bildschirm in der Regel nur einfache Texte dar und können nur mit der Tastatur bedient werden. Ein Beispiel für ein textbasiertes Betriebssystem wäre etwa MS-DOS.

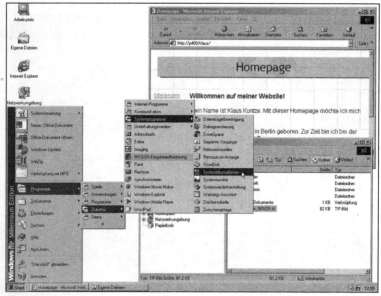

Die grafische Benutzeroberfläche wird im Computer-Englisch als GUI bezeichnet

Grafische Oberflächen zeichnen sich in der Regel durch Fenster aus, in denen einzelne Anwendungen ablaufen. Die Gestaltung solcher Fenster unterliegt gewissen Regeln, die vom Betriebssystem vorgegeben werden. Dies hat für den Benutzer den Vorteil, dass er bei allen Anwendungen auch von verschiedenen Herstellern die wesentlichen Bedienelemente immer wieder an der gleichen Stelle und mit der gleichen Funktionalität vorfindet. So kann man etwa mit [Alt]+[F4] praktisch jedes Windows-Programm beenden. Entwickler profitieren bei Einsatz einer Betriebssystem-GUI davon, dass sie viele grundlegende Funktionen zur Darstellung und Bedienung dem Betriebssystem überlassen und sich auf die eigentliche Funktionalität ihrer Anwendung konzentrieren können. Im Prinzip kann jede Anwendung eine ganz eigene GUI realisieren, aber in der Praxis ist dies die Ausnahme, da die GUI-Vorgaben sich z. B. bei Windows weitestgehend durchgesetzt haben.

Siehe auch: Windows

Hacker

{Aussprache: Häcker}

Bei einem Hacker handelt es sich grundsätzlich um jemanden, der über herausragende Computerkenntnisse verfügt, die ihn befähigen, in fremde Computersysteme einzudringen.

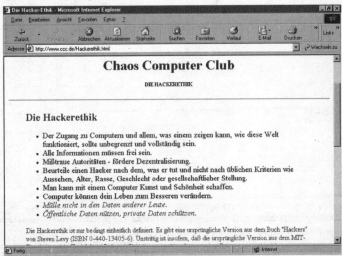

Die ganz spezielle Hackerethik finden Sie auch auf der Webseite des Chaos Computer Clubs

Halfduplex

Je „sicherer" diese Systeme sind (oder als solches ausgegeben werden), desto größer ist für einen Hacker der Reiz, gerade solche Systeme zu überwinden.

Für viele Hacker (im Gegensatz zu einem Cracker) geht es jedoch nicht darum, dem fremden System bzw. dessen Eigentümern (finanziellen) Schaden zuzufügenden; vielmehr geht es ihnen darum, bestehende Sicherheitslücken aufzuzeigen und mit ihren Erkenntnissen dafür zu sorgen, dass Computersystemne und Zugänge sicherer werden. Sehr viele Firmen sind sogar dazu übergegangen, ehemalige Hacker anzustellen, um von deren Wissen und Können zu profitieren.

Siehe auch: Cracker

Halfduplex

{Aussprache: Haafduplex}

Wie bei Fullduplex handelt es sich beim Halfduplex um einen Begriff aus dem Bereich der Internettelefonie (Internetphoning).

Beim Halfduplex-Betrieb können Daten anders als beim Fullduplex-Verfahren nicht gleichzeitig gesendet und empfangen werden. Eine Kommunikation, wie sie von einem normalen Telefongespräch her gewohnt ist, kann im Halfduplex-Betrieb nicht zustande kommen.

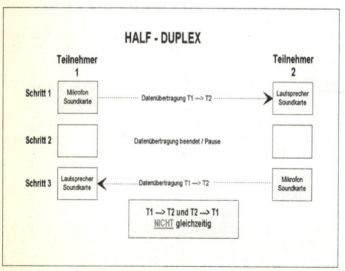

Kennzeichen der Internettelefonie im Halfduplex-Verfahren ist es, dass die Teilnehmer nicht wie bei einem normalen Telefongespräch gleichzeitig sprechen können. Es kommt zu Pausen, da die Daten immer nur in eine Richtung übertragen werden können

Es kann immer nur ein Teilnehmer sprechen; erst dann wenn dieser eine Pause macht oder seinen Beitrag beendet hat, also die Datenleitung frei ist, kann der andere Gesprächsteilnehmer sprechen. Dies ist am ehesten dem herkömmlichen Funkgerät vergleichbar, wo Sie beim Sprechen einen Knopf gedrückt halten müssen. Während dieser Sprechzeit können Sie keine Nachricht Ihres Gegenübers erhalten, erst wenn Sie den Knopf wieder loslassen, geben Sie die Leitung frei und können Nachrichten empfangen.

Bei einer Reihe von älteren Soundkarten, die nicht fullduplex-fähig sind, ist Halfduplex die einzige Möglichkeit, trotzdem Internetphoning zu nutzen.

Siehe auch: Duplex-Modus, Fullduplex, Internetphoning, Sound

Handshake

{Aussprache: Händschäik}

Signalaustausch

Handshake ist zunächst einmal der englische Ausdruck für Händeschütteln, in der Computersprache hingegen bezeichnet man als Handshake den Austausch von Signalen zu Beginn einer Datenkommunikation.

Die an der Kommunikation beteiligten Geräte stellen sich quasi einander vor, „geben sich die Hand" und besprechen die Details der Übertragung. Geht während des Händeschüttelns ein Datenpaket verloren bzw. sendet eines der an der Kommunikation beteiligten Geräte nicht die verabredeten Bestätigungssignale, kommt keine Verbindung zustande.

Hayes

{Aussprache: Häis}

Die Firma Hayes gehörte zu den Pionieren unter den Modemherstellern. Inzwischen hat sie keine Bedeutung mehr, aber sie ist der Modem-Welt durch den Hayes-Befehlssatz erhalten geblieben. Das ist eine Sammlung von Befehlen zur Steuerung eines Modems, die die Firma ursprünglich für Ihre Modems entwickelt hatte. Andere Hersteller übernahmen diesen Befehlssatz und ergänzten ihn höchstens gelegentlich um zusätzliche Funktionen. So etablierte sich der Hayes-Befehlssatz zu einem Quasi-Standard, auch wenn es sich um keine offizielle Spezifikation handelt.

Modembenutzer profitieren davon, dass bis heute praktisch alle Modems den Hayes-Befehlssatz beherrschen. Das bedeutet, dass jedes Kommunikationsprogramm, das Hayes-Befehle benutzen kann, praktisch mit jedem gängigen Modem funktioniert. Selbst wenn Sie das Handbuch zu Ihrem Modem verloren oder vielleicht ein gebrauchtes Modem ohne Unterlagen auf dem Flohmarkt ersteigert haben, brauchen Sie bei den entsprechenden Anwendungen nur den Hayes-Befehlssatz bzw. das *Standardmodem* auszuwählen und werden in den meisten Fällen Erfolg damit haben.

Der Hayes-Befehlssatz besteht aus einer Reihe von Befehlen, die alle mit der Zeichenfolge *AT* (für Attention – deutsch Achtung!) beginnen, die dem Modem signalisiert, dass nun ein Befehl kommt. Mit einem Terminalprogramm kann

Header

man diesen Befehl direkt an ein angeschlossenes Modem schicken. Der Befehl *ATDT0123456789* z. B. würde das Modem anweisen, die Nummer 0123456789 zu wählen und eine Verbindung aufzubauen. Die nachfolgende Tabelle enthält einige wichtige Hayes-Befehle. Unter http://i18n.kde.org/kde-i18n/de/docs/kdenetwork/kppp/hayes.html findet sich eine ausführlichere Liste.

Hayes-Befehl	Funktion
ATDT...	Wählt die folgende Nummer im Tonwahlverfahren.
ATDP...	Wählt die folgende Nummer im Pulswahlverfahren.
ATH0 oder ATH	Beendet eine bestehende Verbindung.
ATTH1	Schaltet das Modem auf die Leitung.
ATM0	Schaltet den Modemlautsprecher permanent aus.
ATM1	Schaltet den Modemlautsprecher nach erfolgter Verbindung aus.
ATM2	Schaltet den Modemlautsprecher permanent ein.
ATL0 bis ATL3	Steuert die Lautstärke des Modemlautsprechers.
ATZ	Führt einen Reset am Modem durch.
AT&F	Stellt die Fabrikvoreinstellungen des Modems ein.

Siehe auch: Modem

Header

{Aussprache: hedder}

Kopfteil

Header bedeutet wörtlich übersetzt Kopfsprung oder auch Kopfball (in der Fussball-Terminologie), doch in der Computersprache liegen die beiden Hauptbedeutungen von Header eher im Sinne von Kopfteil. Gemeint ist damit erstens der Anfangsteil eines zu übertragenden Datenpakets. Der Header erhält alle notwendigen Daten, die Sender und Empfänger benötigen, um für einen korrekten Datentransfer zu sorgen, so beispielsweise die Empfänger- und Absenderadresse, die Größe des Datenpakets oder auch die zur Fehlerkontrolle notwendige Prüfsumme.

*Die Informationen im Header („Internetkopfdaten")
einer typischen E-Mail*

Aber auch im Zusammenhang mit E-Mails spricht man vom Header, wobei der Sinn ähnlich dem beim oben genannten Datentransfer ist. Auch hier handelt es sich um einen Teil zu Beginn der E-Mail, genauer gesagt vor dem eigentlichen Nachrichtentext, der Informationen über Absender, Thema der Nachricht (Subject), Empfänger etc. enthält.

Siehe auch: Body

Hit

Zugriff auf eine Internetseite

Unter Hit versteht man die mittlerweile überholte Zählweise der Zugriffe auf ein Webangebot, vergleichbar der Einschaltquote im Fernsehen oder der Leserzahl bei Zeitschriften.

Da jedoch bereits einzelne Texte oder Grafiken auf einer Website jeweils einen Hit erzeugen können, kommen hier sehr leicht und schnell riesige (und völlig unrealistische) Zahlen zustande, wie häufig angeblich eine bestimmte Webseite frequentiert wird.

Man ist deshalb nun dazu übergegangen, die Beliebtheit von Internetangeboten in realistischeren Pageviews bzw. Visits zu messen.

Siehe auch: PageView, Visit

Hoax

{Aussprache: Hohx}

Virenwarnung, die sich als falsch herausstellt

Möglicherweise haben Sie auch schon einmal eine E-Mail erhalten, in der Sie vor einem bösartigen neuen Virus gewarnt wurden. Oftmals sind diese Warnungen hilfreich, weil man damit tatsächlich auf einen neu aufgetauchten Virus aufmerksam gemacht wird und manchmal sogar erste Informationen erhält, wie man sich dagegen schützen kann bzw. wo es ein Programm zur Abwehr dieses Virus gibt.

Leider gibt es jedoch auch einige Leute, denen es einen Heidenspaß macht, andere mit vermeintlichen Viruswarnungen in Angst und Schrecken zu versetzen. Hierzu wird eine E-Mail in Umlauf gebracht (oftmals mit einer scheinbar seriösen Firmenadresse als Absender), in der vor einem bestimmten Virus gewarnt wird und der Empfänger aufgefordert wird, diese Warnung doch bitte so schnell wie möglich allen Freunden zukommen zu lassen, um auch diese vor dem neuen Virus und seinem gefährlichen Zerstörungswerk zu warnen. Nach diesem bekannten Schneeballprinzip erfahren so immer mehr Leute von diesem angeblichen Virus.

Hoax

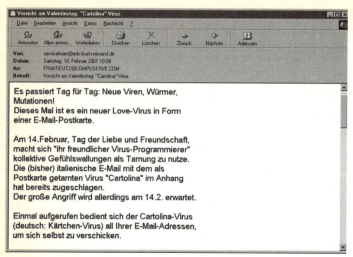

Hoax: Wenn Sie eine E-Mail mit Viruswarnung erhalten, ist es oftmals sehr schwer festzustellen, ob es sich dabei um eine ernste Warnung oder nur einen schlechten Scherz handelt, da viele dieser Warnungen echt erscheinen

Nicht selten stellt sich die ganze Sache dann als schlechter Scherz, also als Hoax heraus, da es den beschriebenen Virus nie gab.

Die Internetseite http://hoaxbusters.ciac.org/ ist eine empfehlenswerte Anlaufstelle, wenn Sie sich näher über Hoaxes informieren wollen

Unter http://hoaxbusters.ciac.org/ können Sie sich einmal anschauen, auf welche „pfiffigen" Einfälle die Verfasser solcher Hoaxes bereits gekommen sind.

Siehe auch: Virus

Home

{Aussprache: Hohm}

„Nach Hause", zurück zur Hauptseite

Üblicherweise finden Sie mit *Home* bezeichnete Schalter oder Links auf Webseiten im Internet, wobei das Anklicken des entsprechenden Buttons oder Links Sie auf die Hauptseite des jeweiligen Angebots zurückführt.

Besonders nützlich ist solch ein Home-Schalter oder -Link beim Surfen dann, wenn man sich bereits durch die unterschiedlichsten Seiten einer Webseite geklickt hat und einfach schnell wieder auf die Hauptseite (in der Regel die Übersichtsseite) zurück will.

Siehe auch: Homepage

Homebanking

{Aussprache: Houmbänking}

Bankgeschäfte von zu Hause

Homebanking ist ein allgemeiner Begriff für alle Arten von Bankgeschäften, bei denen man nicht in eine Bankfiliale gehen muss, sondern die man bequem von zu Hause aus erledigen kann. Dabei stehen verschiedene Kommmunikationsmöglichkeiten wie etwa eine Telefon-Hotline zum Callcenter der Bank oder die Erledigung der Bankgeschäfte per Computer und Onlineverbindung zur Auswahl.

Für Internetbenutzer ist natürlich die Onlinekontoführung besonders interessant. Sie ermöglicht es, die meisten Konto-Funktionen wie etwa Kontoauszüge, Überweisungen oder Daueraufträge von zu Hause aus und unabhängig von den Öffnungszeiten der Bank auszuführen. Auch für Aktienspekulanten ist das Homebanking sehr praktisch, da sich meist auch das Aktiendepot komplett online verwalten lässt, d. h., Aktien können jederzeit von zu Hause gekauft und verkauft werden.

In Deutschland hat das Homebanking schon vor vielen Jahren mit den Banking-Funktionen von Btx begonnen. Inzwischen wird Onlinebanking fast ausschließlich über das Internet bzw. Onlinedienste abgewickelt. Teilweise ist dabei spezielle Software erforderlich, aber bei den meisten Banken reicht inzwischen ein Webbrowser. Die Verwaltung von Konten und Depots erfolgt dann per dynamisch erzeugter Webseiten oder mittels eines Java-Applets, das im Browser ausgeführt wird.

Homepage

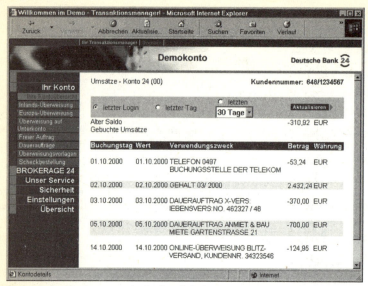

Beim Homebanking kann man seine Bankgeschäfte bequem per Internet erledigen

Siehe auch: Onlinebanking

Homepage

{Aussprache Hohm Päitsch}

Hauptseite eines Internetangebots

Eine eigene Homepage zu haben gehört neben der eigenen E-Mail-Adresse fast schon zu einer Selbstverständlichkeit, einer Art Statussymbol um anzuzeigen, dass man auch computertechnisch auf dem neusten Stand ist. Oftmals handelt es sich dann jedoch lediglich um eine Kurzvorstellung der Person, die Auflistung von Hobbys, einige mehr oder weniger schöne Grafiken und ein paar herzergreifende Texte im Sinne von „Und hier sehen Sie mich mit meinem Pudel Lassie, der leider vor zwei Jahren verstorben ist". Doch egal, man hat seine eigene Homepage, was im Deutschen so viel wie Heimseite bedeutet, wobei sich jedoch wie so oft der englische Ausdruck auch hier durchgesetzt hat.

Kostenloser Webspace für eine Homepage und immer einfacher zu bedienende Software zum Erstellen von Internetseiten, auch ohne entsprechende HTML-Kenntnisse, führten dazu, dass heute praktisch jeder, der eine Homepage haben will, sich ohne größere Schwierigkeiten auch eine Homepage „zusammenbasteln" kann. Dies hat zur Folge, dass eine ganze Reihe der Seiten zwar mehr oder weniger originell sind, aber hinsichtlich „handwerklicher" Gesichtspunkte, also Fonts, Hintergrundbilder, Auflösung etc. doch sehr viel zu wünschen übrig lassen.

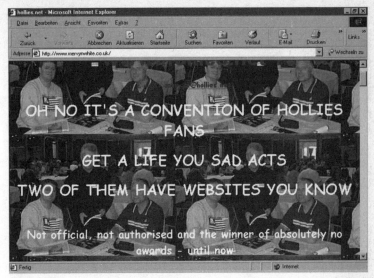

So manche Homepage bietet dem Auge des Betrachers mangels Designkenntnissen mehr Qual als Freude

Vielfach wird die Bezeichnung Homepage einfach auf das komplette Angebot einer Website angewandt, d. h. auch auf eventuell vorhandene Unterseiten, die durch Anklicken so genannter Links erreicht werden können.

Dies entspricht nicht dem ursprünglichen Gedanken einer Homepage, die nur die jeweilige Start- oder Inhaltsseite eines Internetangebotes umfasste, von der aus dann zu anderen Webseiten verzweigt werden kann.

Siehe auch: HTML, HTML-Editor, HTML-Wizard, Link, Webspace, Website,

home.pages.de

Bei home.pages.de handelt es sich um einen interessanten Service, den Sie im Internet unter eben dieser Adresse finden können.

Hintergrund ist die Tatsache, dass private Homepages oftmals (insbesondere bei Onlinediensten wie T-Online oder AOL) sehr lange und schwer zu merkende Adressen haben. Hier nun setzt home.pages.de an, indem man die Homepages dort anmelden kann und eine vereinfachte (neue) Adresse für die Webseite erhält, normalerweise in der Form *http://home.pages.de/Name/*

Hierbei wird Ihnen jedoch nicht etwa neuer oder zusätzlicher Speicherplatz für Ihre Homepage zur Verfügung gestellt, sondern home.pages.de fungiert als eine Art virtueller Homepage-Server, der bei einem Aufruf der Homepage diesen automatisch an die echte (schwer zu merkende) Adresse weiterleitet.

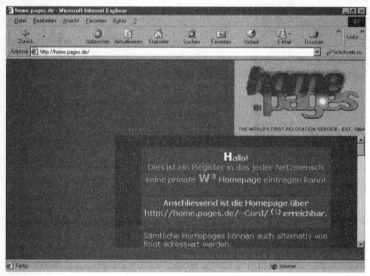

Optisch weitgehend unspektakulär, bietet home.pages.de die Möglichkeit, eine vereinfachte Adresse für Ihre Homepage zu erhalten

Siehe auch: Homepage, Webspace

Hop

Wenn ein Datenpaket von einem Router zum nächsten transportiert wird, nennt man diesen Transfer Hop.

Grundsätzlich gilt: Je mehr Hops ein Paket auf seinem Wege zum Ziel macht, d. h. je mehr Router es passieren muss, desto länger dauert die Übertragung.

Siehe auch: Router

Host

Leistungsstarker Rechner

Host ist die englische Bezeichnung für Gastgeber und bezeichnet in der Computersprache einen leistungsfähigen Rechner, meist einen Großrechner, der aufgrund seiner hohen Leistungsfähigkeit anderen angeschlossenen Rechnern Ressourcen wie Rechenzeit, Speicherkapazität oder Daten zur Verfügung stellt.

Hotbot

{Aussprache: Hottbott}

Hotbot gehört schon seit längerem zu den erfolgreichsten Suchmaschinen in den USA. Sie wurde 1996 entwickelt und basiert auf der Technologie und Datenbank von Inktomi. 1998 wurde die Betreiberfirma von Lycos aufgekauft. Seit

Hotbot

2001 ist Hotbot auch in verschiedenen nationalen Varianten verfügbar, unter anderem auch mit einer deutschsprachigen Oberfläche. Gemeinsam mit dem Internetportal Lycos.de und dem Webkatalog Fireball.de rundet Hotbot das Internetpaket von Lycos Europe ab.

Hotbot ist eine reine Suchmaschine, d. h., sie bietet nicht wie einige andere Suchmaschinen alternativ einen thematisch sortierten Katalog an. Wenn man das will, findet man aber Links auf die Partnerseiten unter http://www.lycos.de oder http://www.fireball.de. Dafür bietet Hotbot eine sehr flexible Suche an, bei der sich alle Parameter über eine intuitive Oberfläche einstellen lassen. Das Hantieren mit Suchoperatoren ist somit überflüssig. Hier könnten sich andere Suchmaschinen durchaus ein Beispiel nehmen. Zusätzlich hat man bei Hotbot die Möglichkeit, das Suchergebnis durch verschiedene Vorgaben zu beeinflussen. So kann man die Suche etwa auf die letzte Woche oder den letzten Monat beschränken, um nur aktuelle Ergebnisse zu erhalten. Auch die gezielte Suche nach Multimediainhalten wie Bildern, Videos oder MP3s ist möglich. Um die Suchmaschine zu benutzen, besucht man den Link http://www.hotbot.lycos.de. Das etwas kürzere http://www.hotbot.com führt aber auch zum Ziel, wobei bei einer deutschen Browserversion automatisch die deutschsprachige Oberfläche aktiviert wird.

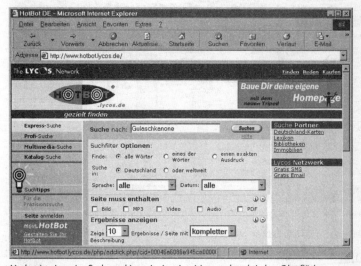

Hotbot ist eine reine Suchmaschine mit einer intuitiven und praktischen Oberfläche

Siehe auch: Lycos, Suchmaschine

HotMetal

{Aussprache: Hott-Mättel}

HotMetal ist einer der bekanntesten HTML-Editoren zum Erstellen und Bearbeiten von Webseiten. In neueren Versionen bietet er darüber hinaus auch Verwaltungsfunktionen für komplette Webangebote und Zusatzprogramme z. B. zum Erstellen von passenden Webgrafiken. HotMetal war eines der ersten Programme, die das Bearbeiten von Webseiten sowohl im HTML-Quellcode als auch in einer WYSIWYG-Ansicht der Seite ermöglichten. Während der Arbeit kann man jederzeit zwischen diesen beiden Arbeitsmodi hin- und herschalten, je nachdem, welche für die anstehende Aufgabe besser geeignet ist. Inzwischen bieten viele HTML-Editoren diese Funktionalität. Weitere Infos zum Programm gibt's unter http://www.hotmetalpro.com. Dort kann man auch eine kostenlose Testversion des Programms herunterladen.

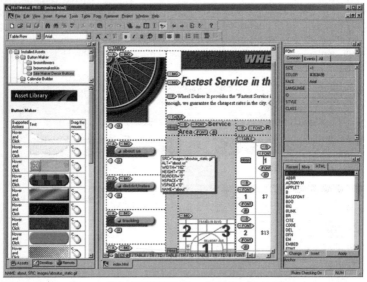

HotMetal unterstützt sowohl den WYSIWYG- als auch den Quellcode-Modus

Siehe auch: HTML-Editor, WYSIWYG

Hotlist

Liste mit Links zu Internetseiten

Als Hotlist bezeichnet man in der Internetsprache eine Liste mit Links zu ausgewählten anderen Internetseiten, die der Verfasser der Liste für besonders gelungen und „heiß" (hot) hält.

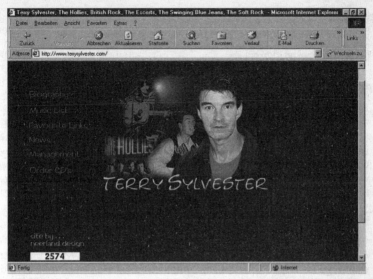

Egal, ob Hotlinks oder (wie in der Beispielabbildung) Favourite Links oder Lieblingsseiten, immer wird auf andere Webseiten verwiesen, die vom Verantwortlichen der Homepage für gut befunden wurden

Übrigens, dabei muss es sich keinesfalls um Links zu erotischen (heißen) Seiten handeln; jede Liste mit Verweisen auf andere Internetseiten, unabhängig vom Thema, wird als Hotlist bezeichnet. Ein anderer gängiger Ausdruck für Hotlist ist Linklist.

Siehe auch: Link

Hot Plugging

{Aussprache: Hot Plagging}

Anschließen von Peripheriegeräten bei laufendem Rechner

Eine der am häufigsten zu lesenden Warnungen auf den Beipackzetteln und Bedienungsanleitungen neuer Hardware ist, dass man auf keinen Fall das entsprechende Gerät bei laufendem Computer anschließen oder abkoppeln darf. Vielmehr wird man ausdrücklich angehalten, den Rechner auszuschalten und erst dann das Gerät, Drucker, Steckkarte etc. ein- oder auszustöpseln.

Wer sich an diese Warnungen nicht hält, sondern ohne Rücksicht auf Verluste die Hardware anschließt, der betreibt Hot plugging, abgeleitet von „hot" (dt. heiß) und „plug" (dt. Stöpsel, Stecker), also das Einstöpseln von Hardware bei laufendem, „heißem" Rechner.

> **Hinweis:** Auch wenn Ihnen angeblich erfahrene Anwender versichern sollten, dass Sie Hot plugging gefahrlos durchführen können, sollten Sie deren Meinung in diesem Fall nicht folgen. Schalten Sie den Rechner sicherheitshalber immer ab, bevor Sie ein Peripheriegerät an- oder abkoppeln.

HPGL/2 [Hewlett Packard Graphics Language 2]

HPGL ist eine Beschreibungssprache, die von der Firma Hewlett Packard als Datenformat für ihre Plotter entwickelt wurde. Sie enthält keine Grafik im eigentlichen Sinn, sondern Anweisungen an einen Plotter, wie die Grafik zu zeichnen ist. HPGL hat sich zu einem Standardaustausch-Format im CAD-Bereich entwickelt, wo die Programme verschiedener Hersteller meist eigene Formate verwenden. Hier dient HPGL bzw. das neuere HPGL/2 als allgemeines Austauschformat zwischen unterschiedlichen Anwendungen.

HTH [Hope This Helps]

„Hoffentlich hilft Dir das" (Slang)

Als weiteres Akronym, vorwiegend bei englischsprachigen E-Mails eingesetzt, steht HTH für Hope This Helps, im Deutschen so viel wie „ich hoffe, dies ist dir von Nutzen".

Üblicherweise findet sich HTH im Anschluss an die Übermittlung von bestimmten Informationen, um die gebeten wurde.

Siehe auch: Chatslang

HTM

Dateiendung für HTML-Dateien

Webseiten bestehen prinzipiell aus einer Datei, die den grundlegenden HTML-Code enthält, der die Seite beschreibt. Wie bei allen anderen Arten von Dateien gibt es für solche HTML-Dateien eine standardisierte Endung, an der man sie sofort erkennen kann. Normalerweise lautet die naheliegende Endung *.hmtl*. Allerdings ist auch die kürzere Form *.htm* gebräuchlich. Das liegt an der alten 8.3-Namenskonvention von MS-DOS, nach der ein Dateiname aus acht Zeichen für den Namen, einem Punkt (.) und drei Zeichen für die Dateiendung bestehen musste. Da der Siegeszug des Webs schon zu einer Zeit begann, wo noch viele PCs mit MS-DOS- und Windows-3.1x-Betriebssystem dieser Beschränkung unterlagen, bürgerte sich diese alternative Namensendung ein.

In der Praxis muss man den kleinen, aber feinen Unterschied zwischen *.htm* und *.html* beachten, wenn man etwa Webadressen bis zu einer konkreten Datei angibt. *index.htm* und *index.html* ist eben nicht das Gleiche. Allerdings verfügen neuere Webbrowser teilweise über Funktionen, die solche Irrtümer kompensieren können.

Siehe auch: HTML

HTML [HyperText Markup Language]

{Aussprache: Heipertext-Markap-Längwitsch}

Seitenbeschreibungssprache für das World Wide Web

Die Hyper Text Markup Language HTML ist die Seitenbeschreibungssprache, in der Webseiten verfasst sind. Eine Beschreibungssprache führt im Gegensatz zu einer Formatierungssprache nicht zu einem punktgenauen Layout, sondern definiert lediglich das grundsätzliche Erscheinungsbild von bestimmten Dokumentteilen. Wenn ein Wort z. B. fett gedruckt erscheinen soll, wird es mit der Beschreibung „Fettdruck" versehen. Der Browser, mit dem man das Dokument dann betrachtet, analysiert diese Beschreibung und interpretiert sie entsprechend seinen Voraussetzungen. Nur so ist es möglich, ein und dasselbe Dokument auf einer Vielzahl von Hardwareplattformen vom PC-Bildschirm bis zum Mini-Handy-Display so darzustellen, dass sein grundlegendes Aussehen überall gleich ist.

Webseiten bestehen aus solchen HTML-Dateien, die von einem Webbrowser geladen, interpretiert und in eine Bildschirmdarstellung umgesetzt werden. Solche HTML-Dateien sind im Prinzip einfache Textdateien, die neben dem eigentlichen Textinhalt bestimmte Formatierungsanweisungen enthalten. Diese Formatierungsanweisungen enthalten die Beschreibungen für die einzelnen Textteile. Sie bestehen aus so genannten Tags (engl. für Marken), die jeweils von einer öffnenden < und einer schließenden > spitzen Klammer eingeschlossen sind. Da die meisten Formatierungen einen Anfang und ein Ende haben, gibt es Start- und Ende-Tags. Sie unterscheiden sich durch ein zusätzliches/vor dem Ende-Tag. Ein Beispiel zur Verdeutlichung des Prinzips:

Der Start-Tag <B> markiert den folgenden Text als fett gedruckt (englisch Bold). Der Ende-Tag </B> beendet diese Markierung wieder. Der Text zwischen den beiden Tags steht wird also fett gedruckt dargestellt, der Text davor und danach normal. Der HTML-Text

```
Dieser Text wird <B> fett </B> dargestellt.
```

würden im Webbrowser folgendermaßen ausgegeben werden:

Dieser Text wird **fett** dargestellt.

Solche HTML-Tags sind beliebig kombinierbar. So können wir obiges Beispiel so abändern, dass der gesamte Satz fett und nur das Wort „fett" kursiv dargestellt wird. Dazu verwenden wir zusätzlich den HTML-Tag <I> für kursive Textdarstellung (Italics):

```
<B>Dieser Text wird <I>fett</I> dargestellt.</B>
```

ergibt:

Dieser Text wird *fett* dargestellt.

Nicht alle Tags haben auch ein Ende-Tag. Einige Tags werden nicht zum Markieren verwendet, sondern zum Einfügen spezieller Layout-Elemente wie z. B. von Bildern. Diese werden dann vom Webbrowser an der Stelle dieses Tags in die fertige Webseite eingefügt. Ein einfaches Beispiel für ein endeloses Tag ist <HR>. Es fügt an der vorgesehenen Stelle eine horizontale Linie als optisches Trennelement in ein HTML-Dokument ein.

So sieht der HTML-Quellcode aus, aus dem dann Webseiten erstellt werden

HTML detailliert darzustellen füllt alleine (mindestens) ein ganzes Buch. Deshalb wollen wir hier nicht näher auf die einzelnen Sprachelemente eingehen. Wenn Sie mehr wissen (und kein Buch kaufen) wollen, finden Sie unter http://www.teamone.de/selfhtml eine sehr gute Onlineeinführung in das Thema, die man sich übrigens auch herunterladen und lokal benutzen kann.

Siehe auch: HTTP, Webbrowser, Webserver

HTML-Editor

{Aussprache: HTML-Äditer}

Bearbeitungsprogramm für HTML-Dateien

Webseiten werden in der Seitenbeschreibungssprache HTML erstellt. Die entsprechenden HTML-Dateien sind einfache Textdateien, die mit jedem Text-Editor bearbeitet werden können. Dazu muss man allerdings die HTML-Sprache ganz genau beherrschen. HTML-Editoren sind hier die komfortablere Lösung, da Sie den Benutzer beim Formatieren der Seite und beim Einfügen von HTML-

Elementen optimal unterstützen. Dabei unterscheidet man grundsätzlich zwei Ansätze:

Reine HTML-Editoren sind wirklich nur eine Eingabehilfe für HTML-Quellcode. Sie erleichtern es dem Benutzer, HTML-Elemente einzufügen und korrekt zu verwenden. Im Gegensatz zu einem Texteditor muss man hier nicht alle HTML-Tags von Hand eingeben, sondern kann sie bequem aus Menüs auswählen. So muss man nicht alles auswendig beherrschen und kann weniger Fehler machen. Darüber hinaus enthalten solche Programme meist Syntax-Überprüfungen und Funktionen zum Optimieren des Quellcodes.

Die Alternative sind WYSIWYG-Editoren, bei denen der Benutzer sich gar nicht mit HTML-Elementen herumschlagen muss. Stattdessen gestaltet er die Seite einfach genau so, wie sie später im Webbrowser aussehen soll. Dazu kann er Text einfügen, formatieren und layouten, Bilder einfügen, Farben wählen usw. Auch hier entstehen letztlich HTML-Dateien, aber der Quellcode dafür wird von WYSIWYG-Programm aus den Vorgaben des Benutzers automatisch erstellt. Dieser Ansatz ist natürlich erheblich komfortabler. Andererseits kann man so die vollen Möglichkeiten von HTML nicht immer ausnutzen, da man stets auf die HTML-Konstrukte beschränkt ist, die der Editor erzeugen kann. Bei komplexen Konstruktionen, z. B. mit verschachtelten Tabellen oder Frames, machen solche Programme schon mal schlapp.

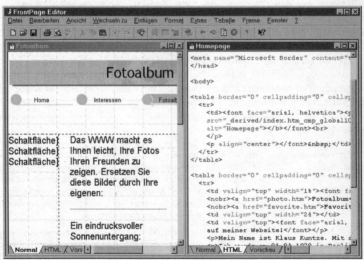

Moderne HTML-Editoren bieten WYSIWYG- und Quellcode-Ansicht gleichzeitig

In der Praxis hat sich eine Mischung aus beiden Ansätzen bewährt. Programme wie FrontPage, Dreamweaver oder HotMetal bieten sowohl eine WYSIWYG- als auch eine Quellcode-Ansicht, zwischen denen sich nach belieben umschalten lässt. So kann man beispielsweise die grobe Arbeit komfortabel im WYSIWYG-Modus vornehmen und eventuell nötige Feinarbeiten durch die direkte Bearbeitung des Quellcodes erledigen.

Siehe auch: HTML, WYSIWYG

HTML-Mail

{Aussprache: HTML-Mäil}

E-Mail-Nachricht mit HTML-Formatierungen

Früher bestanden E-Mails grundsätzlich aus einfacher schwarzer Schrift auf weißem Hintergrund (oder auch Weiß auf Schwarz, je nach Bildschirmeinstellung). Heute muss man sich nicht mehr darauf beschränken. Man kann E-Mails ähnlich wie Textverarbeitungsdokumente formatieren, verschiedene Schriftarten verwenden, Bilder einfügen oder das Ganze mit einem hübschen Hintergrund unterlegen. Dazu benötigt man lediglich ein E-Mail-Programm, das dazu in der Lage ist, was bei den meisten aktuellen Programmen der Fall ist. Sie verwenden in den meisten Fällen das HTML-Format, in dem auch Webseiten formatiert werden. Es ermöglicht die wichtigsten Formatierungsfunktionen, die für E-Mail in der Regel ausreichen.

Wenn Sie selbst eine HTML-Mail erhalten, stellt das E-Mail-Programm sie automatisch mit den Formatierungen dar oder startet einen Webbrowser zum Anzeigen der Nachricht. Bei manchen E-Mail-Anwendungen kann man das Anzeigen der HTML-Elemente allerdings auch aus Sicherheitsgründen (s. u.) unterbinden. Zum Erstellen einer HTML-Mail muss man bei den meisten Programmen ausdrücklich den HTML-Modus aktivieren. Nur dann stehen Formatierungsmöglichkeiten z. B. über eine zusätzlich Symbolleiste zur Verfügung. Bei Anwendungen wie etwa Outlook Express kann man HTML-Mail aber auch zur grundsätzlichen Voreinstellung machen.

> **Kann jeder solche E-Mails lesen?**
>
> E-Mails mit HTML-Formatierungen kann man nur lesen, wenn man ein E-Mail-Programm verwendet, das HTML beherrscht. Alle anderen Programme stellen statt des Inhalts den HTML-Quelltext dar, der kaum lesbar ist. Deshalb sollten man stets sicherstellen, dass der Empfänger auch HTML-Mails lesen kann. Am besten schickt man nur solchen Kommunikationspartnern HTML-Mails, die etwas damit anfangen können und wollen. Manche Teilnehmer möchten auch keine HTML-Mails empfangen, da diese durch mögliche aktive Inhalte ein erhöhtes Risiko darstellen.
>
> Am besten ist es, wenn man jedem Empfänger die Nachricht in dem Format zuschickt, das er lesen kann und will. Das kann man ja zuvor durch eine Nachfrage herausfinden. Alternativ könnte man auch eine E-Mail in zwei Versionen verschicken. Als eigentlichen Inhalt der Nachricht verwendet man einen einfachen Text, den jeder lesen kann. Zusätzlich schickt man als Dateianhang eine HTML-Version mit. Die kann jeder per Mausklick in seinem Webbrowser öffnen und sich so die „schönere" Version anschauen. Im Zweifelsfall sollte man lieber immer die einfache Textversion verschicken, denn die kann garantiert jeder lesen, der ein E-Mail-Programm verwendet.

Mit HTML formatierte E-Mail-Nachrichten können neben statischen Informationen wie Texten und Bildern auch dynamische Effekte oder interaktive Komponenten (z. B. JavaScript) umfassen. Solche aktiven Inhalte werden nicht auf dem Server, sondern auf dem Rechner des Benutzers ausgeführt und sind deshalb ein potenzielles Sicherheitsproblem. Besonders bei Outlook Express gibt es aufgrund der starken Integration mit dem Betriebssystem immer wieder Probleme mit E-Mail-Viren. Aus diesem Grund lehnen viele Benutzer das Empfangen von HTML-Nachrichten ab. Aus demselben Grund sollte man sich auch selbst Gedanken darüber machen, ob man alle HTML-Mails bedenkenlos in Empfang nehmen kann. Bei Outlook Express empfiehlt es sich, in den Einstellungen unter *Sicherheit* die sicherste Zone für E-Mails auszuwählen, um kein Risiko einzugehen. Dann bleiben die Formatierungen der Nachrichten erhalten, zusätzliche Komponenten wie etwa JavaScript werden aber nicht ausgeführt.

Siehe auch: Aktive Inhalte, E-Mail, HTML, Sicherheit im Internet

HTML-Newsletter

Bei Newslettern, also regelmäßig per E-Mail zugesandten Informationen und Nachrichten, hat man inzwischen häufig die Möglichkeit, sich zwischen einer reinen Textversion und einer HTML-Fassung zu entscheiden. Die reine Textversion ist kompakter, liest sich dafür aber weniger komfortabel. Die HTML-Fassung ist bei gleichem Inhalt umfangreicher, bietet dafür aber mehr Lesespaß. Außerdem hat man bei HTML-Newslettern die Möglichkeit, z. B. auf enthaltene Links einfach zu klicken, um sie im Webbrowser anzeigen zu lassen. Letztlich ist das Ganze aber einfach eine Geschmacksfrage bzw. hängt vielleicht auch von der Art der Informationen ab, die im Newsletter verbreitet werden. Wenn Ihr E-Mail-Programm allerdings keine HTML-Mails unterstützt, sollten Sie sich auf jeden Fall die Textfassung zuschicken lassen.

Siehe auch: HTML-Mail, Newsletter

HTML-Sonderzeichen

Bei der Übertragung von HTML-Dateien im Internet werden leider nicht alle Zeichen korrekt weitergereicht. Die Internetprotokolle basieren auf dem ASCII-Zeichensatz. Er ordnet jedem Zeichen eine Zahl zwischen 0 und 127 zu. Zeichen, die nicht zu diesen 128 gehören, werden beim Transport durchs Internet oft willkürlich durch ASCII-Zeichen ersetzt oder ganz unterschlagen. Um ein Nicht-ASCII-Zeichen sicher durchs Internet zu transportieren, muss es durch eine spezielle Kodierung aus ASCII-Zeichen ersetzt werden. Diese Kodierung besteht aus einer bestimmten Kombination von gültigen ASCII-Zeichen. Sie beginnen stets mit dem Zeichen &, an dem jeder Browser erkennt, dass die folgenden Zeichen als Code für ein Sonderzeichen interpretiert werden müssen. Anschließend folgt der eigentlicher Code, der mit einem ; beschlossen wird. Der Code für den deutschen Umlaut ä beispielsweise lautet demzufolge ä.

Diese Kodierung wird an den entsprechenden Textstellen anstelle des Sonderzeichens direkt eingefügt. Aus

```
Mönchshügel
```

wird also

```
M&ouml;nchsh&uuml;gel.
```

Im Quellcode ist das ziemlich umständlich zu lesen, aber dafür wird die Seite dann im Browser korrekt dargestellt. Die folgende Tabelle zeigt die wichtigsten Sonderzeichen und ihre Kodierung:

Zeichen	Kodierung	Zeichen	Kodierung
ä	&auml;	ò	&ograve;
Ä	&Auml;	ô	&ocirc;
á	&aacute;	ü	&uuml;
à	&agrave;	Ü	&Uuml;
â	&acirc;	ú	&uacute;
é	&eacute;	ù	&ugrave;
è	&egrave;	û	&ucirc;
ê	&ecirc;	ß	&szlig;
ö	&ouml;	&	&amp;
Ö	&Ouml;	>	&gt;
ó	&oacute;	<	&lt;

Sonderzeichen ständig durch die aufwendige Kodierungen zu ersetzen ist sehr mühsam. Fast alle HTML-Editoren nehmen Ihnen diese Aufgabe ab. Hier können Sie Sonderzeichen wie üblich eintippen. Der Editor ersetzt es im HTML-Quellcode automatisch durch die richtige Kodierung. Nur wenn Sie selbst den HTML-Quellcode direkt bearbeiten, müssen Sie auf die richtige Kodierung der Sonderzeichen achten.

Siehe auch: ASCII, HTML, Zeichensatz.

HTML-Tidy

{Aussprache: HTML-Teidi}

Das Erstellen von korrektem HTML-Code ist nicht ganz einfach, weil es dabei viele Details zu beachten gibt und die HTML-Dateien meist auch recht unübersichtlich sind. Verwendet man einen WYSIWYG-Editor, hat man dieses Problem nicht, weil der Editor den HTML-Code automatisch erzeugt und dabei immer (mehr oder weniger) richtig liegt. Arbeitet man jedoch selbst am HTML-Quelltext, kann man schnell Fehler machen, die man noch dazu nicht unbedingt immer gleich bemerkt.

In solchen Fällen ist das Tool HTML-Tidy eine große Hilfe. Dabei handelt es sich um einen Syntax-Checker, der die syntaktische Struktur des HTML-Quellcodes analysiert, auf Fehler hin durchsucht und diese Fehler auch gleich korrigieren kann. So kann man seine Seiten z. B. vor der Veröffentlichung überprüfen lassen, um fehlerfreie Webseiten zu erhalten, die von allen Webbrowsern möglichst optimal dargestellt werden.

HTML-Tidy ist kostenlose Freeware und für fast alle Hardwareplattformen erhältlich. Unter http://www.w3.org/People/Raggett/tidy/ kann man es kostenlos herunterladen. Über eine Konfigurationsdatei kann das Verhalten von HTML-Tidy sehr flexibel eingestellt werden. Darin kann man sogar neue eigene Tags definieren, die HTML-Tidy dann als korrekte Sprachelemente durchgehen lässt. Neben der Einzelversion besteht auch die Möglichkeit, HTML-Tidy als Syntax-Checker in einen HTML-Editor einzubinden. Von dieser Möglichkeit machen viele Free- und Sharewareprodukte in diesem Bereich Gebrauch und sogar in einigen kommerziellen Editoren findet sich HTML-Tidy wieder.

Siehe auch: HTML, HTML-Editor

HTTP [HyperText Transfer Protocol]

Hypertext-Übertragungsprotokoll

Das Hypertext Transfer Protocol, also Hypertext-Übertragungsprotokoll (vielleicht verstehen Sie angesichts der Wortlänge jetzt, warum Abkürzungen in der Internetsprache so populär sind) gehört zur Familie der TCP/IP-Protokolle, die vereinfacht gesagt die Datenübertragung im Internet regelt.

HTTP kümmert sich hierbei um die Übertragung von HTML-Dokumenten, d. h., wann immer Sie surfen, sorgt das Hypertext Transfer Protocol dafür, dass Sie auch all die Texte, Grafiken, Symbole etc., sprich die Internetseiten, die Sie sehen wollen, auch tatsächlich korrekt auf Ihrem Rechner finden.

Manchmal werden Sie bei Hinweisen auf Internetadressen noch sehen, dass diese mit *http://* beginnen, worauf dann das mittlerweile gewohnte Format wie *www.beispiel.de* folgt, ein Hinweis darauf, dass die betreffende Internetseite mittels HTTP auf Ihren Rechner geladen wird.

Bei modernen Browsern jedoch ist die Eingabe von *http://* nicht notwendig, da dieser Teil der Internetadresse von der Software automatisch ergänzt wird.

Siehe auch: TCP/IP

HTTPS [HyperText Transfer Protocol Secure]

Sicheres HTTP

Entsprechend der Erweiterung S (für secure, dt. sicher) handelt es sich bei HTTPS um eine Erweiterung des HTTP (HyperText Transfer Protocol), wobei eine mit SSL (Secure Socket Layer) bewerkstelligte Verschlüsselung integriert ist.

Es handelt sich somit um ein Protokoll, das eine sichere Datenübertragung zwischen Server und Browser ermöglicht.

Siehe auch: HTTP, SSL

Hub

{Aussprache: Hap}

Ein Hub ist allgemein gesprochen ein zentraler Verbindungspunkt in einem Netzwerk, der eine Reihe von Endpunkten (z. B. ans Netz angeschlossene PCs) sternförmig zu einem Netz oder Teilnetz zusammenfasst. Alle Datenverbindungen in diesem Teilnetz laufen über den Hub, da es zwischen den vernetzten Rechnern keine unmittelbaren Verbindungen gibt. Demzufolge müssen sich die angeschlossenen Rechner die Kapazität des Hub teilen, d. h., je mehr Rechner gleichzeitig Daten übertragen, desto geringer ist der Datendurchsatz der einzelnen Verbindungen. Durch das Verbinden mehrerer Hubs untereinander kann man mehrere Teilnetze zu einem größeren Netzwerk zusammenfassen.

In einem Ethernet-Netzwerk wird immer dann ein Hub (oder alternativ ein Switch) gebraucht, wenn man mehr als zwei PCs vernetzen will. Ethernet-Hubs sind mehr oder weniger kleine schwarze Kästen mit einer entsprechend großen Zahl an Netzwerkanschlüssen und verteilen die Datenpakete in einem Netzwerk automatisch. Bei der Auswahl eines Hubs muss man darauf achten, dass er zu den Fähigkeiten der Netzwerkkarten passt. Dies gilt insbesondere für die Übertragungskapazität (10 MBit/s oder 100 MBit/s) und den Duplex-Modus (Halbduplex oder Vollduplex). Nicht aufeinander abgestimmte Komponenten sind teilweise unverträglich oder nutzen ihre Leistungsfähigkeit zumindest nicht voll aus.

Siehe auch: Ethernet

Hybridvirus

{Aussprache: Haibrid Vairus}

Bei einem Hybridvirus handelt es sich um eine spezielle Art von Virus, der im Stile eines Bootsektor-Virus sich einerseits im Bootsektor von Festplatten und Disketten einnistet, andererseits aber auch zusätzlich „normale" Dateien und Programme infiziert. Hierdurch ist eine größtmögliche Verbreitung solcher Hybridviren zu befürchten.

Siehe auch: AntiVirus-Programme, Bootsektor-Virus, Virus

HyperText Markup Language

{Aussprache: Heipertext Markapp Längwitch}

Siehe: HTML

IANAL [I Am Not A Lawyer]

„Ich bin kein Rechtsanwalt" (Slang)

Vorwiegend bei E-Mails und Chats verwendet, bedeutet dieser Ausspruch in Bezug auf juristische Fragen etwa „Ich denke, dass es so ist, wie gerade gesagt wurde, aber zur Sicherheit überprüfe es nochmals, denn so ganz hundertprozentig sicher bin ich mir nicht."

Siehe auch: Chatslang

IAP [Internet Access Provider]

Internetdienstleister

Ein Internet Access Provider (IAP) ist die Bezeichnung für eine Firma, die Ihnen den Zugang zum Internet (üblicherweise gegen Gebühr) anbietet.

Weitaus gebräuchlicher ist hingegen der Ausdruck ISP mit der gleichen Bedeutung.

Siehe auch: Onlinedienst, ISP

ICANN [Internet Corporation for Assigned Names and Numbers]

{Aussprache: Aikän}

Internetvereinigung für zugewiesene Namen und Nummern

Die Internet Corporation for Assigned Names and Numbers, abgekürzt und besser bekannt als ICANN, ist eine von der US-Regierung beauftragte Vereinigung, die sich seit 1998 vorwiegend (aber nicht nur) mit der Vergabe von IP-Adressen und der Aufsicht über das Domain Name System beschäftigt.

Im Oktober 2000 wurde ICANN schlagartig einem größeren Kreis bekannt, als von ihr die Entscheidung über die neuen Top Level Domains bekannt gegeben wurde.

ICQ

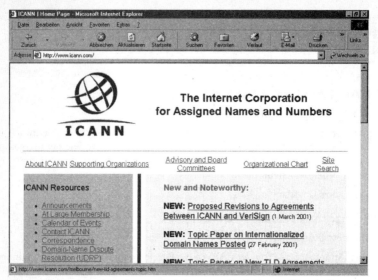

Die ICANN-Homepage (www.icann.org) mit den neusten Nachrichten und Entscheidungen zum Thema Internetdomains

Siehe auch: DNS, IP-Adresse, Top Level Domain

ICQ [I Seek You]

{Aussprache: Ei-Siek-Ju}

Eines der derzeit populärsten Internetprogramme im Bereich Instant Messaging ist ICQ. Diese drei Buchstaben werden auf Englisch in etwa so ausgesprochen wie die Worte „I seek you", was auf Deutsch so viel wie „Ich suche dich" heißt. Dieser Name ist Programm, denn ICQ ist ein sehr hilfreiches Programm, um mit Bekannten und Freunden weltweit in Kontakt zu kommen bzw. zu bleiben. Als ICQ-Benutzer registrieren Sie sich auf dem ICQ-Server. Wenn Sie mit dem ICQ-Programm online gehen, meldet dieses Sie beim Server an. Dieser hat also jederzeit den Überblick, welche der ICQ-Mitglieder gerade online oder offline sind.

Mit dem ICQ-Programm können Sie ein Adressbuch mit Ihren Bekannten, Freunden, Kollegen usw. führen. Sowie Sie selbst online gehen, teilt Ihnen ICQ mit, welche der im Adressbuch registrierten Personen gerade ebenfalls online sind. Mit einem Knopfdruck können Sie diesen eine kurze Nachricht zukommen lassen, einen Chat mit ihnen eröffnen oder ihnen E-Mails und Dateien übermitteln. Ihre eigene Anwesenheit wiederum wird auch den anderen auf Wunsch mitgeteilt, sodass Sie genauso für andere erreichbar sind.

Um an ICQ teilnehmen zu können, benötigen Sie die ICQ-Clientsoftware. Sie können sie auf dem ICQ-Webserver unter http://www.icq.com kostenlos herunterladen.

Das ICQ-Programm bringt Sie blitzschnell in Kontakt mit Ihren Onlinebekannten

> **ICQ in deutscher Sprache**
>
> Standardmäßig ist ICQ ein englischsprachiges Programm, d. h., die gesamte Oberfläche, Menüs, Einstellungen und Beschreibungstexte sind in Englisch gehalten. Es gibt inzwischen aber eine Möglichkeit, auch eine deutschsprachige Oberfläche zu bekommen. Dazu müssen Sie lediglich zusätzlich zu ICQ die Software LingoWare installieren. Diese kann ebenfalls kostenlos unter http://www.lingoware.com oder über die Downloadseite des ICQ-Webservers heruntergeladen werden. LingoWare ersetzt die englischen Texte in der ICQ-Oberfläche während der Laufzeit durch deutschsprachige. Das klappt zwar nimmt immer hundertprozentig perfekt, aber wenn man des Englischen nicht so mächtig ist, hilft das auf alle Fälle enorm weiter.

Das Grundprinzip von ICQ ist, dass alle Benutzer und bestimmte Daten über sie auf den zentralen ICQ-Servern registriert sind. Nur so ist es möglich, Informationen über andere Benutzer und deren Onlinestatus zu erhalten. Bevor Sie selbst ICQ benutzen können, müssen Sie sich deshalb als Benutzer registrieren lassen. Dazu geben Sie verschiedene persönliche Informationen wie E-Mail-Adressen, Alter, Herkunftsland etc. an, wobei nur wenige Angaben obligatorisch sind. Allzu persönliche Informationen können Sie für sich behalten. Je mehr Sie von sich selbst verraten, desto leichter wird es aber, Gleichgesinnte zu finden und von diesen gefunden zu werden.

Siehe auch: Instant Messaging

IIRC [If I Remember Correctly]

Wenn ich mich richtig erinnere (Slang)

Bei IIRC handelt es sich um eine beim Chat, aber auch bei E-Mails übliche Abkürzung von **I**f **I R**emember **C**orrectly, also „Wenn ich mich richtig erinnere".

Dabei ist üblicherweise der etwas zweifelnde Unterton nicht angebracht, da von einem guten Gedächtnis dess IIRC-Anwenders ausgegangen werden kann.

Siehe auch: Chatslang

IIS [Internet Information Server]

Der Internet Information Server IIS ist Microsofts Versuch, auf dem Markt für Webserver Fuß zu fassen und etablierten Konkurrenten wie insbesondere dem Apache-Webserver Marktanteile abzujagen. Die Bezeichnung Marktanteil ist dabei etwas irreführend, weil der Apache-Server als Open Source-Projekt kostenlos ist, während der IIS von Microsoft nur gegen Geld zu haben ist. Ob er deswegen auch besser ist, darüber wird immer wieder heiß gestritten. Tatsache bleibt, dass der Apache-Webserver nach wie vor eindeutig die Nase vorn hat und mit Abstand die meisten Webangebote auf einem Apache-Server gehostet werden. Trotzdem hat der IIS inzwischen auch einen nicht unerheblichen Marktanteil. Er kann als einzelnes Produkt erworben werden, gehört aber auch zum Lieferumfang verschiedener Profi-Versionen von Windows NT bzw. Windows 2000.

Siehe auch: Apache-Server, Microsoft, Windows, Webserver

Image Map

{Aussprache: Immätsch-Mäpp}

Verweis-sensitive Grafiken

Mit der Image Map-Technologie kann man eine Grafik zur Navigation in einem Webangebot verwenden, indem verschiedene Bereiche des Bildes auf unterschiedliche Links verweisen und der Besucher jeweils zu dem Link geführt wird, dessen Bildbereich er anklickt. Ein einfaches Beispiel wäre die Webseite eines Reiseveranstalters, der international tätig ist. Auf der Startseite könnte er seinen Besuchern eine Weltkarte präsentieren. Je nachdem, welchen Kontinent ein Besucher anklickt, wird er in dem Bereich mit den entsprechenden Reisangeboten weitergeleitet.

Technisch werden Image Maps realisiert, indem über eine vorhandene Grafik eine Art virtuelle Schablone gelegt wird, die das Bild in unterschiedliche Bereiche unterteilt. Jedem Bereich kann ein anderer Verweis zugeordnet werden. Die Schablone wird nicht in der Grafik selbst, sondern durch begleitende HTML-Anweisungen erstellt. Diese können sich entweder in der HTML-Datei befinden, in die die Grafik eingebunden wird, oder in einer separaten Map-Datei. Zur Gestaltung der Schablone stehen drei verschiedene Formen zur Verfügung: ein Viereck (*rect*), das durch seine linken, oberen und rechten unteren Eckpunkt festgelegt wird, ein Kreis (*circle*), der durch seinen Mittelpunkt und einen Radius bestimmt wird, sowie ein Vieleck (*polygon*), dessen Position durch eine Reihe von Eckpunkten vorgegeben wird, wobei der letzte Eckpunkt automatisch wieder mit dem ersten verbunden wird. Mit diesen Formen kann man eine Grafik in fast beliebige Bereiche unterteilen. Die dabei entstehenden Grenzlinien sind nur virtuell, d. h., sie sind auf dem Bildschirm für den Benutzer nicht sichtbar.

Image Maps sind eine attraktive Navigationsmöglichkeit. Man sollte dabei aber nicht vergessen, dass sie häufig umfangreiche Grafiken erfordern, die eine hohe

Ladezeit bedeuten. Außerdem können nicht alle Benutzer Grafiken auf Ihren Displays sehen, sodass man möglichst auch eine Textalternative bieten sollte. Schließlich haben Image Maps den Nachteil, dass ihre Bedeutung gerade von unerfahrenen Surfern häufiger nicht wahrgenommen wird, weil die Grafiken im Gegensatz zu Texten äußerlich nicht gleich als Links zu erkennen sind. Wenn eine Image Map-Grafik also nicht von sich aus eindeutig auf Klick-Möglichkeiten aufmerksam macht, sollte man sie am besten mit einem entsprechenden Hinweis versehen.

Image Object

{Aussprache: Immätsch-Obtschekt}

Bildobjekt

Mithilfe des Document Object Models DOM kann man mit Skriptsprachen wie etwa JavaScript alle Bestandteile einer geladenen Webseiten als Objekte zugänglich machen und manipulieren. Dazu gehören auch in die Webseiten eingebettete Bilder. Diese sind als Image Objects zugänglich, die man entweder über ihren Index (die Durchnummerierung aller enthaltenen Bilder von oben nach unten) oder durch einen Objektnamen, der beim Einbetten des Bildes festgelegt wird, referenzieren kann.

Wie alle DOM-Objekte haben Image Objects eine Reihe von Eigenschaften, die verändert werden können. Bei Bildobjekten ist dies insbesondere die Quellen-Angabe src, die den Pfad und Namen der Bilddatei enthält. Ändert man diese Angabe nachträglich, lädt der Webbrowser die neue Grafik und stellt sie anstatt der bisherigen dar. So lassen sich relativ einfach dynamische oder interaktive Effekte auf Webseiten erreichen.

Siehe auch: DOM

IME [In My Experience]

„Meiner Erfahrung nach" (Slang)

Wenn Sie in einer E-Mail-Nachricht das Akronym IME inmitten eines Satzes finden, steht dieses Kürzel für den englischen Ausdruck In My Experience, zu Deutsch „meiner Erfahrung nach".

Siehe auch: Chatslang

IMHO [In My Humble Opinion]

„Meiner bescheidenen Meinung nach"

Eine der in Chats oder E-Mails am häufigsten genutzen Kürzel ist zweifellos IMHO, die Kurzform von In My Humble Opinion, also „meiner bescheidenen Meinung nach".

Gelegentlich wird dieser Ausdruck auch ohne das Adjektiv humble (bescheiden), einfach als IMO (In My Opinion) eingesetzt.

Sehr häufig ist IMHO auch ironisch gemeint, da viele ihre eigene Meinung in Wirklichkeit gar nicht als so „bescheiden" ansehen.

Siehe auch: Chatslang

Inbox

{Aussprache: Inbox}

Posteingangsordner

Wenn Sie Ihre E-Mail vom Mailserver herunterladen, werden die Nachrichten (sofern Sie nicht andere Regeln dafür bestimmt haben) zuerst alle einmal in einem Ordner abgelegt, der als Inbox, bzw. auch als Posteingang bezeichnet wird.

Das Gegenstück zur Inbox ist die Outbox, der Postausgangsordner.

Siehe auch: Outbox.

info

Top Level Domain, die speziell für Informationsangebote von der ICANN (Internet Corporation for Assigned Names and Numbers) im Oktober 2000 zugelassen wurde.

Siehe auch: ICANN, Top Level Domain

Information Highway

{Aussprache: Informäischen Haiwäi}

Informationsautobahn

Ein in den USA geprägter Begriff, bedeutet Information Highway ins Deutsche übersetzt etwa Datenautobahn.

Getreu dem Motto „The bigger the better" (je größer, desto besser) wird auch des Öfteren die Superlativ-Version dieses Begriffs benutzt, also Information Superhighway, gemeint ist jedoch auch hier die Verwendung von Datennetzen zum schnellen Informationsaustausch zwischen Computern.

Ursprünglich vor allem zum schnellen Datenaustausch zwischen Einrichtungen wie Schulen, Universitäten und nicht zuletzt auch Regierungsstellen gedacht, bezieht sich die Verwendung des Begriffs Information Highway mittlerweile auch auf den Anschluss von Firmen und Privathaushalten an das Internet, das als die erste Stufe einer voll ausgebauten Datenautobahn angesehen wird.

In naher (und fernerer) Zukunft werden im Zuge leistungsfähigerer Übertragungsmedien auch Möglichkeiten wie interaktives Fernsehen oder Video On Demand (abrufbare Videofilme) an Bedeutung gewinnen.

Infoseek

{Aussprache: Infosiek}

InfoSeek ist einer der alten Hasen im Suchmaschinen-Geschäft. Die internationale Version unter http://www.infoseek.com existiert schon recht lange, seit einiger Zeit gibt es unter http://www.infoseek.de einen deutschsprachigen Ableger. Als eine der wenigsten Suchmaschinen unterscheidet InfoSeek den deutschsprachigen Raum sogar in deutsche, österreichische, schweizerische und liechtensteinische Seiten. Suchen können im erweiterten Suchmenü entweder auf allen oder auch nur auf einzelnen dieser Bereiche erfolgen. Weiter unterteilte Bereiche sind Wirtschaft, Nachrichten, Sport und Entertainment. So kann man die Suche von vornherein auf ein bestimmtes Gebiet eingrenzen. Die Ergebnisse werden mit Seitentitel, URL, Inhaltsauszügen, Datum und Größe präsentiert. Standardmäßig sortiert InfoSeek nach Trefferqualität, wer will, kann sich die Ergebnisse aber auch nach Datum sortieren lassen, damit die neusten Seiten als erste angeführt werden.

Unter http://www.infoseek.de findet man ein flexible und aktuelle Suchmaschine

Siehe auch: Suchmaschine

Instant Messaging

{Aussprache: Instänt Messätsching}

Eines der aktuellen Schlagwörter im Internet heißt Community oder auf gut Deutsch Gemeinschaft. Die Internauten sollen nicht mehr einfach nur vor sich hin surfen oder im Chat Zufallsbekanntschaften machen. Vielmehr sollen sich feste virtuelle Gemeinschaften bilden. Damit man Teil einer solchen Gemeinschaft werden kann, muss man mehr über die anderen Mitglieder wissen. Speziell für das Internet ist es wichtig, jederzeit den Überblick zu haben, wer von den Bekannten gerade ebenfalls online ist. So kann man blitzschnell mit anderen in direkten Kontakt treten.

Für solche Onlinecommunities braucht man eine spezielle Lösung, die genau das ermöglicht. Sie wird als Instant Messaging bezeichnet und besteht aus einem zentralen Server, der die unmittelbare Kommunikation zwischen den Teilnehmern ermöglicht. Auf deren Rechner sorgt eine Clientsoftware dafür, dass der Benutzer sofort beim Server Instant-Messaging-Server angemeldet wird, wenn er online geht. Gleichzeitig ruft sie vom Server eine Liste der definierten Onlinebekannten ab, die ebenfalls gerade online sind, und stellt sie dem Benutzer zur Verfügung. Diese Liste wird automatisch aktualisiert, wenn sich einer der Bekannten abmeldet oder weitere dazukommen.

So hat der Benutzer ständig den Überblick, welche seiner Bekannten gerade ebenfalls im Internet unterwegs sind, und kann jederzeit per Mausklick den Kontakt herstellen. Einfachste Kommunikationsmöglichkeiten sind das Austauschen von Nachrichten in einem E-Mail-ähnlichen Verfahren oder das Herstellen einer Chatverbindung. Darüber hinaus kann der Instant-Messaging-Server weitere gemeinsame Aktivitäten vermitteln, wie etwa Onlinespiele oder gemeinsames (synchrones) Surfen.

Es gibt zurzeit verschiedene konkurrierende Instant-Messaging-Systeme. Um an einem davon teilzunehmen, muss man lediglich die entsprechende Clientsoftware installieren. Zu den beliebtesten Programmen gehört der AOL Instant Messenger AIM. Ursprünglich von AOL für die Mitglieder des eigenen Onlinedienstes entwickelt, kann das Programme heute von allen Internauten benutzt werden. Dazu muss man lediglich die Software herunterladen, die es bei AOL unter http://www.aol.com kostenlos gibt. Bei mancher Internetsoftware wie dem Netscape Navigator oder der AOL-Zugangssoftware ist diese Komponente auch schon integriert. Ein alternatives System, das sich mit über 90 Millionen registrierten Teilnehmern weltweit ebenfalls großer Beliebtheit erfreut, ist ICQ, dessen Clientsoftware man unter http://www.icq.com findet. Prinzipiell ist es auch möglich, mehrere Instant-Messaging-Programme gleichzeitig laufen zu lassen.

Siehe auch: AIM, ICQ

Intercast

{Aussprache: Interkahst}

Sendung von Internetdaten ohne Rückkanal

Intercast ist eine spezielle Verfahrensweise, um Internet- und andere Daten zum Benutzer zu bringen. Eine klassische Einwahl per Modem oder ISDN-Karte ist dabei nicht nötig. Vielmehr werden die Daten per Fernsehen übertragen. Der Benutzer benötigt zum Empfang eine Intercast-fähige TV-Karte und Intercast-Software. Diese filtert die nicht-sichtbar übertragenen Daten aus dem TV-Signal aus und speichert sie auf dem PC bzw. stellt sie am Bildschirm dar. Dazu wird die Austastlücke im Fernsehbild verwendet, in der z. B. auch der Videotext übertragen wird.

Für Intercast gibt es eine Reihe von denkbaren Anwendungsgebieten. So kann es z. B. zum aktuellen TV-Programm begleitende Informationen anbieten. Ist in den Nachrichten z. B. von einem Ereignis in Neuseeland die Rede, könnte man parallel dazu per Intercast eine Auswahl von Webseiten über Neuseeland übertragen, auf denen die Zuschauer weitere Informationen finden. Aber auch unabhängig vom Fernsehprogramm könnte man täglich eine bestimmte Auswahl von Webseiten allgemeinen Interesses oder z. B. ausgewählte Downloads übermitteln.

Vorteil der Intercast-Technologie ist, dass sie für den Benutzer – abgesehen vom Hardwareanschaffungspreis – keine laufenden Kosten verursacht, Internet umsonst also. Andererseits stellt sie keinen echten Internetzugang dar, weil es keinen Rückkanal gibt. Der Benutzer kann also immer nur die Inhalte konsumieren, die ihm vom Betreiber vorgegeben werden. Um selbst bestimmte Webseiten anzufordern, ist nach wie vor eine kostenpflichtige Interneteinwahl notwendig. Außerdem hält sich der Umfang der übertragenen Seiten aufgrund der technischen Beschränkungen mit ca. 9 MByte pro Stunde(!) in engen Grenzen. Das dürfte wohl auch der Grund sein, warum den Intercast-Versuchen bislang nur wenig Erfolg beschieden war. Da in absehbarer Zeit die meisten Internetbenutzer wohl ohnehin über einen Breitband-Zugang zum Festpreis verfügen werden, dürfte die Intercast-Idee schlicht und einfach überflüssig werden.

Internet

Wer heutzutage das Fernsehgerät anschaltet, wird von dem Begriff Internet geradezu überfallen. Egal, ob Werbespots, in denen geprahlt wird, man sei endlich „drin" oder Berichte über wirkliche und angebliche Gefahren des Internet für die Jugend oder die Gesellschaft im Allgemeinen, oder auch informative Computersendungen: Das Internet hat den Fernsehalltag und damit auch den normalen Alltag erobert.

Auch wer nicht einmal genau weiß, was ein Computer überhaupt ist, hat bereits vom sagenhaften „Internet" gehört. Bei aller Informationsflut ist es umso verwunderlicher, dass das Internet genau genommen eigentlich gar nicht das ist, was viele meinen.

Im Bewusstsein der breiten Öffentlichkeit wird das Internet gleichgestzt mit dem World Wide Web, was ja nur ein (wenngleich wichtiger) Bestandteil des großen, weltumspannenden Internet ist.

Aber das Internet, dessen Geschichte sich vom Arpanet herleitet, ist sehr viel mehr als „nur" die Welt der bunten Bilder, Sounds und Texte, die im WWW zu

Internet-by-Call

finden sind. So gehören dazu auch zahlreiche Internetdienste wie E-Mail, FTP, Telnet oder das Usenet mit vielen Tausenden von Newsgroups, um nur die wichtigsten Säulen des Gebäudes Internet zu nennen, im öffentlichen Bewusstsein allerdings überragt von dem WWW.

Der Grund für die rasant wachsende Popularität des Internet in den letzten Jahren ist fraglos in der Einführung des World Wide Web und der Entwicklung der entsprechenden, leicht bedienbaren Software (Browser) zu sehen, die es endlich auch für Einsteiger und Computerneulinge möglich machten, sich dem riesigen Informationsangebot des Internet und seinen Möglichkeiten ohne Angst zu nähern.

Siehe auch: Arpanet, Browser, E-Mail, FTP, Newsgroup, Usenet, World Wide Web

Internet-by-Call

{Aussprache: Internet bei Kol}

Die Grundidee des Internet-by-Call, also „Internet per Anruf", ist analog dem vom Telefonieren her bekannten Call-by-Call-Verfahren.

Hierbei können Sie bekannterweise für jedes Telefonat die jeweils beste bzw. preisgünstigste Telefongesellschaft wählen, ohne sich dauerhaft auf eine Gesellschaft festlegen zu müssen. Internet-by-Call überträgt dieses Prinzip auf die Wahl des Internetzugangs.

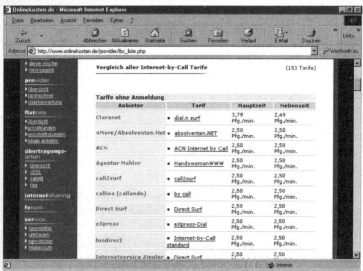

Beinahe täglich ändern sich Zahl und Tarife der Internet-by-Call-Anbieter. Auf dem neusten Stand bleiben Sie mit der Webseite von www.onlinekosten.de

Seit etwa Anfang 1999 ist es möglich, aus einer stetig wachsenden Anzahl von Internet-by-Call-Anbietern nach Bedarf bei jedem Anruf denjenigen Anbieter zu wählen, der zum Zeitpunkt des Anrufes die günstigsten Tarife bietet.

Hierzu muss man nur die entsprechende Einwahlnummer sowie ggf. den allgemeingültigen Usernamen und das Zugangspasswort wissen. Der große Vorteil ist hierbei, dass man zum einen keine Grundgebühr zahlen muss und sich zum anderen auch nicht vetraglich an einen bestimmten Anbieter mit Kündigungsfristen etc. bindet.

Grundsätzlich unterscheidet man zwei verschiedene Arten von Internet-by-Call:

Einerseits das gerade geschilderte „echte" Internet-by-Call, wobei man sich beim jeweiligen Anbieter nicht anmelden muss und die Abrechnung als separater Eintrag über die normale Telefonrechnung der Telekom erfolgt.

Andererseits gibt es jedoch auch ein „unechtes" Internet-by-Call, für das man sich zwar beim jeweligen Anbieter anmelden muss, d. h. Name und Anschrift angibt, aber dennoch keine Grundgebühr oder Einrichtungsgebühr zahlt. Die Bezahlung erfolgt in einem solchen Fall meistens per Rechung oder Lastschrifteneinzug.

Eine Auflistung der aktuellen Internet-by-Call-Tarife finden Sie übrigens auf den Startseiten vieler Suchmaschinen oder auch unter www.onlinekosten.de. Dort können Sie sich auch genau informieren über die Unterschiede hinsichtlich der Taktung, der Zeitzonen, der Anmeldung und selbstverständlich auch der Preise auf dem jeweils aktuellen Stand.

Siehe auch: Abrechnungstakt, Call-by-Call

Internet Explorer

{Aussprache: Internett-Äxplorer}

Webbrowser der Firma Microsoft

Um im Internet zu surfen, also Webseiten abzurufen und interaktive Angeboten zu nutzen, benötigt man einen Webbrowser. Mit diesem gibt man die Adresse eines gewünschte Webangebots ein bzw. wählt sie aus. Der Webbrowser fordert daraufhin die Seite unter dieser Adresse von einem Webserver an, nimmt die Antwortdaten entgegen und bereitet sie für die Darstellung am Bildschirm auf.

Zurzeit wird der Webbrowsermarkt von zwei Produkten beherrscht, von denen eines der Internet Explorer ist (das andere ist der Netscape Navigator). Dieser Browser wird von der Firma Microsoft entwickelt, die unter anderem auch für die Windows-Betriebssystemfamilien und für Microsoft Office verantwortliche zeichnet. Im Gegensatz zu den meisten anderen Produkten von Microsoft wird der Internet Explorer kostenlos angeboten. Man kann ihn auf zahlreichen Cover-CDs von Computermagazinen finden oder direkt bei Microsoft unter http://www.microsoft.de herunterladen. Für Letzteres sollte man allerdings

Internetfax

etwas Geduld mitbringen, da der Umfang der Vollversion inzwischen so um die 30 MByte liegt.

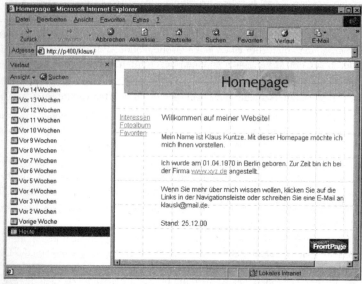

Der Internet Explorer ist der derzeit meist verbreitete Webbrowser

Neben seiner eigentlichen Aufgabe als Webbrowser erfüllt der Internet Explorer noch eine Reihe von zusätzlichen Funktionen. So stellt er eine Verwaltung für Webadressen und einen Offlinebrowser zur Verfügung, kann Webseiten ausdrucken und lokal speichern und verfügt über ein flexibles Sicherheitssystem zum Schutz vor gefährlichen Onlineinhalten. Außerdem gehören zum Komplettpaket auch Outlook Express zum Lesen und Schreiben von E-Mails und Newsbeiträgen und der MSN-Messenger.

Im ewigen Wettkampf mit dem Netscape Navigator um die Gunst der Internetgemeinde hat der Internet Explorer schon seit einiger Zeit die Nase vorn. Man schätzt, dass derzeit etwa 70 % aller Internetbenutzer den Internet Explorer einsetzen. Das ist allerdings sicherlich nicht nur sein Verdienst, sondern liegt auch an den Fehlern, die bei Entwicklung und Vermarktung des Netscape Navigator in den letzten Jahren gemacht wurden.

Siehe auch: Netscape Navigator, Webbrowser

Internetfax

Faxdienste über das Internet nutzen

Das Internet stellt mit seinen kostengünstigen weltweiten Verbindung auch für andere Kommunikationsformen eine echte Alternative zu klassischen Übertragungswegen dar. Ein bekannteres Beispiel ist die Internettelefonie, wo man statt über teuere Telefonleitungen per Internetverbindung miteinander spricht. Aber auch beim Fax kann man mit dem Internet Geld sparen. Auch hier besteht die Idee darin, insbesondere für Fernverbindungen oder internationale Übermittlungen keine teuren Telefonverbindungen zu benutzen, sondern die Faxe vom Ortsnetz des Senders über das Internet in das Ortsnetz des Empfängers zu transferieren, sodass nur minimale Telefonkosten anfallen.

Inzwischen gibt es eine ganze Reihe von Anbietern für solche Dienste. Diese ermöglichen nicht nur den Faxversand per Internet, sondern stellen oft auch E-Mail-Schnittstellen zur Verfügung, d. h., man kann eine E-Mail als Fax zustellen lassen oder umgekehrt eintreffende Faxe als E-Mail in die Mailbox bekommen. So muss man als Gelegenheits-Faxer z. B. nicht mal unbedingt ein eigene Faxgerät besitzen. Es gibt im Internetfaxbereich professionelle Dienstleister, bei denen man eine monatliche Grundgebühr oder volumenabhängige Gebühren zahlt. Für Privatnutzer empfiehlt es sich aber, erstmal die kostenlosen Anbieter wie etwa http://www.faxen-online.de/ zu testen, die ihre Angebote in der Regel mit Werbung finanzieren. Hier sollte man aber auf Einschränkungen achten. So verschicken diese Dienste Faxe in der Regel nicht sofort, sondern sammeln sie und führen den Versand z. B. nachts durch, wenn die Telefonkosten am geringsten sind.

Internetphoning

Telefonieren über das Internet

Angesichts der horrenden Preise für Auslandsferngespräche trat das so genannte Internetphoning, also das Internettelefonieren, einen wahren Siegeszug an. Da es den Leitungen igrundsätzlich egal ist, welche Daten durch sie von einem Punkt zum anderen geschickt werden, lag die Idee sehr nahe, anstatt den Informationen über Texte, Grafiken oder Webseiten, einfach Sprache zu übertragen.

Die entsprechenden Voraussetzungen sind vergleichsweise einfach: Beide Teilnehmer müssen lediglich einen Internetanschluss besitzen, zum gleichen Zeitpunkt online sein und sich über ein gemeinsames Softwareprogramm zur Internettelefonie verständigt haben. Auch einige Hardwarevoraussetzungen sind erforderlich, denn schließlich und endlich müssen die Gespräche ja auch irgendwie vom Mund in die Datenleitung kommen, wofür ein Mikrofon und eine Soundkarte sorgen.

Sobald all dies vorhanden ist, kann das Internetphoning losgehen, und anstelle der hohen Auslandstarife sind nur noch die Gebühren für das Internet (also in der Regel die Ortstarifgebühren) zu zahlen. Man braucht kein Mathematikgenie zu sein, um sich auszurechnen, dass man eine Menge Geld sparen kann.

Auf der Negativseite schlägt allerdings zu Buche, dass die Sprachqualität nur in seltenen Fällen auch nur entfernt an die Qualität heranreicht, die Sie vom Telefon her kennen. Eine einigermaßen flüssige Unterhaltung setzt beinahe opti-

Internetradio

male Bedingungen in Bezug auf Leitungsqualität und verwendete Hardware voraus, aber einen Versuch ist es allemal wert, denn die finanzielle Ersparnis kann vor allem bei häufigen Auslandsgesprächen schon sehr beträchtlich sein.

Wenn Sie Internetphoning einmal ausprobieren wollen, brauchen Sie sich übrigens keine teure Software anzuschaffen, denn zum Lieferumfang der modernen Browsergeneration gehört auch ein entsprechende Internetphoning-Programm; beim Microsoft Internet Explorer ist es beispielsweise das Programm NetMeeting.

Es gibt aber auch, neben zahlreichen kommerziellen Lösungen, die mit vielen Zusatzfunktionen aufwarten, durchaus einige kostenlos zu nutzende Programme, die die notwendigen Funktionen anbieten. Ein weit verbreitetes und sehr beliebtes Programm dieser Art ist zum Beispiel Freetel, das Sie unter www.Freetel.com downloaden können.

FreeTel, eines von zahlreichen Programmen, die das Telefonisren über das Internet ermöglichen

Siehe auch: Duplex-Modus, FullDuplex, Halfduplex, Netmeeting

Internetradio

Radiohören per Internet

Eine der neusten Entwicklungen an der Multimediafront ist das Internetradio. Die Idee dabei ist, die Programme von Radiosendern in Echtzeit zu digitalisieren und als Media-Streams im Internet zu veröffentlichen. Jeder Internetteilnehmer kann sich mit einer entsprechenden Software jederzeit in eine der Sendungen einklinken und mithören. Dazu werden deren Signale noch während der Ausstrahlung in ein Stream-Format umgewandelt und sofort als Datenstrom ins Internet geschickt. Die Daten sind dabei sehr stark komprimiert. Dadurch ist die Tonqualität zwar nur mäßig, aber anders wäre die Übertragung gar nicht möglich. Um Internetradio zu hören, benötigt man Software zum Empfangen von Audiostream, wie etwa den RealPlayer. Aber auch Microsoft hat diese Technik nahtlos in den Internet Explorer ab Version 5 integriert.

Internet Service Provider

Um mit dem Internet Explorer Radio hören zu können, benötigen Sie die Radio-Leiste. Diese setzt wiederum voraus, dass der Windows Media Player installiert wurde, was bei einer Standardinstallation des Internet Explorer aber der Fall ist.

Andernfalls müssen Sie diese Komponente nachinstallieren. Dann lässt sich das Internetradio mit der Radio-Symbolleiste aktivieren.

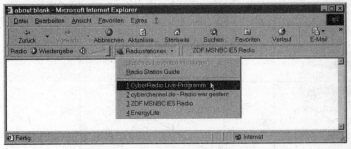

Mit der Radio-Leiste des Internet Explorer kann man übers Internet Radio hören

> **Belastet Internetradio die Kapazität der Onlineverbindung?**
> Trotz der Komprimierung zweigt das Internetradio schon einen spürbaren Teil der Onlinekapazität für sich ab. Beim geruhsamen Surfen ist das noch erträglich bzw. fällt im optimalen Fall nicht weiter auf. Wenn man aber Dateien herunterladen oder ähnlich bandbreiten-intensive Netzanwendungen betreiben will, sollte man den Radioempfang tunlichst zumindest vorübergehend deaktivieren.

Siehe auch: RealAudio, Streaming, Windows Media Player

Internet Service Provider

{Aussprache: Internett-Sörwis-Proweider}

Internetdienstleister

Das Internet ist auf technischer Ebene mit seinen verschiedenen Diensten, Technologien und Protokollen eine relativ komplizierte Angelegenheit. Private und auch die meisten geschäftlichen Teilnehmer am Internet lassen sich deshalb von einem spezialisierte Dienstleister unterstützen, der sozusagen die technische Abwicklung vornimmt. Die allgemeine Bezeichnung für solche Firmen lautet Internet Service Provider (ISP), also Internetdienstleister.

Sehr häufig wird ein ISP mit einem Zugangsanbieter gleichgesetzt, also einem Anbieter von Einwählknoten, über die man sich per Modem oder ISDN-Karte ins Internet einwählen kann. Dies ist prinzipiell auch richtig, aber der Begriff kann grundsätzlich auch weiter gefasst werden.

So können Internet Service Provider z. B. auch E-Mail-Postfächer oder das Hosting von Webseiten anbieten. Besonders im kommerziellen Bereich gibt es darüber hinaus eine Fülle von Dienstleistungen, die einem ISP übertragen werden können.

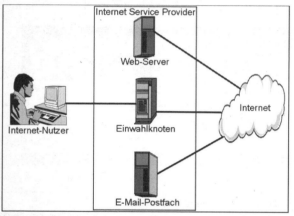

Ein ISP ermöglicht den Kunden das Benutzen und Anbieten von Internetdiensten

Häufig werden die Begriffe Internet Service Provider und Onlinedienst in einem Atemzug genannt. Beide sind sich auch ähnlich, da auch Onlinedienste wie z. B. AOL oder T-Online den Zugang zum Internet vermitteln. Allerdings gibt es einen entscheidenden Unterschied zwischen ISPs und Onlinediensten.

Während ISPs sich ausschließlich als technische Dienstleister verstehen, bieten Onlinedienste neben der Zugangstechnik vor allem auch eigene Inhalte an. Bei den meisten Onlinediensten steht dies sogar im Mittelpunkt und der Internetzugang ist eher eine Art zusätzliche Dienstleistung für die Mitglieder.

Siehe auch: Onlinedienst

InterNIC [International Network Information Center]

Beim InterNIC handelt es sich um eine 1993 von den Firmen AT&T, General Atomics und Network Slutions gegründete Organisation, die sich vor allem um die Vergabe von Internetadressen kümmert und dafür sorgt, dass jede Internetadresse, also jeder Klartextname nur einmal vergeben wird; seit 1998 wurde ein Teil des ursprünglichen Aufgabengebiets jedoch von der ICANN übernommen.

Das InterNIC ist die zentrale Datenbank in Bezug auf Top Level Domains (TLD) wie *org*, *com*, *net* etc., während die länderspezifischen TLDs, wie de für Deutschland etc. Sache der jeweiligen nationalen NICs sind (www.denic.de für Deutschland).

Interpreter

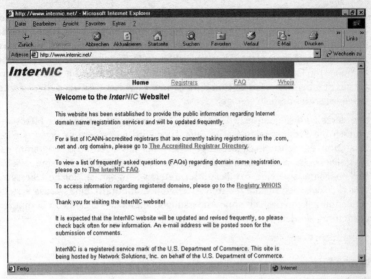

Die Internetseite von InterNIC www.internic.net bietet zusätzliche Infos zum Aufgabenspektrum des International Network Information Center

Siehe auch: DeNIC, ICANN, NIC, Top Level Domain

Interpreter

{Aussprache: Interpriter}

Programm zur Laufzeit-Übersetzung von Skripts

Beim Erstellen von Programmen gibt es prinzipiell zwei verschiedene Möglichkeiten. Bei der ersten erstellt der Programmierer mittels eines Compilers aus dem fertigen Programm eine ausführbare Binärdatei, die dann auf jedem kompatiblen Computer ohne weiteres ausgeführt werden kann. Die Alternative dazu ist die Verwendung eine Interpreters. Dabei wird eben kein lauffähiges Programm erstellt, sonder lediglich ein Skript bzw. eine binäre Zwischenform. Entscheidend dabei ist, dass dieses Programm keinerlei hardwarespezifische Anweisungen enthält, also z. B. keine konkreten Speicherzuordnungen. Diese erfolgen erst, wenn das Programm auf einem Rechner mittels eines Interpreters ausgeführt wird. Dieser analysiert den allgemeinen Code und interpretiert ihn für den speziellen Rechner, auf dem er ausgeführt wird.

Das hat den großen Vorteil, dass Programme, die für einen Interpreter geschrieben werden, wesentlich plattformunabhängiger sind. Im Idealfall kann ein solches Programm auf jedem Rechner ausgeführt werden, für den es einen passenden Interpreter für die verwendete Programmiersprache gibt. In der Praxis klappt die leider nicht immer hundertprozentig, weil die Unterschiede bei einigen Systemen einfach zu groß sind. Der große Nachteil des Interpreter-Konzepts ist, dass die Interpretierung des Programms einen gewissen Teil der Rechenkapazität verbraucht, die so dem Programm selbst für die Ausführung nicht zur Verfügung steht. Ein vergleichbares Programm würde also in einer kompilierten Fassung deutlich schneller ablaufen, als wenn es für einen Interpreter geschrieben wäre. Für zeit- und performancekritische Anwendungen eignen sich Interpreter deshalb weniger.

Die derzeit konsequenteste Umsetzung des Interpreter-Konzepts bietet vermutlich die Programmiersprache Java. Hier wird aus einem in Java erstellten Programm zunächst ein Bytecode generiert, der das eigentliche Programm darstellt. Dieses kann auf jedem Rechner ausgeführt werden, für den eine Java Virtual Machine, also eine Art Java-Interpreter, verfügbar ist. Solche Übersetzer gibt es inzwischen für die meisten Arten von Computern. Eine in Java erstellte Anwendung kann deshalb ohne Anpassungen auf einer Vielzahl von Computern ausgeführt werden.

Siehe auch: Compiler

Intranet

Als Intranet bezeichnet man ein internes Netzwerk eines Unternehmens (oder einer anderen Organisation), das auf den gleichen Techniken und Protokollen wie das globale Internet beruht.

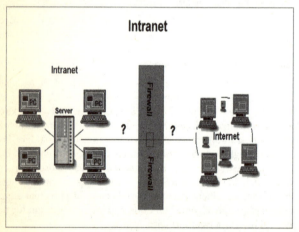

Ein Intranet ist ein in sich abgeschlossenes Netzwerk. Es kann aber muss nicht mit dem Internet verbunden sein. Bei Internetanbindung ist üblicherweise eine Firewall zum Schutz dazwischengeschaltet

Ein Anschluss des Intranets an das Internet ist nicht zwingend notwendig, aber durchaus möglich. In einem solchen Fall wird der Schutz des Intranets vor eventuellen unbefugten Zugriffsversuchen aus dem Internet normalerweise durch eine so genannte Firewall übernommen.

Im Gegensatz zum freien und ungehinderten Internetzugang ist der Zugang zu einem Intranet auf bestimmte Personen oder Gruppen begrenzt.

Siehe auch: Internet, Network

IOW [In Other Words]

In anderen Worten (Slang)

IOW wird vor allem beim Chat verwendet. Es ist die Kurzform von In Other Words und bedeutet übersetzt „in anderen Worten".

Siehe auch: Chatslang

IP [Internet Protocol]

{Aussprache: Ei Pie}

Internet Protokoll

Bei IP handelt es sich um die Abkürzung von Internet Protocol, dem Basisprotokoll des Internet, das für die Aufspaltung der Datenpakete bei der Übertragung verantwortlich ist, die dann am Zielort wieder zusammengesetzt werden.

Das IP ist ein recht einfaches Protokoll, das ohne Fehlerkorrekturen und Empfangsbestätigungen arbeitet, wobei erwähnt werden muss, dass das IP in der Internetsprache fast immer zusammen mit dem Transmission Control Protocol (TCP) in der Kombination TCP/IP genannt wird. Das komplexere TCP sorgt am Zielort für die korrekte Zustellung der Datenpakete.

Siehe auch: TCP/IP

IP-Adresse

Die IP-Adresse ist die Identifikationsnummer eines Computers im Internet. Diese eindeutige numerische Adresse besteht aus vier Zahlenwerten zwischen 0 und 255, die durch Punkte getrennt sind, beispielsweise 145.98.123.99.

Diese Zahlenkolonnen entsprechen dem Namen einer Internetadresse, die Sie normalerweise bei Ihrem Browser eingeben. Da Klartextnamen sehr viel einfacher zu merken sind als solche langen Zahlenreihen, wird die zu einem Namen gehörende IP-Adresse von einem Name-Server ermittelt und an den Browser zurückgemeldet. Dies geschieht ohne Ihr Zutun, sodass Sie sich normalerweise um die IP-Adresse einer Internetseite nicht kümmern müssen.

Siehe auch: Name-Server

IRC [Internet Relay Chat]
{Aussprache: Irk}

Weltweite Chatplattform

Die beliebteste Chatplattform im Internet ist der IRC. Der Internet Relay Chat benutzt ein globales Serversystem, auf dem sich Menschen aus der ganzen Welt zum Diskutieren, Labern oder Flirten treffen können. Um mit zu chatten, muss man sich bei einem IRC-Server anmelden. Dazu braucht man dem Server lediglich seinen Namen, seine E-Mail-Adresse und den Kurznamen mitteilen, unter dem man erreichbar sein will. Dann kann man einen Themenkanal (Channel) auswählen, in dem man plauschen möchte. Man kann auch an mehreren Gesprächskanälen gleichzeitig teilnehmen, wenn man das möchte, und sein Gehirn vorher mit Simultan-Schachpartien trainiert hat.

Einfach nur Chatten ist nicht alles, was Sie mit IRC anstellen können. Neben den öffentlichen Kanal-Chats sind auch private Vier-Augen-Gespräche unabhängig von irgendwelchen Kanälen möglich. Außerdem kann man für jeden Kanal festlegen, ob er öffentlich ist oder andere Benutzer nur auf Einladung beitreten dürfen. So kann man auch ganz persönliche oder vertrauliche Dinge besprechen. Daneben bietet IRC die Möglichkeit, Dateien zu verschicken. Das geht schneller und problemloser als der Versand per E-Mail. Diese Funktion ist aber nur möglich, wenn Ihr IRC-Programm das unterstützt, was nicht immer der Fall ist.

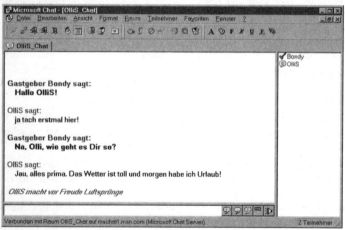

Im Internet Relay Chat kann man nach Herzenslust per Tastatur chatten

Um beim IRC mitzumachen, muss man sich zunächst beim IRC-Server anmelden. Jedes IRC-Programm kennt standardmäßig eine Reihe von Servern, die dafür in Frage kommen. Welchen der IRC-Server man auswählt, spielt zunächst keine so große Rolle. Erst wenn man ganz bestimmte Kanäle aufsuchen will, die nur von bestimmten Servern angeboten werden, muss man darauf achten. Fürs

Erste sollten man am besten einen Server in der Nähe nehmen. Das muss zwar nicht unbedingt heißen, dass die Verbindung zu diesem Server besonders schnell ist, aber die Chance ist ganz gut. Außerdem gibt es auf vielen IRC-Servern regionale Kanäle, wo sich bevorzugt ortsansässige Benutzer treffen. Die folgende Tabellle führt eine Reihe von Chatservern aus dem deutschen Sprachraum auf. Nicht alle dort angebotenen Kanäle sind deshalb zwangsläufig auch deutschsprachig, denn das liegt immer im Ermessen der Teilnehmer. Zumindest aber findet man dort eigentlich immer auch deutschsprachige Chats.

Ort	IRC-Server
Berlin	irc.fu-berlin.de
Genf	irc.span.ch
Karlsruhe	irc.rz.uni-karlsruhe.de
Köln	irc.uni-koeln.de
München	irc.informatik.tu-muenchen.de
Rostock	irc.informatik.uni-rostock.de
Stuttgart	irc.rus.uni-stuttgart.de
Wien	irc.wu-wien.ac.at

Siehe auch: Chat

IRC-Channel

{Aussprache: Irk-Tschännel}

Gesprächskanal beim Chat

Der IRC-Chat ist in Kanälen organisiert. Jeder Kanal ist in der Regel einem bestimmten Thema gewidmet. So genau nehmen die IRCer das aber nicht und manchmal wird auch ganz schön querbeet gechattet. Es gibt aber auch Kanäle, in denen man sich wirklich ganz gezielt um ein Thema kümmert. Das ist sehr hilfreich, wenn man z. B. einen guten Rat braucht und sich im richtigen Kanal direkt an die Experten wenden kann.

Wenn man sich bei einem IRC-Server angemeldet hat, kann man eine Liste der Gruppen abrufen, die auf diesem Server angeboten werden. Dazu dient eigentlich das IRC-Kommando /LIST. Bei den meisten IRC-Programmen muss man sich aber nicht mit den IRC-Kommandos rumplagen. Die sind in bequem erreichbaren Menüs und Buttons versteckt. Bei mIRC etwa benutzen Sie z. B. die Schaltfläche *List Channels*. mIRC fordert daraufhin die Liste der Kanäle vom IRC-Server an. Die Antwort wird gesammelt und für Sie aufbereitet im Channels-Fenster angezeigt.

In der Übersicht finden Sie eine Reihe von Informationen über die Gesprächsgruppen, so etwa den Gruppennamen mit einem vorangestellten #, die aktuelle Anzahl der Gesprächsteilnehmer und eine kurze Beschreibung des Kanals, die aber manchmal auch nicht aussagekräftiger als der Gruppenname ist. Um einem der Kanäle beizutreten, reicht ein Doppelklick auf seinen Eintrag in der Liste.

Das IRC-Programm öffnet dann ein Chatfenster für diesen Kanal und schon sind Sie mitten im Geschehen.

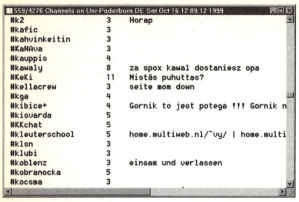

Nach der Anmeldung beim IRC-Server können Sie eine Liste der Kanäle anfordern

In IRC-Kanälen wird nicht einfach nur drauflos gelabert, sondern es gibt auch richtig ernsthafte Gesprächsrunden, die sich mit ganz bestimmten Themen beschäftigen. So können Sie sich z. B. Ratschläge zu den verschiedensten Gebieten (nicht nur Computer!) holen oder sogar ganz wissenschaftlich diskutieren. Dazu müssen Sie dann aber erstmal den richtigen Kanal finden, auf dem Ihr Thema angesagt ist. Mit der Kanalliste wird das eine langwierige Sache und vor allem sind nicht alle Kanäle auf allen Servern. Es gibt im Web aber aktuelle Verzeichnisse der IRC-Kanäle, wo Sie ganz bequem suchen können, ob es für Ihr Anliegen einen Kanal gibt. Ein solches deutschsprachiges Angebot finden Sie z. B. unter http://www.ircchat.de. Diese Website verzeichnet einige zehntausend ständige Kanäle. Damit Sie schnell den richtigen finden, können Sie die Kategorien durchstöbern oder eine Suchfunktion bemühen.

Siehe auch: IRC, mIRC

IRC-Client

{Aussprache: Irk-Kleient

Damit Sie am IRC teilnehmen können, benötigen Sie spezielle Software. Die vermittelt den Kontakt zum IRC-Server und bringt die Kommunikation in ansprechender Form auf Ihren Bildschirm. Aber keine Angst, jetzt kommt keine größere Investition auf Sie zu. IRC-Software ist in der Regel – ebenso wie die Benutzung des Dienstes selbst – kostenlos. Es gibt praktisch für alle Betriebssysteme IRC-Clients. Für populäre Plattformen wie Windows hat man sogar eine ganze Reihe von IRC-Clients zur Auswahl.

Zu den bekanntesten und beliebtesten gehört mIRC. Eine aktuelle und sehr umfassende Übersicht verfügbarer IRC-Clients für die verschiedenen Betriebssysteme finden Sie unter http://archiv. leo.org/pub/comp/general/networking/irc/clients/.

Siehe auch: IRC, mIRC

IRCer

{Aussprache: Irker}

IRC ist die Abkürzung für den Internet Relay Chat, die beliebteste Plattform zum Chatten im Internet. Menschen, die an dieser Kommunikationsform teilnehmen, bezeichnet man auch als IRCer. Dabei gilt diese Bezeichnung weniger für Gelegenheits-Chatter als vielmehr für begeisterte Chatfans, für das IRC ein fester und wichtiger Bestandteil ihres Lebens und ihrer Lebensphilosophie ist.

Siehe auch: IRC

IRL [In Real Life]

„Im richtigen Leben" (Slang)

Manchmal müssen Internetfreaks daran erinnert werden, dass es außer der virtuellen Computer- und Internetwelt auch eine „richtige" Welt gibt, der Platz, wo sich das abspielt, was gemeinhin das richtige Leben genannt wird.

IRL ist die Abkürzung für dieses richtige Leben, denn die ausgeschriebene Form In Real Life bedeutet „im richtigen Leben" und wird vorwiegend bei Chats oder in E-Mails verwendet.

Siehe auch: Chatslang

ISDN [Integrated Services Digital Network]

Telefonanschluss für digitale Kommunikation

ISDN ist die digitale Alternative zum klassischen, analogen Telefonanschluss. Bei ISDN werden alle Daten, also auch Gespräche, Faxe usw., digital über die vorhandene Telefonleitung übertragen. Das führt z. B. bei Telefongesprächen zu einer hohen Sprachqualität. Außerdem kann der Kupferdraht per ISDN optimaler genutzt werden, sodass jedem ISDN-Teilnehmer zwei Nutzkanäle gleichzeitig zur Verfügung stehen. So ist das gleichzeitige Telefonieren und Faxen oder Internetsurfen möglich. Weitere Komfortmerkmale, wie etwa Anklopfen, Dreierkonferenz und die Übermittlung von Rufnummern, mit denen ISDN bei der Markteinführung beworben wurde, sind inzwischen allerdings auch mit einem klassischen Telefonanschluss möglich.

Bei der Einwahl ins Internet ist ISDN eine attraktive Alternative zum analogen Modem. Der große Vorteil liegt darin, dass ISDN-Verbindungen grundsätzlich digital sind.

ISDN

Das Umwandeln der digitalen Internetdaten in analoge Signale und die anschließende Rückumwandlung in wiederum Digitaldaten entfällt. Das macht den ganzen Vorgang einfacher und vor allem schneller. So erreicht man mit einer ISDN-Verbindung immer eine maximale Kapazität von 64 KB/s. Zwar ist ein ISDN-Anschluss immer noch teurer als ein klassischer analoger Telefonanschluss, aber das Preisgefüge verschiebt sich doch zunehmend zugunsten von ISDN.

Außerdem kann man den Geschwindigkeitsvorteil von ISDN auch in einen Kostenvorteil verwandeln: Wenn man z. B. eine größere Datei herunterlädt, benötigt man mit ISDN nur die Hälfte bis ein Drittel der Zeit einer Analog-Verbindung. Statt 15 nur fünf bis sechs Minuten, das spart je nach Tageszeit mehrere Tarifeinheiten und je nach Provider meist auch noch Onlinegebühren. Da erscheint die höhere Grundgebühr in einem ganz neuen Licht, besonders wenn man wirklich viel surft.

> **Wie viel schneller ist ISDN beim Surfen?**
>
> Auf den ersten Blick scheint der Unterschied zwischen einem 56K-Modem und einer 64K-ISDN-Verbindung gar nicht so groß zu sein. Tatsächlich aber merkt man ihn subjektiv ganz erheblich, nicht nur deshalb, weil auch 56K-Modems längst nicht immer 56K-Übertragungen erreichen. Allein schon der Aufbau der Verbindung ist innerhalb weniger Sekunden abgeschlossen. Kein Vergleich zu dem lärmenden Modem, das dafür immer eine halbe Minute braucht. Webseiten werden (im Normalfall) deutlich schneller geladen, besonders wenn Sie viele Bilder enthalten, fällt das sehr auf. Dateiübertragungen gehen zügig voran, und manche Downloads, vor denen man früher wegen des Umfangs zurückschreckte, sind jetzt locker möglich. Auch das Abholen von E-Mails dauert nur noch wenige Sekunden.

Um mit ISDN surfen zu können, müssen nur wenige Voraussetzungen erfüllt sein. Statt des klassischen analogen Telefonanschlusses benötigt man einen ISDN-Anschluss. Alte Telefonie-Hardware, also Telefone oder Faxgeräte, kann man weiterhin benutzen. Allerdings ist dazu ein a/b-Wandler oder eine ISDN-Telefonanlage mit integrierten a/b-Wandlern erforderlich.

Mit richtigen ISDN-Geräten kann man die Komfortmerkmale von ISDN allerdings besser nutzen. Der PC benötigt statt eines analogen Modems einen ISDN-Adapter. Den gibt's ebenfalls als interne oder externe Version. Der Internetprovider muss die Einwahl per ISDN zulassen.

Das gilt heutzutage für alle überregionalen Provider und Onlinedienste. Bei regionalen Providern sollten man sich allerdings vorsichtshalber erkundigen. Eventuell wird eine andere Einwahlnummer als für analoge Modems benötigt.

Siehe auch: a/b-Wandler, B-Kanal, D/Kanal

ISDN-Karte

PC-Erweiterungskarte für die Kommunikation über einen ISDN-Anschluss

Während Sie bei einem klassischen Telefonanschluss ein Modem für die Einwahl benötigen, das die digitalen Daten des PCs in analoge Telefonsignale und umgekehrt verwandelt, ist dies bei einem ISDN-Anschluss nicht notwendig. Schließlich erfolgt die gesamte Übertragung der Daten hier digital, sodass gar keine Wandlung erforderlich ist. Allerdings benötigt man trotzdem eine spezielle Kommunikationskomponente, um die Verbindung zwischen der Telefonsteckdose und dem PC herzustellen. Eine solche ISDN-Karte besitzt einen Stecker, der über ein ISDN-Kabel mit eben dieser Telefondose verbunden werden kann. Die ISDN-Karte ermöglicht es dem PC, auf den ISDN-Anschluss zuzugreifen, Telefonverbindungen auf- und abzubauen und Daten zu übermitteln.

ISDN-Karten werden als Erweiterungskarten in den PC eingebaut

Die Bezeichnung ISDN-Karte bezieht sich auf klassische Erweiterungskarten, die in einen PC eingebaut werden. Diese internen Karten sind die günstigsten Lösungen und ab ca. 100 DM zu haben. Wer den Einbau scheut, kann sich inzwischen aber auch für eine andere Lösung entscheiden. Externe ISDN-Adapter sehen ähnlich wie Modems aus und werden z. B. per USB an den PC angeschlossen. Sie sind genauso schnell, allerdings meist etwas teurer als interne Karten. Ein etwas allgemeinerer Begriff, der alle Arten von ISDN-Verbindungskomponenten (sowohl interne als auch externe) umfasst, ist ISDN-Adapter. Diese Bezeichnung ist bislang aber noch nicht sehr verbreitet.

Siehe auch: ISDN, Kanalbündelung

ISO [International Organization for Standardization]

„Internationale Normierungsorganisation"

In unseren Breiten bekannter dürfte der deutsche Ableger sein, das **D**eutsche **I**nstitut für **N**ormung e. V., besser bekannt unter der Abkürzung DIN.

Die ISO ist der weltweite Dachverband aller Normenorganisationen, das deutsche DIN nur eines von annähernd 100 Mitgliedern, die sich um die Ausarbeitung und Durchsetzung von Normenkatalogen bemühen.

ISP

ISO: Die Homepage der International Organization for Standardization, dem weltweiten Dachverband zur Entwicklung von Normen und Standards

Siehe auch: DIN

ISP [Internet Service Provider]
Siehe: Internet Service Provider

IYSWIM [If You See What I Mean]
„Wenn du verstehst, was ich meine" (Slang)

IYSWIM ist ein weiteres in der langen Liste der Akronyme, die beim Chatten und (seltener) beim E-Mailen benutzt wird.

Es ist die Kurzform von If You See What I Mean und bedeutet „Wenn du weißt, was ich meine", oftmals gebraucht als eine Art Nachfrage, um sicherzustellen, dass der Gegenüber dem Gedankengang auch tatsächlich fogen kann.

Siehe auch: Chatslang

Java

Plattformunabhängige Programmiersprache der Firma Sun

Java ist eine noch recht junge Programmiersprache, die erst vor einigen Jahren von der Firma Sun Microsystems entwickelt wurde. Trotzdem hat Java heute schon eine sehr große Bedeutung erlangt und etablierten Sprachen wie C und C++ den Rang abgelaufen. Das verdankt Java vor allem seinem Motto „write once, run everywhere" (dtsch. etwa „einmal entwickeln, überall einsetzen"). Dieses Motto beschreibt eine der zentralen Eigenschaften, die Plattform-Unabhängigkeit. Ein Java-Programm kann – theoretisch – auf jeder Plattform laufen. Java-Programme werden beim Entwickeln nicht direkt in eine ausführbare Binärform übersetzt, sondern nur in eine Zwischenstufe, den sog. Byte-Code. Dieser Byte-Code wird von einer virtuellen Java-Maschine auf dem Rechner des Benutzers interpretiert und in konkrete binäre Rechenanweisungen umgewandelt. Wie der Byte-Code genau umgesetzt wird, hängt von der virtuellen Maschine und dem Rechner ab, auf dem sie läuft. Es genügt also, eine solche virtuelle Maschine für eine bestimmte Plattform zu entwickeln, damit sämtliche Java-Programme auf der Plattform laufen.

Virtuelle Java-Maschinen gibt es heute für praktisch alle Computerplattformen. Für die Zukunft sind sogar virtuelle Maschinen für Fernseher, Videorekorder und Kaffeemaschinen geplant. Auch die modernen Webbrowser haben einen Java-Interpreter eingebaut und können damit kleinere Java-Programme, die sog. Applets ausführen. Solche Java-Applets sind in Webseiten eingebettet und stellen interaktive und multimediale Fähigkeiten bereit, die das Webseitenformat HTML nicht beherrscht.

> **Wie sicher ist Java?**
>
> Java kann man mit gutem Gewissen als eine recht sichere Technologie bezeichnen. Ein ausgeklügeltes Sicherheitskonzept sorgt dafür, dass von Java-Applets kaum eine Gefahr ausgeht. Die einzigen Schwachstellen sind die Implementierungen der virtuellen Maschinen, denn durch die Komplexität dieser Interpreter entstehen beinahe zwangsläufig Sicherheitslücken. Allerdings erfordert das Erkennen und Ausnutzen solcher Lücken wesentlich mehr Sachkenntnis und Erfahrung als beispielsweise das Schreiben eines destruktiven ActiveX-Controls. Trotzdem gibt es im Internet genug Beispiele für Java-Programme, die mehr können, als sie eigentlich dürfen. Die Java-Entwickler betreiben eine sehr offene Informationspolitik und geben entdeckte Fehler und Sicherheitslücken meist sehr schnell bekannt. Dementsprechend gibt es i. d. R. auch umgehend Abhilfen und Fehlerkorrekturen.

> Trotzdem beinhaltet der Einsatz von Java-Applets unterm Strich ein Sicherheitsrisiko. Wenn Sie ganz auf Nummer sicher gehen wollen, dann verzichten Sie ganz auf das Laden und Ausführen von Java-Applets. Die gängigen Webbrowser bieten die Möglichkeit, die entsprechenden Funktionen zu deaktivieren.

Zurzeit ist die weitere Entwicklung von Java etwas unklar, den die erste Begeisterung ist verflogen und macht einer gewissen Ernüchterung Platz. So ist es trotz langwieriger Bemühungen nicht gelungen, sich auf einen offiziellen und einheitlichen Java-Standard zu einigen. Das hat dazu geführt, dass es inzwischen verschiedene Java-Varianten von unterschiedlichen Anbietern gibt. Dadurch droht eine Zersplitterung der Java-Welt, die ihren Grundgedanken der Plattformunabhängigkeit empfindlich treffen würde. Es bleibt abzuwarten, ob es den Java-Erfindern bei der Firma Sun gelingt, die Integrität von Java zu bewahren. Wer mehr über Java und den aktuellen Stand der Entwicklung erfahren will, sollte die offiziellen Java-Seiten der Firma Sun unter http://java.sun.com/ besuchen. Dort kann man auch umfangreiche Dokumentationen und eine Entwicklungsumgebung zum Programmieren herunterladen.

Siehe auch: JDK

JavaBeans

{Aussprache: Dschawabiens}

Modulare Erweiterung der Programmiersprache Java

Die Programmiersprache Java ermöglicht das Erstellen von plattformunabhängigen Anwendungen. Mit der Erweiterung JavaBeans ist es dabei möglich, eine Anwendung aus einer Vielzahl von einzelnen, unabhängigen Komponenten – eben den Beans – zusammenzustellen. Die grundsätzliche Idee dabei ist die Wiederverwertbarkeit von Software. Wenn man z. B. in seinen Java-Anwendungen ein Hinweisfenster benötigt, das den Benutzer z. B. auf Fehler aufmerksam macht, so braucht man die Funktionalität dieses Hinweisfensters nur einmal in einer JavaBean zu programmieren. Diese Komponente kann dann ganz einfach von jeder Java-Anwendung, die ein Hinweisfenster darstellen will, dynamisch eingebunden und verwendet werden.

JavaBeans ermöglichen z. B. bei komplexen Softwareprodukten eine modulare Herangehensweise. Eine umfangreiche Anwendung wird in viele kleine Komponenten zerlegt, die einzeln erstellt und dann integriert werden. Auch kommerziell sind sie interessant, da es z. B. Softwarefirmen gibt, die für bestimmte Anwendungen und Funktionalitäten fertige JavaBeans bzw. JavaBeans-Sammlungen anbieten. Diese kann man kaufen und in eigene Anwendungen integrieren und sich so schwierige Entwicklungsarbeit ersparen. Mehr zum Thema JavaBeans gibt auf den offiziellen JavaBeans-Seiten der Firma Sun unter http://splash.javasoft.com/beans.

Siehe auch: Java

JavaScript

Skriptsprache zur dynamischen Gestaltung von Webseiten

JavaScript ist eine Skriptsprache, die von der Firma Netscape entwickelt wurde. Trotz des offensichtlich ähnlichen Namens hat sie mit der Programmiersprache Java nichts zu tun. JavaScript stellt beim Erstellen von Webseiten eine Reihe von Funktionen zur Verfügung, mit denen die Seiten dynamisch und interaktiv gestaltet werden können. JavaScript kann eine Webseite mit Animationen und Sounds aufwerten sowie Berechnungen anstellen und Benutzereingaben verarbeiten. Die JavaScript-Anweisungen werden von einem Interpreter-Modul des Webbrowsers ausgeführt.

Durch diesen Interpreter sind die Skript-Anweisungen in ihren Zugriffsmöglichkeiten eingeschränkt. Trotzdem birgt JavaScript auch eine Reihe von Sicherheitslücken. Deshalb ist es bieten die Webbrowser die Möglichkeit, den JavaScript-Interpreter zu deaktivieren. Allerdings benutzen immer mehr Websites JavaScript-Funktionen, um dynamischer, interaktiver und komfortabler zu sein. Lehnt man solche Funktionen grundsätzlich ab, schließt man sich von vielen Websites aus.

Technisch gesehen bietet JavaScript ein einfache Programmiersprache mit den grundlegenden Kontrollstrukturen und dem Zugriff auf das Document Object Model (DOM) einer Webseite an. Dadurch kann man per JavaScript praktisch alle Komponenten einer Webseiten und auch Bereiche des Webbrowsers selbst manipulieren sowie auf fast alle Aktionen des Besuchers innerhalb des Webbrowsers reagieren. Wer mehr über JavaScript wissen will, erfährt dies z. B. beim deutschen JavaScript-Verzeichnis „Kakao&Kekse" unter http://javascript.seite.net. Hier findet man grundlegende Informationen, Einführungen und auch eine Vielzahl von fertigen JavaScripts zum Einbauen in eigene Webseiten.

Siehe auch: DOM, DHTML, Dynamische Webseiten

JDK [Java Development Kit]

{Aussprache: Dschäi-Die-Käi}

Entwicklungsumgebung für Java-Programmierung

Um Programme zu erstellen, benötigt man eine Entwicklungsumgebung. Diese besteht z. B. aus einem Editor zum Erstellen und Bearbeiten des Quelltextes, einem Compiler oder Interpreter zum Übersetzen des Quelltextes in ein lauffähiges Programm, einer Debug-Komponente zur Fehlersuchen und Dokumentationen bzw. Referenz zur Programmiersprache. Als die Firma Sun die Programmiersprache Java veröffentlichte, wollte sie eine möglichst schnell und umfassende Verbreitung erreichen. Deshalb stellte sie dafür eine Entwicklungsumgebung bereit, die als Java Development Kit bezeichnet wurde. Sie konnte kostenlos von Sun bezogen werden.

Inzwischen gibt es eine neue Java-Version und damit auch eine neue Version der Entwicklungsumgebung. Sie heißt jetzt J2SE (**Java 2 S**tandard **E**dition) und kann ebenfalls kostenlos zur Verwendung von Java-Programmen benutzt werden. Man kann sie z. B. unter http://java.sun.com/j2se/1.3/ direkt bei Sun herunterladen. Alternativ gibt es von der neuen Entwicklungsumgebung auch eine professionelle Variante unter der Bezeichnung J2EE (**Java 2 E**nterprise **E**dition).

Siehe auch: Java

JPEG

{Aussprache: Dschäi Pek}

Grafikformat

Viele Grafiken im Internet liegen im so genannten JPEG-Format vor, gelegentlich aufgrund der Dateierweiterung (Extension) auch JPG-Format genannt.

JPEG steht für **J**oint **P**hotographic **E**xperts **G**roup, also „Vereinigte Fotoexperten-Gruppe" und hat sich neben dem GIF-Format als meistverwendetes Grafikformat im Internet durchgesetzt.

Die Gründe hierfür liegen vor allem darin, dass Grafiken im JPEG-Format bereits komprimiert vorliegen, d. h. nur einen Bruchteil der ursprünglichen Größe besitzen. So sind JPEG-Grafiken im Vergleich zu Grafiken in dem Windows-Standardformat BMP durchschnittlich um den Faktor 10 kleiner.

Dies wird allerdings mit einem Verlust an Bildqualität erkauft, da es sich bei der JPEG-Kompression um eine so genannte verlustreiche Kompression handelt, bei der z. B. ähnliche Farben eines Bildes als gemeinsame Farbe gespeichert werden.

Mit modernen Bildbearbeitungsprogrammen sind Sie in der Lage, den Kompressionsgrad und damit letztlich auch die Qualität des JPEG-Bildes selbst zu bestimmen. Die einfache regel lauter: Je stärker die datei komprimiert wird, desto schlechter sieht das Bild im Endeffekt aus, d. h., es gilt immer, einen guten Kompromiss zwischen Dateigröße und Bildqualität zu finden.

Gängige Grafikprogramme (hier: Photoshop) bieten vor dem Abspeichern von JPG-Grafiken die Möglichkeit, den Kompressionsgrad und damit die Qualität der Bilder festzulegen

Je stärker die Komprimierung der Bilder, desto kleiner die entstehenden Dateien, aber desto größer auch der Qualitätsverlust

Bei vernünftigen Einstellungen liegen zum einen die Qualitätsverluste noch in einem akzeptablen Rahmen und andererseits sind die Vorteile einer kleinen Grafikdatei so groß, dass man die Qualitätsminderung im Normalfall gern in Kauf nimmt. Schließlich bedeuten kleine Grafikdateien ja auch schnellere Ladezeiten und somit rascheren Seitenaufbau beim Surfen (und somit letztlich weniger vergeudete Zeit).

Siehe auch: GIF

JK [Just Kidding!]

„Es war nur Spaß!" (Slang)

Humorvolle Zeitgenossen lieben es geradezu, andere Leute, beispielsweise beim Chatten, aufzuziehen und tolldreiste Geschichten zu erfinden, diese aber so ernst zu erzählen, dass nur schwer zu erkennen ist, ob es jetzt spaßig oder ernst gemeint ist. Die Auflösung erfolgt dann nach Ende der Story mit JK, der Kurzform von Just Kidding!, zu Deutsch „Ich hab nur Spaß gemacht."

Siehe auch: Chatslang

Junkmail

{Aussprache: Dschank Mäil}

Unerwünschte Werbe-E-Mails, „Müll-Post"

Junk ist der englische Ausdruck für Müll bzw. Abfall, dementsprechend bedeutet Junkmail etwa Müll-Post.

Gemeint sind damit unerwünschte E-Mails, in den meisten Fällen unaufgefordert zugesandte Werbe-E-Mails, die auch als Spam-Mail bezeichnet werden.

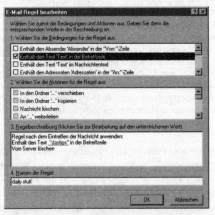

Der Junkmail-Filer von Outlook Express im Einsatz: unerwünschte Nachrichten mit Daytips in der Betreffzeile werden einfach vom Server gelöscht und belästigen nicht mehr

Alle gängigen E-Mail-Programme besitzen mittlerweile Filterfunktionen, um den Download von Junkmail zu unterbinden.

So finden Sie beispielsweise bei Outlook Express die entsprechenden Funktionen im Menü *Extras/Regeln/E-Mail*.

Siehe auch: Bozo(filter), Spam, UCE

Kanalbündelung

Doppelte Übertragungskapazität durch Koppeln der ISDN-Nutzkanäle

Einer der großen Vorteile von ISDN ist, dass sich seine an sich schon sehr gute Kapazität von 64 KBit/s bei Bedarf noch steigern lässt. Durch Kanalbündelung kann die Kapazität jederzeit verdoppelt werden. Ein Standard-ISDN-Anschluss stellt dem Benutzer zwei Nutzkanäle zur Verfügung. Deshalb kann man auch zwei Verbindungen gleichzeitig führen, also z. B. telefonieren, während man ins Internet eingewählt ist. Bei der Kanalbündelung verwendet ISDN für die Verbindung nicht wie üblich einen der beiden Nutzkanäle, sondern gleich beide. Dadurch wird die Kapazität verdoppelt (64 KBit/s + 64 KBit/s = 128 KBit/s). Wenn Sie mehr als zwei Nutzkanäle haben (z. B. bei Firmenanschlüssen), können Sie prinzipiell auch mehr als zwei Kanäle bündeln.

> **Doppelte Geschwindigkeit = doppelte Kosten**
>
> Ein Weg, billig an mehr Geschwindigkeit zu kommen, ist die Kanalbündelung nicht, denn jeder benutzte Kanal ist eine eigenen Verbindung, die einzeln abgerechnet wird. Wenn Sie zwei Kanäle bündeln, kassiert die Telekom also die doppelten Gebühren (z. B. 24 Pfennig pro Tarifeinheit statt 12 Pfennig). Auch der Provider wird Kanalbündelung in den meisten Fällen als Mehrfachanmeldung behandeln und Ihnen dementsprechend die doppelten Gebühren aufbrummen. Deshalb sollten Sie Kanalbündelung mit etwas Vorsicht einsetzen. Sie lohnt sich vor allem bei umfangreichen Up- oder Downloads. Wenn Sie z. B. den neuen Internet Explorer vom Microsoft-Server herunterladen wollen, können Sie mit zwei gebündelten ISDN-Kanälen die Downloadzeit in etwa halbieren. Billiger wird es dadurch nicht, denn Sie zahlen für die halbe Zeit ja den doppelten Preis. Aber es geht eben schneller und Sie müssen nicht so lange auf das Ergebnis warten.

Damit die Kanalbündelung funktioniert, müssen alle beteiligten Parteien mitspielen. Auf Ihrer Seite muss vor allem die ISDN-Karte in der Lage sein, mehrere Kanäle gleichzeitig anzusteuern. Das ist bei allen neueren Karten der Fall. Wenn Sie ein älteres Modell haben, sollten Sie es aber erst ausprobieren bzw. in der Bedienungsanleitung nachsehen. Softwaremäßig muss die Kanalbündelung vom Betriebssystem unterstützt werden. Beim älteren Windows 95 muss dazu die ISDN-Erweiterung installiert sein. Neuere Windows-Versionen haben damit

Kanalbündelung

keine Probleme. Auch die Gegenseite muss zur Kanalbündelung willens und in der Lage sein. Technisch ist das für die meisten Internetprovider kein Problem. Ob sie es aber machen, ist eine andere Frage. Wenn die Einwahlknoten ohnehin durch zu viele Kunden überlastet sind, würden Benutzer mit Kanalbündelung die knappen Ressourcen weiter strapazieren. Klären Sie also mit Ihrem Internetprovider ab, ob er Kanalbündelung zulässt. Eventuell muss diese Funktion erst freigeschaltet und mit einer Zusatzgebühr bezahlt werden. Das lohnt sich aber nur, wenn Sie es häufiger nutzen wollen.

Unter Windows ist eine Kanalbündelung ganz schnell eingerichtet. Öffnen Sie dazu das DFÜ-Netzwerk und wählen Sie die DFÜ-Verbindung aus, bei der Sie die Kanäle bündeln wollen. Öffnen Sie dann mit der rechten Maustaste das kontextabhängige Menü und wählen Sie dort die Funktion *Eigenschaften*. Wechseln Sie in den Eigenschaften in die Kategorie *Multilink* und aktivieren Sie hier die Option *Zusätzliche Geräte verwenden*. Klicken Sie dann auf die *Hinzufügen*-Schaltfläche und wählen Sie im anschließenden Menü den Treiber für die ISDN-Karte aus. Verwenden Sie am besten den gleichen Treiber, der auch in der Kategorie *Allgemein* eingestellt ist. Übernehmen Sie die Einstellungen mit *OK*.

Bei Windows kann man die Kanalbündelung einfach als Multilink aktivieren

Damit ist die Verbindung für Kanalbündelung eingerichtet. Bei der nächsten Einwahl werden beide ISDN-Kanäle verwendet. Dabei erfolgt erst die Einwahl wie üblich über einen Kanal. Sowie die Verbindung besteht, findet eine zweite Einwahl über den anderen B-Kanal statt. Anschließend erscheint das gewohnte Statusfenster. Bei *Verbindung mit X bps* können Sie kontrollieren, ob die Verdoppelung der Geschwindigkeit geklappt hat. Dann sollte *128.000 bps* als Übertragungsgeschwindigkeit angegeben sein.

Das Statusfenster beweist: Die Verbindung läuft mit doppelter Geschwindigkeit

Kbps [Kilobit per second]

Die korrekte deutsche Bezeichnung für Kbps (**K**ilo**b**it **p**er **s**econd) ist KBit/s, also ein Vielfaches der Maßeinheit der Datentransferrate (bps). Ein KBit entspricht 1.024 Bit.

Siehe auch: bit, bps

Kermit

{Aussprache: Körmit}

Älteres Datenübertragungsprotokoll

Kermit ist Ihnen wahrscheinlich bestens bekannt als Frosch aus der Muppets-Show und genau nach diesem Kermit wurde dieses Datenübertragungsprotokoll auch tatsächlich benannt.

Es wurde 1981 an der New Yorker Columbia Universität entwickelt und gehört zu den ältesten Übertragungsprotokollen, die zurzeit noch benutzt werden. Kermit glänzt mit vergleichsweise hoher Datensicherheit.

Nicht selten ist Kermit das einzige Protokoll, das von älteren Großrechnern zur Datenübertragung angeboten wird, wodurch sich erklären lässt, dass es trotz vergleichsweise geringer Datentransferrate auch heute noch Verwendung findet und weiterentwicket wird.

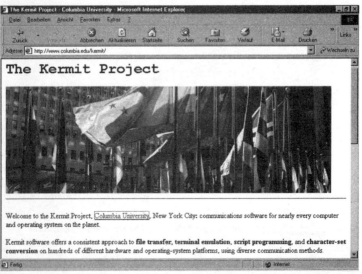

Die neusten Infos über Kermit bzw. das Kermit Project gibt es unter www.columbia.edu/kermit/

Killfile

Interessierte Kermit-Fans können sich auf der Internetseite der Columbia-Universität über den neusten Stand informieren: www.columbia.edu/kermit/

Keyword

{Aussprache: Kiewörd}

Schlüsselwort

Bei Keyword handelt es sich um den englischen Ausdruck für Schlüsselwort, abgeleitet von key (dt.Schlüssel).

In der Computersprache bezeichnet man als Keyword zum einen reservierte Wörter einer Programmiersprache, die beim Programieren nicht als Namen für Variablen benutzt werden dürfen. Andererseits wird der Ausdruck auch im Zusammenhang mit Suchmaschinen im Sinne von „Stichwort" gebraucht, d. h. der Begriff, nach dem gesucht werden soll.

Sind Sie also beispielsweise auf der Suche nach Informationen zu den Beatles und geben bei einer Suchmaschine den Begriff „Beatles" ein, ist „Beatles" das Keyword.

Nach kurzer Zeit erhalten Sie dann eine Liste mit allen Einträgen, die die Suchmachine zu dem Thema Beatles gefunden hat.

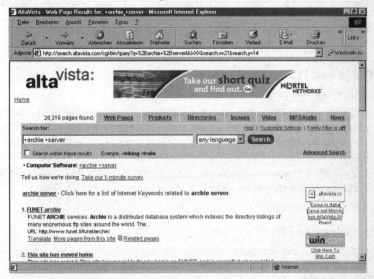

Keyword: Die Begriffe Archie und Server sind die Keywords, also die Suchbegriffe bei dieser Anfrage

Killfile

{Aussprache: Killfeil}

Datei mit Negativliste

Dieser etwas martialisch klingende Begriff bedeutet ins Deutsche übersetzt etwa „Mörderdatei". Doch damit ist keineswegs eine Datei (engl. file) gemeint, die wichtige Daten Ihres Computers „killen", also zerstören würde.

Bei einem Killfile handelt es vielmehr um einen Slangausdruck für die Datei (oder einen Teil einer Datei), in der bei einem E-Mail-Programm oder einem Newsreader die Informationen abgelegt werden, welche E-Mails unerwünscht sind. Das Killfile ist quasi eine Liste, anhand derer das entsprechende Mailprogramm beim Abholen der E-Mails bereits die neuen Nachrichten untersucht und überprüft, ob Übereinstimmungen mit den Einträgen in der Liste vorhanden sind. Bei einem „Treffer" wird die unerwünschte Nachricht sofort gelöscht.

Siehe auch: Bozo(filter], Chatslang, Junkmail

Kilobyte

{Aussprache: Kilobeit}

Ein Byte ist eine Maßeinheit zur Darstellung der Informationsmenge und Speicherkapazität. Ein Kilobyte (abgekürzt: KByte oder KB) ist die nächstgrößere Einheit, wobei 1 KByte genau 1.024 Byte entspricht.

Siehe auch: Byte, Megabyte

KISS [Keep It Simple, Stupid]

„Halt es einfach, du Dummerchen" (Slang)

Kiss bedeutet im Englischen zwar Kuss, doch auch in diesem Fall weicht die Bedeutung im Internetjargon etwas von der ursprünglichen Bedeutung ab. Denn Kiss ist die Kurzform von **K**eep **I**t **S**imple, **S**tupid und ist eine Aufforderung, doch bitte die Ausführungen möglichst einfach und allgemeinverständlich zu halten.

Um etwaigen Missverständnissen vorzubeugen: Stupid, also „Dummerchen", ist durchaus freundlich und keineswegs bösartig oder verletzend gemeint.

Siehe auch: Chatslang

Klammeraffe [@]

Üblicherweise der deutsche Ausdruck für das @-Zeichen, wobei dieses At-Zeichen gelegentlich auch despektierlich Affenschwanz genannt wird.

Siehe auch: @

Komprimieren

Sicherlich haben Sie schon des Öfteren mit komprimierten (oder auch „gezipten") Dateien zu tun gehabt. Dies sind Dateien, die mittels eines speziellen Komprimierungsprogramms verkleinert wurden. Hierdurch wird bei der Übertragung im Internet teilweise erheblich Zeit gespart, da die zu übertragende Datenmenge geringer ist.

Auch vor dem Speichern bzw. Archivieren von Daten neigen viele dazu, erst einmal die Daten per Komprimierungsprogramm zu bearbeiten, sprich kleiner zu machen, damit diese im Anschluss weniger Platz auf dem Datenträger einnehmen.

Grundlage einer jeden Komprimierung sind Verfahren, spezielle Algorithmen, mit denen die Größe einer Datei reduziert wird; in der Regel geschieht dies durch die Ausschaltung so genannter redundanter Daten.

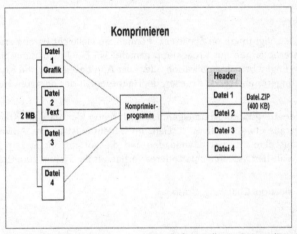

Hier wird vereinfacht ein Komprimiervorgang dargestellt: vier Dateien (Datei 1-4), die zusammen 2 MByte Speicherplatz benötigen, werden durch ein Zip-Komprimierprogramm zu einer einzigen Datei (Datei.zip) komprimiert, die nur noch ein Fünftel (400 KByte) des ursprünglichen Platzes belegt. Das Komprimierprogramm verringert nicht nur die Dateigröße und packt vier Dateien in eine einzige, sondern schreibt zusätzlich auch noch einen Header an den Anfang der Datei, der die nötigen Informationen enthält, mittels derer später die Datei wieder entpackt werden kann

An einem kleinen Beispiel sei dies vereinfacht erläutert: Tauchen in einer Datei nacheinander viele gleiche Zeichen auf, kann das Komprimierungsprogramm den Datenumfang verringern, indem anstelle der Zeichenkette *AAAAAAAAAA* einfach *10A* gespeichert wird. Demzufolge ist die Kompressionsrate (also der faktor, um den eine Datei verkleinert werden kann) auch davon abhängig, welche Datei bzw. welcher Dateityp komprimiert werden soll. Generell lässt sich sagen, dass sich Text- und Grafikdateien verhältnismäßig gut packen lassen, während Sounddateien und bereits vorgepackte Dateiformate (wie beispielsweise JPG, MP3) nur noch geringfügig oder gar nicht durch Komprimieren verkleinert werden können.

Aus der Vielzahl der verfügbaren Kompressionsprogramme hat sich im Laufe der Zeit der ZIP-Standard durchgesetzt – beinahe jede gepackte Datei, die Sie aus dem Internet downloaden, ist eine ZIP-datei. Andere Komprimierungsprogramme wie LHA oder ARJ spielen nur noch eine untergeordnete Rolle.

Moderne Komprimierprogramme, zu nennen ist hier vor allem der Quasi-Standard WinZip, bieten nicht nur eine einfache Bedienung, sondern darüber hinaus auch Möglichkeiten zum Dekomprimieren (entpacken) oder Archivhandling.

Siehe auch: WinZip, Zip

Kruegerapp

Killerprogramm

Als Fan der Serie „Nightmare on Elmstreet" können Sie vielleicht bereits erahnen, was im Internetjargon mit Kruegerapp gemeint ist. Ein Anwendungsprogramm wird im Englischen als Application oder kurz App bezeichnet und Krueger ist kein Geringerer als Freddy Krueger, die Hauptperson der besagten Horror-Serie.

Mit diesem Bedeutungshintergrund eigentlich auch schon klar, dass ein Kruergerapp nicht gerade etwas Positives ist. Ganz im Gegenteil ist es eine Anwendung, die Sie aus dem Internet downloaden und die vorgibt, Ihr System zu verbessern, in Wahrheit jedoch nichts anderes vorhat, als Ihr System zum Crashen zu bringen.

Siehe auch: Application, Chatslang, Crash

Kryptographie

Lehre von der Verschlüsselung von Daten

Die Verschlüsselung von Daten ist gerade auch im Internet ein heißes und wichtiges Thema, da im Normalfall viele Daten, wie beispielsweise E-Mails, im Klartext über die Leitungen gehen, und demnach zumindest theoretisch von jedermann gelesen werden könnten.

Sensible und wichtige Daten sollten deshalb vor dem Transport über das Internet immer kodiert, sprich verschlüsselt, werden, um zu vermeiden, dass sie von Dritten unbefugt eingesehen werden.

Kryptographie ist der Ausdruck für die Lehre von der Verschlüsselung von Daten, entsprechende Verschlüsselungsprogramnme werden deshalb auch als Kryptographie-Programme bezeichnet.

Siehe auch: Encryption, PGP, Private Key, Public Key,

Lamer

{Aussprache: Läimer}

Lahmer

Einer der bekanntesten negativen Slangausdrücke für einen Computernutzer, der nicht viel oder auch gar keine Ahnung hat, ist Lamer, abgeleitet vom englischen Adjektiv lame (dt. lahm).

Dieser Ausdruck wird oftmals auch in einem bissigen, herablassenden Sinn von denen gebraucht, die sich als Experten ansehen und auf alle, die vermeintlich nicht auf ihrer Wissensebene sind, herunterblicken.

Siehe auch: Chatslang, Loser

LAN [Local Area Network]

{Aussprache: Lahn}

Lokales Netzwerk

Netzwerk ist eine allgemeine Bezeichnung für eine Gruppe von Rechnern, die so miteinander verbunden sind, dass sie untereinander Daten austauschen können. Der Begriff lokales Netzwerk bringt in diese Namensgebung eine räumliche Komponente, denn er beschriebt ein Netzwerk, das sich auf ein bestimmtes Gebiet beschränkt. Das kann z. B. ein einzelner Raum, eine Etage, ein ganzes Gebäude oder auch ein ganzes Firmengelände sein. Ein lokales Netzwerk fängt im Prinzip da an, wo zwei einzelne Rechner miteinander verbunden werden. Nach oben gibt es keine eindeutige Begrenzung der Größe. Ein LAN kann also aus zwei Rechnern bestehen oder auch aus tausend. Dabei ist auch eine Unterteilung in Teilnetze zulässig. Wenn also z. B. innerhalb einer Firma zwei verschiedene Netzwerktechnologien eingesetzt werden, die beiden Teilnetze aber unmittelbar miteinander verbunden sind, spricht man immer noch von einem LAN.

Wann ist ein Netzwerk kein LAN mehr? Eine Beschränkung in der räumlichen Ausdehnung oder der Anzahl der angeschlossenen Rechner gibt es nicht. Die Abgrenzung zur nächstgrößeren Netzwerk-Form, dem **Wide Area Network** (WAN), ist vor allem netztopologischer Art. Wenn zwei Teilnetze nicht unmittelbar, sondern z. B. mittels einer Telefonstandleitung miteinander verbunden sind, spricht man von einem WAN. Ein WAN ist also der Zusammenschluss mehrerer LANs mittels externer Kommunikationsverbindungen.

Siehe auch: Ethernet, WAN

Launch

{Aussprache: Lohnsch}

„Start"

Der Moment, wenn eine neue Website für die „Öffentlichkeit" im Internet benutzbar gemacht wird, auch als „Online gehen" bekannt, wird mit dem englischen Ausdruck launch (dt. Start) bezeichnet.

Auch die Verwendung als Verb launchen ist durchaus üblich; so spricht man davon, dass eine neue Seite gelauncht, also gestartet wird.

Ist eine Website eine gewisse Zeit zwecks Wartung offline und wird dann mit üblicherweise verändertem und erweitertem Angebot neu gestartet, nennt man dies entsprechend Relaunch (dt. Neustart).

Siehe auch: Relaunch

Layer

{Aussprache: Läier}

Schicht

Komplexe Kommunikationstechnologien verwenden ein Modell mit mehreren Ebenen, die aufeinander aufsetzen. Das Internetprotokoll TCP/IP etwa verwendet fünf solcher Schichten. Die unterste Schicht ist die Hardwareebene, also der eigentliche Austausch von Daten zwischen zwei Stationen. Darauf setzt eine andere Schicht auf, die die übertragenen Daten strukturiert, indem sie sie z. B. in Datenpakete aufteilt, deren Inhalt dann von der untersten Schicht transportiert wird. Darüber sitzt wiederum eine Schicht mit einer höheren Struktur bis hin zur obersten Schicht, auf der Anwendungen einfach nur eine IP-Adresse und ein Protokoll angeben müssen, um eine Verbindung zu einem anderen Internetrechner aufzubauen.

Der Vorteil eines Schichtenmodells ist die Modularität. Die einzelnen Schichten sind austauschbar und durch klare Schnittstellen voneinander abgegrenzt. So kann man z. B. Änderungen an einer Schicht vornehmen, ohne dass die anderen davon betroffen wären. Solange die Schnittstellendefinitionen beachtet werden, wird die Kommunikation anschließend wieder reibungslos funktionieren. Ebenso kann man sich beim Aufbau eines Netzwerks bei den verschiedenen Schichten für unterschiedliche Systeme oder Produkte entscheiden, die dann anschließend nahtlos zusammenarbeiten.

Siehe auch: TCP/IP

Leased line

{Aussprache: Liesd Lein}

Standleitung

Wer von einer Leased line spricht, meint nichts anderes als eine Standleitung, d. h. eine permanente gemietete (engl. leased) Verbindung zu einem entfernt gelegenen Netzwerk oder auch dem Internet.

Standleitungen werden vor allem von größeren Unternehmen in Anspruch genommen, wobei der firmeninterne Internetserver mit dem jeweiligen Internetanbieter per Leased line ständig verbunden ist. Dadurch brauchen sich die Mitarbeiter an den einzelnen Arbeitsplätzen nicht immer selbstständig ins Internet einzuwählen.

Line noise

{Aussprache: Lein Nois}

Leitungsgeräusch

Mit dem englischen Ausdruck Line noise (dt. Lärm in der Leitung) bezeichnet man Interferenzen oder Störungen im Telefonnetz, die im Extremfall sogar dazu führen können, dass die Modemverbindung zwischen zwei Computern überraschend beendet wird.

Hier hilft dann nur erneutes Einwählen und die Hoffnung, beim nächsten Mal eine bessere Leitung zu erwischen.

Link

Verknüpfung, Verbindung

Sicherlich haben Sie auf einer Internetseite schon bisweilen den Text gelesen *Klicken Sie auf den Link weiter unten* oder im englischen Gegenstück *Click on the link below*.

Der Ausdruck Link hat sich problemlos auch in die deutsche Internetsprache integriert und bedeutet so viel wie Verbindung oder Verknüpfung

Gemeint ist damit auf Internetseiten die direkte Verbindung per Mausklick zu anderen Seiten, die Sie entweder zu einem anderen Themenkomplex des gleichen Angebots oder aber auch zu einer völlig anderen Internetseite führt.

Auf vielen Webseiten werden ganze Sammlungen von Links angeboten, so genannte Linklisten, die oftmals auch als Hotlinks bezeichnet werden.

Anstelle von Links können Sie auch gelegentlich den Begriff Hyperlink finden, gemeint ist im Zusammenhang mit dem Internet jedoch immer das Gleiche.

> **Info:** Auch die Netzwerkverbindung zwischen zwei Hosts wird als Link bezeichnet.

Siehe auch: Hotlink, URL

Link Exchange

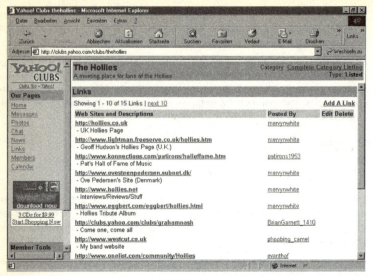

Durch Anklicken der Links, also Verweise auf andere Webseiten, werden Sie automatisch zu diesen Seiten weitergeleitet

Link Exchange

{Aussprache: Link Ixtschäinsch}

Link-Austausch

Unter einem Link Exchange versteht man schlicht und ergreifend den Vorgang, wenn eine Internetseite A auf eine andere Seite B per Link verweist und diese sich dann quasi revanchiert, indem auch dort ein Link auf die Seite A zu finden ist. Getreu dem Motto: „Machst du Werbung für mich, mache ich Werbung für dich."

Siehe auch: Link

Linkrot

„Linkverrottung"

Fast jede Website hat Verweise, also Links zu anderen Internetangeboten. Wenn sich jedoch die Internetadresse bzw. URL einer Seite ändert oder eine Site ganz aufgegeben wird, führt dieser Link ins „Nichts" und Sie erhalten beim Anklicken eine Fehlermeldung, da die angeforderte Seite nicht mehr existiert.

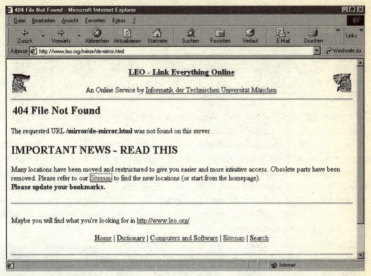

Linkrot: Durch Anklicken eines Links auf eine Seite, die es nicht mehr gibt, erhalten Sie eine entsprechende Fehlermeldung

Insbesondere bei älteren Sammlungen solcher Links finden sich überdurchschnittlich häufig solche auch als Outdated links bezeichneten Verweise. Dieses Phänomen wird auch als Linkrot bezeichnet, abgeleitet von to rot (dt. verrotten).

Siehe auch: Link, URL, Fehlermeldung

Linux

{Aussprache: Linuks}

Alternatives UNIX-Betriebssystem für PCs

Wer das Windows-Lager von Microsoft endgültig verlassen will, der findet im UNIX-Bereich eine attraktive Alternative. UNIX ist ein Betriebssystem, das im Gegensatz zu Windows von vornherein für mehrere Benutzer und multitaskingfähig ausgelegt ist. Normalerweise laufen UNIX-Systeme auf leistungsfähigen Workstations. Es gibt aber auch eine Reihe von UNIX-Derivaten, die für einen PC tauglich sind. Die Nase eindeutig vorn hat dabei das Linux-System, denn es ist weltweit mit Abstand am meisten verbreitet. Das Bemerkenswerte an Linux ist die Tatsache, dass es sich dabei nicht um ein kommerzielles Produkt handelt (vor einigen Jahren hätte keine Softwarefirma ernsthaft geglaubt, dass man mit einem UNIX für PCs Geld verdienen kann). Es geht auf die Idee seines „Erfinders" Linus Thorwald zurück, der eines Tages die Nase vom DOS-Betriebssystem voll hatte und auf seinem PC genau wie an einem UNIX-Rechner

Linux

arbeiten wollte. Also fing er an, sein eigenes Betriebssystem zu entwickeln, das genau wie UNIX funktionieren sollte. Nach einiger Zeit fanden sich immer mehr, die von der Idee begeistert waren und die ihren Teil zu der Software beitrugen. So entstand ein Betriebssystem, das sich im Laufe der Jahre immer weiter entwickelte und reifer wurde. Konnten es anfangs nur echte Experten und „Freaks" zum Laufen bekommen, gibt es inzwischen komfortable Distributionen, die sich hinter einer Windows-Installation auch nicht verstecken müssen.

Wie aber ist Linux sonst mit Windows vergleichbar? Manche Vorurteile behaupten, dass Linux erheblich komplizierter zu bedienen sei. Andere wiederum verweisen auf fehlende Software und Probleme mit dem Einsatz von zusätzlicher Hardware. Letztlich muss sich Linux aber gar nicht so sehr von Windows unterscheiden. Für dieses System gibt es verschiedene Oberflächen, die darüber hinaus extrem flexibel sind. Manche Distributionen bringen extra Oberflächen im Windows-Stil mit, um Windows-Benutzern den Übergang zu erleichtern. Damit sieht Linux auf der Oberfläche genau wie Windows aus und lässt sich auch fast genauso bedienen.

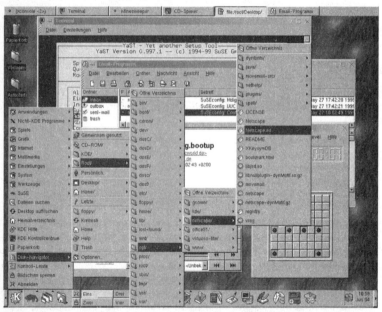

Die Oberfläche von Linux kann der von Windows auf Wunsch sehr ähnlich sein

Was die Software angeht, kann man unter Linux nicht einfach die Anwendungen weiterbenutzen, die man unter Windows gewohnt war. Die wenigsten Programme gibt es in Versionen für Windows und Linux. Insbesondere viele der Standardanwendungen etwa aus dem Hause Microsoft (Word, Excel, Access usw.) sind für Linux nicht verfügbar. Allerdings gibt es in allen Fällen brauchbare Alternativen. So ist etwa StarOffice auch in einer Linux-Version erhältlich. Das KOffice-Paket wurde speziell für Linux entwickelt und braucht seinen Funktionsumfang inzwischen auch nicht mehr zu verstecken. Privatanwender können also sicher sein, auch unter Linux geeignete Programme zu finden. Dazu ist Software für das kostenlose Betriebssystem Linux in fast allen Fällen ebenfalls kostenlos.

Die Verfügbarkeit von Hardware ist sicherlich noch immer eine der Achillesfersen von Linux. Prinzipiell kann man in einen Linux-PC natürlich dieselbe Hardware wie in einen Windows-PC einbauen, denn der PC ist ja derselbe. Das Problem sind die Treiber, die für den Betrieb der Hardware erforderlich sind und die praktisch den Kontakt zwischen Hardware und Betriebssystem vermitteln. Einen Windows-Treiber findet man heute bei jeder Grafikkarte, jedem Scanner und jedem ISDN-Adapter. Linux-Treiber hingegen sind noch immer die absolute Ausnahme. Das heißt nicht, dass man mit Linux deswegen nichts anfangen könnte. Grafikkarten z. B. sind in der Regel kein Problem. Ebenso können externe Modems für die Interneteinwahl aufgrund ihrer Funktionsweise ohne Probleme eingesetzt werden. Bei ISDN-Karten wird es schon schwieriger. Für weit verbreitete Standardmodelle findet man meistens eine Lösung, aber Exoten bekommt man mitunter nicht ans Laufen. Solange man sich aber an Standardhardware hält, wird man auch mit Linux nur selten Probleme haben. Informationen zur Hardwareunterstützung von Linux findet man z. B. im Netz, etwa unter http://cdb.suse.de, wo Sie eine Datenbank zur Hardwareunterstützung befragen können, wenn Sie Hersteller und Modell des fraglichen Produkts kennen.

> **Ist Linux wirklich umsonst?**
>
> Als besondere Eigenschaft bei Linux wird immer wieder hervorgehoben, dass es kostenlos sei. Tatsächlich ist es kein kommerzielles Produkt, d. h., keiner der an der Entwicklung beteiligten Personen verdient daran. Man kann sich die notwendigen Daten für eine Linux-Installation z. B. komplett aus dem Internet herunterladen. Eine solche Installation ist dann aber sehr aufwändig und mühsam und gerade ein Einsteiger wird sie kaum bewältigen. Deshalb gibt es die so genannten Linux-Distributionen. Das sind Sammlungen aller notwendigen Dateien, die z. B. auf CD-ROM erhältlich sind. Die Firmen, die solche Distributionen anbieten, stellen diese Dateien zusammen und versehen sie mit einer mehr oder weniger komfortablen Installationsroutine, damit selbst absolute Neueinsteiger ihr neues Linux-System ohne Probleme installieren und konfigurieren können. Solche Distributionen sind allerdings nicht umsonst, denn die Firmen wollen für den Aufwand, den sie treiben, natürlich bezahlt werden. Die Preise solcher Linux-Distributionen sind mit denen einer neuen Windows-Version aber bei weitem nicht zu vergleichen. Teilweise kann man Linux-Distributionen schon für wenige Mark z. B. als Beigabe einer Computerzeitschrift bekommen. Die Auswahl unter den Distributionen ist groß. Weltweit am meisten verbreitet ist die Red Hat-Distribution. Im deutschsprachigen Bereich hat SuSE (http://www.suse.de) die Nase vorn, weil diese Firma eine sehr umfangreiche und vor allem größtenteils eingedeutschte Linux-Fassung anbietet.

> Hat man Linux erst mal per Distribution installiert, ist es übrigens wirklich kostenlos. Alle weiteren Ergänzungen und Aktualisierungen kann man sich dann aus dem Internet herunterladen. Lediglich bei größeren Neuerungen lohnt sich ein Neukauf, um Downloadzeit und -kosten zu sparen.

Siehe auch: UNIX

ListBot

{Aussprache: List-Bott}

ListBot ist ein Anbieter von Mailing-Listen. Unter http://www.listbot.com kann jeder seine eigene E-Mail-Liste eröffnen. Diese Liste besteht im Prinzip aus einer Sammlung von E-Mail-Adressen. Eine an die Liste geschickte Nachricht wird von ListBot automatisch an alle eingetragenen Empfänger weitergeschickt. Es gibt drei verschiedene Arten von ListBot-Listen: Bei Ankündigungslisten (Announcements) kann nur der Listenverwalter Nachrichten an die Listenmitglieder schicken. Bei einer Diskussionslisten (Discussion) dürfen alle eingetragenen Mitglieder Beiträge veröffentlichen. Schließlich gibt es noch den Mittelweg der moderierten Liste (Moderated Discussion), wo Beiträge der Mitglieder zunächst an den Listenverwalter gehen, der dann entscheidet, ob der Beitrag veröffentlicht werden soll oder nicht.

Die Benutzung der ListBot-Listen ist sowohl für Listenverwalter als auch für die Empfänger kostenlos. Allerdings finanziert sich der Service durch Werbung, d. h., die versendeten Nachrichten werden mit einer kurzen Werbung versehen. Wer das nicht möchte, kann aber auch den kostenpflichtigen ListBot Gold-Service in Anspruch nehmen. Laut Aussage der ListBot-Betreiber (deren Firma übrigens zum Microsoft-Imperium gehört) werden die gesammelten E-Mail-Adressen nicht zu Marketingzwecken weitergegeben.

Siehe auch: E-Mail, Mailing List

Listserver

{Aussprache: Listsörwer}

Bei einem Listserver handelt es sich um einen Computer, der zweierlei Aufgaben hat: Einerseits sorgt er dafür, die Beiträge einer Mailing List, also einer Diskussionsgruppe zu einem bestimmten Thema, per E-Mail an alle Teilnehmer dieser Mailing-List zu verteilen. Andererseits obliegt einem Listserver auch die Aufgabe, die Mitgliederlisten zu verwalten.

Ein bekanntes Programm, das diese Aufgabe erfüllt, nennt sich bezeichnenderweise Listserv, ein anderes Majordomo.

Übrigens werden Listserver auch dazu benutzt, (un-)regelmäßig erscheinende Newsletter oder Presseinformationen von Unternehmen an Abonnenten eines bestimmten Services zu verteilen.

Live Picture

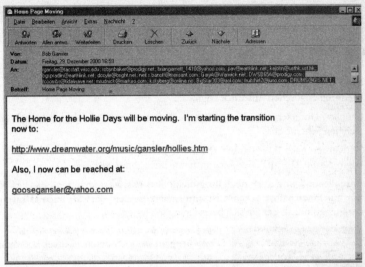

Ein Listserver sogt dafür, dass eine Nachricht automatisch zu allen Mitgliedern der jeweiligen Mailing-List gelangt. In der Beispielabbildung sind die Adressaten, also der Abonnenten der Liste, im oberen Drittel (An:) unterlegt angezeigt. Es ist jedoch nicht bei allen Listserver-Programmen üblich, auf diese Art die Adressen der Mitglieder mitzuteilen

Manche Internetseiten bieten Ihnen an, Sie per E-Mail auf dem Laufenden zu halten und Sie mit aktuellen Informationen zu versehen. Die Nachrichten, die Sie auf diese Weise geschickt bekommen, stammen von einem Listserver.

Siehe auch: Majordomo, Mailing List, Server

Live Picture

{Aussprache: Leif-Picktscher}

Interaktive Panoramabilder für Webseiten

Live Picture ist eine Technologie, mit der sich 360-Grad-Panoramabilder erstellen und in Webseiten veröffentlichen lassen. Solche Bilder eignen sich besonders bei der Präsentation von Orten und Räumen. So könnte ein Wintersportort z. B. eine Panoramaaufnahme des Ortes und der umliegenden Berghänge anfertigen, um Interessenten einen optimalen Eindruck der Lage zu vermitteln.

Technisch wird eine Panoramaaufnahme von einem speziellen Grafikprogramm aus einer Reihe von Einzelbildern zusammengesetzt. Dabei werden die Überschneidungen der Einzelbilder analysiert und verschmolzen. Für den Betrachter ergibt sich dann der Eindruck einer einzigen, kompletten 360-Grad-Aufnahme, deren Ende wieder in den Anfang übergeht. Zum Betrachten einer solchen Aufnahme ist entweder ein spezielles Plug-In oder ein Java-Applet erforderlich. Unter http://www.mgisoft.com/ bietet die Firma MGISoft Produkte zum Erstellen und Betrachten von Live Picture-Bildern an.

Login (Log In, Log-in)

Wenn Sie sich in einen Netzwerkrechner oder beispielsweise auch ins Internet einwählen, nennt man diesen Vorgang Einloggen oder auch mit dem weit verbreiteten englischen Ausdruck Login.

Bei allen Unterschieden in den Details läuft ein Login grundsätzlich nach dem gleichen Schema ab:

Sie werden nach Ihrer Benutzerkennung gefragt, die je nach Situation auch als Login-Name, User-ID oder Accountname bezeichnet wird.

Anschließend wird auch noch Ihr individuelles Passwort abgefragt, das hoffentlich nur Ihnen selbst bekannt ist, um sicherzustellen, dass Sie auch tatsächlich derjenige sind, als der Sie sich beim Einloggen ausgeben.

Beim Einloggen, dem Login, zu einem Internetanbieter werden Benutzername und Passwort abgefragt. Nachdem die Daten vom Login-Server anerkannt wurden, erhalten Sie Zugang zum Dienst

Nach erfolgreichem Login erhalten Sie Zutritt zu dem gewünschten Dienst bzw. dem Internet, schlägt das Einloggen fehl, erhalten Sie eine entsprechende Mitteilung.

> **Hinweis:** Die meisten Softwareprogramme bieten die Möglichkeit des automatischen Login, d. h. Sie geben einmal Ihren Benutzernamen und Ihr Passwort in Verbindung mit einem speziellen Dienst ein. Sobald Sie sich in Zukunft wieder bei dem entsprechenden Dienst einloggen wollen, brauchen Sie diese Angaben nicht erneut mühevoll per Hand einzutippen.

Dies ist natürlich sehr bequem und kann insbesondere bei unsicheren Tippern und komplizierten Passwörtern so manchen Tippfehler ersparen, gleichzeitig setzen Sie sich jedoch auch einer erhöhten Gefahr aus, denn die Software muss Ihre Benutzerdaten inklusive Passwort ja auch irgendwo speichern, um diese bei Bedarf wieder abrufen zu können.

Hier liegt also eine zusätzliche Gefahr, dass Unberechtigte an Ihr Passwort kommen könnten. Falls auch andere Personen Zugang zu Ihrem Rechner haben, sollten Sie Ihr Passwort nie automatisch einsetzen lassen, da auf diese Weise jeder,

der Zugang zu Ihrem PC hat, sich mit Ihren Accountinformationen bei einem Dienst einloggen kann.

Siehe auch: Account, Password

LOL [Laughing Out Loud]

Lautes Gelächter (Slang)

Eines der am häufigsten benutzten Akronyme im Chat oder auch in E-Mails ist LOL.

LOL hat zwei verschiedene Bedeutungen, wobei Laughing Out Loud, also „lautes Gelächter", die bei weitem häufiger anzutreffende ist. Die Kommentierung eines Satzes oder einer Aussage mit LOL bedeutet demnach, dass man sich über das zuvor Gesagte köstlich amüsiert hat. Man schickt quasi das laute Gelächter per Tastatur nach.

Die zweite Bedeutung von LOL ist Lots Of Luck, also „Viel Glück".

Angesichts der Bedeutungsunterschiede sollte es im konkreten Fall nicht allzu schwer fallen, herauszufinden, welche der beiden Bedeutungen gerade gemeint war.

Siehe auch: Chatslang

Long Distance Relationship

{Aussprache: Long Distänz Rieläischenschip}

Beziehung über große Entfernung

Als Long Distance Relationship bezeichnet man eine Beziehung zwischen zwei Menschen, die durch große Entfernung räumlich getrennt sind, so beispielsweise ein Liebespaar, bei dem eine Hälfte in Deutschland, der Partner jedoch in den USA lebt.

Durch das Internet und die Möglichkeiten, die es zum Kontakt und zur Kommunikation bietet (Chat, E-Mail etc.) ist zum einen die Zahl dieser Beziehungen in den letzten Jahren gestiegen, andererseits werden die genannten Möglichkeiten zur Kommunikation von den Partnern intensiv genutzt, um in Kontakt zu bleiben.

Loser

{Aussprache: Luhser}

Verlierer, Versager

Nicht nur in der Internetsprache, sondern auch in der normalen Alltagssprache ist die Bezeichnung loser (zu Deutsch: Verlierer oder Versager) zu einem festen Bestandteil geworden. Gemeint ist damit eine Person, die eine gestellte Aufgabe niemals so ganz zur Zufriedenheit erfüllen kann, jemand, der gewohnheitsmäßig auf der Verliererseite steht, sich dessen aber nicht bewusst ist. Er weiß nicht, dass er ein loser ist.

> **Info:** Steigerungen von loser sind real loser (wirklicher Verlierer), total loser (totaler Versager) und complete loser (kompletter Versager).

Wenngleich der Ausdruck loser fraglos negativ besetzt ist, so hat er doch nicht die gehässigen Zwischentöne wie beispielsweise lamer.

Siehe auch: Chatslang, Lamer

Lurker

{Aussprache: Lörker}

„Lauernder", nicht aktiv teilnehmend

Ein Lurker (dt. Lauerer; von to lurk, lauern) ist jemand, der sich an der Kommunikation in Newsgroups, Mailing Lists oder anderen Internetdiensten nur lesend beteiligt, jedoch nicht selbst Nachrichten schreibt oder in sonstiger Form aktiv teilnimmt.

Anders als es im ersten Moment scheinen mag, ist Lurker jedoch ganz und gar kein Schimpfwort, im Gegenteil: Nicht selten ist es sogar empfehlenswert, eine Zeit lang zu „lurken", um sich mit den Regeln und Gepflogenheiten beispielsweise einer Newsgroup vertraut zu machen.

> **Hinweis:** Insbesondere Neulingen sei Lurking ans Herz gelegt, um nicht gleich zu Beginn mit Fragen oder einem unangebrachten Verhalten negativ aufzufallen.

Siehe auch: Chatslang, Delurk

Lycos

{Aussprache: Leikos}

Lycos gehört zu den bekanntesten Internetportalen, was letztlich auch an der Werbung liegt, die der Betreiber durchführt. Lycos kombiniert Themenkatalog und Suchmaschine zu einer praktischen Mischung. Lycos ist sehr beliebt, weil es neben dem eigentlichen Suchdienst für Webseiten zahlreiche spezielle Suchfunktionen z. B. für E-Mail-Adressen, MP3s, Dateien etc. bietet. Bislang finden sich diese Funktionen aber hauptsächlich in englischer Sprache auf der internationalen Version. Lycos hat aber Besserung gelobt und für die nahe Zukunft auch für die deutschsprachige Version unter http://www.lycos.de solche Spezialangebote angekündigt.

Dass Lycos in vielen Töpfen rührt, merkt man auch bei der Darstellung der Suchergebnisse. Da wird zunächst einmal auf die Möglichkeit verwiesen, den Suchbegriff von verschiedenen Spezialdiensten für Bilder, Sounds, Bücher oder Homepages bearbeiten zu lassen. Erst danach kommen dann die eigentlichen

Lycos

Treffer für Webseiten, die nach Websites und Treffergenauigkeit sortiert sind. Zu jedem Treffer gibt es den Seitentitel, einen längeren Auszug aus der Seite, die Größe und die Treffergenauigkeit in Prozent. Informationen zum Datum der Webseite sind leider nicht zu bekommen. Dafür bietet Lycos am Ende jeder Ergebnisseite die Möglichkeit, nur in den bisher gefundenen Webseiten erneut zu suchen und die Ergebnisse so zu verfeinern.

Bei der erweiterten Suche bietet Lycos umfangreiche Einstellmöglichkeiten an. Besonders wenn man sich keine Suchoperatoren merken will, ist man hier gut bedient, denn die Steuerung aller Verknüpfungen erfolgt komplett über ein Auswahlfeld. Außerdem kann man angeben, welcher der verschiedenen Lycos-Kataloge und welche Teile der Webseiten durchsucht werden sollen. Unter Relevanzkriterien kann man sogar seinen ganz persönlichen Relevanzbegriff für die Suche definieren, indem man angibt, welche Eigenschaften bei den Ergebnissen besonders wichtig sind. Da man die Suchergebnisse später anhand dieser Relevanz sortieren lassen kann, können diese Einstellungen eine sehr große Bedeutung haben.

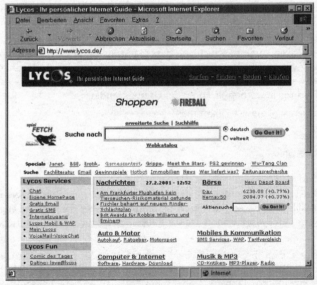

Unter http://www.lycos.de findet man den deutschsprachigen Ableger von Lycos

Mailbomb

{Aussprache: Mäilbomb}

Nachrichtenbombe, Briefbombe

Mit diesem martialisch klingenden Ausdruck bezeichnet man den Vorgang, wenn ein Mailserver oder auch die Mailbox des Betreffenden mit einer immensen Menge an nutzlosen Daten oder Anfragen in Form von E-Mails „bombardiert" wird. Das Ziel ist, den jeweiligen Server so zu überlasten, dass er letztlich abstürzt (Denial of Service Attack) bzw. die mailbox eines Einzelnen zum Überlaufen zu bringen.

Die Gründe für eine solche Attacke können vielfältiger Art sein, oftmals ist es jedoch ein Racheakt eines oder mehrerer Internetnutzer, die sich über allzu aufdringliche Werbe-E-Mails geärgert haben und es dem Absender der Spam-Mail einfach heimzahlen wollen.

In selteneren Fällen kommt es auch vor, dass man zum Opfer einer Mailbomb-Attacke wird, wenn man allzu offensichtlich und absichtlich gegen die Netiquette verstoßen hat, beispielsweise trotz wiederholter Aufforderung immer wieder Werbenachrichten in werbefreie Foren des Usenets sendet.

Siehe auch: Denial of Service, Spam(mail)

Mailbox

{Aussprache: Mäilbox}

Briefkasten

In den seltensten Fällen werden Sie die deutsche Bezeichnung Briefkasten anstelle von Mailbox zu hören oder lesen bekommen, zu sehr hat sich der englische Ausdruck durchgesetzt und bezeichnet einen persönlichen elektronischen Briefkasten.

Darin werden alle an Ihre Adresse eingehenden E-Mails gespeichert. Genauer gesagt werden diese zuerst einmal auf einem speziell reservierten Bereich des Mailservers Ihres Internetanbieters oder eines Freemail-Anbieters gespeichert. Von dort aus laden Sie dann mithilfe eines speziellen E-Mail-Programms, beispielsweise Outlook Express die E-Mails auf Ihren Rechner herunter, um sie zu lesen, zu beantworten oder schlicht und einfach zu löschen.

> **Info:** Im deutschen Sprachraum hat Mailbox auch noch eine weitere Bedeutung, nämlich im Sinne von „elektronisches schwarzes Brett", auch **B**ulletin **B**oard **S**ystem (BBS) genannt.

Vor allem zu Beginn der 90er-Jahre, also quasi in der „Vor-Internetzeit", waren diese Mailboxen sehr beliebt bei den Anhängern der Datenfernübertragung als wichtigste Anlaufstelle zum Diskutieren und Downloaden von Software.

Siehe auch: BBS, E-Mail, Mailserver

Mailerdaemon

{Aussprache: Mählerdiemen}

Als Mailerdaemon oder auch (ohne a) Mailerdemon, eine Sonderform der so genannten Daemons, bezeichnet man ein Hilfsprogramm, das auf einem Mailserver im Hintergrund läuft und sich dann einschaltet, wenn es Probleme gibt, und das dann entsprechende Meldungen ausgibt. So wird sich ein Mailerdemon beispielsweise bei Ihnen mit einer kurzen E-Mail melden, wenn Ihr Postfach quasi überquillt, Sie also nah am Limit der erlaubten E-Mails sind.

Siehe auch: Daemon

Mailing List

{Aussprache: Mäiling List}

Als Mailing List bezeichnet man im Internet eine Diskussionsgruppe zu einem bestimmten Thema, wobei die Diskussionsbeiträge per E-Mail an alle Teilnehmer verschickt werden.

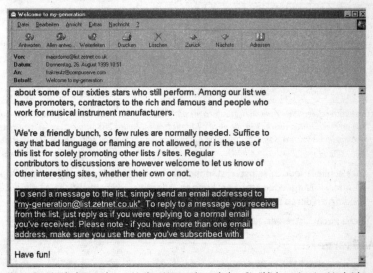

Wenn Sie Mitglied einer aktiven Mailing List werden, erhalten Sie üblicherweise eine Nachricht mit detaillierten Instruktionen, an welche Adresse Sie Beiträge schicken müssen, sowie weitere allgemeine Hinweise

Die Verteilung der Nachrichten geschieht normalerweise durch einen Listserver.

Die Voraussetzung, um an den Diskussionen einer Mailing List teilnehmen zu können, ist, dass man an die Adresse des jeweiligen Listservers eine E-Mail schickt, mit der Bitte um Aufnahme in die Liste. Dies geschieht häufig durch eine einfache E-Mail mit dem Subject oder Text *Subscribe*.

Grundsätzlich funktionieren Mailing-Listen so, dass jeder Diskussionsbeitrag an die Adresse des Listservers geschickt wird, woraufhin dieser die Nachricht an alle Mitglieder oder Abonnenten der Mailing List weiterleitet, d. h., wenn Sie mit einem anderen Mitglied einer Mailing List diskutieren, dann tun Sie dies nicht, indem Sie die Nachrichten an dessen persönliche E-Mail-Adresse senden, sondern die gesamte Kommunikation läuft über den Listserver bzw. die Mailing List.

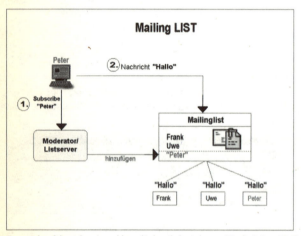

Erst nach erfolgreicher Anmeldung (Subscribe) wird man Mitglied einer Mailing List und kann von nun an Nachrichten verschicken, die an alle Mitglieder der Mailing List automatisch weitergeleitet werden, inklusive einer Kopie an die eigene Adresse (da man ja auch als Mitglied der Mailing List ein Exemplar jeder Nachricht erhält)

Dies schließt jedoch selbstverständlich nicht aus, dass Sie auch private E-Mails an andere Mitglieder schicken können, allerdings dann nicht via Mailing List, sondern an deren private E-Mail-Adresse.

Siehe auch: Listserver, Majordomo, Subscribe, Unsubscribe

Mailserver

{Aussprache: Mäilsörwer}

Rechner, der für die E-Mail-Kommunikation zuständig ist

Ohne die Bereitstellung der Dienste eines Mailservers würden Sie beim E-Mailen ganz schön alt aussehen, denn ohne Mailserver geht überhaupt nichts.

Ein Mailserver ist ein Netzwerkrechner, über den die E-Mail-Kommunikation läuft, wobei es für ein- und ausgehende Nachrichten oftmals unterschiedliche Server gibt.

Angesichts der enormen Datenmengen, die es zu bewältigen gilt, muss der Mailserver über ausreichende Kapazitäten in Bezug auf Speicherplatz (zur Speicherung eingehender E-Mails) verfügen.

Da jedoch Speicherplatz nur begrenzt zur Verfügung steht, gibt es im Normalfall pro E-Mail-Account Grenzen für die Anzahl bzw. die Größe der E-Mails, die es zu beachten gilt. Hier hilft Ihnen sicherlich Ihr ISP weiter mit den nötigen Angaben, wie groß Ihr Postfach ist bzw. wie viele E-Mails Sie maximal speichern können. Insbesondere dann, wenn Sie häufiger große Dateien per E-Mail verschicken oder erhalten (es sei hier nur an MP3-Dateien oder auch Bilder, Spiele etc. erinnert), kann der auf einem Mailserver zur Verfügung stehende Platz für E-Mails sehr schnell aufgebraucht sein.

Eine weitere wichtige Aufgabe, die ein Mailserver übernimmt, ist die richtige Verteilung der E-Mails an die entsprechenden E-Mail-Accounts.

Wenn der Mailserver, aus welchen Gründen auch immer, einmal für längere Zeit „down" ist, dann werden an Sie adressierte E-Mails als „bounce" an die Absender zurückgeschickt.

Ein gut funktionierender Mailserver ist eines der wichtigsten Kriterien bei der Wahl eines Internetanbieters.

Siehe auch: Bounce, E-Mail

Majordomo

Hausmeister (aus dem Lateinischen)

Ausnahmsweise einmal kein englischer Ausdruck, ist Majordomo der Name eines bekannten und weit verbreiteten Verwaltungsprogramms für Mailing-Listen, auch als Listserver bezeichnet.

Ähnlich wie andere Listserver sorgt Majordomo dafür, dass eingehende Nachrichten automatisch an alle Mitglieder der entsprechenden Mailing-Liste weitergeleitet werden.

Zur Bewältigung der Verwaltungsaufgaben, wie beispielsweise Neuanmeldungen, Kündigungen etc., hat Majordomo eine separate – von der Mailing List-Nachrichtenadresse unabhängige – E-Mail-Adresse, sodass Meldungen über Kündigungen oder neue Mitglieder im Gegensatz zu den Diskussionsbeiträgen nicht an alle Abonnenten gesandt werden.

Makeln

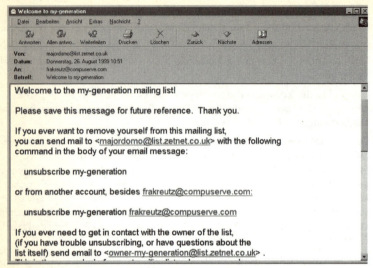

Majordomo: hier eine Abbildung einer typischen Mailing-List-Nachricht, die von Majordomo organisiert wird. An-und Abmeldung bei einer solchen Liste erfolgen über E-Mails direkt an die zuständige Majordomo-Adresse

Siehe auch: Listserver, Mailing List

Makeln

Wechseln zwischen zwei gleichzeitigen Telefonverbindungen

Mit einem modernen Telefonanschluss kann man quasi zwei Gespräche gleichzeitig führen. Dazu kann man jeweils einen der beiden Gesprächspartner in einen Wartezustand versetzen (er erhält dann z. B. nur die Ansage „Ihre Verbindung wird gehalten."), während man mit dem anderen spricht. Per Tastendruck am Telefon lässt sich dann zwischen den beiden Verbindungen hin- und herschalten, sodass jeweils der wartende Teilnehmer aktiviert und der gerade noch aktive Teilnehmer in den Wartezustand versetzt wird. Diesen Vorgang des wechselnden Sprechens mit zwei verschiedenen Telefonteilnehmern nennt man Makeln. Ebenso wird für die Funktion als solche diese Bezeichnung verwendet.

Bei einem ISDN-Anschluss sind während des Makelns beide Nutzkanäle belegt. Das Makeln wird durch ein Signal auf dem Steuerkanal ausgelöst, wodurch die aktive Verbindung wechselt. Bei einem klassischen Anschluss mit analogem Telefon kann man die Makeln-Funktion meist über eine spezifische Tastenkombination aufrufen. Auch bei Mobilfunknetzen ist mit den meisten Geräten ein Makeln möglich, wobei die entsprechende Funktion hier in der Regel mittels Display und Benutzerführung bereitgestellt wird.

Ganz wichtig beim Makeln: Auch wenn eine Verbindung gerade geparkt ist, läuft der Gebührenzähler weiter, d. h., während des Makelns werden immer gleich zwei Verbindungen berechnet. Bezahlen tut dabei immer der ursprüngliche Anrufer, egal wer nachher das Makeln durchführt. Wenn man selbst angerufen hat, sollte man also nicht zu viel makeln, um Kosten zu sparen. Wurde man hingegen angerufen, ist es unhöflich, dem Anrufer durch längeres Warten unnötig Gebühren aufzuhalsen.

Makrovirus

Sicherlich ist Ihnen das „virus" in „Makrovirus" aufgefallen und Ihnen schwant nichts Gutes dabei.

Richtig, Makroviren sind eine Spezialform von Viren, die sich nicht in Programmen, sondern in Dokumenten bzw. Dokumentvorlagen verstecken.

Beliebte Träger solcher Makroviren sind vor allem (aber nicht nur) Dateien, die im Zusammenhang mit den Programmen von Microsoft Office stehen, wie beispielsweise Word oder Excel. So kann sich ein Makrovirus beispielsweise in einem Dokument bzw. einer Dokumentvorlage von Word verstecken, die Sie per E-Mail erhalten. Nichtsahnend öffnen Sie das entsprechende Dokument und starten somit das Makro, das von Ihnen unbemerkt den Virus enthält. Abhängig von der Art des Makrovirus werden nun weitere Dateien Ihres Rechners infiziert. Das Unglück nimmt seinen Lauf.

Da die ersten Makroviren unter diesem Namen bereits 1997 bekannt wurden, kann man sich mittlerweile gegen diese Unart ebenso schützen, wie dies bei „normalen" Viren der Fall ist. Ein heutiger Virenscanner, der selbstverständlich auf dem neusten Stand sein sollte, ist durchaus in der Lage, auch mit Makroviren fertig zu werden und sicheren Schutz zu bieten.

Tipps, wie Sie sich vor Makroviren und Viren allgemein schützen können, finden Sie übrigens unter dem Stichwort „Virus".

Siehe auch: Antivirus-Programm, Attachment, Virus

Mall

{Aussprache: Moahl}

Einkaufscenter

Unter einer Mall verstehen die US-Amerikaner das, was sich im Deutschen am ehesten als Einkauszentrum beschreiben lässt, also eine Vielzahl von unterschiedlichen Geschäften unter einem Dach.

Hier ist der Bäcker neben dem Kiosk und das Computergeschäft gleich neben McDonalds, ohne dass man das Gebäude, in dem sich diese ganzen Shops befinden, auch nur einmal verlassen müsste.

Mall

Eines der bekanntesten virtuellen Einkaufszentren (nicht zuletzt dank massiver Fernsehwerbung) ist www.evita.de, die Einkaufsmeile der Deutschen Post. Hier finden sich über 140 Geschäfte vereint

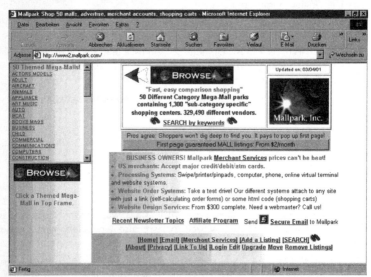

„The bigger the better" (je größer desto besser): Die Amerikaner machen mit so genannten Mega-Malls vor, wie die Internetkaufhäuser der Zukunft aussehen. Fast 330.000 Händler (!) sind unter dem Dach von www.mallpark.com vereint. Wer hier nicht das findet, was er sucht, muss wohl selbst schuld sein (oder aber es existiert nicht)

In der Internetsprache hat sich der amerikanische Begriff Mall für ein virtuelles Einkaufszentrum durchgesetzt, d. h., es handelt sich um eine Art Sammeladresse, eine zentrale Einkaufs-Anlaufstelle, von der aus man einen virtuellen Einkufsbummel starten kann. Sie können gemütlich von einem Geschäft zum nächsten surfen, ohne sich um unterschiedliche Internetadressen zu kümmern, da alle bequem über die Mall-Adresse erreichbar sind.

Oftmals bieten Malls auch noch den Service, dass per Suchfunktion in allen zur Mall gehörigen Geschäften nach bestimmten Artikeln gesucht werden kann, d. h., Sie müssen nicht einmal mehr innerhalb der einzelnen Shops suchen, sondern können zentral Ihre Wünsche eingeben und es wird automatisch in der gesamten Mall danach gesucht.

Mittlerweile gibt es sogar den Trend, mehrere Malls zu so genannten Mega-Malls zu vernetzen, ein typisches Beispiel hierfür ist die amerikanische Webseite www.mallpark.com (siehe Beispielabbildung).

MBG [Money Back Guarantee]

{Aussprache: mannie bäck gäräntieh}

Geld-zurück-Garantie

Viele Onlineshops werben offensiv damit, dass sie ihren Kunden eine MBG versprechen. Hinter diesem Kürzel verbirgt sich der Ausdruck Money back guarantee also Geld-zurück-Garantie.

Gemeint ist damit, dass man einen Artikel, den man bei einem Onlineshop bestellt hat, bei Nichtgefallen innerhalb einer bestimmten Zeitspanne zurückgeben kann und man sein Geld zurück bekommt (also keine Gutschrift oder Ähnliches).

Mbone {Multicast Backbone}

{Aussprache: Em-Boun}

Multicast-fähiger Teil des Internet

Die normalen Datenverbindungen im Internet verlaufen einwegig zwischen zwei Stationen: Ein Rechner fordert von einem anderen Rechner Daten an und bekommt sie auch von diesem. Dieses Prinzip wird auch als Unicast bezeichnet. Bei einem Multicast gibt es ebenfalls einen Sender der Daten, aber mehrere bzw. eine Vielzahl von Empfängern. Diese Technik kann man z. B. verwenden, um Audio- und Videostreams an eine Vielzahl von interessierten Empfängern gleichzeitig zu verbreiten. Wollte ein Server z. B. einen Videostream per Unicast an 1.000 Empfänger verbreiten, müsste er jedes Mal 1.000 identische Datenpakete losschicken, was in der Praxis kaum machbar wäre. Beim Multicast-Verfahren muss er das Paket aber nur ein einziges Mal auf die Reise schicken.

Multicast ist eine noch recht neue Technologie. Sie wird zwar vom Internetprotokoll IP unterstützt, aber die meiste Kommunikationshardware, die bislang im

Internet eingesetzt wird, unterstützt Multicast nicht. Deshalb entschloss sich die Internet Engineering Task Force IETF 1994, einen Teil des Internet mit Multicast-fähigen Geräten auszustatten, um Multicast-Übertragungen zumindest in bestimmten Teilen des Internet zu ermöglichen. Dieser Multicast-fähige Teil des Internet, der sozusagen ein Netz im Netz bildet, wird als Mbone bezeichnet. Er umfasst hauptsächlich Knoten in Nordamerika und Europa. Die Verbindung zwischen zwei Multicast-fähigen Bereichen ist auch über nicht-multicastingfähige Netzknoten möglich, da die Multicast-Pakete durch andere Knoten hindurchgetunnelt werden können. So ist es möglich, den Mbone jederzeit flexibel zu erweitern. Er wurde bereits genutzt, um z. B. Veranstaltungen wie etwa Rockkonzerte per Internet in die ganze Welt zu übertragen.

Siehe auch: IP

Megabyte

{Aussprache: Megabeit}

In Texten und Reklameschreiben finden Sie MByte häufig auch als Megabyte oder abgekürzt als MB.

Gemeint ist in jedem Fall die Maßeinheit für Speicherkapazität, z. B. Ihrer Festplatte oder des RAM-Speichers Ihres Computers.

Die nächstkleinere Einheit ist Kilobyte, die nächstgrößere Gigabyte, wobei der Faktor jeweils 1.024 ist. So entspricht 1 Megabyte genau 1.024 Kilobyte bzw. 1.048.574 Byte.

> **Info:** Der Bequemlichkeit halber wird oft nur mit dem Faktor 1.000 anstelle von 1.024 gerechnet. Dies ist zwar einfacher beim Kopfrechnen, aber die Ergebnisse werden immer ungenauer, je größer die zu berechnenden Speicherkapazitäten werden.

Siehe auch: Byte, Gigabyte, Kilobyte

Message

{Aussprache: messitsch}

Nachricht, Meldung

Bei Message handelt es sich in der Internetsprache um den englischen Ausdruck für Nachricht oder Meldung jeder Art; er wird sowohl für private E-Mails als auch für öffentliche Nachrichten in einem Diskussionsforum benutzt.

Nicht selten wird Message auch einfach als msg abgekürzt.

Meta-Suchmaschine

Bei einer Meta-Suchmaschine handelt es sich quasi um die Steigerung der bekannten Internetsuchmaschinen, denn eine Meta-Suchmaschine nimmt Ihre Suchanfrage auf und leitet sie an mehrere angeschlossene „normale" Suchmaschinen weiter, empfängt deren Ergebnisse und zeigt Ihnen diese an.

Meta-Suchmaschine

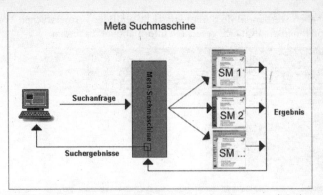

Eine Meta-Suchmaschine nimmt Ihnen die Aufgabe ab, mehrere normale Suchmaschinen einzeln mit den jeweiligen Kommandos abzufragen. Sie brauchen sich nicht um die Syntax der einzelnen Suchmaschinen zu kümmern und erhalten dennoch die Ergebnisse der jeweiligen Search-Engines

Dies kann im Einzelfall sehr viel Zeit und Nerven sparen, da Sie sich nicht um die Suchanfragen an mehreren Suchmaschinen kümmern müssen; auch das langwierige Surfen von einer Suchmaschine zur nächsten, wenn die gewünschten Informationen nicht gefunden wurden, entfällt.

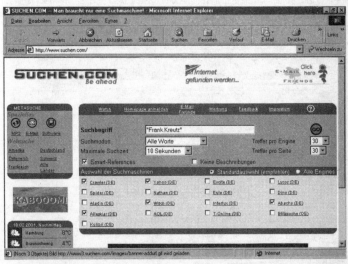

Bei einer Metasuchmaschine (hier: www.suchen.com) können Sie wie von normalen Suchmaschinen gewohnt, Ihre Suchbegriffe eingeben und danach eine Auswahl treffen, welche Suchmaschinen nach den Begriffen automatisch durchsucht werden sollen

Der Nachteil ist allerdings der, dass, sofern Treffer gefunden werden, die Menge der angezeigten Ergebnisse sehr leicht unübersichtlich wird und Sie Schwie-

Meta-Suchmaschine

rigkeiten haben werden, in dem Berg von richtigen oder vermeintlichen Treffern die von Ihnen ursprünglich gesuchten Informationen zu finden.

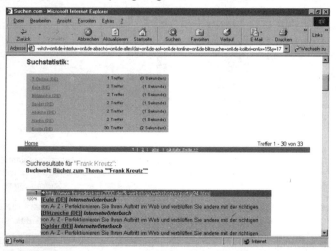

Nach kurzer Zeit bekommen Sie detailliert aufgezeigt, welche Suchmaschine wie viele Treffer zum Gesamtergebnis beigesteuert hat. Die Ergebnisse werden aufgelistet und können durch Anklicken der entsprechenden Links direkt angesteuert werden

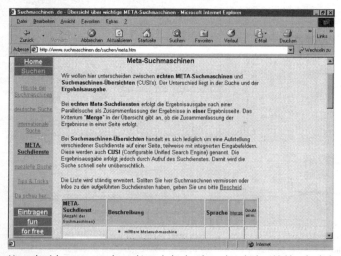

Unter der Adresse www.suchmaschinen.de/suchen/meta.htm (siehe Abbildung) erhalten Sie weitere Informationen und Tips, wie Sie das Beste aus den Meta-Suchmaschinen herausholen können

Doch trotz dieses möglichen Nachteils sollten Sie sich einmal mit einer Meta-Suchmaschine vertraut machen und selbst herausfinden, ob es für Sie einfacher ist, mit einer einzigen Meta-Suchmaschine zu arbeiten oder doch lieber nach und nach die Ihnen bekannten normalen Suchmaschinen abzusurfen.

Weitere Informationen zu Meta-Suchmaschinen finden Sie unter www.suchmaschinen.de/suchen/meta.htm.

Siehe auch: Suchmaschine

Meta-Tag

{Aussprache: Meta-Täg}

Meta-Informationen in Webseiten

Eines der wichtigsten Hilfsmittel für Websurfer sind die Suchmaschinen. Allerdings haben die Suchmaschinen Millionen von Webseiten indiziert. Da ist es wichtig, dass das eigene Webangebot ganz oben auf der Liste steht. Tatsächlich kann man beeinflussen, wie gut ein Angebot von den Suchmaschinen präsentiert wird. Dazu gibt es die so genannten Meta-Tags. Das sind spezielle Informationen, die unsichtbar in eine Webseite geschrieben werden können, sodass sie vom Webbrowser nicht angezeigt werden. Suchmaschinen können diese Meta-Tags aber auswerten und die darin angegebenen Informationen verarbeiten.

Es gibt eine Reihe von Meta-Tags, mit denen man den Inhalt einer Webseite zusätzlich zum eigentlichen Textinhalt charakterisieren kann. Die Suchmaschinen verwenden die in den Meta-Tags enthaltenen Informationen, um Seiten besser einordnen und den Suchenden mehr Informationen darüber bereitstellen zu können. Dabei wird den Meta-Tags von den Suchmaschinen häufig eine größere Bedeutung beigemessen als dem eigentlichen Textinhalt einer Seite. Deshalb ist es besonders wichtig, die verschiedenen Meta-Tags richtig einzusetzen. Die folgende Tabelle gibt einen Überblick über die Meta-Tags, die von den Suchmaschinen verarbeitet werden.

Tag-Name	Bedeutung
Title	der Name der Seite bzw. Ihres Webshops
Author	der Ersteller des Webshops bzw. die für den Inhalt verantwortliche Firma
Revisit-after	Hinweis für Suchmaschinen, wie häufig sich der Inhalt der Seiten ändert
Publisher	der Betreiber des Webshops (kann mit dem Autor identisch sein)
Expires	Termin, nach dem der Webshop nicht mehr online ist (nur bei zeitlich begrenzten Angeboten erforderlich)
Keywords	bei Suchanfragen mit diesen Schlüsselwörtern soll die Seite als Ergebnis geliefert werden
Description	ein kurze, möglichst aussagekräftige Beschreibung des Angebots
Robots	Anweisungen für Suchmaschinen-Robots
Language	die Sprache, in der die Shopseiten verfasst sind

Wie kommen nun die Meta-Tags in die Webseiten? Das hängt ganz von dem Werkzeug ab, mit dem Sie Ihre Seiten erstellen. Die meisten Webeditoren bieten entsprechende Eingabemöglichkeiten an, wo man die Werte in einem kom-

Meta-Tag

fortablen Menü eintippt bzw. auswählt. Das Programm fügt beim Erzeugen der HTML-Dateien dann automatisch die entsprechenden Zeilen ein. Wenn Ihr Webeditor diese Möglichkeit nicht anbietet oder Sie die HTML-Dateien manuell erstellen, müssen Sie die entsprechenden Einträge von Hand vornehmen.

Die Zeilen mit den Meta-Tags gehören an den Anfang des Dokuments, in den *<HEAD>*-Bereich, d. h., sie müssen zwischen dem öffnenden HTML-Tag *<HEAD>* und dem schließenden HTML-Tag *</HEAD>* platziert werden. Dort stehen in der Regel auch noch anderen Informationen. Ob zuerst diese oder zuerst die Meta-Tags kommen oder auch alles durcheinander geht, ist eigentlich egal. Schöner und besser zu lesen und zu überarbeiten ist es aber, wenn alle Meta-Tags direkt beieinander stehen. Für jeden Meta-Tag erstellen Sie eine Zeile, die ungefähr so aussehen sollte:

```
<META Name=„[Name des Meta-Tags]" CONTENT=„[Wert des Meta-Tags]">
```

Um den Meta-Tag *Robots* festzulegen, würden Sie also beispielsweise die folgende Zeile einfügen:

```
<META NAME="Robots" CONTENT="NOINDEX,NOFOLLOW">
```

Für jeden Meta-Tag, den Sie verwenden wollen, fügen Sie jeweils eine eigene Zeile in genau dieser Art ein.

```
<html>
<head>
<title>www.Angler-Shop.de</title>
<meta http-equiv="Content-Type" content="text/html;
charset=iso-8859-1">
<META NAME="Title" CONTENT="www.Angler-Shop.de">
<META NAME="Author" CONTENT="Angler-Shop-Marketing">
<META NAME="Publisher" CONTENT="Angler-Shop GmbH">
<META NAME="Expires" CONTENT="30.10.99">
<META NAME="Keywords" CONTENT="Angler-Shop, Fliegenfischen">
<META NAME="Description" CONTENT="Willkommen beim Angler-Shop!">
<META NAME="Abstract" CONTENT="Hier finden Sie preiswerte Angeln.">
<META NAME="Robots" CONTENT="INDEX,FOLLOW">
<META NAME="Language" CONTENT="Deutsch">
</head>

<body bgcolor="#FFFFFF" text="#000000" link="#FF6600" alink="#"
```

Sie Meta-Tags im HTML-Quellcode werden von Suchmaschinen ausgewertet

---

Meta-Tags ausspionieren

Sie können nicht nur die Meta-Tags der eigenen Webseiten angeben, sondern auch die Meta-Tags ausspionieren, die andere Anbieter verwenden. Rufen Sie einfach deren Seiten auf und lassen Sie sich dann den Quelltext anzeigen. Vielleicht finden Sie so noch gute Ideen und Tipps für geeignete Schlüsselwörter. Öffnen Sie dazu eine Seite und klicken Sie dann über der Seite (am besten über eine freien Stelle ohne Bilder oder Links) mit der rechten Maustaste.

> Im kontextabhängigen Menü wählen Sie die Funktion *Quelltext anzeigen* (beim Internet Explorer) bzw. *Rahmenquelltext anzeigen* (beim Netscape Navigator). Damit öffnen Sie den Quelltext der Webseite in einem einfach Text-Editor-Fenster. Hierin können Sie sich die Meta-Tags in ihrer Originalform in HTML ansehen.

Siehe auch: HTML, Suchmaschine

MHOTY [My Hat's Off To You]

„Ich ziehe den Hut vor dir", „Alle Achtung"

Eine der ehrenvollsten Bezeugungen, die im Chatten vorkommen, ist MHOTY, kurz für **My Hat's Off To You**", also „Ich ziehe den Hut vor Dir".

Dieser Ausdruck ist normalerweise ernst und ohne den ansonsten im Chatslang oft anzutreffenden ironischen Unterton gemeint.

Siehe auch Chatslang

Microsoft

{Aussprache: Meikrosoft}

Die Firma Microsoft ist derzeit die weltweit größte Softwarefirma. Mit Ihren Windows-Betriebssystemen und dem Office-Anwendungspaket beherrscht sie große Bereiche der PC-Software. Sie wurde 1975 von zwei Nachwuchsprogrammierern – Bill Gates und Paul Allen – gegründet. 1980 wurden die damals praktisch noch bedeutungslose Firma von IBM beauftragt, das Betriebssystem für den ersten IBM-PC zu liefern. Diese Chance ergriffen sie. Sie kauften das Programm QDOS billig auf und verkauften es als **M**icrosoft **D**isc **O**perating **S**ystem (MS-DOS) auf Lizenzbasis an IBM weiter. So sicherten sie sich früh eine beherrschende Stellung in diesem Markt schnell expandierenden Markt. 1985 entstand die erste Version des grafischen Betriebssystems Windows, dessen Nachfolger noch heute die PCs bevölkert. Parallel dazu wurden Anwendungsprogramme für den Bürobereich entwickelt, z. B. die Textverarbeitung Word, die Tabellenkalkulation Excel und das Datenbankprogramm Access. Auch hier agierte Microsoft erfolgreich, insbesondere weil es jede Gelegenheit zur Verknüpfung der verschiedenen Produkte nutzte.

1995 erkannte Microsoft die Bedeutung des inzwischen herangewachsenen Internet fast zu spät. Mit viel Einsatz, der neuen Windows-Version 95 mit Internetfunktionen und dem Webbrowser Internet Explorer konnte man das Ruder aber noch rechtzeitig herumreißen. Die Einnahmen flossen weiter und Microsoft entwickelte sich zum einem der weltweit bedeutensten Wirtschaftsunternehmen. Wer 1986 eine Microsoft-Aktie für $ 21 gekauft hat, konnte Sie im Jahr 2000 für bis zu $ 15.000 verkaufen. Microsoft-Gründer Bill Gates hält einen großen Teil dieser Aktien und gilt inzwischen als reichster Mann der Welt.

In den letzten Jahren macht Microsoft weiterhin durch ständig neue Umsatzrekorde, aber auch durch massive juristische Probleme auf sich aufmerksam.

mil

Nachdem das Unternehmen Konkurrenten nie mit Samthandschuhen angefasst hatte und auch vor unlauteren Geschäftspraktiken nicht zurückgeschreckt war, strengte die amerikanische Regierung 1998 ein Kartellverfahren gegen Microsoft an, mit dem Ziel, die Firma in mehrere kleine Unternehmen zu zerschlagen. Der endgültige Ausgang dieses Verfahrens ist zurzeit ungewiss. Die Internetadresse von Microsoft: http://www.microsoft.de bzw. http://www.microsoft.com.

Siehe auch: Internet Explorer, Windows

mil

Auch (US-)Militäreinrichtungen haben eine „eigene" Top Level Domain für ihre Internetauftritte. Hierbei stehet *mil* logischerweise für military.

Siehe auch: Top Level Domain

MIME [Multipurpose Internet Mail Extensions]

Vielzweck-Internetnachrichten-Erweiterung

Solange Ihre E-Mails nur aus reinem Nachrichtentext bestehen, bevorzugt noch ohne irgendwelche Sonderzeichen wie die deutschen Umlaute Ä, Ö, oder Ü, würde MIME für Sie keine große Rolle spielen. Doch wer will schon im Ernst darauf verzichten, an E-Mails von Zeit zu Zeit solche netten Gimmicks wie Sounddateien, Bilder oder ganze Programme anzuhängen (Attachment) bzw. diese zu empfangen.

Dafür, dass dies (mehr oder weniger) reibungslos funktioniert, sorgt MIME, eine Erweiterung (Extension), mittels derer an E-Mails auch Binärdateien angehängt werden können, wobei es MIME völlig egal ist, ob es sich dabei um Grafiken, Sounddateien, Videos, Programme oder Sonstiges handelt.

Info:

MIME ist ein fester Bestandteil des Hypertext Transfer Protocol (HTTP) und unterteilt die E-Mail-Anhänge in sieben verschiedene Multimediatypen:

Text, Image, Video, Audio, Message, Application und Multipart.

Ohne korrekte MIME-Kodierung würden diese Dateien lediglich als Textdokumente interpretiert und demzufolge als lange und völlig unverständliche Folgen von sinnlosen Buchstaben und Zahlen auf Ihrem Monitor angezeigt.

Damit dies nicht geschieht, sind alle modernen Browser und E-Mail-Programme MIME-fähig und erkennen normalerweise automatisch ohne Ihr Zutun, was zu tun ist, um reinen Nachrichtentext und Dateianhang korrekt darzustellen.

Sollte es dennoch zu Problemen kommen, müssen Sie in Ihrem E-Mail-Programm die entsprechenden MIME-Optionen ändern.

Bei Outlook Express erreichen Sie dies beispielsweise beim Menüpunkt *Extras/ Optionen/Senden* jeweils unter *Nachrichten Senden-Format* und *News Senden-Format*.

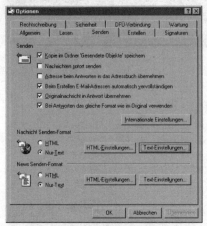

Gängige E-Mail-Programme wie Outlook Express bieten die Möglichkeit, bei Problemen mit der E-Mail-Kodierung die entsprechenden Optionen (hier zu finden unter Text-Einstellungen) zu ändern

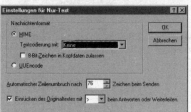

Unter Nachrichtenformat aktivieren Sie die gewünschte Kodierungsform (Beispielabbildung: Outlook Express)

Siehe auch: Attachment, Encoding, HTTP, S/MIME

mIRC

{Aussprache: Em-Irk oder Mirk}

Der Klassiker unter den IRC-Programmen ist mIRC. Dieses Programm stammt noch aus den Anfangszeiten des IRC, wurde seit dem aber ständig weiterentwickelt und stets an die neusten IRC-Entwicklungen angepasst. Besonders wer intensiv chatten und am liebsten an mehreren Gruppen gleichzeitig teilnehmen will, liegt mit diesem Programm genau richtig. MIRC unterstützt alle derzeit bekannten IRC-Funktionen. Diese stellt das Programm in einer komfortablen Oberfläche zur Verfügung. Sämtliche IRC-Befehle sind über komfortable Menüs, die wichtigsten direkt über Schalter in der Symbolleiste zugänglich. Jedes Fenster, d. h. jeder Chatkanal, aber auch Statusfenster und Listenübersichten können entweder im Programm selbst oder als eigenes Desktop-Fenster behandelt werden. So wird auch das Umschalten zwischen mehreren Chats zum Kinderspiel. Wer es ausprobieren will, kann das Programm unter http://www.mirc.com herunterladen.

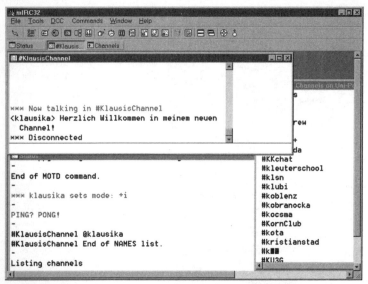

mIRC ist ein Klassiker unter den Chatprogrammen für den Internet Relay Chat IRC

Siehe auch: IRC

Mirror

{Aussprache: Mirrer}

Spiegel (im Sinne von Abbild, Kopie)

Der Grundgedanke hinter diesem Internet-„Spiegel" ist nicht so sehr, eine Art Sicherungskopie der Datenbestände herzustellen, wenngleich auch dies durch einen Mirror, also eine exakte Kopie eines anderen Servers, geleistet wird.

Der Hauptzweck leigt vielmehr darin, eine Kopie einer Internetseite anzubieten, um so einerseits den jeweiligen Hauptserver zu entlasten und im Falle eines Serverausfalls problemlos auf eine andere Seite mit identischem Datenbestand umleiten zu können.

Deshalb wird bei vielen stark besuchten Servern regelmäßig der komplette Datenbestand auf andere Rechner, so genannte Mirror-Sites, kopiert.

Mirror

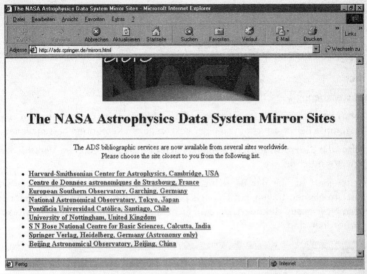

Mirror: Sie erhalten eine Liste mit den geografischen Standorten der Server, auf denen sich jeweils eine exakte Kopie (Mirror) der gesuchten Daten befindet. Sie können sich dann zweckmäßigerweise den Serverstandort heraussuchen, der Ihnen am nächsten liegt, und somit die größte Schnelligkeit verspricht (Ausnahmen bestätigen auch hier die Regel)

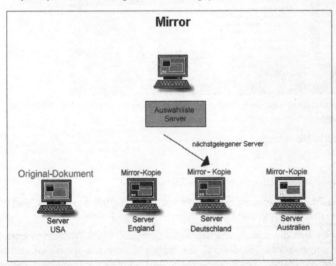

Die Auswahl des (geografisch) nächstegelegenen Serves mit identischem Datenbestand anhand einer entsprechenden Auswahlliste

Misc.

Dieses Mirroring genannte System sorgt in der Regel für erheblich kürzere Ladezeiten bzw. Wartezeiten beim Besucher, da er eine Miror-Site, also die geografisch näher liegende Kopie anwählen kann und nicht auf das weiter entfernt liegende Original zugreifen muss.

Misc.

Miscellaneous, Verschiedenes

Sehr häufig trifft man im Internet auf die Abkürzung misc., immer dann, wenn bestimmte Beiträge nicht in eine der vorgesehenen Kategorien passen wollen.

Misc., die Kurzform für miscellaneous heißt im Deutschen etwa Verschiedenes bzw. Vermischtes.

Beispielhaft ist hier der Bereich der Newsgroups zu nennen, von denen viele *misc.* im Namen tragen, ein Hinweis darauf, dass die Beiträge, die in einer solchen Newsgroup diskutiert werden, nicht einer anderen festgelegten Kategorie zuzuordnen sind.

Viele hundert Newsgroups, die keiner festen Standard-Kategprie zuzuordnen sind, gehören zur Misc-Gruppe

Siehe auch: Newsgroup

Modem

*Kunstwort aus **Mod**ulator und **Dem**odulator.*

Vereinfacht gesagt wandelt ein Modem analoge in digitale Signale um (und umgekehrt) und überträgt diese Daten über das analoge Telefonnetz.

Hierbei werden die digitalen Signale eines Computers vom Modem in analoge Signale umgewandelt (moduliert), die dann über die analoge Telefonverbindung zum Empfänger geschickt werden. Dort werden diese analogen Signale wieder in digitale Signale zurückverwandelt (demoduliert).

Verglichen mit früheren Modems sind moderne Modems wahre Formel-1-Rennwagen. So sind seit 1997 Modems mit Transferraten bis zu 56 Kbps keine Seltenheit mehr, während Anfang der 90er-Jahre ein Modem mit 2.400 Bps schon als schnell angesehen wurde.

> **Hinweis:** In einem digitalen Kommunikationsnetz (ISDN) verlieren die Modems ihre Daseinsberechtigung, da die Übersetzungsarbeiten nicht mehr notwendig sind. Statt eines Modems wird jedoch eine spezielle ISDN-Karte zur Kommunikation benötigt.

Siehe auch: AT-Befehle, Data Transfer Rate, ISDN

Moderator

Ein Moderator hat im Internet die Aufgabe, eine Diskussion zu leiten, den Überblick zu behalten und ggf. als überparteilicher Ansprechpartner zu dienen.

Beim Chatten, in Newsgroups oder moderierten Mailing Lists ist es am wahrscheinlichsten, dass Sie etwas vom Wirken eines Moderators zu spüren bekommen. Sei es, dass er als überparteiliche Instanz Streitigkeiten schlichtet oder mit einem Machtwort beendet, sei es, dass er zur Not sogar allzu widerborstige Leute aus dem Chatroom oder einer Mailing List verbannt.

In so genannten moderierten Diskussionsforen werden die Beiträge vom zuständigen Moderator geprüft, bevor sie öffentlich gemacht werden, d. h. an alle Mitglieder der jeweligen Liste weitergegeben werden.

Manche sprechen dabei übrigens von einer Art Zensur, die der Moderator ausübt, andere wiederum betonen, dass man nicht von unsinnigen oder beleidigenden Nachrichten belästigt wird, da diese zuvor vom Moderator aussortiert wurden.

MOO [MUD Object Oriented]

{Aussprache: Muh}

Objektorientierte Programmiersprache zur Gestaltung von MUDs

Ein MUD ist eine virtuelle Welt, in der sich Menschen via Internet begegnen können. MOO ist eine spezielle MUD-Variante, die sich weniger inhaltlich als vielmehr technisch von klassischen MUDs unterscheidet. Sie verwendet einen objektorientierten Programmierungsansatz, bei dem alle Bestandteile eines MUDs, alle Räume, Personen, Gegenstände und sogar die Avatare der Teilnehmer selbst, Objekte sind, die miteinander interagieren. Um eine MOO-Komponente zu schaffen und in ein MUD zu integrieren, muss man also lediglich das Objekt mit seinen Eigenschaften erstellen und die Methoden festlegen, durch die es mit anderen Objekten der virtuellen Welt interagieren kann. Wer mehr über MOO wissen will, findet unter http://tecfa.unige.ch/moo/moo community.html Informationen, Anleitungen und Adressen oder kann unter http://nice.ethz.ch/~felix/ee_moo.html das EE-MOO besuchen.

Siehe auch: MUD

Mosaic

{Aussprache: Mosaik}

Der Urahn der modernen Webbrowser

Kurz nachdem Tim Berners-Lee mit seinen Kollegen am CERN das World Wide Web „erfunden" hatten, entstand 1993 mit Mosaic der erste grafische Webbrowser. Zuvor hatte es nur einfache textbasierte Browser gegeben, die z. B. keine Grafiken innerhalb von Webseiten anzeigen konnten. Mosaic wurde am National Center for Supercomputing Applications NCSA in Illinois, USA entwickelt. Er ließ sich als erster Browser unter den damals noch recht jungen grafischen Benutzeroberflächen verwenden und nutzte deren Möglichkeiten voll aus. So gelang ein Quantensprung, was die Darstellungsmöglichkeiten von Webseiten und den Bedienkomfort bei Webbrowsern angeht, der einen erheblichen Anteil am Durchbruch und großen Erfolg des Web in den darauffolgenden Jahren hatte. Bis heute stehen praktisch alle Webbrowser in der Tradition von Mosaic und haben dessen grundlegendes Konzept nur marginal erweitert. Mosaic kann also mit Fug und Recht als Urahn der heutigen Webbrowser betrachtet werden.

Federführend bei der Entwicklung von Mosaic am NCSA war ein damals noch sehr junger Mann namens Marc Andreessen. Nach seinem Abschluss gründete er die Firma Mosaic Communications, um Mosaic zu einem kommerziellen Produkt weiterzuentwickeln. Kurze Zeit später bekamen sowohl Firma als auch Produkt einen neuen Namen: Netscape. Der Webbrowser wurde unter dem Namen Netscape Navigator zu einem der bekanntesten und zeitweilig dem meistverbreiteten Webbrowser. Inzwischen hat Netscape Navigator die Führungsrolle an den Internet Explorer abgeben müssen, aber der Mosaic-Nachfolger behauptet noch immer Rang 2.

Siehe auch: Netscape Navigator, Webbrowser

Mouse Potatoe

{Aussprache: Maus Potäto}

In der englischen Umgangssprache gibt es den Begriff Couch potatoe für jemanden, der in seiner Freizeit nichts Besseres zu tun hat als zu Hause auf der Couch zu sitzen und mit der Fernbedienung in der Hand durch die verschiedenen Fernsehkanäle zu zappen. Mit einem Minimum an Bewegungsaufwand sitzt er da wie eine „Kartoffel" (engl. potato). Sport oder andere Freizeitaktivitäten sind ihm ein Fremdwort.

Abgeleitet von diesem Begriff gibt es den Ausdruck mouse potatoe (wörtlich übersetzt Maus-Kartoffel), als treffende Charakterisierung für jemanden, der das genannte Verhalten an den Tag legt, jedoch anstelle der Fernbedienung die PC-Maus in der Hand hat und fast seine gesamte Freizeit am Computer mit Spielen oder im Internet verbringt.

Mozilla

{Aussprache: Motzilla}

Der Netscape Navigator ist heute nach dem Internet Explorer der zweitwichtigste Webbrowser. Er entstand 1995 aus dem ersten grafischen Webbrowser Mosaic. Während der Arbeit an dem Produkt gab es noch keinen offiziellen neuen Namen und die Entwickler dachten sich deshalb den Kosenamen Mozilla aus, in Anlehnung an Gozilla, den Helden zahlloser japanischer Monster-Filme. Obwohl der Browser dann offiziell Netscape Navigator hieß, hielt sich der Spitzname hartnäckig und tauchte in allen Version irgendwo wieder auf.

Große Bedeutung bekam Mozilla dann 1997, als Netscape die sich abzeichnende Niederlage gegen Microsoft im Kampf um die Vorherrschaft auf dem Browsermarkt abzuwenden versuchte, indem der Quellcode des Navigator als Open Source veröffentlichte wurde, um die Internetgemeinde für die Weiterentwicklung des Browsers zu gewinnen. Dieses Open Source-Projekt bekam den offiziellen Namen Mozilla. Es entwickelt den Browser auf der Basis des Netscape Navigator weiter. Dabei entstehen sowohl ein eigener Browser unter dem Namen Mozilla, als auch quasi als Nebenprodukt neue Versionen des Netscape Navigator. Der 2000 veröffentlichte Navigator 6.0 ist ein Beispiel dafür. Die offiziellen Webseiten des Mozilla-Projekts finden sich unter http://www.mozilla.org. Dort erfährt man alles über den aktuellen Stand des Projekts und kann den Mozilla-Browser herunterladen.

Siehe auch: Mosaic, Netscape Navigator, Open Source, Webbrowser

MP3

Audioformat

MP3, für viele DIE Zukunft des Musikgeschäfts, für andere der Totengräber der Musikindustrie, wie wir sie heute kennen. Fast kein Tag vergeht ohne neue Nachricht mit MP3-Bezug. Doch was ist MP3 eigentlich?

Zunächst einmal ist MP3 eine Abkürzung für Moving Picture Experts Group – Audio Layer 3, im Gegensatz zu anderen MPEG-Formaten kein Video-, sondern ein Audioformat, das im Grundsatz vom deutschen Fraunhofer-Institut entwickelt wurde.

Durch ein besonderes Komprimierungsverfahren werden Töne, die der Mensch nicht hören kann, aus dem Klangbild der Musik entfernt, wodurch die benötigte Datenmenge beim Abspeichern des Musikstücks erheblich reduziert wird, nämlich auf etwa ein Zehntel der ursprünglichen Größe.

Das bedeutet, dass ein normaler vierminütiger Radiohit auf einer herkömmlichen CD etwa 40 MByte in Anspruch nimmt, nun im MP3-Format lediglich noch circa 4 MByte Platz benötigt, wobei die Klangqualität der Musik fast nicht darunter zu leiden hat. Auch das Downloaden von MP3-Dateien aus dem Internet geht durch die geringere Größe der Dateien viel schneller vonstatten.

MP3

Sehr schnell haben sich im Internet regelrechte Tauschbörsen mit MP3-Files gebildet, die weltweit bekannteste und populärste ist sicherlich Napster, das fast zum Synonym für MP3 geworden ist.

Eine der vielen Seiten im WWW, die MP3-Files legal anbietet, ist www.mp3.de

Herkömmliche CD-Player sind jedoch bislang normalerweise noch nicht in der Lage, CDs mit MP3-Dateien wie „normale" Musik-CDs abzuspielen. Als Alternative dienen moderne DVD-Player, die teilweise in der Lage sind, das MP3-Format wiederzugeben, oder aber spezielle MP3-Player, Walkman-ähnliche Geräte, die auf das Abspielen des MP3-Formats ausgelegt sind.

Schließlich gibt es auch MP3-Player-Software auf dem heimischen PC. Der bekannteste Player auf Windows-Basis ist WinAmp, zudem können aber auch neuere Versionen der Standardsoftware wie Microsofts Media Player oder QuickTime MP3-Dateien abspielen.

Zum Abspielen von MP3-Files auf dem heimischen PC benötigt man keine teure Zusatzsoftware, ein einfacher MP3-Player (hier beispielsweise Windows Media Player) genügt völlig, um sich Musik per MP3-Dateien anzuhören

MP3

Mittels spezieller Software ist es auch möglich, MP3-Dateien in das WAV-Format umzuwandeln und dann auf CD zu brennen. Solcherart gebrannte Musik-CDs sind dann mit jedem CD-Player abspielbar.

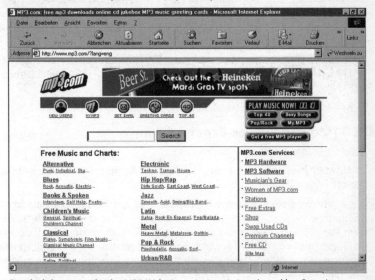

Eine der bekanntesten legalen MP3-Webseiten mit einer riesigen Auswahl an Songs ist www.mp3.com

Angesichts der Vielzahl von offenen rechtlichen Fragen, die mit dem MP3-Format zusammenhängen, hier in aller Kürze die wichtigsten Anhaltspunkte im Umgang mit MP3.

Das dürfen Sie:

Eigene (selbstkomponierte) Musikstücke oder solche, die copyrightfrei sind, können Sie ohne Bedenken auf Ihrer Homepage zum Download anbieten, kopieren, auf CD brennen oder beliebig oft an Freunde weitergeben.

Wenn Sie sich eine reguläre Musik-CD im Handel gekauft haben, dürfen Sie diese für den eigenen Gebrauch in ein anderes Format, z. B. in MP3 umwandeln oder sich eine Sicherungskopie der Musik-CD brennen.

Sie dürfen bis zu (maximal) sieben Kopien einer CD mit copyrightgeschütztem Material, ausschließlich für den privaten Gebrauch, anfertigen.

Das dürfen sie NICHT:

Musikstücke, die nicht copyrightfrei sind, auf Ihrer Homepage zum Download anbieten, gleichgültig ob im MP3- oder einem anderen Format.

MPEG

Selbst ein Link auf eine Seite, die illegal MP3-Files zum Download anbietet, ist bereits strafbar.

Die Weitergabe von copyrightgeschütztem Material, und das bedeutet praktisch jede Musik-CD, die Sie käuflich erworben haben, über den engsten Freundeskreis hinaus ist verboten, selbst dann, wenn Sie die Kopien kostenlos weitergeben und kein Gewinnstreben erkennbar ist.

Es versteht sich von selbst, dass auch jeder kommerzielle Handel mit copyrightgeschützter Musik (ohne Erlaubnis des Rechteinhabers) strengstens verboten ist.

Siehe auch: Copyright, Napster, Sound, WAV, Windows Media Player

MPEG [Moving Picture Experts Group]

Expertengruppe für bewegte Bilder

Unter MPEG versteht man einen Standard zur Komprimierung von Bild- und Tondaten für Videosequenzen.

Dieser Standard zeichnet sich vor allem dadurch aus, dass bewegte Bilder wie Computeranimationen, Videosequenzen und Ähnliches im MPEG-Format extrem komprimiert werden und damit nur einen Bruchteil des Speicherplatzes benötigen, den sie in einem anderen Format einnehmen würden. Nur so ist es angesichts der enormen Datenmengen an Bild- und Toninformationen möglich, einen Spielfilm auf einer CD unterzubringen.

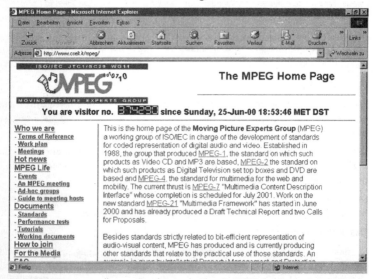

Die MPEG-Homepage: alles, was Sie schon immer über die MPEG-Standards wissen wollten

Um diese MPEG-Videos ansehen zu können, benötigen Sie einen so genannten MPEG-Decoder. Dieser kann entweder in Hardwareform als Steckkarte bzw. Erweiterungsmodul für die Grafikkarte vorliegen oder als spezielle MPEG-Software.

Die Softwareversion ist allerdings nur dann zu empfehlen, wenn Sie einen wirklich leistungsstarken Rechner haben. Der große Rechenaufwand, den die Dekompression der MPEG-Dateien benötigt, lässt insbesondere bei langsamen Rechnern den bekannten Ruckel-Effekt entstehen, d. h., einzelne Bilder oder ganze Bildabschnitte werden einfach übersprungen.

> **Info:** Bislang gibt es vier verschiedene MPEG-Standards, die als MPEG 1 bis 4 definiert wurden:

– MPEG 1 hat seinen Einsatzzweck im Bereich Videowiedergabe und besitzt daher die größten Kompressionsraten. Ursprünglich ein rein hardwareabhängiges Verfahren, ist mittlerweile (aufgrund der schnellen Rechner) auch eine Softwaredekomprimierung möglich.

– MPEG 2: Im Unterschied zu MPEG 1ist MPEG 2 wesentlich besser geeignet, mit dem beim Fernsehen eingesetzten Zeilensprungverfahren (Interlace) umzugehen. Die Daten erreichen aufgrund Kompression in höchster Qualität fast Studioqualität, wodurch MPEG 2 sich als Broadcaststandard etablieren konnte.

– MPEG 3: Ursprünglich war ein Teil des MPEG-3-Standard für High Definition TV-Qualität (HDTV) vorgesehen, wurde aber mittlerweile in den MPEG-2-Standard implementiert.

Achtung: Verwechseln Sie nicht MPEG 3 mit dem Audioformat MP3!

– MPG 4. Die Aufgabe von MPEG 4 liegt im Transport, der Synchronisation, der Kodierung und Wiedergabe audiovisueller Multimediainhalte für Internet- und drahtlose Anwendungen. Hierbei stellt MPEG 4 effiziente Mechanismen zur Komprimierung und zum Streaming interaktiver Medieninhalte bereit. Ansatzpunkt dieses Standards ist die Annahme, dass im Verlauf einer Anwendung nur leichte Bildänderungen vorkommen.

Siehe auch: Komprimieren, MP3

MSN [MicroSoft Network]

Internetportal von Microsoft

Das Microsoft Network MSN begann ursprünglich als weltweiter Onlinedienst. Er wurde 1995 von Microsoft gegründet und als Bestandteil des Betriebssystems Windows 95 vermarktet. Microsoft reagierte damit auf den Boom des Internet, versuchte aber, statt des freien Zugangs zum Internet einen eigenen Onlinedienst zu etablieren. Dieser halbherzige Versuch war aber nicht von Erfolg gekrönt. MSN konnte sich nie gegen die Konkurrenz von AOL und (in

Deutschland) T-Online durchsetzen. Folgerichtig wurde er 1998 wieder eingestellt.

Da Microsoft die Marke MSN da schon mit großem Werbeaufwand etabliert hatte, wollte man diese Investition nicht einfach abschreiben. Deshalb funktionierte man MSN kurzerhand zu einem Internetportal unter http://www.msn.com bzw. http://www.msn.de um und fasst unter dieser Marke alle Internetaktivitäten von Microsoft zusammen. So gehören zum MSN-Portal auch ein Themenkatalog, eine Suchmaschine und der Zugang zum Microsoft-Mailservice Hotmail. Außerdem integriert Microsoft auch neue Software für das Internet eng mit dem MSN-Angebot. So gibt es mit dem MSN Explorer eine spezielle Version des Webbrowsers Internet Explorer und mit de MSN Messenger eine eigene Instant Messaging-Software.

Microsoft setzt MSN immer wieder geschickt ein, um die Bedeutung der eigenen Rolle im Internet zu steigern. So propagiert man die MSN-Homepage etwa als meistbesuchte Seite im Internet. Wie immer sollte man bei solchen Zahlen aber nur den Statistiken trauen, die man selbst gefälscht hat. Beim Internet Explorer ist http://www.msn.com nach der Installation als Startadresse voreingestellt. So lange die Benutzer das nicht ändern, besuchen sie MSN also jedes Mal, wenn Sie den Internet Explorer aufrufen. Da etwa 70 % der Surfer den Internet Explorer benutzen, bekommt man so natürlich leicht gigantische Abrufzahlen hin.

Unter http://www.msn.de findet sich das deutschsprachige Portal von Microsoft

Siehe auch: Microsoft, Onlinedienst, Portal

MSN [Multiple Subscriber Number]

Mehrgerätenummer bei ISDN

Bei einem ISDN-Anschluss hat der Teilnehmer die Möglichkeit, verschiedenen Geräten unterschiedliche Rufnummern zuzuweisen. So kann man z. B. einem Telefon eine, dem Faxgerät eine andere und der ISDN-Karte des Computers eine dritte Nummer geben. Je nachdem, mit welcher der Nummern ein Anruf erfolgt, wird er vom entsprechenden Gerät entgegengenommen. Auch wenn man selbst Anrufe tätigt, bekommt der Angerufene die MSN des jeweils verwendeten Geräts übermittelt. So kann man bei einem Anschluss mehrere Geräte mit eigener Nummer betreiben, private und geschäftliche Telefonate (auch abrechnungsmäßig) trennen oder jedem Familienmitglied sein eigenes Telefon mit eigener Telefonnummer überlassen.

Beim normalen Basis-Mehrgeräte-Anschluss bekommt man in der Regel drei dieser MSNs, über die man frei verfügen kann. Meist sind die Nummern direkt aufsteigend, also z. B. ...451, ...452 und ...453, aber einen Anspruch darauf hat man nicht. Wer mehr als drei Nummer benötigt, kann weitere dazumieten. Insgesamt sind bei einem Basisanschluss bis zu zehn MSNs möglich. Auch analoge Geräte können eine eigenen MSN bekommen. Da sie ohnehin nur mit einem a/b-Wandler an einem ISDN-Anschluss betrieben werden können, muss man die MSN aber jeweils am Wandler einstellen. Man sollte dann beim Kauf eines a/b-Wandlers darauf achten, dass man für jedes angeschlossene analoge Endgerät eine MSN konfigurieren kann.

Siehe auch: a/b-Wandler, ISDN

MUD [Multi User Dungeon]

{Aussprache: Mad}

Multibenutzer-Welten für Onlinespiel und -kommunikation

Eine besondere Form von Onlinespielen sind die Multi User Dungeons, kurz als MUDs bezeichnet. Hier betritt man – meist per Telnet – eine geheimnisvolle, komplexe Welt, in der man andere Spieler treffen kann, aber auch Aufgaben lösen und Abenteuer bestehen. Es gibt internetweit einige hundert MUDs. Jedes MUD spielt in einem bestimmten Genre, manche mischen auch mehrere Welten durcheinander. Meist trifft man auf Fantasy-Welten, mit Elfen, Zwergen, Drachen und Einhörnern. Es gibt aber auch Science-Fiction-MUDs, wo man sich statt zu Pferd mit einem Raumschiff fortbewegt und mit Lasern schießt. Schließlich gibt es auch MUDs, die eine bestimmte reale und fiktive Welt nachbilden (z. B. existierende Städte oder Tolkiens „Mittelerde").

Die klassischen MUDs sind zeichenorientiert und werden per Telnet gespielt. Man sollte also keine dreidimensionalen Räume erwarten, durch die man sich per Maus fortbewegen kann. Die Umwelt und das Geschehen wird durch Texte beschrieben und Ihre Anweisungen in Form von Tastaturbefehlen erwartet. Bei neueren Entwicklung gibt es aber auch grafische 3-D-Welten, die z. B. per Webbrowser erforscht werden können.

Unter <u>telnet:unitopia.uni-stuttgart.de</u> finden Sie das deutsche UNItopia-MUD

Das Ziel beim Spielen in einem MUD hängt ganz vom Spieler ab. Formell geht es darum, in Kämpfen und durch Lösen von Aufgaben (engl. Quests) Erfahrungspunkte zu sammeln, mit denen man seine Fähigkeiten steigern kann. Je besser die Fähigkeiten sind, desto erfolgreicher ist man bei Kämpfen und Zaubersprüchen. Irgendwann gehört man mit etwas Glück zu den höchstrangigen Spielern, ist praktisch unbesiegbar und wird in den erlesenen Kreis der Wizards (Zauberer) aufgenommen.

Da das wirkliche Leben schon genug erfolgsorientiert ist, sehen viele Spieler ihre MUD-Existenz nicht so verbissen. Das Wichtigste ist, dass man mit anderen Spielern aus aller Welt zusammentrifft und eine Menge Spaß hat. Wenn man ab und zu mal einen Drachen tötet und eine Jungfrau rettet, ist das ganz schön, aber die (virtuelle) Welt dreht sich auch so weiter.

Neben dem eigentlichen Spiel ist bei vielen MUDs die reine Kommunikation eine wichtige Sache. Über ein MUD kann man prima Gleichgesinnte treffen. Da die MUDs immer auch vielfältige Kommunikationsfunktionen bieten, nutzen viele Spieler sie zu Onlineplauschereien. Oft gibt es ähnlich wie im IRC heiße Diskussionen in kleinen oder großen Grüppchen. Und häufig halten sich in einer virtuellen Welt über hundert potenzielle Gesprächspartner auf.

Siehe auch: Telnet, MOO

Murphy's Law

[Aussprache: Mörfies Loah]

Murphys Gesetz

Viele wissen, dass die Erwähnung von „Murphys Gesetz" ein teils ironischer, teils fatalistischer Kommentar zu einer bestimmten Situation ist, getreu dem Motto: „Wenn etwas schief gehen kann, dann wird es auch irgendwann schiefgehen".

Der Ausspruch von Edward Murphy (er war Ingenieur bei der US Air Force), auf den alle in den folgenden Jahren erdachten „Gesetze" aufbauen, bezog sich auf eine bestimmte Situation während einer Experimentierreihe. „Bei einer Situation, bei der es mindestens zwei Möglichkeiten des Fortfahrens gibt, und eine davon in einer Katastrophe endet, wird es immer jemanden geben, der diese Möglichkeit auswählt".

Mittlerweile gibt es unzählige neue Murphy'sche Gesetze, die nach dem gleichen fatalistischen Prinzip angelegt sind und nicht von Murphy selbst stammen, sondern von seinen geistigen Erben. Gerade die immer noch vorhandenen Unzulänglichkeiten und Fallstricke des Internet sind ein idealer Nährboden für neue Murphy'sche Gesetze, denn „auch wenn etwas eigentlich nicht schief gehen kann, wird es schief gehen".

museum

Durch den Beschluss der ICANN (Internet Corporation for Assigned Names and Numbers) vom Oktober 2000 auch *museum* als neue Top Level Domain für Museen zuzulassen, können Sie die Internetauftritte von Museen in Zukunft einfach an der Endung der Internetadresse erkennen.

Siehe auch: ICANN, Top Level Domain

MYOB [Mind Your Own Business]

„Kümmere dich um deinen eigenen Kram!" (Slang)

Hinter MYOB verbirgt sich eine relativ unfreundliche Bemerkung beim Chat, denn es ist die Kurzform von **M**ind **Y**our **O**wn **B**usiness und heißt übersetzt „Kümmere dich doch um deine eigenen Angelegenheiten".

Es ist die ummissverständliche Aufforderung, sich mit Meinungsäußerungen zurückzuhalten, da das Einmischen in dem speziellen Fall nicht gern gesehen wird.

Siehe auch: Chatslang

Nagware

{Aussprache: Nägwähr}

Der Ausdruck Nagware kann nur schwer ins Deutsche übertragen werden, am treffendsten könnte man es wohl als Nörgelware (von to nag, dt. nörgeln) übersetzen.

Gemeint ist damit eine spezielle Art der Shareware, die bei jedem Start und jedem Beenden Meldungen auftauchen lässt, die Sie darin erinnern, sich doch gefälligst registrieren zu lassen, sprich für den Gebrauch der Software zu bezahlen.

Auch die Arbeit mit bzw. das Ausprobieren der Software wird durch ständige so genannte Nagscreens gestört, die Sie zum Kauf der Software auffordern.

Üblicherweise wird diese Art von Software selbst unter Anhängern des Sharewareprinzips nicht so gern gesehen, da potenzielle Sharewarekunden durch das ständige Nörgeln vergrault werden können und der gesamten Sharewareszene den Rücken kehren, obwohl die Nagware nur einen ganz kleinen Teil der Sharewaresoftware ausmacht. Doch leider bleiben bei vielen ein oder zwei negative Beispiele stärker im Gedächtnis als ein dutzend positive.

Siehe auch: Shareware

name

Im Oktober 2000 hat die ICANN (**I**nternet **C**orporation for **A**ssigned **N**ames and **N**umbers) beschlossen, auch die Endung *name* für private Einzelpersonen als Top Level Domain zu genehmigen.

Siehe auch: ICANN, Top Level Domain

Name-Server

{Aussprache: Näimsörwer}

Als Name-Server, auch Domain Name-Server genannt, wird ein Rechner bezeichnet, der Listen mit registrierten Rechnernamen (Domains) und den dazugehörigen IP-Adressen verwaltet.

Die Verwaltung bzw. Organisation der Seiten im World Wide Web erfolgt nicht über die Klartextnamen der Domains wie beispielsweise www.databecker.de, sondern über die jeweiligen IP-Adressen.

Dies bedeutet, dass jedes Mal, wenn Sie einen Klartextnamen eingeben, Ihr Browser diesen an einen Name-Server weiterleiten muss. Dieser Name-Server durchsucht seine internen Listen und sendet dann, sofern er erfolgreich ist, an den Browser die zum Domainnamen gehörige IP-Adresse zurück.

Befindet sich die gesuchte IP-Adresse nicht in dem Listenbestand des Name-Servers, wendet er sich an den nächsthöheren Name-Server bis die Adresse entweder gefunden wird oder eine endgültige Fehlermeldung zurückgegeben wird.

So beispielsweise, wenn Sie sich bei der Eingabe vertippt haben und es die angegebene Klartextadresse überhaupt nicht gibt.

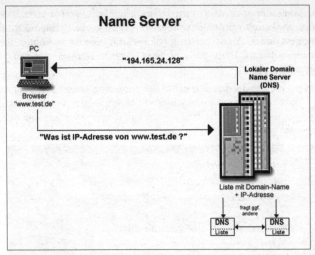

Bevor Ihnen Ihr Browser eine Internetseite anzeigen kann, muss er zuerst einmal beim Name-Server die zu dem Domainnamen gehörende IP-Adresse erfragen. Der Name-Server schaut dann in seiner Liste nach und meldet die entsprechende IP-Adresse an den Browser zurück. Führt die Suche in der Liste nicht zum Erfolg, fragt er weitere Name-Server, ob sich die gesuchten Informationen in deren Listenbestand findet

Erst wenn der Browser vom Name-Server die IP-Adresse übermittelt bekommt, kann er sich mit der Internetseite in Verbindung setzen und den Kontakt aufbauen. Je mehr Name-Server auf der Suche nach der IP-Adresse gefragt werden müssen, desto länger dauert es, bis ein Zugriff auf die Seite erfolgen kann.

Siehe auch: DNS, Domain, IP-Adresse

Napster

{Aussprache: Näpster}

Bekannteste „Tauschbörse" für Musikdateien

Kaum ein Thema hat die Internetgemeinde und auch die Musikbranche in den letzten Jahren so sehr bewegt wie der Rechtsstreit und damit zusammenhängend das Schicksal von Napster. Selbst in den großen Nachrichtenprogrammen wurde ausgiebig über dieses Thema berichtet, ein Zeichen dafür, wie bekannt Napster in nur knapp zwei Jahren geworden ist.

Napster ist für die Befürworter zunächst einmal nichts anderes als eine Musiktauschbörse. Mittels der speziellen Napster-Software und einer Anmeldung bei der Napster-Webseite ist es möglich, aus einem nahezu unvorstellbar großen Fundus von Musiktiteln auszuwählen und sich diese per Mausklick im beliebten und platzsparenden MP3-Format auf den eigenen Rechner herunterzuladen.

Napster

Diese MP3-Dateien können dann mittels spezieller Softwareplayer auf dem heimischen PC abgespielt werden oder aber ohne allzu große Probleme auf CD gebrannt werden. Jeder, der serverseitig MP3-Musik-Files hatte, konnte diese bei Napster per Software anmelden und diese anderen Napster-Nutzern zum Tausch anbieten.

Das Problem bei diesem Tausch und damit der gesamten Tauschbörse Napster war und ist jedoch, dass die ganz überwiegende Mehrzahl der angebotenen Titel copyright geschütztes Material ist, das nicht einfach ohne weiteres vervielfältigt und verbreitet werden darf.

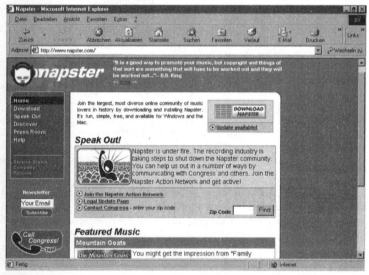

Napster im März 2001: die neusten Infos zur Entwicklung um die Musiktauschbörse. Jeder Tag kann der letzte Napster-Tag sein

Nachdem die Zahl der Napster-Nutzer zwischenzeitlich (nach Napster-eigenen Angaben) weltweit rund 50 Millionen beträgt, sahen viele große Musikkonzerne, darunter Sony, EMI, Warner Music, BMG und Universal Music sich genötigt, gegen Napster gerichtlich vorzugehen und ein Verbot von Napster mit entsprechenden Schadensersatzforderungen durchzusetzen.

In einem langwierigen Rechtsstreit, der auch zum jetzigen Zeitpunkt (Anfang März 2001) noch nicht beendet ist, gab es Siege und Niederlagen auf beiden Seiten, wobei jedoch die Musikunternehmen die besseren rechtlichen Argumente auf Ihrer Seite hatten. Überraschend ging Napster im Herbst 2000 mit dem Bertelsmann-Konzern (also einem der Kläger) eine Allianz ein, woraufhin BMG (Bertelsmann Music Group) die Klage zurückzog, die anderen Musikunternehmen diesem Schritt jedoch nicht folgten.

Mehrere finanzielle Angebote von Napster/BMG zu einer Einigung sind zumindest zum jetzigen Zeitpunkt noch ohne Erfolg geblieben. Auch die Ankündigung, die bislang kostenlose Tauschbörse im Laufe des Jahres 2001 in ein Abonnement-System umzuwandeln, wobei von den Einnahmen die Urheberrechtsgebühren bezahlt werden sollen, hat noch nicht zu einer Einigung geführt.

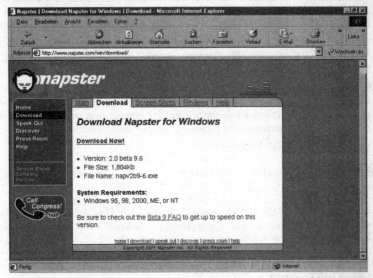

Anfang März 2001 bietet Napster die neuste Software noch zum Download auf der Homepage www.napster.com an

Anfang März 2001 hat Napster nun bekanntgegeben, dass aufgrund einer richterlichen Verordnung nach und nach durch ein Filtersystem die Downloadmöglichkeit aller copyrightgeschützen Dateien verhindert werden soll. Jede neue Justizentscheidung in den USA könnte das sofortige Aus für Napster bedeuten, was die Schließung der Napster-Webseite unter www.napster.com mit sich brächte.

Es bleibt abzuwarten, wie sich der Streit Napster/BMG auf der einen Seite und die großen Musikkonzerne auf der anderen Seite entwickelt. Auch bleibt fraglich, ob bei einem eventuellen Ende von Napster nicht relativ schnell unter anderem Namen vergleichbare Angebote entstehen würden.

Siehe auch: Copyright, MP3

Narrowcast

{Aussprache: Närrokahst}

Narrowcast bezeichnet eine spezielle Art von Datenübermittlung, bei der man im Gegensatz zum Broadcast (z. B. TV) nur ein bestimmte, kleine Zielgruppe erreicht. Um beim Beispiel Fernsehen zu bleiben, handelt es sich etwa beim Pay-per-View-Digitalfernsehen um einen Narrowcast, da die Übertragung hier nur eine (im Vergleich zu sonstigen Fernsehausstrahlungen) kleine Zuschauergruppe von Abonnenten erreicht.

Auch im Internet werden sowohl Broadcast als auch Narrowcast eingesetzt. Die meisten Webseiten etwa arbeiten nach dem Broadcast-Prinzip, indem sie ihre Inhalten jedem interessierten Benutzer uneingeschränkt zugänglich machen. Es gibt aber auch kommerzialisierte Angebote, wo der Zugang an eine Gebühr gebunden und per Benutzerkennung und Passwort eingeschränkt ist. Dabei handelt es sich um Narrowcast-Angebote.

Die Begriffe Multicast und Narrowcast sind eng miteinander verwandt. Allerdings bezieht sich Multicast auf die Technik, während mit der Bezeichnung Narrowcast ein allgemeines Funktionsprinzip gemeint ist, das vor allem als Geschäftsmodell für kommerzielle Internetangebote verstanden wird.

Siehe auch: Broadcast, Intercast

NBD [No Big Deal]

Keine große Sache (Slang)

Vorwiegend in E-Mails und im Chat gebräuchliche Abkürzung für **No Big Deal**, was im Deutschen so viel meint wie „keine große Sache" oder auch „Nicht der Rede wert".

Wie viele andere Slangausdrücke wird auch NBD oftmals ironisch gebraucht.

Siehe auch: Chatslang

NC (NetPC)

{Aussprache: NC oder Nett-PC}

Netz-PC

1996 bildete sich eine Allianz großer Computerfirmen, um den Wintel-PCs (Intel-Hardware und Windows-Software) die Vorherrschaft streitig zu machen. Oracle, Sun Microsystems und IBM propagierten den Netz-PC, einen abgespeckten Arbeitsrechner, der auf das lokale Speichern von Daten verzichtet und stattdessen über ein Netzwerk mit einem zentralen Server kommuniziert. Dieser Server stellt alle benötigte Software bereit und speichert die erstellen Dokumente.

Die Vorteile eines Netz-PCs insbesondere in Firmen-Netzwerken liegen auf der Hand. Zunächst müssten Netz-PCs in der Anschaffung billiger sein, da sie eine einfachere Hardwareausstattung haben und z. B. auf Festplatten und Erweiterungsmöglichkeiten völlig verzichten können. Die Software muss bei diesem Konzept nicht mehr auf jedem einzelnen PC installiert werden. Stattdessen wird sie nur einmal auf dem zentralen Rechner eingerichtet und kann dort auch zentral gewartet und aktualisiert werden. Datenspeicherung und -sicherung erfolgen ebenfalls zentral. Die Netz-PCs selbst können auch von einem zentralen Rechner aus über das Netzwerk gewartet werden, was die Administrationskosten senkt.

In der Praxis haben sich die Netz-PCs bis heute nicht auf breiter Front durchsetzen können, auch wenn die Idee sicherlich einige Freunde gewonnen hat. Das liegt zum einen am dramatischen Preisverfall des PC-Markts in den letzten Jahren. Ein vollwertiger PC ist in der Anschaffung kaum teurer als ein abgespeckter Netz-PC, sodass der Preisvorteil kaum eine Rolle spielt. Zum anderen bedeutet das Konzept Netz-PCs für viele Firmen eine völlig grundlegende Umstellung der EDV, die man angesichts anderer drängender Probleme wie z. B. dem Jahr-2000-Problem wohl erstmal auf die lange Bank geschoben hat. Es ist allerdings zu erwarten, dass sich die grundlegende Idee der zentral organisierten Software und Daten im geschäftlichen Bereich nach und nach durchsetzen wird, denn hier liegt der eigentliche Vorteil beim Einsatz von NCs.

Nerd

{Aussprache: Nöhrd}

„Streber"

Bei einem Nerd handelt es sich um eine besondere Spezies von Computeranwender, der im Deutschen am ehesten noch mit Streber übersetzt werden kann, wenngleich auch die Bezeichnung Fachidiot nicht gänzlich daneben zielt.

Ein Nerd zeichnet sich durch hohes Fachwissen aus, extrem begabt in naturwissenschaftlichen oder auch speziell computerbezogenen Belangen, aber völig hilflos in ganz normalen Alltagssituationen, nicht zuletzt auch im Umgang mit dem anderen Geschlecht.

Siehe auch: Chatslang, Geek

net

Auch Netzwerkbetreiber haben mit *net* (englischer Ausdruck für Netz) eine spezielle Top Level Domain für ihre Internetauftritte.

Siehe auch: Top Level Domain

Net

Kurzform von „Internet"

Da für so manchen Internetfan schon die Bezeichnung Internet zu lang ist (nicht umsonst liebt ein echter Internetfreak die teilweise abstrusen Akronyme), dauerte es nicht lange, bis es auch hierfür eine Kurzform gab: Net, zu Deutsch: Netz. Doch ob Net oder Internet, gemeint ist das Gleiche, wobei Net jedoch den unschlagbaren Vorteil hat, dass man beim Schreiben einer E-Mail oder beim Chatten fünf Buchstaben weniger eintippen muss.

Siehe auch: Internet

Netiquette

Kunstwort aus Network (Netzwerk) und Etiquette

Im so genannten richtigen Leben (real life) ist es doch so: Wenn Sie ausgehen oder irgendwo eingeladen wurden, dann werden Sie sicherlich darauf achten, zumindest ein gewisses Maß an Höflichkeit an den Tag zu legen und nicht allzu negativ aufzufallen.

Mit der gleichen Einstellung sollte man auch versuchen, im Internet aufzutreten, mit anderen Worten: man sollte die Netiquette beachten.

Netiquette ist quasi ein Verhaltenskodex für das Auftreten im Internet, besonders (aber nicht nur) in den Newsgroups.

Diese allgemeinen Regeln beruhen zwar „nur" auf freiwilliger Basis, sollten aber dennoch als verbindlich vorausgestzt werden und sind sogar in einem speziellen Internetdokument, dem Request for Comment Nr. 1855 niedergelegt.

Zu finden ist dieses RFC beispielsweise unter www.sri.ucl.ac.be/documents/rfc1855.txt.

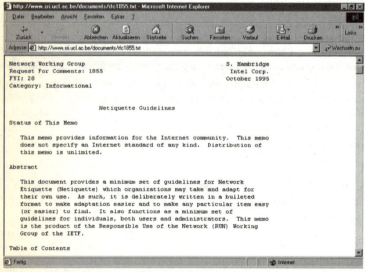

Die Netiquette-Guidelines, wie Sie bei der Adresse www.sri.ucl.ac.be/documents/rfc1855.txt zu finden sind. Es ist durchaus empfehlenswert, sich in einer stillen Stunde einmal die entsprechenden Richtlinien genauer durchzulesen

Genau so, wie es im normalen Leben gewisse Regeln gibt, an die man sich hält oder doch zumindest halten sollte, gibt es auch im Internet das, was man als Verhaltenskodex bezeichnen kann, die so genannte Netiquette.

Netiquette

Es handelt sich dabei um eine Auflistung von einfachen Regeln, die einem besseren Miteinander der großen Internetgemeinde dienen soll. Es gibt zahllose Internetseiten, die Tipps zum richtigen Verhalten geben, und eine Auflistung aller Regeln würde den Rahmen dieses Buches sprengen. Daher finden Sie im Folgenden die zehn wichtigsten Regeln der Netiquette angeführt und kurz erläutert, was damit gemeint ist.

Die zehn wichtigsten Regeln:

Regel 1: Ein Newbie ist auch nur ein Mensch

Haben Sie ein Herz für Anfänger. Jeder macht Fehler, und Anfänger machen noch mehr Fehler. Seien Sie deshalb nachsichtig, weisen Sie diese auf Fehler hin und teilen Sie Ihr Wissen. Helfen Sie anderen, Fehler in Zukunft zu vermeiden. Wenn Sie merken, dass der andere ein Anfänger ist, dann überschütten Sie ihn nicht mit Akronymen.

Regel 2: Fasse dich kurz

„Zeit ist Geld" sagt ein altes Sprichwort, das auch für das Internet gilt. Nicht jeder hat Lust, seitenlange E-Mails zu lesen. Versuchen Sie, sich kurz und präzise zu fassen, insbesondere dann, wenn Sie davon ausgehen können, dass der Gegenüber viel beschäftigt ist.

Wenn Sie eine Nachricht weiterleiten oder zitieren, beschränken Sie sich auf die Teile, die tatsächlich wichtig sind. Es ist nicht nötig, 100 Zeilen Text weiterzuleiten, wenn Sie sich nur auf fünf bis zehn Zeilen davon beziehen und der Rest kommentarlos mitgeschickt wird.

Regel 3: Achten Sie aufs Äußere

Versuchen Sie, Rechtschreibfehler zu vermeiden, beachten Sie Groß- und Kleinschreibung, machen Sie Ihre Nachrichten „leserlich", indem Sie Absätze einfügen. Eine E-Mail ist das elektronische Pendant zu einem Brief, und einen Brief würden Sie auch nicht mit zig Fehlern in einem Kraut-und-Rüben-Stil abschicken. Eine E-Mail ist quasi Ihre elektronische Visitenkarte.

Regel 4: Machen Sie es anderen nicht unnötig schwer

Halten Sie sich an gewisse Formalien wenn Sie E-Mails verschicken, so z. B. sollte bei jeder E-Mail die Betreff-Zeile ausgefüllt sein mit kurzen Schlagworten, um was es in der Nachricht geht. So weiß der Empfänger gleich, ob die E-Mail für ihn wichtig ist und sofort seine Zeit erfordert oder ob es nicht ganz so dringend ist.

Netiquette

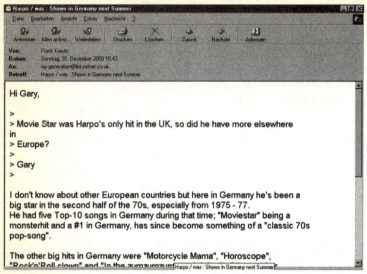

Es gehört zum guten Ton, kurz die Zeilen zu quoten, auf die Sie sich in Ihren Ausführungen beziehen. Dies erleichtert anderen die Orientierung, da nicht jeder automatisch den Inhalt aller E-Mails der letzten Tage parat hat

Wenn Sie sich auf frühere Nachrichten beziehen, zitieren Sie kurz und prägnant die wichtigsten Passagen, um den Adressaten ins rechte Bild zu setzen. Wer dutzende oder gar hunderte von E-Mails am Tag bekommt, kann sich nicht gleich wieder an den Inhalt jeder einzelnen Nachricht erinnern.

Regel 5: Werbung ist tabu

Schicken Sie niemals, NIEMALS, Nachrichten mit Werbung, die der Empfänger nicht ausdrücklich bei Ihnen bestellt hat. Auch das bloße Weiterleiten von Werbenachrichten oder elektronischen Kettenbriefen ist ganz und gar nicht gern gesehen.

Wenn Sie etwas verkaufen wollen, dann suchen Sie die richtige Newsgroup dafür. Belästigen Sie nicht andere Newsgruppen mit Werbe-E-Mails, sondern beschränken Sie sich auf diejenigen Foren, die tatsächlich Werbung ausdrücklich zulassen. Lesen Sie die entsprechende FAQ, um zu erfahren, ob Werbung innerhalb einer bestimmten Newsgroup erlaubt ist.

Netiquette

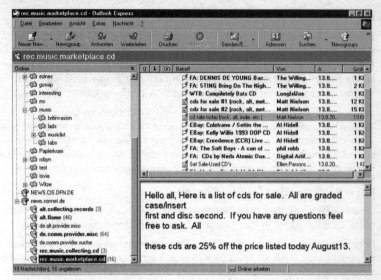

Wenn Sie unbedingt etwas anbieten wollen (in diesem Beispiel: eine Liste mit CDs), benutzen Sie die entsprechenden Newsgroups, die zu diesem Zweck vorhanden sind. In anderen Newsgruppen ist Werbung aller Art nicht gern gesehen

Regel 6: Seien Sie höflich

Beleidigungen sollten Sie unterlassen, auch wenn es manchmal schwerfällt. Reagieren Sie besonnen auf Provokationen, insbesondere in Newsgroups, und vermeiden Sie beleidigende persönliche Aussagen, die auch im normalen Leben zu Streit führen würden.

Wenn Sie Ihr Gegenüber nicht kennen, dann benutzen Sie eine höfliche Anrede.

Regel 7: Beachten Sie Copyrights

Auch wenn es manchmal angesichts der „Ich kopiere alles"-Mentalität vieler Internetnutzer nicht so aussieht: das Internet ist kein rechtsfreier Raum.

Alle Töne, Bilder, Grafiken, Musik, Videos, Programme etc., die nicht ausdrücklich vom jeweiligen Autor als Public Domain, also als öffentliches Eigentum, deklariert wurden, unterliegen einem Copyright.

Dies bedeuetet, dass Sie Sie nicht einfach Bilder, Sounds oder Elemente von anderen Internetseiten ohne Erlaubnis benutzen dürfen. Oftmals genügt eine kurze E-Mail beim jeweiligen Webmaster, um die Erlaubnis zur Weiterverwendung zu erhalten.

Regel 8: Halten Sie sich an die Gesetze

Dies sollte eigentlich eine Selbstverständlich sein, oder? Hierbei geht es insbesondere um das unerlaubte Kopieren und Weitergeben von Daten, seien es Programme oder auch Musikstücke (immer beliebter im MP3-Format). Unerlaubte Kopien von Software oder Musikstücken gelten als Raubkopien. Dies ist strafbar und kann Sie im Zweifelsfall ganz schön in Schwierigkeiten bringen.

Übrigens ist auch das Weiterleiten privater Nachrichten an Dritte ohne ausdrückliche Genehmigung des Schreibers eine rechtlich heikle Angelegenheit. Vielleicht waren bestimmte Informationen nur für Sie und nicht für Dritte bestimmt. Deshalb auch hier sicherheitshalber nachfragen, ob bestimmte Informationen an Dritte weitergeleitet, also quasi öffentlich gemacht werden dürfen.

Regel 9: Vermeiden Sie Pseudonyme

Grundsätzlich gilt, dass man Pseudonyme so sparsam wie möglich verwenden sollte. Letztlich ist ein Pseudonym ja nichts anderes als ein „falscher" Name.

In Newsgroups ist es generell verpönt, Postings nicht mit dem richtigen Namen zu verschicken. Auch in vielen Chaträumen kann man sich mit einem Pseudonym einloggen; hier ist die Situation angesichts der dort lauernden Gefahren (Stichwort: Stalker) etwas anders.

Wo ein Pseudonym Ihrer Sicherheit dient, sollten Sie es unbedingt benutzen, wo es nur zum „Spaß" eingesetzt wird, kann und sollte darauf verzichtet werden.

Regel 10: Achtung, Datenschutz

Seien Sie vorsichtig, wenn Sie persönliche Angaben über sich selbst wie Adresse, Telefonnummer usw. öffentlich (in Newsgroups oder auch in Mailing Lists) bekannt machen. Am besten sollten Sie dies in öffentlichen Foren komplett vermeiden und stattdessen persönliche Angaben nur in privaten E-Mails machen. Gleiches gilt für Angaben über Verwandte, Bekannte, Freunde etc. Geben Sie diese nie öffentlich oder auch privat in E-Mails ohne ausdrückliche Erlaubnis der Betroffenen preis.

Siehe auch: Copyright, MP3, Quote

NetMeeting

{Aussprache: Nett-Mieting}

Microsoft-Anwendung für Onlinekonferenzen

NetMeeting ist eine Komponente des Internet Explorer und somit ebenfalls kostenlos erhältlich. Es handelt sich dabei um eine ausgesprochen leistungsfähige Anwendung für die Echtzeitkommunikation über das Internet. Sie stellt praktisch alle Möglichkeiten zur Verfügung, mit anderen im Netz in direkte Kommunikation zu treten. Man kann damit schriftliche Nachrichten in Chatform austauschen, sich in Audiokonferenzen mit anderen Teilnehmern unterhalten, bei Videokonferenzen sein Gegenüber zusätzlich auch sehen, Anwendungen und Dokumente über das Internet freigeben und gemeinsam mit anderen bearbeiten, Dateien übertragen und mit einer virtuellen Tafel auf visuelle Art mit anderen Teilnehmern gemeinsam arbeiten.

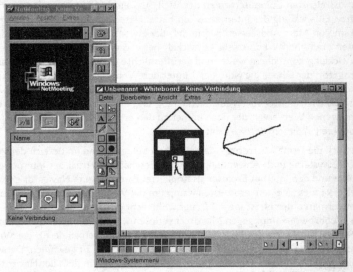

Mit NetMeeting kann man über das Internet gemeinsam an einem Projekt arbeiten

Net Police

{Aussprache: Net Poliehs}

„Netzpolizei"

Die Polizei – dein Freund und Helfer? Nun, in diesem Fall ist der Begriff Net Police (Internetpolizei) eher negativ besetzt.

Gemeint sind oberlehrerhafte Personen, die glauben, das Recht immer auf Ihrer Seite zu haben und daher andere ständig belehren zu können. Es versteht sich von selbst, dass diese Netzpolizisten reichlich humorlose Gesellen sind und man sich besser nicht mit Ihnen anlegt.

Netpromotion

Als Netpromotion bezeichnet man schlicht und einfach jedwede Aktion, die dazu dient, den Bekanntheitsgrad einer Webseite zu steigern, also beispielsweise Banner auf anderen Seiten, Werbung in Newslettern etc.

Siehe auch: Banner

Netscape [Netscape Communication Corp.]

{Aussprache: Nettskäip}

Die Entwickler des Netscape Navigator

Die Firma Netscape gehörte in den 90er-Jahren des letzten Jahrhunderts zu den einflussreichsten Computerfirmen der Welt, was insbesondere mit der sprunghaften Entwicklung des Internet zu tun hatte. Netscape wurde 1993 unter anderem von Marc Andreessen gegründet, der zuvor am NCSA mit Mosaic den ersten grafischen Webbrowser entwickelt hatte. Seine neue Firma trieb diese Entwicklung konsequent weiter und veröffentlichte den Webbrowser Netscape Navigator, der schnell die Nummer 1 unter den Webbrowsern wurde. Netscape machte sich aber nicht nur mit seinem Webbrowser einen Namen. Sie waren auch als Dienstleister für Webanbieter tätig und entwickelten nicht zuletzt einen eigenen Webserver, der noch immer zu den erfolgreichsten kommerziellen Produkten in diesem Bereich zählt.

Als auch die Firma Microsoft – damals schon beherrschend im Bereich der PC-Betriebssysteme und -Anwendungen – das Geschäftspotenzial des Internet erkannte und den Internet Explorer als Konkurrenzprodukt zum Navigator entwickelte, kam es zu einem erbitterten Kamp um die Vorherrschaft auf dem Webbrowsermarkt, den Netscape auf Dauer wohl nicht gewinnen konnte. Nachdem der Webbrowserkampf gegen Microsoft verloren war, veröffentliche Netscape 1997 den Quellcode des Navigator, um so die Internetgemeinde für die Weiterentwicklung der Programms als Open Source-Projekt zu gewinnen. Daraus ergab sich das Mozilla-Projekt (http://www.mozilla.org), in dem der Navigator weiterentwickelt wird. Ein erstes Ergebnis dieses Projekts ist der Navigator 6, der Ende 2000 nach langer Wartezeit veröffentlicht wurde. Die Firma Netscape wurde 1998 an den Onlinedienst AOL verkauft und existiert nur noch als Markenname bzw. Geschäftsbereich von AOL. Die Webseite unter http://www.netscape.com existiert weiterhin als Internetportal.

Siehe auch: Microsoft, Mozilla, Open Source

Netscape Navigator

{Aussprache: Nettskäip Näwigäiter}

Der Netscape Navigator ist einer der beiden bekanntesten und meistverbreiteten Webbrowser (der andere ist sein großer Widersacher, der Internet Explorer von Microsoft). Er geht auf den ersten grafischen Webbrowser Mosaic zurück, der 1993 am NCSA entwickelt wurde. Dessen Entwickler machten sich kurz darauf mit einer eigenen Firma selbstständig und schufen mit dem Netscape Navigator ihr erstes Produkt. Zur damaligen Zeit war der Markt für Webbrowser noch nicht sehr stark besetzt und der Navigator war zweifellos der modernste und technisch anspruchsvollste Browser, sodass er schnell eine vorherrschende Rolle erlangte. Mit der Verbreitung des Internet setzte dann konsequenterweise auch der Navigator seinen weltweiten Siegeszug fort. Dieser wurde erst ab 1995 vom Internet Explorer gestoppt, der in der Zwischenzeit dem Netscape Navigator den Rang abgelaufen hat.

Also Folge dieser Niederlage wurde 1997 der Quellcode des Navigators als Open Source veröffentlicht und wird seitdem vom Mozilla-Projekt weitergeführt. Aus diesem Projekt heraus entstehen neben dem eigentlichen Mozilla-Webbrowser auch neue Versionen des Netscape Navigator. Netscape gehört inzwischen zum Onlinedienst AOL. Unter http://www.netscape.com kann man die aktuelle Fassung des Netscape Navigator kostenlos herunterladen. Genau wie der Internet Explorer bietet sie neben dem eigentliche Webbrowser zusätzliche Kommunikationskomponenten für E-Mail, News und Instant Messaging. Außerdem gehört mit dem Netscape Composer ein einfacher Webeditor zum Lieferumfang.

Der Netscape Navigator mit dem neuen Erscheinungsbild in Version 6

Siehe auch: Internet Explorer, Webbrowser

Network

{Aussprache: Nettwörk}

Siehe: Netzwerk

Netzwerk

Verbindung mehrerer Rechner zum Austauschen und Teilen von Ressourcen

Wann immer mehrere Rechner in einer gewissen räumlichen Nähe zueinander stehen, macht es Sinn, diese miteinander zu verbinden. So können Sie Daten

Netzwerk

ohne den Umweg externer Medien direkt untereinander austauschen und sich vorhandene Ressourcen teilen. So kann z. B. die besonders große Plattenkapazität eines Rechners von allen anderen mit genutzt werden, die nur wenig Platz haben. Ebenso kann etwa ein Drucker, der lokal an einen Rechnern angeschlossen ist, über ein Netzwerk von allen anderen Rechner verwendet werden.

Damit ein Netzwerk zustande kommt, muss zunächst eine physikalische Verbindung zwischen den beteiligten Rechnern vorhanden sein. Dies wird erreicht, indem man in jeden Rechner eine Netzwerkkarte einbaut, eine spezielle Erweiterungskarte für die Verbindung zu einem Netzwerk. An diese Karte wird ein Netzwerkkabel angeschlossen, das am anderen Ende zu einem anderen PC oder einem Netzwerkverteilknoten führt. Für diese physikalische Komponente eines Netzwerks gibt es verschiedene Techniken. Die meistverbreitete ist das Ethernet, das eine preisgünstige Vernetzung bei akzeptablen Geschwindigkeiten zulässt.

Die physikalische Verbindung alleine reicht aber noch nicht aus, um Daten zwischen Computern auszutauschen. Schließlich muss der Datenfluss in irgendeiner Form geregelt und koordiniert werden. Dies wird durch ein Netzwerkprotokoll gewährleistet. Es stellt Anwendungen die Möglichkeit zur Verfügung, Daten über das Netzwerk an einen anderen Rechner übertragen zu lassen. Bei Protokollen ist die Auswahl noch viel größer als bei den physikalischen Netzwerktechniken. Zu den bekanntesten zählt zweifellos das Internetprotokoll TCP/IP, das den Datenverkehr im Internet ermöglicht. In einem physikalischen Netzwerk kann mehr als ein Protokoll gleichzeitig verwendet werden. Wichtig für eine erfolgreiche Kommunikation ist nur, dass Sender und Empfänger bei Datenübertragungen dasselbe Protokoll verwenden.

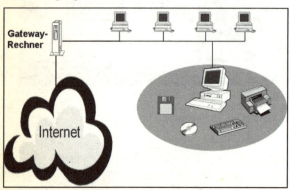

Ein lokales Netzwerk mit einen Gateway-Übergang zum Internet

Die Bezeichnung Netzwerk wird für verschiedene Arten von Netzen verwendet. Das größte Netzwerk ist das weltweite Internet, das ja nicht zu unrecht auch Netz der Netze genannt wird. Üblicherweise versteht man unter einem Netzwerk aber ein lokales Netzwerk (LAN) das sich über einen räumlich begrenzten Bereich wie etwa eine Büroetage erstreckt. Auch ein solches Netzwerk kann Zugang zum Internet haben. Dazu reicht es, dass ein einziger der Rechner als Gateway mit dem Internet verbunden ist. Dann können alle anderen PCs im Netzwerk über diesen Rechner ebenfalls Internetverbindungen aufbauen.

Siehe auch: Ethernet, Gateway, LAN, TCP/IP

Newbie

{Aussprache: Njubie}

„Neuling"

Jeder fängt irgendwann einmal an, und ein blutiger Anfänger im Internet wird auch Newbie, also Neuling genannt.

Besonderes Merkmal eines Newbie ist, dass er nicht nur ein Newbie ist, sondern sich auch wie einer verhält, d. h. mit Anfängerfragen glänzt, gegen die Netiquette verstößt, vorhandene FAQs nicht gelesen hat etc.

Ein Herz für Anfänger: www.newbie.org kümmert sich speziell um Newbies. Aber auch erfahrene Internetuser können hier noch etwas lernen

Doch keine Angst, auch Newbies kann geholfen werden. Die entsprechende Seite finden Sie unter www.newbie.org.

Siehe auch: Netiquette, Rookie

News

{Aussprache: Njus}

„Neuigkeiten"

Als News werden die Nachrichten bezeichnet, die in den Newsgroups, also in öffentlichen Diskussionsgruppen im Usenet, Verbreitung finden.

Umgangssprachlich wird manchmal auch der gesamte Themenkomplex Usenet/Newsgroups vereinfacht als News bezeichnet.

Siehe auch: Newsgroup, Usenet

Newsgroup

{Aussprache: Njuhsgruhp}

Diskussionsforum im Usenet

Wenn Sie sich für ein bestimmtes Thema besonders interessieren, mit Gleichgesinnten darüber diskutieren wollen und gleichzeitig auf dem neusten Stand bleiben wollen, bieten sich die zahlreichen Newsgroups geradezu an.

Newsgroup nennt man ein Diskussionsforum zu einem bestimmten (Ober-) Thema, das vom Namen der Gruppe vorgegeben wird.

Solche Newsgroups gibt es zu beinahe allen denkbaren und auch einigen undenkbaren Themen, egal ob es sich um Musikgruppen, Besonderheiten der japanischen Sprache, deutsche Kultur, die Religion der Indianer oder um Mountainbiking handelt: Die Chancen, dass es zum jeweiligen Thema eine Newsgroup gibt, sind sehr hoch.

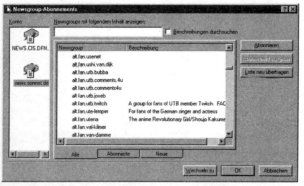

Ein kleiner Ausschnitt aus dem riesigen Angebot an Newsgruppen. Wenn Sie Fan eines Stars sind oder Gleichgesinnte zu einem bestimmten Thema suchen, dann ist es sehr wahrscheinlich, dass es innerhalb der vielen tausend Newsgroups bereits eine gibt, die sich mit dem Thema beschäftigt

Newsgroups sind grundsätzlich hierarchisch nach Themen gegliedert. Anhand der ersten Buchstaben des Newsgroup-Namens erfolgt eine grobe Kategorisierung.

Die wichtigsten Hauptkategorien sind:

- *alt* („alternative", ungewöhnliche Themen),
- *comp* (Computer),
- *misc* (miscellanous, Vermischtes)
- *news* (Nachrichten),
- *rec* (recreation, dt.: Freizeitthemen),
- *sci* (science, dt.: Wissenschaft)
- *soc* (society, dt.: Soziale Themen),

Sie können in den bestehenden Newsgroups Nachrichten lesen und selbst veröffentlichen oder auch auf die Beiträge anderer antworten.

Voraussetzung ist, dass Sie Zugang zu einem News-Server haben, d. h. zu einem Rechner, der Ihnen die entsprechenden Newsgroups zur Verfügung stellt. Dafür wird im Normalfall Ihr Internetanbieter sorgen, da ein guter Newsserver mittlerweile zum Standard eines Internetanbieters gehört.

Das Downloaden der Liste mit allen auf einem Newsserver verfügbaren Newsgroups kann durchaus einige Zeit dauern, da die Anzahl der Newsgruppen auf einem guten Newsserver im fünfstelligen Bereich liegt. Doch keine Panik, Sie müssen die Liste normalerweise nur einmal herunterladen, Sie werden dann lediglich auf neue Newsgroups aufmerksam gemacht

Mittels eines Newsreaders können Sie dann an der Kommunikation in den Newsgroups teilnehmen, zum Einstieg und Hineinschnuppern genügt jedoch ein Programm wie Outlook Express.

Bevor Sie jedoch munter drauflos schreiben und Artikel in diverse Newsgroups „posten", denken Sie bitte an die Einhaltung der Netiquette. Gerade in Newsgroups ist es besonders verpönt, wenn man zu sehr gegen die guten Regeln verstößt.

Siehe auch: Netiquette, News, Newsreader, Usenet

Newsletter

{Aussprache: Njusletter}

Im Gegensatz zur verwandten Mailing List können Abonnenten eines Newsletters die per E-Mail zugesandten Beiträge lediglich empfangen, nicht jedoch selbst aktiv tätig werden.

Bei Newslettern handelt es sich um Informationsbriefe (letter, dt. Brief), die per E-Mail an alle verschickt werden, die um Aufnahme in die Verteilerliste des Newsletters gebeten haben.

Oftmals geschieht dies durch Anklicken des entsprechenden Schalters auf der Internetseite des jeweiligen Anbieters.

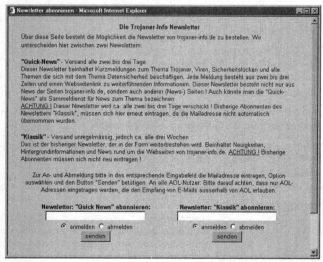

Viele Websites bieten Neuigkeiten in Form von Newslettern per E-Mail als Ergänzung ihres Angebots an. Sie müssen nur Ihre E-Mail-Adresse in das dafür vorgesehene Feld eintragen und auf Senden klicken

Sie geben Ihre E-Mail-Adresse an und werden in Zukunft mehr oder weniger regelmäßig kostenlos mit den neusten Informationen versorgt.

Wenn Sie nach einer gewissen Zeit den Newsletter nicht mehr erhalten wollen, müssen Sie sich bei der betreffenden Webseite abmelden. Diese Abmeldung funktioniert normalerweise analog der Anmeldung.

Newsreader

{Aussprache: Njusrieder}

Um an den Diskussionen in den Newsgroups aktiv teilnehmen zu können, benötigen Sie ein Programm, das das Internet News Protocol (NNTP) unterstützt.

Eine solche Software nennt sich Newsreader, also „Neuigkeiten-Leser", der es ermöglicht, Newsgroups zu abonnieren, Artikel zu lesen und eigene Artikel zu „posten".

Praktisch alle modernen E-Mail-Programme besitzen gleichzeitig auch eine Newsreader-Funktion, wodurch Sie die vertraute Umgebung Ihres E-Mail-Programms nicht verlassen müssen.

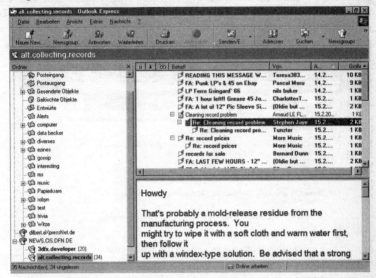

Auch Outlook Express kann als Newsreader eingesetzt werden, wenn Sie sich nicht an ein neues Programm gewöhnen wollen oder keine allzu großen Ansprüche an den Komfort des Newsreaders stellen

Es gibt jedoch auch spezielle Newsreader, die mit zahlreichen Extras aufwarten können, wie beispielsweise das beliebte Programm Free Agent.

Hinweis: Für den Gelegenheitsnutzer der Newsgroups wird das gewohnte E-Mail-Programm sicherlich ausreichened sein, wer jedoch viel mit Newsgroups arbeitet und häufig Artikel postet, sollte sich durchaus mit einem speziellen Newsreader vertraut machen.

Siehe auch: Free Agent, Newsgroup, NNTP

NIC [Network Information Center]

Netzwerkinformationszentrum

Möglicherweise haben Sie sich schon einmal gefragt, wer eigentlich dafür sorgt, dass Internetadressen, Domain- oder IP-Adressen nicht mehrfach vergeben werden. Es muss doch wohl eine zentrale Instanz geben, die hierfür zuständig ist?

Ein NIC, also ein **N**etwork **I**nformation **C**enter ist solch eine zentrale Instanz, die auf nationaler Ebene für die ordentliche Vergabe von Namen und IP-Adressen sorgt und darauf achtet, dass es nicht plötzlich zwei oder mehrere Seiten *www.peter-mueller.de* gibt.

Die oberste, globale Instanz ist das InterNIC der Firma Network Solutions. Von dort aus werden alle Aktionen koordiniert und bei Domains außerhalb der USA an die jeweils zuständigen nationalen NICs weitergeleitet.

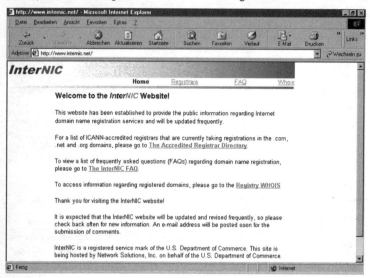

InterNIC: die globale NIC-Instanz

In Deutschland ist das zuständige nationale NIC das DeNIC, das Sie unter www.denic.de finden können.

Siehe auch: deNIC, Domain, InterNIC, IP-Adresse

Nickname

{Aussprache: Nicknähm}

„Spitzname"

Nickname ist der englische Ausdruck für Spitzname und wird auch häufig als Synonym für Alias verwendet.

Siehe auch: Alias

NNTP [Network News Transfer Protocol]

Protokoll für den News-Austausch

Das **N**etwork **N**ews **T**ransfer **P**rotocol (NNTP) ist ein spezielles Protokoll zur Übertragung von Artikeln (so genannten Postings) in Newsgroups.

Praktisch alle gängigen Browser haben NNTP-Clients, die in der Lage sind, Nachrichten in einer Newsgroup zu veröffentlichen bzw. Nachrichten von dort abzurufen; empfehlenswert ist jedoch bei häufiger Nutzung der Gebrauch eines speziell auf Newsgroup-Nachrichten zugeschnittenen Newsreaders.

Siehe auch: Newsgroup, Newsreader, Posting

Nomepage

{Aussprache: Nohmpäitsch}

Homepage ohne sinnvollen Inhalt

Bei Nomepage handelt es sich um eine Verballhornung des Begriffs Homepage und es bezeichnet eine Internetseite, die praktisch keinerlei sinnvolle Informationen anzubieten hat.

Oftmals anfängerhaft im Design, häufig mit einem schlecht eingescannten Foto des Lieblingstieres des jeweilgen Homepagebesitzers, möglicherweise einige Links zu den Lieblingsgruppen und Filmen, und das war's dann auch schon an Inhalt.

Eine Nomepage hat keine interessanten Texte oder sonstige irgendwie originellen Beiträge zu bieten, die sie zu etwas besonderem machen würden.

Siehe auch: Homepage

Notes

{Aussprache: Nohts}

Arbeitskoordinierungs-Software von Lotus

Notes ist das bekannteste Produkt der Softwarefirma Lotus. Es handelt sich dabei um ein System zur Arbeitsorganisation, zur Koordinierung von Projekten und zum gemeinsamen Arbeiten an Dokumenten. Dazu verwendet es ein Datenbanksystem, mit dem z. B. alle für ein Projekt relevanten Daten, Termine und Dokumente verwaltet werden können. Der Zugriff auf diese Informationen ist allen Projektmitarbeitern möglich. So können gemeinsam Projektpläne und Kalender erstellt und bearbeitet werden. Dokumente können gemeinsam bearbeitet werden. Einzelne Mitarbeiter können Dokumente mit Anmerkungen versehen, die dann für alle anderen oder nur für bestimmte Personen sichtbar sind. Auch die Kommunikation per E-Mail zwischen den Mitarbeitern wird unterstützt.

Notes ist eine Client-Server-Anwendung. Dabei wird ein spezieller Notes-Server namens Domino verwendet. Zum Lieferumfang gehören eine Reihe von grundlegenden Clientanwendungen, aber ein besonderer Vorteil von Notes ist, dass man auch eigene Clientanwendungen erstellen kann, die z. B. bestimmte Funktionalitäten in einer Oberfläche zusammenfassen oder ganz neue Funktionalitäten schaffen. Das Programmieren von Notes-Anwendungen erfordert allerdings einige Kenntnisse. Mehr Informationen zu Notes gibt es beim Hersteller Lotus unter http://www.lotus.com.

NRN [No Reply Necessary]

„Keine Antwort nötig" (Slang)

Wenn Sie eine E-Mail erhalten, die gegen Ende des Nachrichtentextes den Zusatz NRN trägt, bedeutet dies, dass der Absender keine Antwort von Ihnen auf diese Nachricht erwartet.

Denn NRN steht für **N**o **R**esponse **N**ecessary bzw. **N**o **R**eply **N**ecessary und bedeutet etwa „keine Antwort nötig".

Was jedoch nicht ausschließen sollte, dass Sie als höflicher Mensch dennoch die E-Mail beantworten, wenn es sinnvoll erscheint.

Siehe auch: Chatslang, Reply

NSP [Network Service Provider]

Netzwerkdienstleister

Als Netzwerkdienstleister bezeichnet man Firmen, die die grundlegende Infrastruktur des Internet wie z. B. bestimmte Teilnetze und Backbones betreiben. Ihr Geschäft besteht darin, diese Kernbereiche des Internet aufzubauen und zu warten und die vorhandenen Kapazitäten stückchenweise an die Internet Service Provider zu verkaufen, die diese dann wiederum den Endkunden z. B. in Form von Einwahlknoten, Serveranbindungen usw. zur Verfügung stellen. Zu den großen NSPs des Internet gehören z. B. UUNet, Sprint oder MCI.

Siehe auch: Internet Service Provider

NTIM [Not That It Matters]

„Nicht, dass es wichtig wäre", „Es spielt keine Rolle" (Slang)

Eine scheinbar eher beiläufige Bemerkung beim Chatten ist **N**ot **T**hat **I**t **M**atters (NTIM), was im deutschen etwa „nicht, dass es wirklich wichtig wäre" bedeutet. Doch wie viele andere Akronyme wird auch NTIM, abhängig vom Benutzer, oftmals leicht ironisch verwendet, wodurch gerade die scheinbar so unwichtige Sache als wichtig angedeutet wird.

Siehe auch: Chatslang

Nullmodem(kabel)

Als Nullmodemkabel bezeichnet man ein einfaches serielles Kabel, über das zwei PCs, die jeweils über eine serielle Schnittstelle verfügen, Daten miteinander austauschen können. In diesem Fall ist neben der rein physikalischen Verbindung durch das Kabel keine weitere Kommunikationskomponente wie z. B. ein Modem nötig. Davon leitet sich auch der Name Nullmodem (= kein Modem) ab. Die Datenübertragungsraten sind mit einem solchen Nullmodemkabel nicht sehr hoch, sodass man damit keine wirklich leistungsfähige Verbindung aufbauen kann. Außerdem kann man immer nur zwei PCs miteinander verbinden, sodass man nicht von einem Netzwerk sondern höchstens von einer Direktverbindung sprechen kann. Nichtsdestotrotz kann man damit einiges anfangen. Bei Verwendung des Serial Line Protocols (SLIP) sind sogar eine echte TCP/IP-Verbindung und somit alle Internetprotokolle zwischen den beiden so verbundenen Rechnern möglich.

Siehe auch: Serielle Schnittstelle

OCX

ActiveX-Steuerelement

Ein OCX ist ein Windows-Softwaremodul, das eine ganz bestimmte Funktionalität zur Verfügung stellt. Es handelt sich dabei nicht um ein eigenständiges Programm, sondern lediglich um eine Komponente, die als Teil einer Anwendung eingesetzt werden kann. Sie ist für eine bestimmte Funktionalität, z. B. das Anzeigen eines Hinweisfensters auf dem Bildschirm zuständig. Wenn ein Programmierer eine Anwendung erstellt, die unter anderem auch Hinweisfenster ausgeben soll, muss er diese Funktionalität nicht selbst programmieren, sondern braucht lediglich ein entsprechendes OCX ins Programm einzubinden. Dieses verfügt über eine definierte Schnittstelle, über die die Anwendung ein Hinweisfenster anzeigen lassen kann.

OCX sind eine Entwicklung von Microsoft und dementsprechend nur unter Windows gebräuchlich. Dort werden sie von Programmierern allerdings oft und gern benutzt. Ein Blick in das *Windows\System*-Verzeichnis Ihres PCs wird vermutlich eine ganze Reihe von OCX-Dateien zutage fördern. OCX-Komponenten ermöglichen das modulare Erstellen von Anwendungen, bei denen Teile ohne großen Aufwand in anderen Anwendungen wiederverwendet werden können. Es gibt auch kommerzielle OCX-Sammlungen, mit denen ein Programmierer bestimmte Funktionalitäten einkaufen kann, ohne sie selbst erstellen zu müssen.

Siehe auch: ActiveX

Official Site

{Aussprache: Offischel Seit}

Offizielle Internetseite

Offline

Sehr häufig finden Sie im WWW Seiten, die sich mit Filmstars, Musikern, Filmen, Fernsehserien etc. beschäftigen. Die meisten dieser Angebote sind in oftmals liebevoller Kleinarbeit von Fans für Fans über ihre Helden erstellt (Fan-Sites). Hierbei ist jedoch zu betonen, dass die Objekte der Bewunderung, sprich die Stars, in den meisten Fällen keinerlei Kontakt zu den Betreibern der Webseite haben und auch nicht offiziell sanktioniert sind; man spricht hier auch von Unofficial Sites.

Demgegenüber gibt es auch Websites, die durchaus den Segen der betreffenden Künstler bzw. der sie vertretenden Rechteagenturen haben.

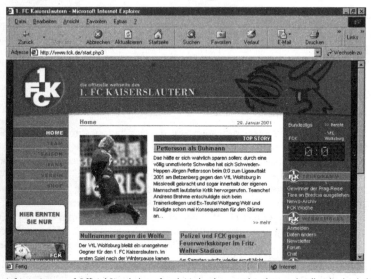

Informationen auf Official Sites haben oftmals Verlautbarungscharakter und stellen die durch die betreffende Person offiziell genehmigte Schilderung eines Sachverhalts dar

Die Informationen, die auf solchen Seiten zu finden sind, haben einen offiziellen Charakter. Der Webmaster ist in Kontakt mit der betreffenden Person (oder zumindest einem „Offiziellen" im Umfeld) und wie eine Ehrenbezeichnung trägt eine solche Webseite den Titel „Official Site", um anzuzeigen, dass sie offiziell vom Künstler als Sprachrohr legitimiert wurde und sich damit von der Vielzahl der einfachen Fan-Sites anhebt.

Siehe auch: Fan-Sites, Unofficial Site

Offline

{Aussprache: Offlein}

Offline bezeichnet den Zustand, wenn ein Rechner keine Verbindung mit einem Datennetz wie dem Internet oder einem Onlinedienst hat.

Offlinebrowser

Das Gegenteil von offline ist online.

> **Hinweis:** Sie sollten sich genau überlegen, welche Aktionen Sie am besten offline durchführen, um nicht teures Geld zu verschwenden. So sollten Sie sich angewöhnen, E-Mails und auch Newsgroup-Artikel grundsätzlich offline zu lesen und zu schreiben.

Auch bieten Browser die Möglichkeit, ganze Internetseiten zum Offlinesurfen auf Ihrer Festplatte abzulegen. Somit können Sie problemlos und ohne Zeitdruck (ohne tickende Uhr) in Ruhe die Informationen auf den jeweiligen Seiten durchlesen.

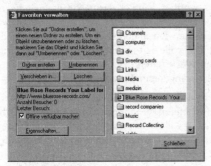

Mit einem Standardbrowser (wie hier Internet Explorer) können Sie Ihre Lieblingswebsites einfach offline verfügbar machen, um dann in aller Ruhe ohne tickenden Gebührenzähler die Sites durchzusehen

Siehe auch: Newsreader, Online

Offlinebrowser

{Aussprache: Offlein-Brauser}

Wer sein Surfverhalten einmal kritisch betrachtet, wird an sich vermutlich Eigenheiten beobachten, die für die meisten Surfer gelten. Der typische Ablauf ist normalerweise so, dass man eine Webseite anfordert und betrachtet bzw. liest. Wenn man damit fertig ist, folgt man einem der Links auf die nächste Seite usw. Zwischen den einzelnen Seitenanforderungen vergeht jeweils eine Wartezeit, in der man die Informationen wahrnimmt und auswertet. In dieser Wartezeit liegt die Onlineverbindung brach, weil keine Daten übertragen werden. Die Uhr des Gebührenzählers tickt aber trotzdem weiter. Um dem zu begegnen, ohne dass die Benutzer ihr Surfverhalten ändern müssen, gibt es verschiedene Möglichkeiten. Eine ist das Verwenden eines Offlinebrowsers.

Die Idee dabei ist es, die Wartezeit zwischen den Seitenanforderungen zu minimieren bzw. ganz darauf zu verzichten. Dazu fordert der Surfer die Seiten gar nicht selbst an, sondern er stellt vielmehr ein spezielles Programm so ein, dass es die Seiten für ihn vom Webserver abholt. Dabei muss er sich nicht auf einzelne Seiten beschränken, sondern kann ganze Websites einlesen lassen. Das Programm ist in der Lage, die in einer abgeholten Seite befindlichen Links zu erkennen und auch diese automatisch beim Webserver anzufordern. Die in diesen zusätzlichen Seiten enthaltenen Links werden wiederum ausgewertet und angefordert usw. Dabei werden natürlich nicht nur die Seiten selbst eingelesen, sondern auch die darin enthaltenen Bilder etc. Dabei macht das Programm selbstverständlich keine Pausen, sondern nutzt die Onlineverbindung optimal aus. Alle so gewonnenen Daten werden lokal auf der Festplatte des Benutzers gespeichert. Sind alle Seiten übertragen, wird die gebührenpflichtige Onlineverbindung gekappt.

Der Benutzer kann nun beginnen, sich die lokale Version der Website anzusehen. Dabei kann er sich alle Zeit der Welt lassen, denn der Gebührenzähler tickt ja nun nicht mehr mit. Eine umfangreiche Website, für deren Erkundung man womöglich eine Stunde oder mehr benötigt, kann so – je nach Geschwindigkeit der Onlineverbindung – in wenigen Minuten komplett übertragen werden, was eine große Gebührenersparnis bedeutet. Ein anderer wichtiger Vorteil ist die Geschwindigkeit beim Betrachten. Da ja alle Seiten und Bilder bereits lokal vorhanden sind, entfallen die üblichen Wartezeiten beim Übertragen der Bildern. So geht das Betrachten der Webseiten angenehm flott voran.

Es gibt spezielle Offlinebrowser, die sich auf diese Aufgabe spezialisiert haben und sehr viel Flexibilität und Komfort bieten. Wenn man nur gelegentlich Offlinesurfen oder es nur mal ausprobieren will, muss man aber nicht unbedingt ein zusätzliches Programm installieren. Auch der Internet Explorer kann Webseiten zum Offlinelesen besorgen. Dazu muss man die gewünschte Adresse lediglich als Favorit anlegen und dann in den Favoriten-Einstellungen festlegen, dass dieses Angebot offline verfügbar gemacht werden soll. Dann kann der Internet Explorer die dazugehörenden Seiten per Mausklick oder nach einem festgelegten Zeitplan automatisch abholen und als lokale Kopien bereitstellen.

Siehe auch: Offline

Offlinereader

{Aussprache: Offlain Rieder}

Offlineleseprogramm für E-Mails

Es würde mit der Zeit ganz schön ins Geld gehen, wenn Sie alle Ihre E-Mails oder die für Sie interessanten Newsgroup-Nachrichten lesen und wenn möglich beantworten wollten, während Sie mit Ihrem Internetdienst verbunden sind. Die Geld-Uhr tickt im Hintergrund (Ausnahme: Sie haben sich für einen Flatrate-Tarif entschieden) und jede Minute kostet extra.

Um die Kosten so gering zu möglich halten, ist die Verwendung eines Offlinereaders sinnvoll. Sie können damit in Ruhe offline alle eingegangenen E-Mails und Artikel lesen, bei Bedarf noch einmal lesen, sich Ihre Antwort überlegen, diese eintippen, die Antwort ggf. noch einmal lesen etc. Mit anderen Worten: Sie können sich Zeit lassen, stehen nicht unter Druck und geraten nicht in die Gefahr, in der Eile etwas Falsches oder Unüberlegtes zu senden.

Erst dann, wenn Sie alle Nachrichten gelesen, alle Antworten geschrieben und sendefertig gemacht haben, gehen Sie wieder online und verschicken Ihre Texte.

Siehe auch: Newsreader, Offline, Online

Off topic

„Vom Thema entfernt"

Off topic ist ein weit verbreiteter Ausdruck, um anzuzeigen, dass ein Beitrag thematisch nicht passt.

Wenn Sie zum Beispiel eine Mailing List abonniert haben, in der es um die Beatmusik der 60er-Jahre geht, dann sind Beiträge zu Techno-Musik, so interessant und virtuos geschrieben sie auch sein mögen, dort off topic.

Normalerweise ist es unschwer an der Reaktion der anderen Mitglieder zu merken, ob ein Artikel zum Thema passt oder nicht, denn üblicherweise wird man entweder vom Moderator oder von anderen Mitgliedern unsanft darauf hingewiesen.

Siehe auch: bot

OLE [Object Linking and Embedding]

{Aussprache: Ole}

Technologie zum Einbinden externer Datenobjekte

Mit Windows 3.x führte Microsoft die OLE-Technologie ein. Sie ermöglicht es, in die Dokumente einer Anwendung Dokumente oder Teildokumente einer anderen Anwendung einzubinden. So kann man z. B. in die Textverarbeitung Word eine Tabelle einfügen, die man zuvor mit der Tabellenkalkulation Excel erstellt hat. Diese Tabelle wird dabei nicht in das Word-Format umgewandelt, sondern als eigenständiges Objekt eingebettet, das nachträglich jederzeit wieder mit der Ausgangsanwendung bearbeitet werden kann. So kann man komplexe Dokumente erstellen, die aus ganz verschiedenen Arten von Inhalten bestehen. Voraussetzung dafür ist, dass beide beteiligten Anwendungen OLE unterstützen.

Wie der Name vermuten lässt, gibt es bei OLE zwei verschiedene Arten von Operationen. Beim Linking wird zwischen dem Dokument und dem eingebetteten Objekt eine Verknüpfung erstellt, die auf das Objekt verweist. Vorteil dieser Methode: Wenn der Inhalt eines Objekts sich verändert, spiegelt sich diese Änderungen auch automatisch im eingebetteten Objekt wieder. Um bei unserem Beispiel zu bleiben: Wenn das Word-Dokument ein Geschäftsbericht ist und die Excel-Tabelle den aktuellen Lagerbestand angibt, könnte man den Geschäftsbericht jederzeit per Mausklick mit den gerade aktuellen Daten ausdrucken. Beim Embedding wird im Unterschied dazu eine Kopie des Objekts erstellt und eingebunden. Diese kann ebenfalls weiterhin bearbeitet werden, aber sie ist nicht mehr mit dem ursprünglichen Objekt verknüpft. Wenn sich das Ausgangsobjekt also verändert, wirkt sich das nicht auf dieses eingebettete Objekt aus. Diese Vorgehensweise ist der Standard, da sie zu statischen OLE-Objekten führt und keine automatischen Aktualisierungen erfordert.

1997 erklärte Microsoft das Aus für OLE. Das bedeutet nicht, dass diese Funktionalität heute nicht mehr zur Verfügung stünde. Allerdings wird sie heute durch die von Microsoft propagierte ActiveX-Technologie übernommen. Dabei werden ebenfalls Objekte eingefügt. Deren Bearbeitung erfolgt dann durch ein ActiveX-Control der Ausgangsanwendung. Bei den meisten Anwendungen kann man Objekte durch *Einfügen/Objekte* einbetten. Viele Anwendungen unterstützen auch das Einfügen per Zwischenablage oder das direkte Ziehen eines Objekts per Maus aus einer Anwendung in eine andere. Auch hier gilt aber, dass beide Anwendungen die Technologie unterstützen müssen, damit es klappt.

Siehe auch: ActiveX

Online

{Aussprache: onlain}

Mit dem Internet verbunden

Anstelle von „Ich bin drin" könnte Boris Becker in dem bekannten Werbespot auch sagen „ich bin online".

Online, das Gegenteil zu offline, bedeutet in der Internetsprache so viel wie „mit dem Internet verbunden".

Sobald nach dem Login die Verbindung steht, können Daten in das Internet übertragen bzw. natürlich auch von dort abgerufen werden.

Erst durch das Trennen der Verbindung wechselt der Zustand von online zu offline.

Siehe auch: Offline

Onlineauktion

Nicht zuletzt der enorme Erfolg eines Onlineauktionators wie eBay zeigt gaz deutlich, dass Auktionen per Internet zu den großen Rennern im World Wide Web gehören.

eBay ist hierbei nur die Speerspitze der Onlineauktionsseiten, wenngleich nicht wenige (fälschlicherweise) eBay als Synonym für Onlineauktionen halten. Mittlerweile gibt es jedoch zalhreiche Anbieter von Onlineauktionen, darunter auch Ricardo (www.ricardo.de, siehe Abbildung), die immer stärkeren Zuspruch finden.

Um bei Onlineauktionen mitzubieten (oder auch um Waren für eine Auktion anzubieten) müsen Sie sich zuerst einmal bei der jeweiligen Internetseite anmelden bzw. registrieren lassen und Ihre Personalien dort bekanntgeben.

Onlineauktion

Unter www.ricardo.de findet sich das – neben eBay – größte Angebot an Auktionsware im deutschsprachigen Raum

Üblicherweise läuft eine Onlineauktion so ab, dass alle zur Versteigerung angebotenen Artikel in nach Themen sortierten Listen zu finden sind. Mit Suchwerkzeugen kann man dann aus dem teilweise sehr großen Angebot diejenigen herausfiltern, die von Interesse sind, und sich in einer Liste anzeigen lassen. Durch Anklicken des Artikels gelangen Sie zu einer Seite, die speziell Informationen über das Angebot enthält, d. h. also Zustand, Kontaktadresse des Anbieters, Infos über Mindestgebot, aktuelles Gebot etc.

Sofern Sie sich bei der jeweiligen Auktionsseite angemeldet haben, können Sie mitsteigern und Ihr Gebot abgeben. Nach einer bestimmten Zeitspanne ist die Gebotszeit abgelaufen und derjenige, der dann das Höchstgebot abgegeben hat, erhält den Zuschlag, wobei sowohl der Anbieter als auch der Höchstbietende von der Auktionsseite per E-Mail informiert werden. Normalerweise setzen sich dann beide Parteien in Verbindung und vereinbaren die Zahlungsmodalitäten (sofern nicht schon zuvor vom Anbieter festgelegt).

Nachdem im Jahre 2000 das Landgericht Münster zur allgemeinen Überraschung beschlossen hatte, dass ein Anbieter nicht verpflichtet ist, die Ware auch tatsächlich zum Höchstgebotspreis abzugeben, wurde dieses Urteil zwischenzeitlich vom Oberlandesgericht Hamm überstimmt. Es wurde festgelegt, dass bei einer Onlineauktion ein gültiger Kaufvertrag zustande kommt und somit beide Parteien diesen Vertragsverpflichtungen nachkommen müssen.

Onlinebanking

Wenn Sie also Artikel anbieten, sollten Sie ausdrücklich ein offizielles Mindestgebot setzen, ansonsten kann es Ihnen passieren, dass Sie Ihren Artikel deutlich unter Wert abgeben müssen, da Sie aufgrund des genannten Urteils verpflichtet sind, die Ware zum Höchstgebot herauszugeben, auch wenn dies weit unter dem üblichen Marktwert liegen sollte.

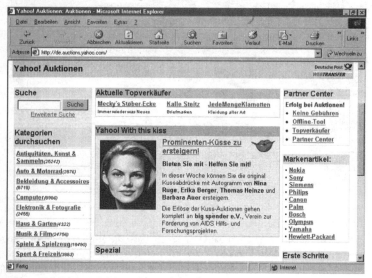

Nicht nur spezialisierte Auktionsseiten, auch Portalseiten wie Yahoo! versuchen, sich einen Teil des lukrativen Onlineauktionsbooms zu sichern

Nicht selten hört man auch von Problemen, die bei der Abwicklung und Bezahlung entstehen. Ausgeklügelte Bewertungssysteme der Anbieter und Käufer sollen hier vor schwarzen Schafen schützen, doch hat die Praxis deutlich gezeigt, dass diese Systeme mit einfachen Tricks zu unterlaufen sind.

Am sichersten ist es, wenn die finanzielle Abwicklung über ein so genanntes Treuhandsystem läuft, bei dem der Anbieter die Ware an das Auktionshaus übergeben kann und der Käufer den Betrag auf ein spezielles Treuhandkonto überweist. Erst wenn beide Seiten ihren Verpflichtungen nachgekommen sind, verfügt das Auktionshaus den Tausch. Leider wird dieses System jedoch (noch) von relativ wenigen Onlineauktionen angeboten.

Siehe auch: eBay

Onlinebanking

Eine der großen Erfolgsstorys im Internet der letzten Jahre ist das Onlinebanking. Die meisten deutschen Banken sind inzwischen im Internet vertreten. Damit ist nicht nur eine mehr oder weniger informative Homepage gemeint, son-

Onlinebanking

dern die reale Möglichkeit, das Konto per Internet von zu Hause aus zu führen. Dass die Banken sich beeilen, diesen Service anzubieten, ist nicht weiter verwunderlich. Zum einen erwarten die Kunden das heutzutage einfach, zum anderen ist es für die Bank allemal billiger, wenn der Kunde seine Überweisungen selbst eintippt. So kann man Schalterpersonal einsparen und die Geschäftsabläufe effizienter gestalten. Auch für den Kunden ist Internetbanking eine feine Sache. Man ist nicht mehr auf Öffnungszeiten angewiesen, sondern kann seine Bankgeschäfte rund um die Uhr und bequem von zu Hause aus erledigen. Nur zum Geld abheben, muss man noch die Bank oder einen Automaten aufsuchen, denn ausdrucken kann man Geldscheine noch nicht, aber wer weiß, was die Zukunft in dieser Hinsicht noch bringt. Zumindest das Aufladen von Geldkarten über das Internet dürfte schon bald möglich sein.

Es ist aber nicht alles Gold an der schönen, neuen Welt des Internetbanking. Das große Problem ist die Sicherheit der Transaktionen. Nur wenn die gewährleistet ist, kann man seine Transaktionen beruhigt dem Internet anvertrauen. Das Sicherheitskonzept der meisten Banken beruht auf einem System von einer PIN und vielen TANs. Mit der Persönlichen Identifikationsnummer PIN meldet sich der Kunde beim Bank-Server an. Ähnlich wie die Geheimzahl einer EC-Karte kennt nur der Kunde diese PIN, sodass die Anmeldung eindeutig ist. Will der Kunde Transaktionen wie z. B. Überweisungen oder das Einrichten von Daueraufträgen durchführen, muss er zusätzlich jeweils eine Transaktionsnummer TAN eingeben. Diese TANs werden nur einmal verwendet und verfallen dann aus Sicherheitsgründen sofort.

Bei den allermeisten Internetbanken dient ein Webbrowser als Zugangssoftware zum Onlinekonto. Den hat man als Internaut ohnehin, sodass das kein großes Hindernis darstellt. Allerdings kann es durch falsche Einstellungen Probleme geben. Viele Banken benutzen für den Zugriff auf die Onlinekonten Java-Applets. Die meisten aktuellen Webbrowser sind Java-fähig. Wenn Sie noch einen sehr alten benutzen, sollten Sie auf eine neuere Version wechseln. Vorsichtige Benutzer haben Java möglicherweise deaktiviert, um sich vor destruktiven Applets zu schützen. An sich ein guter Gedanke, aber beim Onlinebanking können Sie mit dieser Einstellung nicht auf ihr Konto zugreifen. Beim Netscape Navigator finden Sie die entsprechenden Option in den Einstellungen in der Kategorie *Erweitert*. Schalten Sie hier die Option *Java aktivieren* ein. Diese Einstellung gilt dann allerdings generell für alle Websites. Beim Internet Explorer können Sie mit den Sicherheitseinstellungen etwas flexibler umgehen. Die beste Lösung ist es, die Server der Bank in die *Zone für vertrauenswürde Sites* einzuordnen und Java nur für diese Zone zu aktivieren. So können alle anderen Websites immer noch keine Java-Applets ausführen, aber der Server Ihrer Bank schon.

Siehe auch: Homebanking, Internet Explorer, Java, Netscape Navigator

Onlinebroking

Seit die Telekom vor einigen Jahren mit einem riesigen Werbeaufwand an die Börse ging, ist Aktiehandel das neue Steckenpferd vieler Bürger. Besonders praktisch: Ebenso wie man Onlinebanking betreiben kann, gibt es auch Banken, die Onlinebroking anbieten. Vor allem, wenn man nicht nur brav den Kurs des eigenen Depots verfolgen, sondern auch schon mal schnell auf den Markt reagieren will, ist das eine prima Sache. Wenn man über das Internet mit Aktien handeln will, gibt es zwei prinzipielle Möglichkeiten, das Platzieren von Orders oder den Echtzeithandel.

- Der Handel per Order entspricht dem Aktienhandel, den Sie auch offline mit Ihrer Bank pflegen würden. Um Aktien zu verkaufen, formulieren Sie eine Order, in der Termin, Menge und ein Minimal- oder Maximalpreis festgelegt sind. Diese Order übergeben Sie an Ihre Bank, die sich dann bemühen wird, den Auftrag so schnell wie möglich auszuführen. Offline telefonieren Sie dazu mit Ihrem Bankberater oder faxen die Order. Über das Internet können Sie den Auftrag direkt im Rechner der Bank platzieren, was die Bearbeitung wieder beschleunigt. Außerdem sind Sie dabei nicht an Öffnungszeiten gebunden. Generell ist der Handel per Order vor allem etwas für Leute, die keine Zeit haben, die Börse den ganzen Tag im Auge zu behalten, oder die einfach nur ein durchschnittliches Depot mit der Hoffnung auf langfristige Gewinne halten wollen. Solche Orders auch über das Internet zu platzieren bieten viele der Banken an, die auch die Onlinekontoführung ermöglichen.

- Wenn Sie mit Ihren Aktien richtig arbeiten wollen (und in dem Bereich auch schon etwas Erfahrung gesammelt haben!), könne Sie sich mal beim Echtzeithandel versuchen, den einige Spezialbanken anbieten. Dabei sind Sie direkt mit dem Börsenrechner der Bank verbunden, erhalten die Kurse in Echtzeit und können unmittelbar reagieren. Ihre Kauf- oder Verkaufsaufträge werden über den Bankrechner direkt an den Computerhandel der Börse weitergeleitet, sodass Sie die Geschicke Ihrer Investitionen ganz unmittelbar beeinflussen können. Das ist dann so, als ob Sie selbst auf dem Börsenparkett stehen würden, nur dass Sie das alles ganz bequem von zu Hause über das Internet erledigen können. Einer Anbieter von Echtzeithandel (und vielem mehr rund um die Börse) ist z. B. die Direktanlagebank (http://www.diraba.de).

Was viele Börseneinsteiger gern vergessen, sind die Depotgebühren, die die Banken verlangen. Meistens bestehen die aus einem Grundpreis, der teilweise vom Wert des Depots abhängt. Dazu kommen Gebühren für Kauf- und Verkaufaufträge, die jeweils wiederum vom Wert des Auftrags abhängen. Immer wieder freuen sich Hobby-Börsianer über einen netten Gewinn von einigen Prozent, aber wundern sich dann, was davon unterm Strich wirklich übrig bleibt. Informieren Sie sich deshalb unbedingt über die Gebühren bei den verschiedenen Anbietern. Auch wenn Spekulieren so eine Art Volkssport geworden ist, gehört außerdem schon einiges an Erfahrung dazu, um erfolgreich zu sein. Viele

Banken machen darauf nicht gerade sehr deutlich aufmerksam, weil Sie an den Geschäften ihrer Kunden ja so oder so verdienen. Besonders reine Onlinebanken lassen Ihre Kunden mangels Personal gern recht alleine. Überlegen Sie sich also gut, wie und vor allem wie viel Sie von Ihrem Geld riskieren wollen. Auch Onlineverluste sind in diesem Fall nicht virtueller Natur. Wer z. B. im März 2000 sein Geld in den Neuen Markt der Franfurter Börse investiert hat, hatte ein Jahr später teilweise 80 % und mehr Verlust, wenn er das Pech hatte, in die falschen Werte investiert zu haben.

Siehe auch: Onlinebanking

Onlinedienst

Ein Onlinedienst stellt seinen Kunden einen Onlinezugang per Modem oder ISDN-Karte, die dazu notwendige Software und eine Auswahl an Dienstleistungen und Inhalten zur Verfügung. Hier liegt auch der entscheidende Unterschied zu einem reinen Internet Service Provider (ISP). Letztere stellen nur den technischen Zugang bereit, selbst bei der Software verlassen sie sich in der Regel auf standardisierte Programme, die meist schon zum Lieferumfang der Betriebssysteme gehören. Onlinedienste arbeiten meist mit eigener Software, was Vor- und Nachteile hat. Meist sind solche Zugangsprogramme leichter zu konfigurieren und stellen gerade für Einsteiger einen einfachen Zugang zu den angebotenen Informationen und Diensten dar. Andererseits beschränken sie die Kunden auch auf diese Software. Für den Internetzugang sind z. B. andere Programme teilweise nicht oder nur eingeschränkt nutzbar.

Onlinedienste sind schon länger im Geschäft als ISPs. Es gab sie schon lange, bevor das Internet seine heutige Bedeutung erreichte. Damals hatten sie auch nichts mit dem Internet zu tun, sondern boten ausschließlich eigene Informationen und Dienstleistungen an. Inzwischen gehört aber ein Internetzugang bei allen Onlinediensten zum Leistungsumfang. Zu den bekanntesten Onlinediensten zählt America Online (AOL) mit den weltweit meisten Kunden. Ebenfalls international tätig ist CompuServe, ein Pionier der Onlinedienste, der inzwischen aber streng genommen zu AOL gehört. In Deutschland hat T-Online die meisten Mitglieder, der Onlinedienst der Telekom, der aus dem ehemaligen Btx hervorgegangen ist.

Siehe auch: AOL, CompuServe, Internet Service Provider, T-Online

Onlineshopping

{Aussprache: Onlain Schopping}

Onlineeinkauf

Wenn es nach den Weissagungen der Internetpropheten geht, ist Onlineshopping der Markt der Zukunft schlechthin.

Gemeint ist damit, dass Sie Ihre Einkäufe nicht mehr in den Geschäften und Kaufhäusern in Ihrer Stadt tätigen und die Waren dann zu Ihnen nach Hause tragen müssen, sondern dass Sie bequem vom heimischen Computer aus bestellen und die Waren dann nach einigen Tagen zu Ihnen gebracht werden.

Glaubt man den Vorhersagen, wird dies zwar nicht immer, aber immer öfter geschehen. Wenn Sie im Internet nach einer CD suchen, diese dann auch tatsächlich bei einem Händler finden und diese CD dann per Internet bestellen, ist das Onlineshopping.

Open Source

{Aussprache: Ohpen Sohrs}

Die Entwicklung von komplexen Computerprogrammen ist aufwändig und teuer. Dementsprechend muss man für Softwareprodukte wie Betriebssysteme und Anwendungsprogramme auch meist viel Geld bezahlen. Es gibt aber auch eine Vielzahl von freiwilligen Enthusiasten, die zum Teil in ihrer Freizeit unentgeltlich an der Entwicklung von Software mitarbeiten, einfach weil ihnen das Spaß macht oder sie ein besonderes Interesse am entstehenden Programm haben. Besonders das Internet hat es möglich gemacht, dass sich Helfer aus der ganzen Welt an solchen Projekten beteiligen. So entstehende Systeme und Anwendungen werden dann natürlich auch nicht für teures Geld verkauft, sondern als gemeinnützige Initiative der Allgemeinheit kostenlos zur Verfügung gestellt. Solche Produkte werden auch als Open Source-Projekte bezeichnet, weil sie kostenlos sind und der Quellcode der Programme jedem Interessierten zur Verfügung steht.

Inzwischen gibt es eine ganze Reihe von mehr oder weniger erfolgreichen Open Source-Projekten. Zu den größten und bekanntesten zählt zweifellos das Betriebssystem Linux, das von einer Vielzahl von Helfern gemeinsam entwickelt wurde (und noch weiter entwickelt wird). Dabei darf man sich nicht von den kommerziellen Linux-Distributionen täuschen lassen, die ja durchaus Geld kosten. Linux ist tatsächlich vollständig und kostenlos im Internet verfügbar. Allerdings wäre es sehr aufwändig und mühsam, sich alle Teile herunterzuladen und zum Laufen zu bringen. Diese Arbeit erspart einem eine gut gemachte Distribution auf CD-ROM, sodass sie ihr Geld durchaus Wert ist.

Andere bekannte Open Source-Projekte sind z. B. die freie Weiterentwicklung des Netscape Navigator unter dem Namen Mozilla, oder auch der Apache-Server, ein Open Source-Webserver der wesentlich weiter verbreitet ist als kommerzielle Konkurrenten wie z. B. der IIS von Microsoft.

Siehe auch: Apache-Server, Linux, Mozilla

Opera

Wer die Nase von umfangreichen Internetsuites à la Internet Explorer und Netscape Navigator voll hat und einfach nur einen guten, schnellen Webbrowser sucht, sollte sich mal den Browser Opera anschauen. Die Installationsdatei ist im Vergleich mit Internet Explorer und Netscape Navigator, die man nur auf CD-

ROM oder nach einem stundenlangen Download bekommt, winzig. Der geringe Umfang hat auch andere Auswirkungen: Opera startet deutlich schneller und wirkt auch sonst in vielen Situationen spritziger als seine großen Brüder. Dabei braucht er den Vergleich in Bezug auf Komfort und Funktionen absolut nicht zu scheuen. Erfahrene Anwender schätzen an Opera außerdem die vielen Zusatzinformationen, die er zu Status, Geschwindigkeit der Verbindung etc. bereitstellt. Dafür ist Opera einer der wenigen kostenpflichtigen Webbrowser. Allerdings ist die Gebühr vergleichsweise niedrig. Außerdem gibt es unter http://www.operasoftware.com auch eine kostenlose Version, die sich durch Werbeeinblendungen finanziert, sonst aber voll funktionstüchtig ist.

Der Webbrowser Opera: voll funktionstüchtig, aber viel kleiner und flotter

Siehe auch: Webbrowser

OrbitIRC

{Aussprache: Orbit-Irk}

Das Programm Orbit-IRC ist eine Clientprogramm für den Internet Relay Chat (IRC). Es gehört zu den modernsten und benutzerfreundlichsten Programmen. Alle Funktionen sind bequem über Menüs und Symbolleisten zu erreichen. Es werden praktisch alle IRC-Funktionen einschließlich Dateitransfer komfortabel unterstützt. Besonders Viel-Chatter, die sich gleichzeitig in mehreren Kanälen oder privaten Diskussionen tummeln, schätzen OrbitIRC, denn es kann alle Kommunikationen in einem eigenen Fenster darstellen und alle diese Fenster automatisch so auf dem Bildschirm platzieren, dass alles Wesentlich immer im

Ordner

Blick ist. Für fortgeschrittene Benutzer erlaubt das Programm darüber hinaus detaillierte Einblicke in die Kommunikation zwischen IRC-Client und -Server, was z. B. bei der Fehlersuche sehr hilfreich sein kann.

Der IRC-Client OrbitIRC zeichnet sich durch gute Übersichtlichkeit aus

Siehe auch: IRC

Ordner

Deutscher Ausdruck für Folder

Siehe: Folder

org

Die TLD (**T**op **L**evel **D**omain) *org* ist die Kurzform für Organisation und steht für Internetangebote von Organisationen und Vereinen.

Siehe auch: Top Level Domain

OTOH [On The Other Hand]

„Auf der anderen Seite"

Ein sehr häufig benutztes Akronym ist OTOH (**O**n **T**he **O**ther **H**and), der Chatentsprechung von „auf der anderen Seite". Wobei hier nicht die andere Seite im geografischen Sinne gemeint ist, sondern im Sinn von „einerseits – andererseits".

Siehe auch: Chatslang

Outbox

{Aussprache: Autbox}

Postausgang, Ordner mit zu sendenden Nachrichten

Als Outbox bezeichnet man bei E-Mail-Programmen denjenigen Ordner, in dem sich die zu versendenden Nachrichten befinden, in den deutschen E-Mail-Clients häufig Postausgang genannt.

E-Mails, die Sie schrieben, werden vor dem eigentlichen Verschicken bzw. Senden in diesem Ordner quasi zwischengespeichert und beim Versenden dann automatisch aus dem Ordner heraus übertragen.

Das Gegenstück hierzu ist die Inbox, also der Posteingang.

Siehe auch: Inbox

Outlook

{Aussprache: Autluck}

Bekanntes und weit verbreitetes Microsoft-Programm (u.a. E-Mail)

Bei Outlook handelt es sich um ein Programm, das von der Firma Microsoft als Bestandteil des Programmpakets Office, aber auch separat vertrieben wird. Angesichts des großen Erfolges des Office-Pakets ist auch Microsoft Outlook auf vielen Computern vorhanden und zählt neben dem frei erhältlichen Outlook Express (ebenfalls Microsoft) zu den meistgenutzten E-Mail-Programmen.

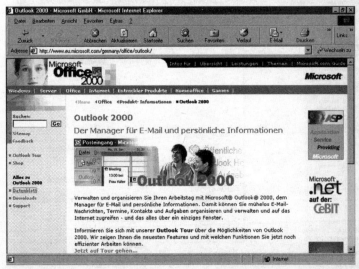

Würde man Outlook „nur" als E-Mail-Programm bezeichnet, wäre das dennoch nicht richtig, da es auch die Funktionen eines so genannten Personal Informati-

Outlook Express

on Managers bereithält, d. h. die Möglichkeit, Adressen, Termine, Notizen usw zu verwalten.

Als E-Mail-Programm bietet Outlook wie Outlook Express (OE) alle Standardfunktionen, kann allerdings (im Gegensatz zu OE) nicht als Newsreader zur Beschäftigung mit Newsgruppen eingesetzt werden, weswegen viele Internetfans auf den Gebrauch von Outlook verzichten.

Aufgrund der weiten Verbreitung vor allem im Büroalltag in Firmen, ist Outlook ein beliebtes Ziel von Virusattacken (Makroviren), da immer wieder Sicherheitsmängel des Programms bekannt werden. Abhilfe schafft da das Herunterladen der neusten Sicherheitsupdates von der Microsoft-Webseite.

Auf der offiziellen Microsoft-Seite im Internet gibt es die neusten Updates sowie Tipps und Lösungsvorschläge bei Fragen zu Outlook.

Siehe auch: E-Mail, Newsreader, Outlook Express

Outlook Express

{Aussprache: Autluck Ixpress}

E-Mail-Programm der Firma Microsoft

Outlook Express ist das E-Mail- und News-Programm, das zum Lieferumfang des Internet Explorer von Microsoft gehört, nicht zu verwechseln mit dem Programm Outlook, das Bestandteil des Microsoft Office-Programmpakets ist.

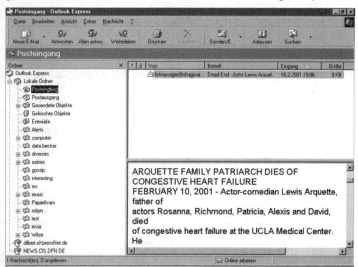

Outlook Express: Zum Lieferumfang des Internet Explorer gehörend und dementsprechend weit verbreitet, hat sich OE (so das übliche Kürzel) zu einem der beliebtesten E-Mail-Programme entwickelt

Als Bestandteil von Outlook Express handelt es sich um ein Einsteiger-freundliches, leicht zu bedienendes E-Mail-Programm, das auch als Newsreader zur Arbeit mit Newsgroups zu gebrauchen ist.

Das Programm darf kostenlos genutzt werden. Die jeweils neuste Version und die letzten Infos finden Sie auf der Internetseite von Microsoft unter www.microsoft.de.

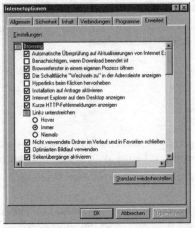

Unter Internetoptionen kann Outlook Express mit einer Vielzahl von Einstellungen auf ganz individuelle Weise konfiguriert werden

Siehe auch: E-Mail, Newsreader, Outlook

Packen

Umgangssprachlicher Ausdruck für Komprimieren

Siehe: Komprimieren

Packet

{Aussprache: Päcket}

(Daten-) Paket, Päckchen

Für den Datentransport im Internet müssen größere Datenmengen in kleine Abschnitte, so genannte Datenpakete (packets), aufgeteilt werden.

Dies wird von den für die Übertragung verantwortlichen Protokollen vorgenommen, die dann auch dafür sorgen, dass die einzelnen Packets am Ende der

Reise wieder richtig zusammengesetzt werden. Sie als Anwender müssen sich um diese Aufteilung der Daten nicht kümmern.

Page

{Aussprache: päitsch}

Seite

In der Internetsprache wird „Page" in zweifachem Sinne benutzt.

Einerseits als Kurzform für Homepage, andererseits wird auch jede separate, einzelne Seite eines Internetangebotes als Page bezeichnet.

Siehe auch: Homepage

Page-View

{Aussprache: Peitsch Wju}

Seitenansicht, Seitenabruf

Auch und gerade im Internet ist es wichtig zu wissen, welche Angebote besonders oft angeklickt werden, welche Seiten gut besucht sind und welche weniger.

Ähnlich den Einschaltquoten im TV gibt es im Internet eine Maßeinheit, die hierüber Auskunft gibt: Page-Views.

Die Anzahl der Page-Views, also der Seitenaufrufe, gibt an, wie oft ein Internetangebot besucht wurde. Dabei werden bei Page-Views (im Unterschied zu Visits) nicht nur die Aufrufe der jeweiligen Hauptseite gezählt, sondern auch alle weiterführenden Pages der jeweiligen Hauptseite.

Siehe auch: Visit

Parallel-Port

Parallele Schnittstelle für Peripheriegeräte, insbesondere Drucker

Damit ein PC mit Peripheriegeräten wie z. B. Druckern, Scannern oder Joysticks zusammenarbeiten kann, müssen diese an den Rechner angeschlossen werden. Dazu verfügen PCs über eine Reihe von Anschlüssen, zu denen auch der Parallel-Port gehört. Dieser kann im Gegensatz zur seriellen Schnittstelle 8 Bit gleichzeitig übertragen und erreicht damit eine deutlich höhere Geschwindigkeit. Dafür erfolgt die Übertragung nur in einer Richtung vom Rechner zum Peripheriegerät. Bei neueren Rechnern findet man aber erweiterte Parallel-Ports, die auch bidirektional arbeiten können.

Am Parallel-Port werden typischerweise Drucker angeschlossen. Deshalb wird er auch als Printer-Port oder Centronics-Port bezeichnet. Aufgrund der höheren Übertragungskapazität wird er aber auch gern von anderen Peripheriegeräten genutzt, wie etwa Scannern oder externen Laufwerken. Mehr als ein Gerät an einem Parallel-Port zu betreiben ist häufig problematisch. Dazu benötigt man einen Druckerumschalter oder einen modernen Parallel-Port mit ECP. Der Parallel-Port ist ein 25-poliger Anschluss, der sich in der Regel an der Rückwand des PC-Gehäuses befindet. Vom seriellen Anschluss kann man ihn dadurch unterscheiden, dass er normalerweise nur einmal vorhanden ist (seriell 2x) sowie viel mehr Pole hat (25 statt 9) und dadurch größer ist.

In den letzten Jahren setzt sich zunehmend der **U**niversal **S**erial **B**us USB als Standard zum Anschluss von Peripheriegeräten durch. Er ist schneller und flexibler und erlaubt das Ein- und Ausstecken von Geräten bei laufendem Rechner. Es ist zu erwarten, dass serielle und parallele Schnittstelle dadurch immer weniger Bedeutung haben und irgendwann ganz aus den PCs verschwinden werden.

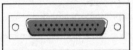

An den 25-poligen Parallel-Port werden z. B. Drucker und Scanner angeschlossen

Siehe auch: ECP, Serielle Schnittstelle, USB

Password

{Aussprache: Paaswörd}

Passwort

Neben Ihrer User-ID ist Ihr Passwort der wichtigste und unverzichtbare Teil Ihrer Zugangsberechtigung zum Internet, Ihrer Mailbox etc.

Durch Ihr individuelles, möglichst nur Ihnen bekanntes Passwort können Sie sich bei jedem Zugang (Login) als rechtmäßiger Benutzer identifizieren.

Da es normalerweise ein Leichtes ist, Ihren Benutzernamen zu erhalten (oftmals genügt ja ein Blick auf die E-Mail-Adresse), ist das Passwort die einzige sichere Möglichkeit, um zu gewährleisten, dass auch wirklich Sie als rechtmäßiger Nutzer einen Dienst in Anspruch nehmen wollen. Deshalb ist es von allergrößter Wichtigkeit, dass Sie Ihr Passwort nicht an andere weitergeben.

Bei der Wahl Ihres Passwortes sollten Sie einige goldene Regeln beachten.

Das Passwort sollte aus mindestens acht Buchstaben bzw. Ziffern bestehen (kürzere Passwörter sind leicht zu knacken).

Nehmen Sie keine Begriffe, Daten oder Namen, die mit Ihnen oder Ihrer Familie in Zusammenhang stehen. Der Vorname Ihrer Frau/Freundin ist eine schlechte Wahl, ebenso Geburtstage.

Wenn immer möglich mischen Sie Buchstaben und Ziffern und ggf. auch Satzzeichen wie ?! ; usw.

Schreiben Sie sich Ihr Passwort nicht auf, und wenn doch, lassen Sie den Zettel nicht arglos herumliegen.

Ändern Sie Ihr Passwort in regelmäßigen Abständen.

Siehe auch: Login, User-ID

PCMCIA [Personal Computer Memory Card International Association]

Erweiterungssteckplatz für Speicherkarten

In der Personal Computer Memory Card International Association PCMCIA schlossen sich 1989 eine Reihe von Computerfirmen zusammen, um Standards für PC-Erweiterungskarten in Scheckkartenformat zu definieren. Die aus diesen Standards resultierenden Geräte werden auch als PCMCIA-Geräte bezeichnet. Es gibt drei verschiedene Typen von PCMCIA-Karten, die alle gleich groß (Breite mal Länge), aber unterschiedlich dick sind:

- Typ I: bis zu 3,3 mm dick, vor allem für RAM- und ROM-Speicherkarten,
- Typ II: bis zu 5,5 mm dick, zum Anschluss von Modems und Netzwerkadaptern
- Typ III: bis zu 10,5 mm dick, zum Anschluss von tragbaren Speicher-Laufwerken

Wenn man eine PCMCIA-Karte bzw. ein Gerät mit PCMCIA-Anschluss an einen PC anschließen will, muss dieser über einen PCMCIA-Steckplatz verfügen. Dabei sollte man darauf achten, dass der Steckplatz den jeweiligen Typ unterstützt. Bei Notebooks findet man praktisch immer einen PCMCIA-Anschluss. Bei normalen PCs ist er unüblich, kann aber durch spezielle Erweiterungskarten nachgerüstet werden. Auch bei Peripheriegeräten wie insbesondere Druckern sind PCMCIA-Steckplätze anzutreffen, durch die man den internen Speicherplatz durch Speicherkarten erweitern kann.

Eine andere Deutung des Akronyms PCMCIA ist People Can't Memorize Computer industry Acronyms – auf gut Deutsch „Die Menschen können sich diese Abkürzungen der Computerindustrie einfach nicht merken". Sie spielt auf die abenteuerlichen Abkürzungen – wie etwa PCMCIA – an, die sich die Ingenieure der Computerindustrie immer wieder einfallen lassen.

PD

{Aussprache: Pie Die}

Kurzform für Public Domain-Software

Siehe auch: Public Domain

PDF [Portable Document Format]

Format zum plattformübergreifenden Dokumentenaustausch

Mit dem *Portable Document Format* PDF hat die Firma Adobe ein Format entwickelt, mit dem sich Dokumente beliebig elektronisch übertragen lassen. Sie können auf jedem Gerät betrachtet werden, für das ein Wiedergabeprogramm vorhanden ist, wobei die Wiedergabe völlig plattformunabhängig ist. Im Gegensatz zu HTML, mit dem sich das Erscheinungsbild eines Dokuments ja nur beschreiben lässt, kann man bei einem PDF-Dokument das Layout ganz exakt festlegen und es wird auf jedem Rechner egal welcher Plattform immer genauso aussehen. Schriftarten kann man in ein Dokument einbetten, sodass sie immer dargestellt werden, selbst wenn sie auf dem Rechner eines Betrachters eigentlich nicht installiert sind.

Neben reinem Text kann ein PDF-Dokument auch Grafiken enthalten. Auch diese sind direkt in das Dokument eingebunden und müssen nicht separat übertragen werden. Weiterhin verfügt PDF auch über Hyperlink-Funktionen, die auf andere Stellen im Dokument oder auch auf Webseiten verweisen können. So ist es z. B. möglich, an den Anfang eines längeren Dokuments ein Inhaltsverzeichnis zu platzieren, von dem aus der Leser bestimmte Textseiten direkt anwählen kann. Ansonsten sind PDF-Dokumente seitenorientiert aufgebaut und können durch Blättern durchlaufen werden.

Um ein PDF-Dokument zu erzeugen, benötigt man eine kostenpflichtige Software von Adobe, z. B. den Adobe Distiller. Um PDF-Dokumente zu betrachten, ist lediglich ein Wiedergabeprogramm erforderlich. Am meisten verbreitet ist dabei der Acrobat Reader, der ebenfalls von Adobe stammt und kostenlos benutzt werden darf. Mehr Informationen zu PDF gibt es bei Adobe unter http://www.adobe.com. Dort kann man auch den Acrobat Reader herunterladen.

Siehe auch: Acrobat Reader

Peering

{Aussprache: Piering}

Datenaustausch zwischen Teilnetzen

Das Internet ist ein extrem heterogenes Netzwerk, das von einer Vielzahl von Unternehmen und Organisationen betrieben wird. Obwohl es ein (fast) weltweites Netzwerk ist und globalen und multinationalen Charakter hat, besteht es im Grunde genommen aus einem komplexen Puzzle von kleineren und kleinsten Teilnetzen. Jedes dieser Netze wird von einer bestimmten Partei betrieben. Dieser Betrieb ist natürlich mit Kosten verbunden und die wenigsten Betreiber sind wohltätige Organisationen. Damit Daten über verschiedene Teilnetze in andere Bereiche des Internet übertragen werden können, muss es deshalb eine Regelung geben, wie der Betreiber eines Teilnetzes andere Teilnetze für die Übertragung seiner Daten nutzen darf, bzw. wie der Betreiber eines Teilnetzes von den Mitbenutzern entschädigt wird.

Wenn man z. B. eine E-Mail an einen Bekannten in Neuseeland schreibt, wird diese vom Postausgangsserver des eigenen Providers bis zum Posteingangsserver des Empfänger-Providers in Neuseeland über eine Vielzahl von Teilnetzen transportiert. Wenn jeder Betreiber eines Teilnetzes dem Absender des Briefs jeweils den Transport der Daten durch sein Teilnetz berechnen wollte, wäre das in der Praxis ein kaum zu bewältigender Aufwand. Deshalb gibt es zwischen den

Internet Service Providern spezielle Abkommen, die den Datenaustausch zwischen den Teilnetzen regeln. Solche Peering-Abkommen laufen in den meisten Fällen auf einen Austausch von Kontingenten hinaus, d. h., bei unserem Beispiel darf der ISP des Absenders ein Volumen von z. B. 100 GByte pro Monat über das Netz des nächstgrößeren ISPs weiterleiten und erlaubt diesem dafür 50 GByte pro Monat in sein eigenes regionales Netz zu transportieren. Der größere ISP hat wiederum ein Peering-Abkommen mit dem nächsten ISP in Richtung Neuseeland, der wiederum eines mit dem darauffolgenden usw. Zwischen den großen ISPs bzw. Network Service Providern (NSP)s basiert das Peering meist auf dem Austausch von bestimmten Kapazitäten. Kleinere, regionale ISPs, die keine entsprechende Gegenleistung erbringen können, bezahlen hingegen ihre Kontingente bei den größeren Providern. Für den Kunden bedeutet Peering, dass er nur einen Vertrag mit seinem eigenen Provider machen muss und nur von diesem Rechnungen erhält, egal wo seine Daten im Internet hinfließen. Peering ist also sozusagen die finanzielle Grundlage, ohne die das Geschäftsmodell Internet nicht funktionieren würde.

Siehe auch: Internet Service Provider, NSP

Peering Point

{Aussprache: Piering-Peunt}

Datenaustauschpunkt

Damit Daten von einem Teilnetz in ein anderes gelangen können, muss es eine Verbindung zwischen den Netzen geben. Diese wird durch einen gemeinsamen Netzknoten gewährleistet, der als Peering Point bezeichnet wird. Solche Datenaustauschpunkte machen aus einer losen Ansammlung von Teilnetzen ein komplexes Netzwerk wie etwa das Internet.

Siehe auch: Peering

Peer to Peer

{Aussprache: Pier tu pier}

Netzwerk mit gleichberechtigten Rechnern

Der Ausdruck Peer to peer (ins Deutsche übersetzt etwa: unter Gleichen) bezieht sich auf ein Netzwerk, in dem alle miteinander verbundenen Rechner mehr oder weniger gleichberechtigt sind.

Dies bedeutet, dass alle Rechner gleichermaßen als Server wie als Clients fungieren können. Es gibt keine zentrale Kontrolleinheit, sprich keinen dezidierten Server, vielmehr sind die Rechner direkt miteinander verbunden und gleichberechtigt.

Siehe auch: Client, Network, Server

Performance

{Aussprache: Pörformens}

„Leistung" eines Rechners

Ein häufig benutzer Ausdruck in der Computersprache ist Performance, zu Deutsch Leistung. Auch in der deutschen Sprache hat sich die Verwendung von Performance anstelle von Leistung mittlerweile weitestgehend durchgestzt. Gemeint ist damit in erster Linie die Leistungsfähigkeit eines Rechners, die Geschwindigkeit, mit der er die ihm gestellten Aufgaben erledigt.

Die Performance eines Rechners wird mit so genannten Benchmark-Tests gemessen, wobei es immer wieder einmal vorkommen kann, dass der gleiche Rechner bei dem einen Test hervorragend abschneidet und beim nächsten unter „ferner liefen".

Grundsätzlich gilt: Je besser die Performance, d. h. je schneller der Rechner, desto beser ist er auch zum Surfen im Internet geeignet.

Perl [Practical Extraction and Reporting Language]

{Aussprache: Pörl}

Bei Perl handelt es sich um eine Programmiersprache, mit der Skripts erstellt werden können. Sie ist in ihrer Syntax der Programmiersprache C sehr ähnlich und umfasst viele praktische UNIX-Funktionen. Perl-Skripts sind plattformunabhängig und können auf jedem Rechner ausgeführt werden, der über einen Perl-Interpreter oder -Compiler verfügt.

Bei letzterem werden die Skripts unmittelbar vor der Ausführung hardwarenah kompiliert und laufen dann fast so schnell wie vergleichbare C-Programme. In den meisten Fällen werden die Perl-Skripts aber von einem Interpreter ausgeführt, wobei sie deutlich langsamer ablaufen.

Perl verfügt über umfangreiche Funktionen zum Analysieren und Bearbeiten von (auch großen) Textmengen. Deshalb ist es bei UNIX-Administratoren beliebt, die damit z. B. Skripts zum Auswerten von Log-Dateien usw. erstellen. Sehr häufig wird Perl auch zum Programmieren von CGI-Skripts verwendet, mit denen die Eingabedaten von HTML-Formularen verarbeitet werden.

Dazu muss allerdings auf dem Webserver ein Perl-Interpreter installiert sein. Perl ist auf praktisch allen UNIX-Systemen (einschließlich Linux) verfügbar und auch für Windows gibt es einige Versionen. Mehr zu Perl gibt z. B. unter http://www. perl.de.

Siehe auch: CGI

Permission

{Aussprache: Pörmischen}

"Erlaubnis"

Genau wie im richtigen Leben können Sie auch im Internet nicht überall Ihre „Nase", sprich Ihren Browser, hineinstecken, wo immer es Ihnen gefällt. Bestimmte Websites oder Teile von Webangeboten bleiben Ihnen verschlossen, wenn Sie nicht die erforderliche Permission, also die Erlaubnis dazu besitzen.

Üblicherweise sind diese speziellen Abschnitte so gekennzeichnet, dass Sie bereits auf den ersten Blick sehen können, dass Sie eine Permission benötigen, um sich das weiterführende Angebot ansehen zu können. Oftmals besteht die Erlaubnis aus einem einfachen Passwort und/oder einer speziellen User-ID, die vor dem Eintritt in den gesperrten Bereich abgefragt werden. Sobald Sie das richtige Passwort angeben, heißt es Permission granted, also „Erlaubnis gewährt" und Sie können auch auf die zuvor gesperrten Bereiche zugreifen.

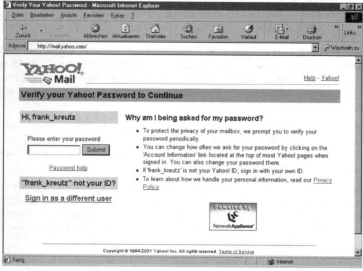

Permission: Bevor Sie auf das Yahoo!-Postfach zugreifen können, müssen Sie per Passwort zeigen, dass Sie die Erlaubnis haben, auf die Webseite mit den Nachrichten zugreifen zu dürfen. One Passwort bleiben Sie außen vor, ihnen fehlt die Permission

Oftmals müssen Sie sich per E-Mail an den Webmaster der betreffenden Seite wenden, um von diesem das benötigte Passwort zu erfahren.

Siehe auch: Passwort, Webmaster

PGP [Pretty Good Privacy]

Verschlüsselungsprogramm

Pretty **G**ood **P**rivacy ist das wohl bekannteste Softwareprogramm zur Verschlüsselung von Daten, insbesondere von E-Mails.

Viele, die eigentlich gern etwas mehr Sicherheit für ihre E-Mails gewährleistet sehen würden, werden jedoch von der vergleichsweise komplexen und komplizierten Bedienung des Programms abgeschreckt.

Grundsätzlich arbeitet PGP nach dem Public/Private-Key-Verfahren d. h., zur Ver- und Entschlüsselung der Daten werden sowohl ein öffentlicher (public) als auch ein privater (private) Schlüssel (key) benötigt.

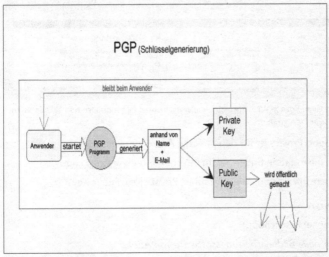

Es werden zwei Schlüssel generiert, die an den jeweiligen Namen und die E-Mail-Adresse gekoppelt sind. Der Private Key wird streng vertraulich und sicher verwahrt, während der Public Key öffentlich gemacht wird, d. h. an alle Teilnehmer versandt wird, mit denen man PGP-verschlüsselte Nachrichten austauschen will

Der Public Key wird, wie der Name schon andeutet, denjenigen bekannt gemacht, mit denen man per PGP in Verbindung treten möchte. Nur wenn diese Leute in Besitz Ihres Public Key sind, können sie Ihnen verschlüsselte E-Mails zusenden, die Sie dann mit Ihrem Private Key wieder entschlüsseln. Ihren persönlichen Private Key dürfen Sie selbstverständlich nicht öffentlich machen.

Beide Schlüssel sind übrigens an Ihren Namen und Ihre E-Mail-Adresse gekoppelt, d. h., wenn Sie sich eine neue E-Mail-Adresse zulegen, brauchen Sie auch ein neues Schlüsselpaar.

Photoshop

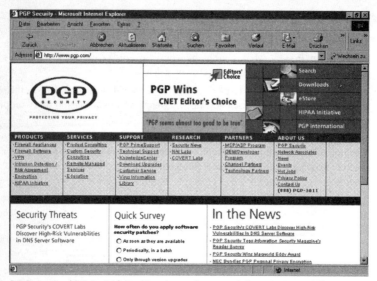

Die Pretty Good Privacy-Webseite bietet immer die neusten Informationen zum bekanntesten Verschlüsselungsprogramm

Pretty Good Privacy ist für den privaten Anwender kostenlos zu nutzen.

Weitere Information finden Sie im Internet unter www.pgp.com.

Siehe auch: Encryption, Kryptographie, Private Key, Public Key

Photoshop

{Aussprache: Fotoschopp}

Professionelle Bildbearbeitungssoftware von Adobe

Unter dem Namen Photoshop firmiert eines der bekanntesten Bildbearbeitungsprogramme. Mit Photoshop lässt sich praktisch jede Art von bildpunktbasierten Bildern bearbeiten. Es kann fast alle bekannten Formate importieren und exportieren. Zum Bearbeiten stehen eine Vielzahl von Funktionen zum Auswählen, Bearbeiten und Montieren von Bildpunkten und zum Manipulieren allgemeinerer Bildeigenschaften wie z. B. Farben, Kontrast, Helligkeit usw. zur Verfügung. Die Ebenentechnik unterteilt ein Bild in verschiedene Bearbeitungsebenen und erleichtert so die Arbeit an komplexen Abbildungen. Eine umfangreiche Filtersammlung lässt Bilder (teilweise im wahrsten Sinne des Wortes) in neuem Licht erscheinen. Darüber hinaus verfügt Photoshop über eine standardisierte Schnittstelle für Plug-Ins und kann so vom Hersteller Adobe selbst oder auch von anderen Plug-In-Entwicklern um spezielle Funktionen erweitert werden. So viel Leistung und Flexibilität hat allerdings auch ihren Preis. Photoshop richtet sich eindeutig an professionelle Benutzer und kostet um die 2000 DM.

Photoshop gehört zu den bekanntesten professionellen Bildbearbeitungsprogrammen

PING [Packet Internet Groper]

„Internet Paket Ertaster"

Mit PING, der Abkürzung für **P**acket **In**ternet **G**roper wird ein Programm bezeichnet, mit dessen Hilfe auf einfache Weise überprüft werden kann, ob ein bestimmter Rechner in einem TCP/IP-Netzwerk (wie das Internet) gerade verfügbar ist. Hierzu wird an diesen Rechner ein Datenpaket in Form eines PING-Signals gesendet, auf das der Server sofort mit einer entsprechenden Erwiderung antwortet, um zu signalisieren „Ja, ich bin bereit".

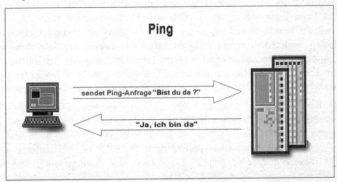

Mittels eines PING-Befehls wird – bei aktiver Internetverbindung – an einem Server angefragt, ob dieser bereit ist. Der Server beantwortet die PING-Anfrag mit einer kurzen Bestätigung

PHP [Personal Home Page Tools]
Serverseitige Skriptsprache für Webseiten

PHP ist eine Programmiersprache, mit der sich der Inhalt von Webseiten dynamisch gestalten lässt. Im Gegensatz zu Skriptsprachen wie JavaScript oder VBScript werden die Anweisungen nicht nach dem Laden der Webseiten im Webbrowser ausgeführt, sondern vor dem Abschicken der Webseite durch den Webbrowser. Dazu werden in den HTML-Quellcode PHP-Skriptanweisungen eingefügt. Wenn eine Seite angefordert wird, wertet der Server diese Anweisungen zunächst aus und modifiziert den HTML-Code entsprechend, bevor er ihn an den Webbrowser übermittelt. Als einfaches Beispiel könnte man so z. B. das aktuelle Tagesdatum in eine Webseite einfügen lassen. Nach dem gleichen Prinzip kann man aber auch noch ganz andere Bestandteile einer Webseite verändern bzw. die Seite mehr oder weniger komplett dynamisch erzeugen lassen.

Da die Technologie rein serverseitig arbeitet, funktioniert sie mit allen Webbrowsern. Auf dem Server muss allerdings ein PHP-Interpreter installiert sein und der Webserver muss für die Ausführung von PHP-Anweisungen konfiguriert werden. PHP stellt eine direkte Konkurrenz zu Microsofts **A**ctive **S**erver **P**ages (ASP) dar. Im Gegensatz zu diesen ist es allerdings als Open Source-Projekt kostenlos verfügbar. Webseiten, die mit PHP arbeiten, erkennt man an einer der Endungen *.php*, *.php3* oder *.phtml*. Mehr über PHP erfährt man unter http://www.php3.de.

Siehe auch: ASP, HTML, Webserver

PIN [Persönliche Identifikationsnummer]
{Aussprache: Pin}

Das Sicherheitskonzept beim Onlinebanking beruht auf einem System von PINs und TANs. Mit der Persönlichen Identifikationsnummer meldet sich der Kunde zunächst beim Bank-Server an. Ähnlich wie die Geheimzahl einer EC-Karte kennt nur der Kunde diese PIN, sodass die Anmeldung eindeutig ist. Nach der Anmeldung per Kontonummer und PIN stehen der Zugriff auf die Konto- und Umsatzinformationen sowie alle Funktionen des Onlinekontos zur Verfügung. Will der Kunde Transaktionen wie z. B. Überweisungen oder Einrichten von Daueraufträgen durchführen, muss er zusätzlichen jeweils eine TAN eingeben.

Die PIN dient als Zugangsschlüssel zu Ihrem Konto und hat als solcher die gleiche Bedeutung wie die Geheimzahl für Ihre EC-Karte und sollte deshalb genauso sorgsam behandelt werden. Wählen Sie deshalb eine PIN, die nicht einfach erraten werden kann. Die Namen von Kindern, Freunden oder Haustieren werden von Hackern ebenso regelmäßig ausprobiert, wie das eigene Kfz-Kennzeichen oder ein Geburtsdatum. PINs sollten nicht auf dem Rechner gespeichert werden. Besonders die bequemen PIN-Speicherfunktionen von Banking-Software sind ganz und gar nicht zu empfehlen. Wenn Sie Ihrem Gedächtnis nicht so recht trauen und die PIN trotzdem unbedingt speichern möchten, sollten Sie dafür unbedingt ein spezielles Programm verwenden, das PINs und Passwörter verschlüsselt speichert.

Beim Anmelden für das Internetbanking erhalten Sie von Ihrer Bank zunächst eine PIN zugeteilt. Ändern Sie diese möglichst bald. Warten Sie aber mindestens so lange, bis Sie auch eine TAN-Liste erhalten haben, denn zum Ändern der PIN wird eine TAN benötigt. Auch danach sollten Sie die PIN regelmäßig ändern. Sollte es doch mal jemandem gelungen sein, Ihre PIN auszuspähen oder zu erraten, kann er wenigstens nicht lange etwas damit anstellen. Wenn Sie Grund zu der Annahme haben, dass jemand Ihre PIN kennt, sollten Sie diese umgehend ändern und feststellen, ob bereits ein Schaden entstanden ist. Sollte eine Anmeldung mit Ihrer PIN nicht mehr möglich sein, weil der Eindringling seinerseits die PIN bereits geändert hat, verständigen Sie umgehend Ihre Bank und lassen Sie das Konto sperren. Sollte wirklich ein Missbrauch vorliegen, haften Sie – ähnlich wie bei einer EC-Karte – bis zum Zeitpunkt der Meldung in voller Höhe für den Schaden.

Siehe auch: TAN, Onlinebanking

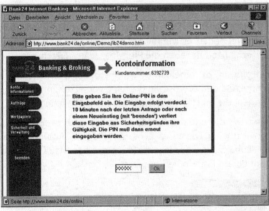

Bei der Anmeldung zum Onlinebanking muss man stets eine PIN eingeben

PIRCH

Client für den Internet Relay Chat

PIRCH ist ein weiterer Client für den Internet Relay Chat IRC. Er stellt eine komfortable Oberfläche für alle IRC-Funktionen zur Verfügung und unterstützt z. B. auch Dateiübertragungen per IRC. Wenn man mehrere Chats gleichzeitig führt, kann man mit einer karteikartenartigen Navigation zwischen den einzelnen Kanälen hin- und herwechseln. PIRCH erlaubt es sogar, sich gleichzeitig bei mehreren IRC-Servern anzumelden und deren Kanäle zu nutzen. Eine ausführliche deutschsprachige Bedienungsanleitung zu dem englischen Programm gibt es unter http://home.germany.net/100-90904/pirch.htm. Herunterladen kann man es direkt beim Hersteller unter http://www.pirchat.com.

Siehe auch: IRC

PITA [Pain In The Ass]

„Etwas, das Probleme bereitet" (Slang)

Eine etwas originalgetreuere Übersetzung von „pain in the ass" ist „Schmerzen im A ... llerwertesten".

Beim Chatten und in E-Mails oftmals als PITA abgekürzt, meint es nicht so sehr etwas, das einem körperliche Schmerzen zufügt, vielmehr etwas (oder jemand), das einem Probleme oder größere Unannehmlichkeiten bereitet.

Die Steigerung ist übrigens **R**oyal **P**ain **I**n **T**he **A**ss, RPITA (royal, dt. königlich)

Siehe auch: Chatslang

Plug-In

{Aussprache: Plagg In}

Eine der wichtigsten Eigenschaften eines modernen Browsers ist es, dass er Plug-In-fähig ist, was so viel bedeutet wie die Möglichkeit, die Funktionsvielfalt des Browsers durch externe Module, eben die Plug-Ins, zu erweitern.

Plug-Ins (von engl. to plug in, dt. hineinstecken, einstöpseln) sind vereinfacht gesagt Zusatzprogramme, die den Brwoser in die Lage versetzen, mit Daten und Formaten klar zu kommen, die im HTML-Standard nicht vorgesehen waren.

So kann ein Browser mittels der entsprechenden Plug-Ins auch problemlos Musik- oder Videodateien abspielen. Die entsprechende (Plug-In-)Anwendung wird automatisch gestartet, sobald auf einer Internetseite mit der Maus ein Element angeklickt wird, das mit einem Plug-In verknüpft ist.

Eines der bekannteren Plug-Ins, das zu jeder Internetgrundausstattung gehört: der Real Player

Plug & Play

> **Hinweis:** Wenn Sie ein Plug-In laden, dann müssen Sie darauf achten, das für Ihren Browser richtige Plug-In zu erwischen; so funktionieren Plug-Ins für den Internet Explorer nicht mit dem Netscape Navigator und umgekehrt.

Die beliebtesten Plug-Ins, die sie Ihrem Browser gönnen sollten, sind:

- QuickTime (Video)
- Flash (Video)
- Acrobat Reader (PDF-Dateien)
- Shockwave (Multimedia)
- Real Player (Musik/Video)

Wenn Sie auf der Suche nach Plug-Ins sind, schauen Sie doch einfach einmal bei www.plugins.de vorbei. Hier gibt es eine Unmenge an Informationen rund um Plug-Ins.

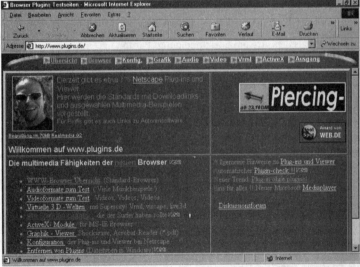

Unter www.pluigns.de finden Sie alles Wissenswerte über Plug-Ins, Tips, Tricks und natürlich die Plug-Ins selbst zum einfachen Download

Siehe auch: Acrobat Reader, Browser, Flash, Quiktime, Real Player, Shockwave

Plug & Play

{Aussprache: Plagg änd Pläi}

Bei der Vorstellung von Windows 95 war die Plug & Play-Technik eine der großen Neuerungen, worauf die Werbung auch immer wieder hinwies.

Der Grundgedanke von Plug & Play (zu Deutsch sinngemäß etwa: einbauen und loslegen) ist es, beim Einbau von Erweiterungskarten in Ihren Rechner oder auch dem Anschluss von Peripheriegeräten wie Drucker oder Modem, sich nicht mehr mit langwierigen und komplizierten Einstellungen herumärgern zu müssen. Einfach Karte einbauen, den Rest (sprich die Konfiguration) erledigt Windows von alleine, und alles funktioniert bestens.

So sah es zumindest in der Theorie (und in der Werbung) aus.

Die Wirklichkeit sorgte dann jedoch für etwas mehr Ernüchterung, denn das Zusammenwirken der neuen Plug & Play-Geräte mit älteren bereits vorhandenen Komponenten lief nicht ganz so reibungslos wie versprochen.

In diesem Sinne wird Plug & Play auch oft als „Plug and Pray", „Einbauen und Beten", lächerlich gemacht.

PMFJI [Pardon Me For Jumping In]

„Entschuldigung, dass ich mich einmische"

Hierbei handelt es sich um ein vor allem beim Chatten gern benutztes Akronym, wobei oftmals die Bitte um Entschuldigung „Pardon me", nicht ganz so wörtlich zu nehmen ist, aber man ist eben höflich im Internet (Netiquette).

Siehe auch: Chatslang

Polymorphe Viren

Verschiedengestaltige Viren

Als polymorhen Virus bezeichnet man eine spezifische Virusart, die es Antivirus-Programmen besonders schwer macht, sie zu erkennen. Polymorph bedeutet verschidengestaltig und damit ist auch bereits das Wesensmerkmal dieser Viren genannt: Sie sind in der Lage, bei jeder Aktivierung sich selbst zu verändern, d. h. quasi die Gestalt zu wechseln. Vielfach bleiben Antivirus-Programme deshalb ohne Chance, da die zur Erkennung eines Virus typischen Codesequenzen fehlen.

Siehe auch: Antivirus-Programm, Virus

POP3 [Post Office Protocol 3]

E-Mail-Internetprotokoll

Neben POP3 gibt es auch noch die nicht kompatiblen Versionen 1 und 2 des Post Office Protocol.

Die für das Internet, genauer gesagt für das Abholen der E-Mails, wichtige Version von POP ist POP3.

Mithilfe von POP3 ist es einem Rechner möglich, über eine Standard-Internetverbindung (TCP/IP) von einem POP3-Server die dort gespeicherte E-Mail abzuholen. Hierzu muss sich der Benutzer durch sein Passwort identifizieren und kann anschließend seine Post herunterladen.

Sobald alle Nachrichten auf dem heimischen PC gelandet sind, werden die E-Mails auf dem POP3-Server normalerweise gelöscht.

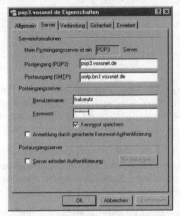

Bei der Konfiguration Ihres E-Mail-Programms müssen Sie den korrekten Namen Ihres POP3-Servers angeben, ansonsten können Sie nicht auf Ihr Postfach zugreifen. Die entsprechenden Informationen erhalten Sie von Ihrem Provider üblicherweise bei der Anmeldung. Bei Installation über CDs aus Zeitschriften oder Werbeaktionen wird die Software oftmals automatisch konfiguriert und Sie müssen sich nicht um diese Angaben kümmern

Das Post Office Protocol 3 dient nur dem Abholen von E-Mails; um Nachrichten zu versenden, wird ein entsprechendes Sendeprotokoll (SMTP) benutzt.

Siehe auch: E-Mail, SMTP, TCP/IP

Port

Anschluss für Internetprotokolle

Beim Internetprotokoll TCP/IP ist die Kommunikation in verschiedene Ebenen unterteilt. Schließlich sollen auf einer Netzverbindung mehrere verschiedene Internetdienste parallel laufen können. So will man z. B. E-Mail empfangen und senden, während man gleichzeitig durchs Web surft. Um diesen parallelen Einsatz mehrerer Protokolle zu ermöglichen, ist die Kommunikation in Ports organisiert. Das kann man sich wie eine Autobahn mit mehreren Fahrspuren vorstellen. Es gibt eine Reihe von Standard-Ports für die wesentlichen Internetdienste (etwa Port 80 für Webserver). Darüber hinaus stehen einige Tausend freie Ports zur Verfügung, die beliebig genutzt werden können. Die nachfolgende Tabelle führt die wichtigsten Standard-Ports bei einem Internetrechner auf. Eine sehr ausführliche Liste der aktuell gültigen Portbelegungen findet sich unter http://www.isi.edu/in-notes/iana/assignments/port-numbers.

Portnummer	Portname	Bedeutung
20 + 21	FTP	Dateitransfer (File Transfer Protocol)
23	TELNET	Fernsteuerung per Telnet
25	SMTP	Postausgangsprotokoll (Simple Mail Transfer Protocol)
80	HTTP	Webseitentransfer (Hypertext Transfer Protocol)

Portnummer	Portname	Bedeutung
109-110	POP	Posteingangsprotokoll (Post Office Protocol – POP Bzw. POP3)
119	NNTP	Newsgruppentransfer (Network News Transport Protocol)
529	IRC	Internet Relay Chat

Siehe auch: Portscan, TCP/IP

Portal

{Aussprache: Pohrtäl}

Eingangstor

Ähnlich wie die Hauptseite (Homepage) eines Internetangebotes einen Überblick über den gesamten Inhalt und die zur Verfügung stehenden Optionen bieten sollte, gilt ein Portal als Eingangstor, als erste Anlaufstelle für das World Wide Web.

Besonderes Kennzeichen solcher Portals ist es, dass verschiedene Funkionen und Angebote bereitgestellt werden, seien es Suchfunktionen, Nachrichtendienste, Informationen, kostenlose E-Mail-Adresse, Speicherplatz für eine eigene Homepage etc.

Ziel ist es, den Internetnutzer durch die Menge an bereitgestellten Angeboten immer wieder zum Besuch der Portal-Seite zu veranlassen. Im günstigsten Fall wird er sogar diese als Startseite in seinem Browser eintragen, d. h., nach jedem Verbindungsaufbau wird als Erstes diese Seite besucht.

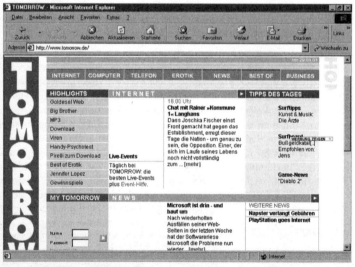

Eine der beliebtesten Portalseiten im deutschsprachigen Raum ist die Webseite der Zeitschrift „Tomorrow", die eine Vielzahl von Informationen und Extras übersichtlich anbietet

Oftmals glänzen solche Portals auch dadurch, dass der Nutzer die Seite personalisieren kann, d. h., er kann selbst bestimmen, welche Nachrichten oder anderen Dienste ihm bei jedem Besuch angeboten werden. Interessieren Sie sich zum Beispiel für Horoskope, so können Sie angeben, dass Ihnen bei jedem neuen Besuch auf die Portal-Seite Ihr Horoskop automatisch angezeigt wird; interessieren Sie sich stattdessen mehr für die letzten Neuigkeiten aus dem Showbusiness, ist auch das kein Problem: einfach die Nachrichtenanzeige so konfigurieren, dass Ihnen die neusten Showbiznews automatisch serviert werden. Dies ist nicht nur eine sehr bequeme Sache, sondern kann auch sehr viel Zeit sparen, wenn man sich die nötigen Informationen erst von mehreren anderen Seiten zusammensuchen müsste.

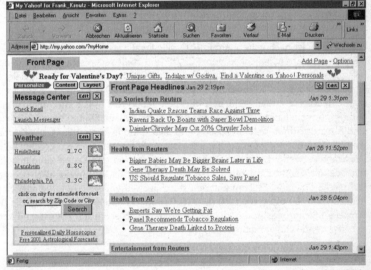

Eine personalisierte Portalseite. Hier die englische Version von Yahoo!. Die angezeigten Informationen und Nachrichten kann der Nutzer zuvor selbst nach eigenen Wünschen festlegen

Portscan

{Aussprache: Portskän}

Analyse eines Internetrechners auf mögliche Angriffspunkte hin

Wenn ein Hacker versucht, einen Rechner im Netzwerk anzugreifen, ist sein erstes Mittel in der Regel ein Portscan. Dieser verrät ihm meist schon alles, was er über den Rechner und damit für die weitere Planung seines Angriffs wissen muss. Was genau ist ein Portscan? Wenn ein PC mit dem Internet verbunden ist, kann er über das TCP/IP-Protokoll Daten mit anderen Internetrechnern austauschen. Wie Sie sicher wissen, besteht das Internet aber aus einer ganzen Reihe von Diensten. Da gibt es etwa E-Mail, das Web, Newsgruppen, Datei-Downloads, Chats und so weiter und so fort. Jeder dieser Dienste verwendet eigene Protokolle, die aber alle auf „dem" Internetprotokoll TCP/IP aufsetzen. Mit einem Portscan kann ein Hacker feststellen, welche Internetdienste von einem PC genutzt bzw. angeboten werden. Dazu schickt er einfach eine Anfrage an einen Port und wartet, ob er darauf einen Antwort erhält. Wenn er z. B. eine Anfrage an den Port 20 schickt und eine Antwort darauf erhält, weiß er, dass auf dem PC ein FTP-Server läuft. Port 20 (und 21) sind nämlich für den Dateitransferdienst FTP zuständig. Mit diesem Wissen könnte ein Angreifer z. B. versuchen, sich über den FTP-Server Zugang zu diesem Rechner zu verschaffen. Nach diesem Prinzip können Hacker einen Rechner systematisch untersuchen, indem sie einfach an alle denkbaren Ports eine Anfrage schicken und die Reaktion auswerten. So wissen sie in kürzester Zeit, welche Verbindungen von Ihrem Rechner unterstützt werden und können den weiteren Angriff planen.

Ein Portscan ist nach geltendem Recht völlig legal. Das Testen eines Ports ist eine ganz reguläre Möglichkeit von TCP/IP und stellt technisch gesehen keinesfalls schon einen agressiven Angriff dar. Auch das systematische Testen vieler oder aller Ports eines Rechners gilt nicht als Straftat. Das ist in etwa so, als ob man eine Straße entlanggeht und bei allen geparkten Autos kurz den Türgriff betätigt, um ein nicht verschlossenes Auto zu finden. Erst wenn man tatsächlich eine Autotür öffnet, sich hineinsetzt und die Zündung kurzschließt, begeht man eine Straftat. Ebenso ist es auch bei Portscans: Erst wenn man die Ergebnisse eines Scans verwendet, um sich Zugang zu verschaffen und Daten zu manipulieren oder zu zerstören, begeht man eine Straftat. Bis dahin gilt alles noch als technische Spielerei. Es kann übrigens durchaus sinnvoll sein, hin und wieder einen Portscan beim eigenen PC durchzuführen. So erkennt man genau die potenziellen Sicherheitslücken, die ein Angreifer auch ermitteln könnte und kann entsprechende Gegenmaßnahmen treffen.

Siehe auch: Hacker, Port, Sicherheit im Internet

Posting

Artikel in einer Newsgroup

Abgeleitet vom englischen Verb to post, zu Deutsch versenden, werden alle Nachrichten, die in Newsgroups gesendet werden, Postings genannt.

Den Vorgang des Versendens nennt man auch posten, d. h. Sie posten eine Nachricht in eine Newsgroup.

Siehe auch: Newsgroup

Powerstripping

{Aussprache: pauerstripping}

Als Powerstripping wird in der Internetsprache ein Verhalten bezeichnet, das nicht adäquat in einen deutschen Begriff zu fassen ist. Gemeint ist das Angeben oder besser Protzen eines Anwenders mit den jeweils neusten Features, die seine Software angeblich besitzt.

So würde das Verhalten eines Anwenderes als Powerstripping bezeichnet, der sich alle nur denkbaren Plug-Ins für seinen Browser besorgt, im günstigsten Falle sogar die noch nicht ausgereiften Betaversionen, nur um mit der Funktionsvielfalt seiner Software angeben zu können.

Dabei ist es dem Powerstripper oftmals völlig gleichgültig, ob die Software fehlerlos läuft oder nicht, Hauptsache, er kann sagen, dass er die neusten Programme besitzt.

Poweruser

{Aussprache: Pauerjuser}

Vielnutzer

Als Poweruser bezeichnet man alle Internetnutzer, die mindestens 30 Stunden in der Woche mit dem Internet verbunden sind, umgerechnet also mehr als 4 Stunden pro Tag.

Hierbei ist es völlig gleichgültig, ob die Beschäftigung einen beruflichen oder rein privaten Hintergrund hat. Auch die Art und Weise, wie er die Zeit im Internet verbringt, sei es mit dem Download von Dateien, Spielen, Chatten, oder Surfen, ist hierbei völig gleichgültig, es zählt einzig die Zeit, die der Poweruser im Internet verbringt.

Siehe auch: Flatrate

PPP [Point to Point Protocol]

Von Punkt zu Punkt-Protokoll

Das Point to Point-Protokoll (PPP) ist ein einfaches Übertragungsprotokoll für Modemverbindungen von einem Rechner zum anderen.

Besonders häufig wird PPP eingesetzt, wenn es darum geht, einen PC mit Modem per analoger Telefonleitung mit dem Rechner seines Internetanbieters zu verbinden.

PPP sorgt für die Verbindung bevor die eigentliche Datenübertragung beginnt, die normalerweise von anderen Protokollen übernommen wird, die mit PPP „zusammenarbeiten". Für Internetverbindungen ist hier in erster Linie TCP/IP zu nennen.

Siehe auch: Modem, TCP/IP

Private Key

{Aussprache: Preivet Kie}

„Privater Schlüssel"

Private Key

Wie auch bei Public Key handelt es sich hier um einen Begriff aus der Kryptografie, also der Lehre von der Verschlüsselung von Nachrichten.

Der private Schlüssel ist der eine Bestandteil (der andere ist Public Key) des so genannten Zwei-Wege-Verschlüsselungssystems.

Im Internet wird dieses Verschlüsselungssystem vor allem im Bereich E-Mail eingesetzt, damit diese oft sehr privaten Nachrichten nicht von Unbefugten gelesen werden können. Ein weit verbreitetes Programm ist hierzu **P**retty **G**ood **P**rivacy (PGP).

Das Zwei-Wege-Verschlüsselungssystem beruht vereinfacht gesagt auf dem Zusammenspiel von Private Key und Public Key.

Wie der Name schon vermuten lässt, ist der private Schlüssel nur dem jeweiligen Inhaber des Schlüssels bekannt, während der öffentliche Schlüssel allgemein allen bekannt gemacht werden muss, mit denen man verschlüsselte Nachrichten austauschen will.

Die Verschlüsselung einer Nachricht geschieht mit dem Public Key des Absenders (also desjenigen, der Ihnen die Nachricht schickt). Die eingehenden Nachrichten werden dann mit Ihrem eigenen Private Key entschlüsselt.

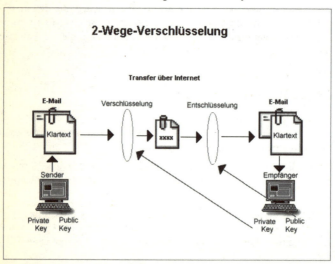

Das Prinzip der 2-Wege-Verschlüsselung mittels Private und Public Key. Der jeweilige Private Key bleibt beim Besitzer und wird von diesem nicht weitergegeben, der Public Key jedoch wird öffentlich gemacht und dient der Verschlüsselung der Nachrichten. Die Entschlüsselung findet dann mit dem Private Key statt

Nur der zu einem Public Key gehörige Private Key kann eine verschlüsselte E-Mail auch wieder entschlüsseln, beide Schlüssel bilden ein Paar, einer ohne den anderen ist nutzlos.

Erstellt werden beide Schlüssel mit Bezug auf Name und E-Mail-Adresse, was bedeutet, dass bei jedem Wechsel der E-Mail-Adresse auch ein neues Schlüsselpaar generiert werden muss.

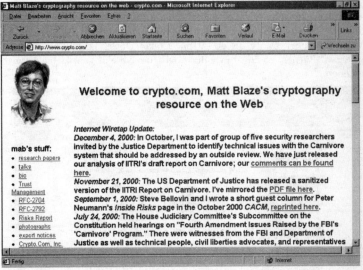

Wer des Englischen mächtig ist, findet mit der Internetseite von Matt Blaze eine Fundgrube an Informationen zu Kryptographie und verwandten Themen

Weitere Infos finden Sie unter www.crypto.de.

Siehe auch: Encryption, Kryptographie, PGP, Public Key

pro

Speziell für die Internetauftritte von Freiberuflern und Geschäftsleute wurde im Oktober 2000 von der ICANN (Internet Corporation for Assigned Names and Numbers) die Zulassung der neuen Top Level Domain *pro* beschlossen.

Siehe auch: ICANN, Top Level Domain

Project Gutenberg

Das Project Gutenberg ist eine der meistbesuchten und beliebtesten nichtkommerziellen Seiten im Internet. Die Site basiert auf einer Idee, die Michael Hart bereits 1971 hatte, nämlich bekannte und wichtige Literaturtexte einer möglichst breiten Öffentlichkeit kostenlos zur Verfügung zu stellen.

Project Gutenberg

Das Internet hat sich in der Folgezeit als das ideale Medium zur Verbreitung der Texte erwiesen und mittlerweile wird durchschnittlich beinahe jeden Tag ein „neuer" Text in das Archiv des Gutenberg-Projekts aufgenommen und somit der Öffentlichkeit zum Download bereitgestellt.

Hierbei handelt es sich nicht um die neusten Weke, die gerade in den Bestsellerlisten stehen, sondern sämtlich um Titel, für die das Copyright abgelaufen ist, im Wesentlichen also um Werke, die vor 1923 erschienen sind.

Es finden sich demnach eine Vielzahl von Klassikern unter den Titeln, die das Project Gutenberg bereitstellt, die Liste reicht von William Shakespeare, Edgar Allan Poe über Dante bis zu Arthur Conan Doyle, Lewis Carroll oder die „Tarzan"-Bücher von Edgar Rice Burroughs, um nur eine ganz kleine Auswahl zu nennen.

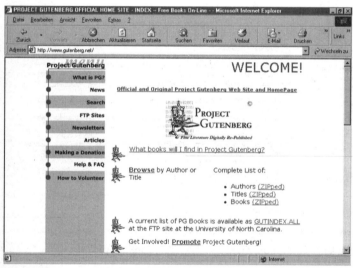

Die Webseite des Project Gutenberg. Eine Fundgrube für Literaturfans

Die Werke liegen auf entsprechenden Servern zum Download bereit, wobei man üblicherweise zwischen einer komprimierten Fassung im Zip-Format (benötigt ein entsprechendes Zip-Entpackprogramm) oder einer unkomprimierten reinen ASCII-Textfassung wählt, die praktisch von jeder Textverarbeitungssoftware problemlos geladen werden kann.

Viele der Project Gutenberg-Texte sind Public Domain, doch bei einigen bestehen Copyright-Restriktionen, die zu beachten sind.

Einen Überblick über das Angebot ds Projects Gutenberg und weiterführende Informationen finden Sie unter www.gutenberg.net.

Siehe auch: Copyright, Public Domain, Zip

Protokoll

Vereinbarter Standard

Unter Protokoll versteht man im Zusammenhang mit dem Internet eine Festlegung von Vorschriften (Standards) für den Datenaustausch bzw. Datenformate, die sicherstellen sollen, dass ein datenaustausch bzw. eine Datenübertragung zwischen zwei Rechnern oder Netzwerken (mehr oder weniger) problemlos stattfinden kann.

Vereinfacht könnte man auch sagen, dass Protokolle die „Sprache" der Rechner sind, mit denen sie sich untereinander verständigen.

Die für das Internet wichtigen Protokolle sind in den RFC (**R**equest **F**or **C**omments) 2600 festgelegt.

Die wichtigsten Kommunikationsprotokolle im Internet sind ohne Zweifel das **T**ransmission **C**ontrol **P**rotocol (TCP) und das Basisprotokoll des Internet, **I**nternet **P**rotocol (IP). Da diese beiden gemeinsam für den Transport der Datenpakete im Internet verantwortlich sind, werden sie in der Regel auch als TCP/IP zusammengefasst.

Spezialisierte im Internet gebräuchliche Protokolle wie beispielsweise FTP (**F**ile **T**ransfer **P**rotocol) oder SMTP (**S**imple **M**ail **T**ransfer **P**rotocol) bauen auf TCP/IP auf, nutzen deren Fähigkeiten und ergänzen sie um anwendungsspezifische Elemente.

Siehe auch: IP, RFC, TCP/IP

Provider

{Aussprache: Proweider}

Internetdienstleister

Provider ist eine relativ allgemeine Bezeichnung für Unternehmen, die bestimmte Dienstleistungen rund ums Internet gegen Entgeld zur Verfügung stellen. Verwendet man einfach nur den Begriff Provider, ist damit meistens ein Zugangsprovider gemeint, also eine Firma, die Einwählknoten für den Internetzugang per Modem oder ISDN-Karte anbietet. Hier gibt es noch spezielle Sonderformen wie etwa den Call-by-Call-Provider, bei dem man sich ohne Grundgebühr und Voranmeldung einfach einwählen kann, wobei die anfallenden Kosten über die reguläre Telefonrechnung bezahlt werden.

Neben Zugangsprovidern gibt es aber auch andere Arten von Dienstleistern, wie etwa den Webprovider. Dieser stellt – in der Regel gegen Gebühr – Speicherplatz und Übertragungskapazität auf einem Webserver bereit, sodass die Kunden dort eigenen Homepages oder auch kommerzielle Webangebote veröffentlichen können. Dazu gehört dann meist auch eine eigenen Domäne einschließlich des damit verbundenen Verwaltungsaufwands. Der Kunde muss also nur seine Webseiten erstellen und auf den Server aufspielen.

Eine weitere Art von Provider sind E-Mail-Provider, die Ihren Kunden E-Mail-Postfächer zur Verfügung stellen. Hie fallen besonders die E-Mail-Provider auf, die dies kostenlos tun und ihren Dienst durch Werbung finanzieren wie etwa GMX (http://www.gmx.de) oder Hotmail (http://www.hotmail.de).

Siehe auch: Internet Service Provider, NSP

Proxy (Proxy-Server)

Was der Cache Ihres Browsers im Kleinen auf Ihrem eigenen PC, ist ein Proxy bzw. Proxy-Server im Großen für das Internet, nämlich eine Art Zwischenlager für bereits angeforderte Internetseiten.

Um das Prinzip eines Proxy besser verstehen zu können, stellen Sie sich einmal vor, Sie sind über die Leitung Ihres Providers mit dem Internet verbunden und wollen sich eine bekannte Internetseite ansehen, beispielsweise www.spiegel.de.

Sie tippen die Adresse in Ihren Browser und nach und nach werden nun alle Daten, Texte und Bilder von www.spiegel.de von einem ggf. weit entfernten Rechner abgerufen. Fünf Minuten vorher hat bereits ein anderer Kunde Ihres Providers auch die Idee gehabt, sich die „Spiegel"-Seite anzusehen, auch für ihn mussten diese Daten alle angefordert werden.

Sollte in weiteren fünf Minuten noch jemand auf die Idee kommen, die Seite www.spiegel.de sehen zu wollen, geht das gleiche Spiel erneut los.

Die Idee eines Proxy-Servers liegt nun darin, dass auf dem lokalen Netzwerkrechner Ihres Anbieters ein Proxy dazwischengeschaltet wird, der die abgerufenen Daten zwischenspeichert.

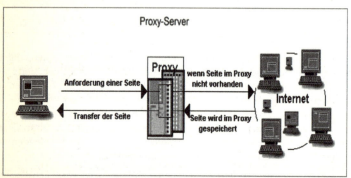

Proxy: Ein Zwischenspeicher für Daten. Sind die gesuchten Daten bereits im Proxy vorhanden, entfällt die Anfrage an die entsprechenden Server im Internet. Die Dateien werden direkt aus dem Proxy geladen und weitergeleitet

Sobald Sie also eine Seite aus dem WWW abrufen wollen, klinkt sich der Proxy ein, schaut in seinem „Lager" nach, ob die Seite eventuell darin vorhanden ist.

Wenn ja, wird diese dann blitzschnell auf Ihren Rechner geladen, da der lange Anforderungsweg wegfällt; die Daten sind ja bereits da, nämlich im Proxy.

Werden die gesuchten Daten nicht im Datenbestand des Proxy-Servers gefunden, werden diese vom jeweiligen Server im Internet angefordert, zwischengespeichert (damit die Daten bei der nächsten Anfrage zur Verfügung stehen) und an Ihren Browser weitergeleitet.

Ein guter Proxy kann demnach beim Abruf von stark frequentierten Internetseiten eine Menge Zeit sparen.

Siehe auch: Cache

PTMM [Please Tell Me More]

„Bitte erzähl mir mehr darüber" (Slang)

Die Bitte Please Tell Me More (dt. Bitte erzähle mir mehr) verbirgt sich hinter dem Akronym PTMM, was üblicherweise als Aufforderung zu verstehen ist, doch ein wenig tiefer in die Materie einzusteigen und nicht mit der Herausgabe von Wissen zu geizen.

Siehe auch: Chatslang

Public Domain

{Aussprache: Pablik Domähn}

„Öffentliches Eigentum"

Grundsätzlich sind Public Domain-Werke nicht auf Computersoftware beschränkt; auch in anderen Bereichen wie Musik, Literatur etc. gibt es Werke, die nach einer gewissen Anzahl von Jahren seit Entstehung in öffentliches Eigentum übergehen, sprich für die keine Urheberrechte mehr geltend gemacht werden (können).

Im Computerbereich bezieht sich Public Domain (oftmals abgekürzt als PD) auf Software, die der jeweilige Autor bzw. Programmierer der Öffentlichkeit frei zur Verfügung stellt und dabei auf jedwede Urheberrechte verzichtet.

Dies hat zur Folge, dass PD-Software beliebig kopiert, weitergegeben, erweitert oder verändert werden darf. Es steht jedem frei, mit der PD-Software zu tun und zu lassen, wozu immer einem der Sinn steht.

> **Hinweis:** Häufig werden Public Domain-Software und Freeware verwechselt.

Zwar darf auch Freeware kostenlos kopiert und weitergegeben werden, aber im Unterschied zu PD ist Freeware nach wie vor urheberrechtlich geschützt und darf nicht verändert werden.

Siehe auch: Freeware, Shareware

Public Key

{Aussprache: Pablik Kie}

„Öffentlicher Schlüssel"

Der Public Key ist das Gegenstück zu Private Key im so genannten Zwei-Wege-Verschlüsselungssystem.

Wie public, also öffentlich, schon vermuten lässt, ist der Public Key derjenige Teil des Schlüsselpaares, der öffentlich bekannt gemacht werden muss, zumindst den Personen, mit denen Sie verschlüsselte E-Mails oder Nachrichten austauschen wollen.

Jemand, der Ihnen eine verschlüsselte E-Mail senden will, benötigt zwingend Ihren (!) Public Key zur Verschlüsselung der Nachricht. Mit Ihrem eigenen privaten Schlüsel, der anderen nicht bekannt ist, können Sie die von dem Absender mit Ihrem Public Key verschlüsselte Nachricht wieder entschlüsseln.

Dieses Prinzip funktioniert nur bei einem zusammengehörigen Schlüsselpaar. Beide Schlüssel wurden mit Bezug auf Name und E-Mail-Adresse erstellt. Bei Änderung der E-Mail-Adresse verliert das Schlüsselpaar seine Gültigkeit.

Ein solches Verschlüsselungsverfahren, wenn richtig angewandt und mit dem notwendigen Schutz des privaten Schlüssels vor unbefugtem Zugriff, bietet einen höchstmöglichen Schutz Ihrer Nachrichten. Selbst Großrechner würden viele Jahre brauchen, um einen solchen Schutz zu knacken.

Siehe auch: Encryption, PGP, Private Key

Pull

{Aussprache: Pull}

Ziehen, Abrufen von Daten

Bei der Datenübertragung im Internet gibt es zwei verschiedene Grundmodelle: Push und Pull. Für die meisten Kommunikationen gilt das Pull-Modell. Dabei gibt es einen Clientrechner, der Daten von einem Serverrechner anfordert. Der Server nimmt die Anforderung entgegen, stellt die Antwort zusammen und übermittelt sie dem Client. Die Initiative für die Datenübermittlung ging also vom Client aus, obwohl die für die Übertragung wesentlichen Daten vom Server kommen. Der Client zieht also die Daten vom Server.

Das beste Beispiel für eine Pull-Kommunikation ist das Websurfen. Hier gibt der Benutzer in seinem Webbrowser die Adresse einer Seite ein, die er betrachten will. Der Webbrowser übermittelt daraufhin an den in der Adresse bezeichneten Webserver die Aufforderung, ihm die entsprechende Webseite zu liefern. Dieser kommt (hoffentlich) der Aufforderung nach und übermittelt die Webseiten, die der Browser dann auf dem Bildschirm anzeigt.

Siehe auch: Client, Push, Server

Push

{Aussprache: Pusch}

Schieben, Aussenden von Daten

Bei der Datenübertragung im Internet gibt es zwei verschiedene Grundmodelle: Push und Pull. Das etwas weniger geläufigere ist das Push-Prinzip, bei dem Daten an einen Client übermittelt werden, ohne dass sie von diesem zuvor ausdrücklich angefordert worden wären. Im Gegensatz zum Pull-Prinzip geht die Initiative hier nicht vom Client aus, sondern der Server handelt eigenständig, z. B. nach einem Zeitplan oder einfach wenn neue Daten zur Übertragung vorliegen. Trotzdem muss auch hierbei auf dem Client eine Software zum Entgegennehmen der Daten vorhanden sein.

Ein klassisches Beispiel für Push-Übertragungen sind E-Mails. Diese werden zwar vom E-Mail-Client explizit vom Posteingangsserver abgeholt, aber das ist eher eine technische Frage, weil häufig keine permanente Verbindung zum E-Mail-Postfach besteht. In das Postfach auf dem Posteingangsserver kommen die Nachrichten aber meist völlig unaufgefordert, einfach weil irgend jemand eine Nachricht verfasst und losgeschickt hat. Ein anderes Beispiel ist das zunehmend in Mode kommende Instant Messaging. Hier meldet der Client sich lediglich nach dem Start beim Server an. Danach kommen vom Server unaufgefordert Meldungen über neue Nachrichten oder Bekannte, die ebenfalls gerade online erreichbar sind.

Bis vor einiger Zeit gab es einige spezielle Push-Dienste wie etwa Pointcast oder Marimba. Ziel dieser Anbieter war es, die Benutzer automatisch gezielt mit den Informationen zu versorgen, für die diese sich interessierten. Dazu mussten die Benutzer lediglich einmal ein Interessenprofil erstellen. Der Push-Dienst sandte ihnen dann z. B. täglich aktuelle Informationen aus den gewählten Gebieten per Internet zu. Dazu musste auf dem Rechner des Benutzers eine spezielle Clientsoftware installiert sein. Da diese die Übertragung der Daten initiierte, handelte es sich aber streng genommen gar nicht um eine Push-Kommunikation, sondern eher um eine zwar automatisierte, aber eben doch klassische Pull-Übertragung. Die Bezeichnung Push-Dienst bezog sich somit mehr auf die prinzipielle Idee dieser Dienstleister. Allerdings haben sich Push-Dienste nie so recht durchsetzen können und waren insbesondere kommerziell kein Erfolg. Deshalb sind sie inzwischen so gut wie ausgestorben. In diese Kategorie gehören auch die Active Channels, die Microsoft mit dem Internet Explorer 4 einführte und beim Internet Explorer 5 schon wieder kommentarlos verschwinden ließ.

Siehe auch: Client, Instant Messaging, Internet Explorer, Pull, Server

Q

QCIF [Quarter Common Intermediate Format]
Siehe unter: CIF, FCIF

Query
{Aussprache: Kwerrie}

Frage, Anfrage

Query ist der englische Ausdruck für „Frage" und wird auch gern mit Bezug auf Anfragen an ein Datenbanksystem benutzt.

Wenn Sie im Internet bei einer Suchmaschine eine Suche starten, wird diese Anfrage nach bestimmten Informationen auch als Query bezechnet.

Im Normalfall besitzen diese Suchmaschinen eine spezielle Sprache, die für Anfragen zu benutzen ist. Diese Sprache wird Query Language (Anfragesprache) genannt.

Queue
{Aussprache: Kju}

„Warteschlange"

Engländer sind dem Klischee nach dafür bekannt, dass sie sich an Bushaltestellen in elend langen Warteschlangen aufstellen und dann der Reihe nach den Bus betreten, wenn sie an der Reihe sind. Andere Länder, andere Sitten.

So nimmt es auch nicht wunder, dass sich in der Computersprache für den Zustand des Sich-in-der-Warteschleife-befindens der englische Ausdruck queue (Warteschlange) durchgesetzt hat.

Wenn beispielsweise mehrere PCs sich einen Drucker teilen müssen und entsprechende Druckaufträge an das Gerät senden, werden diese der Reihe nach bearbeitet. Die wartenden Dokumente verbleiben in der Warteschlange, also in der Queue, und bekommen einen entsprechende Queue-Namen (oder eine Nummer), unter dem Sie dann aufgerufen werden, ganz ähnlich, wie Sie dies vielleicht vom Nummernziehen von der Wursttheke Ihres Großmarktes her kennen.

QuickTime
{Aussprache: Kwikteim}

Multimediaprogramm

Bereits 1991 für den Apple Macintosh entwickelt, ist QuickTime mittlerweile auch für Windows-Systeme erhältlich und erfreut sich ausnehmend großer Beliebtheit bei Fans von Audio- und besonders Videodateien. Denn QuickTime ist ein Multimediaprogramm, das die unterschiedlichsten Multimediaformate unterstützt.

Der besondere Vorzeil von QuickTime liegt darin, dass CD-ROMs, die zum QuickTime-Format kompatibel sind, von Apples und PCs abgespielt werden können. Vor allem für kürzere Filme hat sich QuickTime auch im Internet als Standard für die Übertragung von Bild- und Audiodaten durchgesetzt.

Ein spezieller QuickTime-Viewer ist kostenlos erhältlich und ermöglicht es, im QuickTime-Format vorliegende Dateien auch bequem auf dem heimischen Rechner ansehen zu können.

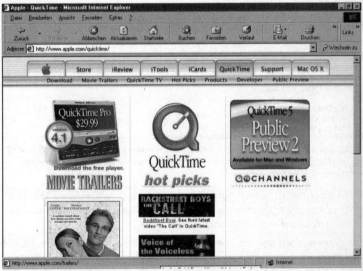

Die Webseite von Apple bietet immer die neuste QuickTime-Version plus QuickTime-Viewer zum Download an

Weitere Informationen zu QuickTime und Downloadmöglichkeiten finden Sie unter http://quicktime.apple.com.

Quote

{Aussprache: Kwoht}

Zitat

In der Internetsprache hat Quote nichts mit der Einschaltquote im TV-Bereich zu tun, denn Quote ist die englische Bezeichnung für ein Zitat, beispielsweise in einer E-Mail oder einer Newsgroup-Nachricht.

Quote

Es gehört durchaus zum guten Ton, Passagen aus anderen Mitteilungen zu zitieren, wenn man dazu einen Kommentar abgeben will.

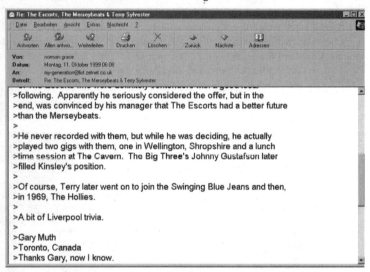

Quote: So wie in der Beispielabbildung sollte es nicht sein, eine ganze E-Mail nochmals zu zitieren, nur um „Danke" zu sagen, wird Ihnen bei aller Höflichkeit auf die Dauer nicht viele Freunde einbringen

Nicht jeder hat schließlich auf Anhieb sofort parat, um welches Thema es im einzelnen in einer bestimmten Nachricht ging. Deshalb sind solche kleinen Gedächtnis-Auffrischer gern gesehen.

Üblicherweise werden die zitierten Zeilen als solche kenntlich gemacht, indem sie mit einem oder mehreren >>-Zeichen eingeleitet werden. Doch sind durchaus auch andere Zeichen möglich, um eine Zeile als Zitat auszuweisen, entsprechende Einstellungen können Sie üblicherweise in Ihrem E-Mail-Programm (oder Newsreader) vornehmen.

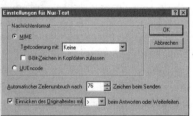

Bei allen gängigen E-Mail-Programmen (hier Outlook Express) können Sie bestimmen, mit welchem Zeichen gequotete Textzeilen gekennzeichnet werden sollen

Sie sollten allerdings auch darauf achten, nicht zu viel Text zu zitieren, sondern sich auf das Nötigste und für das Verständnis Wichtige zu beschränken. Eine 20 KByte große E-Mail komplett zu zitieren, nur um dann im Anschluss einen Kommentar wie „Genau richtig" abzugeben, wird Ihnen sicherlich (selbst bei denen, die Ihrer Meinung zustimmen) nicht sehr viele Freunde machen.

Siehe auch: E-Mail, Newsgroup

QWERTY

{Aussprache: Kwörtie}

Bei QWERTY handelt es sich ausnahmsweise einmal nicht um ein (mehr oder weniger) originelles Akronym, sondern schlicht und einfach um die ersten sechs Buchstaben von links in der oberen Reihe auf Ihrer Tastatur. Jedoch nur, wenn Sie eine englische bzw. amerikanische Tastatur haben, auf einer deutschen Standardtastatur finden Sie Z anstelle von Y.

Damit erklärt sich auch der Sinn dieser Abkürzung; wer QWERTY schreibt, meint eine englische Tastatur bzw. Tastenbelegung, während sich QWERTZ auf die deutsche Tastatur, komplett mit Umlauten und anderer Anordnung der Sonderzeichen, bezieht.

Readme

{Aussprache: Ried Mie}

„Liesmich"

Üblicherweise ist eine *Readme*-Datei (in Deutsch: „Liesmich") eine Textdatei, die einer Software beigelegt wird und wichtige Information zum Programm enthält.

Diese Informationen können Installationshinweise sein, Angaben über Probleme und Hinweise, wie diese zu lösen sind, zusätzliche Informationen, die nicht im regulären Handbuch stehen, neuste Änderungen seit Fertigstellung des Handbuchs etc.

Da es sich bei den Readme-Files fast immer um Klartext-Dateien handelt, können diese Dateien mit jedem Textverarbeitungsprogramm bzw. jedem Editor geöffnet und gelesen werden.

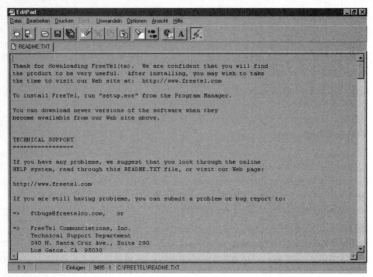

Eine gängige Readme-datei mit zusätzlichen Informationen

Real Name

{Aussprache: Riel Näim}

„Richtiger Name"

Immer dann, wenn Sie aufgefordert werden, Ihren Real Name anzugeben, wird nach Ihrem richtigen (realen) Namen gefragt.

Im Internet können Sie sich in vielen Diensten Fantasienamen zulegen und problemlos benutzen, so beim Chat, in E-Mails oder bei Onlinespielen. In manchen Bereichen, wie beispielsweise den meisten Newsgroups im Usenet, wird es dagegen nicht gern gesehen, wenn Ihre Beiträge nicht mit Ihrem richtigen Namen versehen sind, sondern mit einem Fantasienamen oder einem Aliasnamen.

Siehe auch: Alias

RealPlayer (RealPlayer)

{Aussprache: Riehl Plähjer}

Browser Plug-In

Der RealPlayer hat sich im Laufe der Zeit zu einem der bekanntesten Browser-Plug-Ins entwickelt und gilt quasi als der Standard, wenn es darum geht, im Internet Dateien im RealAudio- oder RealVideo-Format abzuspielen.

RealPlayer (RealPlayer)

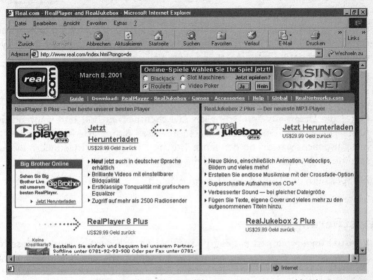

Unter www.real.com erhalten Sie die neusten RealPlayer-Versionen sowie zahlreiche Extras zum Download. Beachten Sie, dass es auch kostenpflichtige Softwareversionen gibt und verschwenden Sie nicht wertvolle Onlinezeit mit dem Download der „falschen" Version.

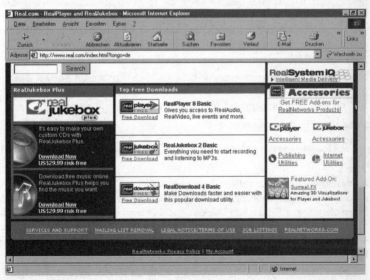

Wer mit der Maus etwas nach unten scrollt, gelangt zum Download der Basic-Versionen der Real-Software. Diese können kostenlos genutzt werden. Wenn Sie zusätzliche Extras benötigen, müssen Sie ggf. auf die kostenpflichtige Pro-Version umsteigen

Nach dem Laden/Download des Audioplayers bindet er sich selbstständig in den benutzten Browser ein. Sobald Sie in Zukunft beim Surfen im Internet auf Dateien in einem der unterstützten Formate treffen, klinkt sich der RealPlayer ein und sorgt dafür, dass die Dateien abgespielt werden.

Hierbei werden die geladenen Daten in einem speziellen Buffer-Bereich zwischenspeichert, von wo aus sie dann von der eigentlichen Playersoftware abgerufen werden. Dadurch entsteht ein kontinuierlicher Abspielvorgang, da der Player die Daten aus dem schnellen Zwischenspeicher holt und während des Abspielens bereits die nächsten Daten in diesen Buffer geladen werden. Man muss also nicht warten, bis der ganze Titel heruntergeladen ist, sondern die Abspielfunktion setzt bereits während des Downloads ein.

Ein Speichern der Titel ist jedoch nicht möglich.

Siehe auch: Plug-In, Streaming

Registrierungsgebühr

Registrierungsgebühr ist ein Begriff aus dem Bereich der Shareware. Diese besondere Art von Software ist nicht etwa kostenlos, wie das viele leider immer noch glauben, sondern darf nur kostenlos für einen bestimmten Zeitraum (in der Regel 30 Tage) getestet werden.

Entschließt man sich nach Ablauf der Frist, das Programm zu behalten und weiter zu benutzen, ist eine Gebühr fällig, die so genannte Registrierungsgebühr, die an den Autor des Programms gezahlt wird. Über die Formalitäten einer solchen Registrierung, d. h. wie hoch die Gebühr ist, wie die Bezahlung abläuft etc. informiert üblicherweise eine so genannte *Readme*-Datei, die Teil des Programmpakets ist.

Nach Zahlung der Registrierungsgebühr ist man registrierter Nutzer des Programms und erhält nicht selten die jeweils aktuellste Softwareversion und Extras, die den nicht registrierten Nutzern verwehrt bleiben.

Siehe auch: Readme, Shareware

RegTP [Regulierungsbehörde für Telekommunikation und Post]

Als Nachfolger des ehemaligen Bundesministeriums für Post und Telekommunikation hat die Regulierungsbehörde für Telekommunikation und Post mit der Privatisierung der Deutschen Telekom 1998 einen Teil der Aufgaben des früheren Ministeriums übernommen. Angesichts des Wortungetüms ist es nicht verwunderlich, dass diese Behörde unter Computerinteressierten besser als RegTP bekannt ist; auch die Internetadresse www.regtp.de weist in diese Richtung.

Die RegTP ist einerseits dafür zuständig, dafür zu sorgen, dass es zwischen der Deutschen Telekom auf der einen Seite und den neuen privaten Telefongesellschaften auf der anderen zu einem (mehr oder weniger) „fairen" Wettbewerb

Relaunch

kommt; andererseits dient die RegTP aber auch den Verbrauchern in Streitfällen als Anlauf- und Beschwerdestelle bzw. als Schlichterstelle.

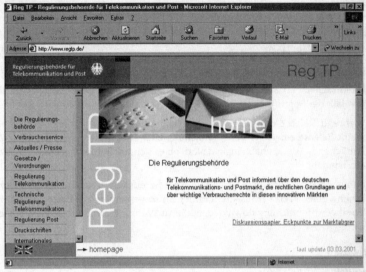

Die Internetseite der RegTP unter www.regtp.de mit den jeweils aktuellen Infos und Entscheidungen der Behörde

Rehi

{Aussprache: Rihai}

"Bin wieder da"

Als Erweiterung zu der typischen amerikanischen (und mittlerweile ja auch deutschen) Begrüßung „Hi" wird „Rehi" vor allem beim Chatten verwendet, wenn ein Chatter kurze Zeit weg war und nun wieder den Channel „betritt" um die Konversation wiederaufzunehmen.

„Rehi" bedeutet demnach so viel wie „nochmals Hi" oder einfacher „Bin wieder da".

Siehe auch: Chatslang

Relaunch

{Aussprache: Rilohnsch}

Wenn eine Webseite im Netz „startet", also erstmals von Surfern besucht werden kann, spricht man davon, dass diese Website gelauncht wurde. Sind nun einige Überarbeitungen zu erledigen, die es nötig machen, dass die Webseite für eine bestimmte Zeit quasi vom Netz genommen werden muss, wird der erneute Start auch als Relaunch bezeichnet.

Siehe auch: Launch

Release

{Aussprache: Riliehs}

Veröffentlichung

Hauptsächlich im Zusammenhang mit der Ankündigung neuer Softwareversionen fällt der Begriff Release oder auch Release date.

Während Release date das Veröffentlichungsdatum eines Werks bezeichnet, meint Release einerseits Veröffentlichung aber auch andererseits das zu veröffentlichende Werk, unabhängig davon, ob es sich um Software, Musik, Literatur etc. handelt.

Immer häufiger kann man sich im Internet bereits vor der offiziellen Veröffentlichung eines Werks (Musik, Literatur) ein so genanntes Pre-Release, also eine Vorabveröffentlichung downloaden, die zu Werbungszwecken ins Netz gestellt wird.

Reload

{Aussprache: Rielohd}

„Noch einmal laden", Aktualisieren

Wenn Sie im Internet eine Seite besuchen, deren Inhalt sich ständig ändert (beispielsweise bei Sportergebnissen oder Börsenkursen), die sich aber nicht automatisch aktualisiert, blicken Sie bereits nach kurzer Zeit auf eine „alte" Seite mit Ergebnissen, die nicht mehr korrekt sind.

Sie müssen diese Seite aktualisieren, d. h. auf den aktuellen, neusten Stand bringen. Dies geschieht durch Anklicken des entsprechenden Schalters in Ihrem Browser.

Beim Internet Explorer finden Sie diese *Aktualisieren*-Funktion – Standardeinstellung vorausgesetzt – in der Symbolleiste zwischen *Abbrechen* und *Startseite*. Daraufhin werden alle Seitenelemente noch einmal neu geladen und die Seite somit aktualisiert.

Bei englischen Texten finden Sie diese Funktion als *Reload* bezeichnet.

Siehe auch: Aktualisieren

Remailer

{Aussprache: Riemäiler}

Ein Remailer ist ein spezieller Mail-Server im Internet, der dazu dient, anonym E-Mails zu verschicken.

Hierbei senden Sie eine E-Mail nicht direkt an den Empfänger, sondern zuerst an den Remailer. Dort werden dann alle Informationen gelöscht, die auf den Absender (also Sie) hinweisen, und die Nachricht stattdessen mit einem neuen, anonymisierten Header versehen. Danach wird die Nachricht an den von Ihnen angegebenen Empfänger weitergeleitet.

Dieser Empfänger hat nun dank des Remailers keine Möglichkeit herauszufinden, wer ihm die E-Mail geschickt hat. Es sei denn, Sie geben ihm entsprechende Hinweise im eigentlichen Text, der selbstverständlich unverändert weitergeleitet wird.

Es versteht sich von selbst, dass Remailer leicht missbraucht werden können (Stichwort: Spam), weshalb der Ruf dieser Server auch nicht der allerbeste ist.

Wer sich (aus welchen Gründen auch immer) für Remailer interessiert, der sollte einmal bei www.cs.berkeley.edu/~raph/remailer-list.html vorbeischauen.

Siehe auch: Spam

Remote System

{Aussprache: Riemoht-Sistm}

Entferntes System

An einer Kommunikation oder Datenübertragung sind immer mindestens zwei Rechner beteiligt. Dabei unterscheidet man zwischen dem lokalen und dem entfernten System. Diese Unterscheidung wird aus der Perspektive des Benutzers gemacht. Das lokale System ist demzufolge der Rechner, an dem der Benutzer selbst sitzt und arbeitet. Das entfernte System ist der zweite an der Kommunikation beteiligte Rechner, mit dem man über das Internet verbunden ist. Da die Verbindung nicht unmittelbar ist wie beim lokalen Rechner, den man ja direkt bedienen kann, sondern über eine Netzverbindung erfolgt, ist der Rechner vom Benutzer entfernt.

Auf konkrete Internetdienste angewandt ist z. B. beim Websurfen der PC des Benutzers mit dem Webbrowser das lokale System, während der Webserver, von dem die Seiten abgerufen werden, das entfernte System ist. Die Bezeichnung Remote System wird meist verwendet, wenn es um beide Systeme geht und man klar machen will, welches der beiden gemeint ist. Geht es ohnehin eindeutig um ein entferntes System, wird in der Regel eine speziellere und aussagekräftigere Bezeichnung wie z. B. Webserver oder Postausgangsserver benutzt.

Siehe auch: Client, Server

Reply

{Aussprache: Riplai}

„Antwort"

Wenn Sie auf eine E-Mail oder eine Newsgroup-Nachricht antworten, senden Sie ein Reply (dt. Antwort).

Um auf eine Nachricht zu antworten, müssen Sie diese in Ihrem E-Mail-Programm öffnen oder markieren und dann die *Reply*-Schaltfläche (bzw. bei deutschen Versionen den *Antworten*-Schalter) anklicken. Das erspart Ihnen nicht nur das Eintippen der E-Mail-Adresse des Empfängers (die wird automatisch vom E-Mail-Propgramm eingesetzt), sondern Sie finden auch in der Betreffzeile das Kürzel *Re:* vor dem Titel der Nachricht. Dieses *Re:* steht, wie Sie fraglos bereits vermutet haben, für Reply.

Falls Ihre Antwort wiederum beantwortet wird, kann (abhängig vom E-Mail-Programm) dann *Re:Re:* zu finden sein, ein erneutes Reply Ihrerseits führt zu *Re:Re:Re:* usw.

Siehe auch: E-Mail, Forward

Returned mail

{Aussprache: Rihtörnd Mäil}

„Zurückgeschickte Nachrichten"

Als Returned mail bezeichnet man alle E-Mails, die nicht beim Adressaten abgeliefert werden können und deshalb an den Absender als nicht-zustellbare E-Mails zurückkommen. Ein anderer gebräuchlicher Ausdruck hierfür ist übrigens Bounce.

Die Gründe für Returned mail können vielfältiger Natur sein; möglicherweise ein Ausfall des Mailservers oder (die wahrscheinlichste Variante): Sie haben sich schlicht und einfach bei der Eingabe der Adresse vertippt.

Siehe auch: Bounce

RFC [Request For Comments]

„Bitte um Kommentar" (Internetrichtlinien)

In den Request For Comments (dt. Bitte um Kommentar), einem Kompendium bestehend aus mehr als 2.000 Dokumenten, finden Sie eine Beschreibung dessen, was am ehesten als Internetrichtlinien bezeichnet werden kann. Die RFCs umfassen z. B. sämtliche Internetprotokolle sowie Standards, Verfahren und Regeln der Netzwerktechnik.

Einige RFCs sind gleichzeitig auch FYIs oder STDs.

Ein Verzeichnis aktueller RFCs finden Sie unter www.nexor.com/info/rfc/index/rfc.htm.

RL [Real Life]

„Wahres Leben" (Slang)

Wer einmal vom Internetfieber gefangen ist, lebt quasi in zwei Welten gleichzeitig. Zum einen ist da die wirkliche, reale Welt zu nennen, für die sich die Abkürzung RL (Real Life, dt. wahres Leben) durchgesetzt hat. Andererseits gibt es auch noch die andere (Internet-)Wirklichkeit, eine virtuelle Welt, die als Virtual Reality (VR) bezeichnet wird.

Siehe auch: Chatslang, IRL, VR

Roaming

{Aussprache: Rohming}

Manch einer hält es ja selbst im Urlaub nicht ohne seine tägliche Dosis Internet aus. Für andere ist der Internetzugang auch auf Reisen tatsächlich lebenswichtig, weil sie z. B. beruflich davon abhängen. Außerdem ist das Internet eine praktische, schnelle und oft auch billige Art, mit den Daheimgebliebenen in Kontakt zu bleiben. Die Postkarten kommen ja schließlich oft erst an, wenn man selbst schon lange wieder da ist. Das Zauberwort zur Lösung dieses Problems heißt Internetroaming. Vielleicht kennen Sie diesen Begriff von Ihrem Mobiltelefon. Wenn Sie damit ins Ausland gehen, können Sie sich mit Ihrem Handy bei einem der dort vorhandenen Dienstleister einbuchen. Ganz unkompliziert und ohne schriftliche Anmeldung oder ähnliche Prozeduren. Auch um die Abrechnung müssen Sie sich keine Gedanken machen: Der Dienstanbieter des Gastlandes rechnet direkt mit Ihrem Netzbetreiber in Deutschland ab und der setzt Ihnen die entsprechenden Gebühren auf die nächste Rechnung. Nach dem gleichen Prinzip funktioniert das Internetroaming. Wenn Sie im Ausland unterwegs sind, können Sie sich bei einem Partner Ihres heimischen Internetproviders einwählen. Der stellt den Zugang zur Verfügung und rechnet die dabei entstehenden Kosten mit dem heimischen Provider ab. Das bezahlen Sie dann einfach bei der nächsten regulären Abrechnung mit.

Im Gegensatz zum Mobilfunk ist die Möglichkeit des Roamings bei den Internetprovidern hierzulande leider keine Selbstverständlichkeit. Im Gegenteil kann man diesen Service derzeit nur von den wenigsten Zugangsanbietern erwarten. Wenn Sie einen kleineren, lokalen Provider für den Zugang ins Internet verwenden, stehen die Chancen für das Internetroaming relativ schlecht. Besonders die auf Privatkunden spezialisierten Anbieter scheuen die damit verbundenen Kosten und Mühen. Wenn sich Ihr Provider hingegen auf zahlungskräftigere Geschäftskunden spezialisiert hat, sollte man diese Leistung von ihm erwarten können. Prinzipiell gibt es zwei Arten von Internetprovidern, die mit Internetroaming dienen können:

— Große Provider und Onlinedienste, die vielleicht ohnehin über ein internationales Netzwerk verfügen oder zu einer internationalen Firmengruppe gehören, bieten die ohnehin vorhandenen Einwählknoten in den verschiedenen Ländern allen Kunden an. Wenn ein Kunde einen Einwahlknoten außerhalb seines Heimatlandes benutzt, werden allerdings meist zusätzliche Gebühren fällig.

— Auch kleine Provider ohne ein internationales Netzwerk können Internetroaming anbieten. Es gibt inzwischen mehrere weltweite Partner-Netzwerke, in denen sich viele Provider zusammengeschlossen haben. Ist Ihr Provider Mitglied eines solchen Netzwerks, können Sie im Ausland die Einwahlknoten der jeweiligen einheimischen Partner benutzen.

Eines der größten dieser internationalen Providernetzwerke ist iPass. Es verfügt derzeit über ca. 4.000 Einwahlknoten in über 150 Ländern. Da iPass in vielen Ländern mehr als einen Partner hat, stehen meist auch mehrere Einwahlknoten zu Verfügung, sodass mit etwas Glück keine Ferngespräche bei Einwählen notwendig sind. Auf der internationalen Website von iPass unter http://www.i-pass.com können Sie erfahren, wo Sie sich überall beim einem iPass-Partner einwählen können. Voraussetzung dafür ist allerdings, dass Ihr eigener Internetprovider Mitglied bei iPass ist.

> **Wie teuer ist Internetroaming?**
> Internetroaming ist grundsätzlich kein ganz billiger Spaß. Grundsätzlich fallen die normalen Kosten an, die auch bei einer Einwahl im Heimatland entstehen würden. Darüber hinaus müssen Sie mit einem Roaming-Zuschlag rechnen, der bei einigen Anbietern sehr deftig ausfällt. Die gehen wohl davon aus, dass dieser Service nur von Geschäftskunden genutzt wird, die nicht so aufs Geld achten bzw. das Ganze als Spesen absetzen können. Bei einigen Anbietern wird auch pro Einwahl grundsätzlich eine Pauschale aufgeschlagen. Besonders wenn Sie sich nur kurz, aber dafür häufiger einwählen, um z. B. Ihre E-Mail zu lesen, kann Sie das teuer zu stehen kommen. Grundsätzlich sollten Sie sich vor Antritt einer Reise bei Ihrem heimischen Provider über die entstehenden Roaming-Kosten im Zielland erkundigen. Bringen Sie bei der Gelegenheit auch gleich die in Frage kommenden Einwahlnummern in Erfahrung. Vor Ort wird das sonst schwierig, schließlich können Sie ohne die Nummern ja schlecht im Internet nachsehen.

ROTFL [Rolling On The Floor Laughing]

„Sich auf dem Boden wälzen vor Lachen" (Slang)

Als eines der meistbenutzten Akronyme im Chat oder in E-Mails, hat ROTFL längst einen sicheren Platz im Gedächtnis und im Wortschatz vieler Internetnutzer.

Als Reaktion auf einen Kommentar zeigt ROTFL an, dass man das gerade Gesagte bzw. Geschriebene so lustig findet, dass man sich vor lauter Lachen nicht mehr auf dem Sitz halten kann, sondern über den Fußboden rollt. Was natürlich nicht so ganz ernst zu nehmen ist.

Siehe auch: Chatslang

Rookie

{Aussprache: Ruhkie}

„Absoluter Anfänger"

In der Internetsprache gibt es eine Reihe von Ausdrücken, mit denen Anfänger (mehr oder weniger herablassend) von den bereits Erfahrenen bedacht werden.

Üblicherweise werden die Anfänger als Newbie bezeichnet, doch es gibt noch eine Steigerung hierzu: Rookie.

Ein Rookie ist quasi ein Newbie hoch 3, ein absolut blutiger Anfänger, der noch nicht einmal das bisschen Wissen, das einem Newbie zugestanden wird, besitzt.

Siehe auch: Newbie

ROT13

Rotation 13

Ein mit ROT13 kodierter, d. h. verschlüsselter ASCII-Text sieht auf den ersten Blick so aus, als ob er unheimlich schwer zu entziffern wäre, da die Anordnung der Buchstaben scheinbar keinen Sinn ergibt und man keine irgendwie bekannten Wortfetzen ausfindig machen kann.

Doch wer das Prinzip kennt, das hinter der ROT13-Verschlüsselung steckt, wird innerhalb ganz kurzer Zeit aus einer Ansammlung von wirren Buchstaben einen sinnvollen Text erhalten.

Bei ROT13, der Abkürzung von Rotation 13 wird einfach jeder Buchstabe des Standard-Alphabets (26 Buchstaben, ohne Umlaute) durch denjenigen ersetzt, der genau 13 Stellen (daher der Name) versetzt liegt.

So wird aus dem ersten Buchstaben A der vierzehnte N, aus B wird O, aus C wird P usw.

Aus dem einfachen Wort ICH wird nach einer ROT13-Verschlüsselung VPU.

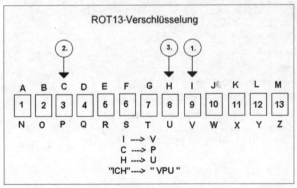

Das ROT13-Prinzip: Jeder Buchstabe wird einfach mit demjenigen getauscht, der im Alphabet 13 Stellen vor bzw. hinter ihm liegt

Da diese Verschlüsselungsmethode so allgemein bekannt ist, dass sie im Ernstfall zu einem wirkungsvollen Schutz nicht mehr taugt, liegt der Einsatzbereich mittlerweile woanders.

Router

Vor allem im Bereich von Newsgroup-Nachrichten wird ROT13 immer noch häufig eingesetzt, wenn es darum geht, Informationen mitzuteilen, die vielleicht nicht jeder sehen will. So könnte es z. B. sein, dass in einer Newsgroup, die sich mit Spielfilmen beschäftigt, über einen neuen Kinohit informiert wird. Jemand hat diesen Film bereits gesehen, „verrät" das Ende und nimmt Ihnen, der Sie den Film vielleicht am nächsten Wochenende sehen wollten, somit die ganze Spannung, da Sie beim Lesen der Nachricht zu spät erkannt haben, worum es geht. Wird der spannende Teil jedoch mit ROT13 verschlüsselt, können Sie selbst entscheiden, ob sie sich über den Ausgang des Films vorher informieren wollen oder nicht. Die ROT13-Verschlüsselung zeigt also an: „Achtung, hier folgen Informationen, die vielleicht nicht jeder sehen will. Entschlüsselung erfolgt auf eigene Gefahr."

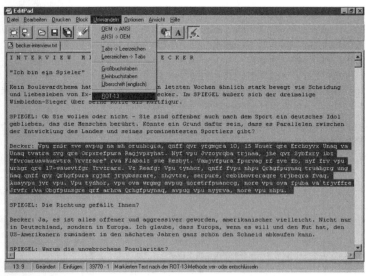

Viele Programme (im Beispiel der Editor EditPad) verfügen über die Möglichkeit, Texte per ROT13 zu verschlüsseln bzw. wieder zu entschlüsseln. Sie müssen lediglich den gewünschten Text markieren und die Option ROT13 wählen, den Rest erledigt das Programm

Router

{Aussprache: Ruhter}

Ähnlich wie eine Bridge, ist ein Router (vom englischen to route, dt. führen, leiten) ein Rechner, der für die Weiterleitung von Datenpaketen sorgt.

Im Gegensatz zu einer Bridge, die die Datenpakete innerhalb eines Netzwerks von einem Punkt zum nächsten weiterleitet, besorgt dies ein Router von einem Netzwerk zum anderen.

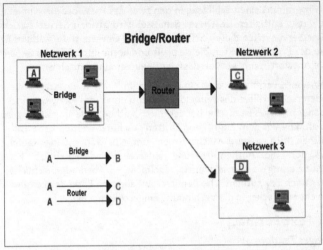

Ein Router sorgt für die intelligente Weiterleitung der Daten von einem Netzwerk zum anderen. Innerhalb eines Netzweks ist dies die Aufgabe einer Bridge

Grundlage hierfür ist ein Route-fähiges Protokoll wie beispielsweise TCP/IP.

Ein Router kann als relativ „clever" angesehen werden, da dieses Gerät aus den möglichen unterschiedlichen Strecken, die die Datenpakete zum Zielpunkt nehmen können, jeweils die aktuell beste, also schnellste und naheliegendste Wegstrecke aussuchen muss.

Siehe auch: Bridge, Brouter

RPA [Remote Phrase Authentication]

Protokoll zur sicheren Authentifizierung

Wenn ein Teilnehmer sich für die Benutzung eines Dienstes anmelden will, z. B. wenn er sich per Modem oder ISDN-Karte bei seinem Internetprovider einwählt, muss er sich stets ausweisen. Dies erfolgt in der Regel mit einer Benutzerkennung und einem Passwort. So weiß der Provider, dass der Teilnehmer zu seinen Kunden gehört und zur Benutzung berechtigt ist. Bei einer solchen Anmeldung gibt es eine Reihe von Gefahren. So könnte z. B. das Passwort während der Übermittlung von einem Dritten abgehört werden. Ebenso könnte sich ein Dritter als Provider ausgeben und so das Passwort des Kunden an sich bringen, um es seinerseits zu verwenden.

Die Remote Passphrase Authentication (RPA) ist ein Verfahren, das diese Risiken vermeiden will. Dazu wird z. B. niemals das Passwort übertragen. Vielmehr schickt der Server dem Benutzer zu Beginn des Anmeldevorgangs einen zufälligen Code. Aus diesem Code berechnet der Benutzer (genauer gesagt, dessen

Anmelde-Programm) einen Schlüssel, in den zwar das Passwort mit einfließt, aber nicht direkt enthalten ist. Dieser Schlüssel wird an den Server zurückgeschickt. Der Server leitet diesen Schlüssel nun an eine zentrale Authentifizierungsstelle des Providers weiter, die sie prüft und bestätigt. Erhält der Server eine positive Antwort, dann weiß er, dass der Benutzer authentisch ist.

So wird einerseits vermieden, dass ein Passwort im Klartext übertragen werden muss. Andererseits erfährt der Anmelderechner niemals das Passwort eines Benutzers, sondern dieses ist nur bei der zentralen Authentifizierungsstelle gespeichert, die effektiv vor dem Zugriff von Dritten geschützt werden kann. Darüber hinaus enthält RPA weitere Mechanismen, um z. B. während der laufenden Kommunikation die Authentifizierung jederzeit wiederholen zu können (Reauthentifizierung). So kann man in regelmäßigen Abständen sicherstellen, dass immer noch der authentische Benutzer am anderen Ende der Leitung sitzt und sich nicht ein Hacker in die Verbindung eingeschlichen hat.

RTF [Rich Text Format]

„Reichhaltiges Textformat"

Das RTF-Format hat sich als eines der Standardtextformate zwecks (ggf. plattformübergreifendem) Austausch von Dokumenten durchgesetzt und wird von nahezu allen gängigen Textverarbeitungsprogrammen mühelos unterstützt.

Der große Vorteil des Rich Text Formats gegenüber dem reinen Klartext-(ASCII-)Format liegt vor allem darin, dass bei RTF auch die wichtigsten Formatierungen, wie Schriftgröße, Fettschrift, Kursivschrift, Unterstreichungen usw. enthalten sind.

RTF-Dokumente sind normalerweise an der Endung *.rtf* zu erkennen.

Siehe auch: ASCII, Zeichensatz.

RTFM [Read The Fucking Manual]

„Lies das verdammte Handbuch" (Slang)

Je nach Gemütszustand und Nervenkostüm desjenigen, der dieses Akronym benutzt, steht das „F***" in RTFM für ein englisches Wort wie beispielsweise fine (hervorragend), friendly (freundlich), funny (lustig) oder auch in der überwiegenden Mehrzahl der Fälle fucking ...

Ins Deutsche übersetzt, bedeutet es eine sehr dringliche Bitte, doch einmal in das Handbuch zu schauen („Lies das verdammte Handbuch!"), insbesondere als Reaktion auf reichlich idiotische Fragen, die ein kurzer Blick ins Handbuch beantwortet hätte. Gemeint ist damit oft schlicht und einfach, dass man bei einem Problem erst einmal selbst versuchen sollte, es zu lösen, bevor man andere damit belästigt.

Siehe auch: Chatslang

S/MIME [Secure MIME]

„Sicheres MIME"

Ähnlich wie MIME ist S/MIME ein Standard zur Kodierung von E-Mails. Zusätzlich zu MIME bietet S/MIME jedoch eine Verschlüsselungsoption, daher der Zusatz „Secure" (Sicher) im Namen.

Neuere Versionen der Standard-E-Mail-Programme wie Outlook Express oder Outlook unterstützen das S/MIME-Verfahren.

Analog zu Pretty Good Privacy arbeitet auch S/MIME nach dem Zwei-Wege-Verschlüsselungssystem mit Public Key und Private Key. Diese Schlüssel werden bei S/MIME allerdings nicht vom Anwender selbst generiert, sondern (normalerweise gegen Gebühr) von speziellen Firmen im Internet bereitgestellt, wodurch dieses Verfahren bei den Anwendern nicht die erhoffte Akzeptanz gefunden hat und vergliechsweise selten anzutreffen ist.

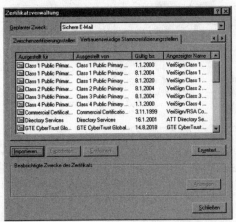

Outlook Express unterstützt S/MIME und zeigt eine Liste mit Firmen an, die gültige Zertifikate zur Verwendung von S/MIME mit Outlook Express ausstellen

Siehe auch: MIME, PGP, Private Key, Public Key

Satellit

Auf der Suche nach einem Weg vom Provider zum Kunden sind die Experten auf Satelliten gestoßen. Dieser Weg liegt nahe, denn über Europa gibt es ja ein dichtes Netz von Satelliten, die z. B. Fernsehprogramme ausstrahlen. Die können ebenso digitale Daten mit ausreichender Geschwindigkeit verbreiten. Auch hierbei handelt es sich um ein asynchrones Verfahren, denn der Kunde kann

Satellit

zwar die Daten vom Satelliten auffangen, aber selbst keine Daten in den Himmel senden. Dafür verwendet er wiederum einen herkömmlichen Rückkanal wie z. B. eine ISDN-Verbindung.

Auch wenn sich das alles ein wenig nach Science Fiction anhört, ist das Surfen per Satellit schon absolut alltagstauglich und auch für Privatkunden nutzbar. So bietet z. B. der Provider Strato (http://www.strato.de) einen asynchronen Satellitenzugang unter dem Namen SkyDSL an, mit dem der Download von Daten mit bis zu 4.000 KBit/s erfolgen kann. Das ist allerdings kein ganz billiger Spaß. Das günstigste der Pauschalpakete startet bei 29 DM. Da ist die gesamte Hard- und Software sowie 20 Stunden pro Monat enthalten.

Allerdings bekommt man dafür auch nur 400 KBit/s und eine niedrige Priorität, was sich rächt, wenn der Satellit ausgelastet ist. Wer mehr will, kann eines der besseren Pakete nehmen, muss dafür aber auch mehr Geld auf den Tisch legen. Trotzdem kann diese Lösung für Privatnutzer attraktiver und günstiger als z. B. ADSL sein.

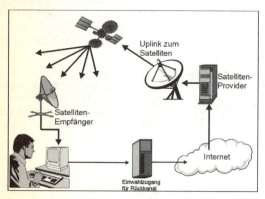

Beim Surfen per Satellit ist ein herkömmlicher Zugang als Rückkanal erforderlich

Ein großer Vorteil beim Satelliten-Surfen ist, dass diese Technik im Prinzip schon eine Art Flatrate beinhaltet. Da der Empfang rund um die Uhr laufen kann (eingeschalteter PC vorausgesetzt), können permanent Daten fließen, ohne dass eine verbindungsabhängige Gebühr anfällt. Dieser Umstand wird von den Anbietern genutzt, um bestimmte Daten kostenlos zu übertragen.

So wird beispielsweise ein Basisangebot von beliebten Webseiten und Dateidownloads rund um die Uhr ohne Zusatzkosten ausgestrahlt. Die Empfängersoftware speichert diese Daten lokal, sodass die Kunden sie jederzeit zur Verfügung haben. Auch kundenspezifische Daten in kleineren Mengen werden meist kostenlos übermittelt. So kann man z. B. per Satellit rund um die Uhr seine E-Mails empfangen, ohne deswegen kostenpflichtig online gehen zu müssen.

Siehe auch: ADSL, Flatrate, Internet Service Provider

Saugen

Wenn Sie sich Dateien aus dem Internet herunterladen, nennt man diesen Vorgang in der Slangsprache auch „saugen", wobei „saugen" anstelle des üblicheren „downloaden" vor allem dann gebraucht wird, wenn es sich um große Datenmengen handelt, die auf Ihren Rechner geladen werden.

Siehe auch: Chatslang, Download

Save as

{Aussprache: Säiw-Äs}

Speichern unter

Um ein Dokument wie etwa einen selbst erstellten Text oder auch eine Webseite im Browser dauerhaft aufzubewahren, muss man es speichern. Dazu bietet das jeweilige Anwendungsprogramm in der Regel eine entsprechende Funktion (normalerweise im *Datei-* bzw. *File*-Menü). Dabei muss man zwischen zwei Arten der Speicherung unterscheiden: *Speichern* oder bei englischen Programmen *Save* speichert das Dokument unter dem bereits festgelegten Pfad.

Wenn Sie also ein Dokument öffnen, bearbeiten und wieder speichern wollen, benutzen Sie beim dritten Schritt die *Speichern*-Funktion. Der Rechner überschreibt dann die alte Fassung der Date mit dem geänderten Inhalt. Im Gegensatz dazu kann man mit der Funktion *Speichern unter* bzw. bei englischsprachigen Programmen *Save As* beim Sichern der Datei einen neuen Speicherplatz angeben. Dazu wird ein Dateiauswahlmenü geöffnet, in dem man den Pfad und den Namen der zu erstellenden Datei angibt. Diese Funktion hat den Vorteil, dass die ursprüngliche Ausgangsdatei unverändert erhalten bleibt und er neue Inhalt auch in eine neue Datei geschrieben wird.

Wenn man ein ganz neues Dokument erstellt, das zuvor noch nicht gespeichert wurde, steht nur die *Speichern unter*-Funktion zur Verfügung bzw. die *Speicher*-Funktion führt in diesem Fall automatisch zu *Speichern unter*-Dialog.

Eine besondere Bewandtnis hat es mit der *Speichern unter*-Funktion im Webbrowser. Sie ermöglicht es, Webseiten oder auch Teile davon, die man nicht selbst erstellt, sondern aus dem Internet geladen hat, lokal zu speichern und so aufzubewahren bzw. weiterbearbeiten zu können.

Um ein ganze Webseite zu speichern, kann man z. B. im Internet Explorer die Funktion *Datei/Speichern unter* aufrufen. Anschließend kann man Pfad und Namen der zu erstellenden Datei eingeben oder den Vorschlag des Programms übernehmen.

Außerdem bietet der Internet Explorer die Möglichkeit, nicht nur die eigentliche HTML-Seiten, sondern wirklich die gesamte Webseite einschließlich enthaltener Bilder usw. zu speichern.

SCNR

Man kann aber auch gezielt einzelne Komponenten einer Webseite speichern. Dazu klickt man mit der rechten Maustaste auf den jeweiligen Teil der Seite, z. B. ein enthaltenes Bild. Damit öffnet man das kontextabhängige Menü, in dem sich dann (unter anderem) jeweils die entsprechenden Funktion befindet (z. B. *Bild speichern unter*). Gleiches gilt auch für den Hintergrund einer Webseite, wobei man dazu mit der rechten Maustaste auf einen Teil der Webseite klicken muss, wo nur der Hintergrund zu sehen ist.

Außerdem kann man auch Verknüpfungen (Links) speichern, wenn man darauf klickt. Dann speichert der Browser das Objekt, auf das die Verknüpfung verweist, in einer Datei. Dabei wird das entsprechende Bild oder die Webseite nicht im Browser angezeigt, sondern direkt in eine Datei geschrieben.

Mit der Speichern unter-Funktion kann man Teile einer Webseite lokal speichern

SCNR [Sorry Could Not Resist]

„Tut mir leid, ich konnte nicht widerstehen"

Ein weiteres Akronym, das vor allem beim Chatten häufig benutzt wird, ist SCNR, die Kurzform von **S**orry, **C**ould **N**ot **R**esist, im Deutschen „Entschuldigung, aber ich konnte einfach nicht widerstehen". Auch hier ist oftmals die Entschuldingung nicht so ganz ernst gemeint.

Siehe auch: Chatslang

Screensaver

{Aussprache: Skriehnsäiwer}

Bildschirmschoner

In der „Computersteinzeit" als Monitor noch Monochrom-Monitor (schwarz/weiß) bedeutete, waren Screensaver (dt. Bildschirmschoner) extrem wichtig, da die gefahr bestand, dass sich das Monitorbild in die Beschichtung des Monitors einbrannte, wenn sich das Bild längere Zeit nicht veränderte.

Aus diesem Grund wurden kleine Programme geschrieben, die wegen ihrer Funktion Screensaver genannt wurden und verhindern sollten, dass das gleiche Bild zu lang auf dem Monitor zu sehen war. Hierzu wurden Maus und Tastatur überwacht und nach einer bestimmten Zeit der Inaktivität schaltete sich der

Screensaver

Screensaver ein und verdunkelte den Bildschirm oder (in einem weiteren Schritt) zeigte kleine Animationen.

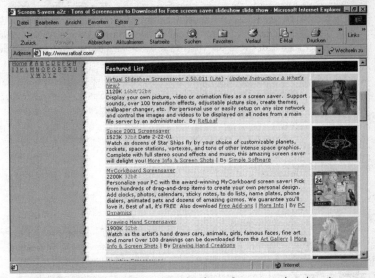

Unter www.ratloaf.com finden Sie ein riesiges Angebot an Screensavern, komplett mit Beschriebungen und Vorschaubildern

Heutige Farbmonitore benötigen Screensaver eigentlich nicht mehr, da der Einbrenneffekt hier nicht mehr gegeben ist, dennoch haben sich Screensaver einen wichtigen Platz im Programmarsenal fast jedes PC-Nutzers gesichert – durch immer aufwendigere Animationen, den Einsatz von Sounds und Musik etc.

So ist es nicht verwunderlich, dass auch im Internet eine Unmenge an Screensavern zum Herunterladen angeboten wird, manche werden als Shareware angeboten, viele sind jedoch als Freeware kostenlos erhältlich. Es gibt zahlreiche Seiten, die sich speziell auf Screensaver spezialisiert haben, so beispielsweise als erste Anlaufstellen:

- www.bildschirmschoner.de
- www.schoner.de
- www.galttech.com/ssheaven.shtml

sowie das nach eigenen Angaben das größte Screensaver-Archiv im WWW:

- www.ratloaf.com

Screensaver

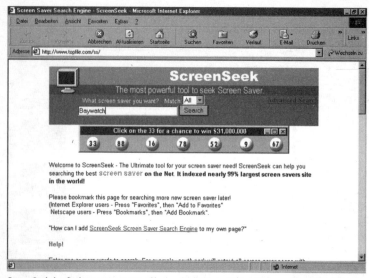

ScreenSeek (zu finden unter www.topfile.com/ss/) ist eine kleine Suchmaschine für Screensaver. Einfach das gewünschte Screensaver-Thema eingeben und ScreenSeek durchsucht die Archive

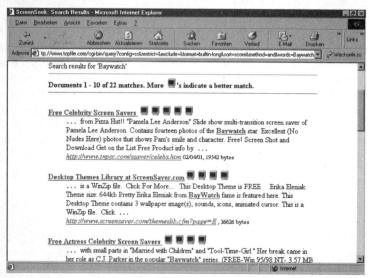

Innerhalb weniger Sekunden liefert Screenseek eine Liste mit Screensavern, die zum eingegebenen Suchbegriff gefunden wurden, inklusive Qualitätsbewertung der Screensaver. Allein zum Thema „Baywatch" werden 22 Bildschirmschoner gefunden

Besonders interessant für Screensaver-Freunde, die ein bestimmtes Motiv suchen, ist auch ScreenSeek, das zu finde ist unter www.topfile.com/ss/ Hier können Sie Suchbegriffe eingeben und ScreenSeek sucht automatisch in den Archiven vieler Screensaver-Sites nach passenden Übereinstimmungen und zeigt das Ergebnis in einer Liste an.

Siehe auch: Freeware, Shareware

Script

{Aussprache: Skript}

Programmquelltext zur Ausführung durch einen Interpreter

Um ein Programm zu erstellen, das von einem Computer ausgeführt werden kann, gibt es verschiedene Möglichkeiten. Klassische Programmiersprachen wie z. B. *C* oder *Pascal* wandeln den Quelltext eines Programms mittels eines Compilers in einen maschinennahen Code um, der von einem Prozessor ausgeführt werden kann. Skriptsprachen wie z. B. Perl oder JavaScript gehen hier einen anderen Weg. Dabei ist der Quelltext des Programms, also die vom Programmierer erstellten Anweisungen, zugleich das eigentliche Programm, das deshalb als Skript bezeichnet wird. Ein Kompilieren des Quelltextes zu einem maschinennahen Programm erfolgt. Deshalb kann das Skript auch nicht von einem Prozessor direkt ausgeführt werden. Vielmehr erfolgt die Ausführung durch ein anderes Programm, das als Interpreter bezeichnet wird. Dieses geht die Anweisungen im Skript der Reihe nach durch und setzt sie in die entsprechenden Befehle für den Prozessor um. Dabei kümmert es sich automatisch um alle hardwarenahen Aspekte wie z. B. den Dateizugriff oder die Speicherverwaltung, sodass solche Dinge im Skript selbst durch einfach Funktionen aufgerufen werden können.

Ein großer Vorteil von Skripts ist die Plattformunabhängigkeit. Während kompilierte Programme immer für eine bestimmte Rechnerarchitektur übersetzt werden müssen und auf anderen Rechnern nur nach mehr oder weniger umfangreichen Änderungen funktionieren, kann ein einmal erstelltes Skript idealerweise auf jedem Rechner laufen. Es muss lediglich für die jeweilige Rechnerarchitektur ein Interpreter vorhanden sein. Deshalb sind Skriptsprachen für viele Anwendungen im World Wide Web die erste Wahl, wo ja bei Client- und Serverrechnern die unterschiedlichsten Hardwareplattformen vertreten sind. Hier wird clientseitig z. B. mit JavaScript gearbeitet, wobei der Webbrowser als Interpreter der Skriptanweisungen dient. Auf Serverseite werden z. B. bei der Verarbeitung von Formulareingaben in Webseiten die CGI-Schnittstelle mit Perl-Skripts eingesetzt.

Ein weiterer Vorteil von Skriptsprachen ist der, dass sie häufig leichter zu beherrschen sind als komplexe Compiler-Sprachen wie z. B. C. Das liegt unter anderem daran, dass viele hardwarenahe Funktionen vom Interpreter übernommen werden, sodass der Skriptautor sich darum nicht kümmern bzw. gar nichts darüber wissen muss. Trotzdem lassen sich auch mit Skriptsprachen komplexe und mächtige Programme erstellen. Ein Nachteil von Skripts liegt an der grundsätzlichen Funktionsweise und ist deshalb kaum zu ändern: Das Interpretieren des Skripts zur Laufzeit durch den Interpreter ist ein aufwändiger Vorgang, der seinerseits erheblich Rechenzeit benötigt, die für die eigentliche Skriptausführung verloren geht. Deshalb laufen Skripts immer deutlich langsamer als vergleichbare kompilierte Programme und eignen sich deshalb nicht für rechenintensive oder zeitkritische Anwendungen. Allerdings bieten einige Skriptsprachen (z. B. Perl) die Möglichkeit, fertige Skripts nicht zu interpretieren, sondern vor der Ausführung in einen maschinennahen Bytecode zu übersetzen. Dadurch werden sie fast so schnell wie kompilierte Programme, andererseits geht dadurch auch der Vorteil der Plattformunabhängigkeit verloren, denn dieser Bytecode muss wiederum für jede Rechnerarchitektur neu erstellt werden.

Siehe auch: CGI, Interpreter, JavaScript, Perl, VBScript

Search

{Aussprache: Sörtsch}

Siehe: Suchen

Search-Engine

{Aussprache: Sörtsch-Ändschin}

Siehe: Suchmaschine

Security

{Aussprache: Sikjuritie}

„Sicherheit"

Security ist nichts anderes als der englische Ausdruck für Sicherheit und wird auch in der Internetsprache entsprechend benutzt, d. h., alle Fragen, die sich mit dem Thema Sicherheit beschäftigen, werden unter dem Thema Security zusammengefasst.

Siehe: Sicherheit im Internet

Serielle Schnittstelle

PC-Anschluss für Peripheriegeräte

Damit ein Computer mit Peripheriegeräten zusammenarbeiten kann, muss er über Schnittstellen verfügen, über die diese angeschlossen werden können. Zu diesen Anschlüssen gehören beim PC die seriellen Schnittstellen. Dabei handelt es sich um neunpolige Anschlüsse, die sich in der Regel an der Rückseite des PCs befinden. Bei heutigen PCs sind meist zwei davon vorhanden, die auch als COM1 und COM2 bezeichnet werden. Prinzipiell kann ein PC auch mehr als zwei serielle Schnittstellen haben, aber diese müssen dann durch spezielle Erweiterungskarten nachgerüstet werden. Serielle Schnittstellen übertragen immer nur 1 Bit pro Takt und sind deshalb langsamer als parallele Schnittstellen, die z. B. 8 Bit pro Takt übermitteln. Deshalb eignen sie sich nur zum Anschluss von Geräten, bei denen keine allzu hohen Übertragungsraten notwendig sind.

Früher war das klassische Gerät für die serielle Schnittstelle die Computermaus. Sie kann auch heute noch dort angeschlossen werden, meist wird dafür aber inzwischen die spezielle PS/2-Schnittstelle verwendet. Ein anderer Kandidat für die serielle Schnittstelle ist das Modem zur Onlinekommunikation. Es wird mit einem Kabel in die serielle Schnittstelle eingesteckt und mit dem anderen mit dem Telefonanschluss verbunden und ermöglicht dem PC somit DFÜ. Schließlich bietet die serielle Schnittstelle die Möglichkeit, zwei PCs ohne großen technischen Aufwand direkt aneinander anzuschließen. Dazu verbindet man sie mit einem Nullmodemkabel, das einfach in beide serielle Schnittstellen eingesteckt wird. Dann kann man mit entsprechender Software Daten über das Kabel austauschen oder Dateien transferieren. Allzu hohe Übertragungsgeschwindigkeiten erreicht man damit allerdings nicht, sodass dies höchstens im Ausnahmefall ein Lösung sein kann.

In den letzten Jahren setzt sich zunehmend der **U**niversal **S**erial **B**us (USB) als Standard zum Anschluss von Peripheriegeräten durch. Er ist schneller und flexibler und erlaubt das Ein- und Ausstecken von Geräten bei laufendem Rechner. Es ist zu erwarten, dass serielle Schnittstelle dadurch immer weniger Bedeutung haben und irgendwann ganz aus den PCs verschwunden sein werden.

An die serielle Schnittstelle werden die Computermaus und Modems angeschlossen

Siehe auch: Nullmodem, Parallel-Port, USB

Server

{Aussprache: Sörwer}

„Diener"

Ein Server ist vereinfacht gesagt ein Rechner im Netzwerk, der anderen Rechnern seine Dienste anbietet und hierfür die entsprechenden Daten und Anwendungen bereitstellt. Ein Rechner, der diese Dienste dann schließlich in Anspruch nimmt, wird als Client bezeichnet.

Server können auf die Bereitstellung ganz spezieller Dienste spezialisiert sein, was sich dann auch im Namen ausdrückt, so z. B. Mailserver (für E-Mail-Dienste), FTP-Server (für FTP-Dienste), Newsserver (für die Bereitstellung der Newsgroup-Nachrichten) usw.

Grundsätzlich fordert der Client einen speziellen Dienst an, der Server, also der Diener gehorcht (im Rahmen der Regeln des bereitgestellten Dienstes) und liefert das gewünschte Ergebnis.

Server, die für alle zugänglich sind (Beispiel: Internet) werden auch als offene Server bezeichnet, während Server in lokalen Netzen (Intranet), die nur für autorisierte Nutzer zugänglich sind, auch geschlossene Server genannt werden.

Siehe auch: Client, Mailserver, News

Service Provider

{Aussprache: Sörwiss Proweider}

Siehe: Provider

SEX [Software Exchange]

Softwaretausch

Wahrscheinlich werden Sie jetzt ein wenig enttäuscht sein, denn in der Internetsprache hat SEX eine etwas andere, zumindest eine zusätzliche Bedeutung zum normalen Gebrauch des Wortes.

Bei SEX handelt es sich um die Abkürzung von **S**oftware **EX**change, im Deutschen etwa Softwaretausch. Im Speziellen ist damit der mehr oder weniger hemmungslose Handel mit Raubkopien gemeint.

Siehe auch: AIDS, Chatslang

SGML [Standard Generalized Markup Language]

Standard zum Erstellen von Beschreibungssprachen

Die Grundidee von Beschreibungssprachen ist, dass Dokumente aus strukturellen und semantischen Elementen bestehen, die unabhängig davon beschrieben werden, wie die Elemente dargestellt werden sollen. Die tatsächlich Darstellung kann vom Ausgabemedium oder auch von den Bedürfnissen des Lesers abhängen. Vorteil dieses Ansatzes ist, dass bei der Gestaltung die Inhaltsstruktur des Dokuments im Vordergrund steht und nicht ein konkretes Layout. Eines der meistverbreiteten Beispiele für eine solche Beschreibungssprache ist die **H**ypertext **M**arkup **L**anguage HTML. Sie beschreibt die Form eines Dokuments nur insoweit, als z. B. Textteile, die als Überschriften dargestellt werden sollen, eben als Überschrift markiert werden.

Dabei wird aber keine konkrete Angabe gemacht, dass die Überschrift in der Schriftart X und Schriftgröße Y mit Ausrichtung Z angezeigt werden soll. Diese anwendungsspezifischen Details werden dem jeweiligen Darstellungsprogramm überlassen. So können HTML-Dokumente auf den verschiedensten Rechner-Plattformen betrachtet werden.

Die **S**tandard **G**eneralized **M**arkup Language SGML ist ein Standard, mit der man solche Beschreibungssprachen bzw. deren Vokabulare von Beschreibungs-Anweisungen definieren kann. Sie stellt ein Instrumentarium zur Verfügung, mit dem man die Elemente einer solchen Sprache bestimmt, also z. B. welche HTML-Tags zulässig sind und wie sie vom Betrachterprogramm umgesetzt werden sollen. SGML-Dokumente im eigentlichen Sinne gibt es also nicht. Allerdings lassen sich in SGML die Document Type Definitions DTDs erstellen, die konkrete Beschreibungssprachen definieren. HTML ist eine solche SGML-DTD – es gibt noch vielen weitere für die unterschiedlichsten Anwendungszwecke. Der Vorteil des SGML-Standards ist die reibungslose Portabilität. Eine mit einer SGML-Beschreibungssprache erstelltes Dokument kann von einem SGML-fähigen Betrachterprogramm jederzeit dargestellt werden, wenn die dazugehörige DTD bekannt ist.

Ebenso kann man durch eine Veränderung der DTD ein und dasselbe Dokument auf verschiedenen Medien optimal ausgeben. So kann z. B. ein HTML-Dokument, das in Verbindung mit der HTML-DTD für die Darstellung als Webseite auf einem Computermonitor optimiert ist, durch eine andere DTD für den seitenorientierten Ausdruck auf einem Drucker vorbereitet werden, ohne am Dokument selbst etwas zu verändern.

Siehe auch: HTML

Shareware

{Aussprache: Schährwähr}

Testversionen von Software

Viele reden von Shareware (engl. to share, dt. teilen), wissen jedoch nicht genau, was damit eigentlich gemeint ist bzw. verwechseln es mit Public Domain-Software.

Bei Shareware handelt es sich um eine spezielle Art von Software, die der Kunde vor dem Kauf ausprobieren kann und soll. Kommerzielle Software kann im Normalfall nicht vor dem Kauf daraufhin getestet werden, ob sie auch tatsächlich den Ansprüchen und Wünschen des Nutzers entspricht.

Hat man erst einmal das Geld ausgegeben und merkt dann nach ein paar Tagen, dass die Software gar nicht das leistet, was man sich darunter vorgestellt hatte, ist es zu spät. Nur die allerwenigsten Händler werden die Software zurücknehmen, nur weil sie Ihnen nicht zusagt.

Genau dieses Problem wird beim Sharewarekonzept vermieden. Sie sollen sogar die Software ausgiebig testen, ob sie Ihren Ansprüchen standhält, ob sie in Ihren Augen das Geld wert ist. Dafür haben Sie eine bestimmte Frist Zeit, üblicherweise 30 Tage. Wenn Sie nach dieser Zeit die Software weiter benutzen wollen, sollten Sie sich registrieren lassen, d. h., Sie sollten für die Software bezahlen.

Dies ist ein oft missverstandener Punkt beim Sharewarekonzept. Shareware ist NICHT kostenlose Software (Freeware, Public Domain), sie dürfen sie nur kostenlos testen.

Shipper

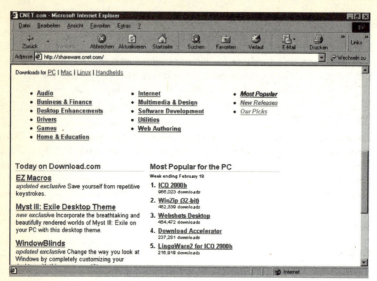

Zahlreiche Sites bieten Shareware an, übersichtlich geordnet nach Rubriken oder mit Suchoptionen versehen, um schnell das gewünschte Programm zu finden oder sich einfach nur einen Überblick zu verschaffen

Man könnte fast ein eigenes Buch füllen mit den Internetadressen der Sites, die Shareware anbieten, deshalb aus dem Dschungel nur einige wenige, die als erster Orientierungspunkt geeignet sind:

- www.shareware.com
- www.download.com
- www.5star-shareware.com
- www.shareware.de
- www.filefarm.com

Siehe auch: Freeware, Nagware, Public Domain

Shipper [Relationship(per)]

Beziehungsliebender

Shipper werden alle die Fans genannt, die im Internet eine Seite über ihre Lieblingsserien und -filme haben und besonders auf die Beziehung (relationship) der weiblichen und männlichen Hauptdarsteller Wert legen. Die Serie Akte X hat viele Shipper nach sich gezogen.

Siehe auch: Fan-Fiction

Shockwave

{Aussprache: Schockwäif}

Multimedia-Plug-In für Webbrowser

Mit HTML und den verwandten Techniken für dynamische Webseiten lassen sich zwar hübsche dynamische Effekte erzielen, aber für richtige Multimedia-Action reichen diese Mittel dann doch nicht aus. Wenn es im Webbrowser richtig heiß hergehen soll, sind deshalb spezielle zusätzliche Formate gefragt. Eines der bekanntesten dieser Formate ist Shockwave, dass die Firma Macromedia schon vor ihrer beliebten Flash-Technologie entwickelt hat. Shockwave erlaubt das Erstellen fast beliebiger multimedialer Anwendungen einschließlich zahlreicher dynamischer Effekte und Interaktion. Die Flexibilität und Leistungsfähigkeit geht dabei so weit, dass sich damit nicht nur Präsentationen im klassischen Sinn, sondern sogar richtige Spiele entwickeln lassen, die dann im Webbrowser ablaufen.

Um Shockwave-Animationen betrachten bzw. benutzen zu können, ist ein spezielles Plug-In erforderlich, das bei Macromedia unter http://www.macromedia.com kostenlos heruntergeladen werden kann. Dort findet man auch mehr Informationen zu Shockwave und zu den (kostenpflichtigen) Anwendungen, mit denen Shockwave-Präsentationen erstellt werden können. Wenn Sie das Shockwave-Plug-In schon haben und sich von der Leistungsfähigkeit der Technologie überzeugen wollen, finden Sie unter http://www.shockwave.com eine große Auswahl von Shockwave-Präsentationen.

Siehe auch: Flash, Plug-In

Shopping Cart

{Aussprache: Schopping Kart}

Englischer Ausdruck für Warenkorb

Siehe: Warenkorb

Shortcut

{Aussprache: Schort-Kat}

Abkürzung, Tastenkürzel

Shortcut ist der englische Fachbegriff für Tastenkürzel, mit denen man bestimmte Menüfunktionen einer Anwendung ohne Zuhilfenahme einer Maus erreichen kann. Sie werden deshalb als Abkürzung betrachtet, weil man sich den Griff zur Maus und das Positionieren des Mauszeigers ersparen kann und stattdessen einfach zielgenau die richtigen Tasten auf der Tastatur drückt. Das klappt prima, wenn man die richtigen Tastenkürzel für die verschiedenen Funktionen kennt. Zu den bekanntesten Tastenkürzeln unter Windows gehört zweifellos [Alt]+[F4]. Diese Kombination, bei der man gleichzeitig die [Alt]-Taste (links und rechts neben dem Leerzeichen) und die Funktionstaste [F4] (oberste Tastenleiste) drückt, beendet praktisch jede Windows-Anwendung. Wenn man wissen will, welche Tastenkürzel eine Anwendung bietet, muss man das Handbuch oder die Onlinehilfe studieren. Außerdem kann man bei vielen Menü-Funktion die entsprechende Tastenkombination erkennen. Wenn man z. B. in Word das *Datei*-Menü öffnet und die *Speichern*-Funktion betrachtet, bemerkt man, dass das *S* in *Speichern* unterstrichen ist. Man kann also durch Drücken der drei Tasten [Alt] (zum Menüzugang), [D] zum Öffnen des *Datei*-Menüs und [S] zum Aufrufen der *Speichern*-Funktion das aktuelle Dokument speichern. Noch schneller geht es, wenn hinter der Menüfunktion ein [Strg]-Code vermerkt ist. Dann kann man durch Drücken von [Strg] und dem entsprechenden Zeichen die Funktion jederzeit direkt abrufen, ohne zuvor erst das Menü öffnen zu müssen, zum Speichern also z. B. [Strg]+[S].

Die zulässigen Tastenkürzel für die Funktionen sind in den Menüs vermerkt

Shouting

{Aussprache: Schauting}

„Schreien"

In einer normalen Unterhaltung können Sie nach Belieben die Lautstärke Ihrer Stimme wechseln, sie können leise reden oder auch, wenn nötig, lauter werden, um sich entsprechend Gehör zu verschaffen.

Bei der Kommunikation via Internet, sei es im Chat oder via E-Mail, geht das nicht ganz so einfach. Um seinen Worten das nötige Gewicht zu verschaffen oder auch um bestimmte Aspekte stärker zu betonen, setzt man gern Großbuchstaben ein, so wird aus „ich nicht" dann leicht „ICH NICHT!".

Möglicherweise empfindet der Gegenüber diese Großbuchstaben-Äußerung jedoch so, als ob Sie schreien würden (daher der englische Ausdruck shouting).

Dieses Shouting, also die Verwendung von Großbuchstaben, sollte so wenig wie möglich eingesetzt werden, denn Shouting gilt als unhöflich.

Siehe auch: Netiquette

Sicherheit im Internet

Wie im richtigen Leben gibt es natürlich auch im Internet eine Unmenge an schwarzen Schafen, die nur darauf warten, ein williges (und unwissendes) Opfer zu finden, das sie hereinlegen und schädigen können.

Sicherheit im Internet

Einen völligen Schutz vor den Gefahren, die im Internet lauern, wird es nicht geben, daran ändern auch die besten Werbeslogans von Softwarefirmen für ihre Security-Produkte nichts. Wer absolute Sicherheit vor den Gefahren des Internet haben will, der darf erst gar nicht online gehen und muss auf den Spaß verzichten, den das Internet mit seinen vielfältigen Möglichkeiten bietet.

Aber es gibt natürlich einige grundlegende Sicherheitsregeln und -tipps, die man beachten sollte, um nicht völlig schutzlos potenziellen Internetbetrügern ausgeliefert zu sein.

Viele dieser Hinweise sind so selbstverständlich, dass sei eigentlich keiner weiteren Erklärung bedürfen, aber gerade die selbstverständlichsten Hinweise sind diejenigen, die relativ selten befolgt werden.

1. Sie sollten Ihre Passwörter nie auf der Festplatte speichern. Dies geschieht immer dann, wenn Sie sich für den scheinbar so bequemen automatischen Login entscheiden. Sie müssen kein Passwort mehr eingeben, aber das bedeutet auch, dass es (wenngleich in der Regel verschlüsselt) auf Ihrer Festplatte gespeichert ist und von der jeweiligen Software bei Bedarf abgerufen werde kann. Wichtige Daten, wie Passwörter, Kontonummern etc. auf der Festplatte sind immer ein begehrtes Ziel, wenn Ihr Rechner quasi schutzlos ans Internet angeschlossen ist.

2. Wenn Sie Ihre Passwörter stattdessen auf einen Zettel schreiben, stellen Sie sicher, dass niemand außer Ihnen den Zettel einsehen kann. Lassen Sie ihn auf keinen Fall sorglos in der Nähe des Computers liegen, insbesondere dann, wenn außer Ihnen noch mehrere Personen des gleichen Rechner benutzen.

3. Geben Sie Ihr Passwort NIEMALS preis. Es gibt eine Vielzahl von Tricks, mit denen findige Betrüger versuchen, an Ihr Passwort zu kommen, angefangen bei fingierten E-Mail-Nachrichten, die angeblich von Ihrem Internetanbieter stammen, über Telefonanrufe, bei denen Sie vorgeblich von einem Mitarbeiter Ihres Internetdienstanbieters angesprochen werden etc.

   Machen Sie sich klar: Seriöse Internetdienstanbieter oder Onlinedienste wie AOL und CompuServe werden sie niemals nach Ihrem Passwort fragen, weder am Telefon noch per E-Mail. Auch wenn die erzählte Geschichte noch so plausibel erscheint, behalten Sie Ihr Passwort für sich. Kontaktieren Sie stattdessen Ihren Onlinedienst per Telefon und fragen Sie nach einer Erklärung.

4. Auch wenn Sie Ihre Passwörter wie Ihren Augapfel hüten, sollten Sie regelmäßig alle Passwörter ändern.

5. Benutzen Sie nach Möglichkeit immer die neusten Versionen Ihrer Internetsoftware wie Browser, E-Mail-Programm etc. Die Standardprogramme werden ständig weiterentwickelt und neue Versionen beheben auch gleichzeitig bekanntgewordene Sicherheitslücken. Schauen Sie auf den Internetseiten der Softwarehersteller nach Sicherheitsupdates und installieren sie diese.

Nur die jeweils neuste Version einer Browsersoftware bietet den bestmöglichen Schutz.

6. Nutzen Sie die integrierten Sicherheitsstandards der Browser. Aktivieren Sie im Zweifelsfalle lieber eine etwas strengere Sicherheitsstufe und behalten Sie dadurch eine bessere Kontrolle über das, was mit Ihrem System geschieht.

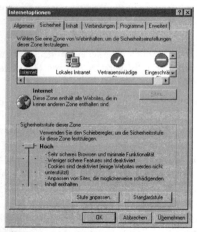

Wenn Sie Sicherheitsbedenken beim Surfen im Internet haben, stellen Sie Ihren Browser auf die höchste Sicherheitsstufe (hier: Internet Explorer)

7. Benutzen Sie einen aktuellen Virenscanner, der ständig im Hintergrund alle Dateien überwacht. Überprüfen Sie Ihr System regelmäßig mit einer neuen Antivirus-Software.

8. Seien Sie vorsichtig bei E-Mails mit Dateianhängen (Attachments). Sie wären nicht der erste, der auf diese Weise mit einem Virus beglückt wird. Öffnen Sie niemals ein Attachment, das Ihnen seltsam vorkommt. Stattdessen besiegen Sie Ihre Neugier und löschen Sie die komplette E-Mail, wenn sie Zweifel haben.

Wenn Sie die genannten Sicherheitsregeln beherzigen, ist ihr Surfen um einiges sicherer, ohne dass Sie deswegen auf den Spaß verzichten müssten, den Ihnen die Beschäftigung mit dem Internet bringen kann und soll.

Siehe auch: Browser, Login, Passwort, Security, Sicherheitszonen, Virus

Sicherheitszonen

Zonenorientiertes Sicherheitskonzept beim Internet Explorer

Das Sicherheitskonzept des Internet Explorer von Microsoft unterteilt sich in zwei Komponenten. Zunächst stellt dieser Browser ein flexibles Zonensystem bereit, mit dem sich die wichtigsten Sicherheitseinstellungen praktisch für jede Website individuell anpassen lassen. Daneben gibt es eine Reihe von Sicherheitsstufen, die jeweils für ein bestimmtes Maß an Sicherheit sorgen, ohne das

Sicherheitszonen

weniger erfahrene Benutzer sich im Detail mit einzelnen Optionen und Auswahlen herumschlagen müssen.

Beim Internet Explorer kann man jede Webseite über ihre Adresse in eine von vier möglichen Sicherheitszonen einordnen. Für jede dieser vier Sicherheitszonen kann man unabhängig eine große Zahl von Sicherheitsoptionen einstellen, so z. B. ob bei Websites einer bestimmten Zone ActiveX-Controls ausgeführt werden sollen oder nicht. Standardmäßig sind die Zonen in ihren Sicherheitseinstellungen abgestuft. Beim Laden einer Webseite überprüft der Internet Explorer, welcher Sicherheitszone die Seite angehört (nicht ausdrücklich zugeordnete Seiten landen automatisch in der Internet-Zone).

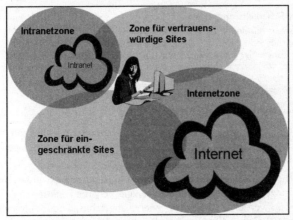

Die vier verschiedenen Sicherheitszonen des Internet Explorer

Die Zuordnung erfolgt basierend auf der Adresse der Webseite. Abhängig davon schränkt er die Zugriffsmöglichkeiten des Dokuments und seiner Inhalte entsprechend der Vorgaben des Benutzers ein:

– In der Zone *Lokales Intranet* werden alle Webdokumente aufgenommen, die von Ihrem eigenen Rechner oder einem Webserver aus dem gleichen Subnetz (z. B. einem Firmen-Intranet) stammen. Bei diesen Dokumenten kann man von einer geringen Gefährdung ausgehen, da zumindest mutwillige Gefährdungen aus der unmittelbaren Umgebung nicht zu erwarten sind. Die Zuordnung von Webangeboten in diese Zone erfolgt automatisch aufgrund der Adresse.

– Die Zone *Vertrauenswürdige Sites* enthält die Webadressen, die Sie für unbedenklich halten. Damit der Internet Explorer beim Anfordern solcher Dokumente in die Vertrauenszone wechselt, müssen Sie die Adresse einmal dieser Zone zuordnen (siehe im folgenden). Sie sollten wirklich nur zuverlässige Angebote in diese Zone einordnen, da hier relativ großzügige Sicherheitsregelungen gelten.

Sicherheitszonen

- Die Zone *Eingeschränkte Sites* ist als Quarantänebereich für gefährliche Webseiten gedacht. Sie hat in der Regel sehr restriktive Sicherheitseinstellungen, sodass destruktive Inhalte keine Chance haben. Vermuten Sie von einem Webangebot eine konkrete Gefährdung, sollten Sie dessen Adresse in diese Zone aufnehmen, bevor Sie es zum ersten Mal abrufen.

- Die Zone *Internet* beinhaltet schließlich den ganzen Rest der Webangebote, die nicht automatisch oder aufgrund Ihrer manuellen Zuordnung in eine der ersten drei Zonen gehören. Ruft der Internet Explorer ein Angebot ab, das keiner der anderen Zonen zugeordnet ist, wechselt er automatisch in diese Zone, in der üblicherweise relativ strenge Sicherheitsregeln gelten sollten.

> **Die gerade aktive Sicherheitszone erkennen**
> Während des Surfens mit dem Internet Explorer können Sie jederzeit auf einen Blick feststellen, in welcher Sicherheitszone Sie sich gerade befinden. Der Browser gibt die aktuell gewählte Zone in der Statuszeile am unteren Fensterrand ganz rechts an.

In der Statuszeile wird die gerade aktive Sicherheitszone angezeigt

Standardmäßig ordnet der Internet Explorer jeder Sicherheitszone eine von vier vordefinierte Sicherheitsstufe zu. Diese Stufen enthalten jeweils unterschiedlich restriktive Sicherheitseinstellungen.

- *Hoch* ermöglicht sehr sicheres Browsen, wobei die Funktionalität unter Umständen stark eingeschränkt wird, weil alle weniger sicheren Funktionen deaktiviert werden. So werden z. B. Cookies generell abgelehnt, wodurch manche Webangebote (z. B. Onlineshops) eventuell nicht genutzt werden können.

- *Mittel* erlaubt auch noch recht sicheres Browsen, wobei fast allen Funktionen aktiviert sind. Bei weniger sicheren Funktionen erfolgt aber zunächst eine Rückfrage an den Benutzer, bevor sie zugelassen werden. Die meisten Webangebote können bei dieser Einstellung voll genutzt werden.

- Bei *Niedrig* werden die meisten (auch einige der weniger sicheren Funktionen) ohne Rückfrage sofort ausgeführt. Alle Webangebote können in vollem Umfang genutzt werden.

- *Sehr niedrig* führt zu minimaler Sicherheit, wobei alle Arten von aktiven Inhalten ausgeführt werden. Fast alle Funktionen werden ohne Rückfrage sofort ausgeführt.

Schließlich gibt es noch die Möglichkeit, benutzerdefinierte Einstellungen vorzunehmen, indem Sie basierend auf einer der Sicherheitsstufen bestimmte Einstellungen individuell verändern. Die folgende Tabelle gibt einen Überblick über die Sicherheitsstufen und die standardmäßige Zuteilung zu den Sicherheitszonen:

Signature

Zone	Stufe	Auswirkung
Lokales Intranet	Mittel	Der Benutzer wird vor dem Ausführen von möglicherweise schädlichen Inhalten gewarnt.
Vertrauenswürdige Sites	Sehr niedrig	Es gibt praktisch keine Einschränkungen. Alle Inhalte werden ohne Warnung ausgeführt.
Eingeschränkte Sites	Hoch	Das Ausführen möglicherweise schädlicher Inhalte wird vom Webbrowser unterbunden.
Internet	Mittel	Der Benutzer wird vor dem Ausführen von möglicherweise schädlichen Inhalten gewarnt.

Diese Sicherheitsstufen sind vorgefertigte Sammlungen von Einschränkungen und Einstellungen, die dem Benutzer ein mehrstufiges Sicherheitskonzept zur Verfügung stellen. Sie sind aber nicht unbedingt in jeder Situation geeignet. Besonders die Gleichbehandlung der gefährlichen ActiveX-Controls und der wesentlich sichereren Java-Applets ist nicht immer gerechtfertigt. Sie können in solchen Fällen eigene, benutzerdefinierte Einstellungen verwenden und das Sicherheitskonzept des Internet Explorer so auf Ihre persönlichen Bedürfnisse einstellen. Rufen Sie dazu die Sicherheitseinstellungen unter *Extras/Internetoptionen* in der Kategorie *Sicherheit* auf. Hier können Sie die Sicherheitszonen auswählen und mit *Stufe anpassen* eine umfangreiche Liste der Sicherheitseinstellungen ganz individuell festlegen.

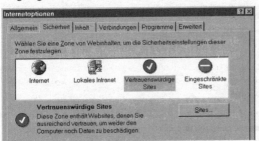

Die Sicherheitszonen des Internet Explorer können individuell konfiguriert werden

---

Bestimmte Webangebote in Sicherheitszonen einordnen

Websites aus dem lokalen Intranet oder dem Internet erkennt der Internet Explorer automatisch aufgrund der Adresse. Die Sicherheitszonen *Vertrauenswürdige Sites* und *Eingeschränkte Sites* machen aber nur Sinn, wenn Sie selbst bestimmte Adressen in diese Zonen aufnehmen. Wird dann eine dieser gespeicherten Adressen abgerufen, schaltet der Internet Explorer automatisch in die entsprechende Zone und somit auf die dazugehörenden Sicherheitseinstellungen um. Um eine Website in eine dieser Zonen einzuordnen, benötigen Sie lediglich die Adresse dieses Angebots. Öffnen Sie dann die Sicherheitseinstellungen und wählen Sie die gewünschte Zone aus. Anschließend können Sie mit der Schaltfläche *Sites* eine Adresse in die ausgewählte Zone aufnehmen.

Siehe auch: Internet Explorer, Sicherheit im Internet

Signature

{Aussprache: Signätscher}

Unterschrift

Signature ist die englische Bezeichnung für Unterschrift und meint in der Internetsprache üblicherweise mehrere Textzeilen, die unter einen Newsgroup-Artikel oder eine E-Mail gesetzt werden.

Welche Art von Informationen Teil der Signature sind, bleibt der Fantasie eines jeden Einzelnen überlassen, doch mit einer gewissen Wahrscheinlichkeit finden Sie die Informationen, die Sie auch auf einer normalen Visitenkarte des Betreffenden finden würden, also Name, Anschrift, Telefonnummer etc.

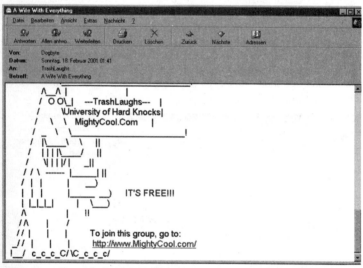

Mehr oder weniger originell: eine E-Mail-Signatur

Besonders beliebt ist es auch, (vermeintlich) witzige Sprüche, Slogans oder Zitate einzufügen, die nicht selten einen Bezug zu den Hobbys oder Interessen des Unterzeichners darstellen. So sind beispielsweise Zitate aus StarTrek oder Monty Python ebenso häufig zu finden wie Zeilen aus Songtexten.

> **Hinweis:** Wenn Sie sich eine solch persönliche Signature zulegen wollen, achten Sie darauf, dass diese nicht länger als vier bis maximal fünf Zeilen ist. Nur so ist gewährleistet, dass diese Unterschrift auch beachtet wird, denn zu lange Signatures sind vielen ein Ärgernis.

Wenn Sie Ihre Unterschrift mit witzigen Sprüchen versehen, sollten Sie daran denken, die Witze regelmäßig auszuwechseln. Nach dem zehnten Lesen hat auch der beste Witz seine Sschuldigkeit getan.

Mit den gängigen E-Mail-Programmen können Sie problemlos eigene Unterschriften erstellen und diese dann automatisch in jede E-Mail einfügen lassen.

Alle gängigen E-Mail-Programme erlauben das einfache und bequeme Erstellen von Signaturen, hier Outlook Express

Beim Internet Explorer finden Sie die entprechenden Funktionen beispielsweise unter *Extras/Optionen/Signaturen*.

Hinweis: Verwechseln Sie den Begriff Signature nicht mit Digital Signature, was ein Verfahren meint, das dazu dient, E-Mails zu authentifizieren, d. h. den Absender einer E-Mail zweifelsfrei zu bestimmen.

Siehe auch: E-Mail, Digital Signature

Simplex

Einfachster Duplex-Modus

Als Simplex bezeichnet man den einfachsten (um nicht zu sagen promitivsten) Modus der drei Duplex-Modi, bei dem eine Übertragung nur von A nach B möglich ist, ohne die Möglichkeit, dass B auf die nachricht von A reagieren könnte.

Eine typische Simplex-Überragungsform wäre beispielsweise ein Pager oder auch das Radio.

Siehe auch: Duplex-Modus

SITD [Still In The Dark]

„Es ist immer noch unklar"

Wenn jemand sich bemüht, Ihnen einen Zusammenhang zu erklären, dieser Zusammenhang jedoch trotz aller Bemühungen im Dunkeln bleibt, können Sie sich mit einem höflichen SITD bedanken, nach dem Motto „Danke für die Erklärung, aber ich habe es nicht begriffen. Es ist alles noch im Dunkleln". Dies entspricht dann auch dem englischen Still In The Dark (SITD), „immer noch im Dunkeln".

Siehe auch: Chatslang

Site

{Aussprache: Sait}

Kurzform für Website (Website)

Siehe: Website

Slash

{Aussprache: Släsch}

/

Mit Slash ist nicht der Gitarrist der bekannten Rockgruppe „Guns 'n' Roses" gemeint, sondern das Sonderzeichen /, im Deutschen als Schrägstrich bezeichnet.

Der Slash sollte nicht mit dem Backslash (dem umgekehrten Schrägstrich \) verwechselt werden und dient beispielsweise bei Internetadressen als Trennzeichen zwischen den einzelnen Adressteilen, so in www.databecker.de/shop/einkaufen/beispiel.

Sie werden aber auch noch im Internet das Wort in einem komplett neuen und für sie ungewöhnlichen Zusammenhang wiederfinden. Slash bedeutet auch eine Literaturunterart der Fan-Fiction, die bei Fans von Serien bevorzugt werden. Thema dieser Slash-Stories sind gleichgeschlechtliche (romantische und sexuelle) Beziehungen zwischen den Protagonisten der Serien.

Siehe auch: Backslash, Fan-Fic

SLIP [Serial Line Internet Protocol]

Internetprotokoll für serielle Verbindungen

Vergleichbar dem Point to Point-Protokoll (PPP) ist das SLIP ein Datenübertragungsprotokoll für Modemverbindungen ins Internet. Da das Serial Line Internet Protocol jedoch älter und weniger leistungsfähig als PPP ist, ist die Bedeutung vergleichsweise gering.

Siehe auch: PPP

SMIL [Synchronized Multimedia Integration Language]

{Aussprache: Smeil}

Einbinden und Koordinieren von multimedialen Elementen in Webseiten

Beim klassischen Webdesign mit HTML kann man in eine Webseite verschiedene Arten von multimedialen Elementen wie z. B. Bilder, Videos und Klänge einbinden. Jedes dieser Elemente ist aber ein eigenständiges Objekt, das vom Browser geladen und anschließend einfach angezeigt bzw. ausgeführt wird. Es kann von den anderen Objekten einer Webseite – wenn überhaupt – nur mit sehr hohem programmiertechnischem Aufwand (z. B. mit JavaScript) beeinflusst werden. Dies soll sich mit der Synchronized Multimedia Integration Language SMIL ändern. Diese Sprache erlaubt es, Klänge, Texte, Grafik-Animationen, Bilder und Videos auf einfache Art in Webseiten einzubinden, wobei das Timing der verschiedenen Elemente untereinander gesteuert werden kann. So können z. B. passend zu einem Musikstück bestimmte Bilder nacheinander angezeigt oder zum richtigen Zeitpunkt eine zuvor geladene Videosequenz wiedergegeben werden. Man kann also für eine Multimediapräsentation quasi eine Art Drehbuch festlegen, nach dem die Ereignisse gesteuert werden.

Außerdem beschleunigt SMIL das Übertragen der Multimediadaten und ermöglicht es dem Autor einer Präsentation, verschiedene Versionen einer Präsentation für unterschiedliche Übertragungskapazitäten anzulegen. So kann man dem Besucher auf einer Einstiegsseite beispielsweise die Wahl zwischen einer vereinfachten Version mit geringerer Auflösung für langsame Modems und einer besseren Version mit voller Auflösung für Hochgeschwindigkeitsverbindungen ermöglichen. Ebenso kann man verschiedene Versionen einer Präsentation in unterschiedlichen Sprachen anlegen. SMIL ist vom Prinzip her ganz ähnlich wie HTML aufgebaut und kann z. B. in einfachen Textdateien erstellt werden. Es besteht ebenso aus einer Reihe von Anweisungen, wobei der Umfang allerdings wesentlich kleiner als bei HTML ist. Deshalb wird es häufig auch als multimediale Erweiterung von HTML betrachtet, obwohl es eine eigenständige Sprache ist. Mehr Informationen zu SMIL gibt es auf den offiziellen Seiten des W3C zu diesem Thema unter http://www.w3c.org/AudioVideo.

Siehe auch: HTML

Smiley

{Aussparche: Smailie}

Emoticon

Viele Internetnutzer reden von Smileys (abgeleitet von engl. to smile, lächeln), obwohl sie oftmals eigentlich Emoticons meinen. Genau genommen sind die Smileys nämlich nicht identisch mit den Emoticons, sondern nur eine Teilgruppe davon, die einen glücklichen oder zumindest lächelnden, gutgelaunten Schreiber symbolisieren sollen.

Die beim Chat oder in E-Mails auch sehr häufig anzutreffende Gruppe von Symbolen, die eher Trauer oder Missvergnügen anzeigen sollen, wird hingegen Frownies (abgelietet von engl. to frown, missbilligen) genannt.

Siehe auch: Emoticon

SMOP [Small Matter Of Programming]

Programm, das sein Geld nicht wert ist

Wenn Ihnen jemand mitteilt, dass eine bestimmte Software SMOP wäre, meint er damit, dass es sich bei dem Programm um sehr schlechte Software handelt, die keinesfalls empfehlenswert ist. SMOP ist die Kurzform von **S**mall **M**atter **O**f **P**rogramming, übersetzt etwa bloß eine kleine Programmierangelegenheit.

Doch SMOP-Software ist ihr Geld nicht wert, egal wie wenig Sie auch dafür bezahlen müssen, es ist nicht einmal wert, programmiert worden zu sein.

Siehe auch: Chatslang

SMS [Short Message Service]

Kurzmitteilungsdienst für Handys

Der **S**hort **M**essage **S**ervice (SMS) hat sich in den letzten Jahren zu einer der beliebtesten Anwendungen im Mobilfunkbereich entwickelt. Dabei handelt es sich um eine Technik, mit der sich kurze (bis zu 160 Zeichen) Textnachrichten von einem Handy zum anderen übermitteln lassen. Dazu gibt der Absender auf seinem Gerät mithilfe der Buchstabenbelegung der numerischen Tastatur einen Text ein oder wählt eine vorgefertigte Botschaft aus. Dazu gibt er die Nummer des Empfängers an. Die Nachricht wird dann über das Mobilfunknetz an das Handy des Empfängers übersandt. Sollte dieses gerade nicht eingeschaltet sein, wird die Nachricht einen bestimmten Zeitraum im Netz gespeichert und übermittelt, sowie das Handy zum nächsten Mal eingeschaltet wird. Dann erhält der Empfänger eine optische und/oder akustische Signalisierung der eingetroffenen Nachricht und kann sie auf dem Display seines Geräts ablesen.

Man kann SMS-Botschaften aber nicht nur von einem Handy aus abschicken. Inzwischen gibt es im Internet eine Vielzahl von SMS-Gateways, die Textnachrichten per SMS an Handys weiterleiten. So kann man die Nachricht in einem Webformular bequem eintippen und abschicken und muss sich nicht mit der winzigen und unpraktischen Handy-Tasttur herumärgern. Die meisten dieser SMS-Gateways arbeiten kostenlos und finanzieren sich durch Werbung. Vorsicht ist allerdings bei Anbietern angebracht, die diese Werbung in die SMS platzieren, da man keine Kontrolle darüber hat, was für Werbung dann in der Nachricht steht (z. B. für Telefonsex oder Ähnliches!). Ein kostenloses SMS-Gateway findet sich z. B. unter http://www.sms.de. Noch viel mehr Gratisanbieter findet man z. B. bei http://www.kostenlos.de. Auch E-Mail-Provider bieten häufig einen SMS-Service an. Der informiert Benutzer mit einer SMS-

Nachricht über eingetroffene E-Mails und teilt dabei z. B. gleich Absender und Betreff der Nachricht mit.

SMTP [Simple Mail Transfer Protocol]

„Einfaches Nachrichtenübertragungsprotokoll"

Das Simple Mail Transfer Protocol (SMTP) ist ein einfaches Protokoll zur Übertragung von Nachrichten, gehört zu der TCP/IP-Protokollreihe und wird im Internet benutzt, um E-Mails zwischen den verschiednen Mailservern zu verschicken.

Damit Sie E-Mails versenden können, muss Ihr E-Mail-Programm die SMTP-Adresse Ihres Mailservers kennen. SMTP wird nur zum Versenden von E-Mails eingesetzt, zum Abholen der E-Mails wird üblicherweise ein anderes Protokoll (POP3) eingesetzt.

Siehe auch: Mailserver, POP3, TCP/IP

SNAFU [Situation Normal, All Fucked Up]

Eine besch....ene Situation (Slang)

Bei SNAFU, der Abkürzung für Situation Normal, All Fucked Up handelt es sich um einen englischen bzw. amerikanischen Slang-Ausdruck, der im Deutschen verschiedene Bedeutungen annehmen kann, beispielsweise „Die Situation ist so besch...en wie immer" oder auch das etwas lakonische „Operation gelungen – Patient tot".

In jedem Fall ist die Situation, die durch SNAFU beschrieben wird, ein wildes Durcheinander und alles andere als optimal

Siehe auch: Chatslang

Snail Mail

{Aussprache: Snäil Mäil}

Schneckenpost

Dass die normale Briefpost im Vergleich zur modereren elektronischen Post (E-Mail) äußerst langsam ist, kann sicherlich nicht mehr als Geheimnis gelten. Eine E-Mail erreicht im Normalfall den Adressaten innerhalb weniger Sekunden, auch wenn dieser sich auf der anderen Seite der Erdkugel befindet, ein regulärer Brief demgegenüber? Nun ja, wenn Sie Glück haben und das Air Mail-Extraporto zahlen, können Sie vielleicht in Tagen rechnen, andernfalls können durchaus Wochen vergehen.

Kein Wunder also, dass die langsame Post ihr Fett in Form von abfällig gemeinten Spitznamen abbekommt. Der gebräuchlichste ist Snail Mail, also „Schneckenpost", wobei es einmal dahin gestellt bleiben soll, ob damit der Post oder den Schnecken Unrecht getan wird.

Siehe auch: E-Mail

SO [Significant Other]

„Bessere Hälfte"

Als SO (**S**ignificant **O**ther) bezeichnet man in der Internetkommunikation (Chat oder auch E-Mail) die so genannte „bessere Hälfte".

Dies ist nicht notwendigerweise mit Ehemann bzw. Ehefrau gleichzusetzen, auch unverheiratete Lebenspartner sind SOs.

Siehe auch: Chatslang

Social Engineering

{Aussprache: Sohschiäl Ändschiniering}

Erforschung des sozialen Umfelds

Eine Methode, die vor allem erfahrene und professionelle Hacker bei Angriffen gern einsetzen, ist das Social Engineering, auch als Social Hacking bezeichnet. Dabei beschäftigt sich der Hacker eingehend mit dem sozialen Umfeld des Opfers, um wichtige Informationen wie etwa Passwörter herauszubekommen. Erfahrungsgemäß benutzen Menschen als Passwörter gern Begriffe aus Ihrer direkten und alltäglichen Umgebung, um sich leichter daran erinnern zu können. Beliebte Beispiele sind die Namen von Frau, Freundin, Kindern, Haustieren, Lieblingsfarben, -musikgruppen, -lieder, -autos, -essen oder -daten wie Geburtstage, Kfz-Kennzeichen, Telefonnummern. Wenn es einem Hacker gelingt, möglichst viel über die Interessen, Vorlieben und Angewohnheiten seines Opfers in Erfahrung zu bringen, kann er z. B. eine Liste mit möglichen Passwörtern zusammenstellen, die er bei den Benutzerzugängen der angegriffenen Person ausprobieren kann.

Die Informationsquellen für solche neugierigen Hacker sind vielfältig. Das fängt im einfachsten Fall mit dem Telefonbuch an. Mit etwas persönlichem Einsatz können Hacker sie beobachten und erfahren so, wo und wie Sie wohnen, mit wem Sie zusammenleben, ob Sie Haustiere haben und was für ein Auto Sie fahren. Vielleicht befragen sie unter einem Vorwand Ihre Nachbarn, um möglichst viele Details herauszubekommen.

Robert Redford als Hacker

Wer sich für die vielfältigen Methoden des Social Engineering interessiert, sollte sich mal den Film „Sneakers" mit Robert Redford aus der Videothek ausleihen. Das ist ein spannender Film, in dem eine Gruppe von Hackern unter anderem unter Einsatz aufwändiger Methoden des Social Engineering in eine Firma eindringt, um ein geheimes Projekt zu stehlen.

Manchmal geht es aber auch viel leichter: Gerade Menschen, die online aktiv sind, verraten häufig freiwillig sehr viel über sich. In Newsgruppen oder Chatforen sprechend sie mit anderen über Ihre Interessen und Probleme. Vielleicht ist das Gegenüber aber auch ein getarnter Hacker, der Sie aushören will? Viele Internauten haben eine eigene Homepage, auf der Sie viel über Ihre Hobbys und Vorlieben verraten. Eine sprudelnde Informationsquelle für jeden interessierten Hacker. Ein ganz klassischer Fall, indem Social Engineering sehr schnell zum Erfolg geführt hat, wird in den Newsgruppen erzählt: Ein Mann hatte als Passwort zu seinem Rechner den Namen seines Hundes gewählt. Andererseits war er aktives Mitglied einer Newsgruppe zum Thema „Herrchen und Hund" und berichtete dort regelmäßig von Erlebnissen mit seinem Liebling. Ein Hacker benutzte das Newsgruppen-Archiv DejaNews (http://www.dejanews.com), um mehr über den Mann zu erfahren. Dort fand er Newsbeiträge seines Opfers mit dem Namen des Hundes und versuchte sein Glück – mit Erfolg.

Einen Social Engineering-Angriff kann man leider nicht verhindern. Prinzipiell besteht die Frage, wie viel man durch das Internet anderen über sich selbst verraten will. Hier sollten man mit wirklich persönlichen Informationen einfach etwas zurückhaltend sein. Stellen Sie sich vor, vor Ihrem Haus oder Ihrer Wohnung hinge ein schwarzes Brett, an dem Sie für Passanten Daten über sich selbst aufhängen können. Was Sie nicht an dieses schwarze Brett hängen wollen, dass sollten Sie auch nicht im Internet veröffentlichen. Social Engineering zielt in den meisten Fällen insbesondere auf Zugangsdaten wie Benutzernamen und vor allem Kennwörter ab. Verwenden Sie deshalb Passwörter, die mit den Methoden des Social Engineerings nicht geknackt werden können. Das sind entweder Kennwörter, die nichts mit Ihrer persönlichen Umgebung zu tun haben (das sind die besten), oder solche, die so persönlich sind, dass ein Hacker sie selbst mit großem Aufwand nicht in Erfahrung bringen kann.

Siehe auch: Hacker, Sicherheit im Internet

Sound

{Aussprache: Saund}

Klang, Musik

Ein wichtiger Bestandteil von Multimedia sind Klänge. Dies gilt auch für das World Wide Web. Es hat sich in den letzten Jahren zu einer beliebten Tauschbörse für Klangdateien aller Art entwickelt. Die explosionsartige Verbreitung des MP3-Formats, dass inzwischen sogar schon der Musikindustrie großes Kopfzerbrechen bereitet, wäre ohne das Internet gar nicht möglich gewesen. Um Klänge über das Internet zu transportieren, müssen sie in digitaler Form vorliegen. Dabei gibt es eine ganze Auswahl an Formaten, in denen man Musik digitalisieren kann. Zu den Standardformaten gehören WAV und MIDI. Sie können sogar von den meisten Webbrowsern direkt – also ohne zusätzliches Abspielprogramm – wiedergegeben werden. MIDI eignet sich allerdings nur zum Aufzeichnen elektronischer Musik (Keyboards, Synthesizer usw.) und WAV führt bei guter Qualität zu sehr umfangreichen Dateien. Der Quasi-Standard für die Veröffentlichung von Musik im Internet ist deshalb inzwischen das MP3-Format, das durch seine Kompressionsfähigkeit bei guter Qualität zu relativ kleinen Dateien führt. Eine andere Variante ist das Streaming-Audio, bei dem die Klangdaten als Stream heruntergeladen werden. Das hat den Vorteil, dass die Wiedergabe schon nach einem kleinen Teil der Übertragung beginnt und nicht erst, wenn die gesamte Datei heruntergeladen wurde. In diesem Bereich ist der Real Player der Marktführer.

Um Sound in Webseiten einzubinden, gibt es zwei Möglichkeiten. Entweder man nimmt in eine Webseite einen Verweis auf eine Sounddatei auf, die der Besucher bei Bedarf anklicken kann, sodass sie heruntergeladen und abgespielt wird. Ein solcher Verweis ist ein ganz normaler Link, nur dass er eben nicht auf eine andere Webseite sondern auf deine Sounddatei hinweist. Hier stehen prinzipiell alle Formate zur Verfügung, allerdings muss der Besucher ein passendes Abspielprogramm haben, wenn es sich um Formate handelt, die der Webbrowser nicht selbst wiedergeben kann. Bei exotischeren Formaten sollte man deshalb zumindest eines Verweis auf eine Downloadstelle für das passende Abspielprogramm beifügen.

Oder man bindet eine Sounddatei als Hintergrundklang einer Webseite ein. Dann wird sie beim Öffnen einer Webseiten automatisch geladen und abgespielt, sowie die Datei vollständig vorliegt. Dies funktioniert aber nur mit Klangformaten, die direkt vom Webbrowser wiedergegeben werden können, also z. B. WAV oder MIDI. Der Internet Explorer kennt dazu das proprietäre Tag *<BGSound>*. Mit

```
<BGSound SRC="klang.wav" LOOP=infinite>
```

lassen sie z. B. die Datei *Klang.wav* immer wieder abspielen, solange die Webseite angezeigt wird. Bei Netscape Navigator klappt dieser Befehl leider nicht. Hier kann man aber mit dem Meta-Tag *Refresh* einen ähnlichen Effekt erreichen:

```
<META HTTP_EQUIV="REFRESH" CONTENT="1,URL=klang.wav">
```

Siehe auch: MP3, Real Player, Streaming, WAV

Spam (Mail)

{Aussprache: Späm}

Unerwünschte Werbe-E-Mails

Vielleich kennen Sie den Begriff Spam aus dem berühmten Sketch der Monty Python Komikertruppe, und genau von diesem Sketch (so will es zumindest die Internetlegende) hat auch die Bezeichnung Spam (oder Spam-Mail) ihren Namen.

Spam heißt eigentlich Dosenfleisch, was jedoch im Zusammenhang mit Computern und Internet verständlicherweise nicht allzu viel Sinn macht. Vielmehr ist hier unter Spam jedwede unerwünschte Werbe-E-Mail zu verstehen.

Es gibt auch einen „offiziellen" Begriff, nämlich UCE (**U**nsolicited **C**ommercial **E**-Mail), in Deutsch „unaufgefordert zugesandte Werbe-E-Mail". Angesichts dieses Wortmonstrums erscheint klar, warum sich das kurze prägnante Spam durchgesetzt hat. Den Vorgang des Versendens solcher unerwünschter Nachrichten nennt man auch Spamming und ist selbstredend nicht gern gesehen.

Es gibt verschiedene Wege, der Flut von Spam-Mail Herr werden zu können. Zum einen kann es ganz sinnvoll sein, Ihrem Internetanbieter die Namen bzw. E-Mail-Adressen derjenigen mitzuteilen, die Sie mit Spam überhäufen. Einige ISPs sorgen dann durch spezielle E-Mail-Filter dafür, dass in Zukunft E-Mails, die einen Spam-Absender tragen, sofort gelöscht und erst gar nicht bis zu Ihrem E-Mail-Account weitergeleitet werden.

Auch Sie selbst können durch entsprechende Konfiguration Ihres E-Mail-Programms dazu beitragen, dass Sie weitestgehend von Spam verschont bleiben. Praktisch alle modernen E-Mail-Programme bieten die Möglichkeit, bereits vor dem Herunterladen die eingehende E-Mail nach bestimmten Kriterien (Absender, Subject etc.) zu durchsuchen und ggf. ohne Download direkt auf dem Server zu löschen.

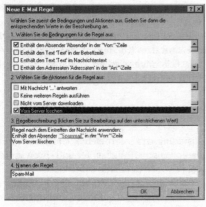

Ein einfacher Spam-Mail-Filter Marke Eigenbau, hier am Beispiel von Outlook Express, durch Anpassen von E-Mail-Regeln

Nicht nur bei E-Mails, auch im Bereich der Newsgroups spricht man von Spamming, wenn die gleiche Nachricht in vielen verschiedenen Newsgroups auftaucht.

Siehe auch: Bozo(filter), Netiquette, Newsgroup, UCE

Spanking the Net

{Aussprache: Spänking the Net}

Spanking **T**he **N**et, auch in der Kurzform STN bekannt, bezeichnet eine spezielle Art des Surfens im Internet, wobei man sich lediglich von einer Adult-Seite zur nächsten klickt, d. h. nur solche Seiten besucht, deren Inhalte für Jugendliche ungeeignet sind.

Siehe auch: Adult, Chatslang

Splitter

Gerät zum Aufteilen von Frequenzen bei ADSL

Bei der ADSL-Übertragungstechnologie werden große Datenmengen über die normalen Kupferdrähte des Telefonanschlusses übertragen. Gleichzeitig muss aber das klassische Telefonieren weiterhin über dieselben Drähte erfolgen, denn nur so können vorhandene Anschlüsse ohne Umbaumaßnahmen genutzt werden. Deshalb werden die ADSL-Signale zwar gemeinsam mit den normalen Telefonsignalen gesendet, aber in einem anderen Frequenzbereich. Damit die am Netzabschluss beim Kunden installierten Endgeräte (also z. B. Telefon und ADSL-Modem) die jeweils für sie bestimmten Signale auslesen können, müssen die Frequenzbereiche wieder getrennt werden. Diese Aufgabe übernimmt der so genannte Splitter. Er wird direkt an den Telefonanschluss angeschlossen und teilt die ankommenden Signale in die beiden Frequenzbereiche auf. An den Splitter werden wiederum einerseits das ADSL-Modem und andererseits die normalen Telefonendgeräte bzw. bei einem ISDN-Anschluss der NTBA-Netzabschluss angeschlossen. An beiden Ausgängen liegen dann jeweils nur die Signale an, die für die jeweiligen Geräte vorgesehen sind, sodass diese ungestört kommunizuieren können. Ein Splitter wird dem Kunden in der Regel beim Abschluss eines ADSL-Vertrags von der Telefongesellschaft kostenlos zur Verfügung gestellt bzw. die Miete dafür ist in der ADSL-Grundgebühr enthalten.

Siehe auch: ADSL, T-DSL

SSL [Secure Socket Layers]

Mit der zunehmenden Kommerzialisierung des Internet bekommt der Sicherheitsaspekt beim Übertragen von Daten zwischen Webserver und -browser eine immer größere Bedeutung. Kein vorsichtiger Benutzer sollte bereit sein, z. B. Kreditkarten-Daten über eine gewöhnliche TCP/IP-Verbindung zu übertragen. Zu groß ist das Risiko, dass die Daten von dritten abgefangen und missbraucht werden könnten. Aus diesem Grunde gibt es verschiedene Bemühungen, das Surfen durch zusätzliche Maßnahmen sicherer zu machen.

Eines dieser Verfahren sind die **S**ecure **S**ockets **L**ayers (SSL), die von der Firma Netscape entwickelt wurden. Sie fügen eine zusätzliche Protokoll-Ebene zwischen dem Internetprotokoll TCP/IP und den Anwendungsprotokollen (HTTP usw.) ein. Diese Ebene ist für die Anwendungsprotokolle völlig transparent. Dadurch können die vorhandenen Protokolle nachträglich sicher gemacht werden und die neue Technik ist auch zu älteren Anwendungen und Programmen kompatibel. SSL umfasst eine obligatorische Serverauthentifizierung per Zertifikat, ein optionale Clientauthentifizierung, wenn der Client über ein Zertifikat verfügt, das verschlüsselte Übertragen sämtlicher Daten nach unterschiedlichen Verfahren sowie eine Integritätsprüfung, mit der Daten gegen Manipulationen geschützt werden. Dazu definiert es den genauen Ablauf einer sicheren Verbindung zwischen Client und Server.

Beim Verbindungsaufbau teilt der Client dem Server zunächst mit, welche Verschlüsselungsverfahren er beherrscht. Der Server schickt dem Client daraufhin sein Zertifikat, um sich zu authentifizieren. Der Client erzeugt dann einen symmetrischen Session-Schlüssel, den er mit dem öffentlichen Schlüssel des Servers kodiert und an diesen schickt. Nur der Server kann so verschlüsselte Nachrichten wieder entschlüsseln. Als Nächstes erzeugt der Client einige Test-Nachrichten, die er mit dem Session-Schlüssel kodiert. Antwortet der Server erwartungsgemäß auf diese Nachrichten, dann steht seine Authentizität endgültig fest und die sichere Verbindung ist etabliert.

SSL ist ein sehr sicheres Protokoll, das sich bereits in der Praxis bewährt hat. Es leidet wie viele Sicherheitsprodukte unter den amerikanischen Export-Beschränkungen für Verschlüsselungstechniken. Erst seit kurzem erlauben die USA die Ausfuhr von Techniken mit über 40 Bit langen Schlüsseln, während die Schlüssel in den USA bis zu 128 Bit lang sein dürfen. Die wesentlich einfacheren 40 Bit langen SSL-Schlüssel wurden aber bereits geknackt (wenn auch nur mit einem sehr hohen Aufwand), was dem guten Ruf von SSL geschadet hat.

> **Sicherheitsprotokolle aktivieren**
> Moderne Webbrowser wie der Internet Explorer und der Netscape Navigator unterstützen das sichere Surfen mit Verschlüsselungstechniken wie SSL. Allerdings müssen diese Technologien bei den Browsern teilweise erst aktiviert werden, damit sie zum Einsatz kommen können. Überprüfen Sie deshalb in den erweiterten Sicherheitseinstellungen Ihres Browsers, ob die Verwendung von SSL aktiviert ist.

Siehe auch: Sicherheit im Internet

Stalker

{Aussprache: Stohker}

Ein Stalker ist ein reichlich unangenehmer Zeitgenosse, der am ehesten mit der Internetversion eines anonymen Anrufers verglichen werden kann.

Stalker halten sich in Chaträumen auf und versuchen dort, Kontakte zu (zumeist) weiblichen Internetnutzern zu finden. Ihr Ziel ist es, zuerst einmal die E-Mail-Adresse ihrer Chatpartnerin herauszufinden und dann in der Folgezeit ggf. auch den Namen und die (Wohn-)Adresse.

Stalker belästigen ihre Opfer mit einer Vielzahl von E-Mails, die nicht selten sehr expliziten Charakter haben. Falls ein Stalker schließlich auch Name und Adresse erfahren hat und es die geografische Nähe zulässt, dann sind die Opfer auch vor ungebetenen Besuchen nicht sicher.

Es ist nicht ganz unproblematisch, hier gute Ratschläge zu geben, denn schließlich soll nicht der Spaß am Chatten verdorben werden. Es darf auch nicht vergessen werden, dass in Chaträumen die ganz überwiegende Mehrzahl einfach an unterhaltsamen, lustigen, vielleicht auch manchmal ernsten Gesprächen interessiert ist, ohne irgendwelche bösartigen und gemeinen Hintergedanken zu haben.

Der wichtigste Ratschlag im Umgang mit dem Stalker-Problem ist wohl der, dass sich jeder, der einen Chat beginnt, der Existenz dieser Problematik überhaupt bewusst sein muss.

Das Wissen, dass es solche unangenehmen Gesellen wie Stalker gibt und dass diese vorwiegend in Chaträumen lauern, ist die erste und wichtigste Vorsichtsmaßnahme. Man achtet darauf, welche Informationen man von sich preis gibt, und ist möglicherweise ein wenig aufmerksamer und erkennt mögliche Gefahren etwas schneller.

Seien Sie vorsichtig, wenn Ihr Chatpartner, den Sie nicht gut kennen, Ihnen allzu persönliche Fragen stellt und, ganz wichtig, geben Sie Ihre E-Mail-Adresse nicht preis. Viele Stalker sind nur darauf aus, die E-Mail-Adressen von Frauen zu erlangen und diese dann ständig mit reichlich expliziten E-Mails zu belästigen.

Auch sollten Sie nie beim Chatten persönliche Daten, wie kompletter Name, Wohnadresse, Telefonnummer oder Ähnliches an Personen weitergeben, die Sie nicht wirklich gut (beispielsweise durch längeren E-Mail-Kontakt) kennen. Auch wenn der Gegenüber angeblich weit entfernt wohnt, darf Sie das nicht in Sicherheit wiegen, denn wer garantiert Ihnen, dass der andere nicht gelogen hat und anstelle von Berlin um die Ecke sitzt? Geben Sie keine Hinweise, die ein Stalker verwerten könnte, um Ihre Wohnadresse herauszufinden.

Haben die genannten Vorsichtmaßnahmen nichts genutzt und sind Sie doch einem Stalker zum Opfer gefallen, verfallen Sie nicht in Panik. Wenn er Ihnen nur schmierige E-Mails schickt, dann ist das zwar eine schlimme und äußerst unangenehme Sache, aber noch nicht wirklich gefährlich. Bleiben Sie ruhig. Sie sollten auf seine E-Mails nicht antworten, denn dies zeigt ihm nur, dass er Sie mit seinen E-Mails erreicht. Stattdessen reagieren Sie nicht oder lassen Sie wenn möglich seine E-Mails von einem Autoresponder beantworten, um ihm zu zeigen, dass seine Nachrichten gar nicht gelesen werden.

Wenn Sie seine E-Mail-Adresse kennen, sollten Sie versuchen, darüber seinen Internetdienstanbieter zu erreichen und ihn dort zu melden.

Auch einen Wechsel Ihrer eigenen E-Mail-Adresse sollten Sie in Betracht ziehen, dabei aber nicht vergessen, Ihrem Internetanbieter zu sagen, dass er den alten E-Mail-ACCOUNT löschen soll. Dadurch erhält der Stalker alle E-Mails mit dem Hinweis zurück, dass seine Nachrichten nicht zustellbar sind.

Standleitung

Deutsche Bezeichnung für leased line.

Siehe: Leased Line

Startseite

Die Startseite ist diejenige Internetseite, die von Ihrem Browser nach Zustandekommen der Verbindung mit Ihrem Internetanbieter als Erstes gesucht wird und die Sie demzufolge bei jedem Browserstart zuerst sehen. Sehr oft sind hier standardmäßig entweder die Internetseite des jeweiligen Browserherstellers oder aber die Homepage Ihres Internetanbieter standardmäßig voreingestellt.

Allerdings können Sie dies auf einfache Weise bequem ändern, da ja nicht jeder Lust und Laune hat, bei jeder Internetsitzung zuerst einmal beispielsweise die Microsoft-Startseite zu besuchen.

Sinnvoll ist hier, den Eintrag auf eine Portalseite umzustellen, die Sie nach Ihren eigenen Wünschen personalisiert haben, damit Sie immer beim Start auf die jeweils neusten Informationen zugreifen können, die Sie interessieren.

Um die Startseite zu ändern, müssen Sie beim Internet Explorer über *Extras/Internetoptionen* die Registerkarte *Allgemein* wählen. Dort können Sie entweder die Adresse von Hand eintragen oder aber, falls Sie sich gerade auf der gewünschten Seite befinden, durch Anklicken von *Aktuelle Seite* diese zur neuen Startseite machen.

Übrigens können Sie auch während einer Internetsitzung bequem auf die Startseite zurückkehren, indem Sie den Schalter *Startseite* aus der Symbolleiste anklicken.

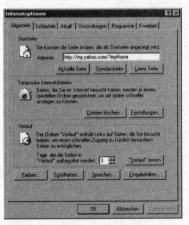

Beim Internet Expolrer stellen Sie Ihre gewünschte Startseite einfach unter Extras/Internetoptionen ein, indem Sie unter der Registerkarte Allgemein die gewünschte Adresse eintragen. Bei jedem Neustart des Browsers wird automatisch zuerst die dort eingetragene Adresse gesucht

Siehe auch: Browser, Portal

STD [Standard Document]

Dokumente über Internetstandards

STDs sind eine Sammlung von öffentlich abrufbaren Dokumenten, in denen grundlegende Internetstandards beschrieben werden.

Stealthvirus

Außer für Experten sind diese Texte eine eher trockene und langweilige Lektüre, bieten jedoch immer den jeweils aktuellen Stand zu einem bestimmten Thema. Die STDs sind fortlaufend durchnummeriert und werden regelmäßig aktualisiert. So findet sich beispielsweise in STD 53 die Beschreibung des POP3-Standards, in STD 51 die Definition des PPP, in STD 5 die Definition des Internet Protocol (IP) usw.

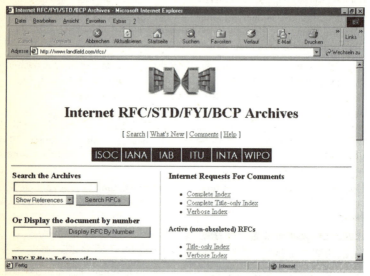

Unter http://www.landfield.com/rfcs/ können Sie jederzeit alle STDs einsehen und auch per Suchoption nach bestimmten STDs suchen, wenn Sie die gewünschte STD-Nummer nicht wissen sollten

> **Info:** Alle STDs (wie auch FYIs und RFCs) können Sie übrigens unter http://www.landfield.com/rfcs/ und http://ftp.hypermail.org/rfcs/rfcsearch.html finden.

Stealthvirus

{Aussprache: Stelth Vairus}

Tarnkappenvirus

Ähnlich den verwandten polymorphen Viren gehören auch Stealthviren, im Deutschen als Tarnkappenviren bekannt, zu den Virentypen, die den Programmierern von Antivirus-Programmen graue Haare verursachen.

Grund hierfür ist die Fähigkeit der Stealthviren, dem Virenscanner genau das Ergebnis vorzutäuschen, das dieser erwartet, d. h., der Virenscanner scannt das von einem Stealthvirus infizierte Programm, erhält jedoch ein negatives (sprich virenfreies) Ergebnis, da das infizierte Programm vom Stealthvirus für den

Scanvorgang quasi mit einer Tarnkappe versehen wurde, sodass es von einem Virenscanner nicht als infiziert erkannt werden kann.

Siehe auch: Antivirus-Programm, Polymorphe Viren, Virus

Streaming

{Aussprache: Strieming}

Als Streaming (von englischen stream, dt. Strom, im Sinne von Datenstrom) bezeichnet man den Vorgang, wenn Sie Multimediadateien, also beispielsweise Audio oder Videodateien, bereits während des Downloads anhören bzw. ansehen können. Dies bedeutet, dass Sie ein Musikstück nicht zuerst komplett auf Ihren Rechner laden müssen, um es dann anschließend anhören zu können. Stattdessen können Sie die Teile der Musik, die bereits empfangen wurden, anhören, während der Rest des Musikstücks heruntergeladen wird.

Ein bekannter Vertreter dieser Streaming-Technik ist der Real Player.

Siehe auch: Real Player

Style Sheets

{Aussprache: Steil-Schiets}

Siehe: CSS

Subject

{Aussprache: Sabtschekt}

„Betreff", „Thema"

Wenn Sie eine E-Mail verschicken wollen, sollten Sie der Nachricht eine kurze Bezeichnung, eine Art Namen oder Betreff geben, damit der Adressat auch ohne die E-Mail lesen zu müssen, eine ungefähren Eindruck bekommt, um was es in der Mitteilung eigentlich geht. Der englische Ausdruck für diesen Betreff ist „subject". Je nach Sprachversion Ihres E-Mail-Programms werden Sie demnach *Subject* oder *Betreff* (so bei Outlook Express) finden.

> **Hinweis:** Es ist nicht zwingend notwendig, bei einer E-Mail im Betreff-Feld eine Angabe zu machen. Manche E-Mail-Programme werden Sie dann vor dem Speichern bzw. Versenden darauf hinweisen, dass Ihre Nachricht keinen Betreff hat, doch können Sie, sofern Sie dies wünschen, diese Meldung ignorieren und Ihre Nachricht auch ohne Angaben in der Betreffszeile versenden.

Wenn Sie eine Nachricht ohne Subject (also ohne Betreff) absenden wollen, meldet sich Outlook Express mit einer entsprechenden Warnung. Sie können diese jedoch nach Wunsch ignorieren und E-Mails problemlos auch ohne Subject verschicken

Siehe auch: E-Mail, Header

Submit

{Aussprache: Sabmitt}

„Einreichen"

Nicht selten sind Schaltflächen auf Internetseiten mit der Aufschrift *Submit* versehen, was im Deutschen so viel wie einreichen oder beantragen heißt. Insbesondere bei Suchmaschinen findet man *Submit* recht häufig.

Hierbei gibt man in einem speziellen Feld den Begriff ein, nach dem gesucht werden soll, und klickt anschließend auf *Submit*, um die Suchanfrage an den zuständigen Server einzureichen.

Eine ähnliche Funktion hat *Submit* auch bei Webseiten mit Formularen, in die Sie Angaben wie Name, Adresse etc. eintragen sollen. Erst durch Klick auf *Submit* (oder oftmals alternativ durch Drücken der [Enter]-Taste) werden Ihre Angaben an den zuständigen Dienst weitergeleitet.

Subscribe

{Aussprache: Sabskreib}

„Unterschreiben"

Eine (Print-)Zeitschrift, die Sie regelmäßig erhalten möchten, müssen Sie zuerst abonnieren. Gleiches gilt auch für die entpsrechenden Dienste im Internet.

Wenn Sie also Newsletter, regelmäßige Informationen von Unternehmen etc., erhalten oder an Diskussionen einer Mailing List teilnehmen wollen, müssen Sie diese Dienste zuerst abonnieren, im Englischen „subscribe".

In welcher Art dieses Subscribe stattfinden soll, ist abhängig vom dem Dienst, den Sie abonnieren wollen.

Oftmals genügt es bei Internetseiten, in einem entsprechenden Formular nur Name und E-Mail-Adresse zu hinterlassen, und schon werden Sie mehr oder weniger regelmäßig mit den neusten Nachrichten beglückt.

Bei Mailing-Listen müssen Sie normalerweise an einen speziellen Listserver eine E-Mail senden mit dem Betreff (Subject) „subscribe", woraufhin Ihnen entweder weitere Instruktionen oder gleich eine Bestätigung per E-Mail zugeht.

Wenn Sie sich von einem einmal abonnierten Dienst wieder abmelden oder eine Mailing List wieder verlassen wollen, tun Sie das üblicherweise mit einer E-Mail an den entsprechenden Listserver mit dem Betreff „Unsubscribe".

Subscribe

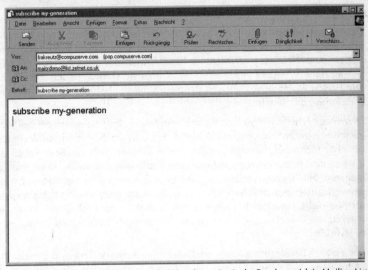

Eine einfache E-Mail mit dem Kommando Subscribe genügt in der Regel, um sich in Mailing-Listen einzutragen

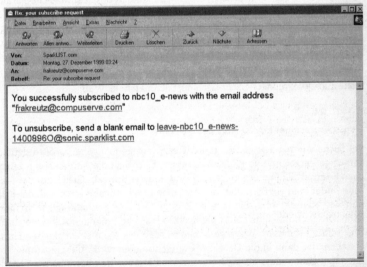

Als Antwort auf ein erfolgreiches Abonnieren einer Mailing List erhalten Sie oftmals eine kurze E-Mail mit einer Bestätigungsmeldung

Siehe auch: Mailing List, Newsletter, Unsubscribe

Suchen

Das Internet ist eine prima Quelle, aus der man Informationen zu praktisch allen Themen abrufen kann. Es gibt eigentlich nichts, zu dem nicht irgendwo irgendwer ein paar Webseiten veröffentlich hat. Wenn da nur nicht ein Problem wäre: Um auf eine Webseite zuzugreifen, muss man sie erstmal finden. Das Suchen und Finden von Informationen ist denn auch die wahre Kunst bei der erfolgreichen Arbeit mit dem Internet.

Dementsprechend gibt es eine Vielzahl von Angeboten, die einem bei der Suche nach bestimmten Inhalten behilflich sind. So verfügen die modernen Webbrowser über mehr oder weniger umfangreiche Suchfunktionen. Diese haben den Vorteil, dass man sich nicht mit der Oberfläche und Bedienung einer oder gar mehrerer Suchdienste vertraut machen muss, sondern diese Funktion innerhalb der vertrauten Browseroberfläche vorfindet. Auch wenn diese Suchfunktionen oftmals nicht mit einer leistungsstarken Suchmaschine mithalten können, reichen sie meist doch aus, um im Handumdrehen die notwendigen Einstiegspunkte zu finden.

Die erste Adresse zum Suchen sind allerdings Suchmaschinen, die meist eine ganze Reihe von Möglichkeiten zur gezielten Suche bieten, die weit über das einfache Eingeben eines Suchbegriffs hinausgehen. So können mehrere Begriffe kombiniert werden oder die Suchergebnisse können durch zusätzliche Parameter wie Datum oder Sprache eingeschränkt werden. Weitere Möglichkeiten zum effizienten Suchen sind Meta-Suchmaschinen (z. B. http://meta.rrzn.uni-hannover.de), Themenkataloge (z. B. http://www.yahoo.de) oder Webguides (http://www.alexa.com), die einem das Suchen ganz ersparen, indem sie automatisch interessante Webseiten zum Besuch vorschlagen.

Siehe auch: Alexa, Meta-Suchmaschine, Suchmaschine, Webguide

Suchen.de

Deutschsprachiges E-Mail-Adressverzeichnis

Bei Suchen.de handelt es sich um das nach eigenen Angaben größte deutschsprachige Verzeichnis von E-Mail-Adressen. Es enthält die Adressen von zahlreichen Internetteilnehmern in Deutschland und der Schweiz. Gleich auf der Startseite findet man ein Formular, mit dem man durch Angabe verschiedener Kriterien wie Name, Firma, Branche, PLZ oder Ort eine Suchanfrage formulieren kann. Die Suchmaschine liefert dann alle in Frage kommenden Adressen zurück. Wer selbst auf diesem Wege gefunden werden will, kann einen eigenen Eintrag erstellen, der dann in die Datenbank aufgenommen wird. Allerdings muss man davon ausgehen, dass die so erfassten Adressen von den Betreibern an Marketingfirmen weiterverkauft werden. Die Webseiten von Suchen.de mit Suchfunktionen und Eintragsmöglichkeit finden sich unter http://www.suchen.de.

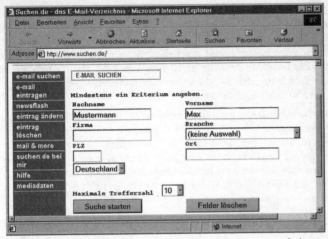

Bei Suchen.de kann man die Adressen von deutschsprachigen Internauten finden

Siehe auch: E-Mail-Adresse

Suchmaschine

Onlineangebot zum Finden von bestimmten Inhalten im Internet

Das beste Werkzeug zum gezielten Finden von Informationen sind die großen Suchmaschinen des Web. Das sind riesige Indizes der veröffentlichten Webseiten, die nach Schlüsselbegriffen durchsucht werden können. Wenn Sie etwa Informationen zu Ihrem Lieblingsauto suchen, rufen Sie eine dieser Suchmaschinen auf und geben z. B. den Suchbegriff „BMW" ein. Die Suchmaschine durchsucht dann ihren Datenbestand nach diesem Stichwort und liefert Ihnen die Adressen und wichtigsten Angaben zu den Webseiten, auf denen sich etwas zu diesem Thema findet.

So funktionieren Suchmaschinen

Suchmaschinen sind (in den meisten Fällen) autonome Softwareroboter, die ähnlich wie ein menschlicher Surfer das Netz nach Seiten durchsuchen. Im Unterschied zu einem Menschen sind sie aber viel gründlicher. Jeder auf einer Seite enthaltene Link wird verfolgt und die entsprechende Webseite ebenfalls ausgewertet und weiterverfolgt. Alle geladenen Webseiten werden analysiert und indiziert, d. h., alle darin enthaltenen Begriffe werden in einer riesigen Datenbank gespeichert. Auf Begriffe wie Füllwörter, Partikeln etc. wird dabei verzichtet, da Suchen nach solchen Begriffen ohnehin nicht sinnvoll sind. Die Informationen der Datenbank werden den Benutzern über eine Weboberfläche zugänglich gemacht. Gibt man ein Suchwort ein, wird die Datenbank danach durchsucht und als Antwort werden alle indizierten Webseiten ausgegeben, die dieses Wort enthalten.

Suchmaschine

Die großen Suchmaschinen des Internet haben inzwischen eine so große Datenbasis, dass sie in den meisten Fällen dazu neigen, viel zu ausführliche Auskünfte zu erteilen. Was nutzt es einem, wenn die Suchmaschine 100.000 Webseiten mit dem gesuchten Begriff finden und benennen kann. Die Wahrscheinlichkeit, dass genau das Gesuchte darunter ist, ist zwar sehr groß. Dafür ist die Chance, eben diese Seite unter den 99.999 anderen zu finden, umso geringer. Da hilft nur eine gute Suchstrategie weiter.

Man muss Suchbegriffe so geschickt kombinieren, dass man die Suchmaschine zu einer Vorauswahl zwingt, durch die die Anzahl der Treffer auf ein überschaubares Maß sinkt. Erst dann sollte man versuchen, einzelne Fundstellen zu besuchen und zu bewerten. Man kann aber durchaus auch mal das Gegenteil erleben, dass man nämlich zu einem Suchbegriff nichts oder nur ganz wenig, jedenfalls nicht das Gewünschte findet. In solchen Fällen heißt es dann, den Suchbegriff zu erweitern anstatt einzuschränken.

Hier einige Tipps, die bei schwierigen Suchen weiterhelfen können:

– Wenn Sie bei der ersten Suchanfrage zu viele Treffer bekommen, sollten Sie den Suchbegriff einschränken. Dazu benutzen Sie am besten eine UND-Verknüpfung oder einen Ausschlussoperator.

– Bekommen Sie zu wenig oder gar keine Treffer, sollten Sie den Suchbegriff erweitern. Das geht am besten mit einer ODER-Verknüpfung. Ebenso können Sie einen ganz neuen Suchbegriff verwenden und den alten (wenn nötig) zum Einschränken dieses neuen verwenden.

– Versuchen Sie stets, die Anzahl der Treffer auf ein Maß zu senken, das überschaubar ist. Zwar werden Sie selten eine Suchanfrage so hinkriegen, dass Sie die eine optimale Seite finden, aber 1.000 oder mehr Seiten sind einfach nicht sinnvoll zu durchsuchen. Ein gutes Maß sind etwa 100 Seiten. Die Suchmaschinen präsentieren meist zwischen zehn und zwanzig Einträgen pro Seite. Das heißt also fünf- bis zehnmal weiterblättern. Das kann man meist noch schaffen, ohne den Überblick zu verlieren.

– Überlegen Sie, wo Sie suchen. Neben den deutschsprachigen Webseiten gibt es noch erheblich mehr englischsprachige Informationsquellen. Wenn Sie etwas Englisch können, kommen Sie hier vielleicht weiter.

– Manche Begriffe gibt es in unterschiedlicher Schreibweise (z. B. Videokassette, Video-Kassette, Video-Cassette usw.). Verwenden Sie hier am besten alle Schreibweisen mit einer OR-Verknüpfung.

– Auch die Verwendung von Singular und Plural kann zu unterschiedlichen Ergebnissen führen. Suchen Sie mit einer OR-Verknüpfung nach beiden Varianten (z. B. Flugreise und Flugreisen).

Siehe auch: Boolesche Operatoren, Suchen

Support

„Unterstützung"

Sicherlich haben Sie auch schon einmal Probleme mit Hardware oder Software gehabt und sind trotz intensiven Studiums des (hoffentlich) beiliegenden Handbuches keinen Schritt weiter gekommen. Da wäre es sehr praktisch, wenn es einen möglichst kompetenten Fachmann gäbe, an den man sich wenden kann, um das Problem möglichst schnell zu lösen.

Diese Rolle kommt der so genannten Support-Abteilung eines Unternehmens zu, die den Kunden bei Problemen Unterstützung (so die deutsche Übersetzung von support) leistet.

Der entsprechende Fachmann wird demzufolge oft auch als Supporter bezeichnet und gibt telefonisch oder per E-Mail die notwendige Auskunft.

Guter Support für die Kunden, die ihr gutes Geld für ein Produkt der Firma ausgegeben haben, sollte eigentlich bei jedem Unternehmen eine Selbstverständlichkeit sein.

Siehe auch: Support Site

Support-Sites

{Aussprache: Support Saits}

Support-Angebote im Internet

Unter Support versteht man ja gemeinhin die Hilfe und Unterstützung bei auftretenden Problemen mit gekaufter Hard- und Software. Üblicherweise haben Firmen dann so genannte Support-Hotlines eingerichtet, bei denen man im Falle eines Problems anrufen konnte. Ob der Support dann auch tatsächlich das Problem lösen konnte, stand auf einem anderen Blatt und nicht selten war man nach einem Anruf genauso schlau (oder auch nicht) wie zuvor und musste selbst auf die Suche nach einer Problemlösung gehen.

Mittlerweile sind zahlreiche Unternehmen in Ergänzung zum Telefon-Support dazu übergegangen, auch im Internet Support anzubieten, sei es, dass man Probleme auch per E-Mail schildern konnte, oder sei es, dass Infos mit den Lösungen für die am häufigsten auftretenden Probleme auf der jeweiligen Webseite öffentlich gemacht werden.

Diese Firmenhilfsseiten nennt man Support-Sites, da sie quasi eine Ergänzung zum normalen Supportangebot darstellen. Üblicherweise finden Sie die Internetadressen der betreffenden Firmen in den jeweilgen Handbüchern zur Soft- oder Hardware. Auch das Bereitstellen der neusten Treiber und Updates gehört zu den Kennzeichen einer Support-Site.

Weiterhin gilt der Begriff jedoch auch in Bezug auf allgemeine (also nicht fimenspezifische) Internetseiten, die sich mit der Behandlung und Lösung von Problemen beschäftigen, so z. B. auch für das Supportnet, das im Internet unter www.supportnet.de zu finden ist.

Surfen

Diese Seite gilt als idealer Ausgangspunkt zur Problemlösung, wenn Sie nicht mehr weiterwissen. Zahlreiche Experten haben ihr Wissen vereinigt und bieten Lösungen für fast alle nur denkbaren Probleme kostenlos an.

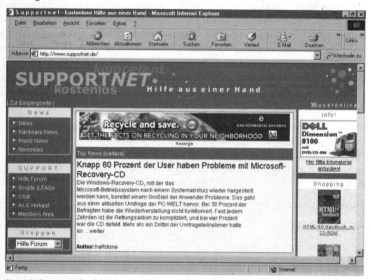

Eine ideale erste Anlaufstelle bei Fragen: www.supportnet.de

Wenn also ein besuch bei der Internetseite der „Problemfirma" keine Hilfe bringt, versuchen Sie es einfach einmal beim Supportnet.

Siehe auch: Support

Surfen

{Aussprache: Sörfen}

Der Begriff Surfen ist mittlerweile auch von der deutschen Sprache völlig vereinnahmt worden. War bis vor wenigen Jahren Surfen eigentlich nur im Zusammenhang mit Wellenreiten, Strand und Meer ein Begriff, so sind „Surfen" und „Internet" eine fast untrennbare Einheit geworden.

Wer surft, bewegt sich im Internet, genauer: im WWW, von einer Seite zur anderen, d. h., er klickt mit der Maus auf einen Link, landet auf einer anderen Internetseite, klickt dort auf den nächsten Link, schaut sich eine weitere Seite an, klickt auf den nächsten Link usw.

So ist Surfen quasi ein Durchklicken von einem Internetangebot zum nächsten.

Siehe auch: Link

SVR [Superscape Virtual Reality]

3-D-Browser-Plug-In

Die Firma Superscape bietet eine Technologie an, mit der sich dreidimensionale Objekte in Webseiten einbinden lassen. Sie eignet sich z. B. für Produktpräsentationen in Onlineshops, um den Kunden einen möglichst guten Ersatz für das beim virtuellen Einkauf fehlende haptische Gefühl zu ermöglichen. Superscape-Objekte sind dreidimensional und können vom Betrachter durch Mausbewegungen in alle Richtungen gedreht und genauer betrachtet werden. Außerdem sehen sie die Möglichkeit der Skalierung vor, d. h., der Betrachter kann ein Objekt ebenfalls mit der Maus optisch entfernen oder heranholen, um z. B. bestimmte Details eingehender zu betrachten. Darüber hinaus gibt es weitere Möglichkeiten, wie z. B. das skriptgesteuerte Bewegen eines 3-D-Objekts innerhalb einer Webseite.

Damit diese Technik funktioniert, muss im Browser des Betrachters das Superscape-Plug-In e-Visualizer installiert sein. Es ist für die Webbrowser Internet Explorer und Netscape Navigator kostenlos erhältlich. Wenn der Besucher erstmals ein Superscape-Objekt betrachten will, wird ihm automatisch angeboten, das Plug-In herunterzuladen und zu installieren. Zum Erstellen wird allerdings kostenpflichtige Software von Superscape benötigt. Die damit erzeugten 3-D-Objekte werden komprimiert übertragen, sodass sie verhältnismäßig schnell in den Browser geladen werden. Ausführlichere Informationen zu Superscapes VR-Technologie gibt es unter http://www.superscape.com. Dort kann man sich auch das Plug-In herunterladen und anhand einer ganzen Reihe von Demoobjekten ausgiebig ausprobieren.

Siehe auch: Plug-In

Swatch-Beat

{Aussprache: Swotsch-Biet}

Siehe unter: Beat

T

T1

T1 ist die Bezeichnung für einen Übertragungsstandard, der im Internet relativ häufig verwendet wird. Er bezieht sich auf die Art der Netzanbindung eines Rechners oder Teilnetzes und der daraus resultierenden Übertragungskapazität. Eine solche T-1-Verbindung übermittelt auf einem Kupferdraht bis zu 1,544

MBit/s, eine Kapazität, die im Normalfall ausreicht, um bis zu einige hundert Benutzer an das Internet anzubinden, die sich diese Kapazität teilen können. Viele kleine bis mittelständische Unternehmen und auch kleinere Internetprovider sind mit einer T1-Leitung an das Internet angebunden.

Um eine höhere Kapazität zu erreichen, kann man mehrere T1-Verbindungen (auf mehreren Kabeln) parallel schalten oder gleich eine T3-Leitung benutzen, die etwa die 30-fache Kapazität hat. Wenn Internet- oder Webprovider die Kapazität ihres Zugangs bzw. Webservers angeben, verwenden sie häufig die T-Terminologie, also z. B. 5xT1-Anbindung, d. h., fünf parallel geschaltete T1-Leitungen macht ca. 7,7 MBit/s. Je mehr Leitungen bzw. je mehr Kapazität (T1, T3 usw.) ein Provider hat, desto besser.

Siehe auch: Bandbreite

TAE-Dose [Telefonanschlusseinheit]

Bei der Installation von Modems ist der problematischste Teil des Anschlusses häufig die Verbindung mit dem Telefonanschluss. Dabei muss der Stecker des Modemkabels in eine passende Telefonsteckdose gesteckt werden. Dabei spricht man auch von TAE-Steckern bzw. TAE-Steckdosen. Häufig ist eine Telefonsteckdose vorhanden, die aber nur eine Steckmöglichkeit bietet.

Hier ist zunächst mal kein Platz für den Modemanschluss, denn an diesen einen Stecker gehört das Telefon. Das Problem lässt sich aber aus der Welt schaffen, indem Sie eine Dreifach-Steckdose installieren lassen, was sicherlich die eleganteste Lösung wäre. Da dies aber die Telefongesellschaft durchführen müsste, ist das etwas umständlich und teuer. Einfacher geht es mit einem speziellen Adapter, der für ca. 15 DM im Elektrofachhandel erhältlich ist. Er wird in den einen vorhandenen Stecker gesteckt und stellt seinerseits eine Dreifach-TAE-Steckdose zur Verfügung.

Wenn Ihr Telefonanschluss ohnehin aus einer Dreifach-TAE-Steckdose besteht, sind Sie bereits bestens für den Onlinezugang gerüstet. In diesem Fall müssen Sie lediglich auf die richtige Verwendung der Stecker achten. Die drei Steckplätze der TAE-Dose sind minimal unterschiedlich geformt, weil nicht jedes Gerät einfach irgendwo eingesteckt werden soll.

Der Stecker eines Telefons ist mit einer kleinen zusätzliche Auswölbung als F-Stecker (Fernsprecher-Kodierung) markiert und passt nur in den mittleren Steckplatz. Stecker von anderen Kommunikationskomponenten wie Faxgeräten oder eben Modems sind als N-Stecker (Nachrichtenendgerät) markiert und sollten nur in den linken oder rechten Steckplatz gesteckt werden. Nur wenn an die TAE-Dose kein Telefon angeschlossen werden soll, können sie auch in die Mitte gesteckt werden.

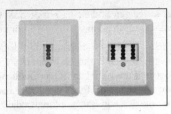

TAE-Steckdosen gibt es in einfacher und dreifacher Ausführung

Siehe auch: Modem

Tag

{Aussprache: Täg}

Markierungsanweisungen in Beschreibungssprachen

Webseiten bestehen aus HTML-Dateien, die von einem Webbrowser geladen, interpretiert und in eine Bildschirmdarstellungen umgesetzt werden. Solche HTML-Dateien sind im Prinzip einfache Textdateien, die neben dem eigentlichen Textinhalt bestimmte Formatierungsanweisungen enthalten. Diese Formatierungsanweisungen teilen dem Webbrowser mit, wie die Webseite und die einzelnen Textteile gestaltet werden sollen. Sie bestehen aus so genannten Tags (engl. für Marken), die jeweils von einer öffnenden < und einer schließenden spitzen Klammer > eingeschlossen sind. Da die meisten Formatierungen einen Anfang und ein Ende haben, gibt es Start- und Ende-Tags. Sie unterscheiden sich durch ein zusätzliches / vor dem Ende-Tag. Ein Beispiel:

Der Start-Tag <B> markiert den folgenden Text als fettgedruckt (englisch bold). Der Ende-Tag </B> beendet diese Markierung wieder. Der Text zwischen den beiden Tags wird also fettgedruckt dargestellt, der Text davor und danach normal. Der HTML-Text

```
Dieser Text wird <B> fett </B> dargestellt.
```

würden im Webbrowser folgendermaßen ausgegeben werden:

Dieser Text wird **fett** dargestellt.

Solche HTML-Tags sind beliebig kombinierbar. So können wir obiges Beispiel so abändern, dass der gesamte Satz fett und nur das Wort „fett" kursiv dargestellt wird. Dazu verwenden wir zusätzlich den HTML-Tag <I> für kursive Textdarstellung:

```
<B>Dieser Text wird <I>fett</I> dargestellt.</B>
```

ergibt:

Dieser Text wird *fett* dargestellt.

Nicht alle Tags haben auch ein Ende-Tag. Einige Tags werden nicht zum Markieren verwendet, sondern zum Einfügen spezieller Layout-Elementen wie z. B. Bildern. Dabei würde ein Ende-Tag keinen Sinn machen. Ein solches Ende-loses

Tag ist beispielsweise <HR>. Es fügt an der jeweiligen Stelle eine horizontale Linie als optisches Trennelement in ein HTML-Dokument ein.

Alle Elemente der Seitenbeschreibungssprache HTML bestehen aus Tags, sodass eine HTML-Datei immer eine Kombination aus dem eigentlichen Inhalt des Textes und den vom Autor eingefügten Markierungsanweisungen ist. Im Quellcode sind solche Dateien deshalb nur sehr schwer lesbar. Die Aufgabe von Webbrowsern ist es, die HTML-Tags herauszufiltern und den eigentlichen Inhalt des Dokuments entsprechend den Tags formatiert auszugeben.

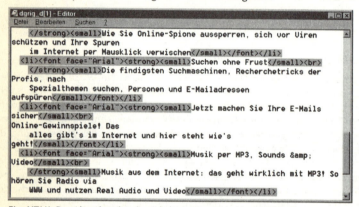

Eine HTML-Datei besteht neben dem Inhalt aus einer Vielzahl von HTML-Tags

Siehe auch: HTML

Taktung

Anderes Wort für „Abrechnungstakt"

Siehe: Abrechnungstakt

TAN [Transaktionsnummer]

Eine TAN, also eine Transaktionsnummer, wird beim Homebanking benötigt, um einen Auftrag abzuwickeln.

Um von zu Hause aus bei Ihrer Bank einen Auftrag, beispielsweise eine Überweisung, durchzuführen, benötigen Sie nicht nur Ihre PIN-Nummer, um sich zu identifizieren, sondern auch für jeden einzelnen Auftrag, den Sie ausführen lassen wollen, eine eigene TAN.

Eien Liste mit den für Sie verfügbaren Transaktionsnummern erhalten Sie von Ihrer Bank. Bei jedem Home-Banking-Auftrag müssen Sie dann eine der Ihnen zur Verfügung gestellten TANs nutzen. Diese TAN ist dann verbraucht und kann nicht noch einmal benutzt werden.

Siehe auch: Homebanking, PIN

TANSTAAFL [There Ain't No Such Thing As A Free Lunch]

„Es gibt eben nichts geschenkt" (Slang)

Ein Akronym der etwas längeren Sorte ist TANSTAAFL, kein holländischer Ausdruck, wie man vielleicht anfangs meinen möchte, sondern die Abkürzung für There Ain't No Such Thing As A Free Lunch, wörtlich übersetzt: „So etwas wie ein kostenloses Mittagessen gibt es nicht."

Dies bedeutet so viel wie „es gibt eben nichts geschenkt" und ist eine der Lebensweisheiten der etwas erfahreneren Internetnutzer, die glauben erkannt zu haben, dass man nichts umsonst bekommt, selbst dann, wenn es im ersten Moment so aussieht.

Im Gegensatz dazu stehen jedoch Erkenntnisse einiger findiger Internetfreaks, die wahre Meister im Aufstöbern kostenloser Angebote sind. Geben Sie doch bei einer Suchmaschine einfach einmal kostenlos oder umsonst als Suchbegriff ein. Sie werden sich wundern, was Sie da alles angezeigt bekommen, oder schauen Sie einfach einmal bei www.kostenlos.de vorbei.

Siehe auch: Chatslang

TBA [To Be Announced]

„Wird angekündigt"

Auch abseits von der reinen Internetsprache ist im Englsichen die Abkürzung TBA häufig anzutreffen. Es ist die Kurzform von To Be Announced, dt. „wird angekündigt", beispielsweise mit Bezug auf das Veröffentlichungsdatum von CDs oder Software. Ein genauer Ternin steht also noch nicht fest, aber ist in Planung und wird demnächst der Öffentlichkeit angekündigt (announced).

Tcl/Tk [Toolkit Comand Language/Toolkit]

Skriptsprache zur Entwicklung grafischer Anwendungen

Die Toolkit Command Language Tcl und das Toolkit Tk bilden gemeinsam ein Paket, mit dem sich skriptbasierte Anwendungen erstellen lassen. Dabei handelt es sich nicht um maschinennahe, direkt ausführbare Binärprogramme, sondern um Skripts, die erst zur Laufzeit von einem Interpreter in maschinennahen Bytecode übersetzt und ausgeführt werden. Tcl ist die zugrunde liegende Skriptsprache. Sie wurde ursprünglich von Dr. John Ousterhout an der University of California in Berkeley entwickelt, wird inzwischen aber von der Firma Scriptics betreut. Tcl ähnelt anderen Skriptsprachen wie JavaScript, VBScript oder Perl. Man kann damit beliebige Programme erstellen, die von einem Interpreter ausgeführt werden. Es eignet sich auch hervorragend, um mehrere kompilierte Binärprogramme zu einer integrierten Anwendung zusammenzufassen.

Das Besondere an Tcl ist aber, dass es mit Tk eine Erweiterung dieser Skriptsprache zum Erstellen von grafischen Oberflächen gibt. Während klassische Skriptsprachen sich insbesondere unter UNIX auf einfache textbasierte Ein- und

Ausgaben beschränken, kann man mit Tcl/Tk auf relativ einfache Weise komplexe grafische Anwendungen mit Fenstern, Menüs und Schaltflächen erstellen. Ausführliche Informationen zu Tcl/Tk gibt es auf den Webseiten der Firma Scriptics unter http://www.scriptics.com.

Siehe auch: Interpreter, JavaScript, Perl, Script

TCP/IP [Transmission Control Protocol/Internet Protocol]

{Aussprache: Tie Sie Pie Ei Pie}

Grundlage einer jeden Verständigung zweier Computer ist, dass sie gemeinsame Regeln haben. In Bezug auf den Datenaustausch zwischen zwei Rechnern im Internet haben sich die beiden Protokolle des TCP/IP als zusammengehörender Standard herausgebildet.

Hierbei ist das IP (Internet Protocol) für den Versand der Datenpakete (Packets) verantwortlich, während das TCP (Transmission Control Protocol) dann am Zielort dafür sorgt, dass die Datenpakete wieder richtig zusammengesetzt werden.

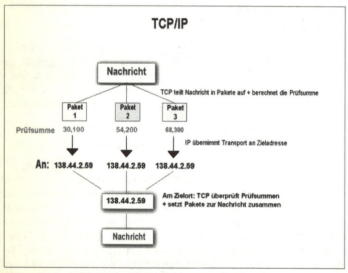

Ein zu versendendes Datenpaket (hier Nachricht genannt) wird vor dem Transport von TCP in kleinere Pakete (hier Paket genannt) aufgeteilt und mit einer Prüfsumme versehen. IP sorgt dann für den Transport zum Zielort, wo TCP die Prüfsumen überprüft und die einzelnen kleinen Datenpakete wieder zum ursprünglichen Datenpaket (Nachricht) zusammensetzt. Sollte die Prüfsumme eines Datenpakets nicht stimmen, wird nur dieses spezielle Datenpaket noch einmal angefordert

Die TCP/IP-Protokolle bilden quasi einen Standard, auf dem weiterführende spezialisierte Protokolle wie FTP, HTTP oder SMTP aufbauen. All diesen Protokollen ist gemeinsam, dass sie die grundlegeneden Fähigkeiten der Basisprotokolle TCP und IP nutzen.

Siehe auch: FTP, HTTP, SMTP

T-DSL

ADSL-Anschluss der Telekom

Seit 2000 bietet die Deutsche Telekom bzw. ihre Tochter T-Online die ADSL-Technologie für den Breitband-Internetzugang per Telefonleitung an. Bei der **A**synchronous **D**igital **S**ubscriber **L**ine (ADSL) handelt es sich im ein ansynchrones Übertragungsverfahren, bei dem in einer Richtung (Download) ein erheblich höheres Übertragungsvolumen als in der anderen Richtung (Upload) erreicht wird. Die Telekom bietet diese Technologie unter dem Namen T-DSL an, so wie alle anderen Produkte einen T-Namen haben, z. B. T-Net, T-ISDN usw. Es handelt sich dabei also nicht um eine spezielle Variante des ADSL-Verfahrens, sondern lediglich um eine marketingtechnische Umbenennung. T-DSL kann in Verbindung mit einem analogen oder einem ISDN-Anschluss genutzt werden. Es ist bislang allerdings nur in Ballungszentren und größeren Städten verfügbar. Bis Ende 2001 soll allerdings 90 % der bundesdeutschen Bevölkerung ein T-DSL-Anschluss zur Verfügung stehen. Probleme dürfte es dabei vor allem in den neuen Bundesländern geben. Dort war das marode DDR-Telefonnetz nach der Wiedervereinigung aufwändig mit modernster Glasfasertechnik modernisiert worden. Dies erweist sich jetzt als Bumerang, denn die ADSL-Technologie funktioniert grundsätzlich nur mit Kupferkabeln.

Siehe auch: ADSL, T-Online

Telnet

{Aussprache: Tällnett}

Das Telnet-Protokoll ist eines der ältesten Mitglieder der TCP/IP-Familie. Es ist ein Client-Server-Protokoll mit einer ebenso einfachen wie genialen Idee: Alle Ausgaben des entfernten Rechners (Server) werden auf dem Bildschirm des lokalen PCs (Client) angezeigt. Ebenso werden alle lokalen Eingaben beim Client als Eingabedaten an den entfernten Server weitergegeben. Alle Rechenarbeit erledigt dabei der Server. Der lokale Rechner gibt nur Daten ein und aus. Der Vorteil dabei: Man kann per Telnet am entfernten Rechner arbeiten, genauso, als ob man direkt davor sitzen würde.

Wie bei jedem Client-Server-Protokoll läuft auch bei Telnet auf beiden Rechnern Software, die den Datenaustausch steuert. Das Telnet-Serverprogramm heißt Telnet-Dämon. Es läuft auf Internetservern und wartet ständig im Hintergrund auf seinen Einsatz. Um mit einem Telnet-Dämon Verbindung aufzunehmen, übergeben Sie dem Telnet-Client zunächst die IP-Adresse des Telnet-

Telnet

Servers, zu dem Sie Kontakt aufnehmen wollen. Legen Sie ggf. auch den Port für Ihre Verbindung fest. Bei einfachen DOS- und UNIX-Clients übergeben Sie diese Daten einfach als Parameter auf der Kommandozeile. Grafische Clients erlauben das Einstellen in komfortablen Menüs. Wenn das Telnet-Programm die notwendigen Daten hat, beginnt es mit dem Aufbau einer IP-Verbindung zum Server.

Da die meisten Telnet-Zugänge nicht öffentlich sind, ist das Anmelden der erste Schritt nach dem Zustandekommen der Verbindung. Dazu muss man auf Anfrage eine Benutzer-ID und ein Passwort angeben. Ist beides korrekt, akzeptiert der Server die Anmeldung und stellt entweder den direkten Zugang einem Programm oder eine UNIX-Arbeitsumgebung zur Verfügung. Nach Beenden der Arbeit kann man die Telnet-Verbindung abbrechen. Grafische Clients lassen oft das Beenden per Menü zu. Besser ist aber das Eingeben des Kommandos *exit* oder *logout* in der Kommandozeile. Dabei beendet nicht der Client die IP-Verbindung, sondern der Server. So stellen Sie sicher, dass die Verbindung definitiv geschlossen wird.

Per Telnet kann man z. B. den Katalog wissenschaftlicher Bibliotheken abfragen

Da per Telnet keine Arbeit auf einer grafischen Oberfläche, sondern nur textbasierte Ein- und Ausgaben möglich sind, verliert es immer mehr an Bedeutung. Insbesondere einfache Anwendungen lassen sich komfortabler und schneller über eine Weboberfläche steuern. Trotzdem gibt es noch immer Anwendungen für Telnet-Verbindungen. So wird Telnet z. B. von Onlinespielern für MUDs oder Onlineschach eingesetzt. Auch viele wissenschaftliche Bibliotheken bieten noch immer per Telnet einen Zugang zum Bestandskatalog, damit die Benutzer auch aus der Ferne recherchieren, ausgeliehene Bücher verlängern oder Bücher zum Ausleihen vormerken können. Wer Telnet ausprobieren will, braucht nicht mal extra Software zu installieren. Es reicht schon, das Kommando *telnet* in der

Eingabeaufforderung oder unter *Start/Ausführen* einzugeben, um das einfache Programm zu starten.

Siehe auch: MUD, Terminalprogramm

Terminalprogramm

{Aussprache: Törminel-Programm}

Der Begriff Terminal stammt noch aus den Großrechnerzeiten und bezieht sich auf Rechnerarbeitsplätze ohne eigene Rechenkapazität, die im Prinzip nur aus einem Bildschirm und einer Tastatur bestehen, die beide direkt mit dem Großrechner verbunden waren. Das war bei den Großrechnern gang und gäbe, denn die Kapazität dieser Rechner reichte nicht nur für einen Benutzer, sondern für viele gleichzeitig. Also schloss man einfach zehn oder auch hundert solcher Terminals an und ermöglichte so entsprechend vielen Personen die gleichzeitige Arbeit am Großrechner.

Ein Terminalprogramm kann sich per Telefonleitung in andere Rechner einwählen

Ein Terminalprogramm simuliert einen solchen Terminal auf einem PC. Ähnlich wie ein Telnet-Programm ermöglicht es so die Arbeit an einem entfernten Rechner, geradeso, als ob man persönlich direkt davor sitzen würde. Im Unterschied zu Telnet basieren Terminalprogramme aber nicht auf TCP/IP, sondern verwenden einfachere serielle Protokolle. Dementsprechend kann man mit einem Terminalprogramm die Verbindung zu einem anderen Rechner aufnehmen, der über die serielle Schnittstelle angeschlossen ist. Weitaus häufiger ist (war) aber die Verbindung über eine Telefonleitung per Modem. Darauf basierten die zahlreichen Mailbox-Systeme, die erst in den neunziger Jahren vom Internet abgelöst wurden. Bis heute gehört aber ein einfaches Terminalprogramm zum Lieferumfang von Windows. Es heißt Hyperterminal und muss allerdings meist erst ausdrücklich in der Systemsteuerung unter *Software* installiert werden, da es nicht zum Standardinstallationsumfang von Windows gehört. Das liegt wohl daran, dass Terminalprogramme dank des allgegenwärtigen Internet heute kaum noch gebraucht werden.

Siehe auch: Telnet

TGIF [Thank God It's Friday]

Gott sei Dank, es ist Freitag!

Ende der 70er-Jahre gab es einen Film mit dem Titel „Thank God it's Friday", der die Wochenend-Freuden der damaligen Discogeneration präsentierte, die es kaum erwarten konnte, dass es endlich wieder Freitag wurde, um sich wieder die Nächte in der Disco um die Ohren schlagen zu können.

In eine ähnliche Kerbe schlägt TGIF, die Kurzform von **T**hank **G**od **I**t's **F**riday, ins Deutsche übersetzt etwa „endlich Wochenende".

Dieses Akronym bedarf wohl keiner weiteren Erläuterung, da es sicherlich von allen arbeitenden Menschen nachempfunden werden kann, die sich auf ein Wochenende ohne Arbeit freuen.

Siehe auch: Chatslang

Thread

{Aussprache: Thred}

„Faden"

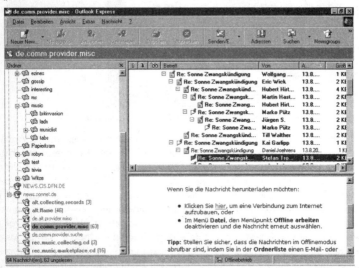

Threads, also die Aufeinanderfolge von Nachrichten und ihre Zusammenhänge, lassen sich mit einem Newsreader sehr gut darstellen, da man sofort sieht, welche Nachrichten thematisch zusammengehören

Die deutsche Bezeichnung von Thread ist Faden, wobei in Bezug auf die Bedeutung von Thread in der Internetsprache Gesprächsfaden oder Nachrichtenfaden eigentlich angebrachter wäre.

Als Thread werden alle Nachrichten einer Newsgroup bezeichnet, die unter dem gleichen Betreff stehen. Auf eine erste Nachricht folgen die Antworten und Reaktionen auf diesen Artikel, die so genannten Followups. Auf diese wird dann wiederum geantwortet etc. wodurch mit der Zeit ein immer längerer Nachrichtenfaden wird.

Siehe auch: Followup, Newsgroup, Posting, Subject

Thumbnail

{Aussprache: Thambnäil}

„Daumennagel"/Miniaturbild

Sicherlich haben Sie schon oft auf Internetseiten kleine Grafiken gesehen, die dann, wenn Sie sie angeklickt haben, in einem größeren Format angezeigt wurden. Diese kleinen Grafiken werden Thumbnails, also „Daumennägel" genannt.

Der Hintergrund dieser Thumbnails ist ganz einfach der, dass Grafiken, je größer sie sind, desto mehr Speicherplatz in Anspruch nehmen, und demzufolge logischweise natürlich auch längere Zeit zum Laden brauchen.

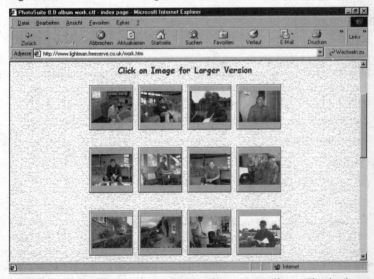

Durch Anklicken der Thumbnails erhalten Sie die Grafiken im Originalformat. Thumbnails sparen Platz und bieten dennoch einen guten Überblick, ob sich das Ansehen der Grafik und damit das Warten auf das oftmals speicherintensive Bild überhaupt lohnt

Auf einer Internetseite mit vielen speicherintensiven Grafiken kann es, insbesondere bei nicht ganz optimalen Verbindungen, schon einmal eine ganze Weile dauern, bis dann alle Grafiken geladen und angezeigt sind. Um diesen Ladevorgang zu verkürzen und dem Betrachter dennoch einen Eindruck von den Bildern zu vermitteln, werden diese Bilder als Thumbnails in die Internetseite eingebaut. Dies hat den Vorteil, dass der Betrachter sieht, was auf den Grafiken ist; gleichzeitig wird die Seite viel schneller aufgebaut, da die Thumbnails nur einen Bruchteil der normalen Grafikgröße aufweisen, und der Interessierte dennoch bei Bedarf die Grafik in Originalgröße sehen kann, indem er sie anklickt.

TIA [Thanks In Advance]

„Danke im Voraus"

Im Briefverkehr ist es nicht unüblich, sich für eine Gefälligkeit, die man hofft erwiesen zu bekommen, im Voraus zu bedanken. Gleiches gilt selbstverständlich auch für den Nachrichtenaustausch im Internet per E-Mail oder beim Chatten.

Hierfür hat sich dann das Kürzel TIA, für **T**hanks **I**n **A**dvance durchgesetzt.

Siehe auch: Chatslang

TLD [Top Level Domain]

Siehe unter: Top Level Domain

TNX [Thanks]

„Danke"

Es ist kaum zu glauben, aber in der Internetsprache werden selbst kurze, einsilbige Wörter noch einmal abgekürzt. Aus dem normalerweise üblichen „thank you very much" wurde zuerst „Thank you", dann die Kurzform „thanks". Doch selbst dies wird beim Chatten oder in E-Mails noch einmal verkürzt zu TNX.

Geblieben ist allerdings die Bedeutung all dieser Ausdrücke: „Danke".

Siehe auch: Chatslang

T-Online

{Aussprache: Tee-Onlein}

Onlinedienst der Deutschen Telekom

T-Online ist in Deutschland mit den weitaus meisten Benutzern der Marktführer unter der Onlinediensten. Ursprünglich ging T-Online aus dem Bildschirmtext *Btx* der Deutschen Bundespost hervor, der in Deutschland für Privatpersonen die erste kommerzielle Möglichkeit war, online zu gehen. Später wurde dieser einfache Bildschirmdienst zum multimedialen Onlinedienst T-Online weiterentwickelt. Insbesondere die Anwendung des Homebanking und die Marktführerschaft der Muttergesellschaft Telekom in Deutschland verhalfen T-Online zu einer führenden Position. Mit dem Aufkommen des Internet integrierte T-

Online den Internetzugang in seinen Dienst, wenn auch nur halbherzig in Form eines proprietären Protokolls, das immer wieder für Probleme sorgte.

Inzwischen hat sich T-Online aber wieder weiter gewandelt und den Marktbedürfnissen angepasst. So bietet man heute einen vollwertigen Internetzugang an und konzentriert sich zunehmend auf die Rolle des Inhaltsanbieters. Zentraler Punkt bei T-Online ist inzwischen nicht mehr die Zugangssoftware, sondern das Internetportal unter http://www.t-online.de. Da T-Online immer noch eng mit der Muttergesellschaft Telekom verknüpft ist, macht man immer wieder durch aggressive Preispolitik Schlagzeilen. So schaffte es die Telekom, im Jahr 2000 den gerade erst entstandenen Flatrate-Markt in Deutschland zu überrollen und die eigene T-Online-Flatrate als einzige überregionale Alternative zu etablieren.

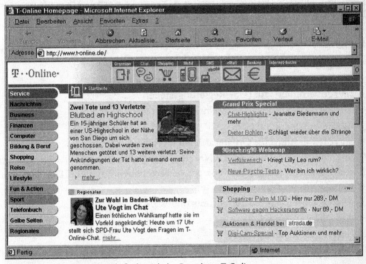

Unter http://www.t-online.de findet sich das Portal von T-Online

Siehe auch: Btx, Onlinedienst

Topic

Thema

Das Thema einer Diskussion, beispielsweise in Newsgroups oder in einer Mailing List, wird oft auch mit dem englischen Ausdruck Topic bezeichnet.

Beiträge, die vom vorgegeben Thema zu stark abweichen, werden als off topic bezeichnet und sind in Diskussionsgruppen normalerweise nicht gern gesehen. Sie müssen damit rechnen, von anderen Teilnehmern mehr oder weniger freundlich gerügt zu werden, doch bitte zum Thema zurückzukehren.

Siehe auch: bot, Off Topic

Top Level Domain

{Aussprache: Topp Level Domähn}

Die Top Level Domain ist der abschließende Teil des Domainnamens.

Sinnvoll ist es, dies an Beispielen zu erklären:

Bei www.databecker.de ist der *de*-Teil die so genannte Top Level Domain.

Bei www.altavista.com ist *com* die Top Level Domain, also immer der rechts des letzten Punktes stehende Teil des Domainnamens.

> **Hinweis:** Die Top Level Domain gibt entweder einen Hinweis auf die geografische Lage des Servers (*de* für Deutschland, *uk* für Großbritannien usw.) oder aber sie gehört zu den ursprünglichen „klassischen" Top Level Domains, die den Zweck des Hosts näher beschreiben.

Die bislang üblichen, klassischen Top Level Domains sind:

- *com* (commercial) für Firmen
- *edu* (educational) für Bildungseinrichtungen, Universitäten
- *gov* (government) für (US-)Regierungsstellen
- *mil* (military) für (US-)Militäreinrichtungen
- *net* für Netzwerkbetreiber
- *org* (organisation) für Organisationen, Vereine
- Im Oktober 2000 hat die ICANN (**I**nternet **C**orporation for **A**ssigned **N**ames and **N**umbers) jedoch beschlossen, weitere sieben Top Level Domains einzuführen. Hierbei handelt es sich um:
- *aero* für Unternehmen der Luftfahrtindustrie
- *biz* für Unternehmen
- *coop* für Genossenschaften
- *info* für Informationsangebote
- *museum* für Museen
- *name* für private Einzelpersonen
- *pro* für Freiberufler und Geschäftsleute

Andere Top Level Domains, die zuvor im Gespräch waren (wie beispielsweise *sex*, *web* und *kids*) wurden von ICANN abgelehnt.

Im Folgenden nun noch eine komplette Liste aller (Top Level) Länderdomains, die Ihnen beim Surfen im Internet vorkommen können; damit Sie beim nächsten Mal auch wissen, dass beispielsweise eine Adresse mit der Endung *.gl* darauf hinweist, dass das Angebot in Grönland beheimatet ist.

Domain	Land
ad	Andorra
ae	Vereinigte Arabische Emirate
af	Afghanistan

Domain	Land
ag	Antigua
ai	Anguilla
al	Albanien

Top Level Domain

Domain	Land
am	Armenien
an	Niederlande
ao	Angola
aq	Antarktis
ar	Argentinien
as	Amerikanisch-Samoa
at	Österreich
au	Australien
aw	Aruba
az	Aserbeidschan
ba	Bosnien-Herzegowina
bb	Barbados
bd	Bangladesch
be	Belgien
bf	Burkina
bg	Bulgarien
bh	Bahrain
bi	Burundi
bj	Benin
bm	Bermuda
bn	Brunei
bo	Bolivien
br	Brasilien
bs	Bahamas
bt	Bhutan
bv	Bouvet Island
bw	Botswana
by	Belarus
bz	Belize
ca	Kanada
cc	Cocos-Inseln
cf	Zentralafrikanische Republik
cg	Kongo
ch	Schweiz
ci	Elfenbeinküste
ck	Cook Inseln
cl	Chile
cm	Kamerun
cn	China
co	Kolumbien
cr	Costa Rica
cu	Kuba
cv	Kapverdische Inseln
cx	Weihnachts-Inseln
cy	Zypern
cz	Tschechien
de	Deutschland
dj	Dschibuti
dk	Dänemark

Domain	Land
dm	Dominica
do	Dominikanische Republik
dz	Algerien
ec	Ecuador
ee	Estland
eg	Ägypten
eh	West-Sahara
er	Eritrea
es	Spanien
et	Äthiopien
fi	Finnland
fj	Fidschi-Inseln
fk	Falkland-Inseln
fm	Mikronesien
fo	Färöer-Inseln
fr	Frankreich
ga	Gabun
gb	Großbritannien
gd	Grenada
ge	Georgien
gf	Franzősisch-Guyana
gh	Ghana
gi	Gibraltar
gl	Grönland
gm	Gambia
gn	Guinea
gp	Guadeloupe
gq	Äquatorial-Guinea
gr	Griechenland
gs	Süd-Georgien/Sandwich-Inseln
gt	Guatemala
gu	Guam
gw	Guinea
gy	Guyana
hk	Hong Kong
hm	Heard- /MacDonald-Inseln
hn	Honduras
hr	Kroatien
ht	Haiti
hu	Ungarn
id	Indonesien
ie	Irland
il	Israel
in	Indien
iq	Irak
ir	Iran
is	Island
it	Italien
jm	Jamaica

Top Level Domain

Domain	Land
jo	Jordanien
jp	Japan
ke	Kenia
kg	Kirgisistan
kh	Kambodscha
ki	Kiribati
km	Komoren
kn	St. Kitts, Nevis, Anguilla
kp	Nord-Korea
kr	Süd-Korea
kw	Kuwait
ky	Kaiman-Inseln
kz	Kasachstan
la	Laos
lb	Libanon
lc	Santa Lucia
li	Liechtenstein
lk	Sri Lanka
lr	Liberia
ls	Lesotho
lt	Litauen
lu	Luxemburg
lv	Lettland
ly	Lybien
ma	Marokko
mc	Monaco
md	Moldawien
mg	Madagaskar
mh	Marschall-Inseln
mk	Mazedonien
ml	Mali
mm	Myanmar
mn	Mongolei
mo	Macao
mp	Marianen-Inseln
mq	Martinique
mr	Mauretanien
ms	Montserrat
mt	Malta
mu	Mauritius
mv	Malediven
mw	Malawi
mx	Mexiko
my	Malaysia
mz	Mozambique
na	Namibia
nc	Neu-Kaledonien
ne	Niger
nf	Norfolk

Domain	Land
ng	Nigeria
ni	Nicaragua
nl	Niederlande
no	Norwegen
np	Nepal
nr	Nauru
nu	Niue
nz	Neuseeland
om	Oman
pa	Panama
pe	Peru
pf	Polynesien
pg	Papua-Neuguinea
ph	Philippinen
pk	Pakistan
pl	Polen
pn	Pitcairn
pr	Puerto Rico
pt	Portugal
pw	Palau
py	Paraguay
qa	Katar
re	Reunion
ro	Rumänien
ru	Russland
rw	Ruanda
sa	Saudi-Arabien
sb	Solomon-Inseln
sc	Seychellen
sd	Sudan
se	Schweden
sg	Singapur
sh	St. Helena
si	Slowenien
sk	Slowakien
sl	Sierra Leone
sm	San Marino
sn	Senegal
so	Somalia
sr	Surinam
st	St. Tome, Principe
su	Sowjetunion
sv	El Salvador
sy	Syrien
sz	Swaziland
tc	Turks- und Caicos-Inseln
td	Tschad
tg	Togo
th	Thailand

Domain	Land
tj	Tadschikistan
tk	Tokelau
tm	Turkmenistan
tn	Tunesien
to	Tonga
tp	Ost-Timor
tr	Türkei
tt	Trinidad und Tobago
tv	Tuvalu
tw	Taiwan
tz	Tansania
ua	Ukraine
ug	Uganda
uk	United Kingdom
um	US Minor Outlying Islands
us	Vereinigte Staaten
uy	Uruguay

Domain	Land
uz	Usbekistan
va	Vatikan
vc	St. Vincent und Grenadine
ve	Venezuela
vg	Virgin-Islands (Britisch)
vi	Virgin-Islands (US)
vn	Vietnam
vu	Vanuatu
wf	Wallis und Futuna-Inseln
ws	Samoa
ye	Jemen
yt	Mayotte
za	Südafrika
zm	Sambia
zr	Zaire
zw	Zimbabwe

Siehe auch: CCTLD, Courtesy TLD, Domain, gTLD, ICANN, NIC

Trace

{Aussprache: Träiss}

Verfolgen, Verfolgung

Das TCP/IP-Protokoll bietet die Möglichkeit, die Wege von Datenpaketen durchs Internet zu verfolgen. Dies dient zum einen der Fehlersuche, weil man so feststellen kann, an welcher Stelle Pakete stecken bleiben oder falsch weitergeleitet werden. Zum anderen kann man durch eine solche Verfolgung feststellen, woher Datenpakete kommen bzw. wohin sie gehen. Man benötigt dazu ein spezielles Programm, dass die Datenverfolgung durchführt und die Ergebnisse aufbereitet.

Siehe auch: Traceroute

tracert

{Aussprache: Träiss-Er-Tee}

Traceroute-Programm unter Windows

Mit dem Traceroute-Verfahren kann man den Weg eines TCP/IP-Datenpakets z. B. zur Fehleranalyse bei Übertragungsproblemen verfolgen. Das Betriebssystem Windows bietet dazu ein eigenes Programm für die Kommandozeile namens tracert. Um es zu benutzen, öffnet man dann die MS-DOS-Eingabeaufforderung und gibt das tracert-Kommando mit der Syntax *tracert <IP-Nummer>* ein. Um den Weg zum Rechner mit der IP-Nummer 213.61.1.3 zu untersuchen, verwendet man also das Kommando

```
tracert 213.61.1.3
```

Traceroute

Traceroute beginnt dann, den Weg der Daten von Ihrem eigenen PC bis zu dem Rechner mit der angegebenen IP-Nummer zu verfolgen. Dabei beginnt es mit der Station, die Ihrem Rechner am nächsten ist, und springt dann von Rechner zu Rechner weiter. Zu jeder Zwischenstation gibt das Programm wiederum die IP-Nummer des beteiligten Rechners und – soweit ermittelbar – den IP-Namen aus.

```
MS-DOS-Eingabeaufforderung
Routenverfolgung zu [213.61.1.3] über maximal 30 Abschnitte:

  1    28 ms     27 ms     28 ms  RAS-7.bielefeld.ipdial.viaginterkom.de [62.180.1
2.11]
  2    41 ms     28 ms     27 ms  62.180.12.9
  3    41 ms     41 ms     41 ms  s-4-1-3-access1.hannover.ipcore.viaginterkom.de
[62.180.12.29]
  4    42 ms     27 ms     41 ms  fa-4-0-core2.hannover.ipcore.viaginterkom.de [19
5.182.97.146]
  5    55 ms     55 ms     41 ms  atm-3-0-core2.leipzig.ipcore.viaginterkom.de [19
5.182.98.213]
  6    55 ms     55 ms     41 ms  ge-4-0-core1.leipzig.ipcore.viaginterkom.de [195
.182.98.129]
  7    41 ms     55 ms     41 ms  pos-2-1-core2.frankfurt.ipcore.viaginterkom.de [
195.182.99.50]
  8    55 ms     41 ms     41 ms  s-2-0-45M-decix.frankfurt.ipcore.viaginterkom.de
 [195.182.99.98]
  9    69 ms     41 ms     55 ms  decix.de.colt.net [194.31.232.62]
 10    55 ms     41 ms     55 ms  h-213.61.63.4.host.de.colt.net [213.61.63.4]
 11    55 ms     55 ms     68 ms  213.61.1.3

Ablaufverfolgung beendet.

C:\WINDOWS>
```

Mit dem tracert-Kommando kann man bei Windows TCP/IP-Datenpakete verfolgen

Siehe auch: Traceroute, Windows

Traceroute

{Aussprache: Träiss-Raut}

Verfolgung von TCP/IP-Datenpaketen

Mit dem Traceroute-Verfahren kann man den genauen Weg von TCP/IP-Datenpaketen zu einem bestimmten Internetrechner verfolgen. Dazu schickt man ein spezielles Datenpaket an die Adresse dieses Rechners. Dieses wird zunächst wie jedes andere Paket durch das Internet zum Zielrechner transportiert. Es enthält aber einen speziellen Code, der jeden am Transport dieses Pakets beteiligten Rechner dazu veranlasst, seinerseits eine kurze Kontrollnachricht an den Absenderrechner zu schicken. Ein spezielles Traceroute-Programm nimmt diese Rückmeldungen in Empfang, bringt sie in die richtige Reihenfolge und stellt sie für den Benutzer dar.

Aus den so erhaltenen Daten kann man ganz genau den Weg ablesen, den ein Paket durch das Internet genommen hat. Zu den einzelnen Stationen erfährt man jeweils die IP-Adressen in Form der IP-Nummer und/oder des IP-Namens sowie die Zeitspanne, die der Transport zu dieser Station benötigt hat. So kann man sehen, bei welchem Rechner die Übertragung z. B. besonders lange gedauert hat oder womöglich ganz abgebrochen ist. Die Aufbereitung der Traceroute-Daten hängt ganz von der verwendeten Software ab. Einfache Programme wie etwa das *tracert*-Kommando von Windows geben nur einige Textzeilen aus. Unter UNIX bzw. Linux gibt es mit *traceroute* ein ähnliches Kommando. Mit komfortableren Analyseprogrammen wie etwa NeoTrace (http://www.neoworx.com) kann man sich den Verlauf der Datenübertragung sogar visuell auf einer Weltkarte anzeigen lassen und ein Maximum an Informationen zu den beteiligten Rechnern ermitteln.

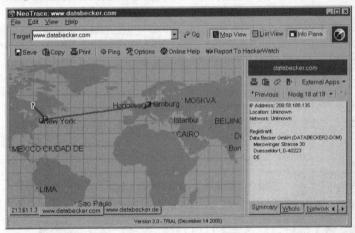

Mit Traceroute-Programmen wie NeoTrace kann man Datenwege visuell verfolgen

Siehe auch: IP-Adressen, TCP/IP, tracert

Traffic

{Aussprache: Träffick}

„Verkehr"

Gemäß der Analogie, bei der das Internet auch als Datenautobahn bezeichnet wird, bezeichnet man in der Internetsprache die Datenmengen, die auf den „Autobahnen", sprich den Leitungen, unterwegs sind, als Verkehr (traffic).

Je mehr Traffic, desto länger müssen Sie als Anwender auf das Abrufen und die Darstellung einer Seite warten, da zu viel Verkehr die Leitungen verstopft und dadurch logischerweise die Geschwindigkeit abnimmt. Ähnlich wie beim richtigen Verkehr wird auch hier von Stau (Traffic jam) gesprochen.

Trojan Horse

„Trojanisches Pferd"

Ein Trojanisches Pferd, auch einfach Trojaner genannt, ist ein Virustyp, der zunächst einmal wie eine ganz harmlose Datei bzw. ein in eine andere Datei eingefügter Programmcode aussieht.

Trojan Horse

Sobald das Programm, also der Trojaner, gestartet wurde, beginnt das Unheil. Was genau im Einzelnen passiert, ist abhängig von der Funktionsweise des Trojaners, aber normalerweise werden Trojaner in böswilliger Absicht geschrieben, sodass immer höchste Gefahrenstufe angesagt ist.

Ganz allgemein gilt, dass Trojaner seltener eingesetzt werden, um Dateien zu zerstören oder ein System zu destabilisieren. In einer Vielzahl der Fälle durchsuchen Trojaner Ihren Rechner nach sicherheitsrelevanten Informationen, wie beispielsweise Dateien, in denen Ihre Passwörter abgelegt sind.

Oder aber sie zeichnen unbemerkt Tastatureingaben in einer Datei auf, die dann bei der nächstbesten Gelegenheit – gleichfalls unbemerkt – an den Programmierer des Trojan horse gesendet werden.

In einer solchen Datei sind dann alle Ihre Tastatureingaben aufgezeichnet, so Ihre Zugangscodes, Passwörter und wenn Sie Pech haben sogar Informationen, die für das Homebanking relevant sind (PIN).

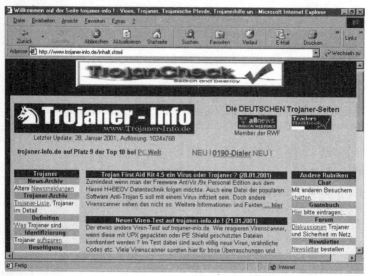

Die neusten Infos über Trojaner und auch die neuesten Abwehrmaßnahmen und Tipps finden Sie unter www.Trojaner.info.de

Nützliche Informationen zu den Trojanischen Pferden, Bekämpfungsmaßnahmen und die entsprechende Software finden Sie unter anderem bei www.trojaner-info.de.

Siehe auch: Virus

TTL [Time To Live]

Festgelegte Lebensdauern eines Datenpakets

Der Datenaustausch über TCP/IP-Verbindungen wird durch eine Reihe von Parametern bestimmt. Diese Regeln das Zusammenwirken von Absender und Empfänger von TCP/IP-Paketen. Sie ermöglichen es, die Netzwerke von Absender und Empfänger so aufeinander abzustimmen, dass die vorhandenen Kapazitäten optimal ausgenutzt werden und möglichst wenig Daten unnötig auf die Reise geschickt werden. Eigentlich eine Selbstverständlichkeit, sollte man meinen, aber TCP/IP lässt den konkreten Implementierungen hier einen großen Spielraum.

Die Time To Live (TTL) ist eine Eigenschaft, die jedem IP-Paket mit auf den Weg gegeben wird. Sie gibt an, wie lange dieses Paket transportiert werden soll. Jeder Rechner, der am Transport dieses Pakets beteiligt ist, wertet dieses Feld aus. Ist die Lebenzeit des Pakets bereits verstrichen, leitet der Rechner es nicht mehr weiter, sondern lässt es einfach im Datennirwana verschwinden. Wenn die TTL in Ordnung ist, sendet der Rechner es mit einer um 1 verringerten TTL weiter. So kann ein Datenpaket nur einen begrenzten Zeitraum überleben und es werden z. B. Endlosschleifen vermieden, wenn ein und dasselbe Paket etwa aufgrund eines Softwarefehlers immer wieder an einen anderen Rechner weitergegeben wird. Der Windows-Standardwert für TTL beträgt 32. Bei viel Datenverkehr und dem üblichen Stau im Internet kann das dazu führen, dass Ihre Datenpakete gelöscht werden, bevor sie ihr Ziel erreichen. Das führt dann zu Übertragungsfehlern und Verbindungsabbrüchen. Deshalb ist es empfehlenswert, den Wert heraufzusetzen. Derzeit wird für das Internet ein TTL-Wert von 64 empfohlen, es sind aber auch bis zu 128 erlaubt.

Siehe auch: TCP/IP

TTYL [Talk To You Later]

Wir sprechen uns später/bis bald

Eine häufig benutzte Abkürzung beim Chat ist TTYL, die Kurzform von Talk To You Later, was im Deutschen etwa „Wir sprechen uns später" bedeutet.

Normalerweise bezeichnet es das Ende einer Konversation, aber unter Freunden oder guten Bekannten mit dem festen Vorsatz, die Unterhaltung in nicht allzu ferner Zeit fortzuführen.

Vor allem bei Chatpartnern, die man nicht näher kennt, ist dies oftmals allerdings mehr eine Höflichkeitsfloskel ohne wirkliche Absicht, das Gespräch „later" also später noch einmal aufzunehmen.

Siehe auch: Chatslang

UCE [Unsolicited Commercial E-Mail]

{Aussprache: Juh Sie Ieh}

„Unverlangt zugesandte kommerzielle E-Mail"

Eine der großen Unarten im Internet ist das Versenden von Werbe-E-Mails, ohne dazu aufgefordert worden zu sein. Der offizielle Ausdruck für eine solch unverlangt zugesandte Nachrichten ist UCE, wenngleich im allgemeinen Internetsprachgebrauch der Ausdruck Spam geläufiger ist.

Unter der Internetadresse http://www.cauce.org hat sich eine so genannte Coalition Against Unsolicited Commercial E-Mail gefunden, die die UCE-Auswüchse geißelt.

Um einem Missverständnis vorzubeugen: mit UCE ist nicht jedwede Art von Werbe-E-Mails gemeint, sondern nur solche, die Sie zugeschickt bekommen, ohne dass Sie darum gebeten habven. Wenn Sie auf einer Firmen-Webseite Informationen per E-Mail anfordern und diese dann zugeschickt bekommen, wäre dies kein Fall von UCE (oder Spam-Mail), da Sie diese E-Mails ja zuvor verlangt haben.

Siehe auch: Spam

UNIX

{Aussprache: Junicks}

Mehrbenutzer-Betriebssystem

UNIX ist ein Betriebssystem, also eine Software, die ähnlich wie Windows als vermittelnde Schicht zwischen der Hardware eines Rechners und den Anwendungsprogrammen fungiert. Seine Entwicklung begann schon 1969 in den Bell Laboratories, sodass man es heute getrost als Methusalem unter den Betriebssystemen bezeichnen kann (im Vergleich: Die erste Windows-Version von Microsoft kam 1990 auf den Markt). UNIX wurde seitdem aber stetig weiterentwickelt und gehört noch immer zur technologischen Spitze. Der Name ist ausnahmsweise mal keine Abkürzung für irgendwas, sondern einfach nur ein Wortspiel in Bezug auf ein noch früheres Betriebssystem namens *Multics*, das inzwischen aber in Vergessenheit geraten ist.

UNIX ist ein interaktives Mehrbenutzersystem, d. h., es ist schon in seinem Entwurf darauf angelegt, mehreren Benutzern das gleichzeitige Arbeiten zu ermöglichen. Dazu kann man per Netzwerk oder Terminal mehrere Arbeitsplätze an ein und denselben UNIX-Rechner anschließen. Damit dies möglich war, musste das System gleichzeitig auch multitaskingfähig sein, also mehrere Prozesse für die Benutzer transparent gleichzeitig verarbeiten. Außerdem waren auch eine integrierte Netzwerkunterstützung und ein umfassendes Sicherheitskonzept unerlässlich, damit ein UNIX-Rechner zuverlässig und sicher durch mehrere Personen genutzt werden konnte. Alle diese Fähigkeiten, die ein Betriebssystem wie Windows erst mühselig in seiner gut zehnjährigen Entwicklungsgeschichte erlernen musste, brachte UNIX praktisch schon von Anfang an mit. Deshalb gilt es bis heute als robuster, stabiler und sicherer als vergleichbare Windows-Systeme.

UNIX als ein einzelnes Softwareprodukt gibt es im Grunde genommen nicht. Vielmehr handelt es sich um eine große Familie von Produkten, die durch gemeinsame Standards und Richtlinien kompatibel zueinander sind. Man spricht dabei auch von UNIX-Derivaten. Lange Zeit waren solche UNIX-Versionen nur für Großrechner und hochleistungsfähige Workstations verfügbar. Seit einigen Jahren gibt es aber auch UNIX für PCs, wobei insbesondere die Linux-Variante hervorzuheben ist, die sich seit mehreren Jahren großer Beliebtheit und zunehmender Verbreitung erfreut. Linux schafft es, die grundlegende Technologie von UNIX auf einen herkömmlichen PC zu übertragen. Dabei übernimmt es praktisch alle wesentlichen Eigenschaften der großen Brüder und gilt deshalb als „echtes" UNIX. Interessanterweise ist es dabei häufig nicht nur robuster und sicherer als der Konkurrent Windows, sondern auch wesentlich sparsamer bei den Hardwareansprüchen. Ein älterer PC, der unter einer aktuellen Windows-Version viel zu langsam ist, kann mit Linux noch gute Dienste leisten.

Siehe auch: Linux, Windows

Unofficial Site

{Aussprache: Anoffischel Seit}

Nicht-offizielle Webseite

Im Gegensatz zu einer Official Site eines Künstlers haben diese Webseiten keinen Segen von „oben", d. h., sie sind nicht vom jeweiligen Star oder der ihn vertretenden Rechteagentur abgesegnet.

Dies ist in keinem Fall als Qualitätsmerkmal zu verstehen, denn gerade die inoffiziellen Fan-Seiten bieten oftmals interessante und originelle Einblicke in die Beschäftigung mit dem jeweiligen Star, die auf einer offiziellen Seite nie zu finden sein würden. Denn schließlich wacht dort ja ein Offizieller über den Inhalt der Seite und sieht zu, dass die veröffentlichten Beiträge auch zum Image des portraitierten Stars passen (Ausnahmen bestätigen wie immer die Regel).

In seltenen Fällen werden aus Unoffical sites im Laufe der Zeit auch offizielle Seiten, beispielsweise wenn es der Webmaster schafft, Kontakt zum Künstler aufzubauen, und die Seite dann von diesem legitimiert wird.

Unsubscribe

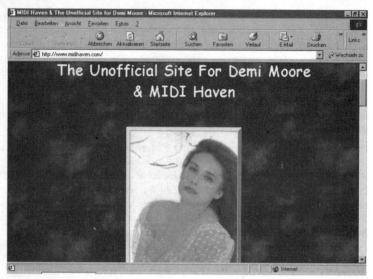

Unofficial Sites sind von den jeweiligen Stars oder Vereinen nicht offiziell abgesegnet, aber doch in den allermeisten Fällen geduldet. Hier eine nicht-offizielle Seite für die Schauspielerin Demi Moore, der nicht-offizielle Charakter wird schon im Titel deutlich

Siehe auch: Official Site

Unsubscribe

{Aussprache: Ansabskraib}

Ein Abonnement aufheben

Wenn Sie beispielsweise einen Newsletter wieder abbestellen wollen, ist üblicherweise eine E-Mail mit einer Text- oder der Betreffzeile „unsubscribe" der entsprechende Weg. Auch über manche Websites kann das Abonnement von Nachrichten über einen *Unsubscribe*-Schalter aufgehoben werden.

Das Gegenteil von unsubscribe ist subscribe, also das Abonnieren.

Siehe auch: Subscribe

Upload

{Aussprache: Applohd}

„Hinaufladen"

Ein Upload ist genau das Gegenteil eines Downloads, nämlich das Übertragen (Hinaufladen) von Dateien vom eigenen Rechner auf einen Server.

URL

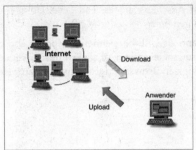

Upload: Daten, die Sie von Ihrem PC auf einen Server im Internet laden, beispielsweise für Ihre eigene Homepage

Wenn Sie beispielsweise eine eigene Homepage im Internet haben, uploaden Sie die entsprechenden Dateien, die zu Ihrer Internetseite gehören, auf den Server Ihres Internetanbieters, der Ihnen dort einen (in der Regel begrenzten) Speicherplatz zu diesem Zweck zur Verfügung stellt.

Siehe auch: Download

Upstream

{Aussprache: Appstriehm}

„Flussaufwärts"

Mit upstream (flussaufwärts) ist schlicht und einfach die Fließrichtung des Datenstroms zwischen Netzwerk und Netwerknutzer gemeint, d. h. bei upstream der Datenfluss vom Nutzer zum Netzwerk „hinauf", vergleiche auch Upload/Download.

Das Gegenteil ist downstream.

Siehe auch: Downstream

URL [Uniform Resource Locator]

{Aussprache: Ju Ahr El}

„Einheitliche Ressourcen-Adresse"

Hinter diesem doch etwas schwer verständlichen Begriff **U**niform **R**esource **L**ocator, der auch in der deutschen Übersetzung „einheitliche Ressourcen-Adresse" nicht sehr viel klarer wird, verbirgt sich schlicht und einfach die komplette Internetadresse eines Objekts, sei es ein Dokument, eine Grafik oder eine ganze Webseite.

So ist der komplette URL für die DATA BECKER-Internetseite http://www.data becker.de.

Ein URL setzt sich immer aus mehreren Komponenten zusammen, zuerst einmal das zu benutzende Übertragungsprotokoll (hier: *http*, kann auch je nach angefordertem Dienst *ftp*, *news* etc. sein), dann das Netzwerk (*www*), die Domain (*databecker*) mit Top Level Domain (*de*).

Gegebenenfalls kann auch noch im Anschluss an die Top Level Domain die Pfadangabe einer speziellen Datei folgen (wie */beispiel/bild.gif*).

Dieser komplette Ausdruck wird dann als URL bezeichnet, entspricht also der Internetadresse, die Sie in Ihrem Browser eingeben, abzüglich des zu verwendenden Protokolls, das von allen gängigen Browsern automatisch vorangestellt wird.

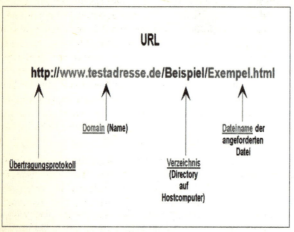

Der schematische Aufbau eines Beispiel-URLs

URLs können auch innerhalb von Webseiten als Links dienen, wodurch der Benutzer einfach per Mausklick auf den URL zu der angebenen Seite gelangt. Eine manuelle Eintragung der Adresse im Browser entfällt hierbei, da alle Browser die URLs als solche erkennen und versuchen, die dort angegebene Adresse zu lokalisieren.

Siehe auch: Domain, Link

USB [Universal Serial Bus]

Nachfolger von serieller und paralleler PC-Schnittstelle

Damit ein PC mit Peripheriegeräten wie Drucker, Modem, Joystick, Scanner usw. zusammenarbeiten kann, müssen diese irgendwie an den Rechner angeschlossen werden. Seit langem gibt es dafür bei PCs eine ganze Reihe von Anschlussmöglichkeiten, so etwa serielle und parallele Schnittstellen, Gameports oder externe SCSI-Anschlüsse. Dies führte für die Benutzer immer wieder zu Problemen, da jedes Gerät an eine bestimmte Schnittstelle wollte, teilweise Adapter erforderlich waren und die vorhandenen Schnittstellen manchmal einfach nicht ausreichten. Damit soll in Zukunft Schluss sein, denn die PC-Industrie propagiert den Universal Serial Bus (USB) als universellen Anschluss für PC-Peripheriegeräte.

Dabei handelt es sich um eine neuartige Schnittstelle, die alle Arten von Peripheriegeräten anschließen kann und über eine Reihe von Vorzügen verfügt. Zunächst einmal benutze alle USB-Geräte die gleiche Art von Verbindungsstecker, sodass es keine Adapter mehr notwendig sind. Wenn der PC über USB verfügt, kann man jedes USB-Geräte einfach einstecken. Außerdem bietet USB eine höhere Geschwindigkeit als die bisherigen parallelen und seriellen Schnittstellen. Mit der USB-Spezifikation 1.1 kann man bis zu 12 MBit/s übertragen. Die neue 2.0-Spezifikation wird sogar bis zu 480 MBits/s ermöglichen. Dabei können sich bis zu 127 Geräte diese Kapazität teilen. Die meisten PCs verfügen zwar nur über zwei oder vier Steckplätze, aber diese Zahl kann man durch das Anschließen von Hubs noch erheblich ausdehnen. Ein besonderer Vorteil von USB aber ist das Hotplugging, d. h., man kann Peripheriegeräte in einen laufenden Rechner einstecken, ohne eine Beschädigung zu riskieren. Darüber hinaus erkennt der PC neu eingesteckte Geräte sofort und stellt den Zugriff darauf ganz automatisch zur Verfügung. Außerdem ist USB Plug & Play-fähig, d. h., wenn man ein neues USB-Gerät zum ersten Mal einstöpselt, wird es automatisch erkannt und die entsprechenden Treiber dafür werdeninstalliert.

Um USB zu nutzen, benötigt man – neben USB-Geräten, die es inzwischen immer zahlreicher gibt – einen USB-fähigen PC. Dieser muss also über mindestens einen USB-Anschluss verfügen (normal sind zwei), an dem man notfalls einen Hub für weitere Steckplätze anschließen kann. Dies ist inzwischen eigentlich bei allen neuen PCs der Fall. Auf Softwareseite benötigt man ein aktuelles Betriebssystem. Für Windows 95 ist noch ein spezielles Update nötig, das nicht immer perfekt funktioniert. Ab Windows 98 ist die USB-Unterstützung aber fest in Windows integriert. Auch für Linux gibt es inzwischen Kernels mit USB-Unterstützung.

> **Monitor mit USB-Hub**
>
> Wer einen neuen Monitor kaufen will und USB-Geräte hat, sollte erwägen, sich ein Modell mit integriertem USB-Hub zuzulegen. So gewinnt man gleich mehrere USB-Steckplätze hinzu, die sich außerdem auf dem Schreibtisch am Monitor befinden, sodass man nicht jedes Mal hinter dem PC rumkriechen muss, um ein Gerät umzustecken. Viele Monitorhersteller bieten heute spezielle Modelle mit integriertem USB-Hub an, die häufig kaum teurer als vergleichbare Monitore ohne Hub sind.

Siehe auch: Gameport, Parallel-Port, Serielle Schnittstelle

Usenet

{Aussprache: Juhsnet}

Das Usenet, die Kurzform von User-Network (dt.: Netz für Benutzer), ist die Bezeichnung für alle Rechner im Internet, auf denen Newsgroups installiert sind. Dies sind keineswegs alle am Internet angeschlossenen Server, sondern nur ein kleiner Teil der Server bietet auch Newsgroups an.

Vereinfacht gesagt ist das Usenet quasi ein globales Mitteilungssystem, eine Art riesiges schwarzes Brett, das zur besseren Orientierung in unterschiedliche, nach Themen sortierte Newsgroups unterteilt ist.

Das wichtigste im Usenet zur Datenübertragung verwendete Protokoll ist das **N**etwork **N**ews **T**ransfer **P**rotocol (NNTP).

Siehe auch: Newsgroup, Newsreader, NNTP

User

{Aussprache: Juser}

„Benutzer"

Jemand, der mit dem Internet verbunden ist und die dort angebotenen Dienste nutzt (engl. to use) ist ein Internetuser oder kurz: User.

Dieser Begriff wird auch unabhängig vom Internet für andere Bereiche benutzt, so ist ein Computer-User ein Computerbenutzer, also ein Anwender.

User-ID

{Aussprache: Juser Ei Die}

„Benutzer-Identität"

Als User-ID bezeichnet man die individuelle Benutzerkennung, die man beim Login zusammen mit dem Passwort angeben muss.

Die User-ID, oft auch Username, ist der Name, mit dem Sie bei einem bestimmten Dienst oder bei Ihrem Internetanbieter identifiziert werden können und der nur einmal vergeben wird.

Bei vielen Internetanbietern kann man sich bei der Anmeldung diesen Namen selbst aussuchen; häufig ist er identisch mit dem Teil der E-Mail-Adresse, der links des @-Zeichens steht.

Siehe auch: Account, Login

Utilities

{Aussprache: Jutilities}

Hilfsprogramme

Anstelle des deutschen Ausdrucks Hilfsprogramme hat sich in der Computersprache mittlerweile der Begriff Utilities mehr oder weniger fest eingebürgert.

Gemeint sind damit in der Regel keine großen aufwendigen Programme, sondern kleine Hilfsprogramme, die andere Software durch Hinzufügen bestimmter Funktionen ergänzen (oder in selteneren Fällen auch ersetzen).

UUCP [UNIX to UNIX Copy Protocol]

{Aussprache: Ju-Ju-Si-Pi}

Protokoll zum Dateiaustausch zwischen UNIX-Systemen

Als das Internet noch aus dem losen Zusammenschluss weniger UNIX-Rechner bestand, verwendete man statt TCP/IP das UNIX to UNIX Copy Protocol UUCP, mit dem sich auch über einfache serielle Verbindungen Dateien von einem Rechner auf einen anderen übertragen lassen. So war es insbesondere möglich, auch Rechner mit langsamen Netzanbindungen in die Kommunikation mit einzubeziehen. Im Unterschied zu TCP/IP, das mit seiner datenpaketorientierten Struktur jederzeit eine Kommunikation in beide Richtungen zulässt, arbeitet UUCP prinzipbedingt jeweils nur in eine Richtung, da ja nur komplette Dateien von Rechner A an Rechner B übermittelt werden. Deshalb eignet sich UUCP nur für zeitversetzte Kommunikationsformen wie z. B. E-Mail und News, bei denen keine direkten Interaktion zwischen den Kommunikationspartnern erforderlich ist (wie z. B. beim Chatten).

Im Laufe der Zeit wurde UUCP nicht nur auf UNIX-Rechnern eingesetzt, sondern für alle Arten von Rechnern übernommen. So entstanden in den 80er-Jahren die umfangreichen Mailbox-Systeme, die auf dem Prinzip des Dateiaustauschs per Modem und Telefonleitung basierten. Sie bildeten das Usenet, sozusagen eine einfachere, zeitversetzte Variante des Internet. Nachdem das Internet sich aber zunehmend durchgesetzt hat, verloren die Mailboxen an Bedeutung. Der Begriff Usenet hat sich trotzdem bis heute erhalten, bezieht sich aber inzwischen fast ausschließlich auf die Kommunikation in den Newsgruppen. Diese findet immer noch zeitversetzt statt, aber inzwischen wird hier statt UUCP das auf TCP/IP-basierende News Network Transport Protocol NNTP eingesetzt.

Siehe auch: News, UNIX, Usenet

UUDecode

{Aussprache: Ju Ju Dikohd}

Gegenstück zu UUEncode

Mit UUDecode werden mit dem UUEncode-Verfahren kodierte Dateien wieder in das ursprüngliche Format zurückverwandelt.

Siehe auch: UUEncode

UUEncode

UUE-Kodierung

Ähnlich wie bei MIME handelt es sich bei UUEncode um ein einfaches Verfahren, das es ermöglicht, binäre Dateien per E-Mail zu verschicken.

UUEncode

Grundlage sind hiebei die beiden Programme, die dem Verfahren auch den Namen gegeben haben, UUEncode und UUDecode. Hierbei wird eine Binärdatei mittels UUEncode in einen ASCII-Text verwandelt, als solcher verschickt und muss dann auf der Empfängerseite mittels UUDecode wieder in den originalen Zustand zurückgeführt werden.

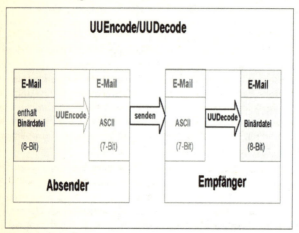

Mittels UUEncode werden Binärdateien in einen unleserlichen ASCII-Text verwandelt. UUDecode sorgt anschließend für die erneute Konvertierung ins ursprüngliche Format

Ursache dieses Umstands ist die Tatsache, dass ältere E-Mail-Systeme mit Binärdateien nichts anfangen konnten, sondern lediglich die Übertragung von ASCII-Zeichen unterstützten.

Moderne E-Mail-Programme sollten mit Binärdateien jedoch keine Probleme mehr haben, als Standard hat sich in solchen Fällen MIME durchgesetzt.

Falls Sie dennoch einmal in die Notwendigkeit gelangen sollten, eine Datei mittels UUEncode kodieren zu müssen, so besitzt Ihr E-Mail-Programm die entsprechenden Optionen, Outlook Express z. B. unter *Extras/Optionen/Senden/Text-Einstellungen.*

Outlook Express ist eines der E-Mail-Programme, die UUEncode beherrschen. Die entsprechende Option, um diese Funktion zu aktivieren, finden Sie unter Extras/Optionen/Senden/Text-Einstellungen

Siehe auch: MIME, UUDecode

V.90

Bis Anfang 1989 gab es zwei unterschiedliche (nicht kompatible) Standards für analoge Modems mit einer Übertagung von 56 KBit/s (so genannte 56k-Modems).

Erst mit der Einführung des neuen Standards V.90 gab es eine dringend notwendige Verständigung, wobei der neue V.90-Standard eine Mischung der beiden Vorgänger ist. Handicap des V.90-Standards war anfangs, dass die jeweiligen Internetanbieterdienste diesen Standard auch unterstützen mussten, was leider nicht immer der Fall war. Mittlerweile hat sich die Situation jedoch deutlich gebessert.

Wenn Sie ein 56k-Modem besitzen, sollten Sie sich sicherheitshalber dennoch mit Ihrem ISP kurzschließen, ob dieser auch tatsächlich den V.90-Standard unterstützt.

Hier nun noch eine kurze Auflistung der Geschichte der Modemprotokolle von den Anfängen mit heute fast unvorstellbar langsamen Geschwindigkeiten bis zum modernen V.90-Standard.

V.21	(Akustikkoppler-Protokoll/300 bps)
V.22	(Modemprotokoll/1.200 bps)
V.22bis	(Modemprotokoll/2.400 bps)
V.23	(Modemprotokoll/1.200/75 bps /Btx)
V.29	(Modemprotokoll/9.600 bps)
V.32	(Modemprotokoll/9.600 bps)
V.32bis	(Modemprotokoll/14.400 bps)
V.Fastclass	(Modemprotokoll/28.800 bps)
V.34	(Modemprotokoll/28.800 bps)
V.34+	(Modemprotokoll/33.600 bps)
V34bis	(Modemprotokoll/33.600 bps)
V.90	(Modemprotokoll/55.600 bps).

Siehe auch: Modem

Vanilla

{Aussprache: Vänilla}

„Das absolut Notwendigste"

Im Gegensatz zu Bells & Whistles bezeichnet Vanilla in der Computersprache ein Softwareprogramm, das nur mit dem absolut Notwendigsten an Funktionen ausgerüstet ist, um seinen Zweck zu erfüllen.

Kein überflüssiges Brimborium, keine zusätzlichen Funktionen, die den Blick auf das Wesentliche verstellen, sondern kurz und prägnant auf die schlichte Aufgabenerfüllung reduziert, wird dieser Begriff zunehmend auch auf Internetseiten übertragen, die auf jedwede Extras und modischen Schnickschnack verzichten und stattdessen reine Information bieten ohne überflüssige Grafiken, Sounds, Animationen etc.

Beim Chatten hat Vanilla noch eine zusätzliche Bedeutung, die am ehesten mit „langweilig, fade" übersetzt werden kann. Grundsätzlich kann alles „vanilla" sein, Software, Menschen, Sportarten etc.

Siehe auch: Chatslang

VBS/VBScript [Visual Basic Script]
Siehe: Visual Basic Script

Verlauf
Surf-Archiv beim Internet Explorer

Der Internet Explorer legt während des Surfens automatisch eine Art Protokoll an, in dem vermerkt wird, welche Webseiten man besucht hat. Dies soll nicht etwa der Überwachung dienen, sondern eine Hilfestellung für den Benutzer sein. So kann man eine kürzlich zufällig beim Surfen entdeckte Seite erneut besuchen, auch wenn man in der Eile vergessen hat, sich die Adresse zu notieren oder ein Lesezeichen dafür anzulegen. Man braucht dazu nur das Verlaufsprotokoll zu öffnen, den entsprechenden Tag auszuwählen und kann in der Liste der besuchten Webseiten nach der richtigen Adresse suchen. Um auf die im Verlauf gespeicherten Adressen zuzugreifen, stellt der Internet Explorer eine eigene Explorer-Leiste zur Verfügung, über die die Verlaufsdaten zugänglich sind. Die blenden Sie ein, indem Sie die Menüfunktion *Ansicht/Explorerleiste/Verlauf* aufrufen oder auf das *Verlauf*-Symbol in der Symbolleiste klicken.

Über diese Verlaufsleiste können Sie nicht nur die Adressen wiederfinden, sondern im Offlinemodus (soweit vorhanden) sogar auf die im Internetcache gespeicherten Kopien der Seiten zugreifen. Für effektives Offlinearbeiten mit der Verlaufsfunktion ist allerdings ein optimales Zusammenspiel zwischen Verlauf und Cache nötig. Im Verlauf werden nur die Adressen der Dokumente gespeichert, die Sie in der Vergangenheit abgerufen haben. Die Dokumente selbst werden nicht aufgehoben. Dafür ist der Cache zuständig. Wenn Sie den Cache-Speicherplatz sehr klein einstellen, werden die meisten Dokumente aus dem Verlauf nicht mehr zwischengespeichert sein. Wenn Sie hingegen einen großen Cache einstellen, sind die meisten der Dokumente, deren Adressen im Verlauf enthalten sind, auch noch im Cache enthalten, also offline verfügbar. Dann können Sie mit der Verlaufsfunktion offline durch den Cache surfen und die dort enthaltenen Dokumente noch einmal betrachten, ohne sie neu aus dem Web anfordern zu müssen.

Verlauf

> **So organisiert der Verlauf Tage und Wochen**
> Die Datenstruktur des Verlaufs ist etwas gewöhnungsbedürftig. Die besuchten Adressen werden zunächst in Tagen, dann in Wochen zusammengefasst. Der aktuellste Eintrag ist immer *Heute*. Darin sind die Adressen gespeichert, die Sie im Laufe des aktuellen Tages besucht haben. Der Verlauf der vergangenen Tage wird jeweils unter dem Namen des Wochentags (*Montag – Sonntag*) abgelegt. Am Ende der Woche werden alle sieben Tage in einem Wocheneintrag (z. B. *Vorige Woche, Vor 2 Wochen* usw.) zusammengefasst und die Aufzeichnung der einzelnen Tage beginnen für die aktuelle Woche von vorne.

Sie müssen im Offlinemodus auch nicht alle gespeicherten Webseiten einzeln über die Verlaufsleiste abrufen. Wenn Sie erst mal eine Seite eines Angebots geöffnet habe (am besten die Startseite), funktionieren die darin enthaltenen Links genauso wie die Einträge in der Verlaufsleiste, d. h. wenn der Mauszeiger ohne Symbol bleibt, kann die Webseite, auf die der Link zeigt, aus dem lokalen Speicher abgerufen werden. Ist der Mauszeiger hingegen mit dem Sperrsymbol versehen, steht die Seite nicht zur Verfügung.

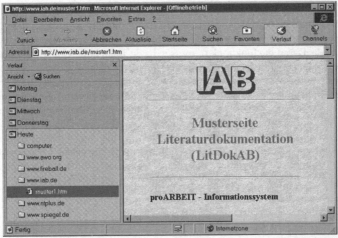

Der Internet Explorer stellt eine Verlaufsfunktion in einer eigenen Symbolleiste bereit

Damit Sie sich nicht mühselig durch den ganzen Verlauf kämpfen müssen, wenn Sie nicht mehr genau wissen, zu welchem Angebot eine bestimmte Webseite gehört, steht Ihnen für das Verlaufsprotokoll eine eigene Suchfunktion zur Verfügung. Sie durchsucht alle im Verlauf gespeicherten Webseiten nach einem angegebenen Schlüsselwort. Diese Funktion kann sehr hilfreich sein: wenn Sie zum Beispiel während einer Surfsitzung eine interessante Information entdeckt haben, aber nicht mehr genau wissen, wo diese genau stand. Mit der Suchfunktion lassen Sie sich alle Seiten angeben, auf denen ein bestimmter Suchbegriff auftaucht. So finden Sie die gewünschte Webseite ganz schnell wieder. Allerdings werden nur die Seiten durchsucht, die noch im Internetcache vorliegen.

Siehe auch: Internet Explorer

Video-Chat

{Aussprache: Video-Tschät}

Als Video-Chat bezeichnet man die visuelle Variante des Chats, bei der die Teilnehmer jeweils über eine Videokamera bzw. Webcam verfügen und sich nicht per Tippen, sondern direkt durch Sprechen unterhalten. Dafür ist neben einer Kamera, einem Mikrofon und einer flotten Internetanbindung eine Videoconferencing-Software erforderlich.

Siehe auch: Videoconferencing

Videoconferencing

{Aussprache: Video-Konferenzing}

Videokonferenzen per Internet

Einfache Chats oder Audiokonferenzen reichen nicht aus, wenn man dem Gegenüber beim Plauschen in die Augen sehen will. Dann muss es eine Videokonferenz sein. Damit die funktioniert, müssen beide Teilnehmer eine Videokamera an ihren PC angeschlossen haben. Das Bildsignal wird dann – genauso wie schon das Audiosignal bei Internettelefonaten – komprimiert und über das Internet an den Empfänger geschickt, der es auf den Bildschirm bekommt. Außerdem muss man eine spezielle Videokonferenz-Software oder eine Kommunikationssoftware mit Videokonferenzfunktion benutzen. Hier gibt es eine ganze Reihe von kommerziellen und kostengünstigen Lösungen. Um sich mit Videokonferenzen vertraut zu machen, kann man z. B. zunächst zum kostenlosen NetMeeting greifen, das zum Lieferumfang des Internet Explorer gehört. Es kann neben Chats und Internettelefonie auch Videokonferenzen vermitteln.

Siehe auch: Webcam, NetMeeting

Video-On-Demand

{Aussprache: Wideo-on-Diemänd}

Video auf Bestellung

Zu den Schlagworten, die schon seit einigen Jahren immer wieder durch die Medien geistern, ohne dass es konkrete Umsetzungen gibt, gehört Video-on-Demand. Dieser Begriff beschreibt die Idee, dass Kunden sich in Zukunft einen gewünschten Film einfach jederzeit ins Haus bestellen können. Er wird dann zum vereinbarten Zeitpunkt z. B. per Internet oder über das Kabelnetz ins Haus geliefert und kann auf dem heimischen Fernseher betrachtet werden. Statt sich den neuen Bruce Willis-Film erst aus der Videothek holen und später auch wieder zurückbringen zu müssen, bestellt man ihn einfach telefonisch oder per Internet und lehnt sich entspannt im Fernsehsessel zurück. Abgesehen von diesem Komfortvorteil ist bei Video-on-Demand ein schier unerschöpfliches Reservoir an Filmen denkbar, da man nicht auf den Vorrat einer Videothek beschränkt ist, sondern ein riesiges digitales Filmarchiv zur Verfügung steht. So kann sich jeder Zuschauer sein eigenes Programm zusammenstellen und nur bei wirklich guten Filme, die man regelmäßig gucken will, lohnt es sich überhaupt, eine eigene Kopie anzuschaffen. Eine optimale Bildqualität ist wegen der digitalen Übertragung fast schon selbstverständlich.

Warum also gibt es das nicht schon längst? Hauptproblem dürfte die fehlende Bandbreite sein. Um Video in hoher Qualität zu übertragen, braucht man einiges an Übertragungskapazität. Da jeder Zuschauer einen anderen Film bzw. den gleichen Film zu einem anderen Zeitpunk sieht, addiert sich diese Kapazität mit jedem weiteren Zuschauer. Übertragungswege, die das leisten können, stehen mit Kabel und ADSL-Internetanschlüssen erst ansatzweise zur Verfügung. Deshalb geistert Video-on-Demand bislang nur als Geschäftsidee oder als Verkaufsargument für breitbandige Anschlusstechnologien umher. Allerdings gibt es allmählich erste Ansätze, Video-on-Demand tatsächlich umzusetzen. So kann man z. B. in Deutschland beim digitalen Bezahl-Fernsehen Premiere World täglich aus einer allerdings sehr kleinen Liste einen Film auswählen und zu einer von mehreren auswählbaren Uhrzeiten ansehen.

Siehe auch: ADSL

Virus

Sicherlich gibt es niemanden mehr, der sich auch nur ein wenig mit Computer oder dem Internet beschäftigt und noch nicht von der Gefahr gehört hat, die einem Rechner durch heimtückische Viren droht.

Ein Virus ist grundsätzlich ein Programm, das in böswilliger Absicht geschrieben wurde, um auf fremden Rechnern Schaden oder zumindest Unruhe unter den Computerbesitzern hervorzurufen.

Nicht jeder Virus ist gefährlich im Sinne von „zerstörerisch", es gibt auch vergleichsweise harmlose Viren, die sich damit begnügen, irgendwelche Texte auf dem Bildschirm auszugeben. Die überwiegende Mehrzahl der Viren ist jedoch programmiert, um größeren Schaden anzurichten.

Es gibt verschiedene Arten von Viren, die auf den ersten Blick (außer ihrer Gefährlichkeit für den Anwender) nicht viel gemeinsam haben, da sie auf völlig unterschiedliche Art und Weise zuschlagen.

Es lassen sich folgende Virentypen unterscheiden, die alle in diesem Lexikon separat behandelt werden:

- Bootsektor-Virus
- Cruising-Virus
- Hybridvirus

Virus

- Makrovirus
- Polymorphe Viren
- Stealthvirus
- Trojan Horse (Trojaner)
- Worm

Wenn man sich einen Virus erst einmal eingefangen hat und dessen Wirkung zu spüren bekommt, dann ist es meist schon zu spät. Daher steht die Virenabwehr an oberster Stelle der Prioritätenliste, ein Virus, der erkannt wird und erst gar nicht ins System gelangt, ist ein ungefährlicher Virus. Deshalb gehört ein gutes, auf möglichst aktuellem Stand gehaltenes Antivirus-Programm zur Grundausstattung eines jeden Rechners.

Üblicherweise gelangen Viren durch Austausch von Software über Diskette oder selbstgebrannte CD-ROMs, per Download vom Internet oder auch durch verseuchte E-Mails auf den Rechner. Erst wenn der Virus aktiviert wird, erledigt er die ihm einprogrammierte Aufgabe und beginnt sein Zerstörungswerk, d. h., es kann durchaus möglich sein, dass sich ein Virus bereits in einem System eingenistet hat, aber noch friedlich dahinschlummert, weil er noch nicht aktiviert wurde.

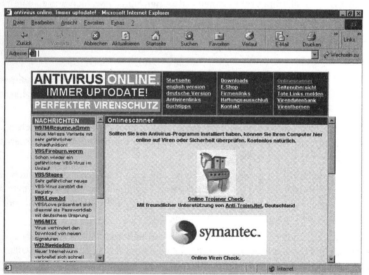

Auf der Webseite von Antivirus-Onlne (www.antivirus-online.de) finden Sie einen praktischen Onlinevirenscanner

Welchen Schaden genau ein Virus anrichtet, ist von Virus zu Virus unterschiedlich, abhängig davon, was ihm vom Programmierer mit auf den Weg gegeben

Virus

wurde, im schlimmsten Fall kann ein Virus das gesamte System lahmlegen und den Datenbestand komplett zerstören.

Ähnlich wie sein biologischer Namensgeber können sich auch Computerviren vermehren, indem sie sich verbreiten und andere Systeme infizieren. Auf dem gleichen Wege, auf dem Sie sich einen Virus eingefangen haben, können Sie (natürlich unwissentlich) ihn auch bereits an unzählige andere weitergegeben haben, die wiederum auch bereits unzählige Rechner infiziert haben.

Auch aus diesem Grund ist es sehr wichtig, dass Sie sich für Ihr System um den bestmöglichen Virenschutz bemühen, denn dadurch schützen Sie nicht nur Ihren eigenen Rechner, sondern schützen auch gleichzeitig die Rechner derjenigen, mit denen Sie in Kontakt sind, sei es via E-Mail, sei es durch Softwareaustausch.

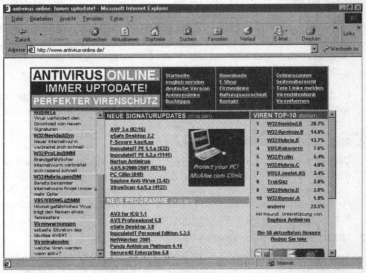

Antivirus-Online, eine der ersten Anlaufstellen bei Problemen mit Viren oder (besser noch), um Viren zu vermeiden

Weitere Informationen zu Viren finden Sie im Internet bespielsweise unter www.virus.de und www.antivirus-online.de, zwei Webseiten, die Sie regelmäßig checken sollten, um auf dem jeweils aktuellest möglichen Stand zu sein.

Tipps gegen Viren

Es gibt Mittel und Wege, das Risiko weitestgehend zu minimieren. Zugegeben, einen 100%igen Schutz kann es nicht geben. Sobald Sie mit anderen Rechnern Daten austauschen (und surfen, E-Mailen, downloaden etc. ist ja zunächst einmal nichts anderes als der Austausch von Daten über das Internet), ist auch die

Virus

Gefahr gegeben, dass sich Ihr System mit einem Virus infiziert. Wenn Sie die folgenden Hinweise befolgen, ist die Wahrscheinlichkeit hierfür relativ gering.

1. **Sichern Sie regelmäßig Ihre wichtigen Daten!**

   Machen Sie regelmäßig Backups Ihrer Daten mit einem Backup-Programm. Es ist immer ein beruhigendes Gefühl zu wissen, dass im Fall der Fälle alle wichtigen Daten in Sicherheit sind und jederzeit auf den Rechner zurückgespielt werden können.

2. **Erstellen Sie sich eine garantiert virenfreie Bootdiskette inklusive Antivirus-Programm!**

   Es ist sowieso eine gute Idee, im Falle des Versagens der Festplatte eine Bootdiskette zu haben. Also schlagen Sie zwei Fliegen mit einer Klappe und kopieren Sie ein Antivirus-Programm auf die Bootdiskette (oder eine andere leere Diskette). Achten Sie darauf, dass die Diskette sofort nach dem Anlegen schreibgeschützt ist. Somit können Sie bei einem Virusalarm Ihr System von einer sauberen Diskette booten und mit dem sauberen Antivirus-Programm den Virus eliminieren.

3. **Besorgen Sie sich ein Antivirus-Programm!**

   Und vor allem: Nutzen Sie es! Das beste Antivirenprogramm ist keine Hilfe, wenn es nicht eingesetzt wird. Scannen Sie regelmäßig, am besten einmal täglich beim Booten, das ganze System.

4. **Bleiben Sie mit Updates auf dem Laufenden!**

   Täglich werden neue Viren gemeldet. Jede gute Antivirus-Software wird deshlab regelmäßig per Updates auf den neusten Stand gebracht. Nutzen Sie die Updates und sehen Sie zu, dass das letzte Update wenn möglich nicht älter als maximal vier Wochen ist. Nur so ist gewährleistet, dass die größtmögliche Zahl an Viren auch tatsächlich erkannt wird.

5. **Nutzen Sie die Wächterfunktion Ihres Antivirus-Programms!**

   Sie sollten immer einen Virenschutz aktiviert haben. Virenwächter sind ständig im Hintergrund aktiv und überprüfen jede neue Datei, die auf Ihren Rechner geladen wird, nach Viren. Nur so kann mit einiger Sicherheit verhindert werden, dass Sie sich nicht beim Downloaden einer Datei einen Virus einfangen.

   Sollte Ihr Antivirus-Programm keinen ständigen Schutz bieten, schauen Sie sich nach einem besseren Programm um.

6. **Vorsicht bei Disketten/CD-ROMs von Fremden!**

   Überprüfen Sie jede CD-ROM (insbesondere selbstgebrannte) oder Diskette, die Sie von anderen erhalten, nach Viren, bevor Sie ein Programm darauf starten. Die Zeit, die Sie für einen Scan einer Diskette oder einer CD-ROM aufwenden müssen, ist gering im Vergleich zu dem Ärger, den Sie haben, falls sich darauf tatsächlich ein Virus befindet.

7. Öffnen Sie keine Anhänge von E-Mails, die verdächtig erscheinen!

Eine der größten Gefahren liegt im unbedachten Öffnen von so genannten Attachments bei E-Mails. Diese Dateianhänge, vermeintlich harmlose Programme oder Dokumente, haben sich immer mehr zu einer der Hauptquellen für Viren entwickelt.

Seien Sie auf der Hut, wenn Sie E-Mails erhalten, deren Absender Sie nicht kennen und die ihnen etwas anbieten, wozu sie den Attachment-Text lesen müssten.

Gleiches gilt bei E-Mails von Bekannten, die Ihnen Dateien oder Dokumente schicken, um die Sie nie gebeten haben. Fragen Sie bei dem Bekannten zur Sicherheit nach, ob er Ihnen diese E-Mail tatsächlich geschickt hat und ob die Anhangdatei wirklich harmlos ist.

Im Zweifelsfall löschen Sie die komplette E-Mail, lieber eine E-Mail weniger lesen als einen Virus zu viel besitzen.

8. Informieren Sie sich regelmäßig!

Durchsuchen Sie das Internet und finden Sie Internetseiten, die Sie mit neusten Informationen und Virenwarnungen versorgen. Oftmals können Sie auch Ihre E-Mail-Adresse in einer Mailing List eintragen und Sie werden regelmäßig über die neusten Entwicklungen auf dem Virensektor, neue Updates von Antivirus-Programmen, Tipps und Tricks informiert. Gerade die Internetseiten der bekannten Computerzeitschriften bieten einen solchen Service. So stellen Sie sicher, dass Sie nicht überrascht werden und immer genau wissen, von welchen Viren gerade die größte Gefahr droht.

Siehe auch: Antivirenprogramme, Bootsektor-Virus, Cruising-Virus, Hoax, Hybridvirus, Makrovirus, Polymorphe Viren, Stealthvirus, Trojan Horse (Trojaner), Worm

Visit

„Besuch"

Ein der Einschaltquote beim Fernsehen vergleichbarer Anzeiger der Beliebtheit eines Internetangebots wird als Visit (dt. Besuch) bezeichnet. Hierbei wird gezählt, wie oft mit einem Browser auf ein Internetangebot zugegriffen wird, wobei der Seitenzugriff von außerhalb der betreffenden Webseite kommen muss. Das heißt, dass mehrere Zugriffe innerhalb des gleichen Webangebots, d. h. ein Springen von einer Seite zur anderen, beispielsweise von Sonderangebot 1 auf Sonderangebot 2, nicht als zusätzlicher Visit gezählt wird.

Die Anzahl der Visits gibt somit ein statistisch relativ genaues Bild über die Anzahl der tatsächlichen Besucher einer Website.

Siehe auch: PageView

Visual Basic Script

{Aussprache: Wischuäl-Bäisick-Skript}

Eine spezielle Form von aktiven Inhalten in Webseiten sind Skripts. Das sind relativ kurze und einfache Anweisungsblöcke, mit denen sich praktisch alle Objekte des Webbrowsers manipulieren lassen. Das erlaubt dem Skriptprogrammierer eine beinahe unendliche Vielfalt an Möglichkeiten zur dynamischen Gestaltung von Webseiten. Skripts haben gegenüber Java und ActiveX den Vorteil, dass Sie wesentlich einfacher anzuwenden sind. Auch der Hobby-HTMLer, der seine Homepage ein wenig aufpeppen möchte, kann sehr schnell eigene Skripts erstellen bzw. vorhandene Skripts an seine Bedürfnisse anpassen.

Wie immer, wenn die Konkurrenz eine erfolgreiche Technologie entwickelt, muss Microsoft mit einer Eigenentwicklung kontern. Um dem Konkurrenten Netscape und dessen JavaScript den Wind aus den Segeln zu nehmen, ersannen die Programmierer in Redmond Visual Basic Script, auch als VBS oder VBScript abgekürzt. Die Idee war, dass VisualBasic, das ja in verschiedenen Versionen von der Erstellung von komplexen Anwendungen bis hin zur Makroprogrammierung unter Office für so ziemlich alles verwendet wird, auch zum Programmieren dynamischer Effekte in Webseite genutzt werden soll. Ähnlich wie JavaScript wird auch VBS durch einen speziellen Interpreter in Webbrowser ausgeführt. Dieser begrenzt die Zugriffsmöglichkeiten, sodass z. B. keine direkten Zugriffe auf das Dateisystem möglich sind.

Trotzdem gehört Visual Basic Script mit zu den größten Risikofaktoren bei dynamischen Webseiten. Dies liegt gerade an seiner nahen Verwandtschaft zur großen VisualBasic-Familie. So kann ein in einer Webseite integriertes VBS-Skript nicht nur die Webseite oder den Webbrowser manipulieren, sondern auch auf dem PC des Betrachters installierte Office-Anwendungen, die ebenfalls Visual Basic für Anwendungen (VBA) als Skriptsprache verwenden, fernsteuern. So sind z. B. der Zugriff auf die Dateien des PCs und entsprechende Manipulationen möglich. Diese Vorgehensweise verwenden z. B. auch die berühmtberüchtigten E-Mail-Viren à la „I love you".

Deshalb sollte man auf das Ausführen von VBS-Elementen verzichten. Microsofts Internet Explorer ist der einzige Webbrowser, der VBS unterstützt. Aber auch hier ist eine Möglichkeit vorgesehen, die Ausführung der Skriptanweisungen zu unterbinden: In den Sicherheitseinstellungen des Internet Explorer kann man in den erweiterten Einstellungen für die Sicherheitszonen den Eintrag *Scripting* finden, bei dem man die Option *Active Scripting* deaktivieren sollte, um das Ausführen von VBS-Anweisungen zu unterbinden. Andere Webbrowser unterstützen VBS von Hause aus nicht, sodass ein Deaktivieren nicht notwendig ist.

Siehe auch: Internet Explorer, Interpreter, Script, Sicherheit im Internet

VoicE-Mail

{Aussprache: Woismäil}

Wenn Sie eine E-Mail verschicken, die zusätzliche Audiodaten enthält, wird eine solche Nachricht VoicE-Mail (von engl. voice, dt. Stimme) genannt.

Auch die Schreibweise Voice mail ist durchaus geläufig.

Siehe auch: Attachment, E-Mail

Volltextsuche

Funktion zum vollständigen Durchsuchen von Dokumenten

Beim Suchen im Internet unterscheidet man prinzipiell zwei verschiedene Möglichkeiten. Beim indizierten Suchen werden die Suchbegriffe mit einem zuvor erstellten Index von Begriffen verglichen. Findet sich ein Suchbegriff so oder in ähnlicher Form im Index wieder, ist die Suche erfolgreich und führt zu einem bestimmten Dokument. Diese Methode wird z. B. von den Internetsuchmaschinen verwendet.

Nachteil dieser Methode ist, dass hier zunächst ein gewisser Aufwand in die automatische oder manuelle Erstellung des Index gesteckt werden muss. Außerdem ist das Ergebnis einer Suche immer nur so aktuell wie der Index. Dafür geht die Suche aber umso schneller. Wirklich große Datenmengen (wie z. B. die Webseiten im Internet) lassen sich überhaupt nur so mit vertretbaren Antwortzeiten durchsuchen.

Im Gegensatz dazu findet eine Volltextsuche in den tatsächlichen Dokumenten statt. Dazu durchläuft ein Suchalgorithmus mit dem Suchbegriff sämtliche Dokumente und liefert alle zurück, in denen der Suchbegriff (oder auch nur ein Teilbegriff davon) enthalten ist. Das dauert je nach Menge und Umfang der Dokumente relativ lange. Dafür ist das Ergebnis aber immer aktuell und man findet wirklich auch Wörter und Wortkombinationen, die bei der Erstellung eines Index sonst womöglich weggelassen worden wären. Außerdem beschränkt sich bei einer Volltextsuche der Aufwand für den Betreiber auf die Bereitstellung des Suchalgorithmus. Besonders bei kleineren Webangeboten, wo sich der Aufwand eines eigenen Index kaum lohnen würde, findet man deshalb stattdessen häufig eine Funktion zur Volltextsuche.

VR [Virtual Reality]

„Virtuelle Realität"

Oftmals als Synonym für den von Science Fiction-Autor William Gibson geprägten Begriff Cyberspace gebraucht, ist die virtuelle (scheinbare) Realtität eine im Computer simulierte Wirklichkeit, die die Umgebung oft dreidimensional erscheinen lässt.

Anders als ähnliche Scheinwelten, z. B. im Film, kann der Benutzer einer Virtual Reality-Welt selbst Aktionen ausführen, d. h., er interagiert mit der Welt, die ihn scheinbar umgibt.

Im Zusammenhang mit dem Internet spricht man auch von VR im Bereich einiger Onlinespiele und interaktiver Umgebungen im WWW. Hierbei werden die virtuellen Umgebungen oftmals mittels der Sprache VRML erstellt.

Siehe auch: Cyberspace, VRML

VRML [Virtual Reality Modelling Language]

„Gestaltungssprache für virtuelle Realität"

Bereits 1994 von Silicon Graphics entwickelt, hat sich VRML zu einem Sprachstandard entwickelt, mit dessen Hilfe es möglich ist, dreidimensionale Grafiken in einem Browser darzustellen. Hierzu wird ein spezielles VRML-Plug-In benötigt.

Ganz ähnlich wie die Seitenbeschreibungssprache HTML einen Internettext mit eingebetteten Grafiken und Sounds beschreibt, erfüllt VRML diese Aufgabe bei der Beschreibung von dreidimensionalen Räumen und Gegenständen, die der Betrachter sich aus beliebiger Perspektive anschauen kann.

Siehe auch: Plug-In, VR

W3

Eine der Abkürzungen für das World Wide Web.

Siehe: World Wide Web, WWW

W3C [World Wide Web Consortium]

Das World Wide Web Consortium, unter Surfern besser bekannt unter dem Kürzel W3C, ist ein Zusammenschluss (aus dem Jahre 1994) verschiedener Institutionen, die es sich zur Aufgabe gemacht haben, das Internet bzw. das World Wide Web weiterzuentwickeln.

Zu den Hauptaufgaben dieser Institution, der im Übrigen mehr als 200 Firmen und Forschungseinrichtungen angehören, zählen die Normierung von Protokollen und Sprachen, die für das WWW von Bedeutung sind.

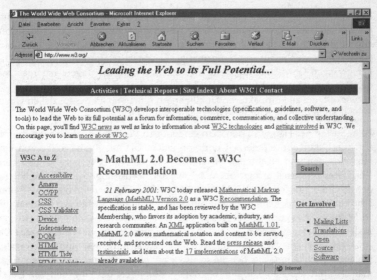

Der Internetauftritt des World Wide Web Consortiums unter www.w3.org bietet die jeweils neusten Infos zu allen Aktivitäten des W3C

WAEF [When All Else Fails]

„Wenn alles andere fehlschlägt"

Ein Akronym, das beim Chatten oder auch in der E-Mail-Kommunikation relativ häufig vorkommt, ist WAEF, die Kurzform von When All Else Fails, im Deutschen etwa „wenn alles andere fehlschlägt".

Siehe auch: Chatslang

WAN [Wide Area Network]

{Aussprache: Wahn}

Siehe: Wide Area Network

WAP [Wireless Application Protocol]

{Aussprache: Wapp}

Klassischerweise verwendet man zum Surfen einen PC oder ein ähnliches stationäres Gerät, das über eine Telefonleitung oder einen Netzwerkanschluss mit dem Internet verbunden ist. Mobiles Surfen, also der jederzeit mögliche Zugang zum Internet über ein tragbares Gerät, war bis vor einiger Zeit höchstens mit einem Notebook nebst GSM-Modem möglich. WAP geht einen Schritt weiter, da man bei dieser Technologie zum Websurfen überhaupt nur noch ein Handy benötigt. Dieses hat der moderne Internaut (angeblich) ohnehin immer dabei.

WAP

Da liegt es doch nahe, es auch zum Surfen zu verwenden. Da Handys ohnehin die digitale Datenübertragung via GSM beherrschen, entfällt die Notwendigkeit eines zusätzlichen Modems und man kann die gesamte notwendige Technologie durchaus im Gehäuse eines normal-großen Mobiltelefons unterbringen. Um der geringen GSM-Datenübertragungsrate Rechnung zu tragen, hat man mit der **W**ireless **M**arkup **L**anguage WML eine abgespeckte HTML-Sprachversion entwickelt, die zu kompakteren Dokumenten führt und an die speziellen Gegebenheiten des mobilen Internetzugangs angepasst ist.

Beim Surfen per Handy stehen dem eindeutigen Vorteil – dem mobilen Zugriff auf Internetangebote jederzeit und von jedem Ort aus – eine Reihe von Einschränkungen und Nachteilen gegenüber, die man nicht vernachlässigen darf. Der Datenaustausch erfolgt bei WAP mit der höchstmöglichen Datenübertragungsgeschwindigkeit von GSM, also 9.600 KBit/s. Auch wenn die WAP-Seiten sehr kompakt sind, kann das nicht mit dem gewohnten Surfen per Modem (bis zu 56.000 KBit/s) oder ISDN (64.000 KBit/s) konkurrieren. Zudem ist ein spezielles WAP-Handy einem PC beim Benutzungskomfort weit unterlegen: Die Anzeigeflächen haben meist nur wenige Quadratzentimeter und komfortable Steuermöglichkeiten wie beispielsweise eine Maus fehlen. Stattdessen muss man sich mit wenigen Knöpfen begnügen. Besonders das Eingeben von Daten ist sehr mühsam. Auch von Multimedia ist beim WAP-Surfen keine Spur zu finden. Die Darstellung erfolgt in der Regel monochrom. Bilder können höchstens in Form von sehr einfachen Grafiken verwendet werden, die bei der zur Verfügung stehenden Übertragungsrate die Ladezeit eines Dokuments aber trotzdem erheblich erhöhen. Schließlich ist WAP-Surfen vergleichsweise teuer, da sich die Mobilfunkbetreiber jede Onlineminute teuer bezahlen lassen. Für einen weniger attraktiven mobilen Dienst bezahlt man so wesentlich mehr Geld als für das „normale" stationäre Surfen.

WAP – Hype oder die mobile Zukunft des Surfens?

Wie viele neue Technologien wurde WAP durch die Medien sehr hochgespielt. Wer sich ernsthaft damit beschäftigt (und es mal selbst ausprobiert) hat, musste schnell erkennen, dass der Vorteil der Mobilität durch einige gravierende Nachteile erkauft wird. Dass WAP die Zugangstechnik der Zukunft sein wird, ist deshalb mehr als fraglich. Im Sommer 2000 wurde mit der Versteigerung der UMTS-Lizenzen in Deutschland der Startschuss für die nächste Generation des Mobilfunks gegeben. UMTS-Netze werden mit wesentlich höheren Übertragungsraten arbeiten, sodass keine speziellen Protokolle mehr erforderlich sein werden. Mit den entsprechenden Endgeräten kann man dann „ganz normal" surfen, ohne Abstriche bei Multimedia und Interaktivität machen zu müssen. Bis die UMTS-Netze flächendeckend verfügbar sind werden allerdings noch zwei bis drei Jahre vergehen. Solange wird WAP sicherlich seine Existenzberechtigung haben und einen Ausblick auf die Möglichkeiten des mobilen Internetzugangs geben, ohne sich aber wirklich bei der breiten Masse der Benutzer durchzusetzen.

Siehe auch: WML

Warenkorb

Als Warenkorb (auch als Einkaufswagen oder englisch shopping cart bekannt) bezeichnet man das elektronische Pendant zu dem richtigen Einkaufswagen, den Sie bei einem Einkauf in Ihrem Supermarkt vor sich her schieben.

Die Funktion ist die gleiche: sie durchstöbern das Angebot eines Onlineshops und wenn Ihnen etwas so sehr zusagt, dass Sie es bestellen wollen, legen Sie es in Ihren Warenkorb, wie Sie dies mit richtigen Waren im Supermarkt auch tun. Hierzu müssen Sie lediglich den Artikel in den Warenkorb legen, indem Sie die entsprechende Schaltfläche (beispielsweise *Artikel bestellen* oder *In den Warenkorb legen*) mit der Maus anklicken.

Der Artikel, den Sie bestellen wollen, wird nun gespeichert und am Ende Ihres virtuellen Einkaufs werden Ihnen alle Waren, die sich im Warenkorb befinden, aufgelistet und in ein Bestellformular eingetragen, woraufhin Sie nur noch Name, Adresse und/oder Kundennummer eintragen müssen. Selbstverständlich können Sie auch noch vor dem endgültigen Kauf die Warenliste überprüfen und ggf. Waren aus dem Warenkorb entfernen.

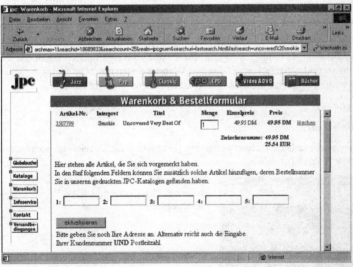

Praktisch alle Onlineshops (in der Beispielabbildung www.jpc.de) bieten eine bequeme Auflistung aller ausgewählten Waren im Warenkorb und die direkte Bestellmöglichkeit aus dieser Liste heraus

Warez

Raubkopien im Internet

Bei Warez handelt es sich urspünglich um einen Begriff aus der Cracker-Szene und er bezeichnet jede Art von Software, deren Kopierschutz geknackt wurde und die nun, quasi im ungeschützten Zustand, im Internet zum Download bereitliegt. Es ist beinahe überflüssig zu erwähnen, dass es sich hierbei um illegale Aktionen handelt, da die Verbreitung über das Internet ohne Erlaubnis des Copyright-Inhabers erfolgt.

Besonders beliebt ist das Entfernen des Kopierschutzes bei Spielen, die einen Großteil der Warez ausmachen.

Ältere Programme im Internet, die mittlerweile von der jeweiligen Softwarefirma nicht mehr vertrieben werden, heißen Abandonwarez.

Siehe auch: Chatslang, Copyright, Cracker

Watermark

{Aussprache: wotermaak}

"Wasserzeichen"

Sicherlich bringen Sie den Ausdruck Wasserzeichen (engl. watermark) eher in Verbindung mit Geldscheinen oder auch mit Briefmarken als mit dem Internet.

Doch auch in der Internetsprache kennt man Watermark als Bezeichnung für ein sehr dezentes Hintergrundbild einer Webseite. Oftmals ist das Bild sogar so dezent, dass man genau hinschauen muss, um zu erkennen, dass übehaupt ein Motiv im Bildhintergrund vorhanden ist.

Allzu auffällige Hintergrundbilder lenken nur vom eigentlichen Inhalt der Webseite ab und werden von erfahrenen Webdesignern nur sehr sparsam (wenn überhaupt) eingestzt, wohingegen Watermarks sehr beliebt sind.

WAV

Musik-Dateiformat

.wav ist die übliche Dateierweiterung (Extension) für Dateien im so genannten Wave-Format (dt. Welle).

Der Windows Media Player ist, wie die allermeisten Player, in der Lage, WAV-Files abzuspielen

WAV-Dateien sind unter Windows das Standard-Audioformat und können mit praktisch jeder Multimediaplayer-Software abgespielt werden. Auch die Aufnahme erfolgt einfach über den bei Windows standardmäßig mitgelieferten Audiorecorder.

Bei der Speicherung der Audiodaten im WAV-Format findet keine Komprimierung der Daten statt, wodurch die Dateien bei entsprechender Aufnahmequalität (Hi-Fi-Qualität ist möglich) sehr groß werden.

Als Alternative hat sich bei Musikfans mittlerweile der MP3-Standard durchgesetzt.

Siehe auch: MP3

WBT [Web Based Training]

Mit der zunehmenden Verbreitung des Internet und der Möglichkeit, multimediale Inhalte interaktiv aufzubereiten, gibt es Bemühungen, das neue Medium zu Ausbildungszwecken einzusetzen. Beim Computer Based Training (CBT) versucht man, das klassische statische Fernstudium um die multimedialen Fähigkeiten des Computers und die Kommunikativität des Internet zu erweitern. Das Web Based Training (WBT) ist ein spezieller Bereich von CBT, der auf der Struktur des World Wide Web (WWW) aufsetzt. Dadurch ist keine spezielle Software auf der Seite des Lernenden nötig. Stattdessen werden die Lektionen und Interaktionsmöglichkeiten in Form von Webseiten erstellt, die mit einem herkömmlichen Webbrowser abgerufen werden können.

Siehe auch: CBT, WWW

Web

Hinlänglich bekannt ist die Angewohnheit der Internetgemeinde, Begriffe abzukürzen, so ist es kein Wunder, dass auch ein Begriff wie World Wide Web abgekürzt wird. Web ist eine der üblichen Kurzformen, das allseits bekannte WWW eine andere.

Siehe auch: WWW

Webbrowser

Ein Browser ist allgemein ein Programm zum Betrachten von Daten bzw. Informationen in einem bestimmten Format. Dabei hängt der Browser von der Art der Daten ab, d. h. zu einem bestimmten Datenformat benötigt man einen bestimmten Browser. Im World Wide Web liegen die Daten größtenteils im *Hypertext Markup Language*-Format HTML vor. Um sie zu betrachten, benötigt man dementsprechend einen HTML-Browser, also ein Programm, das HTML-Dateien über das Internet abrufen und auf den Inhalt auf dem Bildschirm darstellen kann. Solche speziellen HTML-Browser werden im Allgemeinen Webbrowser genannt. Diese Bezeichnung ist anschaulicher und trägt der Tatsache Rechnung, dass diese Programme neben HTML meist noch eine Reihe anderer für das Web wichtiger Sprachen und Protokolle verstehen und darüber hinaus alle wesentlichen Funktionen rund um die komfortable Benutzung des Web bereitstellen, wie z. B. das Anlegen von Lesezeichen, das Suchen von Inhalten usw.

Zu den bekanntesten Webbrowsern gehören der Internet Explorer und der Netscape Navigator. Während der Netscape Navigator in den Anfangszeiten des World Wide Web der vorherrschende Browser war, hat ihm der Internet Explorer inzwischen den Rang als meistgenutzter Webbrowser abgelaufen. Unterschiede gibt es vor allem bei Aussehen und technischen Details. In der praktischen Bedienung unterscheiden sich die beiden letztlich nicht wesentlich. Neben den beiden Platzhirschen gibt es eine ganze Reihe von alternativen Produkte, teilweise für spezielle Anwendungsgebiete. Zunehmend Freunde gewinnt der Shareware-Webbrowser Opera, der im Gegensatz zu seinen „großen Brüdern" erfrischend kompakt und flink zu Werke geht, aber trotzdem keine wesentlichen Funktion vermissen lässt.

Siehe auch: Internet Explorer, Netscape Navigator, Opera, Web

Webbug

{Aussprache: Webb Bagg}

„Webabhörgerät"

Als scheinbar harmlose Cookies getarnte Schnüffler, erkunden so genannte Webbugs (engl. bug, dt. Wanze) Ihr Surfverhalten.

Oftmals sind diese Schnüffler in Grafiken auf Internetseiten versteckt und versuchen, unbemerkt Informationen zu erhalten, wie z. B. IP-Adresse, die besuchten Webseiten, den Browser, den Sie benutzen, etc.

All diese Informationen werden dann an eine Art zentrale Datenbank geschickt, wo Ihr Surfverhalten analysiert wird.

Ein wichtiges Mittel gegen Webbugs: Das Deaktivieren von Cookies

Abhilfe schafft hierbei in erster Linie, die Annahme von Cookies zu verweigern. Zwar verzichten Sie dann auch auf „gutgemeinte" Cookies, aber die Gefahr, durch Cookies ausgespäht zu werden, ist nicht mehr vorhanden.

Die entsprechenden Optionen stellt Ihnen Ihr Browser zur Verfügung. Beim Internet Explorer finden Sie die entsprechenden Einstellungen unter *Extras/Internetoptionen/Sicherheit/Stufe anpassen*.

Siehe auch: Cookie

Webcam

{Aussprache: Wepkämm}

Internetkamera

Cam ist die Kurzform von Camera (dt. Kamera), womit schon beinahe klar sein dürfte, was eine Webcam ist.

Grundsätzlich ist jede Kamera, die Bilder (normalerweise live, also in Echtzeit) in das Internet überträgt eine Webcam. Hierbei ist es unerheblich, ob diese Kamera in der Nähe einer anerkannten Sehenswürdigkeit platziert ist (beispielsweise Broadway) oder sich in Ihren eigenen vier Wänden befindet.

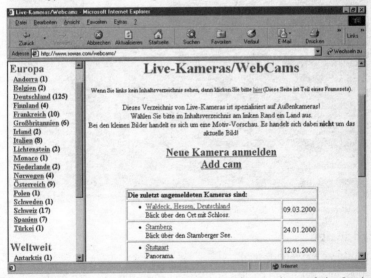

Unter www.sowas.com/webcams finden Sie eine Liste mit Webcams nach geografischen Standorten organisiert.

Es gibt eine ungeheure Vielzahl von Webcams im Internet zu entdecken; als Startpunkte seien folgende Adressen empfohlen:

- www.sowas.com/webcams
  (Verzeichnis mit sehr vielen deutschen und internationalen Webcams)

- www.lochness.co.uk/livecam/index.html
  (wie der Name schon vermuten lässt: Verpassen Sie nicht, wenn Nessie auftaucht)

- www.fallsview.com/falls.html
  (Niagarafälle)

- www.wildweb.de/cameras
  (Liste mit sehr vielen Webcams weltweit)

Und natürlich der „Klassiker" unter den Webcams:

- www.jennicam.org/
  (erste private Webcam)

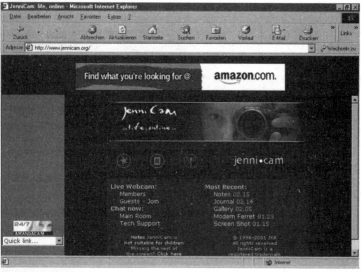

Das Webcam-„Original": die Jennicam

Webdesign

{Aussprache: Wäbb-Disein}

Alles, was mit dem Erstellen von Webseiten zu tun hat, wird häufig mit dem Begriff Webdesign belegt. Dies umfasst das Anlegen und Gestalten der eigentlichen Webseite ebenso wie das Erstellen und Einbinden von passenden Bildern und auch das Konzipieren eines kompletten aus mehreren (oder auch vielen) Seiten bestehenden Informationsangebots. Die Frage nach gutem Webdesign hat sich dabei mehr oder weniger zu einer eigenen Wissenschaft entwickelt. Es

Webdesign

gibt inzwischen weltweit eine ganze Reihe von (häufig selbsternannten) Design-Gurus, die zu wissen meinen, wie gutes und wie schlechtes Design von Webangeboten aussieht. Natürlich vertritt jeder von ihnen seine eigene Meinung, die sich interessanterweise häufig widersprechen. Trotzdem gibt es einige grundlegende Regeln, die man beim Erstellen von Webseiten bzw. -angeboten beachten sollte.

Einheitliches Design

Eine der ganz grundlegenden Regeln bezieht sich auf ein einheitliches Erscheinungsbild aller Webseiten eines zusammenhängenden Angebots. Jedem Angebot sollte ein Design-Konzept zugrunde liegen, das auf alle Seiten angewendet wird. Ganz wichtig für den Besucher ist ein einheitlicher Seitenaufbau. Jede Seite besteht in der Regel aus verschiedenen Komponenten. Neben dem eigentlichen Inhalt gibt es Bereiche zur Orientierung und Navigation. Ebenso gibt es immer wiederkehrende Elemente wie Logos, Namen oder andere Schriftzüge. Alle diese Komponenten sollten sich auf jeder Seite zumindest in etwa an der gleiche Stelle befinden. Wenn auf der Startseite des Angebots eine Navigationsleiste am linken Rand enthalten ist, sollte sie auf den anderen Seiten nicht plötzlich am oberen Seitenrand angezeigt werden. Gestalterische Elemente wie Farben, Bilder und Schriften sollten ebenfalls möglichst einheitlich verwendet werden. Besonders bei den Farben sollte man vermeiden, jede Seite anders zu gestalten. Bei den Schriftarten ist es zulässig, bei einem umfangreicheren Angebot für verschiedene Zwecke unterschiedliche Schriftarten, -größen und -stile zu verwenden. Auch hier gilt aber, dass die gleiche Art von Text auf verschiedenen Seiten auch gleich aussehen sollte.

Das Ziel des einheitlichen Designs muss es stets sein, das Webangebot eben als eine Einheit zu präsentieren. Wenn ein Angebot „wie aus einem Guss" aussieht, wirkt es professioneller, seriöser und attraktiver. Außerdem erhöht sich dadurch sein Wiedererkennungswert beträchtlich. Schließlich hat die Einheitlichkeit auch einen psychologischen Effekt: Es fällt den meisten Besuchern schwerer, ein als Einheit empfundenes Webangebot zu verlassen und zum nächsten Anbieter zuwechseln – sozusagen die gute Stube zu verlassen und vor die Tür zu treten.

Farben im richtigen Maß

Die Verwendung von Farben ist ein ganz wichtiger Aspekt beim Webdesign. Schließlich sind die verwendeten Farbtöne meist das Erste, was einem Besucher vom Gesamterscheinungsbild eines Webangebots auffällt. Auch langfristig beim Erinnerungs- und Wiedererkennungswert von Webseiten spielt die Farbe eine wichtige Rolle. Der Aspekt der Einheitlichkeit wurde bereits angesprochen: Keinesfalls sollte man auf jeder Seite andere Farbkombinationen verwenden. Vielmehr ist es sinnvoll, sich vor dem Erstellen der Webseiten für ein bestimmtes Farbkonzept zu entscheiden. Dabei sollte man den verschiedenen Informationsträgern auf den Seiten jeweils eine bestimmte Farbe zuweisen. So können etwa die Navigationskomponenten immer in derselben Farbe unterlegt sein. Das macht es dem Besucher leichter, sich auf den Seiten zu orientieren. Ebenso sollten Titelzeilen oder Logos in einheitlichen Farben dargestellt werden. Die eigentlichen Inhalte könne wiederum in einer anderen Farbe ausgeführt oder unterlegt werden.

Durch die Kombination der Farben der verschiedenen Elemente ergibt sich automatisch eine Farbkombination, die auf alle Seiten in etwa gleich aussehen sollte. Wie diese Farbkombination genau aussieht, sollten man natürlich nicht dem Zufall überlassen. Es gibt Farben, die gut miteinander harmonieren, und andere, die sich einfach beißen. Dabei kann man sich auf sein eigenes Farbgefühl verlassen oder notfalls auch mal andere Menschen nach ihrer Meinung fragen. Außerdem hängt die passende Farbkombination auch davon ab, was für Informationen oder Produkte man welcher Zielgruppe anbieten möchte. Um bei einer jungen Zielgruppe voll im Trend zu liegen, darf es auch mal etwas peppiger und flippiger sein. Soll das Ganze etwas sittsamer und seriöser wirken, sollte man mit Farben eher sparsam umgehen und auf klare Kontraste setzen.

Orientierungs- und Navigationshilfen

Ganz wichtig für zufriedene Besucher und Kunden sind gut geeignete Möglichkeiten zu Orientierung und Navigation. Besonders bei umfangreichen Angeboten mit vielen Seiten besteht die Gefahr, dass die Besucher sich einfach verlaufen. Das heißt, sie befinden sich plötzlich auf irgendeiner Seite und wissen nicht, wie sie dort hingekommen sind oder wie sie zu anderen interessanten Seiten gelangen. Der einfachste Schritt ist es dann, einfach eine andere Webadresse in den Browser einzugeben und zu einem anderen Angebot zu wechseln. Da man dadurch aber einen Besucher und potenziellen Kunden verlieren würden, sollte man dies auf alle Fälle vermeiden. Das gelingt am besten durch eine gute Navigationskomponente, die auf allen Seiten des Angebots in gleicher oder ähnlicher Form verfügbar sein sollte. Diese dient dem Besucher zum einen als Orientierungshilfe, d. h., sie zeigt ihm an, wo im Angebot – also z. B. in welchem Produktbereich eines Webshops – er sich gerade befindet. Das ist wichtig, damit der Besucher jederzeit das Gefühl hat zu wissen, wo er sich befindet. Schließlich will er seinen Besuch kontrollieren und nicht das Gefühl haben, durch den Anbieter von einer Seite auf die nächste gezerrt so werden. Zum anderen hat die Orientierungshilfe eine Kontrollfunktion: Der Benutzer kann jederzeit mit einem Blick auf die Orientierungshilfe feststellen, wo im Angebot er sich gerade befindet.

Die Navigationskomponente bietet – wenn sie geschickt angelegt ist – gleichzeitig einen Überblick über das Angebot. So zeigt sie alle Themenbereiche an und informiert die Besucher dadurch zumindest grob darüber, welche Arten von Informationen sie auf diesen Webseiten erwarten dürfen. Schließlich sollte die Navigationskomponente natürlich ihre eigentliche Aufgabe erfüllen, nämlich dem Besucher das Navigieren durch umfangreiche Webangebote zu ermöglichen. So sollte das nächste Thema oder der nächste Bereich des Angebots immer nur einen Mausklick entfernt sein.

Ein ganz wichtiger Aspekt der Navigationskomponente ist die bereits angesprochenen Einheitlichkeit. Die Komponente sollte möglichst immer gleich aussehen und sich stets an derselben Stelle der Webseite befinden. So muss der Besucher nicht lange rumsuchen und findet sich nach einer ersten Orientierung immer wieder schnell zurecht.

> **Ganz wichtig: Der Weg zur Startseite**
> Trotzt aller Navigationshilfen neigen Besucher, insbesondere beim ersten Mal, wenn sie mit der Struktur des Angebots noch nicht vertraut sind, dazu, sich in komplexen Informationsangeboten zu verlaufen. Solchen Irregeleiteten kann man mit einer psychologisch wichtigen Hilfestellung unter die Arme greifen. Auf jeder Seite sollte sich an einer einheitlichen Stelle ein *Home*-Link befinden, der auf die Startseite des Angebots zurückführt. Somit kann ein Besucher, wenn er die Orientierung verloren hat, jederzeit „auf Start zurückgehen" und zur vertrauten Einstiegsseite zurückkehren. Von hier aus kann er den Weg zurückverfolgen und diesmal an der richtigen Stelle abbiegen oder auch in einen ganz anderen Bereich gehen.

Webguide

{Aussprache: Wäbbgeid}

Eine etwas andere Art des Suchens im Internet bieten Webguides an, die Wegweiser durch das Internet. Hier geht es nicht darum, durch eine geschickte Suchanfrage Webseiten zu finden, denn diese Arbeit nehmen einem die Webguides ab. Vielmehr begleiten Sie den Surfer auf seiner virtuellen Reise und geben ihm jederzeit Tips, wo er interessante Seiten finden könnte. Dazu werten sie die gerade im Browser angezeigte Webseite aus und bieten blitzschnell Adressen von anderen Seiten an, die sich ebenfalls mit diesem oder einem ähnlichen Thema beschäftigen.

Der Netscape Navigator verfügt in seiner aktuellen Version über eine Webguide-Funktion. Dazu können Sie jederzeit bei einer geöffneten Webseite in die Leiste *Verwandte Objekte* klicken, in der Sie (hoffentlich) weiterführende Links und zusätzliche Informationen zur Webseite finden werden. Wenn Sie diese Funktion des Navigators mal ausprobieren, werden Sie schnell feststellen, dass das leider längst nicht bei allen Webseiten klappt. Vielmehr kann der Netscape Navigator nur Informationen über die ganz großen und bekannten Websites anbieten. Bei vielen kleineren Angeboten muss er passen und präsentiert stattdessen ein Standardmenü, das immerhin zu einigen Suchfunktionen führt, die einem vielleicht doch noch weiterhelfen.

Der Internet Explorer hat ab der Version 5.0 ebenfalls einen Webguide integriert. Dazu bedient sich der Browser des unabhängigen Anbieters Alexa. Um zu einer Webseite Adressen mit gleichen oder verwandten Themen zu finden, warten Sie, bis die Seite komplett geladen ist und wählen dann die Funktion *Ex-*

tras/Verwandte Links anzeigen. Der Internet Explorer teilt daraufhin den Bereich für den Inhalt der Webseite und fügt eine zusätzliche Spalte ein, in der er *Themenverwandte Links* aufführt. Um eine der angebotenen Seiten zu besuchen, klicken Sie einfach auf den entsprechenden Link.

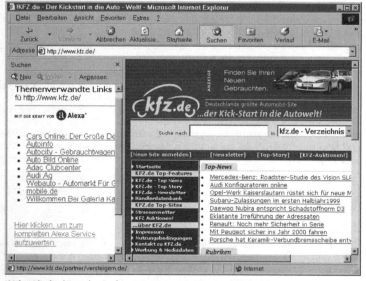

Webguides begleiten den Surfer mit interessanten Tipps und Webadressen

Siehe auch: Alexa, Suchen

Webify

{Aussprache: Webbifei}

Konvertierung in ein WWW-geeignetes Format

Die Aufbereitung der Daten im Internet erfordert bekanntlich ein bestimmtes World Wide Web-geeignetes, Format. Dies hat zur Folge, dass Sie bei Ihrer Internetseite nicht einfach einen Text, den Sie in einem bestimmten Textformat (beispielsweise Word oder ASCII) vorliegen haben, übernehmen können. Sie müssen diesen Text zuerst in die Sprache der WWW-Seiten (HTML) konvertieren.

Dieses Konvertieren von Informationen in ein Internet-gemäßes Format bezeichnet man mit dem Kunstwort webify (Verb) bzw. webification als zugehöriges Substantiv.

Siehe auch: HTML

Webmail

{Aussprache: Web Mäil}

Webbasierter E-Mail-Account

Bei der so genannten Webmail wird der E-Mail-Verkehr komplett über den Browser abgewickelt und bietet sich als (zusätzliche) Alternative zu dem „normalen" E-Mail-Account an.

Sicherlich kennen Sie das „normale" E-Mail-Verfahren aus eigener Erfahrung: Sie besitzen ein spezielles E-Mail-Programm, beispielsweise Outlook oder Outlook Express. Dort sind die entsprechenden Serveradressen für ein- und ausgehende Post (POP3 und SMTP) eingetragen bzw. bei der Installation automatisch eingetragen worden. Sie schreiben Ihre E-Mails mit diesem Programm und sobald Sie E-Mails verschicken wollen, wählen Sie die Nummer Ihres Providers, der Ihnen in der Regel auch den Mailserver bereitstellt und versenden E-Mails bzw. holen neue E-Mails ab, die Ihnen dann in Ihrem E-Mail-Programm auch angezeigt werden.

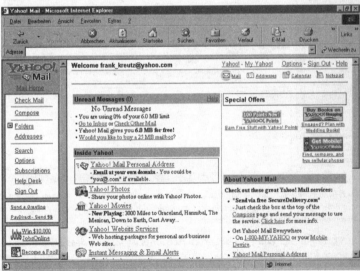

Geben Sie einfach die Internetadresse des Webmail-Anbieters an, bei dem Sie einen Webmail-Account eröffnet haben (in diesem Fall: Yahoo!) und nach Eingabe des Passworts erhalten Sie einen Überblick über den aktuellen Status Ihres Postfachs

Webmail hingegen funktioniert nach einem anderen Prinzip: Hier gibt es keine SMTP- oder POP3-Server für die E-Mail, stattdessen wird der Webmail-Verkehr komplett über Ihren Browser (und nicht über einen speziellen E-Mail-Client) abgewickelt. Üblicherweise werden solche Webmail-Dienste in Form von Free-

Webmail

mail-Accounts angeboten. Sobald Sie einen solchen Account bei einer Webseite bzw. einem Anbieter eröffnet haben, erhalten Sie einen Benutzernamen und Passwort, mit dem Sie auf Ihren Webmail-Account zugreifen können.

Statt nun jedoch jedes Mal, wenn Sie eine E-Mail versenden oder abholen wollen, Ihr E-Mail-Programm zu starten, surfen Sie einfach bequem mit Ihrem Browser zu der jeweiligen Internetseite und geben anschließend Username und Passwort ein. Sie erhalten angezeigt, ob Mail da ist, und können diese dann online lesen, beantworten, weiterleiten, neue E-Mails versenden, im Grunde genau die gleichen Funktionen, wie Sie sie auch von Ihrem E-Mail-Programm her kennen.

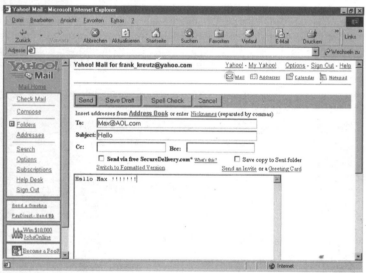

Alle E-Mail-Funktionen, die Sie benötigen, werden Ihnen bei einem Webmail-Account bequem über Ihren Browser zur Verfügung gestellt. In der Beispielabbildung wird gerade eine E-Mail geschrieben und das ohne spezielles E-Mail-Programm

Ein Vorteil dieser Webmail basierten Accounts ist fraglos, dass Sie auf die gerade geschilderte Weise von praktisch jedem Internet-PC auf Ihr Postfach zugreifen können; Sie müssen lediglich Ihr Passwort und Ihren Benutzernamen kennen, d. h., Sie können auch von PCs in so genannten Internetcafes (Cyber Cafes) oder einem PC in der Wohnung eines Freundes problemlos auf Ihr persönliches Webmail-Postfach zugreifen, ohne dass Sie dafür zuerst ein E-Mail-Programm starten bzw. konfigurieren müssten.

Auch in Zeiten, wenn einmal der Mailserver Ihres Internetanbieters ausfällt oder nicht richtig funktioniert (und das kann häufiger vorkommen, als man denkt, und üblicherweise gerade dann, wenn man auf E-Mail angewiesen ist), so haben

Sie immer die Möglichkeit, sich über einen Internetanbieter ins Netz zu wählen und dann auf Ihr Webmail-Postfach zuzugreifen bzw. E-Mails von dort aus zu versenden.

Aus diesem Grund sollte die Einrichtung eines Webmail-Accounts (am besten bei einem der zahlreichen Freemail-Anbieter) für jeden, der auf E-Mail angewiesen ist, zu einer Selbstverständlichkeit gehören.

Siehe auch: E-Mail, Freemail, POP3, SMTP

Webmaster

Es gibt keine exakte deutsche Entsprechung für den Begriff Webmaster, am ehesten trifft wohl die Übersetzung Verwalter den Aufgabenbereich eines Webmasters.

Er ist dafür zuständig, eine Internetseite quasi auf dem Laufenden zu halten, die Angebote zu aktualisieren und steht vor allem auch als Ansprechpartner zur Verfügung, wenn es Probleme mit der Seite gibt.

Nicht selten ist der Webmaster auch derjenige, der die Intenetseite selbst erstellt hat.

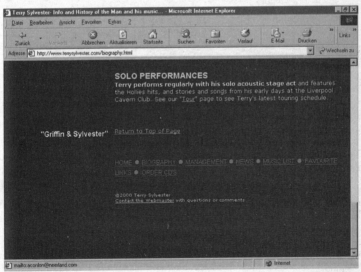

Wie auch auf dieser Beispielabbildung muss man oftmals genauer schauen, um die Kontaktadresse des für eine Webseite zuständigen Webmasters zu finden. Bei Problemen und Fragen zur Seite ist der Webmaster die erste Anlaufstelle

Normalerweise kann der Webmaster über eine auf der Seite genannte E-Mail-Adresse kontaktiert werden, wenn es um spezielle Fragen geht oder wenn Teile der Webseite nicht so funktionieren, wie sie eigentlich sollten.

Webserver

Falls Sie selbst eine Homepage besitzen und sich über Ihre Aufgaben und Möglichkeiten als Webmaster informieren wollen, ist die Webseite www.webmaster.de zu empfehlen, die eine Vielzahl von Informationen und Anregungen für Webmaster (und solche, die es werden wollen) gibt.

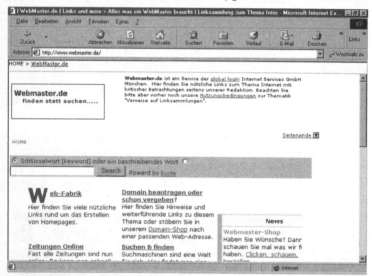

Die Seite www.webmaster.de ist erste Anlaufstelle, wenn Sie Fragen zum Aufgabengebiet eines Webmasters haben oder auch, um sich die eine oder andere Anregung zu holen

Webserver

{Aussprache: Webbsörwer}

Die Bezeichnung Webserver ist manchmal ein wenig unklar, da damit zwei unterschiedliche (aber dennoch zusammengehörige) Dinge bezeichnet werden.

So ist ein Webserver einerseits ein Rechner, der Internetseiten zum Abruf bereitstellt, andererseits heißt jedoch auch die Software, die den Rechner (also den Webserver) zu seiner Funktion überhaupt erst befähigt, ebenfalls Webserver.

Ein Server ist ein Rechner, der bestimmte Dienste anbietet, die dann von den jeweiligen Kunden (Client) angefordert werden können. Ein Webserver macht hierbei keine Ausnahme, er bietet die Seiten des World Wide Web an (daher der Name Webserver), die von dem entsprechenden Client, im Falle der Webseiten also des Browsers, angefordert werden.

Siehe auch: Server

Website (Website)

{Aussprache: Webbseit}

Fälschlicherweise werden die beiden Begriffe Website und Homepage vielfach als Synonyme benutzt.

Doch eine Homepage ist genau genommen die „Eingangsseite" einer kompletten Website.

Manchmal besteht die gesamte Internetpräsenz nur aus dieser einen Seite, doch in der überwiegenden Mehrzahl der Fälle wird eine Website aus meheren Seiten bestehen, die durch Links miteinander verbunden sind.

Jede Website besitzt eine eigene, unverwechselbare Internetadresse (URL).

Siehe auch: Homepage, Link, URL

Webspace

{Aussprache: Weppspäis}

Speicherplatz für Homepage

Möglicherweise haben Sie schon in Anzeigen gelesen, dass bestimmte Anbieter Ihnen 10 oder 20 MByte Webspace (engl space, dt. Raum) zur Verfügung stellen. Gemeint ist damit, dass diese Ihnen eine bestimmte Menge an Speicherkapazität auf deren Server für Ihre persönliche Internetseite (Homepage) reservieren.

Die meisten Internetanbieter geizen hier nicht mit der Bereitstellung von Speicherplatz, da das Untrenehmen „Eigene Homepage" immer beliebter wird und eine eigene Internetseite mittlerweile fast schon zum Standard gehört.

Je mehr Webspace Ihnen zur Verfügung steht, desto mehr Platz haben Sie, um Texte, Grafiken, Sounds etc. auf Ihrer eigenen Internetseite anzubieten. Gerade bei Seiten mit vielen Grafiken und Audiounterstützung kann es schon sehr eng werden, wenn nur wenige MByte Webspace vorhanden sind.

Hier nun eine Liste mit einigen Internetadressen, die Ihnen weiterhelfen können, wenn Sie auf der Suche nach (noch mehr) Webspace sind.

- www.Crosswinds.net/
- www.Fortunecity.com
- www.Freepage.de
- www.go.com

Siehe auch: Homepage

Webwasher

{Aussprache: Weppwoscher}

Webreiniger

Sicherlich kennen Sie das: Sie geben in Ihrem Browser eine Internetadresse ein oder klicken auf einen Link zu einer Seite, die Ihnen interessant erscheint. Sie

White Pages

werden nun mit dieser Seite verbunden, doch zuerst einmal müssen Sie eien Unzahl von Werbebannern und Reklame über sich ergehen lassen. Letztendlich dauert der Ladevorgang der Werbeelemente deutlich länger als die zur Seite gehörenden Informationen, die der Grund Ihres Besuchs auf der Seite sind.

Da wäre es doch eine gute Sache, wenn man diese unerwünschte Werbung einfach unterdrücken könnte.

Genau dieser Grundgedanke steht hinter einem Webwasher (dt. „Webreiniger"). Werbung auf einer Internetseite wird als solche erkannt, als unerwünscht eingestuft und automatisch entfernt. Was übrig bleibt, ist eine (nahezu) werbungsfreie Internetseite, die auch noch schneller geladen wird.

> **Info:** Die wahrscheinlich bekannteste Webwasher-Software trägt prägnanterweise auch genau diesen Namen und ist für Privatpersonen völlig kostenlos zu nutzen.

Wer weitestgehend ohne störende Werbung surfen will, der sollte sich unter www.webwasher.com umsehen.

Weitere Informationen und Downloadmöglichkeiten finden Sie unter www.web washer.com.

Siehe auch: Ad, Banner

White Pages

{Aussprache: Wait Päjtschis}

Bekanntes Adressen- und Telefonverzeichnis für die USA

Die White Pages (also die „Weißen Seiten") entsprchen in etwa dem, was in Deutschland unter den Begriff „Gelbe Seiten" bzw. Telefonauskunft bekannt ist, lediglich mit dem Unterschied, dass der Datenbestand auf Adressen und Telefonanschlüsse in den Vereinigten Staaten von Amerika beschränkt ist.

Daher ist dieser Dienst, der unter www.whitepages.com zu finden ist, in erster Linie für diejenigen interessant, die Adressen oder Telefonnummern von Bekannten oder Freunden in den USA herausfinden wollen.

Auch kann dieser Service dazu genutzt werden, Leute zu finden, mit denen man früher einmal in Kontakt war, deren Adresse man jedoch verloren hat. Über komfortable Suchmasken (siehe Beispielabbildung) können Sie alle relevanten Informationen eintragen und die Whitepages dann für Sie nach der betreffenden Person suchen lassen. Angesichts von weit über 70 Millionen Einträgen hat man nicht selten Erfolg bei der Suche.

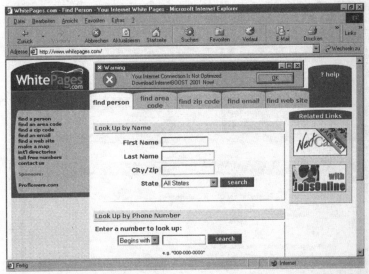

Unter www.whitepages.com können Sie nach (verschollenen) Freunden in den Vereinigten Staaten von Amerika suchen. Einfach die Informationen, die Sie haben, in die vorgesehen Formulare eintragen (je mehr desto besser), und schon erhalten Sie mit etwas Glück die Adresse oder Telefonnummer der gesuchten Person

Siehe auch: Yellow Pages

Whois

{Aussprache: Huh Iss}

„Wer ist ...?"

Internetdienst zur Recherche nach Inhabern von Domainnamen

Whois

Es gehört mittlerweile fast schon zum guten Ton, im Internet nicht nur eine eigene Homepage, sondern auch einen eigenen unverwechselbaren Domainnamen wie www.mein-name.de zu besitzen. Zahlreiche Firmen bieten ihre Hilfe an, wenn es darum geht, den gewünschten Namen registrieren zu lassen. Vielleicht ist aber gerade der Name, den Sie sich ausgesucht haben, bereits belegt?

Da jeder Domainname nur ein einziges Mal vergeben werden kann und darf, müssen Sie sich dann wohl oder übel einen anderen mehr oder weniger originellen Namen ausdenken oder aber sich mit demjenigen in Verbindung setzen, der den von Ihnen gewünschten Namen bereits registrieren ließ. Es könnte ja sein, dass dieser sich bereit erklärt, Ihnen den Domainnamen zu überlassen; dies ist nicht sehr wahrscheinlich, zugegebenermaßen, aber ein Versuch kann ja nicht schaden.

Um nun den Inhaber des Domainnamens zu erfahren, gibt es für den deutschsprachigen Raum einen speziellen Internetdienst namens Whois, zu Deutsch „Wer ist ...?", der unter der Internetadresse www.denic.de/servlet/Whois zu finden ist.

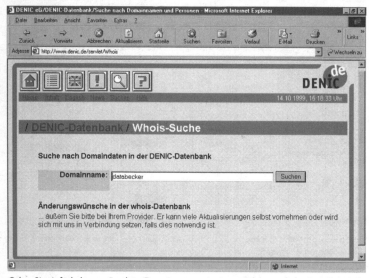

Geben Sie einfach den gewünschten Domainnamen ein, um zu erfahren, ob der Domainname noch „frei" ist

Es genügt, einfach den Namen der gesuchten Domain einzutragen und innerhalb weniger Augenblicke gibt Ihnen Whois Auskunft darüber, ob der Name noch „frei" ist oder nicht.

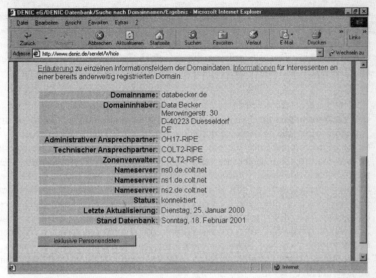

Ist der Name bersits vergeben, erhalten Sie die nötigen Informationen, wer sich den Namen vor Ihnen gesichert hat. Vielleicht hilft es ja, den Domaininhaber zu kontaktieren und um Überlassung des Namens zu bitten. Beim gezeigten DataBecker-Beispiel dürfte es jedoch (wie in den meisten anderen Fällen) ziemlich aussichtslos sein

Sollte bereits eine Registrierung stattgefunden haben, liefert Ihnen Whois die entsprechenden Kontaktinformationen wie Name, (Post-)Adresse oder E-Mail-Adresse, damit Sie sich mit dem Inhaber des Domainnamens ggf. in Verbindung setzen können.

Siehe auch: deNIC, DNS, Domain, NIC

WIBNI {Wouldn't It Be Nice If]

"Wäre es nicht schön, wenn ..." (Slang)

Bei WIBNI handelt es sich um eine Art Stoßseufzer, denn im vollen Wortlaut bedeutet es Wouldn't It Be Nice If ..., was übersetzt so viel wie "Wäre es nicht schön, wenn ..." bedeutet.

Siehe auch: Chatslang

Wide Area Network

{Aussprache: Waid-Äria-Nettwörk}

Fernbereichs-Netzwerk

Wenn mehrere Rechner an einem physikalischen Standort zu einem Netzwerk verbunden werden, spricht man vom einem lokalen Netzwerk (LAN). Große Unternehmen und Organisationen mit verschiedenen Standorten oder Filialen verfügen allerdings nicht über ein großes Netz, sondern betreiben an jedem Standort ein einzelnes physikalisches Netzwerk. Um effektiv arbeiten zu können, müssen aber alle Standorten und Mitarbeiter in einem großen Netzwerk verbunden sein. Deshalb müssen die einzelnen Teilnetze untereinander verknüpft werden, um einen Datenaustausch zu ermöglichen. So entsteht aus einer losen Sammlung unabhängiger lokaler Netze ein gemeinsames Wide Area Network (WAN).

Die Verknüpfungen erreicht man durch spezielle Verbindungen zwischen den Teilnetzwerken, die auf verschiedene Arten erfolgen können. Die klassische Variante ist die Standleitung, die z. B. über das Telefonnetz die lokalen Netzwerke an zwei Standorten miteinander verbindet. Mit dem Internet gibt es inzwischen aber auch ein weiteres Kommunikationsnetzwerk, das fast in die ganze Welt reicht. Dementsprechend gibt es auch WANs, die Internetverbindungen nutzen, um ihre Teilnetze miteinander zu verknüpfen. Dies e spezielle Form von WANs, bei denen TCP/IP-Protokolle verwendet werden, nennt man auch Extranet. Schließlich sind auch noch andere Kommunikationswege möglich. Kleinere Entfernungen zwischen Teilnetzwerken kann man per Richtfunk oder Lasersignalen überbrücken. Für globale Netzwerke kommen z. B. auch Satellitenverbindungen in Frage.

Siehe auch: Extranet, LAN

Wildcard

{Aussprache: Weildkard}

„Platzhalter"

Bei Wildcards handelt es sich nicht um ein Kartenspiel, bei dem es wild zugeht; die deutsche Bedeutung Platzhalter kommt dem Sinn und Zweck von Wildcards wesentlich näher.

Platzhalter sind Symbole, die anstelle anderer Zeichen oder Buchstaben stehen. Im Internet werden Sie wahrscheinlich am ehesten bei Suchmaschinen auf Wildcards treffen.

Das wohl bekannteste und am häufigsten benutzte Platzhaltersymbol ist der Stern * (Asterisk), aber auch das Fragezeichen ? ist wichtig als Platzhalter eines einzigen Zeichens. Im Gegensatz dazu kann der Asterisk * für eine beliebig lange Zeichenkette stehen.

Siehe auch: Asterisk, Suchmaschine

WIM [Wireless Identification Module]

Authentifizierung und Zertifizierung per Handy

Die mobile Kommunikation erhält dank Handy-Boom und UMTS immer mehr Bedeutung. In Zukunft wird man mit dem Handy nicht mehr nur telefonieren, sondern damit auch bezahlen und sich anderen gegenüber zuverlässig elektronisch ausweisen können. Dazu verwendet man ein **Wireless Identification Module** (WIM), das als Anwendung auf der in jedem Handy vorhandenen SIM-Karte implementiert werden kann. Dieses Zusatzmodul ermöglicht mit einem Handy sichere verschlüsselte Datenübertragungen, bei denen die Authentizität des Absenders durch ein Zertifikat sichergestellt ist. So kann der Benutzer sich per Handy z. B. als Zugangsberechtigter zu einem eingeschränkten Bereich ausweisen oder auch Zahlungsaufträge erteilen. WIM befindet sich zurzeit noch in der Erprobungs- und Standardisierungsphase.

Windows

{Aussprache: Windohs}

Fensterbasiertes grafisches Betriebssystem für PCs von Microsoft

Windows ist das weltweit erfolgreichste Betriebssystem, das schätzungsweise auf 85 Prozent aller PCs eingesetzt wird. Genaugenommen besteht es aus einer Familie von ähnlichen Produkten mit unterschiedlichen technologischen Grundlagen und Zielgruppen. Windows stammt von der Firma Microsoft, die erstmals 1983 eine grafische Oberfläche zu ihrem Betriebssystem MS-DOS ankündigte. Die Idee für grafische Oberflächen stammte ursprünglich aus wissenschaftlichen Ergonomie-Studien und war zum damaligen Zeitpunkt schon vom Apple-Computer umgesetzt worden, weswegen Microsoft immer wieder vorgeworfen wurde, sie von dort übernommen zu haben. Zwischen 1985 und 1990 veröffentlichte Microsoft eine Reihe von Versionen des neuen Systems, mit denen man aber praktisch nicht arbeiten konnte, insbesondere weil es auch noch keine speziellen Anwendungen dafür gab. Erst 1990 erscheint mit Windows 3.0 die erste brauchbare Version des Betriebssystems, die aber noch immer auf MS-DOS aufsetzt. Sie kann die Fähigkeiten aktueller Prozessoren optimal ausnutzen und auch die Softwarehersteller erkennen allmählich das Potenzial des neuen Systems. Es folgen noch das leicht verbesserte Windows 3.1 und Windows for Workgroups (Windows 3.11) mit Netzwerkfunktionalität. Diese 16-Bit-Ära von Windows wird meist auch unter dem Begriff Windows 3.x zusammengefasst.

1993 teilt Microsoft seine Betriebssystemfamilie erstmals auf. Parallel zum Windows für den Bereich privater Nutzer wird Windows NT (New Technology – Neue Technologie) veröffentlich, das äußerlich dem klassischen Windows ähnelt, unter der Haube aber wesentlich moderner daherkommt. So ist es ein echtes 32-Bit-System und bietet Vorteile in Sachen Stabilität und Sicherheit. Alles in allem ist es für professionelle Benutzer und Firmennetzwerke gedacht und in diesem Bereich auch erfolgreich. 1995 erhält mit Windows 95 auch der Privatkundenbereich ein 32-Bit-Betriebssystem, das darüber hinaus auch optisch runderneuert wird und erstmals Internetfunktionen bietet. 1998 folgt mit Windows 98 eine weitere Evolutionsstufe, der schließlich Windows 98 SE (Second Edition – Zweite Ausgabe) und Windows ME (Millennium Edition – Jahrtausend-Ausgabe) folgt.

Auch im professionellen Bereich tut sich mit Windows NT 4.0 etwas, bevor im Jahr 2000 Windows 2000 antritt, um bei Workstations und Serverrechnern die etablierten UNIX-Betriebssystemen zu verdrängen. Ganz nebenbei bringt Microsoft zwischendurch auch noch Windows CE für PDA, Set-Top-Boxen und mobile Geräte heraus, ohne sich in diesem Bereich aber wirklich durchsetzen zu können.

Für die Zukunft hat Microsoft schon mehrfach die Verschmelzung der beiden Betriebssystemlinien zu einem gemeinsamen System angekündigt, das die Stärken beider Produkte in sich vereinen soll. Von diesem System soll es dann nur noch verschiedene Editionen für unterschiedliche Einsatzbereiche geben, so z. B. für einfache PCs, leistungsfähige Workstations oder Serverrechner. Ob dies mit dem neuen Windows XP schon erreicht werden kann, ist allerdings fraglich.

Siehe auch: Microsoft

Windows Media Player

{Aussprache: Windohs-Midia-Pläier}

Wiedergabeprogramm für Audio und Video von Microsoft

Für alle Freunde von Audio und Video ist der zum Internet Explorer gehörende Windows Media Player ein sehr praktisches Werkzeug. Es beherrscht praktisch alle gängigen Audio- und Videoformate und eignet sich neben der Wiedergabe von AVI- und MPEG-Videos auch hervorragend zum Abspielen der beliebten MP3-Clips und zur Wiedergabe von Medien-Streams. Zu den unterstützten Formaten gehören unter anderem ASF, WAV, AVI, MPEG, MP3, MOV, WMA. Ein großer Vorteil des Windows Media Players ist, dass man mit ihm nur ein einziges Wiedergabeprogramm benötigt. Brauchte man früher praktisch für jedes Format ein eigenes Abspielprogramm, das extra eingestellt werden wollte und anders zu bedienen war, vereint der Windows Media Player nun alle Funktionen in einer komfortablen und flexiblen Oberfläche. Darüber hinaus kann man den Windows Media Player zum Verwalten der eigenen Mediensammlung einsetzen. Er kann automatisch die Festplatte(n) nach vorhandenen Medienclips durchsuchen und zu diesen eine Datenbank aufbauen, die sich z. B. nach verschiedenen Kriterien sortieren und durchsuchen lässt. So findet man jeden gewünschten Clip jederzeit schnell wieder und kann z. B. Abspiellisten für bestimmte Zwecke erstellen.

Seit einiger Zeit bietet der Windows Media Player außerdem die Möglichkeit, seine Oberfläche sehr flexibel zu verändern. Alle Oberflächenelemente sind prinzipielle frei zu gestalten. Eine konkrete Oberfläche wird durch eine Konfigurationsdatei, eine so genannte Skin (dt. Haut), bestimmt, die alle Elemente genau festlegt. Durch das Austauschen dieser Skin kann das Programm im Handumdrehen völlig anders aussehen. Das Programm wird schon mit einigen fertigen „Häuten" ausgeliefert. Weiter kann man z. B. kostenlos aus dem Internet beziehen selbst erstellen.

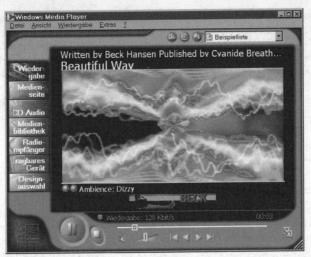

Der Windows Media Player kann die meisten Audio- und Videoformate abspielen

Winsock

„Windows Sockets"

Da das Internetprotokoll TCP/IP ursprünglich für UNIX entwickelt worden war, konnte (und kann) dieses wichtige Protokoll nicht ohne Probleme von Microsoft Windows (ab Version 3.0) benutzt werden.

Abhilfe schaffte hier die Entwicklung einer Programmierschnittstelle zwischen den Windows-Anwendungen und dem TCP/IP-Protokoll. Dieser Standard, Winsock (Kurzform von Windows Sockets, dt. Sockel) wurde in Form einer DLL-Datei (*Winsock.dll* bzw. *Wsock32.dll*) implementiert, die notwendig ist, um einen Windows-Rechner mit dem Internet zu verbinden.

Siehe auch: DLL, UNIX, Windows

Wintel-Computer

{Aussprache: Wintell-Kompjuter}

Wintel ist ein Kunstwort, das sich aus den Namen zweier großer Computerfirmen bzw. deren Produkten zusammensetzt: Microsoft **Win**dows und **Intel**. Microsoft ist die weltgrößte Softwarefirma und beherrscht mit ihrem Produkt Windows den Betriebssystemmarkt. Intel hat eine ähnliche Position im Hardwarebereich und ist dort Marktführer bei Prozessoren und Chipsätzen für PCs. Beide Firmen hatten in den 90er-Jahren eine strategische Allianz geschlossen, um den PC-Markt voranzubringen und dabei natürlich auch unter ihrer Kontrolle zu behalten. So stimmten die Unternehmen neue Produkte untereinander ab und hielten sich über die technologischen Weiterentwicklungen gegenseitig auf dem Laufenden, wobei den Konkurrenten des jeweiligen Partners dieses Vorrecht selbstverständlich nicht gewährt wurde. Durch diese enge Zusammenarbeit wurde gewährleistet, dass der PC-Markt seine profitträchtige Innovationszyklen beibehielt, durch die sich Jahr für Jahr neue bzw. weiterentwickelte Produkte verkaufen. Nachdem sich mit Linux gegen Ende der 90er-Jahre eine echte Alternative zu Windows-Betriebssystemen im PC-Bereich entwickelte, verstärkt Intel seine Bemühungen in diesem Bereich und es zeigen sich erste Risse in der Wintel-Allianz. Inzwischen macht sogar schon das Wort Lintel (**Lin**ux + In**tel**) die Runde.

Siehe auch: Microsoft, Windows

WinZip

Software zum (De-)Komprimieren von Dateien

Wer schon einmal Dateien aus dem Internet heruntergeladen hat, wird es sicherlich bemerkt haben, dass eine Vielzahl der zum Download freigegebenen Dateien, insbesondere in Sharewarearchiven bzw. auf FTP-Servern, gepackt sind, d. h., die Programme wurden zum Zweck eines schnelleren Downloads (Geldeinsparung!) mit einem speziellen Packprogramm (Komprimierprogramm) in der Größe teilweise deutlich reduziert. Ohne ein entsprechendes Programm zum Entpacken dieser Dateien sind diese jedoch nutzlos, da sie in gepacktem Zustand nicht lauffähig sind.

Zahlreiche Textdateien wurden mit WinZip in einer einzigen Archidatei gepackt, wobei die Größe der komprimierte Datei nur noch rund ein Drittel der Originaldateigrößen beträgt

Ein gutes Komprimier- bzw. Dekomprimierprogramm gehört demnach zur Grundausstattung eines jeden Surfers, wie überhaupt jedes Computerbesitzers. Als Standard im Bereich der Packer hat sich im Laufe der Jahre das ZIP-Format durchgesetzt, so weit sogar, dass Zippen zum Synonym fürs Komprimieren geworden ist.

Für ein gutes Komprimierprogramm ist es deshalb selbstverständlich, ZIP-Dateien bearbeiten zu können. Als beliebtestes Programm für alle Aufgaben, die mit dem Packen oder Entpacken von Dateien oder Archiven zusammenhängen, hat sich das Sharewareprogramm WinZip herausgebildet, das über eine einfach zu bedienende Oberfläche verfügt und eine Vielzahl von nützlichen Optionen besitzt.

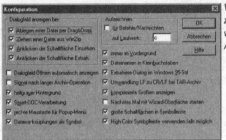

WinZip bietet im Konfigurationsmenü zahlreiche Optionen, um das Programm weitestgehend dem persönlichen Arbeitsstil anzupassen

Siehe auch: Komprimieren, Zip

Wired

{Aussparche: Waierd}

Bekanntes E-Zine

Eines der bekanntesten, vielleicht sogar das bekannteste, E-Zine im Internet ist „Wired", zu finden unter www.wired.com.

Das möglicherweise bekannteste E-Zine im Internet „Wired", immer mit aktuellen Infos und interessanten Hintergrundberichten

Wizard

Was für „normale" Leute die Lektüre der Tageszeitung ist, bedeutet für viele Surfer ein Besuch bei „Wired", um sich über das Neuste und Interessanteste zu informieren.

Siehe auch: E-Zine

Wizard

{Aussprache: Wisard}

Assistent

Bei modernen Computeranwendungen ist es die Regel, dass Benutzer bei komplexere Abläufe von einem Assistenten begleitet werden. Dieser führt sie Schritt für Schritt durch alle Maßnahmen und Einstellungen, die getroffen werden müssen. Dabei wird in der Regel jeder Schritt bei Bedarf erläutert und die jeweils möglichen Optionen zur Auswahl vorgestellt. Ein häufiges Beispiel sind die Installationsroutinen für Anwendungsprogramme. Sie begleiten den Benutzer durch alle Schritte, die zum Installieren und Einrichten einer neuen Anwendung bis hin zum ersten Start des neuen Programms erforderlich sind.

WML [Wireless Markup Language]

Webseiten sind in der Regel in der Seitenbeschreibungssprache HyperText Markup Language (HTML) verfasst. Für WAP-Seiten gibt es eine eigene Beschreibungssprache, die konsequenterweise den Namen Wireless Markup Language (WML) trägt. Dabei handelt es sich um eine eigene Sprache, die große Ähnlichkeiten zu HTML aufweist. Allerdings verfügt sie über wesentlich weniger Elemente und dementsprechend über viel weniger Gestaltungsmöglichkeiten. Damit ist sie aber optimal an die eingeschränkten Fähigkeiten von WAP-Handys in Bezug auf Darstellung und Benutzerinteraktion angepasst. So lassen sich mit WML wesentlich kompaktere Webangebote erstellen, die sich mit den typischen Eingabemöglichkeiten von WAP-Handys gut bedienen lassen.

Wer sich mit HTML etwas auskennt, wird sich auch an WML schnell gewöhnen, da die Sprache ganz ähnlich aufgebaut, aber wesentlich weniger umfangreich ist. Wer Näheres zu WAP wissen will, kann im Web jede Menge Informationen dazu finden. Einen sehr guten Einstieg in das Thema bietet der finnische Handy-Hersteller Nokia in Form eines Online-WAP-Kurses an, den man http://7110.nokia.de/wapkurs/wapkurs_set.html besuchen kann. Noch etwas detaillierter ist die WAP-Einführung von Jan Damberg unter http://www.muenster.de/~sak/wml.htm. Sie kann auch als Referenz verwendet werden, die praktisch alle WML-Tags aufführt und erklärt.

Siehe auch: HTML, WAP

Wombat [Waste of money, brain and time]

„Verschwendung von Geld, Hirn und Zeit" (Slang)

Ein „Wombat" ist zwar ein in Australien beheimatetes niedliches Beuteltier, doch in der Internetsprache steht WOMBAT als Kurzform für Waste Of Money, Brains And Time, also eine gigantische Verschwendung von Ressourcen (Geld, Brainpower und Zeit) zur Lösung eines Problems, das den Einsatz gar nicht wert ist – sei es, weil das Problem zu uninteressant ist oder auch, weil sich aus einer möglichen Lösung kein Nutzen ziehen lässt.

Siehe auch: Chatslang

Workstation

{Aussprache: Wörkstäischen}

Workstation ist eine Bezeichnung für Arbeitsplatzrechner, also einen Computer, der – Gegensatz zu einem Großrechner – mit Monitor und Eingabegeräten ausgestattet ist, sodass eine Person direkt daran arbeiten kann. Von einem klassischen *Personal Computer* PC unterscheidet sich eine Workstation dadurch, dass sie meist leistungsfähiger ist, d. h., sie hat einen schnelleren Prozessor, mehr Arbeitsspeicher und größere Festplatten. Es gibt auch spezialisierte Workstations, die in bestimmten Bereichen besonders gut ausgestattet sind. So verfügen z. B. Grafik-Workstations über besonders leistungsfähige Grafikkarten und eignen sich somit für CAD-Anwendungen oder Video- und Bildbearbeitung. Workstations sind meist erheblich teurer als PCs und finden sich dementsprechend meist in professionellen Einsatzgebieten wieder. Allerdings reichen die jeweils schnellsten PCs in üppiger Hardwareausstattung durchaus an die Rechenleistung einer vergleichbaren Workstation heran, sodass die Grenzen etwas fließend sind. Workstations setzen häufig UNIX-Varianten als Betriebssystem ein. Es gibt aber auch Modelle mit Windows NT bzw. Windows-2000-Systemen.

World Wide Web

{Aussprache: Wörld Waid Webb}

„Weltweites Netz"

Siehe: WWW

Worm

Wurm (Virus-Art)

Im Gegensatz zu den meisten Viren ist ein Worm (englisch für Wurm) kein „echter" Virus, der Programme und Dateien befällt.

Stattdessen besteht die Aufgabe eines Wurms darin, ein System oder ein ganzes Netzwerk durch ständige Vervielfältigung lahmzulegen. Hierbei kopiert ein Wurm sich selbst (oder auch nur Teile davon) im Arbeitsspeicher eines befallenen Rechners so oft, bis es zum Speichermangel und damit zum Zusammenbruch des Systems kommt.

Besonders schlimm für die Internetgemeinde wird es dann, wenn Router und/oder wichtige Server vom „Wurmbefall" betroffen sind und ausfallen.

Siehe auch: Antivirus-Programm, Virus

WSP [Web Standards Project]

Im Zuge des Browserkriegs zwischen Internet Explorer und Netscape Navigator um die Vorherrschaft im Web haben beide Hersteller immer wieder proprietäre Erweiterungen der bestehenden Standards in ihre Produkte aufgenommen, um mit zusätzlichen Funktionen und Effekten für sich werben zu können. Dies hat zu extremen Auswüchsen geführt, sodass teilweise beide Unternehmen eine andere proprietäre Technik für eine Funktion eingeführt haben, die eigentlich standardisiert ist.

Für die Autoren von Webseiten bedeutet dies, dass sie bei Ihren Webseiten immer sehr darauf achten müssen, dass die Seite tatsächlich mit allen Browserversionen korrekt funktionieren, was einen erhöhten Aufwand zur Folge hat.

Um diesem Missstand abzuschaffen, gründeten 1998 verschieden Webdesigner und Onlineagenturen das Web Standards Project (WSP). Es hat sich zum Ziel gesetzt, die Webbrowserhersteller dazu zu bewegen, sich mit ihren Produkten an die bestehenden offiziellen Standards zu halten.

Außerdem bemüht man sich, für neue Technologien möglichst frühzeitig einheitliche Standards festzulegen. Mehr über dieses Projekt kann man auf den Webseiten unter http://www.webstandards.org erfahren.

WWW

„World Wide Web"

Es gibt zahlreiche Bezeichnungen, die für das World Wide Web in Umlauf sind, angefangen von WWW und W3, oder auch einfach Web.

Fälschlicherweise wird das World Wide Web oftmals auch einfach als Internet oder kurz Net bezeichnet, als ob Internet und World Wide Web das Gleiche wären. Doch dies ist ganz und gar nicht der Fall. Das WWW ist lediglich ein Teil des Internet, ein sehr wichtiger Teil zugegebenermaßen, aber dennoch nur ein Teil.

Oder wollten Sie so einfach auf andere Internetdienste wie E-Mail, die Newsgroups des Usenet, Internet Relay Chat, um nur einige zu nennen, verzichten? All diese Dienste sind Teil des Internet, jedoch nicht des World Wide Web.

Die Gleichsetzung Internet/WWW hat ihren Ursprung fraglos darin, dass erst mit dem Aufkommen des WWW das Internet richtig bekannt wurde.

Erst die massentauglichen Elemente des WWW, wie Grafiken, Sounds, Videos, sowie die einfache Navigation mittels eines Browsers erleichterte den Zugang zu den breiten Bevölkerungsschichten in aller Welt. Erst der Erfolg des WWW hat den Erfolg des Internet ausgemacht.

WYSIWYG

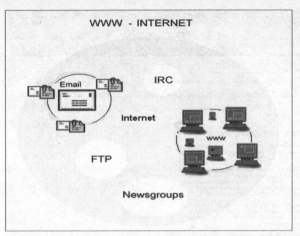

Das WWW ist nur ein Teil des Internet, wenngleich ein wichtiger und für den weltweiten Durchbruch des Internet in den letzten Jahren entscheidender

Das WWW als bekanntester Internetdienst ist ein riesiges Geflecht aus Rechnern, so genannten Webservern, die eine unüberschaubare Menge an Informationen, Dokumenten, Grafiken etc. in Form von abrufbaren Internetseiten im HTML-Format bereitstellen. Um diese Dokumente abrufen und anschauen zu können, wird eine spezielle Software, ein Browser, benötigt. Mithilfe dieses Browsers können Sie die gewünschten Dokumente abrufen und sich von einem Internetangebot mittels Links zum nächsten bewegen, umgangssprachlich auch als Surfen bezeichnet.

Siehe auch: Browser, HTML, Internet, Surfen, Webserver

WYSIWYG [What You See Is What You Get]

„Was du siehst, ist das, was du bekommst„

Hinter WYSIWYG verbirgt sich ein Prinzip, das einem einfachen Grundsatz folgt: Das, was man bei der Arbeit mit einem Text auf dem Bildschirm sieht, sieht genau so aus, wie es auch am Ende auf Papier erscheint.

Insbesondere bei Textverarbeitungen ist WYSIWYG ein unverzichtbares Element, denn schließlich wollen Sie ja, wenn Sie einen Brief oder einen anderen Text schreiben, schon während der Eingabe auf dem Bildschirm sehen, wie das gedruckte Blatt später aussehen wird. Die Bildschirmdarstellung und der spätere Ausdruck müssen exakt übereinstimmen, ansonsten bekommen Sie ja nicht, was Sie sehen.

WYSIWYG

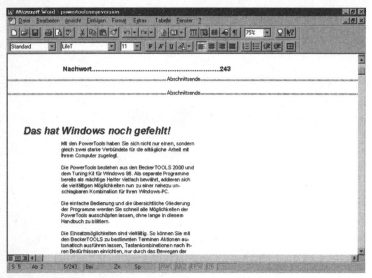

Ein Text im Word-Normalansichtsmodus. Der Text auf dem Bildschirm ist im Aussehen nicht identisch mit dem endgültigen Text

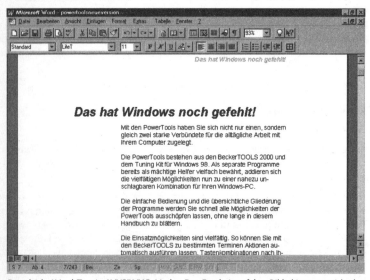

Der gleiche Word-Text im WYSIWYG-Modus. Das Ergebnis auf dem Bildschirm entspricht dem späteren Ausdruck. „Man sieht, was man bekommt."

Da die Anzeige im exakten Darstellungsmodus WYSIWYG für den PC erheblich mehr Rechenzeit verlangt, gibt es bei praktisch allen Textverarbeitungen die Möglichkeit, Texte auch im so genannten Entwurfmodus zu erstellen. Vorteil ist maximale Geschwindigkeit, der Nachteil ist fehlendes WYSIWYG, d. h., es kann durchaus vorkommen, dass die Absenderadresse eines Briefes auf dem Bildschirm links oben angezeigt wird, beim Ausdruck jedoch einige Zeilen tiefer weiter rechts auftaucht.

Mit WYSIWYG passiert dergleichen nicht, das Bild auf dem Monitor und der Ausdruck stimmen überein.

Auch im Bereich des Internet hat WYSIWYG eine besondere Bedeutung, die eng mit der bereits genannten zusammenhängt.

Es geht dabei um die Erstellung von Internetseiten mithilfe von speziellen HTML-Editoren. Auch hier ist es wichtig, dass die Elemente einer späteren Internetseite bei der Eingabe bereits so aussehen, wie sie sich später dann auch dem Browser eines Surfers darbieten.

Nur so ist gewährleistet, dass die Website letztlich auch den optischen Wünschen und Vorstellungen entspricht. Schließlich und endlich macht es ja keinen rechten Sinn, wenn Sie beim Erstellen einer Webseite links oben einen roten Punkt haben wollen, diesen auf Ihrem Monitor beim Erstellen der Seite auch sehen, aber dann, wenn die Seite ins Netz gestellt wurde, bekommen Besucher ein rotes Viereck an einer ganz anderen Stelle zu sehen.

WYSIWYG bedeutet hier also, dass die Anzeige einer Webseite beim Erstellen identisch ist mit dem späteren Aussehen einer Webseite in einem Browser.

Siehe auch: HTML-Editor

X-Check

Ein dem amerikanischen Vorbild Adult-Check vergleichbaren Schutz Minderjähriger vor Internetseiten mit überwiegend pornografischem Inhalt verspricht das deutsche Pendant X-Check.

Im Gegensatz zu Adult-Check wird bei X-Check auch noch zusätzlich eine Fotokopie des Altersnachweises verlangt, was das System vergleichsweise sicherer macht.

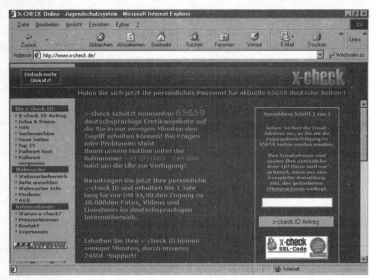

X-Check: Mehr als 65.000 Internetsites sind geschützt und erst nach Aktivierung durch X-Check freigeschaltet

Siehe auch: Adult, Adult-Check

xDSL

Die Digital Subscriber Line (DSL) ist eine Technologie, mit der auf normalen Telefonkabel Breitband-Internetverbindung möglich sind. Es gibt eine ganze Reihe von DSL-Varianten, von denen die bekannteste Asymmetric DSL (ADSL) ist. Bei asymmetrischen DSL-Verbindungen wird in einer Richtung (normalerweise in Downloadrichtung) eine wesentlich höhere Geschwindigkeit als in der anderen (Upload) erreicht. Es gibt aber z. B. auch die sysmmetrische Variante SDSL, wo in beiden Richtungen die gleiche Kapazität zur Verfügung steht. Darüber hinaus gibt es noch ein Vielzahl von Abarten der DSL-Technologie, denen aber immer das gleiche Verfahren zugrundeliegt. Mit xDSL bezeichnet man die gesamte Familie dieser Verfahren. Man verwendet es also als Namen für eine breitbandige Zugangstechnik auf DSL-Basis, ohne das genaue Verfahren näher zu spezifizieren.

Siehe auch: ADSL, T-DSL

Xfer

„Transfer"

Gelegentlich, vor allem beim Chatten und in E-Mails, finden Sie Transfer als Xfer abgekürzt, sowohl in englischer Sprache (data xfer) als auch in Deutsch (Daten-Xfer).

Siehe auch: Chatslang

XHTML [EXtensible HyperText Markup Language]
XML-kompatible Version von HTML

Die eXtensible Hypertext Markup Language (XHTML) ist eine erweiterte Fassung von HTML 4.0, die der XML-Spezifikation entspricht und somit zukunftssicher ist, da sie von allen XML-kompatiblen Browser verarbeitet werden kann. Bei den Formatierungsmöglichkeiten gibt es praktisch keine Unterschiede zum etablierten HTML 4.0.

Siehe auch: HTML, XML

XML [EXtended Markup Language]
Erweiterte Beschreibungssprache

Die Hypertext Markup Language (HTML) ist eine einfache Seitenbeschreibungssprache, die über eine Reihe von bestimmten, festgelegte Sprachelementen verfügt, also z. B. Anweisungen zum Formatieren von Texten, Einfügen von Bildern usw. Die eXtended Markup Language (XML) arbeitet nach dem gleichen Prinzip, gibt dabei aber keine festen Sprachelemente vor. Vielmehr kann man mit XML eigene Dokumenttypen mit ganz spezifischen Sprachelementen definieren, mit denen man dann seine Dokumente gestaltet.

So kann man mit einfachen Mitteln verschiedene Dokumenttypen für die unterschiedlichsten Anwendungsbereiche erstellen, die sich vom Grundprinzip her aber alle ähnlich sind und von jedem XML-kompatiblen Programm dargestellt bzw. verarbeitet werden können. So sind nicht nur formelle Formatierungen denkbar, sondern z. B. auch semantische Markierungen, die den Inhalt eines Dokuments automatisch erfassbar machen.

XML basiert im Prinzip auf der Standard Generalized Markup Language (SGML), die sich für den Einsatz in Medien wie dem Web aber als zu mächtig erwies. Deshalb schuf man mit XML eine überschaubarere Teilmenge von SGML, die aber funktionell immer noch ausreichend ist. Dem im Vergleich zu HTML wesentlich flexibleren XML dürfte wohl die Zukunft gehören. Mit xHTML ist bereits eine XML-kompatible Variante von HTML entstanden. In Zukunft dürfte HTML ganz durch XML abgelöst werden. Allerdings fehlt es zurzeit noch ein weitreichenden praktische Umsetzungen. XML wird von den aktuellen Webbrowsern auch noch nicht vollständig unterstützt. Ausführlichere Informationen zu XML gibt es beim W3C unter http://www.w3c.org/xml. Eine gute deutschsprachige Einführung findet sich unter http://members.aol.com/xmldoku/.

Siehe auch: HTML, SGML, XHTML

XModem

Datenübertragungsprotokoll

Bei XModem handelt es sich quasi um den Ur-Ahn, also einen Vorläufer des vielgenutzten Übertragungsprotokolls ZModem.

X-Modem ist im Vergleich zu dem Nachfolgern extrem langsam, da die zu übertragende Datei in Blöcke von nur je 128 Bytes aufgeteilt wird. Auch kann pro Aufruf nur eine einzige Datei übertragen werden, Informationen wie Dateiname und Dateigröße werden nicht mitübertragen.

XModem wurde zum direkten Nachfolger YModem und schließlich ZModem weiterentwickelt.

Siehe auch: Y-Modem, Z-Modem

XrML [EXtensible Rights Management Language]

Beschreibungssprache zum Schutz von Urheberrechten bei digitalen Daten

Eines der größten Probleme bei der digitalen Verbreitung von Daten ist der Schutz des Urheberrechts. Bei digitalen Daten können ohne großen Aufwand Kopien erstellt werden, die dem Original absolut identisch sind und in der Qualität in nichts nahe stehen. Somit wäre der schwunghaften Verbreitung von Raubkopien, wie man sie ja auch schon z. B. bei Computerspielen kennt, kaum etwas entgegenzusetzen und die Urheber müssten um ihre Einnahmen fürchten. Die Auseinandersetzungen um die Musiktauschbörse Napster zeigen diese Problematik ganz deutlich.

Um solche Probleme zu verhindern und den Urheberschutz bei der Veröffentlichungen von digitalen Videos, Musikstücken und auch Texten (eBook) zu gewährleisten, lässt sich die Industrie deshalb einiges einfallen. Eine dieser Ideen ist die eXtensible Rights Management Language (XrML). Ihr Name erinnert nicht von ungefähr an HTML, denn XrML ist ebenfalls eine XML-basierte Auszeichnungssprache, mit der digitale Daten vor unkontrollierter Vervielfältigung geschützt werden sollen. So können damit z. B. elektronische Bücher so kodiert werden, dass sie nur auf dem PC bzw. eBook des Käufers gelesen werden können. Ein Kopie der Daten kann damit zwar nicht verhindert werden, aber zumindest könnte damit niemand etwas anfangen. Dazu definierte XrML eine Reihe von Anweisungen, mit denen man ganz genau festlegen kann, wer mit einem bestimmten Dokument was anfangen kann bzw. welche Lizenzgebühren beispielsweise für eine bestimmte Nutzung zu entrichten sind. Allerdings handelt es sich bei XrML bislang lediglich um einen Vorschlag, der noch nicht als Standard verabschiedet worden ist. Ausführlichere Informationen zu XrML finden sich unter http://www.xrml.org.

Siehe auch: XML

Y2K [Year 2 Kilo]

{Aussprache: Jier Tu Kilo}

"Jahr 2000"

Vielleicht haben Sie sich schon einmal gewundert, was diese sonderbare Abkürzung Y2K für Jahr 2000 soll?

Die Erklärung ist relativ einfach: Y steht für Year (Jahr) und 2K ist quasi 2000 in der Computersprache, denn K steht stellvertretend für Kilo, die übliche Abkürzung für Tausend, ergo 2K entspricht 2000.

Vor allem mit dem Näherrücken des neuen Milleniums zum 1.1.2000 gab es eine riesige Furcht vor einem möglichen Versagen der Computer. Sicherlich wissen Sie, dass korrekterweise das neue Millenium erst zum 1.1.2001 beginnt, doch die entscheidende Frage bei Y2K war, was passieren würde, wenn die Datumsanzeige von 1999 auf 2000 umspringt.

Viele waren besorgt, dass der so genannte Milleniums-Bug riesige Schäden anrichten würde, denn insbesondere ältere Computer arbeiten nicht mit einer vierstelligen, sondern mit einer zweistelligen Datumsanzeige, d. h., wenn sich die Anzeige von 99 auf 00 ändert, können die Rechner nicht unterscheiden, ob es sich um 1900 oder 2000 handelt, da sie nur mit 00 arbeiten. Wahre Untergangsszenarios wurden an die Wand gemalt. Doch wie man mittlerweile weiß, waren die Schäden und Ausfälle vergleichsweise gering, was insbesondere darauf zurückzuführen war, dass viele Firmen und Unternehmen sich vorher intensiv um dieses drohende Problem gekümmert hatten und ihre Systeme auf Herz und Nieren mit entsprechender Y2K-Software getestet hatten.

In der Internetsprache wird Y2K nach wie vor im Chat oder in E-Mails als Kürzel für das Jahr 2000 benutzt.

Siehe auch: Chatslang

YABA [Yet Another Bloody Acronym]

"Schon wieder ein verdammtes Akronym"

Die so genannten Akronyme begegnen Ihnen in der Internetsprache überall, ob Sie es wollen oder nicht. Beinahe jeder Begriff, der auch nur im entferntesten mit Computer bzw. Internet zu tun hat, wird abgekürzt, ganze Ausdrücke und Sätze werden mit wenigen Buchstaben abgekürzt. Zahlreiche Beispiele hierfür finden Sie auf den Seiten dieses Lexikons.

Yahoo!

Auch dem Geduldigsten geht die Unzahl von Akronymen irgendwann einmal auf die Nerven, insbesondere dann, wenn Sie geballt im Chat oder in einer E-Mail auf einen einstürzen. Als Waffe gegen übermäßiger Akronym-Nutzung kontert man mit YABA, ins Deutsche übertragen etwa „schon wieder so ein verdammtes Akronym". Ein sicheres Zeichen für den Gegenüber, den Gebrauch etwas einzuschränken.

Siehe auch: Akronym, Chatslang

Yahoo!

Yahoo! gehört zu den bekanntesten und beliebtesten Suchdiensten im Internet. Das liegt unter anderem auch daran, dass es eines der ersten Angebote dieser Art überhaupt ist. Basis des Angebots unter http://www.yahoo.de bzw. http://www.yahoo.com ist ein umfangreicher Katalog von Webseiten der in einer hierarchische Struktur gegliedert ist und den Benutzern ermöglicht, schnell eine ganze Auswahl an Seiten zu einem bestimmten Thema zu finden. Wer dort nicht fündig wird, kann darüber hinaus die Dienste einer vollwertigen Suchmaschine in Anspruch nehmen. Neben diesem Kernbereich positioniert sich Yahoo! allgemein als Internetportal für den modernen Internauten und bietet eine ganze Reihe an zusätzlichen Diensten wie z. B. E-Mail, Instant Messaging, Auktionen und Personalisierungsfunktionen.

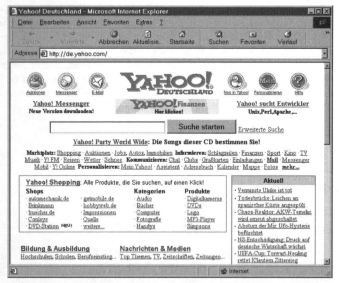

Siehe auch: Suchmaschine

Wer ein eigenes Webangebot betreibt, kann dieses direkt bei Yahoo! anmelden. Ob es allerdings tatsächlich in den Webkatalog aufgenommen wird, liegt letzt-

Yellow Pages

lich in der Entscheidung der Yahoo!-Mitarbeiter. Einträge werden hier nicht automatisch erstellt sondern nur nach „menschlicher" Prüfung der entsprechenden Seiten aufgenommen.

Yellow Pages

{Aussparche: Jelloh Päitsches}

Onlineversion der Gelben Seiten

Als Yellow Pages bzw. in der deutschen Entsprechung „Gelbe Seiten" (bezugnehmend auf die Farbe der Telefonbücher/Branchenverzeichnisse) werden die Internetangebote bezwichnet, bei denen Sie Adressen oder Telefonnummern von Personen oder Firmen in Deutschland herausfinden können.

Unter www.teleauskunft.de haben Sie Onlinezugriff auf alle Daten, die in den Telefonbüchern bzw. den Gelben Seiten gespeichert sind

Einer der bekanntesten und beliebtesten Anlaufstellen ist www.teleauskunft.de, wo Sie auf einfache und bequeme Weise nach den gesuchten Informationen suchen lassen können und die Ergebnisse dann in Sekundenschnelle angezeigt bekommen.

Mühsames Wälzen von Telefonbüchern oder Blättern in den „richtigen" Gelben Seiten können somit auf ein Minimum reduziert werden, da die Yellow Pages im Internet für Sie die Suche übernehmen.

YMMV

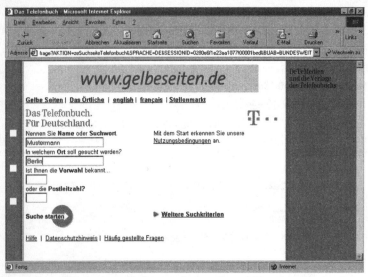

Sie müssen lediglich den Namen der Person in die vorgesehenen Felder eintragen, ggf. noch die geografische Suche durch Angabe von Vorwahl bzw. Postleitzahl (falls bekannt) eingrenzen und mit Suche starten die Abfrage beginnen, und schon erhalten Sie innerhalb weniger Sekunden die Telefonnummer des gesuchten Teilnehmers

Siehe auch: White Pages

YMMV [Your Mileage May Vary]
„Bei Ihnen kann das anders aussehen"

Wenn Ihr Chatpartner Ihnen YMMV zu verstehen gibt, meint er damit, dass sich etwas für ihn auf eine besondere Weise darbietet, es jedoch für Sie schon ganz anders aussehen kann (aber nicht muss).

Um ein einfaches Beispiel zu geben, wie YMMV zu verstehen ist: Sie bauen eine neue Erweiterungskarte in Ihren Rechner ein und berichten per E-Mail oder beim Chatten davon, welche Probleme Sie beim Einbau bzw. der anschließenden Softwareinstallation hatten. Die Probleme traten bei Ihnen auf, bei Ihrer speziellen Hardwarekonfiguration. Die gleichen Probleme müssen nicht notwendigerweise auch beim Gegenüber auftreten, wenn er sich für die gleiche Erweiterungskarte entschließen sollte. Deshalb schildern Sie Ihre Probleme mit dem Zusatz YMMV, um zu sagen: „So war es bei mir, bei dir kann es ganz anders sein".

Siehe auch: Chatslang

YModem

Übertragungsprotokoll

YModem ist der direkte Nachfolger von XModem, einem Übertragungsprotokoll für Dateien.

Im Gegensatz zu XModem arbeitet YModem mit einer deutlich erhöhten Blockgröße von 1 KByte und kann außerdem mehrere Dateien inklusive Dateinamen bei einem Aufruf übertragen.

YModem wurde weiterentwickelt zu ZModem.

Siehe auch: XModem, Zmodem

Z

Zeichensatz

Ein Computer kennt prinzipbedingt keine Buchstaben. Für ihn besteht die Welt nur aus Zahlen, genau genommen sogar nur aus Einsen und Nullen. Daraus leitet er alles andere ab. Damit ein Computer auch Buchstaben, die mit Zahlen ja erst mal gar nichts zu tun haben, verarbeiten, speichern und darstellen kann, muss es eine zahlenmäßige Repräsentation der Buchstaben geben. Intern kann der Computer dann weiter mit reinen Zahlen rechnen, aber nach können die Benutzer Zeichen eintippen und sehen auch Buchstaben auf dem Bildschirm oder auf dem Drucker. Wenn diese Abbildung von Buchstaben auf Zahlen bei jedem Rechner individuell vorgenommen würde, wären die Daten unter den Computern nicht mehr austauschbar. Wo der eine PC aus der Zahl 65 ein A macht, würde der andere stattdessen ein Z ausgeben und das Chaos wäre vorprogrammiert.

Deshalb gibt es einheitliche Zeichensätze für alle Computer. Sie nehmen eine standardisierte Zuordnung zwischen Zeichen und Zahlen vor. So schreiben sie z. B. vor, dass der Buchstabe A immer durch die Zahl 65 zu repräsentieren ist. Jeder Computer, der einen bestimmten Zeichensatz unterstützt, muss sich daran halten. Dafür ist eine Textdatei gemäß diesem Standard dann auch auf alle Rechner lesbar. Es gibt eine ganze Reihe von Zeichensätzen. Der kleinste gemeinsame Nenner ist in der Regel der American Standards Code for Information Interchange (ASCII). Er umfasst 128 Zeichen, von denen die ersten 32 technischen Steuerzeichen sind, also z. B. der Zeilenumbruch. Danach folgen die wichtigsten Satzzeichen und mathematische Symbole, die arabischen Ziffern und die großen und kleinen Buchstaben des Alphabets. Weitere Sonderzeichen wie etwa nationale Besonderheiten (z. B. die deutschen Umlaute) konnte nicht

Zeichensatz

berücksichtigt werden, da der ASCII-Standard zu einer Zeit verabschiedet wurde, als die Computer noch mit 7 Bit arbeiteten und somit in einem Byte nur Werte zwischen 0 und 127 darstellen konnten. Die folgende Tabelle zeigt den ASCII-Zeichensatz ab ASCII-Code 32.

ASCII-Code	Zeichen	ASCII-Code	Zeichen	ASCII-Code	Zeichen
32	Leerzeichen	64	@	96	`
33	!	65	A	97	a
34	"	66	B	98	b
35	#	67	C	99	c
36	$	68	D	100	d
37	%	69	E	101	e
38	&	70	F	102	f
39	'	71	G	103	g
40	(	72	H	104	h
41	)	73	I	105	i
42	*	74	J	106	j
43	+	75	K	107	k
44	,	76	L	108	l
45	-	77	M	109	m
46	.	78	N	110	n
47	/	79	O	111	o
48	0	80	P	112	p
49	1	81	Q	113	q
50	2	82	R	114	r
51	3	83	S	115	s
52	4	84	T	116	t
53	5	85	U	117	u
54	6	86	V	118	v
55	7	87	W	119	w
56	8	88	X	120	x
57	9	89	Y	121	y
58	:	90	Z	122	z
59	;	91	[	123	{
60	<	92	\	124		
61	=	93	]	125	}
62	>	94	^	126	~
63	?	95	_	127	·

Ein anderer häufiger Zeichensatz ist der Standard vom American National Standards Institute (ANSI). Dabei handelt es sich im Prinzip um eine Erweiterung des ASCII-Zeichensatzes, die der Tatsache Rechnung trug, dass bei ASCII viele Zeichen fehlten, die insbesondere für die internationale Kommunikation wichtig waren. Außerdem arbeiteten die Computer inzwischen mit 8 Bit (oder mehr), sodass man die Anzahl der abgebildeten Zeichen auf 256 verdoppelte. Dabei übernahm man für die ersten 128 Zeichen die Spezifikation des ASCII-Standards und ergänzte sie in der zweiten Hälfte um wichtige Sonderzeichen wie z. B. die deutschen Umlaute oder auch die typischen Sonderzeichen in romanischen oder skandinavischen Sprachen.

Der ANSI-Code wird inzwischen von den meisten Betriebssystemen und Anwendungen unterstützt, so z. B. auch von Windows. Im Internet hat er sich aber noch nicht überall durchgesetzt. So kann es einem z. B. passieren, dass eine E-Mail nur verstümmelt ankommt, wenn man darin z. B. deutsche Umlaute verwendet. Wenn ein an der Datenübertragung beteiligter Internetrechner nur ASCII versteht, lässt er in einer Information enthaltene ANSI-Codes einfach weg oder ersetzt sie durch beliebige ASCII-Codes. Solche Fälle werden aber immer seltener.

Siehe auch: ANSI, ASCII, Zeichensatz.

Zip

Je kleiner eine Datei ist, desto schneller kann Sie übertargen werden. Aus diesem Grund spielen Programme, die Dateien komprimieren, also verkleinern, können schon seit vielen Jahren eine sehr wichtige Rolle bei der Datenfernübertragung.

Üblicherweise sind komprimierte Dateien, auch gepackte Dateien genannt, an der Dateiendung (Extension) erkennbar. Es gibt zahllose solche Komprimierprogramme, die gepackte Dateien in den unterschiedlichsten Formaten herstellen. Unangefochtener Standard ist jedoch das ZIP-Format, das am weitesten verbreitete Format für komprimierte Dateien, normalerweise erkennbar an der Endung .zip. Diese Bezeichnung hat sich mittlerweile sogar so weit verselbstständigt, dass „Zippen" zum Synonym für Komprimieren geworden ist.

WinZip ist das bekannteste Programm für die Arbeit mit Zip-Dateien und bietet eine übersichtliche und leicht bedienbare Programmoberfläche

Zum Packen und anschließenden Entpacken der Dateien wird ein entsprechendes Programm benötigt, wobei die Auswahl sehr groß ist. Besonders beliebt ist WinZip (im Internet zu finden unter www.winzip.de) oder auch ZipGenie aus der Goldenen Serie von DATA BECKER, ein vielfach ausgezeichnetes und einsteigerfreundliches Programm, das alle Aufgaben, die beim Packen und Entpacken anfallen können, problemlos bewältigt.

Egal für welches Programm Sie sich entscheiden, ein gutes Komprimierprogramm gehört zur Grundausstattung eines jeden Internetreisenden, da es viele Dateien zum Download nur als gepackte Datei gibt. Achten Sie bei der Wahl des Komprimierprogramms darauf, dass es den ZIP-Standard unterstützt.

Siehe auch: Attachment, Komprimieren, Packen, Winzip

ZModem

Übertragungsprotokoll für Modems

Bei ZModem handelt es sich um eine Weiterentwicklung der Übertragungsprotokolle XModem und YModem.

Es bietet gegenüber den Vorgängern zahlreiche neue Funktionen, die ZModem nach wie vor zu einem wichtigen Übertragungsprotokoll für Modemnutzer machen.

Anders als die Vorgängerprotokolle, die mit festen Blockgrößen arbeiten, passt sich ZModem der Qualität der Übertragungsleitung an und verändert die Blockgröße dynamisch, d. h., es versucht, immer die schnellstmögliche Übertragung zu gewährleisten.

Weiterhin erlaubt es ZModem, unterbrochene Downloads später an der Stelle fortzusetzen, an der die Übertragung abgebrochen wurde. Haben Sie beispielsweise von einer 900 KByte großen Datei 800 KByte bereits heruntergeladen und bricht der Download dann ab, müssen Sie beim nächsten Versuch nur noch die restlichen 100 KByte downloaden, da ZModem dafür sorgt, dass die übertragenen Teile richtig zusammengesetzt werden.

Da ZModem auch um ein so genannten Prüfsummenverfahren erweitert wurde, ist es im Vergleich zu den Vorgängern nicht nur schneller, sondern besitzt auch eine effektive Fehlererkennung, was die Gefahr fehlerhafter und somit unbrauchbarer Downloads drastisch verringert.

Stichwortverzeichnis

@	9
16CIF	210
404	213
4CIF	210

A

a/b-Wandler	10
AAMOF	10
abandonwarez	522
ABEND	10
Abmeldung	11
Abrechnungstakt	11
ACAP	11
Account	12
Acrobat Reader	13
Active Server Pages	51; 400
ActiveMovie	14
ActiveSetup	15
ActiveX	15; 32; 152; 373; 378
Ad	18
AdClick	18
AdClickRate	19
Add-On	19
AdGame	19
AdImpression	20
Admin	20
Admin-C	20
Administrator	21
ADN	21
Adobe	392; 398
Adressbuch	21
Adress-Spoofing	22
AdServer	24
ADSL	24; 464; 483; 552
Adult	25
Adult Check	27
aero	28
AFAIK	28
Affiliate Program	28
AFK	29
Agent	28
AIDS	29
AIM	29; 93; 276
AKA	30
Akronym	30
Aktive Inhalte	31; 216
Aktualisieren	32; 426
Akustikkoppler	33
Alexa	33; 529
Alias	34
Alphaversion	72
AltaVista	34
America Online	43; 383
American National Standards Institute	40
Animated GIF	36
Anklopfen	36
Anmeldung	37
Annie	37
Anonymizer	37
Anonymous FTP	39
ANSI	40; 265; 560
Antispam-Filter	41
Antivirus-Programme	41
AOL	29; 43; 126; 345; 363; 383
AOL Instant Messenger	29; 276
Apache	44
Apache-Server	384
APOP	44
Apple	541
Applet	45
Application	47
Application Service Provider	52
Application sharing	47
Archie	47
Arpanet	49
Artikel	49
ASAP	49
ASCII	40; 49; 265; 559
ASF	542
ASP	51; 52; 152; 400
Assistent	546
Association of Shareware Professionals	52
Asterisk	53
Asynchronous Digital Subscriber Line	24

Stichwortverzeichnis

AT 249
AT-Befehle 53
ATM 56
Attachment 55
Audio Video Interleave 61
Auflösung 57
Auktionen 556
Ausschlussoperator 83
Authenticode 16
Authorization 58
Autocomplete 58
Auto-Reply 60
Autoresponder 60
Avatar 60
AVI 14; 61; 542
Award 61

B

B2B 63
B2C 63
B2N 63
B464
Backbone 64
Background 65
Backslash 65
BAK 66
Bandbreite 66
Banner 66
Banner Rotation 68
Barfmail 68
Basic Rate Interface 88
Basisanschluss 69
Baud 69
BBL 69
BBS 70
BC 70
Bcc 70; 130
BDSG 71
Beat 71
Bells & Whistles 72
Betaversion 72
Betriebssysteme 311; 498; 541
BFN 73
Bidirektional 73
Bilder speichern 438
Bildschirmschoner 74; 438

Binary 74
Biometrie 74
BION 75
BIOS 75; 83
Bit77
BITNET 77
biz 77
B-Kanal 62
Blanking 77
Blind carbon copy 130
Blue Ribbon 78; 189
BOD 79
Body 79
Bookmark 81; 209
Books on Demand 79
Boolesche Operatoren 81
Bootreihenfolge 83
Bootsektor-Virus 84
Bootvirus 85
bot 85
Bounce 85; 428
Bozo 86
Bozofilter 41; 86
BPS 88
Brain dump 88
BRI 88
Brick-and-mortar 88
Bridge 89
Broadcast 89; 353
Brouter 90
Browser 90; 118; 375; 523
    ActiveX 16
    Autocomplete 58
    Cache 96
    Cookie 127
    Reload 426
    Startseite 467
Brute Force Attack 91
BTW 92
Btx 92; 488
Buddy 93
Bug 93
buggy 94
busy 94
Button 94
Byte 95

Stichwortverzeichnis

Bytecode 286
BZT 96

C

Cache 96
Call by Call 97
Cancelbot 99
CAPI 100
Caps 101
Captain Crunch 102
Carbon copy 130
Cardware 102
Carnivore 103
Carrier 104
Cascading Style Sheets 135
CBT 104; 523
Cc 104; 130
CCC 111
CCITT 105
ccTLD 105; 244
CDDB 106
Censorware 107
Centronics-Port 390
CERN 108
CERT 109
CGI 109
Chain gang 110
Channel 111; 288; 289
Chaos Computer Club 111
CHAP 112
Charta 113
Chat 113; 510
Chatiquette 115
Chatroom 115
Chatslang 115
Chatter 117
Cheat 118
Cheese 118
ChiBrow 118
CIF 119
CIS 125
Click-and-mortar 120
Client 120
Client-Server-Modell 120
Cobweb-Site 121
Codec 121

com 122
Common Gateway Interface 109
Common Image Format 119
Communicator 122
Community 123
Compact Disc Data Base 106
Compiler 124
COM-Port 442
Compresses Serial Line Internet
    Protocol 135
CompuServe 125; 383
Computer Based Training 104; 523
Computer Emergency Response Team 109
Computer-Lingo 126
Conference 126
Connect 126
Connect Time 126
Content 127
Content Provider 127
Content Scrambling System 136
Cookie 127
coop 129
Copy 129
Copyright 130
Counter 130
Country Code 105
Courtesy Top Level Domain 131
CPC 131
Cracker 131
Crash 132
Crawler 133
Crippleware 133
Crossposting 134
Cruising-Virus 135
CSLIP 135
CSS 135; 136; 152
CU 137
CU2 137
Customize 137
Cut & Paste 138
cXML 139
Cyber 139
Cybernaut 140
Cybersnob 140
Cyberspace 140

565

Stichwortverzeichnis

D

D/L	141
Daemon	141
Data Mining	142
Data Transfer Rate	142
Datendurchsatz	143
Datenfernübertragung	151
DAU	143
DDoS	161
Dead Tree Edition	143
Decryption	143
Default	144
DejaNews	144; 461
Delurk	146
Demo	146
Democratic Internet	147
Denial of Service	149
DENIC	148
DES	149
Deutsches Institut für Normung	40
DFÜ	151; 301
DFÜ-Netzwerk	98
DHTML	152
Dialer	152
Dialup	152
Digerati	153
Digest	153
Digital Divide	154
Digital Signature	155
Digital Subscriber Line	552
Digital Versatile Disc	136
DIKU	156
DIN	40; 156
Directory Service Markup Language	170
Direktbank	157
Disclaimer	158
Disconnect	160
Dissen	160
Distance Learning	160
Distributed Denial of Service	161
D-Kanal	162
DLL	162
DNS	162
DOA	163
Document Object Model	164; 273; 297
Document Type Definition	170, 445
DOM	164; 273; 297
Domain	164
Domain Name System	162
Domain-Grabbing	165
DoS	149
Dot	166
Dotcoms	167
Dot-goner	167
Down	168
Down Time	169
Download	168
Downstream	169
Dreamweaver	169; 219
DSL	552
DSML	170
DTD	170; 445
Dupe	171
Duplex-Modus	171
DVD	136
Dynamic HyperText Markup Language	152
Dynamische Webseiten	172

E

E25-Index	172
Easter Egg	173
eBay	174
eBook	184
E-Business	176
E-Card	176
Echtzeithandel	382
E-Commerce	179
ECP	185; 390
EDI	185
Editor	186
edu	187
Edutainment	187
EDV	187
EFF	78; 189
Egosurfing	187
E-Government	179
Eingeschränkte Sites	452
Einkaufskorb	188
Einloggen	188
Einwahlknoten	188
Electronic Business	176

Electronic Commerce 179
Electronic Data Interchange 185
Electronic Frontier Foundation 78; 189
Elektronisches Buch 184
Eliza 190
E-Mail 180; 196; 264; 265; 314
  @ 9
  Bcc 70
  Body 79
  Bounce 85
  Cc 104
  E-Mail-Adresse 182
  Folder 223
  Forward 226
  Header 250
  Inbox 274
  MIME 334
  Ordner 223
  Outbox 387
  Outlook 387
  Outlook Express 388
  POP3 404
  Remailer 426
  Reply 427
  SMTP 459
  Subject 469
  Webmail 531
E-Mail-Adresse 182, 472
Embedding 377
Emoticon 191
EMP 193
Encoding 194
Encryption 194
Enhanced Capability Port 185
Entschlüsselung 143
EPIC 194
Erweiterter Arbeitsspeicher 200
Ethernet 195; 268; 307; 364
Eudora 196
EventHandler 197
e-Visualizer 477
Excite 199
Expiry date 199
EXtended Markup Language 553
Extended Memory 200

EXtensible HyperText Markup
  Language 553
EXtensible Rights Management
  Language 554
Extension 200
Extranet 202; 540
E-Zine 182

F

F2F 203
Fake 203
Fan-Fic 204
Fan-Fiction 204
Fan-Sites 205
FAQ 206
Faradize 207
Farbcodes 208
Farben 207
Favoriten 81; 209; 216
Fax 280
FCIF 210
Feature 210
Feed 210
Feedback 210
Fehlerkorrektur 211
Fehlermeldung 211
Fehlernummern 217
File 217
File Not Found 218
File Transfer Protocol 218; 235
Fingerabdrücke 75
Firewall 218
Fireworks 219
Flame 219
Flash 219; 220
Flatrate 221
FOAF 222
FOC 223
Folder 223
Followup 224
Font 225
Formulare 94
Forum 226
Forward 226
Frame 228
Freak 230

Stichwortverzeichnis

Free Agent 230
Freemail 230
Freemailer 232
Freetel 282
Freeware 233
FrontPage 233
FrontPage-Erweiterungen 235
Frownies 458
F-Stecker 478
FTP 235
   Anonymous FTP 39
   Archie 47
FUBAR 236
Full Common Intermediate Format 209
Fullduplex 236
FWD 237
FWIW 237
FYA 237
FYI 237

G

Gameport 237
Gateway 238
Geek 239
Gelbe Seiten 239
Get a life 239
GIF 239
   Animated GIF 36
Gigabyte 240
Gizmo 240
GMTA 241
Google 241
Gopher 242
gov 244
Grafische Benutzeroberfläche 246
gTLD 244
Guestbook 245
GUI 246

H

Hacker 247; 407
   Captain Crunch 102
Halfduplex 248
Handel per Order 382
Handshake 249

Handy 122; 458; 519
Hayes 249
Header 250
Hewlett Packard 260
Hintergrundklang 462
Hit 251
Hoax 251
Home 253
home.pages.de 255
Homebanking 253
Homepage 254
Hop 256
Host 256
Hot Plugging 259
Hotbot 256
Hotlist 258
Hotmail 346
HotMetal 258
HPGL 260
HTH 260
HTM 260
HTML 51; 108; 136; 152; 170; 208;
   228; 258 ff; 332; 444; 479; 523; 546
HTML-Editor 262
HTML-Mail 264
HTML-Newsletter 265
HTML-Sonderzeichen 265
HTML-Tidy 266
HTTP 108; 267
HTTPS 267
Hub 268
Hybridvirus 268
Hyperterminal 485
Hypertext 242
Hypertext Markup Language 261; 523

I

IANAL 269
IAP 269
ICANN 147; 269
ICMP 149
ICQ 93; 270; 276
IETF 328
IIRC 271
IIS 272
Image Map 272

Stichwortverzeichnis

Image Object 273
IMAP4 11
IME 273
IMHO 273
IMO 273
Inbox 274
Individualisierung 137
info 274
Information Highway 274
InfoSeek 275
Instant Messaging ... 93; 270; 275; 417; 556
Integrated Services Digital Network 291
Intel 543
Intercast 276
International Telecommunication
 Union 105
Internet 277
Internet by Call 278
Internet Control Message Protocol 149
Internet Engineering Task Force 328
Internet Explorer 15; 33; 90; 209; 216; 242; 279; 282; 333; 360; 362; 376; 384; 450; 508; 516; 524; 529
Internet Information Server 272
Internet Relay Chat 288; 335; 385; 401
Internet Service Provider 283; 372; 394
Internetfax 280
Internetphoning 281
Internetradio 282
Internet-Zone 451
Internetzugang per Satellit 435
InterNIC 284
Interpreter 285; 441
Intranet 286
IOW 287
IP 287
IP-Adresse 287
iPass 430
IRC 111; 288; 335; 385; 401
IRC-Channel 289
IRC-Client 290
IRCer 291
IRL 291
ISDN 10; 62; 69; 100; 162; 291; 300; 324; 347
ISDN-Karte 101; 293

ISO 293
ISP 283; 372; 394
ITU 105
IYSWIM 294

J

J2SE 298
Java 295; 297
Java Virtual Machine 286
JavaBeans 296
JavaScript 31; 152; 297; 441; 516
JDK 297
JK 299
Joystick 237
JPEG 298
Junkmail 299

K

Kanal 111
Kanalbündelung 300
Kbps 302
Kermit 302
Keyword 303
Killfile 304
Kilobyte 304
KISS 304
Klammeraffe 304
KOffice 313
Komprimieren 305
Kopie 129
Kruegerapp 306
Kryptographie 306

L

Lamer 307
LAN 195; 202; 307; 365; 539
Ländercode 136
Launch 308
Layer 308
Leased Line 308
Lesezeichen 81; 209
Line noise 309
Link 309
Link Exchange 310
Linking 377

569

Stichwortverzeichnis

Linkrot 310
Lintel 544
Linux 246; 311; 384; 544
ListBot 314
Listserver 314
Live Picture 315
Local Area Network 307
Login 316
Login, Anmeldung 37
Logoff 11
Lokales Intranet 451
Lokales Netzwerk 307; 365
LOL 317
Long Distance Relationship 317
Loser 317
Lotus 371
Lurker 318
Lycos 256; 318

M

Macromedia 169; 219; 447
Mailbomb 320
Mailbox 320
   BBS 70
Mailerdaemon 141; 321
Mailing List 321
Mailing-Liste 314
Mailserver 322
Majordomo 323
Makeln 324
Makrovirus 325
Mall 325
Marimba 417
Maustaste 95
MBG 327
Mbone 327
Megabyte 328
MegaMalls 327
Message 328
Meta-Suchmaschine 328; 472
Meta-Tag 331
MHOTY 333
Microsoft 15; 233; 272; 279; 333; 345; 360; 362; 516; 541; 543
Microsoft Network 345
MIDI 461

mil 334
Milleniums-Bug 555
MIME 334
mIRC 335
Mirror 336
Misc 338
Miscellaneous 338
Modem 36; 249; 338; 478
   AT-Befehle 53
Moderator 339
MOO 339
Mosaic 122; 340
Mouse Potatoe 340
MOV 542
Mozilla 341; 362; 384
MP3 .... 341; 461; 542
MPEG 14; 344; 542
MPEG-Decoder 344
MS-DOS 333; 541
MSN 69; 345; 347
MSN Explorer 346
MSN Messenger 346
MUD 339; 347; 484
Multicast 354
Multicast Backbone 327
Multics 498
Multiple Subscriber Number 347
Multi-User-Dungeon 347
Murphy's Law 348
museum 349
MYOB 349

N

Nagware 349
name 350
Name-Server 162; 350
Napster 351
Narrowcast 353
National Center for Supercomputing
   Applications 340
NBD 354
NC 354
NCSA 340
NeoTrace 495
Nerd 355
net 355

Stichwortverzeichnis

Net Police 361
Netiquette 356
NetMeeting 360; 510
NetPC 354
Netpromotion 361
Netscape 43; 122; 362
Netscape Navigator 90; 122; 279; 340; 341; 362; 384; 524; 529
Network 363
Network Service Provider 372; 394
Netz-PC 354
Netzwerk 195; 268; 307; 363
Netzwerkdienstleister 372
Newbie 365
News 99; 230; 366; 505
News Network Transport Protocol 505
Newsgroup 366
Newsgruppen 100; 230
Newsletter 265; 367
Newsreader 368
NIC 148; 369
NICHT-Verknüpfung 83
Nickname 370
NNTP 370; 505
Nokia Communicator 122
Nomepage 371
Notes 371
NRN 372
NSP 372; 394
N-Stecker 478
NTIM 372
Nullmodemkabel 372

O

OCX 373
ODER-Verknüpfung 82
Off Topic 377
Öffentlicher Schlüssel 416
Official Site 373
Offline 374
Offlinebrowser 375
Offlinereader 376
OLE 377
Online 378
Onlineauktion 378
Onlinebanking 253; 380; 400

Onlinebroking 253; 382
Onlinedienst 92; 345; 383; 488
Onlineshopping 383
Onlinespiel 347
Open Source 341; 362; 384
Opera 384; 524
Orbit-IRC 385
Ordner 223; 386
org 386
OTOH 386
Outbox 387
Outlook 21; 387
Outlook Express 21; 100; 388

P

Packet 389
Page 390
Page-View 390
Panoramaaufnahme 315
Parallel-Port 185; 390
Partner-Programm 28
Password 391
Pay-per-View 354
PCMCIA 392
PD 392
PDF 392
    Acrobat Reader 13
Peer to Peer 394
Peering 393
Peering Point 394
Performance 395
Perl 110; 395; 441
Permission 396
Personal Computer Memory Card
    International Association 392
Personal Web Server 234
Persönliche Identifikationsnummer 381
PGP 397
Photoshop 398
PHP 400
PIN 381; 400
Ping 399
PIRCH 401
PITA 402
Plug & Play 403

Stichwortverzeichnis

Plug-In 402; 447
    ActiveX 16
PMFJI 404
Pointcast 417
Polymorphe Viren 404
POP3 404
Port 405
Portable Document Format 392
Portal 199; 318; 406
    AltaVista 34
Portscan 407
Postcardware 102
Posting 408
Powerstripping 408
Poweruser 409
PPP 151; 409
Practical Extraction and Reporting
    Language 395
Pretty Good Privacy 397
Private Key 409
Privater Schlüssel 409
pro 411
Programmiersprache 400
Project Gutenberg 411
Protokoll 413
    ACAP 11
    APOP 44
    FTP 235
    HTTP 267
    IP 287
    NNTP 370
    POP3 404
    PPP 409
    SLIP 456
    SMTP 459
    TCP/IP 482
Provider 283; 413; 429
Proxy 414
PS/2 443
PTMM 415
Public Domain 415
Public Key 416
Pull 416
Push 417
Push-Dienst 417

Q

QCIF 210; 418
Qualcomm 196
Quarter Common Intermediate
    Format 418
Query 418
Queue 418
QuickTime 14; 418
Quote 419
QWERTY 421

R

Readme 421
Real Name 422
RealAudio 422
RealPlayer 282; 422
RealVideo 422
Registrierungsgebühr 424
RegTP 424
Rehi 425
Relationshipper 446
Relaunch 425
Release 426
Reload 426
Remailer 426
Remote Phrase Authentication 433
Remote System 427
Reply 427
Returned mail 428
Rewebber, Anonymizer 38
RFC 428
RL 428
Roaming 429
Rookie 430
ROT13 431
ROTFL 430
Router 432
RPA 433
RTF 434
RTFM 434
Ruckel-Effekt 344

S

S/MIME 435

Stichwortverzeichnis

Satelliten 435
Saugen 437
Save as 437
Schaltflächen 94
Schicht 308
Schriftart 225
Schrittgeschwindigkeit 69
SCNR 438
Screensaver 438
Script 441
Scriptics 481
Secure Sockets Layers 464
Security 442
Serial Line Internet Protocol 135
Serielle Schnittstelle 442
Server 443
SEX 444
SGML 171; 444
Shareware 445
Shipper 446
Shockwave 447
Shopping Cart 447
Short Message Service 458
Shortcut 447
Shouting 448
Sicherheit 109
Sicherheit im Internet 448
Sicherheitskonzept 450
Sicherheitsstufe 452
Sicherheitszonen 450
Signature 454
Simplex 455
SITD 456
Site 456
Skin 542
Skript 441
Skripte 285
SkyDSL 436
Slash 456
SLIP 135; 151; 456
SMIL 457
Smiley 457
SMOP 458
SMS 458
SMTP 459
SNAFU 459

Snail Mail 459
SO 460
Social Engineering 460
Sonderzeichen 265; 559
Sound 461
Spam 462; 498
   Antispam-Filter 41
Spanking the Net 463
Speichern unter 437
Splitter 25; 464
SQCIF 210
SS 135
SSL 464
Stalker 465
Standard Generalized Markup
   Language 171; 444
Standleitung 308; 466
StarOffice 313
Startseite 467; 529
STD 467
Stealthvirus 468
Steuerzeichen 559
Streaming 469
Style Sheets 135
Subject 469
Submit 470
Subscribe 470
Suchen 472; 517
Suchen.de 472
Suchmaschine .. 29; 81; 133; 199; 241; 256;
   275; 318; 331; 473; 556
   AltaVista 34
Suffix 200
Sun Microsystems 295
Support 475
Support-Sites 475
Surfen 476
SVR 477
Swatch-Beat 71
Synchronized Multimedia Integration
   Language 457

T

T1 477
T3 478
TAE 478

Stichwortverzeichnis

Tag 261; 479
Taktung 480
TAN 381; 400; 480
TANSTAAFL 481
Tarnkappenvirus 468
Tastenkürzel 447
TBA 481
Tcl/Tk 481
TCP/IP 202; 308; 405; 482; 493; 497
T-DSL 25; 483; 552
Telefon 324; 478
Telefonanschluss 478
Telefonrechnung 98
Telekom 92; 483; 488
Telnet 483
Terminal 485
Terminalprogramm 485
TGIF 486
Themenverwandte Links 530
Thread 486
Thumbnail 487
TIA 488
Tim Berners-Lee 108
Time to Live 497
Time Warner 43
TLD 105; 244
TNX 488
T-Online 92; 346; 383; 483; 488
Toolkit 481
Toolkit Command Language 481
Top Level Domain 244; 490
   Courtesy Top Level Domain 131
Topic 489
Trace 493
Traceroute 493; 494
tracert 493
Traffic 495
Transaktionsnummer 381
Trojan Horse 495
TTL 497
TTYL 497

U

UCE 498
   Antispamfilter 41
Umlaute 559

UND-Verknüpfung 82
Unicast 327
Universal Serial Bus 238; 391; 443; 502
UNIX 311; 498; 505
UNIX-to-UNIX-Copy-Protocol 505
Unofficial Site 499
Unsubscribe 500
Upload 32; 500
Upstream 501
URL 501
USB 238; 293; 391; 443; 502
Usenet 503
User 504
User-ID 504
Utilities 504
UUCP 505
UUDecode 505
UUEncode 505

V

V.90 507
Vanilla 507
VBS 516
VBScript 516
Verlauf 508
Vertrauenswürdige Sites 451
Verwandte Objekte 529
Video für Windows 14
Video-Chat 510
Videokonferenzen 510
Video-on-Demand 510
Virtual Reality 477; 517
Virtuelle Java-Maschine 295
Virus 511
   Antivirus-Programme 41
   Bootsektor-Virus 84
   Cruising-Virus 135
   Hoax 251
   Hybridvirus 268
   Makrovirus 325
   Polymorphe Viren 404
   Stealthvirus 468
   Tipps gegen Viren 513
   Trojan Horse 495
   Worm 547
Visit 515

Stichwortverzeichnis

Visual Basic Script 516
VoicE-Mail 517
Volltextsuche 517

VR 477; 517
VRML 518

W

W3 518
W3C 518
WAEF 519
WAN 307; 540
WAP 122; 519; 546
Warenkorb 447; 521
Warez 521
Watermark 522
WAV 461; 522; 542
WBT 523
Web 243; 523
Web Based Training 523
Web Standards Project 548
Webbrowser 90; 118; 122; 279; 340; 341; 384; 523
Webbug 524
Webcam 525
Webdesign 526
Webeditor 233; 258; 262
Webguide 33; 529
Webify 530
Webmail 531
Webmaster 533
Webseiten 261; 331
Webseiten speichern 437
Webserver 44; 534
Website 535
Webspace 535
Webwasher 535
White Pages 536
Whois 166; 537
WIBNI 539
Wide Area Network 307; 540
Wildcard 540
WIM 541
Windows 138; 246; 311; 333; 485; 493; 541; 543

Windows Media Player 283; 542
Winsock 543
Wintel 543
WinZip 544
Wired 545
Wireless Identification Module 541
Wireless Markup Language 546
WMA 542
WML 546
Wombat 546
Workstation 547
World Wide Web 243; 547
Worm 547
WSP 548
WWW 108; 243; 548
WYSIWYG 263; 549

X

X-Check 551
xDSL 552
Xfer 552
XHTML 553
XML 553
XModem 554
XMS 200
XrML 554

Y

Y2K 555
YABA 555
Yahoo! 556
Yellow Pages 557
YMMV 558
YModem 559

Z

Zeichensatz 559
Zip 561
ZModem 562
Zwei-Wege-Verschlüsselungs-
 system 410, 416
Zwischenablage 138

▶▶▶ Wenn Sie an dieser Seite angelangt sind ...

▶▶▶ Ihre Ideen sind gefragt!

Vielleicht möchten Sie sogar selbst als Autor bei

DATA BECKER

mitarbeiten? Wir suchen Buch- und Software- Autoren. Wenn Sie über Spezial-Kenntnisse in einem bestimmten Bereich verfügen, dann fordern Sie doch einfach unsere Infos für Autoren an.

Bitte einschicken an:
DATA BECKER GmbH & Co. KG
Postfach 10 20 44
40011 Düsseldorf

Sie können uns auch faxen:
(02 11) 3 19 04 98

▶▶▶ Apropos: die nächsten Titel. Wollen Sie am Ball bleiben? Wir informieren Sie gerne, was es Neues an Software und Büchern von *DATA BECKER* gibt.

DATA BECKER
Internet: http://www.databecker.de

---

dann haben Sie sicher schon auf den vorangegangenen Seiten gestöbert oder sogar das ganze Buch gelesen. Und Sie können nun sagen, wie Ihnen dieses Buch gefallen hat. Ihre Meinung interessiert uns!

Uns interessiert, ob Sie jede Menge „Aha-Erlebnisse" hatten, ob es vielleicht etwas gab, bei dem das Buch nicht weiterhelfen konnte, oder ob Sie einfach rundherum zufrieden waren (was wir natürlich hoffen). Wie auch immer – schreiben Sie uns! Wir freuen uns über Ihre Post, über Ihr Lob genauso wie über Ihre Kritik! Ihre Anregungen helfen uns, die nächsten Titel noch praxisnäher zu gestalten.

❑ Ja, schicken Sie mir Informationen zu Ihren Neuerscheinungen.

❑ Ja, ich möchte DATA BECKER-Autor werden. Bitte schicken Sie mir Ihre Infos für Autoren.

DATA BECKER GmbH & Co. KG, Postfach 10 20 44, 40011 Düsseldorf

Name, Vorname ⎯⎯⎯⎯⎯⎯⎯

Straße ⎯⎯⎯⎯⎯⎯⎯

PLZ, Ort ⎯⎯⎯⎯⎯⎯⎯

441 625